中国耐火材料工业年鉴

2019~2022

中国耐火材料行业协会　编

北　京
冶　金　工　业　出　版　社
2023

图书在版编目（CIP）数据

中国耐火材料工业年鉴. 2019~2022 / 中国耐火材料行业协会编. —北京：冶金工业出版社，2023.10
ISBN 978-7-5024-9586-2

Ⅰ. ①中… Ⅱ. ①中… Ⅲ. ①耐火材料工业—中国—2019-2022—年鉴 Ⅳ. ① F426.7-54

中国国家版本馆 CIP 数据核字（2023）第 135775 号

中国耐火材料工业年鉴 2019~2022

出版发行 冶金工业出版社　**电　话**（010）64027926
地　址 北京市东城区嵩祝院北巷 39 号　**邮　编** 100009
网　址 www.mip1953.com　**电子信箱** service@mip1953.com

责任编辑 于昕蕾　美术编辑 彭子赫　版式设计 郑小利
责任校对 王永欣　责任印制 禹　蕊
北京捷迅佳彩印刷有限公司印刷
2023 年 10 月第 1 版，2023 年 10 月第 1 次印刷
787mm × 1092mm 1/16；29.75 印张；46 彩页；1074 千字；532 页
定价 480.00 元

投稿电话 （010）64027932　投稿信箱 tougao@cnmip.com.cn
营销中心电话 （010）64044283
冶金工业出版社天猫旗舰店 yjgycbs.tmall.com
（本书如有印装质量问题，本社营销中心负责退换）

《中国耐火材料工业年鉴》
2019~2022

编辑出版说明

为了客观、全面地保留耐火材料工业的历史资料，中国耐火材料行业协会八届理事会于2021年5月8日印发了“关于组织开展《中国耐火材料工业年鉴》(2019~2022)编撰出版工作的通知”。在过去的两年多时间里，根据《年鉴》编辑的指导思想和基本原则，我们完成了资料查询、收集、约稿、编审等各个阶段的工作任务，《中国耐火材料工业年鉴》(2019~2022)将在近期出版发行，与广大读者见面。从2015年9月开始出版第一卷《中国耐火材料工业年鉴》(2010~2014)开始，协会每四年组织编写出版一卷年鉴，此为第三卷。

《中国耐火材料工业年鉴》(2019~2022)秉承为耐火材料行业和企业发展服务的宗旨，以习近平新时代中国特色社会主义思想为指导，全面贯彻党的十九大、二十大精神，贯彻落实工业和信息化部《关于促进耐火材料产业健康可持续发展的若干意见》及《耐火材料行业规范条件》，引导耐火材料工业立足新发展阶段，完整、准确、全面贯彻新发展理念，努力构建新发展格局，实现耐火材料行业的高质量发展。

《中国耐火材料工业年鉴》(2019~2022)系统收录了中国(不含港、澳、台)2019~2022年耐火材料工业运行的有关情况，正文内容分10篇：(1)专论专文；(2)耐火材料行业有关政策法规；(3)中国耐火材料行业协会成立30周年专篇；(4)中国耐火材料工业生产经营运行分析；(5)中国耐火材料工业统计分析；(6)中国耐火材料工业科技创新及成果；(7)中国耐火材料行业重点企事业单位概况；(8)中国耐火材料行业协会及各省市地方协会概况；(9)中国耐火材料行业主要媒体简介；(10)附录：主要介绍耐火材料行业现行标准、获得国家专利的耐火材料产品及耐火材料行业企业信用等级评价A级以上企业目录。

《中国耐火材料工业年鉴》(2019~2022)所涉及的4年时间节点内的耐火材料行业统计数据，主要来源为耐火材料行业月度生产统计体系及各省市地方协会。有关中国耐火材料工业生产经营的历年综合数据，系国家统计局发布的年报数据。

本年鉴的编辑出版工作，得到了业内重点骨干企业、相关专业院校、研究院所及各省市地方耐火材料行业协会的大力支持和积极协助，在此一并表示诚挚的谢意！

年鉴的编辑出版工作是一个较为复杂的系统工程，由于水平和时间的关系，在编辑出版过程中肯定存在漏误之处，敬请业内人士和读者批评指正。

《中国耐火材料工业年鉴》编辑委员会

2023年6月

中国耐火材料行业协会第八次会员代表大会（2019 年 9 月 24 日，河南郑州）

成功举办第二十二届上海国际冶金工业展览会暨第八届上海国际耐火材料展览会
（2020 年 12 月 3~5 日，上海新国际博览中心）

中国耐火材料行业协会 2020 年会长工作会议（2020 年 12 月 18 日，广东佛山）

中国耐火材料行业协会八届三次理事（扩大）会议暨协会成立 30 周年行业发展论坛

中国耐火材料行业协会八届六次常务理事会轮值会长交接仪式

中国耐火材料行业形势座谈交流会（2022 年 8 月 6 日）

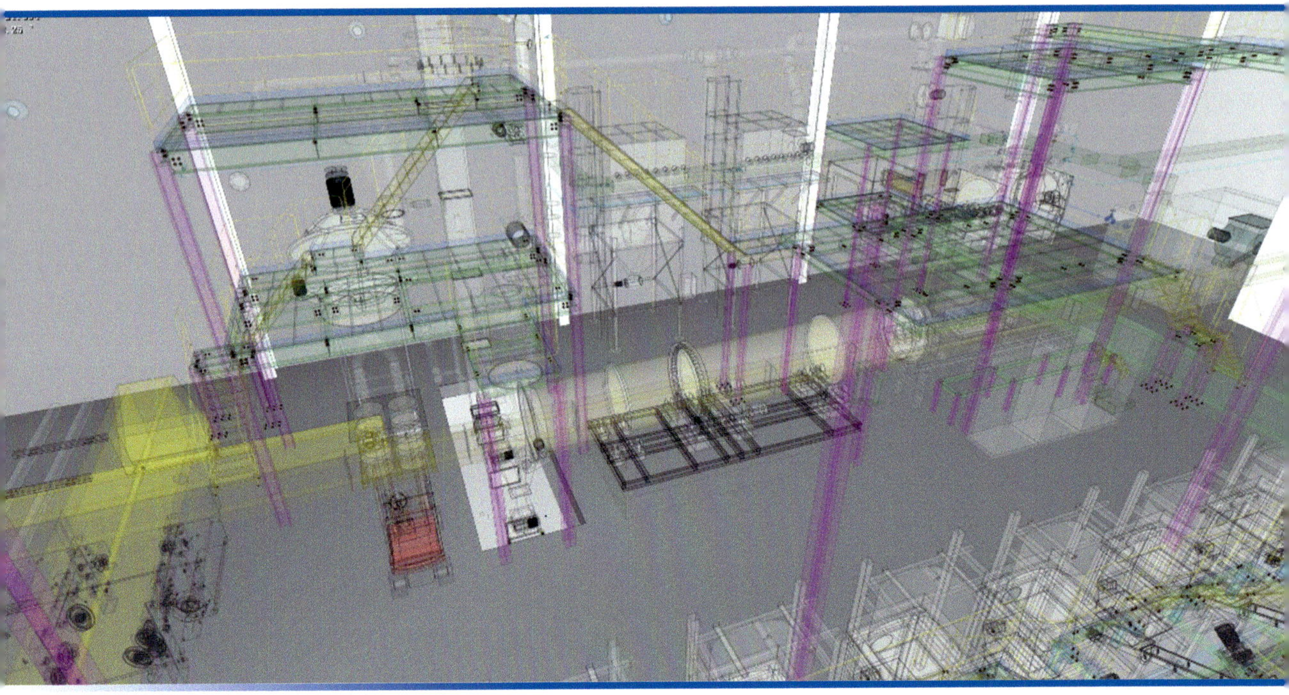

三大件裸烧窑

蓄热焚烧炉

短周期烘干炉

攀钢冶金材料有限责任公司

攀钢冶金材料有限责任公司（以下简称攀钢冶材），地处四川省攀枝花市，是攀钢集团从事耐火材料、冶金辅料和绿色新材料研发、生产和销售的专业化全资子公司，也是国内首家生产防火板的耐火材料企业。

公司布局攀枝花、西昌两大生产基地，占地面积20万平方米，总资产达4.26亿元，从业人员800余人，其中本科及以上学历人员占比达到20%以上；拥有各种专业生产线8条，具有活性石灰100万吨、镁碳砖2万吨、散状料及预制件8万吨、墨刚玉1.2万吨、钛镁板20万张的年生产能力，营业收入超10亿元。公司产品广泛应用于钢铁、钒钛、建筑等行业，在西南区域相关重点企业供应和服务链中大放异彩。攀钢冶材始终坚持“绿色·智慧·共赢”的发展理念，致力于将企业打造成国内无机固废资源综合利用的引领者。

耐材整体承包业务范围：

- **炼钢转炉系统耐火材料整体解决方案**
- **提钒转炉系统耐火材料整体解决方案**
- **半钢脱硫、钢包系统耐火材料整体解决方案**
- **中间包系统耐火材料整体解决方案**
- **真空系统耐火材料整体解决方案**
- **高温碳化炉用耐火材料整体解决方案**
- **钒铁打结系统耐火材料整体解决方案**
- **高炉出铁系统耐火材料整体解决方案**

攀钢冶材公司**钛镁板**是以攀钢特色钛资源、天然镁质矿粉为主要原料，高分子材料为改性增强剂，轻质材料为填充物制备出的一种A1级防火建筑板材，获得2项国家发明专利；具有800°C不燃烧、1200°C无火苗的卓越防火性能，同时具有抗震、防腐、保温隔热性能及良好的施工性能，主要用于装配式建筑的吊顶、地板、楼承板、隔墙（基板、保温隔热板、饰面板）等，也可用于烟道、风管、电缆槽、隧道防火等级要求较高的工程重要部位。

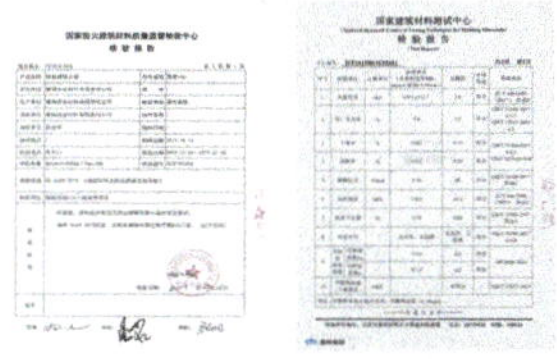

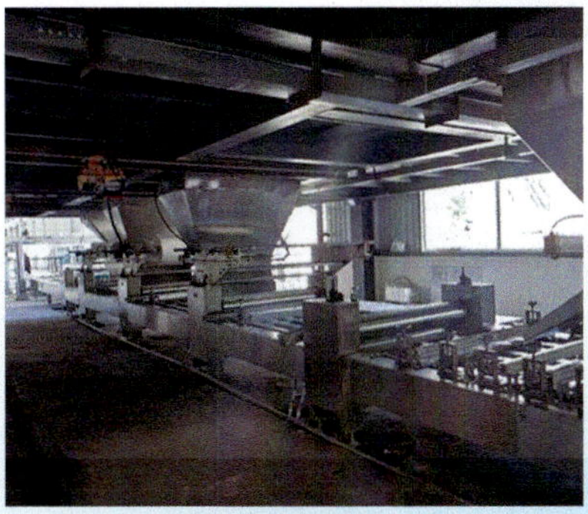

钛镁板生产线

高端定形耐材生产线

新型合成原料墨刚玉是充分利用攀西地区独有原料，联合北京科技大学设计合成，产品以Al_2O_3、MgO和CaO为主要成分，以MA（镁铝尖晶石）、CA_6（六铝酸钙）和二者穿插融合而形成的$Ca_2Mg_2Al_{28}O_{46}$（Al_{14}）为主要物相，采用电熔方法生产的一种致密耐火原料。通过研究，逐步形成了一套独有的原料预处理、冶炼和冷却技术。该材料具有耐火度高、体积密度适中、吸水率低、抗渣渗透和侵蚀性能强以及热膨胀系数低等特点，在耐火定形制品和耐火浇注料中可作为主要原料使用，也可作为定形制品的高温塑性材料。墨刚玉目前已在攀钢多个产品上获得了批量应用，并在国内多家知名公司获得了批量应用。

地址：四川省攀枝花市枣子坪　邮编：607023　E-mail: pgmmc@pzhsteel.com.cn
电话：0812-2296336 3396304 3396697　传真：0812-3396390 3396697

节能20%以上
DLT德力泰

依托科技 勇于开拓 立足国内 跨出国门

浙江湖州父子岭耐火集团有限公司

浙江湖州父子岭耐火集团有限公司是浙江省“五个一批”重点骨干企业，主要服务于各特殊钢企业。公司现占地面积60000m²，建筑面积40000m²，生产工艺布局合理，生产设备一条龙配套。年生产镁碳砖、铝镁碳砖和镁铝碳砖10万吨及不定形耐火材料2万吨，现拥有为大型转炉、电炉生产炉衬砖的1400t摩擦压力机1台，高效节能的电动程控螺旋压力机1000t级4台、630t级9台、400t级2台、J93G–630AT级3台。并与中钢集团洛阳耐火研究院有限公司达成战略合作伙伴关系，公司配有较先进的计量和物理、化学检测全套设备及试验工厂，保证了产品质量的稳定和改进。公司生产大、中、小转炉、电炉、精炼炉和钢包衬砖二十多个品种，三百多个不同规格砖和不定形材料，满足用户对产品质量、供货数量和期限的要求。

长期合作伙伴

西宁特钢　兴澄特钢　宝山钢铁　建龙重工
吴航不锈钢　福建鼎信　莱芜钢铁　石横特钢

- 国家高新技术企业
- 浙江省科技型企业
- 浙江名牌产品
- 湖州市绿色企业

地址：浙江省湖州市长兴县夹浦镇父子岭
（104国道苏浙交界处）
电话/传真：+86-572-6019501 6019503 6019506
网址：//www.fuziling.com.cn

MMTC 遼陽鍛壓

辽阳锻压机床股份有限公司

辽阳锻压机床股份有限公司始建于1936年，前身是辽阳锻压机床厂（国营），20世纪50年代初制造出了国内首台双盘摩擦压力机，经过了企业经营机制的转换，于2017年正式改组为民营股份制企业，历经八十多年的发展壮大，辽锻已成为一个集产品研发、生产制造、品质管控和销售经营于一体的现代化公司。

公司占地220余亩，员工240余人，其中科技研发团队占比20%，是国家高新技术企业，是辽宁省级企业技术中心。公司先后通过了ISO 9001质量管理体系认证、ISO 14001环境体系认证、ISO 45001职业健康管理体系认证。公司拥有3000mmx10000mm大型龙门数控镗铣床、ϕ200mmx12000mm大型数控落地镗铣床、ϕ1250mmx8000mm重型数控车床、龙门立式加工中心等先进的加工设备。

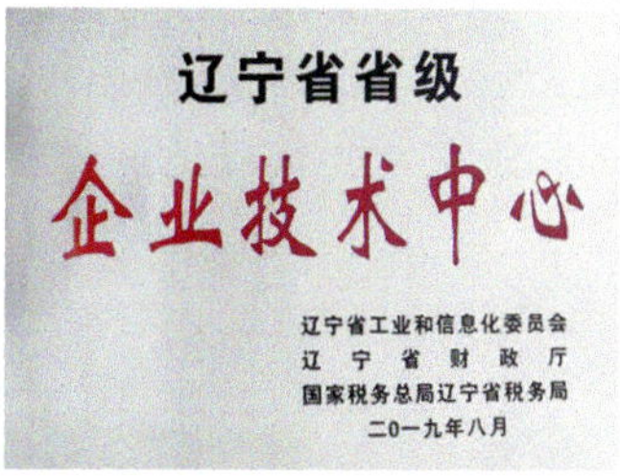

公司的主要产品有电动螺旋压力机和电动螺旋压砖机，2020年，辽锻自主研发的国内首台6300t电动螺旋压力机在大连金雕铸锻工业有限公司成功投入使用，标志着辽锻已经迈向了大吨位、高性能电动螺旋压力机领域，是百年辽锻向前发展的一个重要里程碑。

在金属材料成型方面，辽锻能够为客户提供压力机的设备选型、厂房布局、锻造工艺路线、模具工艺路线等方案，能够提供集制坯、预锻、终锻、切边、冲孔、校正、精压等锻造自动化生产线解决方案。

在耐火材料成型方面，辽锻能够为客户提供压砖机的设备选型、厂房布局、耐火砖成型工艺路线、自动称量布料取砖设备定制、自动检测取砖码垛设备定制等压砖自动化生产线解决方案。

辽锻始终以振兴民族工业为己任，为打造大国重器砥砺前行、锐意进取，未来，辽锻一定会成为全球同行业领先制造与服务供应商。

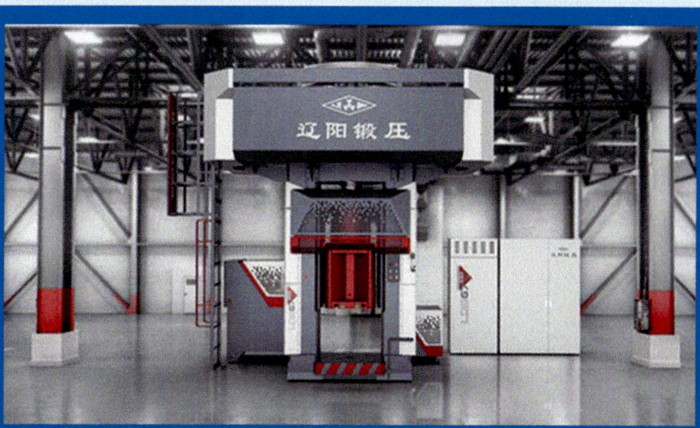

地址：辽宁省辽阳市太子河区千渠路83号　邮编：111000　网址：www.liaoduan.com
电话：0419-2125717　2123628　传真：0419-2154600　邮箱：Liaoduanxsc888@163.com

广西扶绥县盛唐矿物材料有限责任公司

广西扶绥县盛唐矿物材料有限责任公司（原广西壮族自治区扶绥县昌平建筑材料厂），于1992年建成投产，是集开采、加工、销售“维罗”牌广西维罗白泥（球黏土）于一体的股份制企业，是生产广西维罗白泥（球黏土）的基地。公司现具有年产“维罗”牌广西维罗白泥（球黏土）细粉10万吨、广西维罗白泥（球黏土）原矿20万吨的生产能力。此外，公司还生产方解石粉。

公司占地面积13万多平方米。公司拥有开采权的白泥（球黏土）矿山2座，储藏量150万吨；拥有开采权的方解石矿山3座，储藏量50万吨。公司拥有雄厚的人才力量及丰富的矿产资源，为公司今后发展奠定了良好基础。

维罗白泥（球黏土）目前在耐火行业主要用在制作出铁口炮泥、黏土浇注料、喷补料、高级耐火结合黏土、炮泥添加剂等。

公司生产的维罗白泥（球黏土）所含铁质及其他杂质很少，生产产品主要应用在高级耐火制品、电瓷、陶瓷、橡胶、填充剂、塑料填充剂等。也可根据用户特殊需要生产其他球黏土产品。

公司拥有自己开发的丰富的原料基地，加工产品颗粒微细，为国内所特有超细料。不同土层不同晶形使得球黏土用途更广泛，使用效果更显著。

广西维罗白泥（细粉球黏土）

广西维罗白泥（球黏土）

重质碳酸钙（方解石粉）

重质碳酸钙（方解石）

公司厂房设备

地 址：广西壮族自治区扶绥县昌平乡伏良村 ● 邮 编：532113 ● 电 话：0771-7500985 7500983 ● 传 真：0771-7500985

CHINA STANDARD UNION
质量管理体系认证证书

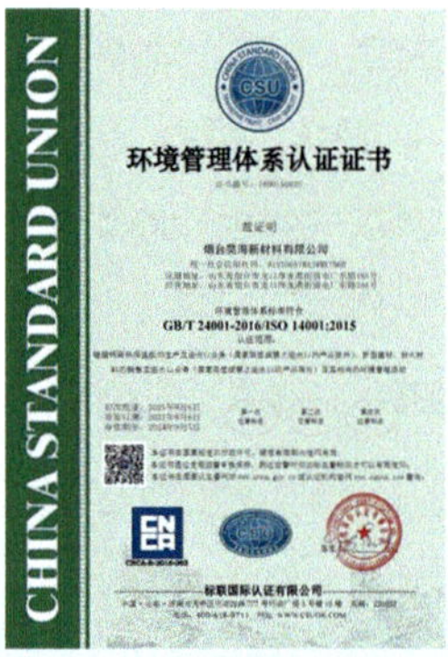
CHINA STANDARD UNION
环境管理体系认证证书

实用新型专利证书

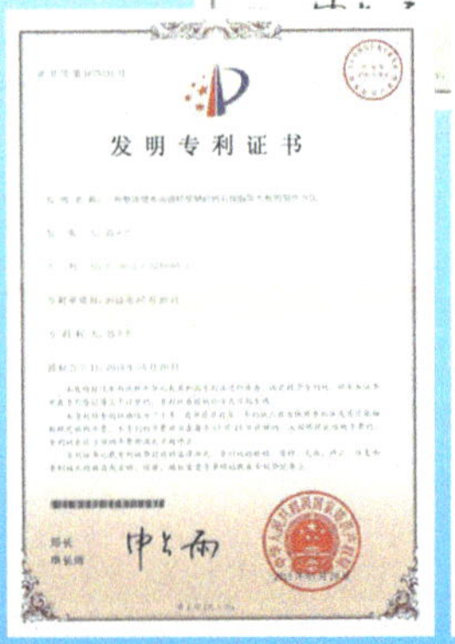
发明专利证书

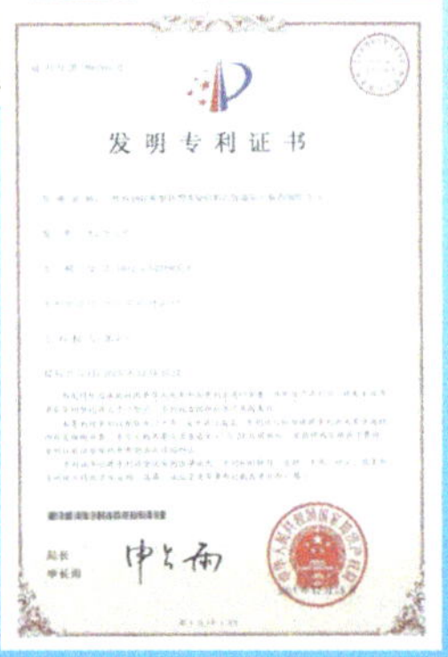
发明专利证书

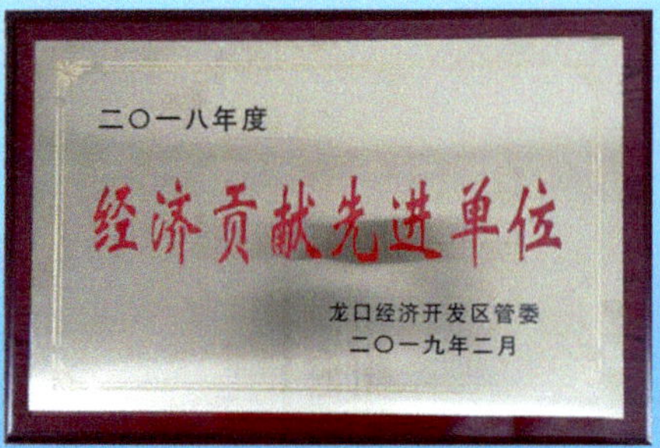
二〇一八年度
经济贡献先进单位
龙口经济开发区管委
二〇一九年二月

目　录

第一篇　专论专文

第二篇　政策法规

第三篇　中国耐火材料行业协会成立30周年专篇

第四篇　运行分析

第五篇 统计分析

第六篇 中国耐火材料工业科技创新及成果

第七篇　企事业概况

第八篇 行业协会概况

第九篇 行业媒体
（排名不分先后）

第十篇 附 录

［特别页］

［目录前插页］

企业风采

［后特页］

第一篇

专论专文

防疫生产两不误　共克时艰稳运行

——中国耐火材料行业协会2020年工作会议暨八届三次理事（扩大，通讯）会议报告

（2020年3月28日）

中国耐火材料行业协会会长　赵继增

各位理事、各位代表：

大家好！由于新冠肺炎疫情原因，中国耐火材料行业协会（以下简称协会）2020年工作会议暨八届三次理事（扩大）会议以通讯会议的形式召开。现在我代表协会常务理事会作年度工作报告，请予以审议。

2019年耐火材料行业与其他各行各业一样，度过了不平凡的一年。面对复杂的国际、国内形势和市场环境变化，耐火材料行业积极应对，主动作为，充分利用钢铁、建材、有色等主要下游用户行业产能增长、形势总体平稳的有利时机，推进供给侧结构性改革，产业结构不断优化，产业集中度不断提升，环保治理水平进步明显，行业整体运行平稳，正逐步迈入功能化、服务化、绿色化、智能化的高质量发展阶段。

一、2019年我国耐火材料行业生产运行情况

1. 行业运行平稳，产量稳中有升。

根据协会统计，2019年全国耐火材料产量2430.75万吨，同比增长3.65%。其中，致密定形耐火制品1341.36万吨，同比增长1.05%；隔热耐火制品58.90万吨，同比增长8.87%；不定形耐火制品1030.49万吨，同比增长6.93%。可以看出，隔热耐火材料和不定形耐火材料的增长幅度更大一些，说明耐火材料的产业结构得到了进一步优化。

2. 进出口贸易总额、出口量及部分原料出口价格均有所下降。

据海关统计，2019年全国耐火原材料进出口贸易总额38.91亿美元，比上年同期降低12.44%；其中出口贸易额35.24亿美元，同比降低15.46%；进口贸易额3.67亿美元，同比增长33.57%。全国耐火原材料出口总量595.75万吨，同比降低6.25%；其中耐火原料出口量429.18万吨，同比降低5.66%；耐火制品出口量166.56万吨，同比降低7.74%。与2018年相比，2019年行业进出口贸易总额、出口量及部分原料出口价格均有所下降。

3. 行业整体经济效益与2018年相比有所下滑。

据有关部门数据，2019年全行业规模以上耐火制品、耐火原料及相关服务企业1958家，主营业务收入2069.2亿元，同比降低3.0%，利润总额128.0亿元，同比下降17.5%。通过协会对73家重点耐火材料企业经营情况调研显示，耐火材料产量932.57万吨（含部分耐火原料），同比增长3.34%；销售收入568.25亿元，同比增长0.88%；实现利润38.29亿元，利润率6.74%，虽然不及2018年的利润率7.84%的水平，但比全国工业企业平均利润率高0.88个百分点。重点企业的优势正在逐步显现，行业的产业结构进一步优化，规范化发展程度进一步提高，行业环保治理意识和水平也进一步提高。总之，2019年对整个行业来说，是一个不错的年份。

二、协会秘书处2019年所做工作总结

2019年，按照协会年初工作会议确定的工作思路和会长工作会议的部署，继续秉承为企业服务、为行业服务、为政府服务的宗旨，注重加强自身建设，不断完善内部管理，认真履行服务职能，努力提高工作效率，为行业技术进步和产业健康发展、环保治理、规范市场秩序、加强国内外交流等方面做了很多工作，较好地履行了协会

的职能，确保了行业稳定运行。

1. 加强行业调研及行业生产统计工作，助力行业稳定运行。

2019年，根据行业运行中存在的问题及难点，协会继续加强对耐火材料重点生产地区的调研、走访，与当地重点企业进行座谈，了解企业在生产经营活动及环保治理过程中遇到的困难。同时，协会加强了与政府主管部门的沟通交流，积极向相关政府部门反映企业诉求，提出合理化建议，为耐火材料工业争取稳定有序的生产运行条件。2019年，协会七届理事会及八届理事会驻会负责人带队，先后多次赴辽宁海城、营口等地调研菱镁矿资源开采及管理状况、环保治理情况及镁砂市场动态，赴河南省新密市、巩义市和三门峡市，山西省阳泉市和孝义市，河北省清河县等耐火材料主产区调研、走访，并向他们介绍耐火材料及上下游行业运行情况及进出口情况，为当地耐火材料的生产经营提出指导性建议。通过系列调研，使协会对各地区及企业的生产运行、技术创新、装备升级、经营情况和环保治理等方面的情况有了进一步的了解。

2019年，协会不断规范和完善行业生产统计体系的管理，充分利用统计系统提供的数据，综合与上下游行业和海关总署建立交流渠道获取的信息，对耐火材料进出口贸易情况及上下游行业的生产经营动态和市场需求进行客观分析，每季度定期发布行业运行情况通报，助力行业健康稳定运行。

2. 召开第八次会员代表大会暨八届一次理事会，顺利完成协会换届选举工作。

按照协会章程规定，根据协会七届五次理事扩大会议审议通过并报中国钢铁工业协会审批的换届选举筹备工作方案，我们经过历时半年多紧张有序的筹备，于2019年9月23日组织召开了协会第八次会员代表大会暨八届一次理事会，顺利完成了换届选举等工作。

会议表决通过了《中国耐火材料行业协会章程（修订稿）》《调整协会会费缴纳标准及管理办法的议案》以及换届选举办法等议案，选举产生了协会第八届理事会、八届理事会常务理事、会长、副会长及秘书长。选举产生的驻会负责人李永全和柴俊兰分别任驻会副会长和秘书长，实现了驻会负责人的年轻化和专业化。目前，选举结果已获中国钢铁工业协会和国资委批准，民政部的报备手续基本完成。经协会八届二次常务理事会议（通讯）审议，协会秘书处也完成了组织机构及人员的调整，按章程规定承担起了协会日常工作的各项职能。

3. 行业团体标准的制定及科技成果评价工作取得新成绩。

根据质检总局和国家标准委印发的《关于培育和发展团体标准的指导意见》（国质检标联〔2016〕109号），协会于2016年二季度启动了耐火材料产品团体标准的制定工作。2019年5月5日下发了《第四批耐火材料产品团体标准制定项目计划的通知》，同时在全国团体标准公共平台上发布。第四批共有12个项目，分两个部分完成。近期将完成第一部分，即焦炉用半硅砖、高铝砖、黏土砖、致密硅砖、硅砖、硅线石砖，连铸三大件用液体酚醛树脂，耐火材料用钛铝酸钙原材料，多复合尖晶石砖9个项目，分别由中冶焦耐、中钢耐火、绍兴上虞自强高分子化工材料有限公司、锦州国泰等单位负责起草。经过协会及起草单位的共同努力，目前已完成征求意见稿，计划择时召开审定会，尽快完成报批稿。

协会根据科技部2016年第十七号令文件精神，于2016年11月22日开始组织开展耐火材料及相关领域科技成果的评价工作。2019年，协会共组织完成了辽宁嘉晨集团“废弃菱镁矿提纯和工业化生产高纯致密烧结镁砂关键技术”、山东鲁阳节能材料股份有限公司（山东鲁阳浩特高技术纤维有限公司）“氧化铝纤维针刺毯关键制备技术研究”、河南海格尔高温材料有限公司“鱼雷罐综合保温技术的研究及应用”三个项目的评价工作。

4. 积极参与耐火材料行业标准的制定工作。

2019年，协会继续与冶金工业信息标准研究院共同组织起草《耐火原料单位产品能源消耗限额》(2018-0440T-YB)、《铝硅质耐火制品单位产品能源消耗限额》(2018-0421T-YB)、《镁质耐火制品单位产品能源消耗限额》(2018-0439T-YB)、《特种耐火制品单位产品能源消耗限额》(2018-0447T-YB) 4个行业标准（工业和信息化部〔2018〕31号“关于印发2018年第二批行业标准制修订项目计划的通知”）。协会多次进行企业调研、收集数据、分析整理工作，经过与起草单位的共同努力，4个行业标准的征求意见讨论稿基本完成。通过四项单位产品能耗限额标准的制定，将进一步摸清行业主要产品的能耗情况，为下一步行业实现节能降耗、绿色发展提供参考。

5. 继续推进《规范条件》和《管理办法》的实施，引导行业健康规范发展。

2014年以来，工业和信息化部《耐火材料行业规范条件（2014年本）》及《耐火材料行业规范公告管理办法》相继出台。几年来，协会始终把贯彻落实《规范条件》和《管理办法》作为协会工作的重点，采用多种方式引导耐火材料企业加快兼并重组步伐，提升管理、优化产业结构、努力提质增效，推动转型升级，取得了十分明显的成效。2017年12月工业和信息化部第59号公告发布了第一批18家企业40条符合耐火材料行业规范条件的生产线名单。2020年1月份，第二批18家企业的32条生产线已通过工业和信息化部复审，在网上发布。

6. 筹备协会各类会议按时顺利召开。

按照协会章程的规定及年初的工作安排，于2019年3月在唐山组织召开了2019年工作会议暨理事（扩大）会议，于2019年7月在安徽马鞍山顺利组织召开了常务理事会扩大会议，于2019年11月在唐山组织召开了协会统计工作年会及秘书处扩大会议，于8月份在呼和浩特组织召开了协会专家委员会会议。

7. 积极响应国家环保部署，为提高全行业环保治理的整体水平履职尽责。

按照国务院关于环保治理的相关部署，协会坚持把节能减排和环保治理摆在行业发展与进步的重要位置，通过微信公众号及时发布国家和地方政府发布的关于环保治理方面的法律法规及管理规定，引导会员企业响应政府号召积极实施环保治理措施，认真履行社会责任，配合政府主管部门强化环保治理。协会也积极参加一些与行业环保相关的国家标准的制订工作，如《耐火材料行业绿色工厂评价导则》《重污染天气条件下耐火材料行业分类管控标准（建议稿）》等。截至2019年年底，耐火材料行业共有7家耐火材料工厂进入工业和信息化部绿色工厂榜单。这些企业为引领行业绿色转型、加快推进绿色制造体系建设起到了示范作用。

8. 组织编写《中国工业史　钢铁卷　耐火篇》《中国耐火材料行业发展白皮书》《中国耐火材料工业年鉴》(2015~2018)。

9. 组织开展行业综合知识培训。

耐火材料综合知识培训是协会组织的品牌培训，每年举行一次，在行业已经颇具影响力和号召力。2019年8月协会在内蒙古呼和浩特市主办了为期3周的耐火材料综合知识培训班，60多人参加了培训，整体提高了企业从业人员的知识、技术水平，为企业高质量发展培养了人才。

10. 认真对待企业诉求，为企业发展助力。

协会一贯认真对待会员企业的各类诉求，及时协调处理。对会员单位申请上市、申报品牌、注册商标、申评科技成果奖励、信用等级评价、标准制修订等方面的需求，实事求是地给予支持。积极为会员企业主办的一些活动提出咨询意见和站台助力，对会员企业提出的工艺、技术、装备及市场动态等各类咨询，努力做到有求必应，有问必答，不推诿、不拖延。

11. 加强与政府主管部门沟通交流，争取知情权和话语权，维护行业利益。

协会在日常工作中注重加强与工业和信息化部、国家发展改革委、生态环境部等的沟通交流，除积极向相关政府部门反映行业状况、企业诉求外，还为主管部门政策出台提供专业咨询和技术支持，积极参与政府主管部门的政策调研，不但密切了协会与政府各主管部门的合作关系，争取到了在国家制定有关耐火材料产业政策过程中的知情权和话语权，让主管部门对我国耐火材料工业的综合情况有了更客观、更全面、更及时的了解，使政府宏观调控政策能够更切合产业实际，为耐火材料工业的发展谋求更有利的空间和条件。2019年协会先后五次参与工业和信息化部及国家发展改革委、生态环境部对行业情况的了解咨询会，向工业和信息化部及国家发展改革委提交有关调研报告及发展建议。

12. 主办或参与组织行业展览会、技术交流会，促进行业产、学、研、用的交流与合作。

2019年10月30~31日，协会与中国宝武钢铁集团有限公司、全联冶金商会在上海新国际博览中心成功联合主办了第二十一届上海国际冶金工业展暨第七届上海国际耐火材料展。本届展会共有512家企业参展，其中有100多家耐火制品、耐火原辅料、生产装备及窑炉企业参展。

2019年9月11~13日，协会与辽宁省特种资源产业发展中心、鞍山市人民政府在辽宁省海城市联合主办了“第八届镁博会”。2019年10月9~11日，协会与中国硅酸盐学会耐火材料分会、省部共建耐火材料与冶金国家重点实验室、中国建筑材料联合会耐火材料分会在武汉联合主办了“2019武汉耐火材料学术年会”。此外，协会还作为支持单位，分别支持中国金属学会耐火材料分会、河南省耐火材料行业协会等六省市协会、河北省耐火材料行业协会、银耐联等召开了2019年全国耐火原料学术交流会、第十六期耐火材料新知识讲座、中国（唐山）首届耐火材料交易博览会、第一届中国（长兴）耐火原料交易洽谈会、第三届铝矾土交易洽谈会、第一届刚玉交易洽谈会等学术会议及展览会。

13. 加强国际交流，积极参与世界耐协事务，组织重点企业国外考察。

协会加强与世界耐协的联系，截至目前，我国除中国耐材协会是世界耐协会员及理事单位外，还有北京利尔、濮阳濮耐、瑞泰科技、中钢集团（中钢洛耐院、中钢耐火）、辽宁青花、营口金龙、浙江自立7家企业成为了世界耐协会员，其中北京利尔、濮阳濮耐、瑞泰科技、营口金龙已先后被推选为世界耐协理事单位。为加强中国与世界耐火材料行业的交流，2019年在七届理事会和八届理事会领导的带领下，协会三次组织行业重点企业负责人赴美国、日本、印度交流考察。通过积极参与世界耐协事务，在世界耐火材料行业的舞台上，中国有了一席之地，能够参与国际耐火材料行业秩序维护、市场规则制定等事务，共同在世界贸易平台上维护中国耐火材料行业的利益。

2019年，协会秘书处在工作人员少、任务繁杂的情况下，克服困难，严谨认真地履行了协会职能。协会各项工作的顺利开展，离不开协会各会长、副会长、理事单位及全体会员单位的大力支持，离不开协会秘书处各办事机构及各位副秘书长的大力支持，在此谨向大家表示衷心的感谢！

三、2020年行业的主要工作任务

2020年是“十三五”的收官之年，是我国全面建成小康社会的决胜之年。年初突发的新冠肺炎疫情，对耐火材料行业的原材料供应、交通物流、劳动力的供给等造成了很大的影响。但随着疫情的全球爆发以及随之而来对整个全球经济影响的显现，疫情势必影响到钢铁、建材、有色等下游行业，这些行业面临更多的变数和压力。这些压力一定程度上会传递到我们行业。目前国内的疫情防控取得了阶段性的成果，但疫情对全球经济的影响包括对咱们耐火材料行业的影响不容小觑。

虽然新冠疫情爆发进一步增加了2020年经济工作的复杂性和艰巨性，但2019年底中央制订的“坚持宏观政策要稳、微观政策要活、社会政策要托底的政策框架”，以及稳金融、稳就业、稳外贸、稳预期、稳投资等基本经济政策不会有变。具体到我们耐火材料行业，如何积极应对挑战、推动行业的高质量发展，下面我谈一点个人的看法。

1. 疫情防控是行业2020年一项常态化的工作。

疫情发生以来，协会和全行业坚决贯彻习近平总书记重要指示精神和党中央、国务院、国资委、中国钢铁工业协会以及企业所在的各地政府的决策部署及相关指示精神，全行业齐心协力筑牢疫情防控的屏障，在做好疫情科学防控工作的同时，努力保证行业生产经营的运行，尽全力为钢铁、建材、有色、石化等高温行业的正常生产运行提供保障。全行业积极为武汉疫情一线及当地疫情防控工作捐款捐物，捐款捐物总价值4300多万元。在疫情防控、复工复产以及保障重点用户的耐火材料供应等工作中，涌现出许多感人事迹，谱写了耐火人的使命与担当。协会将相关事迹在《中国冶金报》《中国建材报》及中国钢铁新闻网上进行了报道表扬。目前国内的疫情控制取得了阶段性成果，广大企业也在做好疫情防控的同时，全力做好复工复产工作，现在的复工率达到90%左右。但由于国外疫情的日益严峻，外防输入的风险和工作量日益加大，广大企业要把疫情防控作为2020年一项常态化的工作来抓，绷紧疫情防控这根弦不放松，把保障职工生命安全和身体健康作为重中之重，不能让来之不易的防控成果付之东流。

2. 行业整体市场容量增长受限，倒逼产业结构加快升级。

耐火材料应用范围比较特定，对钢铁、建材及化工行业下游依赖度高。受疫情影响，钢铁行业的产量2020年不会增加，国内耐火材料总体过剩和结构性过剩还会进一步加剧，市场份额的竞争也从增量竞争转向存量竞争，同时伴随着下游行业产品的结构调整，耐火材料自身的产品及结构也将随之调整，这必将推动耐火材料行业结构升级。我们行业应顺应和把握这一发展趋势，要继续推进重组整合，提高产业集中度，继续提高环保治理水平。更加紧贴客户需求，通过技术、工艺、装备和营销模式等全方位的集成化创新，切实提高企业自身的综合实力和竞争力。

放眼全球，国际单边主义和贸易保护主义加剧，世界经济增长态势放缓，主要经济体增速普遍回落。中美贸易磋商跌宕起伏，新冠肺炎疫情在全球的蔓延，更令国际贸易环境蒙上阴霾。尽管如此，中国耐火材料行业在国际市场上仍有强大的竞争力，国外市场的产品质量要求、价格优势、回款周期仍然有较大的空间，我们行业的优势企业，要强练内功，向外发展，进一步加大国外市场的开发力度，努力做到国内、国际两个市场一体化发展，全面提升耐火材料行业的全球竞争力。

3. 努力适应新的市场环境，创新业内竞争新形态。

首先传统耐火制品生产要实现绿色化、功能化、长寿化。传统产品制造工艺要向绿色制造和智能制造模式转变。要瞄准产品的节能降耗目标，要认真执行各级政府和行业制订的排放标准。再就是要创新商业模式。这些年，钢铁行业的区域承包模式，倒逼我们从单一产品制造商向产品制造和综合服务提供商的商业模式转型，极大地提升了行业内各企业的管理水平，优化了企业的团队结构。作为面向客户的全面解决方案综合服务提供商，必然要求我们企业内部管理模式做大的调整，对我们的企业团队水平要求更高，要求企业有良好的创新能力、设计能力、资金实力和管理水平。2019 年 11 月，国家 15 个部门联合印发了《关于推动先进制造业和现代服务业深度融合发展的实施意见》，各部门将在随后出台配套政策和细则，并推动开展试点。这是国家“两化融合”的升级版，我们耐火材料企业也要高度重视，积极应对与跟进，相信这是行业的大势所趋，方向所在。

我们企业的创新模式也要转变。要从单体技术创新，转向工艺、技术、装备、使用、维护全流程的创新；要更加重视企业的创新机制的转变，以创新机制推动企业的各项创新工作，以创新机制促创新。

4. 持续增强环保意识，进一步提高环保治理水平。

近几年，国家对环保整治的力度不断加大，国家及各耐火材料主产区地方政府也纷纷出台环保整治提升的具体文件及措施。辽宁和山东两省已分别制定了《镁质耐火材料工业大气污染物排放标准》和《山东省区域性工业大气污染物排放标准》，河南省近期发布了《河南省 2020 年大气污染防治攻坚战实施方案》，也即将发布河南省地方标准《工业炉窑大气污染物排放标准》，其他地区也制订措施，严格管控。从去年年底开始，协会也正在配合国家生态环境部大气司制定“重污染天气耐火材料行业应急减排措施和差异化管控方案”。因此，环保治理绝不是短期行为，更不是应对环保督察、环保达标的阶段性任务，已成为企业生命的底线。在环保整治过程中，将导致环保不达标的企业出局。

2020 年是打赢蓝天保卫战的收官之年，我们要按照生态环境部的决策部署，全面落实 2020 年全国生态环境保护工作会议的精神，深化认识、提高站位，切实抓好各企业的环保，担当企业社会责任，全力打赢污染防治攻坚战、蓝天保卫战，为决胜全面建成小康社会做出应有的贡献。

四、关于协会 2020 年的工作

协会第七届理事会在国资委党建工作局和中钢协党委的领导下，在全体会员单位的支持下，开展了一系列卓有成效的工作，取得了应予点赞的工作成果。2019 年 9 月协会顺利换届，各项日常工作和交接工作顺利推进，我充分肯定 2019 年协会的各项工作。2020 年行业协会要着重做好以下工作：

1. 要继续加强行业调研、继续做好行业统计工作。

协会换届后，新的驻会负责人要更多地熟悉行业，熟悉企业，熟悉和创新协会工作的方式方法。要针对行业发展存在的热点、难点问题有计划、按步骤、分区域地进行调研，了解行业存在的问题、企业的需求，同时将行业和企业存在的问题积极向国家有关部门反映，争取国家政策层面的支持。

2020 年，协会要继续做好行业统计工作。在原来统计工作的基础上，继续完善、补充统计内容，增加统计频次，定期通报行业运行状况。要努力争取各省、市地方协会的支持与配合，争取重点骨干企业的理解与支持，在钢协信息统计部的指导下，不断完善并执行统计工作制度，保障行业生产统计体系的正常运行，切实为政府主管部门提供宏观调控参考依据，为耐火材料企业生产、运行提供参考依据。

2. 进一步做好中国耐火材料行业团体标准的制修订工作、科技成果评价工作及耐火材料行业企业信用等级评价等工作。

3. 进一步推进工业和信息化部《关于促进耐火材料产业健康可持续发展的若干意见》和《耐火材料行业规范条件》的贯彻落实，不断完善行业自律机制，规范行业行为，促进公平竞争，创造条件积极引导行业协同发展，充分发挥行业协会的引导作用。

4. 进一步推进协会工作网络体系建设。

推动筹建江苏省耐火材料行业协会、鞍山市耐火材料行业协会等地方协会。中耐协要在行业内的全国性的学术技术交流、技术培训及展览会等工作起到主导作用，更好地发挥协会桥梁纽带的作用。

5. 结合疫情发展情况，合理安排好2020年协会相关的会议工作。

按照协会章程规定，协会每年3月份召开工作会议暨理事（扩大）会议，9月份召开常务理事会，年底召开会长工作会议及统计工作会议、秘书处扩大会议、专家委员会会议等。受疫情影响，为了保证行业同仁的身体健康，2020年许多应召开的会议可能会改变开会方式或延期推迟乃至取消。希望协会秘书处按政府的相关政策，结合疫情发展的实际情况，及时研判相关情况和条件，做好统筹安排及相关事项的解释、善后工作。

这次工作会议暨八届三次理事（扩大）会议，因疫情防控要求，无法按原计划召开，改以通讯会议的方式召开。召开此次通讯会议的目的，是分析2019年耐火材料行业运行情况，总结协会2019年的工作，并对2020年行业的发展和协会的工作做总体要求。对2020年下半年计划召开的一些常规会议，要提前做好统筹安排。

6. 做好第八届上海国际耐火材料展览会的筹备工作。

此次展览会将继续与中国宝武钢铁集团有限公司、上海市金属学会等单位联合主办，计划于2020年12月3~5日在上海新国际博览中心举办，同期还将举办一系列论坛及研讨会，要把上海国际耐火材料展览会打造成新技术交流、新产品推介、系统服务新模式的展示平台。

7. 坚持创新驱动和科技引领，积极响应国家15个部门联合印发的《关于推动先进制造业和现代服务业深度融合发展的实施意见》，加大全行业节能减排和环保治理力度，推动行业绿色发展和高质量发展。

8. 积极参与有关行业标准及国家标准的制修订工作。

争取参与制定生态环境部《耐火材料大气污染物排放标准》《耐火材料行业绿色工厂评价导则》《重污染天气条件下耐火材料行业分类管控》等标准的制定，在制定标准过程中，积极反映行业实际情况。

9. 继续加强国际交流，提高中国耐火材料行业的国际影响力。

10. 继续加强与工业和信息化部、国家发展改革委、生态环境部等政府主管部门的交流与沟通，主动配合主管部门在加强行业宏观调控管理的同时，创造条件及时反映行业状况和企业诉求。

11. 继续完善协会自身建设，不断提升管理效率，扎实履行服务职能。

要在国资委党建工作局及中钢协党委的领导下，积极探讨新形势下协会的工作方式方法，寻找新的工作抓手，更加注重发挥行业各类领军人物和专家学者作用。在现有的工作基础上，提升服务水平，更好地发挥平台优势，更加生动活泼地开展协会的各项工作，引导行业创新发展。

12. 加强协会体系内网站、杂志和信息平台的协调管理。继续保持与《中国冶金报》《中国建材报》的友好合作，及时发布有关耐火材料工业运行、发展的各类信息，宣传推介会员企业在转型升级、创新驱动、重组整合、环保治理及深化产业供给侧结构性改革等方面的成功经验和典型。

各位理事，各位代表，面对2020年国内外复杂多变的经济形势及新冠肺炎疫情的巨大影响，希望大家坚定信心，积极应对，把思想和行动统一到中央关于当前疫情防控和经济社会发展的决策部署上来，应对新挑战，把握新机遇。在做好新冠肺炎疫情防控工作的同时，稳步推进复工复产，行稳致远，稳中求进，稳中求新，为推动我国耐火材料行业的高质量发展做出新的贡献。

秉承创新驱动和绿色发展理念，努力做好“十四五”期间行业高质量发展工作

——在中国耐火材料行业协会2021年八届三次理事（扩大）会议上的报告

（2021年4月1日）

中国耐火材料行业协会会长　赵继增

各位领导、各位会长同志、各位同仁：

大家好！中国耐火材料行业协会八届三次理事（扩大）会议今天在古都洛阳召开。2020年的新冠疫情对国内外的经济发展影响巨大，耐火材料行业也面临前所未有的挑战和困难，回过头来看，虽然不确定因素较多，面临的情况也比较复杂，但2020年行业的发展和运行质量比预想的要好，这主要归功于我们的党和政府驾驭和应对复杂国际和国内局面能力强，各项政策应对有方，国内经济受疫情影响较之国外要好很多。我们的行业，努力按照把握新发展阶段、贯彻新发展理念、努力构建新发展格局的要求，运行稳定，成绩斐然。在座各位企业家和行业同仁，奋发有为，加之下游市场总的需求逆势增长，2020年行业取得了好业绩。成绩来之不易，这是大家努力和拼搏的结果。2021年是我国“十四五”发展规划开局之年，是中国共产党建党100周年。我们今天相聚一起，总结2020年的工作经验，交流和探讨2021年行业高质量发展的各项工作。下面我代表协会八届理事会作2020年度工作报告，并就行业的形势和2021年协会的工作讲些意见，请予审议。

一、2020年耐火材料行业运行情况

1. 行业运行总体平稳，产量与去年相比略有增长，行业的整体经济效益不如2019年，但重点企业的经营状况明显好于行业的平均水平。

2020年，根据协会统计，全国耐火材料产量2477.99万吨，同比增长1.94%。其中，致密定形耐火制品1370.94万吨，同比增长2.20%；保温隔热耐火制品62.21万吨，同比增长5.61%；不定形耐火制品1044.85万吨，同比增长1.39%。主产区中，河南省2020年耐火材料产量1020.31万吨，同比下降2.92%，产量下降时段主要发生在2020年1季度；辽宁省年产量430.30万吨，同比下降4.36%，主要原因是2020年上半年镁质原料和镁质制品市场低迷；其他省区耐火材料产量基本稳定，统计中有些省市同比变化较大的原因是统计样本数变化。各级协会鼓励更多的企业上报数据，样本数较上年度有所增长。统计归属口径调整也造成了一些变化。实际总体情况是，2020年各产地的耐火制品的产量较2020年总体稳定，优势企业较多产区，2020年耐火制品产量受疫情影响较小。

协会通过对69家重点耐材企业经营情况调研统计显示，69家耐材产量996.84万吨（含部分耐火原料），同比降低2.43%；销售收入517.54亿元，同比降低5.25%；实现利润48.30亿元。2020年行业的产量与2019年相比变化不大，耐火材料主产区2020年的税收收入较之2019年大幅度下降27%，说明全行业的经营效益在下降，特别是中小企业的经营压力较大。但行业重点骨干企业利润和效益较之2019年略有上升，说明耐火材料行业集中优势在向大企业和重点企业倾斜。产业集中度正在稳步提升。

2. 受国外疫情蔓延影响，耐火原料和耐火制品出口量价齐跌。

据海关统计，2020年全国耐火原材料进出口贸易总额31.87亿美元，比上年同期降低18.08%。其中出口贸易额29.49亿美元，同比降低16.32%；进口贸易额2.38亿美元，同比降低34.99%。全国耐火原材料出口总量536.86万吨，

同比降低9.88%。其中耐火原料出口量396.65万吨，同比降低7.58%；耐火制品出口量140.21万吨，同比降低15.82%。其中碱性制品出口量下降3.4%，但平均出口价格下降23%；电熔镁砂和轻烧镁出口量相对稳定，但平均出口价格大幅降低，分别下降32.15%和12.82%。

考虑到国外疫情严重程度及国外钢铁产量大幅下降的实际，2020年的出口情况不算太差，由于国外疫情蔓延时间维度拉长，对耐火材料出口影响的滞后效应逐步显现。部分出口产能回归国内市场，一定程度上加剧了国内市场产品竞争的激烈程度。

3. 行业在常态化疫情防控氛围中有序运行。

与其他各行各业一样，2020年全行业在新冠疫情常态化管控条件下运行，协会和全行业坚决贯彻习近平总书记重要指示精神，认真落实党中央、国务院、国资委、中国钢铁工业协会，以及企业所在的各地政府的决策部署。全行业齐心协力筑牢疫情防控屏障，各企业建立和健全了自己的防控体系，在做好疫情科学防控工作的同时，努力保证企业生产经营的运行，尽力为钢铁、建材、有色、石化等高温工业的生产运行提供保障，疫情期间全行业未发生因耐火材料供应问题造成下游钢铁等行业停产待产事故。行业和行业协会的各项工作正常推进，没有受到疫情的影响。在此也感谢大家的支持和付出。

目前国内的疫情控制基本稳定，社会经济层面正在全面恢复正常。我们的行业同仁及各位企业家，在继续做好疫情防控、做好企业的生产经营工作的同时，要考虑“十四五”期间行业本身及上下游运行情况的新变化、新特点，在构建国内大循环为主体，国内国际双循环相互促进的新发展格局中，在下游粗钢产量将被压缩的市场背景条件下，企业如何主动去适应，去调整，去作为，做好企业发展的各项工作。

二、2020年全行业创新活动、转型升级和绿色发展工作总结

1. 创新力明显提升，新技术新产品研发成果丰硕。

在2021年李克强总理的政府工作报告中，要求加快构建新发展格局，要把新发展理念完整、准确、全面地贯穿发展全过程和各领域，推动各行各业的高质量发展。创新成为高质量发展的驱动力，也正在成为我们行业发展的共识。2020年我们的企业认真履行新发展理念，企业的各项创新活动空前活跃，一批新技术新成果正在为行业发展助力。

2020年中钢洛耐公司科技创新工作取得丰硕成果，公司依托先进耐火材料国家重点实验室、耐火材料联建实验室、耐火材料国家工程研究中心和国家耐火材料质量监督检验中心等研发、检测平台，开展长寿、功能、节能和绿色耐火材料的研究开发工作，自主研发、推广的大型焦炉用节能环保新材料、RH精炼炉用无铬耐火材料、垃圾焚烧发电用高性能碳化硅制品材料、现代煤气化装置用关键耐火材料、军工领域用系列关键高温材料等，承担国家、省市科技项目共21项，获省部级奖励9项，制修订标准16项，其中国际标准2项，授权专利36项，其中发明专利19项。2020年研发的多复合尖晶石材料、梯度截热材料、芯板型复合结构透气砖、高性能碳化硅耐磨材料等9项科技成果在内部实现转化。

2020年中钢洛耐院提高科技创新能力的同时，将新技术、新方法应用到解决实际问题中，科技研制项目“基于TRIZ理论解决热风炉蓄热室换热效率低的问题”取得中国创新方法大赛河南赛区一等奖。同时其研发完成的“新一代碳化硅材料关键技术研发及产业化”项目入选2020年度郑洛新自创区产业集群专项拟支持项目。中钢洛耐科技股份有限公司研发完成的“特种钢绿色高效冶炼用优质环保无铬新材料开发与产业化应用”项目在参评的千余项国家先进科技项目中脱颖而出，荣获“金桥奖项目奖一等奖”。“优质环保无铬新材料”已在宝钢、武钢、鞍钢等企业广泛应用，大大推动国内外大中型钢铁企业无铬化的进程，为耐火材料行业与上游原料市场和下游高温行业的协同持续发展提供重要的支撑作用。

北京利尔高温材料股份有限公司2020全年共完成97项科研项目申报，申请专利194项（其中发明65项，实用新型129项），获得专利授权93项（其中发明17项，实用新型76项），参与标准制定15项（其中国际标准2项，国家标准8项，行业标准5项）。下属子公司海城利尔麦格西塔材料有限公司发明的“一种应用于有色行业的低气孔镁铬砖及其生产方法”，该发明使镁铬砖气孔率低于12%，减少对耐火砖的侵蚀，提高了耐火砖的使用寿命。导热系数减小，直接降低了炉体的温度，从而减少了能源的消耗，并且延长了炉体的使用寿命。

北京金隅通达公司作为第一完成人完成的“炉排式垃圾焚烧炉用耐火材料技术集成与产业化制备”项目成果荣获北京市科学技术奖科学技术进步类二等奖。该项目全面分析了炉排式垃圾焚烧炉耐材损毁机理，开展炉墙结构创新、关键部位用高性能耐火材料研发、湿法喷涂工艺研究、砖型标准化以及技术集成等相关工作，为焚烧炉年处理生活垃圾3300万吨提供了技术保障，推动我国垃圾焚烧技术向稳定、成熟、长寿化发展，同时也实现了低值矿物资源和工业固废的高值化利用，具有显著的经济和社会效益。项目获发明专利10项，实用新型5项，发表科技论文9篇。

瑞泰科技注重技术开发、加大科研投入，2020年在研国家项目2项，其中承担“十三五”国家重点研发计划项目课题——低导热、长寿命新型隔热耐火材料研发与应用示范，已完成项目任务；申请获批科研项目14项；开展自主研发项目数十项。瑞泰科技下属子公司郑州瑞泰研发的“低导热多层复合莫来石砖”入选《国家工业节能技术装备推荐目录（2020）》。该产品采用多层复合技术，导热系数明显降低，可有效降低水泥回转窑筒体散热损失，延长回转窑使用寿命，提高回转窑运转率。

濮耐集团2020年度公司获授权专利58个。其中发明专利4个，实用新型54个。公司申报的《节能型中间包工作衬的研制与应用》获得河南省科技进步奖二等奖。“微晶菱镁矿生产高纯氧化镁关键技术与应用”“免烧低铝莫来石制品关键技术及应用”2个项目通过河南省耐火材料行业协会组织的专家组科技成果技术评价，项目达到国际先进水平。

中冶焦耐院发明的“两塔式减压焦油蒸馏工艺及其装置”获中国专利优秀奖（国知发运字〔2020〕28号《国家知识产权局关于第二十一届中国专利奖授奖的决定》）。这是继2015年以来，中冶焦耐连续第五年获得中国专利奖，这是对其科技创新能力的认可，也是对知识产权高质量发展的肯定。

武汉科技大学依托其雄厚的科研实力，“十三五”期间共获得400项专利，是目前国内耐火材料专利最多的单位。2020年研制发明的“一种原位生成氮化铝-碳化硅固溶体复相陶瓷及其制备方法”，工艺简单、操作方便，制备的原位生成氮化铝碳化硅固溶体复相陶瓷的密度低、质量轻、结构均匀致密、耐高温、抗氧化性能、抗水化性和强度高。

山东耐材集团以市场为导向，强化科技引领，推动技术创新，在2020年山东省创新方法大赛中获得一等奖1项、二等奖1项的优异成绩，为山东耐材创新成果再添佳绩。

2020年，鲁阳节能在研发工作中明确提出了分段管理的新思路，围绕用户痛点开发和完善现有产品，一切从市场需求出发研究新品种、新结构，加强产品试产与试销的组织与领导，全年完成研发课题13项，完成专利申请104项。高密度纤维板、可溶纤维层铺模块、高温修补涂料、乙烯裂解炉全纤维炉衬结构等一大批新品种、新结构成为公司开疆拓土的生力军。

2. 优化结构、提升产业集中度、增强产业竞争力，推进行业转型升级。

优化结构、提升产业集中度、增强产业竞争力，推进行业转型升级，是耐火材料行业同仁和协会多年来的夙愿。近年来在国家和地方政策的鼓励下，特别是各级政府的环保治理，钢厂耐火材料采购的区域承包，有力推动行业转型升级和管理提升，实现逆势新跨越。越来越多的企业抓住市场向优势企业倾斜的有利时机，做大做强。有的企业积极创造条件争取上市，扩大兼并重组成果，不仅提高了企业竞争力，增强了企业抵御经营风险的能力，提升了企业生产技术装备水平，有力促进了产业集中度的提升。

中钢洛耐科技股份有限公司是由中钢集团耐火材料有限公司和中钢集团洛阳耐火材料研究院有限公司于2019年12月重组成立的一家集高端耐火制品研发与制造、工程设计与技术服务于一体的大型国有高科技企业。2020年实现了厂院整合，打造了新的“洛耐”，完成了混改、股改工作，12月21日，中钢洛耐科技股份有限公司（以下简称中钢洛耐）A股IPO获上海证券交易所受理。中钢洛耐拟登陆上海证券交易所科创板。中钢洛耐以“建设具有国际竞争力的世界一流耐火材料企业”为目标，实施科技创新和资本运营双轮驱动战略，立足高温工业，服务新兴产业，致力于成为最具创新能力和市场价值的科技型上市公司。

瑞泰科技与中国宝武的重大资产重组，是2020年行业转型升级的重大事件。中国宝武拟将瑞泰科技打造成为与全球最大钢铁企业相匹配的耐火材料供应商，成为中国宝武的耐火材料专业化平台和一级子公司。打开了我国耐火材料行业联合重组新局面，对我国耐火材料行业发展将产生深远影响。

北京利尔高温材料股份有限公司抓住市场资源向优势企业转移的时机，加大纵向发展、横向拓展战略实施力度，加快国内产业布局的同时，加大科技投入，公司积极推进自动化生产线建设，洛阳利尔功能材料有限公司建有 MES、DCS 智能系统中控室，可实现生产全流程无人化操作。在此基础上，以企业资源计划（ERP）为纲，以制造执行系统（MES）为领，使得客户的物料需求计划（MRP）无缝对接生产车间，数字化分解并串联采购、质检、物流等部门；使得冰冷的生产线无形中温暖活动起来，未来可通过商业智能（BI）的嵌入，利用前期积累数据的挖掘和自我分析，来辅助商业决策的制定。利尔高铬砖智能化生产线是全球最先进的生产线，投资约 2.0 亿元人民币。该项目是北京利尔公司乃至耐材行业高质量发展的标杆性工程。

濮耐高温材料（集团）股份有限公司作为河南省民营企业 100 强企业，积极实施装备升级和产业布局融合发展。2020 年规划项目 69 个，投资金额 3.41 亿元，其中大于 500 万元的重大项目立项 13 项，投资金额 2.57 亿元。重大投资项目建设稳步开展。各项目指挥部严格按照工期要求，克服地质、天气、疫情、安装、运输等多方面困难，立体交叉作业，保证项目的推进与实施。其中西厂迁建项目已完成厂房主体建设，主要设备已安装完毕；柳屯年产 1 万吨转炉挡渣板智能制造项目已完成设备调试；青海濮耐年产 6 万吨大结晶项目、年产 12 万吨高密高纯氧化镁项目及配套设施已建成并投入使用，电工级氧化镁与镁碳砖项目钢构厂房框架已安装完成；西藏翔晨镁业 20 万吨轻烧氧化镁、6 万吨电熔氧化镁已建成投产。营口濮耐镁碳砖装备升级、功能公司三大件窑炉、上海宝明自动化配料线等设备升级改造项目稳步推进。

金隅通达公司牢固树立创新、协调、绿色、开放、共享的发展理念，立足我国高铝矾土资源特点，充分利用自产均质料，围绕水泥窑煅烧工艺，特别是协同处置水泥窑工艺工况变化以及对耐火材料需求和耐火材料的损毁情况开展研究，开发水泥窑用系列低导热莫来石新型耐火材料。

山东耐材集团以市场结构调整、企业转型发展为主线，加大原材料投入，王村铝土矿有限公司（以下简称王铝矿）在淄博市国有采矿权公开出让竞标中经过 237 个回合的激烈竞标成功获得 600.5 万吨地下耐火黏土资源采矿权。王铝矿具有 60 年以上耐火黏土开采历史，拥有国内大型耐火原料矿山，以及成熟的生产工艺。王铝品牌“焦宝石”产品享誉国内外，凭借突出的质量优势，已拥有相对固定的用户群，市场竞争力明显。

山东耐材鲁耐窑业公司坚持推动形成国内大循环为主体，国内国际双循环相互促进的新发展格局，坚持高质量发展，“莫来石红柱石系列产品”获山东省品牌创新成果奖，产品广泛应用于国内国外高炉、热风炉、干熄焦和化工危废炉等窑炉上，为高温设备长寿化做出了积极的贡献。

浙江自立公司面对困难，积极拓宽思路，争取市场，2020 年获得宝钢德盛不锈钢有限公司铁水包、钢包、母液包区域和 RH/LF/VOD 炉区域耐材总承包，获得重庆钢铁股份有限公司一炼钢钢包精炼区域耐材总承包；公司新建年产 1 万吨滑板项目和年产 5 万吨烧结板状刚玉项目，并投入生产，同时筹备建设年产 4 万吨绿色优质耐火材料建设项目，这三条生产线达产后，不仅能拓宽公司的产能、产品种类及覆盖范围，还将为公司带来更多经济增长点及更强的市场竞争力。

河南熔金股份系国家高新技术企业，主要从事钢铁行业炼钢系统转炉、钢包、中间包用全套功能耐火材料及配套滑动水口机构专业生产企业，核心产品滑板具有较高的市场占有率，同时，还提供转炉、钢包、中间包用全套功能耐材设计、生产及现场施工整体承包服务，2020 年获国家第二批专精特新“小巨人”荣誉称号。12 月 8 日河南熔金高温材料股份有限公司完成 A 股 IPO 辅导备案。

攀钢冶材公司 AMC 复相新材料中试生产线 9 月 19 日正式开炉，并于 9 月 20 日凌晨 1 时 30 分生产出 20 余吨合格产品。随着该中试生产线投入运营，冶材公司实现了利用攀钢相关特殊无机固废资源合成新型高级特色复相耐火原料。同时，这为该公司充分利用攀西地区丰富水电，开发利用攀西地区非金属自然资源、攀钢系列特殊无机固废资源提供了中试平台，标志着该公司在无机固废综合利用和企业转型发展中迈出崭新步伐。

2020 年，鲁阳节能公司面对严峻的疫情危机，确立了“提质、调价、满负荷”的经营策略，果断开展销售转型、生产转型、管理转型工作，全员全力响应、快速行动，自 2020 年 8 月份扭转局面，迎来产销两旺、供不应求的好形势。特别是11月份，单月发货量突破5万吨，创历史新高。2020年公司营业收入增长8.3%，利润增长接近10%，取得了骄人的业绩。

唐山市国亮特殊耐火材料有限公司本着强基固本，精细管理，严格执行“精细，数据，创新，高效”八字方针，加大企业规范化进程。同时注重研发驱动，技术领航，2020年公司加大研发力度，成功申报国家级博士后工作站，公司研发中心同时拥有省级专业化研发平台4个、市级研发平台3个。

2020年唐山国亮特耐入选“河北省优秀民营企业”“河北省千家创新型领军企业”等荣誉。

辽宁中镁控股股份有限公司，为了充分利用新疆区域的菱镁产业资源，布局西北地区乃至“一带一路”中亚沿线的镁质耐火材料及蓄热材料市场，与吐鲁番金源矿冶有限责任公司共同出资设立新疆中镁金源矿业有限公司。合资公司能较好地实现优势互补，有利于充分对接新疆区域的菱镁产业资源，布局西北地区乃至“一带一路”中亚沿线的镁质耐火材料及蓄热材料市场供应，从而降低投资风险，加快后续推进进度。

银耐联公司在2020年则迎来了巨大的发展机遇，作为“互联网+耐火材料产业”的创新实践者，2020年的新冠肺炎疫情给生产、流通企业的生产经营带来了巨大的挑战，但在线物流服务爆发性增长，银耐联全年累计为1000多家企业提供了9000多次运力报价及车辆匹配，完成在线物流交易5000多笔，实现货物运输超20万吨。线上交易规模实现倍增，2020全年，银耐联平台在线签订交易合同15150笔，交易数量超过70万吨，累计交易规模超20亿元，较往年大幅增长。全面助力行业企业数字化进程，银耐联公司与德国SAP集团建立战略合作关系，共同探索耐火材料企业数字化的最佳实践，助力企业转型升级和实现高质量发展。

鞍山钢铁冶金炉材科技有限公司与鞍山市和丰耐火材料有限公司于2020年11月17日签署混改协议，双方突破理念，拓宽格局；优化配置，激发内生动力；畅通瓶颈，有机衔接市场，加快形成高端产业链价值链，打造钢铁、菱镁产业发展增长极，以“1+1>2”的改革实效更好地服务于鞍山、鞍钢高质量发展大局。

在过去的一年，海镁集团苦练内功的同时，扩大生产能力，2020年9月海镁集团轻烧闪烁悬浮炉项目第三条年产5万吨轻烧粉生产线一次点火成功。自此，海镁集团投资2.3亿元建设的轻烧闪烁悬浮炉项目三条生产线全部进入运行状态，年产量可达25万吨。达产后，可置换集团现有的20座轻烧反射窑，使菱镁粉矿、浮选精矿、尾矿可以实现综合循环利用。

业内还有许多增强产业竞争力、推进行业转型升级的成功案例，在此不一一列举。

3. 践行绿色耐材发展战略，大力提倡智能制造。

2020年7月，生态环境部修订完成了《重污染天气重点行业应急减排技术指南（2020年修订版）》（环办大气函〔2020〕340号）。此次修订扩大了绩效分级行业范围，涉及的行业包括耐火材料。按照国家关于环保治理的相关部署，为了帮助耐火材料会员企业更好地了解《指南》的内容及所涉及的相关技术问题，引导会员企业认真履行社会责任，响应政府号召积极实施环保治理措施、投资配置符合排放要求的环保装备，配合政府主管部门强化环保治理，中国耐火材料行业协会组织召开了《重污染天气重点行业应急减排技术指南（2020版）》解读及相关问题技术交流培训视频会议。为了配合国家相关规定，山西省、河南省、山东省、辽宁省纷纷出台大气污染治理方案，全面实施绩效分级差异化减排。经过全行业的共同努力，行业获生态环境部“绩效评级A级企业”4家，“绩效评级B级企业”17家，绩效引领企业15家。

洛阳利尔功能材料有限公司、唐山市国亮特殊耐火材料有限公司、后英集团海城市高新技术产品有限公司、海城利尔麦格西塔材料有限公司、河南竹林庆州耐火材料有限公司、郑州新光色耐火材料有限公司、海城市中炅镁业有限公司等企业正式入选工业和信息化部第五批《绿色工厂公示名单》。部分企业被评为省级绿色制造工厂。海城后英、海城中兴等三家耐火材料企业被评为第五批辽宁省级绿色制造工厂，瑞泰马钢新材料科技有限公司获安徽省“绿色工厂”称号。

2020年工业和信息化部办公厅印发《建材工业智能制造数字转型行动计划（2021—2023年）》，其中，耐火材料行业：重点形成原料制备、压机控制、窑炉优化、在线监测、全自动立体仓库等集成系统解决方案。耐材行业建成一批智能工厂和数字化车间。

郑州瑞泰环境友好型耐火材料智能制造车间

入选河南省省级智能车间，这标志着郑州瑞泰智能生产制造迈上了新台阶，实现了新突破。

郑州瑞泰智能车间管控系统实现了耐火材料制造过程中的全部数字化管理与控制，包括生产计划、作业派工、库存等管理以及设备联网、数据自动实时采集、工业大数据分析和现场看板化展示等。在生产过程中，从粉碎、配料、成型、烧成、检测、包装流程全面实现自动化、数字化、网络化、智能化。

唐山国亮公司近年来在企业转型升级，推进绿色生产、智能制造方面成绩斐然，新投产的镁碳砖智能生产线（一期年产3万吨），已达到了国际先进水平。该生产线引入多台套智能仓储系统、智能机器人等国际先进生产设备，并首家引进3D视觉激光检测技术，实现了产品全流程自动管控；不但大量节约人工成本，增加产能，而且能实现污染物超低排放。此外，该项目采取5G技术，构建车间的物联网、大数据平台，刷新了全省耐材行业数字化、智能化生产水平纪录，成为省耐材行业的新标杆，被省发展改革委纳入战略性新兴产业专项支持计划。该项目投资5000万元，预计实现销售收入12000万元，利税约4000万元。

瑞泰科技与腾讯云签署战略合作协议。双方将围绕智能制造、云计算大数据、数字化透明工厂等领域开展全方位的合作，共同打造智能制造的标杆。在此次合作中，腾讯云将与瑞泰科技共同围绕岗位、产线、车间、工厂四个层面全面推进智能制造；通过云计算大数据技术应用以及透明化数字工厂的构建，实现工艺流程优化、产品结构改善的目的，全面提升制造企业的数字化水平。

三、协会2020年开展的主要工作回顾

1. 众志成城抗疫情，复工复产保运行。

2020年新年伊始，新冠肺炎疫情突然爆发，中国耐火材料行业协会坚决贯彻执行习近平总书记重要指示精神和党中央、国务院、国资委、中国钢铁工业协会的决策部署及相关指示精神，号召全行业齐心协力筑牢疫情防控的屏障，在做好疫情科学防控工作的同时，努力保证行业生产经营的运行，尽全力保障钢铁、有色、建材、化工等高温行业的正常生产。

疫情发生后，赵继增会长非常重视疫情防控工作。元月27日（大年初三），赵会长即电话联络驻会副会长李永全及秘书长柴俊兰，指示协会全面启动疫情防控工作。赵会长要求协会秘书处积极动员行业企业行动起来，响应党中央号召，科学精准防疫，要及时掌握业内人员感染情况，跟踪行业运行特别是处于疫区的武钢耐火材料公司企业员工的健康和企业生产情况。协会微信公众号成为发布行业倡议和相关信息的主渠道，及时发布相关信息及倡议和通知，向协会会员单位及全行业两次发起倡议。

元月底，协会倡议动员全行业的力量，捐款捐物。协会会长、驻会副会长和秘书长及时与各位副会长单位、行业骨干企业商议捐赠组织工作，并及时跟踪掌握相关情况。倡议发出后，得到了行业各企业的积极响应。据秘书处不完全统计，截至2月底，协会会员企业及行业个人向武汉市或公司所辖地红十字会或慈善总会捐款人民币超过4300万元，另外还捐赠了大批口罩、防护服、测温枪等防护用品及食品。据协会统计，北京利尔、濮阳濮耐、山东鲁阳节能、浙江自立、海城后英、辽宁青花、江苏苏嘉、营口金龙、嘉晨集团、海城峰驰、重庆博赛、西部矿业、海城市中昊镁业等给武汉市红十字会或当地政府的捐款均超过100万元，山西省耐火材料协会和孝义市耐火材料协会组织其会员单位捐款超过500万元。协会对在疫情防控中积极捐款捐物、奉献爱心的企业及时用协会微信公众号发布进行表扬。

随着国内疫情得到有效控制，协会积极响应国家发展改革委、民政部印发的《关于积极发挥行业协会商会作用支持民营中小企业复工复产的通知》，主动作为，积极调研，引导行业创造条件复工复产。从2月7日开始，协会驻会负责人逐一联系了解行业重点企业的复工复产情况及存在的问题和困难；2月18日，协会通过官方网站向全行业点对点发布了复工复产情况调查问卷，了解全行业企业的复工情况及存在的困难。同时联系工业和信息化部，搜集整理重点企业的国际物流需求调查表反馈给工业和信息化部，解决行业企业受疫情影响在国际物流中遇到的困难；搜集整理关键投资项目清单，报工业和信息化部，寻求工业和信息化部对行业重点投资项目的资金支持和政策支持。

经过全行业的共同努力，全行业的生产经营处于正常运行状态。疫情期间，没有发生因耐火材料供应不及时而导致钢铁、有色、建材、石化等用户行业的停工、停产。重点企业的生产经营也没有因疫情受到很大的影响。

2. 继续加强行业调研及行业生产统计工作，助力行业健康稳定运行。

及时开展行业调研和统计工作，了解行业运行情况，是协会开展各项工作的基础。2020年1~7月份，受新冠肺炎疫情的影响，协会的调研主要通过电话或微信联系，了解重点省市及重点企业疫情影响下的生产经营情况、进出口情况及疫情防控情况。7月份疫情防控形势好转后，协会驻会负责人首先赴辽宁海城市和大石桥市进行调研；8月初，利用参加中钢协理事会的机会，赵继增会长亲自带队，先后赴江苏省无锡市、宜兴市，浙江省长兴、湖州、德清、上虞等地调研；9月初，赵会长带队，赴河南省新密、登封、新郑、伊川、洛阳等耐火材料重点生产地区调研、走访；10月29~30日，李永全副会长带队，赴山东淄博调研。11月，李永全副会长、秘书长柴俊兰、顾问徐殿利一行利用在辽宁开会的机会，在辽宁调研了部分重点企业。在调研过程中，与当地主管部门领导、协会领导及重点企业进行座谈，了解在疫情影响下当地的耐火材料生产运行总体情况，重点企业的生产经营情况、进出口情况及环保治理过程中遇到的困难，共同分析原因、寻求应对措施；同时，积极向相关政府部门反映企业诉求，提出合理化建议，为耐火材料行业争取稳定有序的生产运行条件，并向他们介绍耐火材料及上下游行业运行情况及进出口情况。通过系列调研，使协会对各地区及重点企业的生产运行、经营情况、技术创新、装备升级和环保治理等方面的情况有了更进一步的了解。

2020年，协会继续提升网上统计系统，充分利用统计系统提供的数据，综合上下游行业数据和耐火材料进出口贸易数据，并对70多家业内重点骨干企业和各省、市耐火材料的经营数据进行统计分析，了解全国及重点产区、重点企业1~9月份的经营质量，从而对行业情况进行综合研判。对统计数据进行综合分析、整理后，每季度及半年发布行业运行情况通报，为上级主管部门、耐火材料主产区管理部门及耐火材料行业企业和行业同仁了解行业运行情况提供第一手数据，助力行业健康稳定运行。

为使统计数据更加真实地反映行业实际，进一步了解会员企业情况，2020年，协会秘书处已经启动统计系统升级，扩大了网上填报单位的范围，尽可能覆盖全国规上耐火原料和制品的生产企业，了解每个企业的产量、产能和装备情况及整个行业的情况。升级各项工作正在进行中。

3. 按时组织召开2020年协会工作会议暨八届二次理事（扩大）会议、中国耐火材料行业协会八届四次常务理事（扩大）会议、专家委员会工作会议、统计工作会议、会长工作会议等。

协会2020年工作会议暨八届二次理事（扩大）会议原计划于2020年3月下旬在重庆召开。但为了配合疫情防控工作，保障行业同仁的健康和安全，最终“中国耐火材料行业协会2020年工作会议暨八届二次理事（扩大）会议”以通讯会议的形式召开。

通讯会议将赵继增会长所作的协会工作报告和协会秘书处所作的2019年行业生产运行情况分析报告以邮件的形式发给了各会员单位，并且用协会微信公众号进行了发布。

中国耐火材料行业协会八届四次常务理事（扩大）会于9月23日在唐山顺利召开。协会常务理事及代表、副秘书长及会员企业的代表共计200余人参加了会议，会议由赵继增会长主持。会议邀请到了中国钢铁工业协会屈秀丽副会长和工业和信息化部原材料司王争莅临会议指导。会议首先审议了“关于吸收新会员的议案”，屈秀丽副会长作了题为《2020年钢铁行业运行状况及后期展望》的报告，李永全副会长向会议通报了2020年上半年耐火材料工业的生产运行情况，柴俊兰秘书长向大会报告了今年以来协会开展的主要工作及第四季度重点工作计划。在随后的论坛环节，在赵继增会长的主持下，参会的几位副会长唐山市国亮特殊耐火材料有限公司董事长董国亮、濮阳濮耐集团董事长刘百宽、金隅通达总经理高长贺、辽宁省非金属矿工业协会常务副会长张国栋、青岛正望集团董事长张正民先后发言，就绿色发展、创新发展、高质量发展及制品、原料市场存在的问题等发表了各自的看法，对行业发展有指导意义。

中国耐火材料行业协会专家委员会工作会议于10月23日在内蒙古准格尔旗顺利召开。协会专家委员会主任委员、副主任委员、委员、秘书长等20余位代表参加了会议。会议主要议题包括：耐火材料行业“十四五”规划建议稿征集意见汇总介绍、讨论交流行业“十三五”期间取得的成绩及行业“十四五”期间发展目标。会议还讨论了“十四五”规划稿文本框架、编写进度，并进行了工作分工。会议由李永全副会长和柴俊兰秘书长主持。在听取了李永全副会长对“十四五”

规划建议稿的编写征集意见汇总情况的介绍后，与会专家围绕“‘十三五’期间取得的成绩及‘十四五’期间拟达到的目标”这一主题展开了热烈的讨论。与会专家对耐火材料行业在“十三五”期间取得的成就给予了充分肯定，也对“十四五”行业发展重点发表了各自的意见。

中国耐火材料行业协会2020年度统计工作会议（视频）于2020年11月19日上午召开。参加会议的有中耐协及各省、市（地区）协会主要领导、部分重点企业负责人、统计工作负责人和全国耐火材料重点统计企业的统计人员、行业生产统计工作先进个人代表等共70余人。会议由柴俊兰秘书长主持。李永全副会长作了2020年行业统计工作报告；会议表彰了2020年度统计工作中涌现出的6个先进集体和63名先进个人；对2020年年报和2021年定期报表制度及网上统计升级填报进行了培训讲解，并且现场解答了参会代表的提问，对网上系统的完善提出了更高的要求。

12月18日，中国耐火材料行业协会会长工作会议在广东佛山顺利召开，协会会长、副会长、秘书长及有关省市协会的代表50余人参加了会议。

会议由中国耐火材料行业协会会长赵继增主持，赵会长在主持会议时表示，2020年新冠肺炎疫情对各行各业造成了巨大的影响，耐火材料行业也遭遇了前所未有的挑战和困难，但归功于党和政府强大的应对复杂国际、国内局面的能力，以及行业广大同仁的拼搏和努力，也得益于下游行业的强劲需求，耐火材料行业整体运行质量好于预期。此次会议邀请了中信建投分析师秦源博士，对钢铁行业的联合重组并购及对耐火材料行业发展的影响、耐火材料并购整合过程中的相关准备工作等内容进行了分享交流。李永全副会长就2020年前三季度耐火材料及主要下游行业生产运行情况作了分析报告，2020年耐火材料行业虽然整体利润和税收水平不及2019年，但行业运行质量包括耐火原材料进出口情况均好于预期。李会长在报告中还就中耐协组织专家们编制的“中国耐火材料行业‘十四五’发展规划建议稿”中有关行业“十三五”科技进步、“十四五”发展目标等一些议题做了重点讨论交流。柴俊兰秘书长作了“中国耐火材料行业协会2020年工作总结及2021年工作设想”的报告，汇报总结了协会在2020年所做的15项重点工作和取得的成绩，提出了明年协会工作设想。并就2021年行业协会成立三十周年纪念活动、行业“‘十四五’规划建议”的贯宣工作做了介绍，提交会长会讨论。

在会议交流环节中，与会的会长们针对行业的发展、行业的兼并重组，以及“十四五”规划发展目标、协会下一步工作等展开了热烈讨论。会长赵继增，候任会长曾大凡，协会副会长马列鹰、鹿成滨、杨强、张正民、车连房、靳亲国等就上述议题发表了各自的见解。

4. 继续组织开展行业团体标准的制定工作。

根据质检总局和国家标准委印发的《关于培育和发展团体标准的指导意见》(国质检标联〔2016〕109号)，协会2020年继续组织开展团体标准的制定工作。

2019年5月5日下发了中耐协发办字〔2019〕14号关于下达《第四批耐火材料产品团体标准制定项目计划的通知》，该批共有12个项目，分两个部分完成。2020年9月份前，完成了第一部分，即焦炉用半硅砖、焦炉用高铝砖、焦炉用黏土砖、焦炉用致密硅砖、焦炉用硅砖、焦炉用硅线石砖、连铸三大件用液体酚醛树脂、耐火材料用钛铝酸钙原材料、多复合尖晶石砖9个项目，这些项目分别由中冶焦耐（大连）工程技术有限公司、中钢洛耐、绍兴上虞自强高分子化工材料有限公司、锦州国泰等单位负责起草。经过协会及起草单位的共同努力，目前已完成出版稿，2020年8月3日发布，2020年9月30日正式实施。第二部分包括《焦炉用缸砖》《焦炉用隔热砖》《焦炉用堇青石砖》《焦炉用漂珠砖》《焦炉用预制浇注料》《膨胀珍珠岩》6项产品团体标准，由中冶焦耐（大连）工程技术有限公司等负责起草，现正在起草征求意见稿，2021年6月底前完成出版稿并发布、实施。截至目前，协会共组织完成27项团体标准的制定。

5. 积极参与耐火材料行业标准及国家标准的制定工作。

2020年，协会联合冶金工业信息标准研究院、北京利尔、山西西小坪、天津秦元等负责起草单位，河北北方窑业、浙江金磊、郑州安耐克、海城利尔、唐山时创、佛山恒力泰、淄博桑德、马鞍山利尔、青岛正望、洛阳利尔、海城镁矿集团、海城中兴、河南熔金等企业参与起草，继续组织制定《耐火原料单位产品能源消耗限额》(2018-0440T-YB)、《铝硅质耐火制品单位产品能源消耗限额》(2018-0421T-YB)、《镁质耐火制品单位产品能源消耗限额》(2018-0439T-YB)、《特种耐火制品单位产品能源消耗限额》(2018-0447T-YB) 4个行业标准。经过协会多次进行企业调研、收集数据、分析整理工作，在起草单位、参与单位的共同努力下，4个行业标准已经完成。通过四项单位产品能耗限额标准的制定，进一步摸清了行业主要产品和原料的能耗情况，推进先进技术应用、规范市场准入，淘汰落后。同时也使制定的能耗标准更加符合行业实际，为下一步行业实现节能降耗、绿色发展提供参考。

协会还参与了《耐火材料行业大气污染物排放标准》(2020—2022) 1项国家标准及《耐火材料行业绿色工厂评价导则》(2018—2020) 等3项行业标准的制定工作。

6. 继续积极宣传推进《规范条件》和《管理办法》的实施，引导行业高质量发展。

2014年以来，工业和信息化部《耐火材料行业规范条件（2014年本）》及《耐火材料行业规范公告管理办法》相继出台。几年来，协会采用多种方式积极宣传《规范条件》和《管理办法》，引导耐火材料企业加快兼并重组步伐，提升管理、优化产业结构、努力提质增效，推动转型升级，取得了十分明显的成效。自2014年《耐火材料行业规范条件（2014年本)》出台至今，行业内先后有两批72条生产线符合规范条件、通过工业和信息化部审核并在网上发布（2018年1月，第一批40条生产线；2020年1月，第二批32条生产线）。

2020年，协会继续做好工业和信息化部与地方工信部门及会员企业的沟通，应邀参加工业和信息化部原材料司举办的2020年度建材行业规范（准入）公告申报及动态检查工作视频会议，及时将会议精神用协会微信公众号转发，积极推进符合规范条件生产线的申报及评审工作。目前有第三批近100条生产线已经通过专家的初步评审，等待工业和信息化部评审、公示。

7. 与第三方合作，继续开展行业企业信用评价工作。

根据《国务院办公厅关于加快推进社会信用体系建设构建以信用为基础的新型监管机制的指导意见》(国办发〔2019〕35号) 文件精神，为了深化新时代耐火材料行业的体系建设，按照“支持有关部门授权的行业协会、商会协助开展行业信用建设和信用监督”的要求，中国耐火材料行业协会决定，与第三方北京国富泰信用管理有限公司合作，继续在全行业组织开展企业信用评价工作。

2020年以来，协会共组织3批信用评价，第一批和第二批共有28家企业提出参评申请，经协会信评办核实申报材料，有24家企业符合参评条件。根据中国耐火材料行业企业信用评价管理办法的相关规定，对首次参加行业信用评价的企业，按照“申请提交参评材料—协会信评办审核材料—第三方信用评价—协会信评委审议—结果在相关网站公示—协会发信用等级证书及牌匾—宣传推广—年度复评—重新申报”的程序进行评价。目前，第一批郑州振东科技有限公司、山西禄纬堡太钢耐火、唐山国亮、济南鲁东、河南熔金等13家，第二批浙江红鹰集团、青岛正望、海城市后英等11家企业已完成评价。目前第三批有浙江自立等企业提出参评申请，正在准备材料中。

8. 积极响应党中央环保部署，为提高全行业节能减排和环保治理的整体水平履职尽责。

按照国家关于环保治理的相关部署，协会坚持把节能减排和环保治理摆在行业发展与进步的重要位置，利用多种渠道宣传节能减排及环保政策，与企业联系或深入企业调研，引导会员企业认真履行社会责任，响应政府号召积极实施环保治理措施、投资配置符合排放要求的环保装备，配合政府主管部门强化环保治理；国家和地方政府发布的关于环保治理及节能减排方面的法律法规、管理规定、有效措施等，协会也都及时通过微信公众号发布，引导企业遵照执行。这些工作引起了企业对环保及节能减排工作的重视，促进了先进节能减排、环保治理技术及装备在耐火材料行业的推广和应用，也有效推动了全行业的节能减排和环境治理工作。

与此同时，与生态环境部大气司紧密配合，参与“重污染天气耐火材料行业应急减排措施制定技术指南”的起草工作。在参与过程中，和行业内重点企业，各省、市耐火材料协会反复沟通，并且专门组织召开讨论会，了解行业的实际情况，向生态环境部大气司积极反映行业实际情况，最终使制定的指南基本能够反映行业实际，指导行业企业推进环保治理。指南发布后，为了帮助会员企业了解指南详细内容及申报A级、B级企业，邀请有关专家，于11月2日举办了“《重污染天气重点行业应急减排技术指南（2020版)》解读及相关问题技术交流会”(视频)，各省、市协会负责人及相关企业或部门负责人近100人参加了会议，专家对提出的问题进行了详细解答。协会也配合生态环境部，向其积极推荐行业内符合A类标准的企业名单，并和大气司一起对A类企业核查调研。截至12月10日，行业内绩效评级A级企业有郑州瑞泰耐火材料科技有限公司、郑州远东耐火材料有限公司、河南瑞泰耐火材料科技有限公司、唐山市国亮特殊耐火材料有限公司四家企业；B级企业有洛阳利尔功能材料有限公司、洛阳洛耐希利科新材料有限公司、河南竹林耐火材料有限公司、郑州安耐克实业有限公司、巩义通达中原耐火技术有限公司、郑州豫兴热风炉科技有限公司、郑州玉发精瓷科技有限公司、河南赛隆科技有限公司、安迈铝业（青岛）有限公司、阳泉金隅通达高温材料有限公司、山西阳泉华岭耐火材料有限公司等17家企业；绩效引领企业有郑州振东科技有限公司、河南竹林庆州耐火材料有限公、郑州博达耐火材料有限公司、郑州荣盛窑炉耐火材料有限公司等15家企业。

9. 认真对待企业诉求，贴心服务会员单位，会员队伍不断扩大。

协会一贯认真对待会员企业的各类诉求，及时协调处理。对会员单位申请上市、申报品牌、注册商标、申评科技成果奖励、信用评价、标准制修订等方面的需求，实事求是地给予支持。对企业提出的工艺、技术、装备及市场动态等各类咨询，努力做到有求必应，有问必答，不推诿、不拖延。

2019年9月份协会八届理事会成立时，会员单位有422家。自八届理事会成立后，先后有大连辽冶矿产有限公司、山东森元重工科技有限公司、郑州建信耐火材料成套有限公司、河南省瑞泰科实业有限公司、郑州华隆机械制造有限公司等34家单位成为协会会员（见表1），协会会员队伍不断壮大。

表1 2020年新加入协会的会员单位

序号	单位名称	序号	单位名称
1	山西西小坪福跃耐火材料有限公司	5	洛阳科创新材料股份有限公司
2	海城海鸣矿业有限责任公司	6	西安聚源新型耐火材料有限公司
3	安徽瑞泰新材料科技有限公司	7	河南斯拓克研磨科技有限公司
4	安徽海螺暹罗耐火材料有限公司	8	陕西商南铬镁材料有限公司

续表1

序号	单位名称	序号	单位名称
9	大连辽冶矿产有限公司	22	济源市耐火炉业有限公司
10	北京瑞普同创科技发展有限公司	23	四川省银河化学股份有限公司
11	登封市豫登耐火材料厂	24	伊川县金桥钢铁炉料有限公司
12	海城市海英高级耐火材料有限公司	25	平定县恒旺耐火材料有限公司
13	恺悦耐火材料（湖州）有限公司	26	郑州荣盛窑炉耐火材料有限公司
14	山东森元重工科技有限公司	27	无锡爱德旺斯科技有限公司
15	唐山市唐保耐火材料有限公司	28	唐山英莱科技有限公司
16	郑州建信耐火材料成套有限公司	29	绍兴市九鑫环保有限公司
17	河南省瑞泰科实业有限公司	30	郑州德诺耐火材料有限公司
18	陕西正兴炉业有限公司	31	商南金石工贸有限公司
19	苏州兴业材料科技股份有限公司	32	辽宁省特种资源产业发展中心
20	上海毅顿纳米科技有限公司	33	郑州市德润磨料有限公司
21	郑州华隆机械制造有限公司	34	山东铭仁重型机械股份有限公司

协会在日常工作中注重加强与工业和信息化部、生态环境部、国家发展改革委等上级主管部门的沟通交流，除积极向相关政府部门反映行业状况、企业诉求外，还为主管部门政策出台提供专业咨询和技术支持，积极参与政府主管部门的政策调研。这不但密切了协会与政府各主管部门的合作关系，争取到了在国家制定有关耐火材料产业政策过程中的知情权和话语权，重要的是让主管部门对我国耐火材料工业的综合情况有了更客观、更全面、更及时的了解，使政府宏观调控政策能够更切合产业实际，为耐火材料工业的发展谋求更大、更有利的空间和条件。2020年协会

先后多次参与工业和信息化部、生态环境部对行业情况的视频咨询会、评审会。

10. 主办或参与组织行业展览会、技术交流会，促进行业产、学、研、用的交流与合作。

2020年，协会继续主办或联合主办，或支持参与行业内的学会及省协会举办的展览会或技术交流会、学术研讨会等，以此促进行业产、学、研、用的交流与合作。

2020年12月3~5日，协会与中国宝武钢铁集团有限公司、上海金属学会联合主办的第八届上海国际耐火材料展览会在上海新国际博览中心如期召开。中国耐火材料行业协会会长、北京利尔董事长赵继增，中耐协驻会副会长李永全、秘书长柴俊兰、顾问徐殿利，中耐协副会长、濮耐股份董事长刘百宽，中耐协副会长、青岛正望董事长张正民，中耐协副会长、河南省耐火材料行业协会副会长靳亲国，郑州市工信局尚跃恩处长、赵爱民副处长等嘉宾亲临展会现场与众多参展企业负责人进行了深入的沟通与交流。

本届展会共参展企业302家。尽管受到近期上海零星新冠病例的影响，仍有3264名观众在展会首日到场参观。此次展会汇聚了国内外众多业内知名企业，包括北京利尔、濮阳濮耐、瑞泰科技、奥镁（中国）、郑州振东科技、唐山国亮、攀钢冶材、鞍山和丰、金隅通达、济南鲁东、河南五耐、辽宁欣立、真金耐火材料、郑州建信、登封昊南、唐山首尔、海城海鸣、济南新峨嵋、重庆博赛、济南圣泉、四川银河化学、山东浩鑫、郑州玉发、西部镁业、河北北方窑业、上海埃索威、奥宇石墨、巩义宏宇、郑州卓玉新材、伊川华银、森元重工、辽锻、青岛普迈特等众多耐火制品和原料企业、设备企业及窑炉公司参展。

协会支持的“第十七届全国耐火材料青年学术报告会”于10月11~13日在洛阳召开，与中国硅酸盐学会耐火材料分会、武汉科技大学联合主办的“2020武汉耐火材料学术年会”于2020年10月17~18日以视频会议的形式召开，“中国硅酸盐学会耐火材料分会2020年度工作学术会议”于10月21~23日在内蒙古准格尔旗召开。

11. 完成《中国耐火材料行业“十四五”规划建议》初稿的编制工作。

2020年是“十三五”规划的收官之年，协会积极响应习近平总书记关于“十四五”规划编制的重要指示精神，精心设计关于行业“十四五”规划编制的调查问卷，征求耐火材料行业专家的意见，并对专家意见进行汇总、整理，于10月22日在内蒙古准格尔旗召开协会专家委员会工作会议，对行业“十四五”规划的编制召开专题讨论会，确定了编写分工及进度安排。目前，已完成第一稿，并已在12月份的会长工作会议上重点讨论了有关内容。

12. 半月刊《行业动态》(网络版）的筹办和创刊。

为了更好地为行业及会员企业提供服务，帮助会员企业及时了解协会工作动态、与耐火材料行业有关的国家政策法规及时政要闻、耐火材料行业及上下游行业的运行情况、行业科技创新成果（成果、标准及专利等）、协会会员动态、展会和会议等资讯，同时为中耐协及各省市协会提供相互沟通交流的桥梁和纽带，协会秘书处拟从2020年9月份起创办半月刊《行业动态》，定期梳理行业要闻，捕捉行业热点，供大家查阅。截至2020年12月31日，已连续发布八期，每一期的内容全面、丰富，深受行业同仁的欢迎，第一期阅读人数达到1320人。

13. 加强国际交流，积极参与世界耐协事务。

日常工作中，协会继续加强与世界耐协的联系，及时获得世界耐协的相关信息，加强中国耐火材料在世界上的影响力和话语权。截至目前，我国除中耐协是世界耐协理事单位外，还有北京利尔、濮阳濮耐、瑞泰科技、中钢集团（中钢洛耐院、中钢耐火)、辽宁青花、营口金龙、浙江自立7家企业成为了世界耐协会员，其中北京利尔、濮阳濮耐、瑞泰科技、营口金龙已先后被推选为世界耐协理事单位。

14. 协会内部管理的持续提升。

“打铁还需自身硬”，协会在完成对外联络及为会员服务工作的同时，继续加强协会自身建设，新制定及修订了协会多项管理制度。2020年，协会秘书处在工作人员少、任务繁杂的情况下，克服疫情的不利影响，认真地履行了协会职能。协会各项工作的顺利开展，离不开在座的各位会长、副会长、理事，全体会员单位，各省、市协会领导及各位副秘书长的积极协助和支持，在此谨向大家表示衷心的感谢！

四、关于2021年协会工作的建议

下面我就协会2021年的工作提一些要求和思路。

1. 认真做好耐火材料行业“十四五”规划编制和宣讲工作。

习近平总书记对国家“十四五”规划编制工

作作出重要指示，强调编制和实施国民经济和社会发展五年规划，是我党治国理政的重要方式。规划编制要开门问策、集思广益，把加强顶层设计和坚持问计于民统一起来，鼓励广大人民群众和社会各界以各种方式为“十四五”规划建言献策，切实把社会期盼、群众智慧、专家意见、基层经验充分吸收到“十四五”规划编制中来，齐心协力把“十四五”规划编制好。

耐火材料行业的特点是，产品应用范围广，品种结构和生产工艺繁多，市场竞争主体数量巨大，产业集中度低。我们行业更需要一个好的“十四五”发展规划，规划作为顶层设计对实现行业的健康发展会有一定指导作用。我们的规划，要告诉企业，我们提倡什么，反对什么。我们要弄清行业的发展现状，认真总结“十三五”发展的成果，认真研究我们的行业与国外同行之间的差距；要明晰行业的发展目标，找出行业存在的问题；要引导行业的高质量健康发展。

创新驱动、绿色低碳发展、智能制造是耐火材料行业“十四五”期间发展的主旋律，是“十四五”规划稿行动方案设计和工作目标提出的着眼点。耐火材料作为资源依赖型行业，创新发展尤其重要。创新发展本质上是人的创新，技术创新和商业模式创新将给行业带来新的发展动力。绿色发展是科学发展的重要组成部分，是实现人与自然和谐的不二途径。从原料生产、产品制造、现场使用服务，以及用后耐火材料的回收，都要贯彻落实绿色发展理念。智能制造是现阶段提高行业整体效益，改变行业面貌的重要技术手段。“十四五”规划建议将绿色发展、智能制造摆在十分突出的地位。

中国耐火材料行业协会专家委员会近期编制《中国耐火材料工业“十四五”发展规划建议》初稿工作已经完成。希望专家们继续努力，参照国家公布的“十四五”国民经济发展规划和2035年远景目标纲要，群策群力，精雕细琢，力争编制出一份指导性好、针对性强的《中国耐火材料工业“十四五”发展规划建议》。规划出台后，协会要积极向政府部门和耐火材料主产区宣讲，让我们的会员企业明晰行业的发展目标，找出自身存在的问题；引导企业“十四五”期间的健康发展。

2. 认真做好耐火材料行业绿色低碳循环发展体系建设工作。

在2020年底的中央经济工作会议上，中央提出要做好“碳达峰、碳中和”工作，即“我国二氧化碳排放力争2030年前达到峰值，力争2060年前实现碳中和”，并要求“抓紧制定2030年前碳排放达峰行动方案，支持有条件的地方率先达峰”。2021年2月2日，国务院关于加快建立健全绿色低碳循环发展经济体系的指导意见发表，协会和全行业要认真研究，贯彻落实。全行业要全面贯彻习近平生态文明思想，认真落实党中央、国务院决策部署，坚定不移贯彻新发展理念，全方位全过程推行绿色规划、绿色设计、绿色投资、绿色建设、绿色生产、绿色流通、绿色生活、绿色消费，使发展建立在高效利用资源、严格保护生态环境、有效控制温室气体排放的基础上，统筹推进高质量发展和高水平保护，建立健全绿色低碳循环发展的经济体系，确保实现“碳达峰、碳中和”目标，推动我国绿色发展迈上新台阶。关于行业绿色低碳循环发展体系建设工作，请协会组织专家委员会启动相关专题研究工作，做好业内宣传鼓动工作，条件具备时，协会要成立绿色低碳专门委员，也请各地方协会和企业建言献策，各重点企业积极配合，共同做好绿色低碳发展工作。

3. 进一步加强协会统计工作网络体系建设，提升协会行业统计分析水平，逐步创造条件，多做调查研究，努力建设研究型协会。

行业调研和行业统计工作，是协会工作的重要抓手，是服务政府、服务会员企业的重要手段和条件。协会八届理事会换届后，着手提升协会的统计体系水平。要对全国范围内的耐火材料企业进行拉网式摸底调查；继续完善、补充统计内容（产量、产能、装备情况，销售额、应收账款、利润、税金、进出口贸易等生产经营数据，安全生产方面的数据等），增加统计频次（每月、每季度、每半年、年终），定期通报行业运行状况；做好网上统计系统的升级工作。协会要克服疫情困难，多调研，多做专题研究，听取企业的呼声，拜访耐火材料主产区的地方政府，创新协会工作方式方法。更好地发挥协会桥梁纽带的作用。对行业存在的问题和企业的需求加以引导，同时将行业和企业存在的问题积极向国家有关部门反映，争取国家政策层面的支持。逐步创造条件，建设研究型协会。

4. 进一步做好协会团体标准的制修订工作和科技成果评价工作。

5. 继续开展行业新知识培训，扩大培训范围。

6. 组织开展行业绩效分级管控申报推进工作，推动行业绿色发展。

7. 继续推进《规范条件》和《管理办法》的实施，引导行业高质量发展。

8. 继续开展耐火材料行业企业信用评价工作。

9. 全力做好在洛阳召开的协会八届三次理事（扩大）会议（4月初）、协会常务理事扩大会议（9月下旬）、专家委员会工作会议（10月）、年度统计工作会议（11月中下旬）、秘书处扩大会议（11月中下旬）、会长工作会议（12月中旬）的筹备工作，确保这些会议按时顺利召开。

10. 做好第九届上海国际耐火材料展览会暨第二十三届上海国际冶金工业展览会的筹备工作。

11. 继续参与并完成有关行业标准及国家标准的制修订工作。

12. 继续加强国际交流，提高中国耐火材料行业的国际影响力。

13. 继续加强与工业和信息化部、生态环境部及国家发展改革委等政府主管部门的交流与沟通，主动配合主管部门在加强行业宏观调控管理的同时，创造条件及时反映行业及会员企业诉求。

14. 继续完善协会自身建设，不断提升管理效率，扎实履行服务职能。

协会要注重发挥地方耐火材料行业协会的作用。进一步加强与各省、市（县）协会的工作联系，中耐协要在行业内的全国性的学术交流、技术培训及展览会等工作中起到主导作用，各地方协会举办全国性的行业会议或活动时，要及时主动与中国耐火材料行业协会沟通联系，互相支持，共同发展。

各位业内同仁，春回大地，柳翀莺娇。让我们更加紧密地团结在以习近平同志为核心的党中央周围，努力按照把握新发展阶段、贯彻新发展理念、构建新发展格局的要求，把思想和行动统一到中央关于“十四五”期间经济社会高质量发展的思路上来，在国内和国际两个市场双循环相互促进发展新格局中，谋划新对策，努力把握“十四五”期间耐火材料产业转型升级的窗口机遇期，不负韶华，砥砺前行，努力拼搏，为推动我国耐火材料行业的高质量发展做出新的贡献，以优异的成绩迎接中国共产党100周年华诞。

在此再次恳请大家更多地关心协会工作，支持协会工作。以协会为纽带，协同发展，共同谱写时代赋予我们的新篇章。谢谢大家！

把握新机遇 迎接新挑战 坚定不移走绿色低碳发展之路

——在中国耐火材料行业协会八届六次常务理事（扩大）会议上的报告

（2021年10月13日）

中国耐火材料行业协会会长 赵继增

各位代表：

自2019年9月下旬换届以来，两年已匆匆而过。两年来，在全行业同仁的共同努力下，行业产业发展稳步向前，协会工作迈上新台阶。现在我代表协会八届理事会，向大会作报告，对两年来行业情况进行简要总结，对协会的重点工作进行回顾，也对行业和协会下一步工作提一些建议。

一、两年来耐火材料行业运行情况及取得的成绩

1. 行业运行总体情况。

自2019年以来，由于下游行业的强劲需求驱动，中国钢铁产量达到10亿吨高位平台线，带动耐火材料行业高位运行。据协会统计，2020年全国耐火材料制品产量2477.99万吨，同比增长1.94%；全行业的经营效益受疫情影响略有下降，但总体上讲，2020年还是一个比较好的年份，当然也出现了部分产品全行业亏损的过度竞争现象，一部分中小企业的经营压力比较大等问题。2021年1~6月，据协会统计，全国耐火材料制品产量1292.18万吨，同比增长4.29%。协会统计的74家重点耐火材料企业产量、利润、缴纳税金总量都有不同幅度的增长。排名前10家企业销售收入152.18亿元，比上年同期增加33.92亿元，同比增长28.68%。说明重点生产企业经营质量有所改善，行业集中度正在逐步提升，市场要素在向优势企业集中，疫情对耐火材料行业的影响逐渐弱化。与此同时，我们也看到，行业的利润率在下降，许多企业的销售额在增长，但利润却在下滑；由于原材料价格的上涨，耐火材料的制造成本升高，但钢厂给咱们的区域承包价格却在下降；同业竞争异常激烈，少数企业的市场竞争行为底线意识淡薄，行业总的生存压力增大。面临一些新的问题和挑战，具体情况永全副会长一会儿要做详细介绍。总之，我们在肯定行业进步和取得的成绩的同时，要共同正视这些新的问题，共同推动行业的高质量发展。

2. 企业创新意识加强，创新力明显提升，成果、专利、标准及平台建设等成绩斐然。

创新是行业高质量发展的驱动力，也正在成为我们行业发展的共识。两年来，耐火材料企业认真履行新发展理念，一些重点企业加大研发投入，行业的专利申请量、授权量以及拥有自主知识产权的核心技术产品逐年攀升，一批新技术新成果正在为行业发展助力。

北京利尔、瑞泰科技、濮耐集团、中钢洛耐、中钢洛耐院、郑州振东科技、金隅通达、山耐集团等重点企业在专利申报及授权、成果获奖、参与标准制修订、创新平台建设等方面成绩突出。北京利尔“新型绿色化功能耐火材料关键技术与工业应用”获河南省科技进步奖二等奖，上海利尔“基于材料设计的钢铁冶炼用耐火材料长寿化关键技术”获上海市科学技术奖二等奖。瑞泰科技成功入选工业和信息化部2020年“工业企业知识产权运用试点名单”，完成“十三五”国家重点研发项目——“低导热、长寿命新型隔热耐火材料研发与应用示范”，“低导热多层复合莫来石砖”入选《国家工业节能技术装备推荐目录（2020）》。中钢洛耐成功入选工业和信息化部2020年“工业企业知识产权运用试点名单”，“特种钢绿色高效冶炼用优质环保无铬新材料开发与产业化应用”荣获金桥奖项目奖一等奖；中钢洛耐院“基于专利分析及TRIZ创新方法解决新型节能铝电解槽用隔热材料易开裂的问题”获得2019

年中国创新方法大赛总决赛二等奖，“高性能自结合碳化硅耐火材料的研制及应用”获得2020年河南科技进步奖三等奖。濮耐集团“节能型中间包工作衬的研制与应用”获得河南省科技进步奖二等奖。郑州振东科技与北京科技大学合作的“耐火材料结构功能化设计与制备及在高品质钢冶炼中的应用”项目荣获教育部技术发明奖二等奖；与郑州大学合作的“洁净钢精炼钢包用金属复合低碳碱性耐火材料”项目荣获河南省科技进步奖二等奖；公司获2020年度新建河南省炼钢系统用镁质材料工程技术研究中心依托单位。金隅通达公司完成的《炉排式垃圾焚烧炉用耐火材料技术集成与产业化制备》项目成果荣获北京市科学技术进步奖二等奖。山东耐材集团在2020年山东省创新方法大赛中获得一等奖1项、二等奖1项，并且成功入选2021年山东省技术创新示范企业名单；山耐鲁耐窑业公司“莫来石红柱石系列产品”获山东省品牌创新成果奖。山东鲁阳节能高密度纤维板、可溶纤维层铺模块、高温修补涂料、乙烯裂解炉全纤维炉衬结构等一大批新品种研发成功。江苏嘉耐上榜江苏省工业和信息化厅等认定的江苏省级技术中心名单。中冶焦耐发明的“两塔式减压焦油蒸馏工艺及其装置”获中国专利优秀奖（国知发运字〔2020〕28号）。河北国亮2020年成功申报国家级博士后工作站，拥有省级专业化研发平台4个，市级研发平台3个，并且入选河北省优秀民营企业、“河北省千家创新型领军企业”等荣誉。

行业还有好多企业如浙江自立、浙江红鹰、唐山时创、攀钢冶材公司、淄博工陶集团、江苏中磊节能、佛山恒力泰等企业在科技创新、专利申请、创新平台建设等取得突出业绩，不再一一举例。

3. 大力推进智能化制造，节能减排及绿色发展取得新突破。

2020年工业和信息化部办公厅印发《建材工业智能制造数字转型行动计划（2021—2023年)》，其中，耐火材料行业：重点形成原料制备、压机控制、窑炉优化、在线监测、全自动立体仓库等集成系统解决方案。两年来，行业内重点企业不断加大自动化、智能化装备的投入，一批智能化制造典范企业涌现出来。

洛阳利尔功能材料有限公司积极推进自动化生产线建设，其高铬砖智能化生产线投资约2.0亿元人民币；该项目是北京利尔乃至耐火材料行业高质量发展的标杆性工程，建有MES、DCS智能系统中控室，可实现生产全流程无人化操作。瑞泰科技与腾讯云签署战略合作协议，共同围绕岗位、生产线、车间、工厂四个层面全面推进智能制造；通过云计算大数据技术应用以及透明化数字工厂的构建，全面提升制造企业的数字化水平；瑞泰马钢和郑州瑞泰智能车间管控系统实现了耐火材料制造过程中的全部数字化管理与控制，全流程全面实现自动化、数字化、网络化、智能化；郑州瑞泰环境友好型耐火材料智能制造车间入选河南省省级智能车间。濮耐高温材料（集团）股份有限公司2020年规划项目69个，投资金额3.41亿元；柳屯年产1万吨转炉挡渣板智能制造项目已完成设备调试；青海濮耐年产6万吨大结晶项目、年产12万吨高密高纯氧化镁项目及配套设施已建成并投入使用；西藏翔晨镁业20万吨轻烧氧化镁、6万吨电熔氧化镁已建成投产。营口濮耐镁碳砖装备升级、功能公司三大件窑炉、上海宝明自动化配料线等设备升级改造项目稳步推进。

中钢洛耐对标世界一流，以建设“数字洛耐、智慧制造”为总目标，其年产10万吨环保硅质材料生产线引入了法国施耐德精益数字化MES体系及中国移动5G工业互联网技术，以生产执行系统（MES）为大脑，以5G通信网络打造遍布全局的神经传输网络，以5G数采网关为触手，连接5G+AGV、5G+机械臂、5G+生产设备、5G+仓储、5G+综合展示系统等多个应用，实现更高速接入、更广泛覆盖，提升运营效率。河北国亮公司新投产的镁碳砖智能生产线（一期年产3万吨）引入多台套智能仓储系统、智能机器人等国际先进生产设备，并首家引进3D视觉激光检测技术，实现了产品全流程自动管控；此外，该项采取5G技术，构建车间的物联网、大数据平台，刷新了全省耐火材料行业数字化、智能化生产水平纪录，被河北省发展改革委纳入战略性新兴产业专项支持计划。

郑州振东科技、浙江自立、营口金龙、浙江红鹰、郑州荣盛、营口三华、北京联合荣大、河南五耐集团等企业已经或正在投入资金进行生产线自动化、智能化改造。郑州振东科技和山东九荣获两化融合管理体系评定证书。

广大企业注重环保治理和投入，行业获生态环境部“绩效评级A级企业”4家，“绩效评级B级企业”近20家，绩效引领企业20多家。瑞泰科技获得“2021年度环境社会责任企业”荣誉称号。洛阳利尔、河北国亮、后英集团、海城利尔、河南竹林庆州等8家企业正式入选工业和信息化部第五批《绿色工厂公示名单》。海城后英、海城中兴等三家企业被评为第五批辽宁省级绿色制造工厂，瑞泰马钢获安徽省“绿色工厂”称号。还有部分企业被评为省级绿色制造工厂，不再一一列举。

4. 持续推进规范条件生产线建设和质量管理，行业运行质量和效益得到提高。

自2014年工业和信息化部《耐火材料行业规范条件（2014年本）》及《耐火材料行业规范公告管理办法》出台以来，协会配合工业和信息化部采用多种方式积极宣贯并参与规范条件生产线的评审和现场核查，引导耐火材料企业提升管理、提质增效，推动转型升级，取得了十分明显的成效。在前两批72条生产线在工业和信息化部官网公告后，第三批60多条生产线最近已经通过工业和信息化部组织的专家评审及现场核查，并已经在工业和信息化部官网上进行了公示，即将进行正式公告。

行业重点企业抢抓供给侧结构性改革政策机遇，不断完善现代企业管理制度体系建设，夯实了管理基础，取得突出成效。中钢洛耐积极对标世界一流，提高管理水平，成功入选国资委标杆企业名单，并且实现经营业绩稳步提升，相关经营指标达到或超过行业上市企业水平。山东鲁阳节能和济南圣泉入选2020年度山东省高质量发展奖励企业名单。河南熔金股份、湖南湘钢瑞泰、北京联合荣大、江苏晶鑫、江苏诺明、郑州安耐克、辽宁东和、巩义通达中原、冷水江华科高新、唐山首尔、义马宝宜、鞍山浦项特种耐材、内蒙古超牌等耐火材料企业被认定为国家第二批及第三批专精特新“小巨人”企业。瑞泰科技荣获北京市经济和信息化局“北京市2021年度第一批‘专精特新’中小企业”称号。淄博工陶被山东省工信厅认定为“山东省制造业单项冠军企业”，山东耐材集团鲁耐窑业荣获山东省工业和信息化厅2021年度山东省“专精特新”中小企业称号。佛山恒力泰等企业成功通过工业和信息化部的第二批制造业单项冠军示范企业复审；圣泉集团等入选第五批制造业单项冠军。行业还有其他企业获得“小巨人”“单项冠军”等称号，不再一一列举。

二、协会两年来开展的主要工作回顾

1. 在行业抗疫防疫工作中协会积极作为，体现责任与担当。

2020年新年伊始，新冠肺炎疫情突然爆发，中国耐火材料行业协会班子快速反应，会长单位率先垂范，坚决贯彻执行习近平总书记重要指示精神和党中央、国务院、国资委、中国钢铁工业协会的决策部署及相关指示精神，通过协会微信公众号及时发布相关信息及倡议和通知，号召全行业科学精准防疫，齐心协力筑牢疫情防控的屏障。协会会员企业及行业个人捐款人民币超过4300万元，另外还捐赠了大批口罩、防护服、测温枪等防护用品及食品。在做好疫情科学防控工作的同时，配合工业和信息化部对行业重点企业的复工复产情况、国际物流需求及关键投资项目进行调研搜集整理，上报工业和信息化部，尽全力确保行业的正常生产。经过全行业的共同努力，全行业的生产经营处于正常运行状态。疫情期间，没有发生因耐火材料供应不及时而导致钢铁、有色、建材、石化等用户行业的停工、停产。重点企业的生产经营也没有因疫情受到很大的影响。

2. 继续加强行业调研及行业统计研究工作，助力行业健康稳定运行。

两年来，根据疫情情况，会长带队，协会领导先后赴耐火材料主产区辽宁省鞍山市（海城市）和营口市（大石桥市），江苏省无锡市、宜兴市，浙江省湖州市（长兴县）、德清、上虞等地，河南省郑州市（新密、登封、新郑、巩义）、洛阳市（伊川县）等，山东省淄博市、青岛市，山西省阳泉市、孝义市、介休市等，河北省唐山市等调研、走访；足迹遍及全国耐火材料主产区。在调研过程中，与当地主管部门、协会及重点企业进行座谈，了解当地的耐火材料行业及重点企业的生产经营、进出口情况及环保治理过程中遇到的困难，共同分析原因、寻求对策；同时，积极向相关政府部门反映企业诉求，提出合理化建议，为耐火材料行业争取稳定有序的生产运行条件。通过系列调研，使协会对各地区及重点企业的生产运行、经营情况、技术创新、装备升级和环保治理等方面的情况有了更进一步的了解。

两年来，协会在耐材之窗网协助下，继续提升网上统计系统，充分利用统计系统提供的数据，综合上下游行业数据和贸易数据，并对70多家业内重点企业和各省、市耐火材料的经营数据进行综合分析、整理后，每季度及半年发布行业运行情况通报，为上级主管部门、耐火材料主产区管理部门及耐火材料行业企业和行业同仁了解行业运行情况提供第一手数据，助力行业健康稳定运行。

2020 年，协会秘书处已经启动了统计系统升级，扩大了网上填报单位的范围，尽可能覆盖全国规上耐火原料和制品的生产企业，了解每个企业的产量、产能和装备情况及整个行业的情况。升级各项工作正在进行中。

3. 按时组织召开协会理事会及常务理事会、专家委员会工作会议、统计工作会议、会长工作会议等。

两年来，协会以通讯会议、线下会议或视频会议的形式顺利召开了 2020 年工作会议暨八届二次理事（扩大）会议（2020 年 3 月，通讯），协会八届四次常务理事（扩大）会议（2020 年 9 月 23 日，唐山），协会专家委员会工作会议（2020 年 10 月 23 日，内蒙古），协会 2020 年统计工作会议（视频），2020 年会长办公会（2020 年 12 月 18 日，佛山）等。确保协会工作的顺利开展。

协会“八届三次理事（扩大）会议暨协会成立 30 周年行业发展论坛”是协会过去 2 年中成功举办的一次行业盛会。会议于 2021 年 3 月 31 日～4 月 1 日在洛阳召开，会议邀请到了中国工程院院士殷瑞钰、工业和信息化部原材料司建材处处长岳全化、全国政协常委张亚忠等有关领导以及协会成立以来的几届会长及驻会负责人、国内耐火材料工业主产区政府主管部门的负责同志、协会副会长等，参加会议的有 300 多名代表，参会人数创协会会议人数新高。会议较为全面地总结了行业 30 年来的发展和进步，表彰了 30 位优秀企业家和先进协会工作者。内容丰富，会务工作细致周到，办得很成功，得到了行业同仁的好评。具体情况由秘书长作详细报告。

4. 积极响应党中央部署，提高全行业节能减排和环保治理的整体水平，开展“耐火材料行业碳达峰目标及路径研究”。

截至目前，行业内绩效评级 A 级企业有郑州瑞泰、郑州远东、河南瑞泰、河北国亮 4 家企业；B 级企业有洛阳利尔、洛阳洛耐希利科、河南竹林、郑州安耐克、巩义通达中原、阳泉金隅通达等 17 家企业；绩效引领企业有郑州振东科技、河南竹林庆州、郑州荣盛等 15 家企业。多家企业被工业和信息化部或地方工信部门授予“绿色工厂”。

协会按照国家“碳达峰、碳中和”有关部署和要求，积极组织和策划行业的碳达峰工作，于今年 4 月成立了“中国耐火材料行业绿色低碳工作推进委员会”；5 月份收到工业和信息化部原材料工业司委托的“耐火材料行业碳达峰目标及路径研究课题”后，快速推进行业的“双碳”工作，着手组织编制“耐火材料生产企业温室气体排放核算方法”团体标准，走访、调研兄弟协会及行业重点企业和外资企业在减碳方面所做的工作，调研搜集计算 CO_2 排放所需的基础数据等；两次在北京召开“行业碳达峰研究专题工作讨论会”。经过 3 个多月的紧张而有序的辛勤工作，“耐火材料生产企业温室气体排放核算方法”团体标准已经完成送审稿，“耐火材料行业碳达峰目标及路径研究”课题报告已完成并提交工业和信息化部。双碳工作是协会未来较长时间的一项重要工作，协会要按国家的统一部署和要求，结合行业实际，积极反映行业的呼声与诉求，认真推进，为行业的发展创造良好的双碳氛围和条件。

5. 完成“耐火材料行业‘十四五’发展规划建议”的编制和在耐火材料主产区的宣讲工作。

2020 年是“十三五”规划的收官之年，协会积极响应习近平总书记关于“十四五”规划编制的重要指示精神，于 2020 年年中组织协会专家委员会着手编制《中国耐火材料工业“十四五”发展规划建议》，编制建议目录、时间进度及分工，完成初稿后又经过专家会议及会长工作会议进行讨论，反复征求协会专家委员会专家的意见，最终形成规划建议终稿。规划建议成稿后，发给了工业和信息化部及协会有关领导。为了更好地让行业企业了解行业的发展目标，真正使规划建议稿发挥指导、引导行业健康发展的作用，该规划建议稿已经在浙江省长兴县、山西省孝义市、辽宁省海城市等耐火材料主产区在几个行业会议上进行了宣讲。下一步争取在河南省、山东省、河北省等耐火材料主产区作进一步宣讲。

6. 继续组织开展团体标准制定及参与行业标准和国家标准的制定工作，组织开展科技成果评价工作。

（1）协会团体标准的组织制定。

2019 年 9 月换届以来，焦炉用硅砖、半硅砖等系列团标、连铸三大件用液体酚醛树脂等 9 个团标项目，已于 2020 年 9 月 30 日正式实施。焦炉用缸砖等系列团标，低钠板状烧结刚玉、耐火材料生产企业温室气体排放核算方法等 8 项团体标准已完成征求意见稿，预计10月底前完成；LF精炼炉炉盖、高炉湿法喷补料、刚玉尖晶石质无碳钢包预制块等8项耐火材料产品团体标准，目前正在起草征求意见稿，预计10月初完成初稿。

（2）积极参与耐火材料行业标准及国家标准的制定工作。

2020年，协会联合冶金工业信息标准研究院、北京利尔、山西西小坪、天津秦元等负责起草单位编制完成了《耐火原料单位产品能源消耗限额》（2018-0440T-YB）、《铝硅质耐火制品单位产品能源消耗限额》（2018-0421T-YB）、《镁质耐火制品单位产品能源消耗限额》（2018-0439T-YB）、《特种耐火制品单位产品能源消耗限额》（2018-0447T-YB）4个行业标准，这四项标准已在工业和信息化部官网上发布［中华人民共和国工业和信息化部公告（2021年第6号）］，并于2021年7月1日正式实施。

协会还参与了“耐火材料行业大气污染物排放标准”（2020—2022）1项国家标准及“耐火材料行业绿色工厂评价导则”（2018—2020）等3项行业标准的制定工作。

2021年，与冶金工业信息标准研究院联合申报了镁质、铝硅质、特种耐火材料、铝硅质、轻质保温砖、耐火纤维制品等六类制品耐火材料企业绿色工厂评价要求，申报材料已报工业和信息化部。

（3）行业科技成果评价工作。

两年来，协会秘书处共组织了“大型鱼雷罐节能和新型耐火材料应用技术集成与产业化”“氧化铝纤维针刺毯关键制备技术研究”“废弃及低品位菱镁矿制备高纯致密烧结镁砂关键集成技术”“大结晶电熔镁砂自动化清洁生产工艺”“特种不锈钢冶炼用超低碳氧化镁基复合材料的研制与应用”“钢包用双芯透气功能元件的开发与应用”“RH精炼炉用超低碳无铬免烧镁尖晶石砖的开发与应用”7项科技成果评价。

7. 半月刊《行业动态》（网络版）的筹办和创刊。

为了更好地为行业及会员企业提供服务，为行业同仁及会员企业提供综合信息，协会秘书处从2020年9月份起创办半月刊《行业动态》，定期梳理行业要闻，捕捉行业热点，供大家查阅。截至2021年9月30日，已连续发布24期，每一期的信息数量都在20条以上，内容全面、丰富，深受行业同仁的欢迎，第一期阅读数超过1360人。

8. 继续积极宣传推进《规范条件》和《管理办法》的实施，引导行业高质量发展。

2014年工业和信息化部《耐火材料行业规范条件（2014年本）》及《耐火材料行业规范公告管理办法》出台后，协会采用多种方式积极宣传，加强与工业和信息化部、地方工业和信息化部部门及会员企业的沟通，应邀参加工业和信息化部规范生产线的评审及现场核查工作，做了大量工作。自2014年出台至今，行业内先后有两批72条生产线符合规范条件生产线通过工业和信息化部审核并在网上发布。截至目前，有第三批近60条生产线已经过专家的初步评审及现场核查，等待工业和信息化部最终公告。

9. 与第三方合作，继续开展行业企业信用评价工作。

根据商务部授权，协会继续与第三方评价公司合作，在全行业组织开展企业信用评价工作。

2019年换届以来，协会共组织3批信用评价，2020年第一批和第二批共有28家企业提出参评申请，根据行业企业信用评价管理办法的相关规定及程序，经过认真评审，第一批郑州振东科技有限公司、山西禄纬堡太钢耐火、唐山国亮、济南鲁东、河南熔金等13家，第二批浙江红鹰集团、青岛正望、海城市后英等11家企业已完成评价，获得AAA级信用评价。2021年以来，共有11家企业向协会提出参评申请，已有中钢洛耐、浙江自立、唐山时创、山东耐材集团鲁耐窑业、湘钢瑞泰、鞍山和丰、鞍钢冶金炉材、郑州安耐克、山东鲁桥等10家企业通过了信用评价，正式荣获AAA级信用评价，另1家企业正在准备材料中。

10. 认真对待企业诉求，贴心服务会员单位，会员队伍不断扩大，协会凝聚力和号召力进一步提升。

协会一贯认真对待会员企业的各类诉求，及时协调处理。对会员单位申请上市、申报品牌、注册商标、申评科技成果奖励、信用评价、标准制修订等方面的需求，实事求是地给予支持，两年来为会员企业开具各类证明近100份。对企业提出的工艺、技术、装备及市场动态等各类咨询，努力做到有求必应，有问必答，不推诿、不拖延。协会在日常工作中注重加强与工业和信息化部、生态环境部、国家发展改革委等上级主管部门的沟通交流，为耐火材料工业的发展谋求更大、更有利的空间和条件。2020～2021年协会先后多次参与工业和信息化部、生态环境部对行业情况的视频咨询会、评审会及现场核查评审。

耐心细致的服务赢得了会员单位及行业企业的认可，2019年9月份协会八届理事会成立时，会员单位有422家。自八届理事会成立后至2021年4月，有56家单位成为协会会员；还有20家企业会员申请待审议通过。

11. 主办、协办或支持行业展览会、技术交流会，促进行业产、学、研、用的交流与合作。

换届两年来，协会继续主办或联合主办，或支持参与行业内的学会及省协会举办的展览会或技术交流会、学术研讨会等，以此促进行业产、学、研、用的交流与合作。

（1）成功主办上海国际耐火材料展览会。

上海国际耐火材料展览会是协会与中国宝武、上海金属学会联合主办的品牌展览会，每年举办一次，深受行业制品、原料企业及设备、装备企业的欢迎，已然成为耐火材料行业全产业链的展览展示会。第八届上海国际耐火材料展览会于2020年12月3~5日在上海新国际博览中心成功召开，虽受疫情影响，参展企业多达302家，国内外众多业内知名企业北京利尔、濮阳濮耐、瑞泰科技、奥镁（中国）、郑州振东科技、唐山国亮等重点企业都参加了展览。“第九届上海国际耐火材料展览会”将于2021年11月30日~12月2日在上海新国际博览中心召开。截至目前，已报名参展的企业近100家，同期还有好多活动，目前各项筹备工作正在紧张进行中，详细情况下面由柴秘书长介绍。

（2）受邀协办或支持的行业会议、展会。

“第十七届全国耐火材料青年学术报告会”“2020武汉耐火材料学术年会”“中国硅酸盐学会耐火材料分会2020年度工作学术会议”“第八届国际耐火材料学术会（ISR 2021）”“第九届中国辽宁（营口·大石桥）国际镁质材料博览会”“第二届中国（长兴）耐火原料应用及高效供应链高峰论坛”“第四届铝矾土交易洽谈会-铝矾土创新应用及供应链发展论坛”“第五届国际镁质耐火材料供需形势分析暨耐火材料供需对接会”“第二届刚玉质耐火原料交易洽谈会”等。

12. 加强与世界耐协（WRA），与省、市耐火材料协会的沟通、交流与合作，构建紧密、高效的协会工作网络体系。

日常工作中，协会继续加强与世界耐协的联系，及时获得世界耐协的相关信息，积极参与WRA有关事务，提高中国耐火材料在世界上的影响力和话语权。协会还非常注重与各省、市耐火材料协会的联系和合作，目前，协会与河南省、辽宁省、山东省、山西省、湖南省及贵州省几个省协会，与新密市、巩义市、登封市、营口市、伊川县等几个市、县协会都保持了很好的联系与合作，在信息共享上互通有无，在举办活动上互相支持和配合，构建了紧密、高效的协会工作网络体系。

13. 协会内部管理的持续提升。

协会继续加强自身建设，新制定及修订了协会多项管理制度，对协会内部人员工作分工进行了细化，关注员工培养及职业发展，着力提高员工的业务水平和服务能力，正在朝着打造服务型、创新型、研究型协会的方向迈进。

同志们，2019年9月换届后，协会在工作人员少、任务繁杂的情况下，克服疫情的不利影响，认真地履行了协会的职能。换届以来开展的各项工作是扎实的、卓有成效的，得到了各方面的肯定和认可。成绩的取得，离不开国资委、民政部及中钢协党委的关怀和正确领导，离不开各位会员特别是常务理事的积极参与和大力支持！在此，我代表协会，向大家表示衷心感谢！

三、对行业发展及协会工作的一些建议

1. 关于行业发展。

（1）慎重对待新增产能。

目前行业普遍存在的问题是，大家在招投标过程中，互相压价，少数企业以低于成本价投标，导致行业一些重点企业、重要产品经营效益下降，甚至亏损。我想问题的根源之一应该是产能过剩，供大于求，是买方的市场，如果再新增产能，必将导致过剩加重，竞争更加激烈甚至残酷。工业和信息化部2014年《耐火材料行业规范条件》早已指出，要控制新增产能，鼓励实施等量或减量置换，但是这么多年过去，产能过剩的形势没有得到好转，呼吁耐火材料企业不要再盲目新增产能。

（2）认真做好耐火材料行业碳排放的计算及碳达峰路径研究，坚定不移走绿色低碳发展之路。

习近平总书记已经对我国的碳达峰和碳中和时间点做出承诺，中央经济工作会议及国务院、全国人大会议都对“双碳”工作高度关注并进行了部署安排。我国于2030年前实现碳达峰，耐火材料行业虽然不是CO_2排放的重点行业，但要配合国家整体战略，要在2030年甚至更早达峰，我

们全行业要全面贯彻习近平生态文明思想，认真落实党中央、国务院决策部署，坚定不移贯彻新发展理念，使发展建立在高效利用资源、严格保护生态环境、有效控制温室气体排放的基础上，建立健全绿色低碳循环发展的经济体系。需要企业提前做好本企业碳排放的摸底估算，基础工作是摸清本企业的能耗情况，与国家标准或行业能耗标准对标，进一步精确计量能耗情况，配备碳体系管理人员，出台相应的管理制度等，要做的工作很多。

2. 关于协会工作。

（1）进一步做好“中国耐火材料行业‘十四五’规划建议”的宣讲工作。

“耐火材料行业‘十四五’规划建议”是协会专家委员会专家及其他行业专家、协会领导等集体智慧的结晶，规划建议稿总结了行业“十三五”发展的成果，指出了行业存在的问题，明晰了行业的“十四五”的发展方向及目标。应该让更多的企业和行业同仁了解“十四五”规划建议稿的具体内容，会员企业明晰行业的发展目标，真正发挥规划稿指导、引领行业健康高质量发展的作用。

（2）做好行业“双碳”工作的宣贯工作，组织有关专家对行业进行培训。

关于行业碳排放及碳达峰，协会已经组织制定了《耐火材料行业温室气体排放核算办法》团体标准，也完成了“耐火材料行业碳达峰路径研究”报告，下一步，请协会组织对“双碳”战略、行业碳排放团标等进行宣传及培训，也请各地方协会和各重点企业积极配合，共同做好绿色低碳发展工作。

（3）进一步加强协会统计网络体系建设，提升协会行业统计分析水平。

行业调研和行业统计工作，是协会工作的重要抓手，是服务政府、服务会员企业的重要手段和条件。要继续对全国范围内的耐火材料企业进行拉网式摸底调查；继续完善、补充统计内容、增加统计频次，定期通报行业运行状况；做好网上统计系统的升级工作。在摸底调研及改进统计升级系统工作中，要发挥省、市协会及地方政府的作用，争取到他们更多的支持，使统计升级工作落地做实。

（4）重视行业人才队伍建设。

青年才俊是行业的希望所在，一线员工对耐材工艺、智能制造、碳排放等有关知识是有需求的，满足行业人员尤其是非耐火材料专业人员对相关知识的需求、提高从业人员的整体业务水平，是协会的任务之一。各企业要重视人才队伍建设，协会要根据实际情况做好引导工作。

（5）进一步做好协会标准化工作和科技成果评价、耐火材料行业企业信用评价。

科技创新是推动行业可持续健康发展的根本途径，其中的标准和成果是科技创新的表现形式。协会应在行业内宣传标准化工作和科技创新的重要性，引起行业对参与标准制定及成果评价的重视，继续在行业内组织制定团体标准，参与制定行业标准和国家标准，开展科技成果评价。

（6）继续加强与工业和信息化部、生态环境部及国家发展改革委、商务部、海关总署等政府主管部门的交流与沟通，主动配合主管部门对行业宏观调控管理的调研，创造条件及时反映行业及会员企业诉求。配合工业和信息化部继续推进《规范条件》和《管理办法》的实施及“双碳”工作、绿色工厂的推荐及“专精特新企业”的认定，配合生态环境部组织开展行业绩效分级管控申报工作、评审及现场核查，推动行业高质量绿色发展。

（7）继续加强与世界耐协、各省市协会的沟通、交流与合作。

（8）继续完善协会自身建设，努力培养和造就合格的协会工作队伍，不断提升服务能力、水平和效率。

同志们，2021年是我国“十四五”发展规划开局之年，是中国共产党建党100周年。7月1日习近平总书记在庆祝建党100周年大会上庄严宣告，我国已经实现了全面建成小康社会的第一个百年奋斗目标，正向着全面建成社会主义现代化强国的第二个百年奋斗目标迈进。我们将乘势而上，开启全面建设社会主义现代化国家新征程。立足新发展阶段，贯彻新发展理念，构建新发展格局，全行业重任在肩，使命光荣。让我们紧密团结在以习近平同志为核心的党中央周围，以习近平新时代中国特色社会主义思想为指引，不忘初心、牢记使命，把思想和行动统一到中央关于“十四五”期间经济社会高质量发展的思路上来，不负韶华，砥砺前行，努力拼搏，为推动我国耐火材料行业的绿色低碳高质量发展做出新的贡献！

最后，希望大家还要一如既往地支持协会工作，多提意见和建议，我们共同努力，把我们行业企业和企业家自己的组织办好！

凝聚共识　应对挑战　共同做好 2022 年行业高质量发展工作

——在中国耐火材料行业协会 2022 年八届四次理事（扩大）会议上的报告

（2022 年 3 月）

中国耐火材料行业协会会长　曾大凡

各位领导、各位会长同志、各位同仁、大家好：

2022 年协会八届四次理事（扩大）会议在美丽太湖之滨城市无锡召开。在国内疫情防控继续维持动态清零政策、北京冬奥会成功举办、全国两会成功召开，全球地缘政治和冲突错综复杂的氛围中，我们今天相聚一起，总结 2021 年各项工作，交流过去一年的工作经验，研讨 2022 年行业运行前景和特点。今天会议既是协会章程规定的一年一次的理事（扩大）会议，也是咱们同行的交流会。感谢大家的与会，我预祝会议成功，也预祝大家收获满满。

2021 耐火材料市场起伏较大，但下游市场需求稳健，行业总产量高位运行。与往年相比，虽然利润较薄，挑战多多，但各会员企业成绩斐然。在座各位企业家和行业同仁，奋发有为，这是大家努力和拼搏的结果，成绩来之不易。2022 年在宏观层面上，我国经济面临更艰巨的挑战，各国央行货币政策分化预期加大，美联储加息在即，中国面临需求收缩、供给冲击、预期转弱的三重压力。我们的行业，如何凝聚共识，立足新发展阶段，完整、准确、全面地贯彻新发展理念、助力构建新发展格局，共同带领咱们的行业，把握好国内宏观政策发力适当靠前的政策预期，带领行业走出目前的“增产不挣钱”困境，我想是每一位与会企业家和业内同仁思考的问题。下面我代表协会八届理事会作 2021 年度工作报告，并就行业的形势和 2022 年协会的工作讲些意见，请大家讨论。

一、2021 年耐火材料行业运行情况

1. 行业运行总体平稳，产量高企，行业的利润水平不如 2020 年。

2021 年，根据协会统计，全国耐火材料制品产量 2402.67 万吨，同比降低 3.04%。其中 2021 年致密定形耐火制品产量 1320.51 万吨，同比降低 3.68%；保温隔热耐火制品产量 60.98 万吨，同比降低 1.98%；不定形耐火制品产量 1021.18 万吨，同比降低 2.26%。主产区中，河南省 2021 年耐火材料产量 916 万吨，辽宁省产量 419 万吨，江苏省产量 160.23 万吨，浙江省产量 165.08 万吨，山东省产量 281.79 万吨，各产区耐火材料产量基本稳定，部分省市因统计面扩大，致使增幅偏高，各级协会鼓励更多的企业上报数据，样本数较上年度有所增长，统计归属口径归整也造成了一些变化。实际总体情况是，2021 年耐火制品的产量高位运行，优势企业较集中的主产区，耐火制品产量受宏观经济和疫情影响较小。

协会通过对 92 家重点耐火材料企业 2021 年经营情况调研显示，耐火材料产量 1499.36 万吨（含部分耐火原料），同比增长 14.69%；销售收入 696.95 亿元，同比增长 13.32%；实现利润 43.22 亿元，同比增长 10.82%；上缴税金 36.08 亿元，同比降低 0.11%。

2021 年 92 家重点企业实现利润同比增长 10.82%，比全国规模以上工业企业平均利润增长率低 23.4%。营业收入利润率 6.20%，比上年同期低 0.51 个百分点，也低于全国规模以上工业企业营业收入利润率 0.61 个百分点。若将耐火原料部分进行分割，耐火制品企业的销售利润率约为 5.0%，低于去年水平。

2021 年全年耐火材料主产区（辽宁营口、海城，河南新密、巩义、伊川，山东淄博，山西孝义、阳泉郊区，浙江长兴，江苏宜兴等）销售收

入1297.6亿元，税金总额58.1亿元，销售利润率约5.97%，这其中还包含了原料的销售利润率和税收。如果剔除原料，制品的销售利润率更低一些。说明全行业的经营质量不高，特别是中小企业的经营压力较大。但行业部分重点骨干企业营收、利润和效益较之2020年略有上升，说明耐火材料行业集中优势在向大企业和重点企业倾斜，产业集中度仍在提升。

2. 受国外经济特别是钢铁业恢复影响，耐火原料和耐火制品出口创新高。

2021年耐火原料出口量、出口贸易额均大幅增长，同比分别增长41.24%、74.93%。进出口贸易额达到45.5亿美元，创历史新高。主要归因于国外钢铁行业的恢复性增长，其中出口贸易额增幅比出口量增幅高33.69个百分点，镁质原料和刚玉质原料增长幅度明显高于往年，电熔镁砂的出口量增长了64.1%。

耐火制品出口量和出口贸易额也呈较大幅度增长，同比分别增长26.02%和26.25%，特别是碱性耐火制品和铝硅质制品出口量同比分别增长24.04%和31.93%，出口贸易额同比分别增长33.81%和19.16%。耐火制品出口贸易额增幅高于出口量增幅0.23个百分点。另一个现象是，量增价不增，总的出口平均价格同比仅增长0.18%。

3. 行业在疫情常态化清零氛围中有序运行。

与其他各行各业一样，2021年全行业在新冠疫情常态化清零管控下运行，协会和全行业坚决贯彻习近平总书记重要指示精神，认真落实党中央、国务院、国资委、中国钢铁工业协会，以及企业所在的各地政府的决策部署。全行业齐心协力筑牢疫情防控屏障，各企业建立和健全了自己的防控体系，在做好疫情科学防控工作的同时，努力保证企业生产经营的运行，尽力为钢铁、建材、有色、石化等高温工业的生产运行提供保障，疫情期间全行业未发生因耐火材料供应问题造成下游钢铁等行业停产待产事故。行业和行业协会的各项工作正常推进，受疫情的影响较小。在此也感谢大家的支持和付出。

目前国际、国内社会经济层面正在向后疫情时代转变，我们的行业及各位企业家，在继续做好疫情防控、做好企业的生产经营工作的同时，要考虑“十四五”期间行业本身及上下游运行情况的新变化、新特点，在构建国内大循环为主体，国内国际双循环相互促进的新发展格局中，在下游粗钢产量不再增长的市场背景条件下，企业如何去应对“需求收缩、供给冲击、预期转弱”的三重压力，主动去适应，去调整，努力做好企业2022年的各项工作。

二、2021年全行业创新活动、转型升级和绿色发展工作总结

1. 科技创新力明显提升，新技术新产品研发成果显著。

过去的一年，我们的企业认真履行新发展理念，企业的各项创新活动空前活跃，一批新技术新成果成功涌现并助力行业发展。下面提及的相关活动仅仅是咱们行业部分企业在创新发展方面的个案，还有许多企业的创新工作无法在此一一提及，待有机会再行总结和宣讲。

中钢洛耐科技股份有限公司科技创新和知识产权管理工作不断取得新突破，专利的申请量、授权量以及拥有自主知识产权的核心技术产品销售收入占比逐年攀升。为了建立健全知识产权体系管理制度，企业通过《企业知识产权管理规范》贯标认证，并通过不断的检查、分析与改进，实现企业知识产权的规范化管理。2021年中钢洛耐公司成功入选2020年“工业企业知识产权运用试点名单”。此次成为知识产权运用试点企业，将有助于公司在知识产权创造、运用、保护和管理方面再上新台阶，为行业内知识产权发展起到示范带头作用，为企业形成核心自主创新能力提供有力支持。

中钢洛耐院科研创新工作成绩斐然。2021年通过国家技术创新示范企业复核评价，中钢洛耐院自2012年首次通过认定以来，已连续3次通过复核评价，此次复核评价的通过，是对中钢洛耐院创新机制、技术及人才、创新产出与效益等持续创新能力的又一次充分肯定。同时在新技术、新产品研发方面也取得可喜成绩。中钢洛耐院研发的“高性能自结合碳化硅耐火材料的研制及应用”项目获河南省科技进步奖，并得到政府奖励资金20万元，该项目已在中钢洛耐院形成了整套先进综合制备技术，具有完全独立知识产权，注册品牌商标“SICATEC95”，并在国际领域将该材料推广至大型铝电解槽行业中大量应用，产品实际使用寿命与传统氮化硅结合碳化硅相比提高1/3，节能效果明显，已持续多年出口到俄罗斯、德国、美国、瑞典、阿联酋、印度尼西亚等近10个国家，为中钢洛耐院创造了较好的经济、社会效益。中钢洛耐院牵头申报的“煤气化用绿色新

型无铬耐火材料组成、结构、性能调控及应用基础研究”等三个项目分获国家自然科学基金重点项目及国家科技部重点项目立项支持；中钢洛耐院主导制定的ISO 22685：2021《耐火材料高温耐压试验方法》和ISO 13765-7：2021《耐火泥浆加热永久线变化率试验方法》两项国际标准获准发布。

瑞泰科技，以科技创造未来。瑞泰科技不仅承继了其前身中国建筑材料科学研究总院耐火研究所“六五”至“九五”期间所有的科研成果，还在“十五”至“十三五”期间，主持并承担了国家重点研发计划、国家“863”计划、国家重大科技支撑、国际科技合作、国家火炬计划、科技部科研院所科技开发专项资金等十余项国家级科技项目。2021年公司承担的国家“十三五”重点研发项目课题2项，顺利通过验收1项，“具有高抗侵蚀和高抗热震性能的铬刚玉砖”项目被推选为国家重点研发计划重点专项典型成果案例。公司参与的“核废料玻璃固化处理”项目，目前已成功立项；2021年公司申请国际发明专利1项，申请国家专利81项（发明专利50项，实用新型专利31项），授权专利72项（发明专利23项，实用新型专利49项）。“低导热镁铁铝尖晶石砖”“水泥窑预分解带轻量节能耐火材料的研制”两项成果获得河南省建材行业技术革新奖一等奖，“高效长寿铝锆碳滑板砖”获得建材集团科技进步奖二等奖。发布国家标准3项，行业标准1项。瑞泰科技创新研发的“高性能长寿命隔热耐火材料”项目，具有应用温度高、寿命长、导热低等优点，该项目达到国际领先水平。

北京利尔高温材料股份有限公司依靠技术创新，实现了降本增效。2021年公司组织申报科研项目110余项，获得政府补贴1600余万元。申请专利150项（其中发明60余项），获得专利授权120余项（其中发明20余项），参与标准制定16项，其中国家标准9项，行业标准7项。公司还顺利通过由中国耐火材料行业协会等组织的“特种钢冶炼用关键耐火材料绿色制备技术集成与应用”等4项科技成果鉴定。2021年公司研发项目组通过原料替代、优化产品配置及结构、用后耐材循环使用等190余项降本增效措施，全年共实现经济效益1.2亿元。

濮阳濮耐高温材料（集团）股份有限公司注重科技投入，科技创新工作取得丰硕成果。2021年公司研制的两项科研成果顺利通过河南省耐火材料行业协会组织的专家组科技成果评价，其中“洁净钢用镁碳复合三大件的关键技术研究与应用”项目整体技术具有国际先进水平，产品渣线性能达到国际领先，“微晶菱镁矿制备高纯高致密度镁砂关键技术及应用”项目技术居国际领先，“铁水包用湿式喷射浇注料的开发与应用”和“高纯度高活性氧化镁的开发”两项市重大科技专项项目顺利通过验收。同时公司主持修订的《自流耐火浇注料》《防爆裂快速烘烤耐火浇注料》两项行业标准也顺利通过全国耐火材料标准化技术委员会产品标准审查会审查。

北京金隅通达耐火技术有限公司坚持科技创新引领高质量发展，加快科技成果转化，提升核心竞争力，聚焦“双碳”目标下的耐火材料新产品、新工艺研制和应用。全年研发投入占比超4%；新产品销售收入占比近30%。完成国家项目课题“低导热、长寿命新型隔热耐火材料研发与应用示范”综合绩效评价工作；完成集团重点项目“水泥窑用系列低导热莫来石砖的研制”预验收，并成功入围2021年度国家工业和通信业节能技术装备产品推荐目录。申请专利30余项，其中发明专利占67%；主持参与发布国家标准、行业标准、团体标准和企业标准近10项；发表科技论文超30篇，其中核心期刊6篇。

中冶焦耐（大连）工程技术有限公司充分发挥自身优势，科研成果屡创佳绩。公司自主研发的“一种变截面的蓄热室小烟道”发明专利，荣获第二十二届中国专利优秀奖。这也是中冶焦耐自2015年以来，连续六年获得中国专利奖。该专利技术在国内外首次提出了一种变截面的蓄热室小烟道、将小烟道优化为变截面的气流通道的技术方案，解决了大型焦炉长向加热均匀性差、调节工作量大、炉头烟量大的关键性技术难题。目前，该专利技术已成功应用于宝钢一期焦炉改造项目、唐钢美锦煤化工项目以及鞍钢股份炼焦总厂五期改造等工程并取得了良好的经济效益和社会效益。2021年11月，中冶焦耐与中国科学院过程工程研究所、河钢集团有限公司等4家单位共同申报的“钢铁行业多工序多污染物超低排放控制技术与应用”项目，获得2020年度国家科技进步奖二等奖。这是中冶焦耐继“干熄焦技术与设备国家重大引进、消化吸收国产化‘一条龙’项目”获得2009年度国家科学技术进步奖二等奖、“清洁高效炼焦技术与装备的开发及应用”获得2018年度国家科技进步奖一等奖之后再创佳绩。

江苏嘉耐高温材料股份有限公司2021年科技创新工作成绩也不错。2021年共计申请专利7项，其中发明专利6项，实用新型专利1项。获得授权专利3项，其中发明专利2项，实用新型专利1项。发表论文2篇。2017年度立项的陶都英才项目——特钢连铸用锆质水口矿相研究与长寿技术开发顺利结题验收。嘉耐技术中心被认定为江苏省省级技术中心，江苏省特钢用精炼耐火材料及辅助材料工程技术研究中心在江苏省科技厅三年一次的考评中被评为“优秀”中心。

山东鲁阳节能材料股份有限公司2021年大力实施陶瓷纤维棉毯线扩产技术改造，新增产能10万吨；生产智能化方面，立项实施了鲁阳玄武岩工业互联网透明制造平台建设项目，项目完成后将实现从原料入厂到产品出厂的全智能化管控时代。技术研发方面：实施了分类管理并对研发过程实施了分段管控，新型轻质节能烧嘴砖等多个新产品相继研发成功，多种陶瓷纤维节能降碳炉衬新结构在工业窑炉得以成功应用。2021年10月份，公司入选山东省新材料产业集群领军企业、山东省科技领军企业；2021年11月份，公司获批国家制造业单项冠军示范企业荣誉称号。

为了增强企业自主创新能力，山东耐材集团以高科技企业创建为抓手，关注关键核心技术攻关及突出成果产业化，不断加大科技创新投入力度，全年科技研发投入为1900多万元，2021年山东耐材成功入选山东省技术创新示范企业名单，也为公司高质量发展提供了科技支撑。山东耐材集团鲁耐窑业有限公司面对困难，积极拓宽思路，在产品技术含量、质量上狠下功夫。2021年干熄焦用莫来石红柱石系列产品荣获山东省工业和信息化厅、工业经济联合会公布的第五批制造业单项冠军产品。同时公司也荣获2021年度山东省“专精特新”中小企业称号。

2021年11月，北京联合荣大炼钢事业部与河钢唐钢中厚板厂炼钢部团结协作，共同在1号连铸机13号中间包上进行了110h中间包长寿命试验。其连浇实际开浇时间为21日15时24分，实际停浇时间为26日6时58分，连续浇铸时长合计为111h34min，共浇铸Q355B-2低合金钢钢水179包，实际过钢量为22858t，铸坯断面为250mm×2100mm，铸坯总长度为5560m，浇铸拉速为0.70～0.95m/min。此举创造了新的世界纪录。

耐火材料行业的高等院校一直是业内的创新主力军。依托雄厚的科研实力，2021年研制开发多项新技术、新产品。2021年武汉科技大学研制发明的“一种轻量化刚玉-碳化硅耐火材料及其制备方法”，本发明所制制品具有导热系数低、强度高、热震稳定性能好、抗渣性能优异和抗氧化性能好的特点，适用于炼铁、炼焦和石油化工等高温工业的热工装备；北京科技大学发明的“一种钛增强刚玉系耐火材料及制备方法”，该产品实现了矿渣的高效利用，得到了一种具有高性能和高应用价值的耐火材料，同时具有环保意义和经济价值；西安建筑科技大学发明的“一种无水泥浇注料用镁质结合剂及其制备方法”，该结合剂具有不污染环境、生产工艺简单、生产能耗低等优点，且适用范围广，适用于高铝质，刚玉质，碳化硅质等无水泥浇注料。2021年度郑州大学材料科学与工程学院及高温材料研究所获河南省自然科学奖二等奖、全国建材行业技术革新奖二等奖及三等奖及其他奖项等20项，获授权专利124项。

2. 推进资产重组、优化产业结构、加快转型升级。

2021年是“十四五”开局之年，在习近平新时代中国特色社会主义思想指引下，面对行业产能过剩、产业集中度低等问题，我们以“行业利益高于企业利益”新发展理念，倡导通过资本运作、联合重组，提高产业集中度，以优势企业带动和扶持小企业，打造行业龙头企业，在世界一流耐火材料企业中占据一席之地，从而提高中国耐火材料行业的整体水平，改善竞争环境，让身处其中的企业获得持续发展的竞争力。

中钢洛耐科技股份有限公司2020年实现了厂院整合，打造了新的“洛耐”，完成了混改、股改工作，2021年底中钢洛耐科技股份有限公司在上海证券交易所科创板过会。这是中钢洛耐实现科技创新和资本运营双轮驱动战略，快速推进科研成果资本化的重要里程碑。2021年中钢洛耐还成功入选国资委组织的国有重点企业创建标杆企业活动的标杆企业。

瑞泰科技股份有限公司秉持“诚信赢得市场、科技创造未来”的经营理念，坚持科技创新，实施专业化、精细化管理，生产“精、尖、特、优”产品，走“专、精、特、新”发展之路，2021年瑞泰科技股份有限公司荣获北京市第一批“专精特新”中小企业称号、湘钢瑞泰获批工业和信息化部第三批专精特新“小巨人”企业。同时，瑞泰马钢荣登安徽省首批先进制造业和现代服务业融合发展试点企业榜单，为安徽省乃至全国两业融合发展产业转型升级提供推广经验。为了扩大市场，公司承揽国际业务，郑州瑞泰耐火科技有限公司供应墨西哥水泥集团（CEMEX）10000t/d水泥生产线全套耐火材料，目前运行良好。瑞泰科技严谨的工作作风、完善的管理流程、优质的产品性能得到了墨西哥水泥客户的高度认可与好评。

北京利尔高温材料股份有限公司深化“一体两翼”战略思想，不断完善公司产业布局与产品结构调整，使公司业绩保持逆势增长，营业收入及净利润在行业内持续保持领先地位。2021 年合金业务收入规模进一步扩大，较 2020 年大幅增长，成为公司业务支柱之一。

作为河南省民营企业综合 100 强和河南省民营企业制造业 100 强企业，濮阳濮耐高温材料股份有限公司为了加快国际化进程，完善全球市场布局，提高企业抗风险能力，计划在欧洲设立耐火材料生产基地，近期与塞尔维亚 MALBEX WBI DOO 公司、塞尔维亚 MALBEX ONE 公司、自然人 Milan Bjelićc（MALBEX WBI DOO 管理委员会主席）签署了《股权购买协议》，濮耐股份拟出资 161 万欧元（约合人民币 1230.33 万元）收购 MALBEX ONE 公司 70%股权。本次收购完成后，MALBEX ONE 公司将成为濮耐股份的控股子公司。

北京金隅通达耐火技术有限公司依靠管理优势、技术优势、材料优势，首次承建服务民用航空航天工程项目——蓝箭航天飞行试验设施耐热混凝土工程项目，该项目位于酒泉卫星发射中心，是金隅通达工程公司新开辟的另一个航天航空领域施工战场。项目建设完成后，主要用于发射民用商用卫星，年发射数量及频次较多，对耐火材料使用寿命和施工技术有较高要求。这是继文昌、西昌和太原发射中心导流槽耐热混凝土工程后，工程公司已服务全国四大发射中心，横跨军用民用两级市场，对于金隅通达公司的市场拓展有重大意义。

浙江自立公司加大资金投入，加快产品结构优化。2021 年自立控股总部年产 6500t 高端氧化铝陶瓷粉体项目高温隧道窑及湛江自立新材料有限公司年产 5 万吨烧结板状刚玉项目 2 号窑顺利点火；公司新购置土地，筹建年产 7 万吨高纯低钠烧结氧化铝产品项目。这标志着浙江自立公司的特种氧化铝产品涵盖了烧结板状刚玉、煅烧氧化铝微粉、氧化铝造粒粉等较完整的产品生产线，具有较强的供货能力，在产品结构和总产能上继续保持国内领先地位。

中冶焦耐（大连）工程技术有限公司通过增加服务要素在投入和产出中的比重，从单纯出售产品向出售“产品+服务”转变，形成服务型制造企业。服务型制造是制造业与服务业融合发展催生的新型制造模式和产业形态，是中国制造增强产业竞争力的重要途径，是企业用“服务”激活“未来制造”、塑造竞争新优势的“法宝”。2021 年中冶焦耐荣获工业和信息化部公布的第三批“服务型制造示范企业”。

2021 年 8 月 10 日上午，圣泉集团首次公开发行 A 股上市仪式在上海证券交易所成功举行。集团的成功上市，旨在进一步提高企业竞争力，提升行业生产技术装备水平，打造全球生物质和化学新材料龙头企业。面对疫情等诸多不利因素，河北北方窑业工程有限公司逆势前行，2021 年 2 月为濮阳濮耐高温材料（集团）股份有限公司设计、施工、建造的年产 10000t 挡渣板隧道窑项目顺利点火，该项目实现窑炉全线自动控制，工程无人化；2021 年 6 月，河北北方窑业工程有限公司成功签约浙江嘉吉石化工程有限公司新建刚玉系列高端耐火材料项目的热工窑炉工程，该项目投产后，将达到年产 1.5 万吨刚玉系列高档耐火材料的生产能力。整个生产过程将实现全线自动化和智能化。2021 年 9 月河北北方窑业工程有限公司设计、建造的青海濮耐新材料有限公司（下称“青海濮耐”）年产 2 万吨镁碳砖生产线热处理隧道窑顺利点火。经过 30 多小时的烘窑升温，第一车产品顺利出窑，这也标志着青海濮耐这条镁碳砖智能化生产线调试成功，顺利投产。为了加快产学研用一体化步伐，推进技术创新，北方窑业携手校企深入合作，建立共享平台，实现优势互补，力争合作共赢，共谋高温窑炉节能领域高质量发展。2021 年 10 月，由武汉科技大学、河北北方窑业工程有限公司与江苏骏威特新材料科技有限公司携手，在江苏宜兴签订战略合作协议，为高温工业窑炉的节能减排共谋发展。

作为“互联网+耐火材料产业”的创新实践者，银耐联公司勇于探索，跨境交易平台实现 0 到 1 突破。2021 年 9 月份，中信银行综合为耐材之窗国际站定制开发的跨境交易支付结算系统 1.0 版本正式上线，实现了境外国际采购商付款、中信银行进行监管交易及在线结汇的功能，解决了国际企业交易过程中的信任难题。跨境交易支付结算功能上线后，通过平台成功完成了青海镁砂公司与印度 ArvindIndustry 镁砂，聊城耐材公司与日本合同陶瓷的防氧化涂料，两笔跨境在线交易，为耐火材料行业跨境电子交易的发展奠定了基础。12 月 6 日，银耐联与濮耐股份共同出资组建的“上海银耐联供应链有限公司”在上海宝山正式注册成立。公司将依托银耐联平台成熟的在线交易模式、交易规则、诚信体系、供应链数字化等运营模式，发挥濮耐股份在质量控制、技术服务、业务实施等专业优势，进一步整合行业资源和能力，助力耐火材料、冶金炉料产业降本增效，实现高质量发展。仅 1 个月的时间内，供应链公司已经完成了致密刚玉、白刚玉、棕刚玉、烧结镁砂、铝矾土等大宗原料的供应链服务落地，交易规模超千万元。未来，供应链公司将持续创新，探索供应链金融服务，解决耐火材料行业销售渠道不畅、产能释放不足、采购成本高企、产品质量争议、交付时间难保、资金周转困难等问题，助力行业高质量发展。

浙江红鹰集团股份有限公司秉持“诚信、卓越、拼搏、创新”核心价值观，以“立足于耐火材料产业、提供安全保障；服务客户、创造价值”为使命，紧紧围绕“新模式、新方向、走出新路子”工作思路，努力克服各种不利因素，齐心协力、扎实工作，2021 年全年实现营业收入 13.15 亿元，利税同比增长 15.2%。红鹰项目建设强势推进，其中湛江红鹰预制件生产线以及梭式干燥窑落成，提升产能，确保西南片区（包括湛钢、柳钢、防城港、重钢等）产品稳定供应；浙宝钙业完成窑炉技改、无人车间改造等工程项目，提升产品质量，降低环境污染，实现智能制造；科技创新能力提升，完成与武汉科技大学合作的“南太湖精英计划创新团队项目”验收；浙宝钙业成立省级高新技术企业研究开发中心，致力于造成为“无机新型非金属材料”领域的高新技术领军企业；客户结构持续优化，全面进入重庆钢铁的中间总承包项目，柳钢防城港项目中标，从而进一步提升公司的市场竞争力。郑州振东科技有限公司坚持科技创新，深化产学研结合，克服困难练内功，与北京科技大学合作的“耐火材料结构功能化设计与制备及在高品质钢冶炼中的应用”项目荣获教育部技术发明奖二等奖；与郑州大学合作的“洁净钢精炼钢包用金属复合低碳碱性耐火材料”项目荣获河南省科技进步奖二等奖，这两项科技成果的诞生为公司下一步大力发展无碳和低碳钢包材料、服务于优质钢冶炼打下了坚实的基础，振东科技还通过了工业和信息化部两化融合管理体系的评定。辽宁中镁控股集团有限公司年产 10 万吨无铬环保型材料生产线建设项目暨中镁高温镁砖二厂隧道窑点火，这次投产的 2 条 132m×60 个车位隧道窑具有高效、节能、环保等特点。该项目总投资 2 亿元，占地面积 110.25 亩，总建筑面积 66000m^2。项目达产后，不仅提高了公司的产能，而且对公司的绿色发展起到了推动作用。

3. 加快推进智能制造、践行绿色低碳发展。

工业和信息化部等八部门联合印发了《“十四五”智能制造发展规划》。《规划》提出，“十四五”及未来相当长一段时期，推进智能制造，要立足制造本质，紧扣智能特征，以工艺、装备为核心，以数据为基础，依托制造单元、车间、工厂、供应链等载体，构建虚实融合、知识驱动、动态优化、安全高效、绿色低碳的智能制造系统，推动制造业实现数字化转型、网络化协同、智能化变革。国家和地方政府先后出台鼓励政策，支持企业智能化升级。

耐火材料行业积极响应国家号召，在绿色制造、智能制造方面取得显著成绩。行业多家企业获得国家、省市绿色工厂、智能工厂称号。瑞泰马钢深化与腾讯云的合作，成功入选安徽省智能工厂和数字化车间，作为国内耐火材料行业第一家透明工厂，成功入选工业和信息化部 2021 年度绿色制造（绿色工厂）公示名单和工业互联网产业联盟“2020 工业互联网垂直行业应用案例”；郑州瑞泰获评河南省“智能工厂”，在生产系统中采用各类系统集成，实现对产品全生命周期的质量控制和实时追溯；湘钢瑞泰建设集控中心项目，实现了碳砖二线智能化设备的集中管控，为建设智能工厂打好基础；河南瑞泰“环境友好高档碱性耐火材料智能车间”被评为“河南省智能车间”；瑞泰科技股份有限公司凭借在节能降碳、绿色发展等方面的工作成就，获得“2021 年度环境社会责任企业”称号。北京利尔公司深入贯彻绿色发展理念，有序推进自动化、智能化、数字化、绿色化建设，洛阳利尔被评为国家智能制造示范工厂、环保绩效评级 A 级企业并获得河南省智能车间等荣誉称号；海城利尔 25 万吨不烧砖智能化生产线厂房基础已全部完工；日照利尔 1.5 万吨连铸功能耐火材料生产线顺利投产。洛阳利尔荣获洛阳市绿色化改造典型案例。山东耐材鲁耐窑业公司获评第三批工业产品绿色设计示范企业。

江苏嘉耐股份被评定为江苏省绿色工厂。中冶焦耐在焦炉烟气脱硫脱硝工艺技术取得重大技术突破，达到世界先进水平，填补了中国焦化领域焦炉烟气脱硫脱硝工艺与装备的技术空白，并为起步阶段的焦化烟气治理提供了低成本绿色生产技术支撑，有力推动了焦化环保烟气治理水平的提升。

综合之，2021年全行业在创新驱动、转型升级和绿色发展方面硕果累累，在此不能一一提及，感谢同仁们的不懈努力，感谢企业家们的辛勤付出。

三、协会2021年开展的主要工作回顾

2021年协会在国资委党建工作局及中国钢铁工业协会党委的指导下，认真贯彻落实习近平新时代中国特色社会主义思想和党的十九届六中全会精神，以党史学习教育为主线，以“我为群众办实事，我为会员服好务”为工作抓手，落实全面从严治党的要求，强化支部建设工作，努力按办成“研究型、服务型”协会的工作目标要求，创新工作方法，提升工作能力和水平。按照协会章程，全面完成了年度的各项任务。在行业的高质量发展中贡献了协会的力量，体现协会的桥梁与纽带作用，我在此表示肯定和赞扬。也感谢在座的各位对协会工作的支持。协会工作方方面面，我在此做一个小结。

1. 按国资委和中国钢铁工业协会党委的部署和要求，认真完成全年党史学习教育规定动作和各项学习内容，协会党建工作稳步推进。

2. 继续加强行业调研及行业生产统计工作，助力行业健康稳定运行。

2021年，协会先后赴山东淄博、青岛，浙江长兴，山西孝义、阳泉，河南伊川，河北唐山，辽宁营口和鞍山等地的耐火材料主产区进行调研，足迹遍及耐火材料主产区。通过系列调研，使协会对各地区及部分重点企业的整体情况有了更进一步的了解，也使企业了解了行业整体运行情况及国家有关政策法规。值得一提的是，7月20~24日，河南省郑州市、洛阳市、新乡市，突遇罕见暴雨、洪水灾害，河南省耐火材料的主产区郑州市的新密市、巩义市、登封市受灾严重。协会领导得知后，积极了解企业受灾情况和诉求，受工业和信息化部的委托，快速展开对受灾严重区域的耐火材料企业受灾情况进行调研，在新密、巩义、登封、伊川等市县协会的积极配合下，在短时间内向工业和信息化部报送了河南省几个受灾严重的市、县耐火材料企业受灾情况报告，为国家及地方有关部门及时采取有关措施以最大限度减少损失及尽快恢复重建赢得了时间、提供了依据。新密市耐火材料行业协会表现突出。2021年，在银耐联的大力协助下，协会继续提升网上统计系统，对行业内销售收入超过1亿元的耐火材料制品企业进行了摸底调研，为上级主管部门、耐火材料主产区管理部门及耐火材料行业企业和行业同仁了解行业运行情况提供了第一手数据。下一步要将这些企业全部纳入协会的重点统计体系，以使协会的统计数据更加准确，助力行业健康稳定运行。

3. 全面完成“耐火材料行业‘十四五’发展规划建议”的编制工作和在耐火材料主产区宣讲工作。

2020年协会组织协会专家委员会编制了《中国耐火材料工业“十四五”发展规划建议》，2021年初，最终形成规划建议终稿。并发给了工业和信息化部相关主管部门及有关领导。为了更好地让行业企业了解行业的发展目标，引导行业“十四五”期间的健康发展，扩大规划稿的影响力和受众面，该规划建议稿已经在浙江省长兴县、山西省孝义市、辽宁省海城市等耐火材料主产区在几个会议上进行了宣讲。下一步争取在耐火材料主产区做进一步宣讲。

4. 筹备并成功组织召开2021年协会八届三次理事（扩大）会议暨协会成立30周年行业发展论坛、协会八届六次常务理事（扩大）会议等。

经过精心筹备和辛勤努力，协会八届三次理事（扩大）会议暨协会成立30周年行业发展论坛于2021年3月31日~4月1日在洛阳华阳国际大饭店召开，参加会议的有来自260余家理事及会员单位的300多名代表。此次会议上，协会还对评选出的“中国耐火材料行业30年优秀企业家”及“中国耐火材料行业30年优秀协会工作者”进行了表彰，颁发了奖牌和荣誉证书。

4月1日上午的协会八届三次理事（扩大）会议上，赵继增会长作了工作报告，会议审议并通过了《协会2020年会费收支及2021年会费支出预算报告》《协会吸收新会员的议案》《增补特聘副会长的议案》等议案，选举通过了《协会调整部分理事、常务理事的议案》，驻会副会长李永全通报了2020年耐火材料及上下游行业运行状况并对2021年行业运行预测，还邀请到了有关专家作《耐火材料行业的碳达峰、碳中和、碳交易》及

《共建 OTO 生态平台　助力耐火材料行业高质量发展》专题报告；下午的协会成立 30 周年行业发展论坛，殷瑞钰院士、河南省政协张亚忠副主席、工业和信息化部岳全化处长等嘉宾分别致辞；播放了庆祝协会成立 30 周年而特制的纪录片，回顾了中国耐火材料行业近 30 年的发展和取得的成就，也总结了 30 年来行业的科技进步。

此次理事（扩大）会议暨行业发展论坛的参会人数创协会会议人数新高，会议内容非常丰富，各项会务工作细致周到，得到了行业同仁的好评。

中国耐火材料行业协会八届六次常务理事（扩大）会议，于 10 月 13 日在河北唐山南湖国际会展中心召开。协会常务理事及代表、会员企业和其他行业同仁代表共计 105 人参加了会议。会议审议通过了“关于吸收新会员的议案”，赵继增会长作了题为《把握新机遇　迎接新挑战　坚定不移走绿色低碳发展之路》的工作报告，赵会长简要总结了 2019 年 9 月换届两年来耐火材料行业总体运行情况及耐火材料行业在科技创新、智能化改造、节能减排及绿色发展、规范条件生产线建设和质量管理等方面取得的成绩，也简要回顾了换届两年来协会在防疫抗疫方面、调研和统计、推动环保治理和节能减排及耐火材料行业双碳工作、标准制修订、规范市场秩序、为会员单位服务、加强国内外交流等方面所做的很多工作。他对两年来行业取得的进步感到欣慰也给予了充分肯定，对协会秘书处在人员少、工作事务繁杂及疫情影响的情况下，所做的扎实有效的工作和取得的成绩工作给予了表扬。报告的最后，赵会长对今后行业的发展提出了两点建议：（1）慎重对待新增产能；（2）认真做好耐火材料行业碳排放的计算及碳达峰路径研究，坚定不移走绿色低碳发展之路。李永全副会长向会议报告了 2021 年上半年耐火材料工业的生产运行情况和上下游行业运行的总体情况并对重点耐材企业及主要下游产业的生产经营、市场动态做了分析和预测，对重点耐材企业及主要下游产业的生产经营、市场动态做了分析和预测。柴俊兰秘书长向大会报告了今年以来协会开展的行业调研和统计、推动行业节能环保和“耐火材料行业碳达峰目标及路径研究”“八届三次理事（扩大）会议暨协会成立 30 周年行业发展论坛”会议的筹备和成功召开、“耐火材料行业‘十四五’发展规划建议”的编制和宣讲工作、标准化工作、科技成果评价和行业企业信用评价、半月电子刊《行业动态》的连续发布、会员单位服务等重点工作及下一步的工作重点。参会的几位副会长先后还就行业当前发展、拉闸限电对行业的影响、疫情导致国际海运价格飞涨、行业低价竞销等热点问题发言。驻会副会长李永全宣读了“关于协会轮值会长更替的通知”，赵继增会长和曾大凡会长进行了简单的交接仪式。曾大凡会长发表讲话，曾会长表示将不辱使命，继续带领协会为行业做好服务工作。此次会议上曾会长提出了“行业利益高于企业利益”的新观点，供业内人士共同探讨。

5. 积极开展双碳工作，完成“耐火材料行业碳达峰目标及路径研究”报告，组织力量编制出版了《耐火材料生产企业温室气体排放核算方法和报告》团体标准。

协会根据国家国民经济“十四五”发展规划、中央经济工作会议精神，提前谋划耐火材料行业的碳达峰问题研究工作。经协会领导研究决定，于 2021 年 4 月 12 日成立中国耐火材料行业绿色低碳工作推进委员会。2021 年 5 月 19 日，协会收到工业和信息化部原材料工业司委托的“耐火材料行业碳达峰目标及路径研究课题”，要求于 9 月底前提交，迅速开展相关工作。着手组织编制《耐火材料生产企业温室气体排放核算方法和报告》团体标准，分别于 7 月 14 日和 8 月 25 日两次在北京召开“耐火材料行业碳达峰目标和路径研究专题工作讨论会”，邀请行业专家、重点企业负责人进行讨论。经过 3 个多月的紧张而有序的辛勤工作，“耐火材料行业碳达峰目标及路径研究”课题报告已完成并提交工业和信息化部及有关副会长单位。

《耐火材料生产企业温室气体排放核算方法和报告》团体标准已经完成，将于近期发布和实施，得到行业专家及重点企业的充分认可，标准处于国际领先水平。协会将择机举办此项团标的宣讲培训会及宣贯会，使更多的耐火材料企业了解熟知该标准，为耐火材料行业的碳排放摸底打好基础。

6. 标准化工作开展再上新台阶。

（1）团体标准的组织制定。

根据质检总局和国家标准委印发的《关于培育和发展团体标准的指导意见》(国质检标联〔2016〕109 号)，协会 2021 年继续组织开展团体标准的制定工作。

由中冶焦耐（大连）工程技术有限公司等负责起草的《焦炉用缸砖》等六项，浙江自立新材料股份有限公司起草的《低钠板状烧结刚玉》，中国建材检验认证集团股份有限公司等负责起草的《耐火材料生产企业温室气体排放核算方法》等9项耐火材料行业团体标准已按照团标管理办法顺利完成编制，即将发布实施。由北京利尔高温材料股份有限公司等起草的《LF精炼炉炉盖》等7项耐火材料产品团体标准，目前正在起草征求意见稿，预计2022年3月份前完成编制工作。

（2）积极参与耐火材料行业标准及国家标准的制定工作。

协会积极与冶金信息标准研究院合作，共同组织制定行业标准（YB）。《耐火原料单位产品能源消耗限额》等4个行业标准，经过协会多次进行企业调研、收集数据、分析整理工作，在起草单位、参与单位的共同努力下，四项行业标准在工业和信息化部官网上于2021年4月19日发布[中华人民共和国工业和信息化部公告（2021年第6号）]，并于2021年7月1日正式实施。

2021年，协会继续参与《耐火材料行业大气污染物排放标准》(2020—2022）1项国家标准的制定工作，现已完成标准征求意见稿。

7. 继续开展行业科技成果评价及企业信用评价工作。

2021年，已完成北京利尔的“特种不锈钢冶炼用超低碳氧化镁基复合材料的研制与应用”“钢包用双芯透气功能元件的开发与应用”“RH精炼炉用超低碳无铬免烧镁尖晶石砖的开发与应用”3个项目科技成果评价。

2021年以来，共有11家企业向协会提出信用等级参评申请。目前，申请参评的11家企业中已有浙江自立新材料股份有限公司、中钢洛耐科技股份有限公司等10家企业通过了由中国耐火材料行业协会与第三方信用评价机构——北京国富泰企业征信有限公司共同开展的耐火材料行业企业信用评价，正式荣获AAA级信用评价。

8. 继续积极宣传推进工业和信息化部《耐火材料行业规范条件》和《管理办法》的实施，应工业和信息化部邀请参与规范条件生产线的评审及现场核查，引导行业高质量发展。

自2014年《耐火材料行业规范条件（2014年本)》出台至今，行业内先后有两批72条生产线符合规范条件、通过工业和信息化部审核并在网上发布。2021年，协会应邀参加工业和信息化部原材料司第三批耐火材料规范生产线的评审及现场核查工作，配合工业和信息化部调研申报耐火材料规范条件生产线企业的环保排污许可证及排污登记情况，积极推进符合规范条件生产线的评审工作。截至目前，有第三批61条生产线已在工业和信息化部官网上公告。

9. 充分发挥桥梁和纽带作用，加强与政府主管部门的沟通与协作。

协会在日常工作中注重加强与工业和信息化部、生态环境部、国家发展改革委等上级主管部门的沟通交流，除积极向相关政府部门反映行业状况、企业诉求外，还为主管部门政策出台提供专业咨询和技术支持，积极参与政府主管部门的政策调研。2021年协会先后多次参与工业和信息化部对行业情况的咨询及调研。

10. 认真对待企业诉求，贴心服务会员单位，会员队伍不断扩大。

对企业提出的工艺、技术、装备及市场动态等各类咨询，努力做到有求必应，有问必答，不推诿、不拖延。2021年，为企业开具各项证明近100份，帮助企业解决了很多困难。耐心周到的服务使协会在行业的影响力和凝聚力不断扩大，2021年全年，积极要求新加入协会会员单位共有49家，其中45家已通过协会八届三次理事会及八届六次常务理事会审议通过。

11. 协会主办及受邀协办、支持行业技术交流会、展览会，促进行业全产业链产、学、研、用的交流与合作。继续组织主办第九届上海国际耐火材料展览会。受邀协办或支持的行业会议、展会等。

12. 继续办好协会半月电子刊《行业动态》，创新行业服务模式。

从2020年9月份起创办半月刊《行业动态》，已成为业内信息交流和协会信息发布的平台，已连续发布24期，影响力日渐增长，每一期的内容全面、丰富，将与耐火材料行业有关的信息推送给行业同仁，深受行业同仁的欢迎和好评。点击访问量超过16000次，其平均点击量超过666次，目前协会公众号关注人数已经超过440人。

协会积极响应曾大凡会长的倡导，利用《行业动态》开展“行业利益高于企业利益”大讨论，凝聚行业共识，推动行业的高质量发展，协会许多副会长发表了讨论意见，起到了很好的效果。

13. 继续组织行业基础知识培训，为行业发展输送人才。

14. 启动《中国耐火材料工业年鉴》(2019～2022）的编撰出版工作。

15. 继续加强世界耐协及地方省市协会的工作

联系，构建完整高效协会工作网络。

日常工作中，协会继续加强与世界耐协，与河南省、辽宁省、山东省、山西省、湖南省、浙江省及贵州省几个省协会，与新密市、巩义市、登封市、营口市、伊川县、长兴县等几个市、县协会都保持了很好的联系与合作，在信息共享上互通有无，在举办活动上互相支持和配合，构建了紧密、高效的协会工作网络体系。

16. 协会内部管理的持续改进与提升，进一步提高服务能力与水平。

持续改进和提升内部建设，完善管理制度，细化员工工作任务及分工，强化大家为行业服务的责任和意识，创新工作方法，提高工作、能力与水平。努力建设研究型、服务型协会。

四、关于2022年协会工作

下面我就2022年协会工作提一些要求和思路。

1. 继续做好行业统计和调研工作。

行业调研和统计工作，是协会服务政府、服务会员、联系地方协会和企业的重要手段和条件，感谢各会员企业和地方协会的配合和支持。协会八届理事会换届后，着手提升协会的统计体系水平。要继续对全国范围内的耐火材料企业进行拉网式摸底调查；继续完善、补充统计内容（产量、产能、装备情况，销售额、应收账款、利润、税金、进出口贸易等生产经营数据，安全生产方面的数据等），增加统计频次（月、季度、半年、年度），定期通报行业运行状况；做好网上统计系统的升级工作。协会要克服疫情困难，多调研，多做专题研究，听取企业的呼声，拜访耐火材料主产区的地方政府，创新协会工作方式方法。更好地发挥协会桥梁纽带的作用。对行业存在的问题和企业的需求加以引导，同时将行业和企业存在的问题积极向国家有关部门反映，争取国家政策层面的支持。逐步创造条件，建设研究型和服务型协会。

协会要注重发挥地方耐火材料协会的作用。进一步加强与各省、市（县）协会的工作联系，中国耐火材料行业协会要在全国性的学术交流、技术培训及展览会等工作中起到主导作用，各地方协会举办全国性的行业会议或活动时，要及时主动与中国耐火材料行业协会沟通联系，互相支持，共同发展。

2. 办好协会章程规定的重要会议及其他活动，提高办会质量，注重活动效果。

（1）办好“中国耐火材料行业协会八届四次理事（扩大）会议暨耐火材料行业绿色低碳高质量发展论坛”。（2）“中国耐火材料行业协会八届七次常务理事（扩大）会议”“中国耐火材料行业协会会长工作会”等协会重点会议。（3）认真组织筹备“2022天津国际耐火材料展览会暨2022天津国际冶金工业展览会”“第九届上海国际耐火材料展览会”等。（4）继续加强行业“双碳”工作的推进，做好《耐火材料行业企业温室气体排放核算方法和报告》团体标准的宣贯，以及对行业碳排放情况的调研。（5）继续开展团体标准的制修订工作、行业标准及国家标准的制定工作，科技成果及信用等级评价工作。（6）继续加强与工业和信息化部、国家发展改革委、生态环境部、海关总署等的联系，及时反映行业和企业诉求；配合工业和信息化部继续推进《规范条件》和《管理办法》的实施及“双碳”工作、绿色工厂的推荐及专精特新“小巨人”企业的认定，配合生态环境部组织开展行业绩效分级管控申报工作、评审及现场核查，推动行业高质量绿色发展。（7）择机举办“2022年（总第八期）耐火材料综合知识培训”，扩充培训内容，重点加强行业“双碳”工作的相关培训。（8）按照编撰计划，稳步推进《中国耐火材料工业年鉴》（2019～2022）的编撰工作。

3. 认真做好耐火材料行业绿色低碳发展体系建设工作。

协会要在工业和信息化部“耐火材料行业碳达峰目标及路径研究课题”及编制《耐火材料生产企业温室气体排放核算方法和报告》团体标准的基础上，稳步推进耐火材料行业绿色低碳发展体系建设工作。协会要积极参与各有关耐火材料行业的有关产品碳足迹、碳负荷、产品种类规则、碳排放监测技术规范、低碳产品评价技术规范等相关标准编制工作，要在其中起到桥梁与纽带作用。要按照中央提出的“我国二氧化碳排放力争2030年前达到峰值，力争2060年前实现碳中和”总体进度要求，在已有工作的基础上，抓紧制定2030年前碳排放达峰行动方案，支持有条件的地方或企业率先达峰。全行业要全面贯彻习近平生态文明思想，认真落实党中央、国务院决策部署，坚定不移贯彻新发展理念，全方位全过程推行绿色规划、绿色设计、绿色投资、绿色建设、绿色生产、绿色流通、绿色生活、绿色消费，使发展建立在高效利用资源、严格保护生态环境、有效控制温室气体排放的基础上，统筹推进高质量发展和高水平保护，建立健全绿色低碳循环发展的经济体系，确保实现碳达峰、碳中和目标，推动我国绿色发展迈上新台阶。关于行业绿色低碳循环发展体系建设工作，请协会组织专家委员会启动相关专题研究工作，做好业内宣贯工作，也请各地方协会和企业建言献策，各重点企业积极配合，共同做好绿色低碳发展工作。

4. 协会要在凝聚行业共识，应对挑战，推动行业高质量发展方面发挥独特作用。

创新协会工作方式方法。更好地发挥协会桥梁纽带的作用。对行业存在的问题和企业的需求加以引导，同时将行业和企业存在的问题积极向国家有关部门反映，争取国家政策层面的支持。

2021 年 10 月 13 日，在唐山召开的中国耐火材料行业协会八届六次常务理事（扩大）会议上，我提出了“行业利益高于企业利益”的新观点，倡议通过资本运作、联合重组等提高产业集中度，以优势企业带动和扶持小企业，打造行业龙头企业，在世界先进耐火材料集团军中占据一席之地，从而提高中国耐火材料行业的整体水平，改善竞争环境，让所有身处其中的企业获得持续发展的竞争力。对我的倡议，协会组织了讨论，赞成者居多，不同意的也有。但这并不妨碍我们之间的交流，不妨碍我们共同为行业的发展献计献策。行业是我们命运的共同体，协会在凝聚行业共识、应对多重挑战、推动行业高质量发展方面可以发挥出一些独特的作用。

各位业内同仁，春回大地，柳辨莺娇。展望2022 年，是党和国家事业发展进程中十分重要的奠基年，将迎来举世瞩目的中共二十大；2022 年，也将是中国新经济周期的元年，我们虽然丢失了有缘无分的铁器时代，错过了后知后觉的硅时代，但我们很幸运，我们迎来了敢为人先的碳时代。

尊敬的同行朋友们，在这样一个百年未有之大变局以及前所未有的新冠肺炎疫情冲击的背景下，我们既不能低估“三重冲击”“双碳”目标带来的挑战，也不要高估我们应对外部扰动的能力，更不可轻视钢铁行业科技创新、绿色低碳双轮驱动战略的实施给耐火材料行业带来新要求、新需求。实现行业的高质量发展是我们的历史责任，唯有担当，才能图强！2022 年，是全球向后疫情时代发展的过渡年，将迎来许多领域的常态回归；2022 年，更是境由心生的一年，想法和共识，需要凝聚，共识与信心，才能促成行动，并提高行动的成功率！

让我们更加紧密地团结在以习近平同志为核心的党中央周围，立足新发展阶段，完整、准确、全面地贯彻新发展理念，助力构建新发展格局，把思想和行动统一到中央关于“十四五”期间经济社会高质量发展的思路上来，努力把握钢铁行业和耐火材料行业“十四五”产业转型升级的窗口机遇期，不负韶华，砥砺前行，努力拼搏，为推动我国耐火材料行业的高质量发展做出新的贡献，以优异的成绩迎接中国共产党二十大的胜利召开。

在此再次恳请大家更多地关心协会，支持协会工作。以协会为纽带，协同发展，共同谱写时代赋予我们的新篇章。谢谢大家！

谋新思路，想新方法，强化行业自律，奋力构建耐火材料行业高质量发展新格局

——在中国耐火材料行业协会2023年八届五次理事（扩大）会议上的报告

（2023年3月29日）

中国耐火材料行业协会会长　曾大凡

各位领导、各位会长同志、各位同仁：大家好！

在党的二十大和全国两会胜利召开、社会经济活动全面恢复的阳光时节，协会在唐山召开2023年八届五次理事（扩大）会议。行业同仁相聚一起，新老朋友见面交流，总结2022年行业工作，研讨2023年行业发展，共同应对新的挑战。今天会议既是协会章程规定的一年一次的理事（扩大）会议，也是同行的交流会。感谢大家的与会，预祝会议成功，也预祝大家有所收获。

2022年无疑是十分艰难的一年。宏观层面上，我国经济面临艰巨的挑战，需求收缩、供给冲击、预期转弱的三重压力还在持续演变。在复杂严峻的宏观背景下，我们的行业面临市场需求减弱、原燃料成本高企、销售价格下降、企业利润大幅下滑的多重挑战，但业内同仁特别是企业家朋友们，迎难而上，立足新发展阶段，奋力构建新发展格局，在疫情防控、科技创新、绿色制造、行业兼并重组、统筹国内国际两个市场等多个方面，都取得了骄人的成绩，行业的高质量发展进步明显，优势企业的市场份额不断提升，行业的低碳发展工作已经起步，智能制造、绿色发展理念正在成为全行业的共识和实践。

面对2023年，我们积极贯彻落实党的二十大精神，认真学习政府工作报告，紧贴政府对宏观经济的把控和布局，更完整、更准确、更全面地贯彻新发展理念，加快构建新发展格局，共同面对需求总量不再增加或增加有限的大市场，强化行业自律，带领行业走出目前的发展转型困难期。下面我代表协会八届理事会作协会年度工作报告，并就行业的形势和2023年协会的工作讲些意见，请大家讨论。

一、2022年耐火材料行业运行情况

1. 行业运行总体平稳，产量下降约4.23%，但行业的利润下滑严重。

2022年，协会同口径统计，全国耐火材料制品产量2301.00万吨，同比降低4.23%。其中致密定形耐火制品产量1261.10万吨，同比降低4.50%；保温隔热耐火制品产量56.78万吨，同比降低6.89%；不定形耐火制品产量983.11万吨，同比降低3.73%。主产区中，河南省2022年耐火材料产量850.11万吨，辽宁省产量426.51万吨，江苏省产量163.63万吨，浙江省产量153.44万吨，山东省产量258.63万吨，均有一定幅度的下降，部分省市统计样本数不足现象仍然存在，各级协会鼓励更多的企业上报数据，总样本数较上年度有所增长，统计口径归整也带来一些变化。实际总体情况是，2022年耐火制品的产量高位平台运行，但行业的利润下滑严重。优势企业较集中的江、浙等沿海地区，产量和经营效益受钢铁市场和疫情影响较小一些。

协会通过对90家重点耐火材料企业2022年经营情况调研显示，耐火制品产量949.80万吨，同比下降1.94%；销售收入587.86亿元，同比增长0.87%；实现利润40.85亿元，同比降低4.02%；上缴税金32.30亿元，同比降低1.83%。2022年90家重点企业销售收入利润率6.20%，与上年同期基本持平，也与全国规模以上工业企业营业收入利润率6.09%相近。

2022年全年耐火材料主产区（辽宁营口、海城（今年缺数据），河南新密、巩义、伊川，山东淄博，山西孝义、阳泉郊区，浙江长兴，江苏宜

兴等）销售收入884.42亿元（含部分耐火原料），同比下降1.38%，税金总额38.22亿元，同比下降8.18%。主产区的情况与90家重点企业的情况总的趋势一致，全行业的利润下滑严重，特别是中小企业的经营压力较大。

2. 2022年行业的出口成绩斐然，出口额创新高。

2022年，全国耐火原材料进出口贸易总额56.68亿美元，比上年同期增长17.32%。其中出口贸易额53.62亿美元，同比增长17.76%；进口贸易额3.06亿美元，同比增长10.16%；全国耐火原材料出口总量728.02万吨，同比降低1.21%。其中耐火原料出口量506.25万吨，同比降低9.64%；耐火制品出口量221.77万吨，同比增长25.51%。相较2021年，出口量略有下降，而出口贸易额却有较快增速。在出口表面数据的底层，耐火制品的平均出口价格进一步提升，品种出口结构进一步优化。国家的“一带一路”倡议为耐火材料出口带来了实实在在的好处。

3. 2022年行业在疫情常态化清零氛围中有序运行。

与其他各行各业一样，2022年全行业在新冠肺炎疫情常态化清零管控下运行，协会和全行业坚决贯彻习近平总书记重要指示精神，认真落实党中央、国务院、国资委、中国钢铁工业协会，以及企业所在的各地政府的决策部署。全行业齐心协力筑牢疫情防控屏障，各企业建立和健全了自己的防控体系，在做好疫情科学防控工作的同时，努力保证企业生产经营的运行，尽力为钢铁、建材、有色、石化等高温工业的生产运行提供保障，疫情期间全行业未发生因耐火材料供应问题造成下游钢铁等行业停产待产事故。行业和行业协会的各项工作正常推进，受疫情的影响较小。在此也感谢大家的支持和付出。

二、2022年全行业创新活动、转型升级和绿色发展工作总结

1. 科技创新力明显提升，新技术新产品研发成果显著。

过去的一年，我们的企业认真履行新发展理念，企业的各项创新活动仍然活跃，一批新技术新成果成功涌现并助力行业发展。下面提及的相关活动仅仅是咱们行业部分企业在创新发展方面的个案，还有许多企业的创新工作无法在此一一提及，待有机会再行总结和宣讲。

中钢洛耐面向国家重大战略需求，聚焦高温工业发展方向，发挥企业优势资源，承担共性关键核心技术攻关，形成了覆盖传统高温材料、航空航天、新能源、节能环保等战略性新兴产业等领域的先进专利技术约400件，建立了完善的知识产权管理体系，明确知识产权战略方针，促进专利和商标的国内外布局，从激励政策、专利服务、专利评估等多维度，实现国际专利质量和专利价值的提升，申请国际专利7件，获得国际专利1件。中钢洛耐获评2022年“国家知识产权优势企业”。

中钢洛耐院科研创新工作再创佳绩。2022年经过申报、评审、网络答辩等程序，中钢洛耐院名誉院长、国家重点实验室主任李红霞博士主持的项目“煤气化用绿色新型无铬耐火材料组成、结构、性能调控及应用基础研究”获国家自然科学基金区域创新发展联合基金重点支持项目资助。2022年中国创新方法大赛河南赛区比赛中，中钢洛耐院参赛的5个项目均获得奖项。其中“低碳冶金用耐火材料抗热震性装备的研究”“基于TRIZ创新方法多方法融合解决陶瓷3D打印义齿烧成裂纹的问题”项目获得一等奖；“基于TRIZ创新方法多方法融合提高机压成型模套装配效率”“利用C-TRIZ的方法解决风冷热震实验中试样载具易损的问题”项目获得二等奖；“TRIZ多方法融合解决超厚氮化物结合碳化硅制品氮化烧成缺陷的问题”项目获得三等奖。这是自2017年参加创新方法类大赛以来，中钢洛耐院连续5年获奖。知识产权管理工作不断取得新突破，专利的申请量、授权量以及拥有自主知识产权的核心技术产品销售收入占比逐年攀升。2022年中钢洛耐院获评“国家知识产权优势企业”。

瑞泰科技充分发挥自身优势，2022年，公司承担的国防科工局卡脖子项目进展顺利；“十三五”课题已完成任务书指标，正在进行推广试用；“建筑材料行业玻璃窑熔铸耐火材料工程技术中心”考核顺利通过；荣获各级技术类奖项8项，其中“高品质钢冶炼关键功能耐火材料制造技术及工业应用”获得2021年度湖北省科学技术进步奖一等奖、“精炼炉环保型关键耐火材料的研发及工业应用”获得中国建筑材料联合会建筑材料科学技术奖二等奖（技术进步类）；授权专利36项，其中国内发明专利21项，国际发明专利1项；参与起草《铸造磨球》《耐火材料加热永久线变化试验方法》2项国家标准修订。

北京利尔高温材料股份有限公司2022年共完成123项科研项目申报。申请专利142项（其中发明45项，实用新型97项）；获得专利授权134项（其中发明35项，实用新型99项）；参与标准制定37项（其中国家标准8项，行业标准20项，团体标准9项）。北京公司“特种钢冶炼用关键耐火材料绿色制备技术集成与应用”通过河南省耐火材料行业协会鉴定，成果综合技术达到国际领先；获得北京市新技术新产品认定16项；北京利尔高温材料股份有限公司2022年被认定为国家级知识产权示范企业。洛阳利尔功能材料有限公司2022年被认定为“河南省知识产权优势企业”，顺利通过2022年国家级高新技术企业复审认定。日照利尔高温材料股份有限公司2022年通过国家高新技术企业认定，荣获日照市岚山区“2022年度科技创新引领企业”称号。

2022年濮耐集团研发的2项科研项目通过河南省耐火材料行业协会组织的专家组技术评价，其中“环境友好型镁碳砖关键技术与应用”项目基于西藏微晶菱镁矿生产的低硅低铁烧结镁砂为主要原料，采用无机环保结合剂，研制出有害气体近零排放、抗侵蚀优良的环境友好型微孔化镁碳砖，项目技术属国际首创，居国际领先水平。“焦炉蓄热室碳化硅质脱硝管关键技术与应用”项目则制备了高长径比非氧化物结合碳化硅质脱硝管，使焦炉烟气氮氧化物含量降低到100mg/m^{3}以下，大幅度降低了脱硝成本，实现了超低排放和脱硝管的长寿化，项目技术属国际首创，居国际领先水平。

金隅通达耐火公司积极践行“四个发展”战略理念，注重科技投入，科技创新工作取得丰硕成果。全年研发投入占比超5.54%，在研科技项目29项，其中新增16项。成功揭榜金隅集团和中国建材联合会揭榜挂帅项目各1项。完成“十三五”国家项目三个课题的研究工作；科技成果高效产出，2022年完成外部鉴定1项，内部鉴定5项。申请专利26项，其中发明专利15项；获得授权22项，其中发明专利10项。荣获外部奖项18项，其中“高炉陶瓷杯长寿技术研发及应用”项目获得河南省科技进步奖三等奖。组织审核并发表科技论文25篇；主持起草行业标准、团体标准各2项，参与起草行业标准1项。科技平台再创佳绩，2022年完成国家认定企业技术中心分中心各阶段的评价和调查工作，顺利通过“建筑材料行业水泥窑无铬耐火材料工程技术中心”获评优秀技术中心的考核评估。

焦耐（大连）工程技术有限公司科研成果丰硕。2022年全年共运行科技项目123项，获2022年度中冶科技创新先进单位称号。全年获奖17项，其中获冶金行业科学技术奖一等奖2项，中冶科技进步奖一等奖1项、二等奖1项，五矿专利二等奖1项，中冶BIM大赛一等奖1项，冶金建设行业优秀设计一等奖5项。鉴定国际领先成果两项、国际先进成果1项，入选“工业和信息化领域节能技术装备推荐目录”成果1项。中冶焦耐加大智能制造领域科研课题申报力度和实施力度，获批“辽宁省2022年度首批‘揭榜挂帅’科技攻关项目”1项、辽宁省“中央引导地方”项目1项、“2022年辽宁省应用基础研究计划”项目1项。

浙江自立控股有限公司2022年科技创新工作成绩斐然，参与起草了《耐火材料高温耐压强度试验方法》国际标准、《绿色产品评价耐火材料》国家标准、《耐火材料行业绿色工厂评价要求》行业标准；授权发明专利8项，实用新型15项，获得冶金科学技术奖三等奖1项；通过国家博士后工作站认证，与浙江大学导师签订博士后联合培养协议；旗下浙江自立高温通过CNAS国家实验室认证和浙江自立新材料获得国家专精特新“小巨人”企业称号，科研平台得到进一步提升。

山东鲁阳节能材料股份有限公司坚持“依靠科技求发展，立足市场求效益”的发展方针，持续加大科研投入并积极进行技术研发平台的培育和建设。目前公司拥有省级以上研发创新平台3家，其中国家级研发创新平台2家，由国家发展改革委等部门组织认定的国家认定企业技术中心和国家认可委员会认定的国家级认可实验室；省级研发平台1家，是国内唯一一家省级陶瓷纤维工程技术研究中心，现已升级为山东省省级示范工程技术研究中心，多次在科技厅组织评价中被认定为优秀等级。2022年为进一步提升公司在技术创新方面的核心竞争力，开展了四类新产品研究工作，全年共立项研发课题18项、验收成果14项，多个结构类新产品研究取得成功应用。2022年公司共计投入研发费用1.25亿元，占当年销售收入的3.7%，市场潜力亿元以上。

山东耐材集团不断加大科技创新投入力度，2022年新产品研发取得新突破，全年通过自主研发推出新产品20余项，累计研发费用占销售收入比3.86%，其中7项产品荣获2022年山东省优质品牌称号。2 项产品荣获 2022 年度山东省冶金科技进步奖一等奖。公司积极推进品牌建设，2022 年申请专利 13 项，获得授权专利 5 项，目前山东耐材拥有有效专利 37 项，其中发明专利 7 项，实用新型专利 30 项，软件著作权 9 项。

郑州安耐克实业有限公司致力于热风炉技术和耐火材料技术的研发与创新，建立了顶燃式热风炉技术研发中心、河南省院士工作站、河南省博士后创新实践基地、河南省工程技术研究中心等研发机构；搭建了全球首座 CFD 数模、冷态、热态仿真综合实验室等科研平台。在顶燃式热风炉领域获得省部级科技成果 6 项、专利及专有技术 100 余项，主持起草热风炉和耐火材料国家标准 12 项。公司先后为印度、越南、沙钢、首钢等国内外1000 多座高炉配置的 3000 余座热风炉提供了技术支持和产品服务。

2022 年 1 月，北京联合荣大炼钢事业部与河钢唐山中厚板厂炼钢部继续合作，共同在 1 号连铸机 22 号中间包进行了 131h 中间包长寿命试验。单中间包连续浇铸时间达到 131h，钢种 N355B/Q235B-2，共连浇 226 炉钢，过钢量 28159t，铸坯总长度 6790m，拉速 0.80~0.90m/min，铸坯断面 250mm × 2100mm，此举刷新了公司保持的 111h34min 世界纪录。

浙江红鹰集团加强校企合作，集团与武汉科技大学合作，共建了博士后创新实践基地；与湖州学院签署“校地共育”实践基地。同时红鹰股份创立了浙江省博士后工作站。2022 年红鹰集团共完成国标、行标、团标共 4 项，申请发明专利 4 项，实用新型专利 6 项，被南太湖新区评为质量与知识产权先进单位。集团下属分公司浙宝钙业取得了软件著作权 4 项，该公司研发的“不锈钢废水处理环保助剂”项目通过省级新产品鉴定。2022 年浙宝钙业通过了国家认定的高新技术企业。

行业的其他企业在科技创新方面也取得了一定的成绩，不再一一罗列。

2. 推进资产重组、优化产业结构、加快转型升级。

2022 年在习近平新时代中国特色社会主义思想和党的二十大精神的指引下，面对行业产能过剩、产业集中度低等问题，耐火材料行业通过资本运作、联合重组，提高了产业集中度，进一步优化了产品结构，不断提升技术能力、生产能力和产品质量，激活企业发展“一池春水”，进而增强产业综合实力。

作为国务院国企改革领导小组开展的国企改革“双百行动”企业之一，2022 年 6 月，中钢集团所属中钢洛耐科技股份有限公司（以下简称“中钢洛耐”，股票代码 688119）首次公开发行 A 股并在上海证券交易所科创板挂牌上市。这是中钢洛耐实现科技创新和资本运营双轮驱动战略、快速推进科研成果资本化的重要里程碑，为加快建设成为世界一流耐火材料企业起到至关重要的作用。中钢洛耐入选 2021 年河南省头雁企业名单及“2022 年度全国质量标杆”。

2022 年，瑞泰科技防疫经营双线应对，经营业绩逆势增长。按照“做精玻璃、做优水泥、做强钢铁”的战略理念，以高质量发展为导向，聚焦主业转型升级。扎实推进各项生产经营工作，逆势实现收入利润双增长，圆满完成全年效益类指标。2022 年实现营业收入 48.2 亿元，同比增长 6.21%；实现利润总额 1.78 亿元，同比增长 17.49%。为贯彻落实聚焦主业、加快转型升级的要求，瑞泰马钢启动了吸收合并安徽鑫海和“洁净钢精炼炉用节能环保型新材料智能化生产线建设项目”，将为公司打造更具有竞争力的钢铁高温材料智能制造基地。湘潭分公司启动了“焦耳炉用高性能耐火材料中试生产线建设项目”，将建成国内领先的玻璃窑用熔铸耐火材料的数字化、智能化生产线。瑞泰科技结合“十四五”战略规划，制订了《提高上市公司质量工作方案（2022—2024 年）》及台账，将全面提升公司发展质量落到实处。2022 年，公司三化转型取得了显著成效，今年荣获了诸多殊荣。郑州瑞泰、安徽瑞泰荣获国家级专精特新“小巨人”企业称号，郑州瑞泰荣获国家级“服务型制造示范企业”。

北京利尔高温材料股份有限公司不断完善公司产业布局与产品结构，持续推进资产重组与并购，加快转型升级。为了优化内部的产品结构、进一步延伸自身的产业链条、增强企业的行业竞争优势，2022 年集团收购了秦皇岛首钢黑崎耐火材料有限公司。通过本次并购，北京利尔产品线与产能布局将得到进一步补充与优化，首钢黑崎主要产品转炉用耐材以及炼铁用耐材都将对北京利尔的产品结构形成有效加强，在临近钢铁产业聚集的环渤海区域增加一处生产基地，降低成本的同时将有利于提高对周边市场客户的服务能力与响应速度。2022 年在复杂严峻的形势下，公司迎难而上，攻坚克难，在逆境中保持并强化核心竞争力，扎实做好全面经营管理，深入挖潜增效，取得了良好的经营业绩。

金隅通达耐火公司严格落实“1+N+X”科技创新体系、数智化转型“十四五”发展规划战略方针，秉承“科技兴企服务高温行业、创新发展引领绿色耐材”的发展理念，2022年公司入选国务院国资委“科改示范企业”。同时公司以“超越客户期待”的服务理念，为亚洲首条日处理200t危废回转窑焚烧线耐火材料EPC项目和世界首台270t/h干熄焦项目等提供了个性化、全覆盖、连续性的研发技术服务。公司在服务国家战略重大工程中发挥国企担当，为契合国家航天领域快速发展形势，满足高频次发射需要，公司研发的火箭导流槽低烧蚀率产品及泵送施工技术现已成功应用于太原、酒泉火箭发射基地。

浙江自立公司进一步优化产品结构，重视绿色发展，积极响应国家政府号召，制定“碳达峰碳中和行动方案”、完成公司碳排放报告，通过镁铝尖晶石质耐火材料绿色设计产品认证，完成四十余种产品碳足迹核算。2022年年产12000t高端氧化铝陶瓷粉体一期项目已达产，年产7万吨高纯低钠烧结氧化铝产品项目一期已建设完成。

中冶焦耐（大连）工程技术有限公司坚持以科技创新为第一动力，不断提升公司核心竞争力，公司出台了“科改示范行动”综合改革方案和工作台账，2022年成功入选“科改示范企业”名单。为了进一步拓宽市场，扩大海外影响力，2022年11月24日，由中冶焦耐总承包建设的土耳其ERDEMIR项目4号焦炉砌筑仪式成功举行，本项目是土耳其首个大型顶装焦炉项目，为打造“品牌焦耐”奠定了良好的基础。

作为河南省制造业头雁企业、河南省智能制造标杆企业、河南省民营百强企业，濮阳濮耐高温材料股份有限公司本着“品种质量优良化，资源、能源节约化，生产过程环保化，使用过程无害化”绿色耐材发展理念。2022年公司重大战略项目落地实施，重点建设和技改项目持续推进、投产。2022年10月13日，美国工厂竣工正式投产。上海研发中心、塞尔维亚工厂等重大战略项目建设顺利。炮泥生产线自动化、散料车间自动化顺行项目等技改项目顺利完成产线自动化升级改造。濮耐股份在全球市场布局，提高了企业抗风险能力，自动化升级改造提升了濮耐产品质量、降低了劳动强度。

山东耐材集团实施专业板块业务深度整合，推进转型升级。按照“一体化管理一体化运营”模式，实施特耐板块业务整合和耐火制品板块业务深度整合，实现了黏土高铝线、硅砖线、莫来石线、特耐线一体化管控，有效促进了生产管理的快速融合。为了打造“数智山耐”，公司积极开展设备自动化、智能化装备提升工程，2022年，累计投资1488万元进行设备自动化、智能化升级改造，占年度固定资产投资总额的60.22%，完成了熟料自动拣选三期改造、压力机更新及水泥生熟料生产线改造等项目。山东耐材集团鲁耐窑业有限公司获得山东省技术创新示范企业称号，并入围2022年度山东省高端品牌培育企业制造业类企业和工业和信息化部第四批专精特新“小巨人”企业。

银耐联物流团队在2022年表现突出。受疫情影响，企业业务人员出行不便、物流不畅。危机中蕴藏着机会，银耐联迎难而上，帮助企业在不见面的情况下，实现了耐火原料的顺畅交易，铝矾土、镁砂、刚玉、碳化硅、鳞片石墨等耐火原料交易量超过50万吨，平台总交易量增长超过50%。为助力原料保供，银耐联物流团队快速拓展了运力资源，在山西-江浙、重庆-河南、河南-唐山等主要物流线路达到了24小时内响应，大幅提高了企业的发货效率。同时，根据企业需求，银耐联的产品服务范围从耐火材料拓展至冶金辅料产品，萤石、硅灰石、增碳剂、碳粉、包芯线、多元合金等多种产品的交易量大幅增长。在2022年跨境交易平台上线的基础上，跨境交易业务逆势而上，国内企业的耐火材料产品通过平台出口到日本、俄罗斯、马来西亚、印度、阿联酋等国家的业务均实现了突破。

北京精冶源新材料股份有限公司专注于高炉无水炮泥、风口区域及炉缸浇注料、喷涂料、陶瓷耐磨料、压入料等产品的生产与研发工作。在技术方向，与科研院所密切合作，及时跟踪和把握行业的发展动向，并将最新科研成果迅速转化为生产力，使公司在技术和产品上始终处于领先地位。为分散经营业务单一的风险，公司拟与广东坚朗五金制品股份有限公司共同出资设立莱法特防火材料（天津）有限公司。新成立的公司将会在建筑防火材料领域开拓新的市场空间。

2022年6月，为进一步优化产业结构，促进产业升级，做大经济总量，积极打造先进制造业产业集群，洛阳安耐克科技股份有限公司40万吨高温新材产业园开工奠基仪式举行。该产业园拟建设冶金技术产融中心、顶燃热风炉工程技术中心、高温新材料研发中心和国家级炼铁用耐材检测中心，同时致力打造中国乃至全球高温新材绿色智能制造标杆企业。产业园建成达产后，将有力促进冶金技术创新升级，助推安耐克式锥柱旋切顶燃热风炉 EPC 工程及配套耐火材料和高温工业新材料全球市场的拓展，可实现年销售收入 20 亿元，利税 3 亿元左右。

熔金股份始终保持高度的社会责任感，坚持绿色、低碳发展理念，坚定不移地走生态优先、绿色低碳的高质量发展道路，强化绿色低碳技术攻关，不断推出绿色低碳环保产品。2022 年公司推出的“窑炉尾气超低排放治理方案”被河南省工信厅评为“河南省工业绿色低碳转型优秀解决方案”。

浙江红鹰集团股份有限公司克服不利因素，勠力同心，勇毅前行。2022 年全年实现营业收入 13.17 亿元，利税同比增长 35.2%。集团围绕工业企业发展大方向的前提下，在设备更新、工艺升级、项目建设等方面做了大量的工作。红鹰股份镁碳砖车间进行自动化升级改造，引进国内领先技术的 HC2500 液压全自动压机；浙宝钙业完成“节能环保智能窑工艺技术升级项目”，被评为“浙江省制造方式转型示范项目”，推动制造业绿色化转型；湛江红鹰新建 4500m^2 仓库，为宝武集团湛江钢铁 3 号高炉投产做好储备工作。

国建联信作为建材行业权威的集科研、认证、培训、绿色低碳评价及咨询于一体的综合性三方机构，近年来国建联信承担百余项绿色低碳节能、绿色制造标准研究及国家和省部级研究课题，帮助 50 余家企业跻身国家级绿色工厂、绿色供应链示范企业，以第一名中标工业和信息化部绿色制造系统解决方案供应商，并入围 2022 年度国家中小企业公共服务示范平台公示名单。

3. 加快推进智能制造、践行绿色低碳发展。

2022 年耐火材料行业在绿色制造、智能制造方面成绩显著。

中钢洛耐“5G+智慧工厂”入选洛阳市“十大 5G 应用案例”和“十大工业互联网平台”榜单。中钢洛耐建立了研发创新管理机制和绿色设计管理流程，在一批重点领域关键环保材料研发上取得突破，并建设了“实验室检测系统（LIMS）”，实现全流程质量数据可追溯；完善了供应商评价体系，并实施耐火原料的绿色化和资源循环利用；建设“5G+智慧工厂”，打破传统生产方式的零散布局，实现各生产环节质量管控的数字化和绿色化；中钢洛耐以智能化和数字化为管控手段，打造出了从绿色设计、绿色采购、绿色制造到绿色使用的全生命周期绿色化发展链条，在实现绿色产业链的同时，提升了产品质量，引领耐材行业技术进步，为高温工业绿色低碳转型提供了耐火材料解决方案。

瑞泰科技为了进一步落实高端化、智能化、绿色化转型升级，集团编制了数字化转型“十四五”规划及年度实施计划。瑞泰马钢落地了全国高温耐材行业第一家“透明工厂”，并被央视“新闻联播”报道；2022 年公司启动了绿色能源建设；瑞泰马钢和安徽瑞泰进行厂区光伏建设；安徽瑞泰全自动化生产线项目建成投产。公司全面推进全级次信息化工作，OA 系统、HR 系统、财务 NCCr 系统、安环智慧系统完成了初步建设和推广。

北京利尔公司在洛阳利尔功能材料有限公司智能化、自动化、绿色化、节能化生产线的基础上，再度对海城利尔麦格西塔材料有限公司生产基地的镁质不烧砖生产线进行升级，建成国内外耐火材料行业内镁碳砖单体产能最大、智能化水平最高的生产线之一，并于 2022 年 12 月投产运行。

中冶焦耐（大连）工程技术有限公司 2022 年度重点科研项目“绿色高效特大型顶装焦炉炼焦技术研发”，确定了焦炉蓄热室、斜道区、燃烧室和炉顶四大区域耐火材料的结构形式和关键尺寸，通过仿真模拟分析，开展验证和优化工作，完成了新型焦炉少人化、无人化技术与装备的配置方案。“耐火与石灰智能制造技术研发”项目，完成耐火材料行业全生产线的“自动化”“信息化”和“智能化”的技术开发，大幅减少生产操作人员，实现“关灯工厂”“无人化工厂”，通过设备、能源管理系统，降低能源消耗、提高设备寿命，降低企业成本。

耐火材料行业多家企业获得国家、省市智能工厂、绿色工厂称号。郑州瑞泰耐火科技有限公司入选 2022 年智能制造示范工厂名单，营口濮耐镁质耐火材料厂、河南宏宇新材料科技有限公司入选 2022 年智能制造优秀场景名单；郑州瑞泰、瑞泰马钢入选工业和信息化部 2021 年智能制造优秀场景；瑞泰马钢透明工厂入选国家级“原材料工业典型场景”；洛阳利尔功能材料有限公司荣获“2021 年度智能制造示范工厂”称号；中钢集团洛阳耐火材料研究院有限公司、青海濮耐高新材料有限公司入选2022年国家绿色工厂名单；瑞泰马钢新材料科技有限公司入选2022年国家绿色供应链管理企业名单；瑞泰马钢新材料科技有限公司、山西禄纬堡太钢耐火材料有限公司 、郑州远东耐火材料有限公司入选2021年绿色工厂名单；山东鲁阳获得山东省绿色工厂荣誉称号；中钢集团洛阳耐火材料研究院有限公司、郑州东方安彩耐火材料有限公司、焦作市金鑫恒拓新材料股份有限公司、禹州市鑫源耐火材料有限公司入选2022年河南省绿色工厂名单。

综上，2022年全行业在创新驱动、转型升级和绿色发展方面硕果累累，在此不能一一提及，感谢同仁们的不懈努力，感谢企业家们的辛勤付出。

三、2022年协会主要工作回顾

2022年中国耐火材料行业协会各项工作有条不紊地开展。驻会负责人和秘书处在疫情困难的条件下，按章程和上级领导的要求，努力推动协会党建和协会各项工作，取得了良好成绩。感谢协会工作人员的付出与辛勤劳动。

2022年会员发展与服务，行业科技创新、绿色发展与服务，行业调研与统计，协会重要会议和展会的举办，协会官网的改版，团体标准制修订、信用等级评价、行业培训等工作，在克服疫情影响的情况下都取得了不错的业绩。协会的电子刊物《行业动态》受到会员单位越来越多的关注，每期点击数稳定提升，成为协会联系会员的桥梁与纽带。2022年协会发展会员21家，有20多家企业入会申请正在办理之中，目前协会会员队伍超过510家，会员队伍不断壮大。八届四次理事（扩大）会议最初定于2022年3月30日～4月1日在江苏省无锡市召开，由于疫情一再推迟，最终以通讯会议的形式于4月27～29日召开；协会会长会在天津国际耐火材料展会的举办同时顺利召开；针对当时行业的严峻形势，8月份，在北京协会办公室组织召开了行业形势座谈交流会；配合工业和信息化部原材料司，还组织召开了菱镁产业发展座谈会（线上）；原定于在9月底召开的协会八届七次常务理事会，因疫情原因，与今天的理事会一并召开。协会组织制定和发布耐火材料团体标准17项，为三家重点企业进行了AAA信用评价等。

2022年，协会重点调研课题是结合双碳工作，对行业内隔热保温耐火材料进行系统调研。2022年协会继续组织业内头部企业测算了行业二氧化碳整体排放情况，并于7月26日在辽宁省非金属矿协会、后英集团的大力支持下，在镁质原料及制品的主产区辽宁海城市，举办了第一期“耐火材料行业绿色低碳发展专题培训”，讲解《耐火材料生产企业温室气体排放核算方法和报告》团体标准的应用方法，来自辽宁省20多家重点企业的60多名代表参加了此次培训。

协会负责人克服疫情影响先后赴山东省、辽宁省、河南省、江苏省等省的耐火材料主产区进行调研。协会会长曾大凡带领李永全、柴俊兰等驻会负责人于8月8～11日赴辽宁省鞍山市（海城市）、营口市（大石桥市）以及大连市，与当地政府和企业调研交流，宣讲行业发展新理念；9月16～20日，李永全副会长和柴俊兰秘书长先后在河南省巩义市、郑州市和登封市及江苏省东台市、泰州市、扬州市及徐州市重点企业进行调研。

受疫情多点散发的影响，在做好严密的防控措施的情况下，行业一些重要展会、会议及培训工作基本正常开展。由中国耐火材料行业协会等单位共同主办，上海申仕展览服务有限公司承办的“2022天津国际耐火材料展览会”于2022年8月23～25日在国家会展中心（天津）成功召开。

由中耐协、耐材之窗网联合周宁生团队举办的2022年耐火材料综合知识培训，采用线上为主、线下为辅的方式开展，来自耐火材料行业的近200名学员参加了培训。培训分耐火材料基础知识系统讲授（板块一）和耐火材料发展新动态讲座（板块二）两个板块。前者线上自2022年7月3日～8月2日，共开展了26次、60余学时的集中授课。后者线上自7月16～25日，共开展了六大主题12个专题的讲座。板块一和板块二的线下培训于8月13日、14日在唐山举行，并组织学员参观了河北国亮新材料股份有限公司和唐山银耐联电子商务有限公司。

总之，2022年行业协会的工作虽然受到疫情的影响，但总体工作推进基本正常，也取得了不错的成绩。感谢广大会员单位的支持与配合。

四、关于2023年协会工作

下面我就2023年协会工作提一些要求和思路。

1. 做好协会换届工作。

协会换届是协会的大事，是制度性和时间性都很强的一项工作。广大会员、理事单位、常务理事单位、副会长、会长单位要一如既往，关心支持协会换届工作。驻会负责人要担起责任，及时向上级汇报沟通，做好调研摸底工作，认真听取会员的呼声，按程序、遵惯例、有创新地做好换届工作。力争做到上上下下、方方面面都满意。

2. 继续做好行业统计和调研工作。

行业调研和统计工作，是协会服务政府、服务会员、联系地方协会和企业的重要手段和条件，感谢各会员企业和地方协会的配合和支持。协会八届理事会在这方面做了许多努力，创新协会工作方式方法，多调研，多做专题研究，多听企业的呼声，多拜访耐火材料各级政府主管部门，更好地发挥协会桥梁纽带的作用。对行业存在的问题和企业的需求加以引导，同时将行业和企业存在的问题积极向国家有关部门反映，争取国家政策层面的支持。逐步创造条件，建设研究型和服务型协会。

协会要注重发挥地方耐火材料协会的作用。进一步加强与各省、市（县）协会的工作联系，中耐协要在全国性的学术交流、技术培训及展览会等工作中起到主导作用，各地方协会举办全国性的行业会议或活动时，要及时主动与中国耐火材料行业协会沟通联系，互相支持，共同发展。

3. 办好协会章程规定的重要会议及其他活动，提高办会质量，注重活动效果。

章程规定的重要会议及其他活动，是协会常规工作的重要方面。协会要提高办会质量，注重服务属性，进一步提高活动效果。要让参会的会员单位有所收获。具体活动安排请参见协会秘书处 2023 年工作安排，我在此不一一罗列。

4. 认真做好耐火材料行业绿色低碳发展体系建设工作。

协会要在工业和信息化部“耐火材料行业碳达峰目标及路径研究课题”及编制《耐火材料生产企业温室气体排放核算方法和报告》团体标准的基础上，稳步推进耐火材料行业绿色低碳发展体系建设工作，做好团体标准的宣贯。协会要积极参与各有关耐火材料行业的有关产品碳足迹、碳负荷、产品种类规则、碳排放监测技术规范、低碳产品评价技术规范等相关标准编制工作，要在其中起到桥梁与纽带作用。要按照中央提出的“我国二氧化碳排放力争 2030 年前达到峰值，力争 2060 年前实现碳中和”总体进度要求，在已有工作的基础上，抓紧制定 2030 年前行业碳排放达峰行动方案，支持有条件的地方或企业率先达峰。关于行业绿色低碳循环发展体系建设工作，也可组织专家委员会启动相关专题研究工作，也请各地方协会和企业建言献策，各重点企业积极配合，共同做好绿色低碳发展工作。

5. 协会要在凝聚行业共识、强化自律、应对挑战、构建行业高质量发展新格局方面发挥作用。

现在的耐火材料市场，不再是一个需求总量不断增长的市场。同业竞争也进入了一个新的阶段。协会要在这一重大转折过程中，发挥作用。要讲清形势，要强化自律，要对市场中的恶意竞争行为进行一定范围内的批评，对低于成本价的竞争进行及时的疏导。协会要创新工作方式方法，更好地发挥协会桥梁纽带的作用。对行业存在的问题和企业的需求加以引导，同时将行业和企业存在的问题积极向国家有关部门反映，争取国家政策层面的支持。

2021 年 10 月 13 日，也是在唐山召开的协会八届六次常务理事（扩大）会议上，我提出了“行业利益高于企业利益”的新观点，倡议通过资本运作、联合重组等提高产业集中度，以优势企业带动和扶持小企业，打造行业龙头企业，在世界先进耐火材料集团军中占据一席之地，从而提高中国耐火材料行业的整体水平，改善竞争环境，让所有身处其中的企业获得持续发展的竞争力。对我的倡议，协会组织了讨论，大家感到，这一倡议对行业的发展与稳定，优化竞争格局还是很有益处的。去年 6~7 月，在北京和天津召开的市场行为协调会和会长会上，部分会长和重点企业也对市场中的恶意竞争行为进行了批评。这些现象的及时纠偏，行业协会要有更多的作为。行业是我们命运的共同体，协会在凝聚行业共识、强化自律、应对挑战、推动行业高质量发展方面可以发挥出一些独特的作用。

各位业内同仁，春回燕舞蝶儿忙。展望 2023 年，我们要按照全国两会的部署要求，认真贯彻落实党的二十大精神，在习近平新时代中国特色社会主义思想的指引下，敢担当，善作为，创造性抓好贯彻落实，努力实现 2023 年经济发展预期目标，以新气象新作为推动行业高质量发展取得新成效。

2023 年的行业发展要以需求引领，创新推动。要努力营造自律限产的氛围和共识，主动适应钢铁等下游行业市场环境新变化。咱们的行业，市场竞争主体数量众多，同业竞争激烈，行业“成本传导机制”经常失效，这些问题一时还难以彻底解决。2023年的行业工作，需要我们对行业深层次问题有更加清醒的认识，要谋新思路，想新方法。我们要紧紧盯住钢铁行业发展模式和发展格局的新变化，主动适应钢铁行业的绿色低碳发展新需求，耐火材料行业要与钢铁等高温工业，同步起舞，相互促进，相得益彰，形成共同的和谐价值链。在目前市场需求不再有增量的格局中，耐火材料行业的产能治理、联合重组将是下一步行业稳定局面、跨越周期的关键举措。我们要齐心协力，引导和强化行业的自律发展，积极倡导“行业利益高于企业利益”发展新理念，鼓励以技术创新和技术进步调整市场格局，鼓励和引导行业的资产重组，进一步提升产业集中度。认真做好“产能治理、联合重组”这篇大文章，在建设中国式现代化历史进程中，贡献行业的力量。

在此再次恳请大家更多地关心协会，支持协会工作。以协会为纽带，协同发展，共同谱写时代赋予我们的新篇章。

谢谢大家！

双碳背景下耐火材料科技创新的思考

中钢集团洛阳耐火材料研究院有限公司　李红霞

习近平总书记在领导人气候峰会上宣布中国将力争于2030年前实现碳达峰、2060年前实现碳中和。碳达峰是指全国温室气体排放达到顶峰，碳中和是指碳生产和碳消纳的平衡，实现碳负荷归零。由于中国承诺实现从碳达峰到碳中和的时间远远短于发达国家所用时间，需要中方付出艰苦的努力。“十四五”是碳达峰的关键期、窗口期。按照中央决策部署，中国将重点聚焦在构建清洁低碳安全高效的能源体系、实施重点行业领域减污降碳行动、推动绿色低碳技术实现重大突破、完善绿色低碳政策和市场体系、倡导绿色低碳生活、提升生态碳汇能力等方面。基于“碳达峰”和“碳中和”的“双碳”目标，本文主要围绕高温工业降碳绿色发展趋势，指出了耐火材料科技创新的方向以及研究重点。

一、“双碳”背景下耐火材料所服务的主要高温行业的发展

据统计，2019年我国制造业占GDP比重为27.2%，典型流程工业包括石化、化工、钢铁、有色、建材、晶圆制造等行业总产值占全国企业年总产值的51.98%。规模庞大的流程制造业背后是巨高的碳排放，其中基础原材料工业对CO_2排放的贡献占比为70%，因为我国制造过程高碳排放的生铁、粗钢、氧化铝、水泥、十种有色金属以及石化和化工产品等产量连续多年位居世界第一，这也是我国单位GDP能耗是世界平均水平的130%、碳排放量占世界的28%的主要原因之一。据测算，我国单位GDP能耗要达到目前世界的平均水平，意味着每年需减少10亿吨标准煤的消耗，节能减碳潜力巨大[1]。因此，电力、钢铁、有色、化工、建材等高温行业是我国节能降碳的重点领域，目前这些高碳排放行业已制定和推进碳达峰、碳中和行动方案和技术路线图，在碳中和与去产能的巨大压力驱动下，产业与产品结构调整、科技创新等全面发力，其碳达峰、碳中和时间表上均超前2030年和2060年。

耐火材料是高温工业的重要支撑，不可或缺，其产业发展和科技创新与节能降碳重点高温行业的发展和技术路径息息相关，在“双碳”背景下耐火材料的发展充满了机遇与挑战。

二、“双碳”目标下钢铁行业的发展与冶金用耐火材料的科技创新

我国耐火材料产量世界第一，其70%以上用于冶金行业，贯穿冶金始终。钢铁行业的发展、科技的创新与技术的进步显著驱动耐火材料产业的发展和科技创新。

据统计，2020年全国生铁、粗钢产量分别为88752万吨和105300万吨，同比分别增长4.3%和5.2%。据统计，我国钢铁生产每年排放CO_2超过19.6亿吨，占全国温室气体总排放的15%左右[1]，位居工业行业碳排放第二位，钢铁行业的降碳压力巨大，是减少碳排放的重点领域，其重点在排放占比为70%的炼铁工序。

2021年初，中国宝武钢铁集团有限公司（简称中国宝武）率先向社会发布要提前实现碳达峰、碳中和的目标[2]：以优化管理、提升效率的路径力争2023年实现碳达峰，以技术创新、优化流程的路径力争2025年减碳30%，2035年力争减碳30%，以工艺革命、流程再造的路径力争2050年实现碳中和。为此，中国宝武提出了“以绿色发展为统领，以低碳冶金和智慧制造实现钢铁生产过程的绿色化，以精品化实现钢铁产品使用过程的绿色化，为构建碳中和社会做贡献”的绿色低碳发展思路。

河钢集团有限公司在钢铁业内率先发布了低碳绿色发展行动计划[3]。2021年发布低碳冶金路线图，2022年实现碳达峰，2025年碳排放量较峰值降10%以上，2030年碳排放量较峰值降30%以

上，2050 年实现碳中和。

钢铁行业的节能减排离不开技术创新。中国宝武对低碳创新发展进行了探索与实践，在非高炉炼铁技术方面已有突破。在八一钢铁建设了非高炉炼铁工艺的欧冶炉，基于 COREX-3000 的深入认识与实践，对非高炉炼铁工艺进行技术攻关与再创新。2019 年，八一钢铁 430m^3 高炉改建成了富氢碳循环氧气高炉，并与欧冶炉及其他辅助配套工艺装备一起，成为宝武低碳冶金创新试验平台，并于 2020 年 7 月 15 日建成投运，在 2020 年实现了鼓风氧含量 35%的第一阶段试验目标，突破了传统高炉的富氧冶炼极限。河钢集团有限公司大力实施氢冶金技术，率先在河北张家口建成全球首例 120 万吨氢冶金示范工程生产线，从制备绿色能源、低成本制氢、焦炉煤气净化、氢冶金、二氧化碳脱除等流程进行创新，解决钢铁冶金过程产生的环境污染和碳排放问题；“十四五”期间，在唐山、邯郸分别建设 120 万吨产线，打造氢能还原与利用研发平台；加快二氧化碳捕集利用与封存技术（CCUS）研发示范与应用；加快推进仿地幔铁浴熔池技术的研发与应用。

炼铁是钢铁行业突破节能减碳的关键工序。在非焦炼铁方面，北京科技大学和建龙集团提出氢基熔融还原炼铁新技术（CISP），避免烧结与焦化工序，实现粉矿直接入炉，该工艺对于矿粉的适应性强，可以处理高磷矿、钒钛矿等。毛新平院士[4]曾在《碳中和背景下的近终形制造技术》报告中介绍道，2016 年奥钢联提出了用氢离子进行最终还原精炼的 SuSteel 项目，即采用等离子氢作为燃料和还原剂实现铁矿石直接炼钢，可连续生产粗钢，不需要传统的炼钢工序，该工艺涉及的技术包括氢等离子体焰炬熔炼炉、尾气预热和预还原铁矿石。目前非焦炼铁新技术的研究是国内外研究的热点，主要有高比例球团高炉炼铁、全氧富氢高炉低碳炼铁、气基竖炉富氢直接还原炼铁、基于低阶煤的富氢直接还原炼铁、氢基熔融还原炼铁，还有生物质炼铁技术的研究。

此外，中国钢铁生产中 CO_2 排放比长流程少 45%的电炉短流程占比不到 10%，远低于美国 62%、欧盟 39%、日本 22%的发展水平，也低于全球 25.2%的平均水平。中国社会积蓄废钢资源量的不断增长为发展短流程电炉炼钢提供了有利条件，有序推进中国电炉炼钢发展已成为业内共识。炼钢新技术包括电炉炼钢、CO_2 替代 N_2/Ar 转炉底吹技术循环[5]及跨行业联产技术和近终形铸轧绿色低碳技术。

综上所述，钢铁行业在如何减少 CO_2 排放方面，主要聚焦于以下关键低碳冶金技术：一是寻求 CO_2 在长流程钢铁工序内的规模化自我消化[5]；二是变革钢铁制造流程，发展短流程电炉炼钢及近终形铸轧技术；三是采用非化石氢冶金从源头减少 CO_2 排放；四是冶金—煤化工耦合冶炼直接还原铁，探索炼铁生产过程的负碳排放；五是研发高品质钢铁材料，提高寿命，减少资源消耗；六是能源替代和智慧制造，提高用能效率，降低排放。

因此，围绕钢铁行业减污降碳、高质量绿色发展，耐火材料要重点开展以下内容：

（1）非高炉炼铁用长寿命耐火材料的研究。关注非化石氢冶金，包括气基竖炉还原和氢基熔融还原炼铁、全氧富氢高炉低碳炼铁、生物质炼铁等技术，研究氢冶金用长寿命耐火材料，熔融还原炼铁用长寿命耐火材料等关键材料。

（2）转炉、电炉及精炼新技术用绿色功能化耐火材料的研究。转炉底吹可以有效降低碳氧积，提高钢水纯净度，但导致转炉底部耐火材料损坏严重，尤其是底吹粉时寿命还不足 2000 炉。高品质钢生产的炼钢新技术使耐火材料的服役环境更极端和复杂，包括更高的温度，熔渣、熔融金属及气体的侵蚀，机械磨损，更剧烈的热冲击，更高的压力和高温真空。这些苛刻的服役环境向耐火材料工作者发出了挑战。

（3）高品质钢高效连铸用耐火材料。目前在浇铸高品质钢时存在的问题包括增碳问题（超低碳钢），非金属夹杂物问题，特别是帘线钢、轴承钢、稀土钢等高品质钢的问题更加严重；连铸效率低，特别是合金元素如 Mn、B、Ti、稀土等过多导致功能耐火材料蚀损寿命降低；浇铸含 Ti、Al、稀土钢时浸入式水口堵塞，影响钢的质量；高品质高温合金生产用系列高性能耐火材料等。

（4）近终形连铸用高品质耐火材料的研究。ESP、薄带连铸、非晶薄带材生产用关键功能耐火材料，如浸入式水口、布流水口、侧封板、喷嘴等。

（5）冶金高温装置热管理用系列高性能节能耐火材料。

（6）用后耐火材料及冶金渣的高值化利用。

三、耐火材料行业的挑战和机遇

与“双碳”目标、绿色发展、智慧制造、发展与安全等相关的系列政策将进一步驱动高温工业科技创新，催生变革性高温新技术不断涌现，这将极大地推动耐火材料的科技创新和产业变革。此外，材料全生命周期碳足迹的核算，低碳绿色标准的建立，将使耐火材料产业发展面临巨大挑战，同时也将更充满机遇和活力。但总的来讲，随着高温工业碳达峰目标实现和技术创新，耐火材料发展总的趋势是量降质增。

从“双碳”目标、低碳绿色高质量发展角度看，我国耐火材料产业存在着一些突出的问题。首先是耐火原料出口多，我国耐火原料出口在世界占比高，各品级镁砂、碳化硅、棕刚玉、白刚玉等碳排放量很高；我国耐火材料产量第一，其中不定形耐火材料占比低，高能耗的普通硅砖出口量大，绿色高品质材料占比较低，产品结构需要进一步优化；耐火材料制造以天然气等化石能源为主，碳排放高；耐火材料制造过程能效与余热废热利用率需要进一步提高；用后耐火材料再资源化利用率需要进一步提高。

在碳中和及所服务高温行业新技术快速发展的背景下，耐火材料行业面临严峻的挑战。碳达峰、碳中和不仅是技术的选择，更是发展权、发展方式的变革，因此耐火材料产业必须贯彻节能减排、低碳绿色等新发展理念，坚持供给侧结构性改革，研究原料去碳化、能源减/脱碳化、生产制造流程减碳化、进一步提高能效、提高碳汇能力等。双碳目标的实现，政策法规脱碳化会逐渐加强，脱碳化立法，碳配额、碳交易、碳税、碳负面清单、碳规划等对产业的发展在短期内从某种意义上将强过科技的进步，需要行业高度重视。

耐火材料行业要实现低碳排放、碳中和，还需要深度调整产业布局与结构，不仅要靠近原料更要靠近市场，淘汰落后产能和高能耗装备；发展低碳排放的可替代原料；开发高性能材料，提高寿命与功能，以减少资源和能源消耗；发展节能减排关键技术，使用非化石清洁能源，提高能源效率；优化流程，推动智慧制造与绿色制造；抑制初加工原料、低端产品等高碳排放原材料的出口；发展碳吸收、碳消纳的技术。

四、耐火材料行业科技创新的方向

围绕钢铁行业产品高端化、智能化制造的高质量减碳绿色发展，耐火材料科技创新应聚焦减量化，开发高性能、长寿化、轻量化的产品；聚焦功能化，开发利于高品质钢生产及提高高温工业的能效的材料；聚焦绿色环保，开发减污降碳、环境友好、生态化、可循环利用的耐火材料；聚焦材料部件化，提高耐火材料在线检测和智能化水平。耐火材料科技应从材料组成、结构设计、制备技术与材料应用工程等方面思考。

一是原料的减碳化研究。要创新耐火原料制备流程，发展低碳排放的可替代原料；发展基于产物气循环利用菱镁矿、白云石矿的绿色煅烧和 CO_2 富集与利用技术；发展低碳排放的新型加热技术，提高原料制备效率；开展轻质高强微孔骨料、烧结原料替代电熔原料的系统研究；发展新型绿色无机结合剂，替代酚醛树脂、沥青等碳排放高的有机结合剂；发展绿色添加剂、减水剂等表面活性剂；基于循环利用的原料价值链创新，提高用后耐火材料的高质量循环利用比例；聚焦提高低品质原料综合利用率；发展冶金渣等固废替代耐火原料技术。

二是先进高温材料的研究与材料部件化研究。开展结构功能一体化设计，开展从纳米到毫米的跨尺度材料复合、梯度结构复合、层状结构复合、表面改性等研究，实现材料的高温力学性能、热物理性、功能性最优化调控；研究新型加热技术用长寿命结构功能一体化高温高透波长寿命炉衬材料、等离子加热用高性能长寿命炉衬材料；垃圾焚烧及工业危废无害化处理装备用耐火材料；发展节能减排关键技术，开发高性能长寿命绿色高温隔热材料，提高能源效率；聚焦新能源领域用结构/功能新材料，研究高效、长寿、绿色煤气化用新型耐火材料，燃气轮机用新型高抗热震及高隔热功能耐火材料；跨专业开展多学科交叉的创新，融合材料、高温传感器、雷达监视与计算模拟等，使高温材料模块化、部件化，实现耐火材料服役在线监控和服役寿命的最大化。

三是耐火材料评价与方法创新。耐火材料在高温复杂服役环境下，热、力与侵蚀介质耦合作用机制研究，建立服役失效模型和数据库，开展服役寿命与服役行为预测的研究，为不同环境用新型高效耐火材料的研发提供依据；开展耐火材料关键性能如抗热震性、抗渗透、抗侵蚀性、功能性等协同提升研究，基于材料化学与物理的组成与结构调控，梯度材料设计、微结构调控，结合热力学模拟计算复合材料基因工程，进行新的高性能材料的设计与制备，并与实验室高温模拟验证相结合，为研发服役行为优良、长寿且可靠的系列绿色耐火材料提供基础。

四是制备技术减碳化发展。开展含骨料复杂

形状耐火材料均匀成型研究及近终形制备，以解决耐火材料结构功能化、轻量化、复杂形状材料制备的关键共性技术；研发定形制品成型新装备，提高效率减少能耗；研发烧结新技术新装备，如采用微波烧结技术、等离子烧结等新技术；耐火材料制造流程的优化，减少工序能耗及工序界面热损，推进智慧制造。

五是做好减碳基础设施研究。耐火材料生命周期评估（LCA）法、碳足迹吨 CO_2 排放的计算，企业碳排放核算与核查，核定行业碳排放总量，碳市场机制与碳管理，碳排放核算标准等行业低碳发展系列标准的制定等，这些均是提高用能效率、低碳绿色发展的基础性工作，也是进入所服务行业的绿色通行证，对推动低碳技术发展和规范市场秩序具有主要作用。这些基础工作都在聚焦一个“立”字，在实现耐火材料全生命周期的绿色化、促进高温行业实现“双碳”目标中将发挥重要作用。

参考文献

[1] 殷瑞钰．关于钢铁工业碳达峰、碳中和的认识［R］．钢铁行业低碳工作推进委员会成立大会暨钢铁行业低碳发展路径研讨会．上海：中国钢铁工业协会，2021.

[2] 肖国栋．中国宝武绿色低碳发展的实践与创新［R］．钢铁行业低碳工作推进委员会成立大会暨钢铁行业低碳发展路径研讨会．上海：中国钢铁工业协会，2021.

[3] 李毅仁．碳中和愿景下的河钢低碳绿色发展路径［R］．钢铁行业低碳工作推进委员会成立大会暨钢铁行业低碳发展路径研讨会．上海：中国钢铁工业协会，2021.

[4] 毛新平．碳中和背景下的近终形制造技术［R］．2021 年近终形制造技术高端论坛．张家港：中国金属学会近终形制造技术分会，2021.

[5] 朱荣．二氧化碳炼钢理论与实践［M］．北京：科学出版社，2019：10-20.

2020年中国耐火材料行业十件大事

中国耐火材料行业协会　柴俊兰　李永全

中国耐火材料行业协会与耐材之窗网、中国耐火材料网（耐火材料杂志社）共同搜集、整理、研究，最终确定了“2020年耐火材料行业十件大事”，以期把握行业发展脉络，洞悉未来发展。

一、抗疫防疫、复工复产保运行，尽显耐火材料行业和耐火人的使命与担当

新型冠状肺炎疫情发生以来，耐火材料行业的正常运行面临严峻挑战。中国耐火材料行业协会坚决贯彻国务院、国资委、中国钢铁工业协会的决策部署及相关指示精神，号召全行业齐心协力筑牢疫情防控的屏障，在做好疫情科学防控工作的同时，努力保证行业生产经营运行，尽全力为钢铁、有色、建材等高温行业的生产创造条件。协会还倡议动员全行业力量，为抗疫工作捐款捐物，并且根据自身情况及当地疫情防控要求，组织复工复产，得到了积极响应。协会会长单位北京利尔率先垂范，副会长单位及理事单位紧随其后，许多副会长单位及部分理事单位的捐款都超过了100万元，并且捐赠了大量的防疫物资，耐火材料企业捐款合计超过4600万元。因在抗击新冠肺炎疫情斗争中的突出表现，一大批耐火材料企业和企业家得到了民政部和当地政府的表彰。行业抗疫先进事迹中耐协也都及时进行了总结且用协会微信公众号发布进行表扬，并报中钢协，也在中国冶金报及中国建材报进行了报道。耐火材料行业克服疫情困难，积极复工复产，保证了钢铁、有色、建材、石化等下游高温工业用耐火材料的及时供应，尽显耐火材料行业和耐火人的使命与担当。

二、行业各类会议及活动基本正常举行，积极推动行业高质量发展

2020年，虽受新冠肺炎疫情影响，行业的各类会议及活动正常举行，为行业的高质量发展起到了积极推动作用。

中国耐火材料行业协会八届四次常务理事（扩大）会议于9月23日在唐山顺利召开，会议特别邀请了政府主管部门领导及有关专家报告行业产业政策及钢铁行业运行情况及展望等内容；在随后的论坛环节，在赵继增会长的主持下，参会的几位副会长先后发言，就行业绿色发展、创新发展、高质量发展及制品、原料市场存在的问题等展开讨论，对行业发展有重大指导意义。与银耐联合作还同期举办了冶金炉料产业数字化赋能与跨境交易高峰论坛，大会邀请行业专家及信息化专家为大会报告了行业产业发展及产业数字化赋能和跨境交易等内容。

由中国耐火材料行业协会、中国宝武钢铁集团有限公司、上海市金属学会等共同主办的上海国际冶金工业展览会暨第八届上海国际耐火材料展览会于12月3~5日在上海新国际博览中心成功举办。同期举办了2020国际耐材/磨料产业发展研讨会，会议特别安排了高端对话环节，在赵继增会长的主持下，参会专家及代表围绕“碱性耐火材料原料与制品的市场前景”这一主题，就行业发展、产品升级、阳光采购、电子商务、环保技术等热点问题进行了分享与交流。

中耐协支持的“第十七届全国耐火材料青年学术报告会”“耐火材料共性技术交流座谈会”，与中国硅酸盐学会耐火材料分会、武汉科技大学联合主办的“2020武汉耐火材料学术年会”及“中

国硅酸盐学会耐火材料分会2020年度工作学术会议”也都正常举办。

所有这些活动的举办，为行业高质量发展起到了积极的推动作用。

三、宝武实控瑞泰科技，开启钢铁企业与耐火材料企业并购重组新篇章

2020年8月26日，瑞泰科技的控股股东中国建材集团与中国宝武签署了《股份转让协议》，协议约定中国宝武将受让中国建材集团所持瑞泰科技公司1155万股股份，占截至该协议签署日上市公司总股本的5%。同时，瑞泰科技公司与武钢集团、马钢集团签署了《发行股份购买资产协议》《股份认购协议》，约定瑞泰科技拟通过发行股份的方式向武钢集团购买其持有的武汉钢铁集团耐火材料有限责任公司100%的股权，向马钢集团购买其持有的瑞泰马钢新材料科技有限公司40%的股权，同时瑞泰科技拟向武钢集团和马钢集团非公开发行股份募集配套资金。

上述《股份转让协议》《发行股份购买资产协议》以及《股份认购协议》生效并实施完成后，中国宝武将成为瑞泰科技的实际控制人。

四、中钢洛耐科技股份有限公司成立，拟A股科创板IPO上市

2020年8月17日，在中钢集团洛阳耐火材料研究院有限公司与中钢集团耐火材料有限公司合并的基础上，中钢洛耐科技股份有限公司正式成立，中钢洛耐控股股东为中钢科技发展有限公司直接持股47.15%，同时中钢科技通过其下属全资子公司中国冶金科技成果转化有限公司持股4.53%，合计持有公司51.68%的股份。现中钢洛耐科技股份有限公司（以下简称中钢洛耐）A股IPO获上海证券交易所受理。中钢洛耐拟登陆上海证券交易所科创板，其保荐机构及主承销商为中信建投证券股份有限公司。本次中钢洛耐拟公开发行股份不超过2.25亿股，不超过本次发行后总股本的20%，拟募集资金总额为6亿元，募集资金运用围绕主营业务进行，均投向科技创新领域。

五、生态环境部《重污染天气重点行业应急减排措施制定技术指南（2020年修订版）》发布并实施，耐火材料行业已有4家企业被评为A类企业

2020年6月底，生态环境部出台了《重污染天气重点行业应急减排措施制定技术指南（2020年修订版）》，该指南明确了耐火材料行业适用范围、生产工艺、主要污染物排放环节、绩效分级指标、减排措施、核查方法。指南发布后，耐火材料企业积极申报，中耐协也及时组织有关环保专家以视频会议的形式对指南内容进行解读及对申报有关事项进行辅导、答疑，收到了良好效果。目前，有4家耐火材料企业被评为A级企业，近20家耐火材料企业被评为B级企业，近20家耐火材料企业被评为绩效引领企业。

六、工业和信息化部印发《建材工业智能制造数字转型行动计划（2021—2023年）》，耐火材料行业智能制造、绿色制造成绩斐然

2020年9月份，工业和信息化部办公厅印发《建材工业智能制造数字转型行动计划（2021—2023年）》。其中，耐火材料也包含在内，耐火材料行业系统解决方案要求重点形成原料制备、压机控制、窑炉优化、在线监测、全自动立体仓库等集成系统解决方案。

在政策的引领下，耐火材料行业企业智能制造成绩显著。行业内诸多重点企业投巨资建设了智能车间或生产线，走出了一条节能、环保、智能的绿色发展之路，实现了耐火材料生产的智能制造，完成了由“制造”到“智造”的华丽蜕变。

2020年耐火材料企业践行绿色生产理念，业绩突出，8家耐火材料企业入选工业和信息化部第五批绿色制造名单《绿色工厂公示名单》。

七、辽宁省发布《推进菱镁产业持续健康发展的意见》，大力开展对菱镁产业资源整合

2020年9月开始，辽宁省进行了菱镁产业综合整治百日攻坚战。9月13日，辽宁省审议通过

《推进菱镁产业持续健康发展的意见》，支持企业以资本为纽带，通过联合、兼并、重组等方式，大力推进资源整合，大幅提高采矿企业（有矿业权企业，下同）集中度。到2030年，全省力争形成2~3家的采矿企业集团。

营口市应急管理局停产矿山53座，已完成6座综合整治工作；关闭退出矿山47座；大石桥市召开镁产业综合整治百日攻坚工作会议，动员全市上下进一步统一思想，迅速行动，全面完成镁产业综合整治任务；海城市召开菱镁行业联合整治专项行动筹备会议，制定《海城市菱镁行业联合整治专项行动方案》，海城地区轻烧、重烧窑大部分都已经停产。

12月23日，辽宁省工业和信息化厅发布了《全省菱镁资源省级总量管理办法》和《辽宁省菱镁矿浮选及镁砂行业产能置换办法（试行）》。文件中指出，严禁备案和新建扩大产能的菱镁矿浮选及镁砂行业项目。确有必要建设的，必须实施等量或减量置换。

八、科技创新及产业发展、标准化工作成果丰硕，一批耐火材料单位及耐火人得到表彰

12月份，国家发展改革委公布了第27批国家企业技术中心名单，其中耐火材料行业有中钢集团洛阳耐火材料研究院有限公司、濮阳濮耐高温材料（集团）股份有限公司、山东鲁阳节能材料股份有限公司、中冶焦耐工程技术有限公司、淄博工陶新材料集团有限公司5家国家企业技术中心，北京金隅通达耐火技术有限公司1家分中心。

工业和信息化部对第二批专精特新“小巨人”企业名单进行了公示，其中12家耐火材料企业入围，更多耐火材料行业单项冠军企业涌现。

全国耐火材料标准化技术委员会第六届委员会及基础、产品和试验方法分技术委员会成立；由中钢洛耐院主导完成制定的国际标准ISO 22605《耐火材料 高温弹性模量试验方法（脉冲激振法）》和ISO 21736《耐火材料 抗热震性试验方法》获得批准发布，分别于2020年8月3日和10月7日正式出版。同时有多项国家标准、行业标准及团体标准制修订及发布、实施。

因在耐火材料领域的研发和科技创新方面的突出成绩，中钢股份总工程师、中钢洛耐院名誉院长李红霞获得2020年河南“最美科技工作者”荣誉称号，也被授予“全国劳动模范”荣誉称号。

九、广泛开展调研，电子刊《行业动态》创刊，组织编制“耐火材料行业十四五发展规划建议”，网上统计升级，协会工作凸显新亮点

为了解疫情影响下耐火材料行业的生产运营状况，从7月底开始，中国耐火材料行业协会赵继增会长和李永全副会长带队，赴我国耐火材料的主要生产省份河南省、辽宁省、山东省、江苏省、浙江省等地广泛开展调研，与当地政府有关部门领导、协会领导及企业负责人进行座谈，深入一线参观考察重点企业，深入了解企业的生产经营、科技创新、自动化和智能化改造及环保治理方面的情况。

为了更好地为行业及协会会员单位提供服务，中耐协从2020年9月份起创办半月刊《行业动态》，定期梳理行业要闻，捕捉行业热点。截至目前，《行业动态》已连续发布八期，每一期的内容全面、丰富，阅读量累计接近5000人，深受行业同仁的欢迎。同时，协会组织行业专家编制“中国耐火材料行业‘十四五’发展规划建议”，目前已完成初稿。对行业网上统计系统进行升级，增加、细化了统计内容及统计频次，以期将来为行业提供更加准确全面的行业数据。2020年协会开展的一系列工作，凸显新亮点。

十、中钢洛耐科技股份有限公司入选第四批国家工业遗产名单

12月17日，工业和信息化部公布了第四批国家工业遗产名单，中钢洛耐科技股份有限公司（简称中钢洛耐）榜上有名。此次被认定为国家工业遗产的企业共计62家，其中中钢洛耐是唯一一家耐火材料企业。

此次入列的3处核心物项：高铝车间、一矽车间、机械化原料库，分别兴建于1958年9月、1958年6月和1960年9月，分别建成于1960年9月、1959年12月和1966年，红砖红瓦、拱顶设计、高空多跨，高空桥式皮带传送长廊上料系统的建筑设计稀少、独特，机械化原料库单层多跨大型库房，大落差，高空间，具有很强的历史感和很高的艺术价值。

2021 年中国耐火材料行业十件大事

中国耐火材料行业协会 柴俊兰 李永全

一、中国耐火材料行业协会成立 30 周年行业发展论坛成功举办，协会隆重表彰 33 位“行业 30 年优秀企业家”和 17 位“行业 30 年优秀协会工作者”。

二、瑞泰科技董事长曾大凡出任中国耐火材料行业协会会长，他提出的“行业利益高于企业利益”新理念，引起业内强烈反响。

三、2021 年行业经受了散点突发新冠肺炎疫情和洪涝灾害等考验，尽显耐火材料行业和耐火人的使命与担当。

2021 年是极具挑战性的一年，耐火材料行业企业受新冠肺炎疫情、洪涝灾害、拉闸限电、原材料价格剧烈波动、能源涨价、国际物流受限等多种因素的不利影响，特别是位于新冠肺炎疫情突发点及洪涝灾害区域的企业，更是受到了重创。全行业克服诸多不利因素影响，在抗疫防疫及抗洪救灾过程中，耐火人奋发有为，保供保产，维护了耐火材料供应链稳定和行业发展的良好态势，成绩斐然，尽显耐火材料行业和耐火人的使命与担当。

四、耐火材料行业碳达峰、碳中和工作开局有声。

中国耐火材料行业积极响应国家“双碳”发展战略，协会成立了“中国耐火材料行业绿色低碳工作推进委员会”，并开展了系列卓有成效的工作。协会组织行业力量，完成了工业和信息化部下达的“中国耐火材料行业碳达峰目标及路径研究”课题报告；组织制定了《耐火材料生产企业温室气体排放核算方法和报告》团体标准，标准即将发布，相关“双碳”培训工作即将在业内展开。

五、第八届国际耐火材料学术会议（ISR2021）等行业活动，在克服新冠肺炎疫情困难条件下举办，并取得圆满成功。

尽管受新冠肺炎疫情的影响，在做好严密的防控措施的情况下，行业各类活动基本正常开展。第八届国际耐火材料学术会议克服新冠肺炎疫情困难，采取线上线下方式于 10 月 16～17 日在武汉成功举办，与会人数近 500 人；钟香崇院士诞辰百年纪念暨高温材料学术会议、第四届国际耐火材料研究生论坛，2021 年全国耐火原料学术交流会，第十六届全国不定形耐火材料学术会议，《China’s Refractories》创刊 30 周年庆典暨奥镁特刊发布会等学术会议，第三届中国冶金炉料交易博览会，河南省、辽宁省、山东省、山西省、浙江省和贵州省六省协会联合举办的耐火材料产业链现代化协同发展高峰论坛，第五届国际镁质耐火材料供需形势分析暨镁质耐火材料供需对接会，第二届中国（长兴）耐火原料应用及高效供应链高峰论坛，第四届铝矾土交易洽谈会暨铝矾土创新应用及供应链发展论坛，第二届 Mysteel 耐火材料产业峰会等活动成功举办，促进了耐火材料行业的技术进步、产业发展以及产、学、研、用的有机结合，从而推动了行业的高质量发展。

六、国资委命名首批 100 个中央企业爱国主义教育基地，“洛耐职工怀念习仲勋同志展览”入选。

七、9 月份开始的各地限电限产措施，推动了耐火原料市场价格的急剧变化，部分耐火原料价格达到近三年新高。

在碳减排大背景条件下，从 9 月份开始的全国耐火材料主产区限电限产措施，推动了耐火原料市场价格的急剧变化。特别是辽宁省从 9 月下旬连续多日实施Ⅱ级有序用电措施，并执行拉闸限电，直接影响了镁质耐火材料企业特别是电熔镁砂生产企业的正常运行，造成电熔镁砂价格急剧波动和上涨。从全行业看，9月份开始的各地限电限产措施，推动了耐火原料市场价格的急剧变化，部分耐火原料价格达到近三年新高。

八、行业高质量发展成绩斐然，重点企业表现突出。

工业和信息化部公告第三批符合耐火材料行业规范条件生产线名单，61条生产线荣登榜单；洛阳利尔功能材料公司被评为“国家级绿色示范工厂”、环保绩效A级企业，定形制品车间获“河南省智能车间”称号；瑞泰科技获评“2021年度环境社会责任企业”；濮耐股份与唐山银耐联成立合资供应链公司；山东鲁阳节能材料股份有限公司成功入选第六批“国家制造业单项冠军示范企业”；中钢洛耐科技股份有限公司入选国资委“三个标杆”名单；耐火材料行业18家企业入选国家第三批专精特新“小巨人”企业名单；中冶焦耐获评国家级“服务型制造示范企业”；山东耐材鲁耐窑业公司获评第三批工业产品绿色设计示范企业；瑞泰马钢被评为“绿色工厂”“透明工厂”称号；郑州振动科技、山东九龙通过两化融合管理体系评定；山东耐材集团鲁耐窑业有限公司干熄焦用莫来石红柱石系列产品获评单项冠军产品；10家企业荣获中国耐火材料行业AAA级信用评价；巩义通达公司顺利通过两化融合管理体系现场审核；佛山恒力泰通过工信部第二批制造业单项冠军企业复审。另外，还有多家耐火材料企业荣获省市级制造业单项冠军、“专精特新”中小企业称号，入选高质量发展奖励名单、先进制造业和现代服务业融合发展试点企业榜单、智能工厂、智能车间等。

九、行业科技创新及平台建设、标准化工作取得不凡成绩。

2021年，濮阳濮耐、山东鲁阳节能、中钢洛耐院、中冶焦耐、淄博工陶等五家耐火材料企业被认定为国家企业技术中心，中钢洛耐院再次通过国家技术创新示范企业复核评价，江苏嘉耐高温材料股份有限公司“国家工业互联网平台应用创新体验中心”通过验收并获授权，中钢洛耐科技股份有限公司、淄博工陶集团等入选工业和信息化部2020年“工业企业知识产权运用试点名单”，河钢唐钢耐火材料研究中心在唐山时创高温材料股份有限公司挂牌成立，江苏中磊荣获全国首届重点高新技术企业奖，郑州振东科技产品荣获两项部省级成果奖，武汉科技大学“耐火材料高温力学性能综合测定仪”荣获“全国高校教师教学创新大赛”二等奖，中钢洛耐院牵头申报的“煤气化用绿色新型无铬耐火材料组成、结构、性能调控及应用基础研究”等三个项目分获国家自然科学基金重点项目及国家科技部重点项目立项支持，耐材之窗国际站跨境电子交易平台正式上线运营。另外，还有多家耐火材料企业入选省级技术创新示范企业名单、市知识产权示范单位、省级技术中心名单，一些企业的科技成果获得省级及市级奖励。

中国主导制定的又两项国际标准：ISO 22685：2021《耐火材料高温耐压试验方法》和ISO 13765-7：2021《耐火泥浆加热永久线变化率试验方法》获准发布；《耐磨耐火材料》等8项国家标准、《镁质耐火制品单位产品能源消耗限额》等19项行业标准及3项耐火材料绿色制造类标准获工业和信息化部批准发布；《耐火材料生产企业温室气体排放核算方法和报告》等18项团体标准顺利完成编制工作，已经或即将发布实施。

十、辽宁省工信厅印发《菱镁产业鼓励推广应用的技术及产品目录（2021年本）》，引导和推动镁质耐火材料高质量发展。

2022年中国耐火材料行业十大要闻

中国耐火材料行业协会 柴俊兰 李永全

2022年无疑是十分艰难的一年。在复杂严峻的宏观背景下，耐火材料行业面临市场需求减弱、原燃料成本高企、企业利润大幅下滑的多重挑战，但业内同仁特别是企业家朋友们，迎难而上，立足新发展阶段，奋力构建新发展格局，在疫情防控、科技创新、绿色制造、行业联合重组、统筹国内国际两个市场等多个方面，都取得了骄人的成绩，行业的高质量发展进步明显，体现了耐火材料行业和耐火人的责任与担当。

为总结、记录2022年耐火材料行业发展印记，中国耐火材料行业协会（以下简称中耐协）在耐材之窗网、耐火材料杂志社以及河南省、辽宁省、山东省、山西省、浙江省、河北省、湖南省、贵州省等省份行业协会的大力支持下，整理了2022年耐火材料行业发展十大要闻。

一、中钢洛耐科技股份有限公司在科创板上市，行业企业上市步伐加快

2022年6月6日，中钢洛耐科技股份有限公司（以下简称“中钢洛耐”，股票代码“688119”）首次公开发行A股并在上海证券交易所科创板挂牌上市。北京、洛阳两地通过视频连线方式举行了上市仪式。国务院国资委党委委员、副主任翁杰明出席上市仪式并致辞。

中钢洛耐是国务院国企改革领导小组开展的国企改革“双百行动”企业之一，专门从事高温耐火材料研发生产，着力打造引领耐火材料行业高质量发展的生产、研发、创新基地，实现积极拓展新兴材料产业的战略布局。新的中钢洛耐以“创建世界一流耐火材料企业”为目标，与行业内世界领先企业开展全面对标，制定了资源整合、改制上市、兼并收购“三步走”改革发展战略，全力实施科技创新和资本运营双轮驱动，公司迈入高质量发展“快车道”。

2022年度，其他上市和通过审核的企业有：洛阳科创新材料股份有限公司北京证券交易所上市，辽宁东和新材料股份有限公司IPO顺利通过北交所上市委员会审核，河南天马新材料股份有限公司在北交所上市。

二、工业和信息化部原材料司组织召开菱镁产业发展座谈会

2022年10月27日上午，工业和信息化部原材料司组织中国耐火材料行业协会、中国菱镁行业协会、辽宁省工业和信息化厅等以视频会议的形式召开了菱镁产业发展座谈会，生产镁质耐火原料和制品的部分重点企业参加了会议。

参会代表一致呼吁，要严加控制菱镁矿及其耐火原料和制品的总量，希望国家要出台或及时修订相关产业政策，通过环保治理、制定能耗及环保标准等，提高菱镁产业（耐火材料）的准入门槛，提升矿山开采的集中度，严控开采总量，严控新增产能；呼吁国家产业政策与耐火材料行业规范条件挂钩，以淘汰落后产能，鼓励先进产能。

三、行业高质量发展成绩斐然，瑞泰科技、北京利尔、濮耐股份、中钢洛耐等重点企业表现突出

2022年，耐火材料行业继续加强质量管理、转型升级，提高生产制造水平，尤其是逐步向两化融合、智能制造、绿色环保低碳以及专精特新方向发展。

瑞泰马钢新材料科技有限公司（简称瑞泰马钢）工业互联网大数据中心智慧制造情况在央视《新闻联播》节目“踔厉奋发　勇毅前行——2022年中国经济观察，创新激发澎湃动力”专题报道播出，其“5G+工业互联网应用——透明工厂”入选工业和信息化部原材料工业典型场景；洛阳利尔和郑州瑞泰荣登工业和信息化部“2021年度

智能制造示范工厂”榜单；营口濮耐镁质耐火材料厂拟入选2022年度智能制造优秀场景名单。中钢洛耐荣膺“2022年度全国质量标杆”并入选国务院国资委“双百企业”名单，瑞泰马钢和郑州瑞泰申报的“质量精准追溯”均成功入选工信部智能制造优秀场景名单。北京利尔高温材料股份有限公司（简称北京利尔）、郑州瑞泰、辽宁利尔镁质合成材料股份有限公司、山东耐材集团鲁耐窑业有限公司、浙江自立新材料股份有限公司、泰州市旺鑫耐火材料有限公司、马鞍山利尔开元新材料有限公司、冷水江市鑫达耐火材料制造有限公司、阳泉金隅通达高温材料有限公司等30多家耐火材料企业入选工业和信息化部第四批专精特新“小巨人”企业名单。

瑞泰马钢、山西禄纬堡太钢耐火材料有限公司、郑州远东耐火材料有限公司三家耐火材料企业入选工业和信息化部第六批“绿色工厂”名单。洛阳利尔、中钢洛耐新材料公司、河南熔金、郑州安耐克、郑州真金、河南中原特耐、郑州建信等10家耐火材料企业入选河南省重污染天气重点行业绩效评级A级企业，另有30家企业入选B级企业，32家企业入选绩效引领性企业；山东鲁阳节能材料股份有限公司继续保持企业绩效评级A级；山西禄纬堡太钢耐火材料有限公司入选山西省生态环境厅公告的山西省绩效分级A级企业名单。唐山银耐联电子商务有限公司成功入选工业和信息化部中小企业局2022年度国家中小企业公共服务示范平台名单。

另外，中钢洛耐、濮耐股份、湘钢瑞泰、河北国亮、浙江红鹰、郑州振东、北京金隅通达耐火、无锡宝宜、河南熔金等多家耐火材料企业荣获省级头雁企业、省民营企业100强、制造业单项冠军、省市级专精特新“小巨人”企业等称号，入选省级智能制造优秀场景、绿色工厂、智能工厂、智能车间、绿色发展先进企业、工业互联网标杆工厂等。

四、行业科技创新及平台建设取得较大发展

瑞泰科技司研发的“一种轻质多孔骨料及其制备工艺”专利技术获国际发明专利授权，瑞泰马钢不烧镁铝尖晶石砖获耐火材料行业首张绿色设计产品认证证书，中钢洛耐院牵头申报的“煤气化用绿色新型无铬耐火材料组成、结构、性能调控及应用基础研究”获国家自然科学基金区域创新发展联合基金重点支持项目资助，北京金隅通达耐火入选国务院国资委“科改示范企业”名单，山西盂县西小坪耐火材料有限公司“高导热硅砖”获评工业和信息化部第七批“制造业单项冠军产品”。

北京利尔上榜2022年度国家知识产权示范企业名单；中钢洛耐、中钢洛耐院有限公司、山东鲁阳节能材料股份有限公司、辽宁利尔镁质合成材料股份有限公司、辽宁中镁控股股份有限公司、辽宁中镁高温材料有限公司、山西高科耐火材料股份有限公司、佛山恒力泰等企业上榜2022年度国家知识产权优势企业名单。濮耐股份通过国家发展改革委、科技部等5部委发布的“国家认定企业技术中心”，江苏嘉耐股份“国家工业互联网平台应用创新体验中心”通过验收并获授权。瑞泰科技全部生产型企业均为高新技术企业，2022年5家成员企业瑞泰马钢、湘钢瑞泰、河南瑞泰、开源耐磨、山东瑞泰顺利通过高新技术企业复审；日照利尔、阳泉金隅通达、山西高科2022年获得国家高新技术企业认定。另外，还有中钢洛耐（洛阳）新材料公司、山东鲁阳节能、郑州瑞泰等多家耐火材料企业入选省级技术创新示范企业名单、省级科技领军企业、省级能碳管理示范企业、省级服务型制造示范企业、省级企业技术中心名单，一些企业的科技成果获得省级创新创业大赛奖及市级奖励。行业4项耐火材料项目获得“2022年中国钢铁工业协会、中国金属学会冶金科学技术奖”，河南耐火材料企业19项成果获“河南省建材行业技术革新奖”，其中17项获得了一等奖。银耐联“耐火材料行业供应链数字化绿色化协同发展平台案例”入选中央网信办“2022年度数字科技企业双化协同典型案例名单”。

“河南省新型耐火材料创新中心”“山西省工业固废耦合制备先进铝硅系耐火材料工程（技术）研究中心”“湖南省硅质耐火材料工程技术中心”等科研平台启动建设工作。

2022年，行业标准化工作也取得较好的成绩。克服疫情的影响，以视频方式顺利召开了ISO/AWI 16206《硅砖中残余石英定量相分析-X射线衍射法》第一次国内工作组会议。《耐火材料　加热永久线变化试验方法》等13项国家标准、《防爆裂快速烘烤耐火浇注料》等21项行业标准已批准发布或即将发布实施；由中耐协组织制定，中冶焦耐和北京利尔、浙江自立等分别负责起草的16项团体标准分别于2022年3月份和9月份发布实施。

五、头部企业合资、并购及走出去办厂持续推进

2022年10月13日，濮耐美国股份有限公司梅菲尔德工厂（以下简称“梅菲尔德工厂”）投产。梅菲尔德工厂一期投入约3000万美元，设计产能2.5万吨，主产品是转炉、电炉和钢包用镁碳制品。梅菲尔德工厂投产后，将为濮耐股份美洲市场业务开发带来新的机遇和增长点。

北京利尔于近日通过北京产权交易所以5415万元人民币公开摘牌获得首钢集团有限公司（以下简称首钢集团）持有的秦皇岛首钢黑崎耐火材料有限公司（以下简称首钢黑崎）50%股权，并与首钢集团签署了《产权交易合同》。同时，北京利尔与黑崎播磨株式会社（以下简称黑崎播磨）签订《股权转让合同》，以现金1180万元人民币收购其持有的首钢黑崎14%股权。上述交易完成后，北京利尔持有首钢黑崎64%股权，首钢黑崎为北京利尔控股子公司。

2022年12月23日，瑞泰科技召开第七届董事会第十九次会议，审议通过了《关于公司控股子公司以公开挂牌方式增资扩股的议案》。瑞泰马钢在上海联合产权交易所公开挂牌，拟通过增资扩股引入投资者。经上海联合产权交易所公开挂牌募集，最终确定安徽昕源集团有限公司等作为一名联合投资体参加项目报名，并以其持有的安徽鑫海环保新材料股份有限公司的全部股权外加现金，共计出资8665.23476万元人民币向瑞泰马钢认缴出资2584.40万元，溢价部分全部计入资本公积。

圣戈班西普耐火材料（SEFPRO）宣布与安徽中材新材料科技有限公司（AFR）在中国成立合资企业，提升西普耐火材料在中国玻璃市场上的占有率。

六、克服疫情影响，中耐协各项工作顺利开展

2022年，中耐协各项工作稳步推进，半月电子刊《行业动态》发布24期，发布协会原创稿件及搜集整理稿件540多篇，1～23期目前阅读量近2万人次，协会公众号关注人数540人；组织制定并发布实施16项团体标准，在研团标1项；联合制定国标及申报行标5项；定期发布行业运行及耐火材料进出口分析报告；组织培训2次；为会员单位开具各类证明近100份；协会官网全新改版上线；其他工作克服疫情影响，尽力向前推进。协会八届四次理事（扩大）会议因疫情影响，最终以通讯会议的形式于4月27～29日召开。协会于8月6日在北京召开了行业形势座谈会，曾大凡会长主持，20多家重点企业的负责人参加了会议；协会夏季会长工作会于8月22日在天津国际耐火材料展开幕前顺利召开；原定于10月份前后召开的协会常务理事会，由于疫情推迟到明年合适时候召开。

2022年，协会重点调研课题是结合“双碳”工作，对行业内隔热保温耐火材料进行系统调研。协会负责人在百忙中及克服疫情影响先后赴河南省、山东省、辽宁省、江苏省等省的耐火材料主产区进行调研。协会会长曾大凡带领李永全、柴俊兰等驻会负责人于8月份赴辽宁省鞍山市（海城市）、营口市（大石桥市）以及大连市调研，与当地政府和企业座谈交流，宣讲行业发展新理念；李永全副会长、柴俊兰秘书长分别于3月份赴河南省新密市调研，9月份赴河南省的巩义市、郑州市和登封市及江苏省的东台市、泰州市、扬州市和徐州市重点企业进行调研；柴俊兰秘书长7月份带队赴山东省淄博市、潍坊市等重点调研隔热耐火材料生产情况等。

七、行业碳达峰、碳中和工作继续稳步推进

2022年中耐协继续组织业内头部企业测算了行业二氧化碳整体排放情况，并于7月26日在辽宁省非金属矿工业协会、后英集团的大力支持下，在镁质原料及制品的主产区辽宁省海城市，举办了第一期“耐火材料行业绿色低碳发展专题培训”，对中耐协组织制定的团体标准《耐火材料生产企业温室气体排放核算方法和报告》进行了宣讲，来自辽宁省20多家重点企业的60多名代表参加了此次培训。

八、克服疫情影响，行业各类活动以线上或线下的形式顺利举办，助力行业高质量发展

虽然受疫情多点散发的影响，但在严密防控下，行业一些重要展会、会议及培训工作大多正常开展。由中耐协等单位共同主办，上海申仕展览服务有限公司承办的“2022天津国际耐火材料展览会”于2022年8月23～25日在国家会展中心（天津）成功召开。本届天津耐材展作为MTM金属世界博览会的重要组成部分，与冶金展、铸锻

造展、钢管展、不锈钢展、金属线材展同期举办，共同构建钢铁冶金、耐火材料产业链一站式采购平台。展会展出面积25000m²，参展企业400余家(其中耐火材料及相关企业120余家)。虽然受疫情影响，但在3天的展览时间里依然迎来了近万人次的专业观众到场参观，展会现场还举办了包括“圣泉杯2022第二届国际耐材/磨料产业链发展研讨会”“2022冶金工业绿色低碳与可持续化发展论坛”“第三届钢管产业链发展与应用大会”在内的多场高质量的论坛及研讨会。

由中国金属学会耐火材料分会等主办的“第十八届全国耐火材料青年学术报告会”于2022年7月11~13日在长沙成功召开。此次会议来自耐火材料及上下游行业的科研院所、高校、生产企业等单位的400余名代表参加会议。全国耐火材料青年学术报告会自1987年在鞍山钢铁学院举办了第一届后，走过35个春秋，迄今已成功连续举办18届。

由武汉科技大学倡议的第五届国际耐火材料研究生论坛于2022年5月9~10日采用线上与线下结合的形式成功举办。来自中国、奥地利、德国等7个国家23所高校及科研院所的300余名专家学者参加了会议。本论坛连续举办五届，已成为耐火材料领域各国高校、科研院所间研究生培养和学术交流的重要平台。本会议分别得到中国科协“一带一路”国际科技组织平台建设项目、教育部第二批新工科研究与实践项目（E-CL20201928）等的支持。

原定于2022年10月份在武汉举办的“2022武汉耐火材料学术年会”、在唐山举办的“第四届中国国际冶金炉料交易博览会”，由于疫情影响，会期一再推迟，已延至2023年召开。

由中耐协、耐材之窗网联合周宁生团队主办的“2022年（总第八期）耐火材料综合知识培训”，采用线上为主、线下为辅的方式开展，来自耐火材料及上下游行业的近200名学员参加了培训。培训分耐火材料基础知识系统讲授（板块一）和耐火材料发展新动态讲座（板块二）两个板块。前者线上自2022年7月3日~8月2日，共开展了26次、60余学时的集中授课。后者线上自7月16~25日，共开展了六大主题12个专题的讲座。板块一和板块二的线下培训于8月13~14日在唐山举行，并组织学员参观了河北国亮新材料股份有限公司和唐山银耐联电子商务有限公司。

中钢洛耐院耐火材料杂志社等主办的“2022年度耐火材料基础知识及生产应用技术培训班”，于2022年7月26日~8月5日在河南洛阳顺利举办。来自全国数十家耐火材料相关的生产企业、科研、质检机构及钢铁企业的近150位学员参加了本次培训活动。

2022年12月22日，全国耐标委成立三十周年纪念暨第二届耐火材料标准化论坛以视频会议形式顺利召开。2022年是全国耐火材料标准化技术委员会成立30周年，三十年栉风沐雨，耐火材料标准化工作取得了极大的成绩，有力支撑了我国耐火材料行业的健康发展。来自全国耐标委及其三个分技术委员会的委员、行业内有关企业的质量技术工作者180余人参加会议。

九、耐火材料重点生产省市密集制定、发布有关规划及政策法规，为行业高质量发展提供支撑

河南省耐火材料“十四五”发展目标发布，巩义市人民政府发布《关于支持耐火材料产业高质量发展的实施意见》等；山东省发布《“十四五”耐火材料发展思路》，淄博市出台了《重污染天气部分行业应急减排措施制定规范（征求意见稿）》等；辽宁省有关主管部门发布《辽宁省矿产资源总体规划（2021—2025年）》《辽宁省“十四五”节能减排综合工作方案》《辽宁省深入推进结构调整“三篇大文章”三年行动方案（2022—2024年）》《菱镁矿绿色矿山建设规范》《菱镁产业鼓励推广应用的技术及产品目录（2022年本）》《全省菱镁采矿权整合方案》等，鞍山市发布《世界级菱镁产业基地建设实施方案》等。菱镁矿依然为重点管理对象。

十、各省市协会重点工作持续推进，促进省市耐火材料高质量发展

河南省耐火材料行业协会在省工信厅、省市场监管局有关部门的指导下，牵头对DB41/T 669—2018《耐火材料单位产品能源消耗限额》标准进行制修订，积极向河南省有关主管部门提交请示报告，将耐火材料行业从“两高”行业中清出。辽宁省非金属矿工业协会组织进行《辽宁省镁质炉窑能耗标准》修订调研工作，参与组织修订《电熔镁砂》《轻烧氧化镁》两项冶标。山东省耐火材料行业协会顺利召开五届四次理事扩大会议，积极向地方政府提出复工复产的建议及向淄博市《重污染天气部分行业应急减排措施制定规

范（征求意见稿）》提出建议。浙江省（长兴县）耐火材料行业协会主办“‘双碳’背景下炼钢行业耐火材料的高质量和绿色发展技术沙龙座谈会”，并多次走访调研企业，用心、用情、用功帮助企业排忧解难，助推企业高质量发展。山西省耐火材料工业协会在省生态环境厅的指导下，接受委托起草编制《山西省耐火材料工业大气污染物排放标准》，协会换届工作已经筹备完毕，受疫情影响换届会议推迟。河北省耐火材料行业协会配合政府有关部门编制河北省地方标准《耐火材料工业大气污染物排放标准》工作及唐山市制造业数字化转型升级情况调研工作。湖南省耐火材料行业协会顺利完成了第三届换届选举工作，瑞泰科技南方中心总经理唐安山再次当选会长。贵州省耐火材料行业协会就贵阳市有关部门要求耐火材料企业安装在线监测系统一事，与多方沟通，使企业在时间及成本上得到较大实惠，换届工作正在积极筹备中。

新密市耐火材料行业协会会长李泉侑亲自带队，于8月份组织协会40多家副会长单位董事长（总经理）赴安徽省、江苏省、浙江省等省多家耐火材料企业参观学习；协会配合新密市科工信局，开展“中国耐材之都”称号的申报工作。洛阳市耐火材料行业协会成立大会及第一届理事会议于2022年8月19日在中钢洛耐红色教育基地顺利召开，中钢洛耐常务副总经理王战民当选第一届会长。巩义市耐火材料行业协会配合巩义市有关主管部门，大力培育高新技术产业，加大产业研发投入，推进省级以上研发平台建设；拟更名为巩义市高温材料行业协会，已完成了换届筹备工作，2023年择机召开换届会议。营口市耐火材料行业协会、宜兴市耐火材料行业协会已完成换届筹备工作，因疫情影响换届会议推迟；伊川县耐火材料商会顺利完成换届工作。

中国耐火材料行业发展状况与未来展望

李永全　彭婷

中国耐火材料行业协会　北京　100730

耐火材料是钢铁、水泥、玻璃、有色、石化、电力等高温工业不可或缺的基础材料，是国民经济增长重要的基础产业，具有不可替代的地位和作用。改革开放40多年以来，在高温工业快速发展的驱动下，我国耐火材料工业取得了长足进步，无论产业规模还是技术水平都在逐步靠近世界先进水平，中国已经成为世界上最大的耐火材料制造和消费大国。

2011～2020年，特别是党的十八大以来，我国钢铁、水泥、玻璃等行业供给侧结构性改革深入推进，对耐火材料行业提出更多、更高的服务要求。耐火材料行业奋发有为，在高质量发展方面迈出了坚实的步伐，助力钢铁等高温工业的发展，行业自身的发展格局和全产业链也在变化。在当前复杂多变的国内外经济形势以及新冠肺炎疫情影响的大背景下，行业在进步的同时，也累积了许多较难解决的问题，凸显发展瓶颈，这些都给我国耐火材料行业的进一步发展提出了挑战。在本文中，回顾了耐火材料行业2011～2020年，特别是“十三五”期间的发展成就，并就行业未来十年高质量发展进行了探讨。

1　耐火材料行业近十年的成就

改革开放以来，中国耐火材料实现了跨越式发展，年产量从1980年的380万吨快速增长至2010年的2543万吨，跃居世界首位，中国成为耐火材料生产和消费大国。2010年以来，我国耐火材料制品产量一直约为2545万吨（见图1），耐火材料行业从粗放式的产量快速增长期进入了产量小幅增长和品种结构优化的平台期。耐火材料行业主动适应并服务于钢铁等高温工业的大发展，促进并实现了我国耐火材料行业根本性的转变，耐火材料自给率基本达到100%[1]。

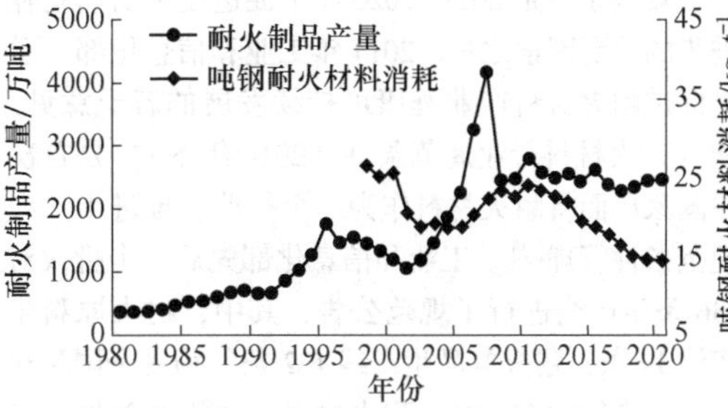

图1　1980年以来我国耐火制品产量及吨钢耐火材料消耗情况

2011～2020年，吨钢耐火材料消耗大幅减少，从2011年26kg降至2020年的14.0kg（见图1）。这不仅体现了钢铁行业技术的进步，更体现了耐火材料行业整体水平和服务能力的进步。

我国耐火材料行业在世界耐火材料行业中影响力不断提高。中国已成为世界耐火材料的制造中心、消费中心和贸易中心。2020年中国耐火材料产量约2478万吨，约占世界总量的65%；而同期欧美、日本、印度耐火材料三个产区的总产量仅700多万吨，远低于中国的产量。我国耐火材料产品在国际市场的竞争力逐渐增强，市场遍及东南亚、北美洲、南美洲、欧盟、俄罗斯等约150个国家和地区。从图2中可以看出，自2011年以

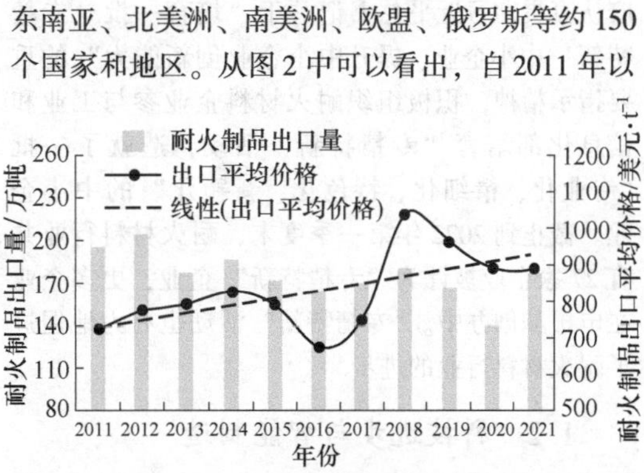

图2　2011～2021年中国耐火制品出口量变化

来，虽然耐火制品出口量变化不大，为150万~200万吨，但平均出口价格在迅速提升，表明出口产品结构在优化。遗憾的是我国耐火材料企业到海外投资建厂的企业还不多，同行中濮耐股份国际化经营方面走在耐材同行业的前列，但国际化水平仍有待进一步提升。

总结2011~2020年的行业的进步，主要体现在如下几个方面。

1.1 行业规范发展提速

规范条件是2011~2020年中促进耐火材料行业进步的重要因素之一。2014年工业和信息化部《关于促进耐火材料产业健康可持续发展的若干意见》和《耐火材料行业规范条件（2014年本）》是首次在国家层面将耐火材料作为一个行业，推进生产线规范条件管理[2]。工业和信息化部先后三个批次对136条生产线进行了规范公告，其中，耐火原料生产线14条，耐火制品生产线122条，约占全国耐火制品总产能的21.3%。耐火材料行业规范条件的实施，有力地引导了行业的健康发展。

“十三五”期间国家层面还陆续公布了《建材工业发展规范（2016—2020年）》《产业结构调整指导目录（2019年本）》《产业关键共性技术发展指南（2017）》《建材工业智能制造数字转型行动计划（2021—2023年）》等国家层面相关政策。耐火材料作为高温工业的重要支撑产业，高质量发展已成为政府主管部门和行业的共识。各耐火材料主产区地方政府也纷纷出台耐火材料行业相关文件和行动计划，引导地方耐火材料企业优化产业结构，提质增效，推动产业转型升级，加快兼并重组步伐，促进了耐火材料行业从高速发展到高质量发展的转变[3]。

2018年以来，耐火材料企业和耐材主产区政府认真贯彻习近平总书记关于“培育一批‘专精特新’中小企业、提升中小企业创新能力”的重要指示精神，积极组织耐火材料企业参与工业和信息化部培育“专精特新”活动，造就了一批“专业化、精细化、特色化、新颖化”的中小企业。截止到2022年第一季度末，耐火材料行业共有27家企业被评为“专精特新”企业，更多企业在申报和创办中。“专精特新”活动也有力地促进了耐火材料行业的进步。

1.2 科技进步与智能制造

过去十年，行业科技水平稳步提升。在耐火材料产量和品种满足了高温工业高速增长的同时，工艺制造技术、装备水平及应用技术水平显著提高，企业创新能力也进一步增强[4]。企业开发出多项关键技术和创新成果，逐步缩小了我国耐火材料整体技术水平与国际先进水平的差距，部分已达到国际先进水平[5]。

一批高水平的研发平台开始发挥科技创新作用。截至“十三五”末，由我国耐火材料企业建立的院士工作站8个、博士后研发基地11个、由国家发展改革委等五部委认定的国家级企业技术中心6个，各企业建立了省级企业技术中心42个、省级工程研究中心和工程技术研究中心35个。“十三五”期间，耐火材料全行业共申请专利8812项，国内耐火材料专业高校及科研机构，承担国家级项目81项，获省部级及以上奖励70项，发表SCI论文367篇。

“十三五”期间，多项创新成果获得省部级科技奖项，其中，由中钢集团洛阳耐火材料研究院有限公司等完成的“冶金功能耐火材料关键服役性能协同提升技术及在精炼连铸中的应用”荣获国家技术发明奖二等奖。在钢水RH精炼炉用无铬耐火材料、大型焦炉用节能新材料、水泥窑关键部位用耐火材料、有色冶炼关键部位用耐火材料等方面也产生了一系列创新成果。

同时，耐火材料科技的进步也在一定程度上促进了行业智能制造水平的提高，自动化、智能化水平取得了新突破。围绕“中国制造2025”发展战略目标，耐火材料行业在“十三五”期间加大了制造过程的自动化、智能化进程，取得了明显成效，建成了一批具有示范带动作用的智能工厂、数字工厂。以瑞泰马钢为代表的业内一批重点耐火材料企业，将智能制造技术、自动信息化技术引入高温材料生产线和工厂管理环节，智能制造水平不断提升，如智能仓储、AGV智能物料车、全自动压机、码垛机器人、在线自动检测设备等在业内得到广泛应用；利用工业云平台和大数据，行业的制造水平取得了较大的提升。

1.3 节能环保与绿色发展

“十三五”期间耐火材料行业经历了最严苛的环保风暴洗礼。按照国务院强化源头防控，实施专项治理，实行全程管控的部署，全行业坚持把节能减排和环保治理摆在发展的重要位置，响应政府号召，积极实施环保治理措施。2018年中国耐火材料行业协会组织制定的《耐火材料工业大气污染物排放标准》团体标准，推动了各地的节能减排，绿色生产。

工业和信息化部发布了《工业和信息化部办公厅关于开展绿色制造体系建设的通知》，打造出第一批绿色制造先进典型。目前，全行业共有20家企业获评国家级绿色工厂，如瑞泰科技、濮耐股份、北京利尔、浙江自立、山东耐材、唐山国亮等企业。

生态环境部发布了《重污染天气重点行业应急减排措施制定技术指南（2020年修订版）》的相关要求，从政策上鼓励企业建立健全完善的环保节能管理体系，限制或禁止环保技术水平不达标的企业进行生产。中国耐火材料行业协会牵头业内同行参与了指南的修订和实施工作。目前，业内已有5家规模较大的企业通过了A级管控评定，29家企业通过了B级管控评定，20家企业入选绩效引领性企业。

国家推进碳达峰碳中和战略是耐火材料行业贯彻新发展理念，努力构建新发展格局的重大战略机遇。2021年5月，中国耐火材料行业协会组织业内相关企业和专家，制订了《中国耐火材料生产企业温室气体排放核算方法》团体标准，这是推进碳减排的一项基础性工作。该标准已于2021年12月29日发布，2022年3月31日实施。在此基础上，协会完成了工业和信息化部下达《中国耐火材料行业碳达峰路径研究》课题，并按行业标准，试算了2011~2020年行业的二氧化碳排放量。图3示出了我国吨耐火材料制品二氧化碳综合排放量的试算结果。结果表明，从2011~2020年的十年间，得益于行业的整体水平进步，我国耐火材料行业的碳排放水平正在稳步下降。

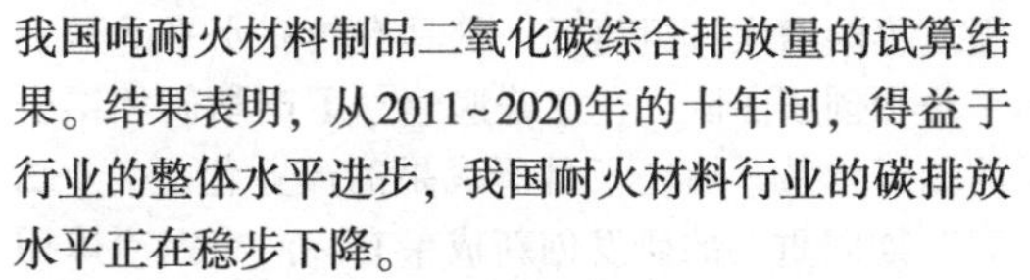

图3　吨耐火材料制品二氧化碳综合排放量变化

碳达峰、碳中和国家战略的推进，在促进耐火材料企业转型升级的同时，进一步加强耐火材料企业与钢铁企业之间的联系。耐火材料企业不仅考虑制造过程中自身的碳排放问题，还要考虑如何降低钢铁生产过程中的碳排放，并积极把握碳减排带来的发展机遇，与下游行业积极互动，相互支撑。

1.4　资源开发综合利用

菱镁矿是碱性耐火材料的主要矿物原料，我国已探明菱镁矿储量占世界总储量的28.85%，居世界首位，主要分布在辽宁、山东等地区，约95%的菱镁矿用于耐火材料的生产。2017年以来，辽宁嘉晨、海城后英、海鸣矿业等企业建成了以浮选为前道工序的高纯镁砂生产线，促进了低品位菱镁矿的综合利用。目前国内菱镁矿年度原矿开采量达2000多万吨，原矿浮选线年产能已达到1600万吨，极大地促进了资源的综合利用。

2011~2020年，其他镁质资源的综合利用在业内也取得长足进步。西部镁业等公司从盐湖卤水中提取氯化镁，并生产一部分镁质耐火材料。西藏卡玛多地区隐晶质菱镁矿品质好，高镁（$w(MgO)>98\%$）、低硅、低铝、低铁，是很好的镁质资源。濮耐股份于2011年开始开发西藏卡玛多地区高纯隐晶质菱镁矿，2020年5月30日青海濮耐年产12万吨高密度高纯氧化镁项目投产。

高铝矾土是生产铝硅质耐火材料的主要矿物原料，在我国优质铝矾土资源匮乏的态势下，铝矾土企业不断创新生产技术，利用低品位铝土矿生产高品质的铝矾土熟料，不断提高铝土矿资源的综合利用率。低品位铝矾土选矿技术在“十三五”期间实现长足进步，现有山西道尔铝业公司的百万吨级别的工厂进入商业化运行。高铝均化料技术在“十三五”期间在山西省得到更多的推广应用，在高铝熟料市场上形成了与天然熟料同台竞争的一个大宗原料品种，有力地促进了高铝质耐火材料的可持续发展[6]。

随着高温工业生产工艺的革新，为满足苛刻条件下耐火材料的应用要求，尖晶石、莫来石、碳化物、氮化物、硼化物等大量人工合成的耐火原料得到广泛应用。人工合成的耐火原料质量稳定，性能优异，提高了耐火材料产品的性能与使用寿命。同时，在材料合成过程中提高了天然原料、废旧耐火材料等固体废物的利用率，经济效益和环境效益显著。

1.5 产业布局得到了优化，产业集中度进一步提升

近年来国家一系列规范发展、环保政策、行动计划等方针政策的实施，加速了耐火材料主产区落后产能及环保未达标企业的淘汰和优化，促进了耐火材料产业布局的调整优化。目前，基本形成了辽宁营口、鞍山，河南郑州、洛阳，山东淄博，江苏宜兴，浙江湖州，山西孝义、阳泉，河北唐山等耐火材料主产区。其中，河南省耐火材料总产量约占全国总产量的45%，河南、辽宁、山东三省产量约占全国总产量的70%，行业布局总体较为合理，品种结构分布与地域资源条件基本一致。

2011～2020年，是耐火材料行业龙头企业较快发展的十年，行业产业集中度进一步提升。图4展示了行业产业集中度的变化情况。

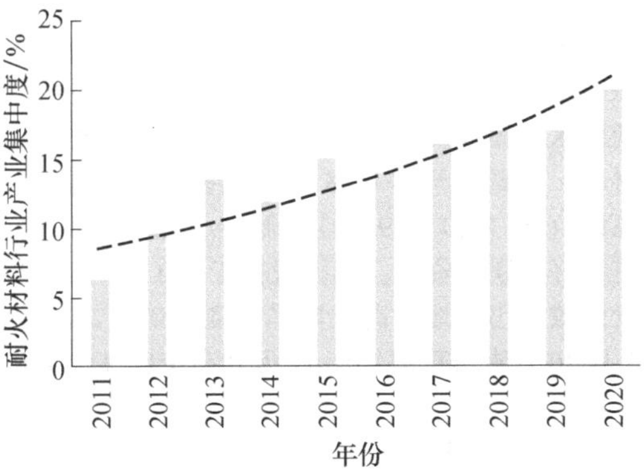

图4 2011～2020年耐火材料行业产业集中度

2011年，耐火材料行业的集中度仅为13%，到"十三五"末的2020年，行业的集中度达到20%水平，比2010年提高10多个百分点。在排名前10的企业中，瑞泰科技、濮耐股份、北京利尔、鲁阳节能4家上市企业2020年的销售收入，与其上市时水平相比，平均年增长幅度均达到25%以上。2022年6月，中钢洛耐在上交所科创板成功上市，相信会更加有力地推动行业产业集中度的提升，促进行业的健康发展。

2 近十年耐火材料行业持续助力钢铁行业发展

2.1 耐火材料行业支撑钢铁行业转型

从需求结构看，我国钢铁行业约占耐火材料总需求量的65%，是耐火材料的最大客户。同时，耐火材料也有力支撑了钢铁行业的发展与进步。

20世纪70～80年代，我国炼钢工艺由平炉向转炉、模铸向连铸工艺转变，促成了钢铁工业的技术变革，耐火材料工业在这一转型中发挥了关键作用。1978年，国家决定建设宝山钢铁总厂，成套技术装备从日本引进。在宝钢的建厂方案中，国家前瞻性地提出了与之配套的28项耐火材料原料和制品攻关项目，并作为重点工程同步安排建设。宝钢工程引进耐火材料技术的消化、吸收、创新，是耐火材料支撑钢铁工业发展的典型案例。

在我国钢产量从2016年1亿吨水平发展到现在的10多亿吨的过程中，耐火材料完全实现了国产化。铁水沟用Al_2O_3-SiC-C从20世纪90年代的8万～10万吨通铁量提升至现在的20万吨通铁量，我国企业自行研发和生产的转炉镁碳质炉衬、复吹转炉透气元件，使转炉炉龄达到约10000炉，满足大型转炉低碳冶炼需求。国内开发的氮化硅结合碳化硅砖、国产连铸三大件、透气元件功能材料、不锈钢精炼用镁钙砖等耐火材料，为钢铁工艺的进步做出了重要贡献。2011～2020年，吨钢耐火材料消耗水平不断降低，为钢铁行业的快速发展做出了巨大的贡献。

2.2 耐火材料助力钢铁行业创新发展

"十二五"期间，耐火材料行业科技进步成果显著。企业科研创新能力得到加强，创新投入强度逐渐增大，组建了一批具有较高水平的研发平台和创新团队，企业普遍建立了产学研相结合的创新体系，加快了科研成果的产业化。"十二五"期间重要的研发创新成果有：洁净钢冶炼用功能化耐火材料、大型铝电解槽用耐火材料、顶燃式热风炉用关键耐火材料、特种钢连铸用长寿命浸入式水口、玻璃窑和水泥窑用新型长寿命耐火材料、不定形耐火材料新材料及新施工技术、资源综合利用及新型合成原料等。在无铬化新产品方面，开发出水泥回转窑用镁铁铝复合尖晶石砖系列产品、AOD炉用镁钙系列产品等，为环境保护和下游产品的高端化提供了保证。武汉科技大学的"洁净钢冶炼连铸用功能化耐火材料关键技术与应用"项目还获得了国家科技进步奖二等奖。

"十三五"期间节能环保方面产生了一系列产品创新、技术创新及服务创新成果，涵盖低导热

节能型耐火材料、环保型耐火材料、长寿命耐火材料、用后耐火材料回收再利用等。技术创新主要包括耐火材料高能效的制备过程、喷涂技术创新、泵送技术创新及推广预制件技术。同时服务模式也发生重大转变，由以前单纯产品制造型向生产服务型转变。因此，耐火材料行业的发展为钢铁行业的发展奠定了坚实的基础，同时，耐火材料行业的技术进步也离不开钢铁行业发展提出的更高技术要求。

耐火材料企业成功与钢铁企业合作，给我国耐火材料行业完善向下纵向一体化产业链提供了宝贵的经验。瑞泰科技成功牵手湘钢集团和马钢集团两大钢铁集团，合作成立湘钢瑞泰和马钢瑞泰合资公司，引导耐火材料技术创新优势与大型钢铁企业在市场化方面的优势相结合，有效降低了钢厂中耐火材料的消耗，提高了钢铁企业运行的安全稳定性。

3　中国耐火材料行业的发展方向

2011~2020 年我国耐火材料行业进入了发展的快车道，取得了骄人的业绩，有力支撑了中国钢铁行业等高温工业的发展。未来耐火材料行业如何适应钢铁等行业的低碳发展，实现自身的高效、低耗、智能化和绿色发展，提高行业的服务水平，任重道远。

3.1　低碳钢铁将为耐火材料行业提供更大发展平台

在碳达峰、碳中和的新发展战略背景下，我国钢铁业将迎来巨大的技术变革和新发展阶段。我国粗钢产量规模巨大，长流程占比高，碳排放量约占我国碳排放总量的 16%。绿色低碳发展将倒逼钢铁工艺流程、品种结构、节能减排等技术的进步。耐火材料行业要主动适应钢铁行业的这一战略转型[7]，以“面向市场、面向用户、面向未来”发展思路，实现自身的绿色低碳转型升级。未来十年，长寿命、功能化、绿色耐火材料是行业下一步重点关注的方向。具体有：

（1）开发高温工业新工艺新技术、冶金碳中和用关键及前沿性先进耐火材料，满足高温工业及低碳冶金不断发展的新需求。如钢铁冶炼突破性新技术所需的氢冶金相关耐火材料、喷粉冶金关键耐火材料、富氧高炉、超纯净钢冶炼、低碳冶金等用耐火材料，水泥工业二代新型干法工艺及垃圾处理用绿色低能耗功能化耐火材料，玻璃工业全氧燃烧工艺用高档氧化物及低渗透率熔铸耐火材料，有色金属工业富氧吹炼工艺用关键耐火材料，新型煤气化技术及装置用无铬耐火材料，新型制氢技术及装置用耐火材料，高端铸造用新型陶瓷材料等。

（2）开发高效节能新技术、新产品，满足高温工业提高热效率、节能减排的需求。如纳米绝热材料、环保纤维及模块、高品质轻质隔热砖、浇注料、喷涂料等，进一步提升隔热材料的低导热、高强度、耐高温性能，拓展轻质隔热材料使用场合；大力发展不定形耐火材料新技术，开发新品种，如高性能自流料、喷注料、压入灌浆料、可塑喷涂料及高品质耐火泥、胶泥等；大力提高不定形耐火材料应用比例；加大免烧、低温烧成及高效生产的绿色技术及产品的开发，如功能化及复合结构预制件、浇注预制砖、不烧机压砖、低温烧成砖等，提高低能耗耐火材料生产的比例。

（3）开发推广绿色环保型耐火材料。开发耐火材料用环保型结合剂，实现含碳耐火材料无害化、无污染化；开发推广水泥石灰窑、有色冶炼炉、水煤浆气化炉、RH 精炼炉用长寿命无铬耐火材料；建立耐火材料污染物检测与评价方法，实现耐火材料从制造、应用、污染物排放及废旧耐火材料回收的全生命周期的绿色发展。

（4）开发先进的耐火材料使用技术。开发高温测厚技术、仿真模拟计算等仪器装备和软件，满足在线监测，数据收集与分析，远程诊断需求，提高耐火材料应用的安全性和稳定性。提升耐火材料从产品到服务一体化的综合解决方案能力，全方位提高耐火材料的附加值。

现在耐火材料企业和客户之间已不再是简单供需关系。随着高温行业对设备及配套材料的要求越来越高，客户更希望耐火材料企业能够为热工设备提供耐火材料设计、制造、咨询、施工、运维等全套解决方案。耐火材料企业要抓住这个转变契机，以总包服务为依托，与下游客户形成和谐的价值链，树立良好的服务品牌，更好地满足客户需求。

3.2　探索建设耐火材料强国

中国要想成为耐火材料强国，需要在以下几个方面做出努力：（1）要加大联合重组力度，努力形成 2~3 家具有国际影响力的企业，力争全球前十大耐火材料企业有 3 家以上中国企业。这将使得行业的国际竞争力进一步增强；（2）质量稳定性进一步提升，数据化管理渗透到企业管理各个环节，通过数据管企业，实现真实、高效的管理水平，产品的性价比更高；（3）进一步提升研发投入比例，力争全行业达到2%的营收占比水平；（4）不定形产品占比达到50%以上，不定形产品与不烧产品占比达到80%以上；（5）转炉、钢包（250t以上）的钢厂吨钢耐火材料消耗量达到8kg，除此外的钢厂达到9～10kg；（6）国际、国内市场实现一定比例的双循环发展模式，出口方面形成以耐火制品出口和耐火原料并举的新格局；（7）行业全要素生产率、排放指标、能（资）源消耗水平达到国际先进水平。

未来的十年，特别是"十四五"时期，是我国耐火材料行业高质量发展的重要窗口期。耐火材料行业要高举习近平新时代中国特色社会主义思想伟大旗帜，立足新发展阶段，全面、科学地贯彻新发展理念，按照《中共中央关于制定国民经济和社会发展第十四个五年规划和二〇三五年远景目标的建议》，坚持创新、协调、绿色、开放、共享的发展理念，坚持走创新驱动、智能制造和绿色发展道路。以新技术、新装备、新产品、新服务为发展主线，以耐火原料保障升级和企业智能化数字化发展为着力点，全面提升行业形象和服务水平，满足高温工业发展的更新更高要求，积极构建耐火材料行业发展新格局，为实现耐火材料行业的强国之梦努力奋斗。

参考文献

[1] 邱文冬，鲍戟，欧阳军华．宝钢耐火材料的消耗水平及发展趋势［J］．耐火材料，2012，46（5）：4.

[2] 徐殿利．我国耐火材料行业发展思考——"十二五"回顾与"十三五"展望［J］．耐火材料，2016，50（2）：5-11.

[3] 曾大凡．新时代中国耐火材料行业发展新趋势［J］．耐火材料，2019，53（5）：321-329.

[4] 刘俊光，魏同．中国耐火材料工业装备的发展与展望［C］//2013耐火材料综合学术会议．河南，2013：7-14.

[5] 胡乃民．耐火材料智能制造的现状和发展［J］．耐火材料，2021，55（6）：4.

[6] 王林俊，安建成，冯运生，等．我国矾土基均质料的发展现状及其在不定形耐火材料中的应用［J］．耐火材料，2012，46（3）：220.

[7] 李红霞．双碳背景下耐火材料科技创新的思考［J］．耐火材料，2021，55（5）：4.

第二篇

政策法规

中国耐火材料行业“十四五”发展规划建议

中国耐火材料行业协会

2021年3月

前　言

耐火材料是钢铁、建材、有色、机械、化工、电力等高温工业发展不可或缺的基础材料，也是跨行业多领域的基础支撑材料。耐火材料与高温工业门类相互依赖，互为促进，共同发展。“十三五”期间我国耐火材料工业取得长足进步，是高速发展迈向高质量发展的起步阶段。中国耐火材料行业协会编制的《中国耐火材料工业“十三五”发展规划建议》对行业的发展起到了良好的引领作用。

编制和实施国民经济和社会发展五年规划，是党和政府治国理政的重要方式。中共十九届五中全会通过的《中共中央关于制定国民经济和社会发展第十四个五年规划和二〇三五年远景目标的建议》，是指导各行各业“十四五”规划的指导性文件。习近平总书记指示强调，五年规划的编制，涉及经济和社会发展的方方面面，同人民群众生产生活息息相关，要开门问策、集思广益，把加强顶层设计和坚持问计于民统一起来，鼓励广大人民群众和社会各界以各种方式为“十四五”规划建言献策，切实把社会期盼、群众智慧、专家意见、基层经验充分吸收到“十四五”规划编制中来，齐心协力把“十四五”规划编制好。协会作为企业与政府之间的桥梁与纽带，编制行业“十四五”规划建议是一项重要的工作。

中国耐火材料行业协会于2020年11月13日在内蒙古准格尔旗召开专家委员会专题会议，讨论行业“十四五”发展规划的编制工作。专家们一致同意，耐火材料行业“十四五”规划编制，要努力按照把握新发展阶段、贯彻新发展理念、努力构建新发展格局的总要求开展工作。一是要处理好继承与创新的关系，做好“十三五”和“十四五”发展期间奋斗目标的有机衔接。二是要处理好政府与市场的关系，更好地发挥我国制度优势。三是要处理好改革开放与自主创新的关系，统筹好国内与国际两个市场的发展大局。四是要处理好战略与战术的关系，制订出一个高瞻远瞩、务实管用的规划建议。五是要紧跟国家“十四五”规划和二〇三五年远景目标纲要的战略布局，做好行业的绿色低碳发展工作，积极响应国家的碳达峰和碳中和的行动计划。

会后，专家们分工合作，同心协力，编制了行业“十四五”发展规划初稿。初稿完成后，2020年12月在广东佛山召开的会长工作会议上对行业“十四五”发展主要目标进行了讨论。之后协会又按照2021年3月11日十三届全国人大四次会议通过的《关于国民经济和社会发展第十四个五年规划和二〇三五年远景目标纲要》，对初稿进一步完善，增加并明确了绿色低碳发展方面的目标与任务，并再次提交专家委员会提修改意见。按行业协会职能特点，我们将规划稿称为“中国耐火材料行业‘十四五’发展规划建议”，供业内相关的各级政府部门、各地方协会、各会员企业参照使用。

面对新冠肺炎疫情后复杂多变的国际政治经济环境和国内新的经济形势，编制“十四五”期间行业发展规划，是一项颇有挑战性的工作。行业发展规划是顶层设计的重要体现，对行业发展有重要的引领和指导作用，也有一定的依据性。中国耐火材料行业协会广泛征求业内同行意见，集中专家智慧，认真总结了“十三五”以来行业发展的成功经验，明晰了行业进一步高质量发展的主攻方向和目标，找准行业现存的关键问题，坚持创新驱动，引发有关政府部门和企业家们对行业总体发展和创新引领的高度重视，促进行业结构优化和进步，进一步提升产业集中度，引导行业的持续高质量发展。这是中国耐火材料行业协会规划稿撰写的总体思路和努力目标。

创新驱动、绿色发展、智能制造是耐火材料行业“十四五”期间发展主旋律。耐火材料作为资源依赖型行业，通过创新合理利用资源尤其重要。“十四五”期间要重视绿色制造、智能制造的共性技术的开发与应用工作。以创新的工艺技术和持续的装备进步，改进和改善业内产品质量稳定性。商业模式创新也是“十四五”期间行业发展的任务和发展动力，与服务对象共建和谐价值链具有重要意义。绿色发展是科学发展的重要组成部分，是实现人与自然和谐的不二途径。从原料生产、产品制造、现场使用服务，以及用后废旧耐火材料的回收利用，都要贯彻落实绿色发展理念。建设和完善绿色低碳管理体系，践行耐火材料行业的社会责任，为国家碳达峰和碳排放的“双碳”目标做出行业贡献，是行业“十四五”期间的艰巨任务。行业“十四五”规划建议将绿色低碳发展摆在十分突出的地位，力争“十四五”期间行业实现碳达峰。

本规划建议是耐火材料行业“十二五”至“十三五”等规划建议的延续，是行业贯彻落实中国共产党十九届五中全会通过的《中共中央关于制定国民经济和社会发展第十四个五年规划和二〇三五年远景目标的建议》、工业和信息化部《关于促进耐火材料产业健康可持续发展的若干意见》和《耐火材料行业规范条件》(2014年本）的具体行动方案。规划稿着力阐明行业“十四五”发展战略目标和主要任务，以及实现目标的路线图，期望规划建议能成为“十四五”期间我国耐火材料工业发展的指导性文件。

本规划稿是协会专家委员会专家们集体智慧的结晶。具体分工如下：前言（李永全、周宁生)，第一章（袁林、李勇)，第二章（李亚伟、雷中兴)，第三章（李永全、周宁生)，第四章(罗旭东、章荣会、尹高、甘菲芳、冯润棠、段锋、邱文冬)，第五章（柴俊兰、段锋、马军)。第一稿统稿人为袁林。在第二、第三稿修改过程中，专家们又提出了许多极富价值的修改建议，协会都尽力将其融入其中。在此感谢专家们的无私付出和智慧奉献。

不当之处请业内同仁批评指正。

第一章 我国耐火材料工业的发展现状

1.1 “十三五”期间耐火材料工业的主要成就

1.1.1 行业进步与转型创新

“十三五”期间，我国耐火材料年均产量为2365万吨左右，约占世界总产量的65%，不定形耐火材料平均占比稍有增长，由“十二五”期间的39%增加到41%左右，耐火材料自给率基本达到100%，销售收入排名前十的企业的市场占有率仍维持在15%～20%。

耐火材料行业在国民经济中的地位逐步提升。工业和信息化部《关于促进耐火材料产业健康可持续发展的若干意见》和《耐火材料行业规范条件》(2014年本）在“十三五”期间得到持续的贯彻。“十三五”期间还陆续公布了《建材工业发展规范（2016—2020年)》《产业结构调整指导目录(2019年本)》《产业关键共性技术发展指南(2017)》《建材工业智能制造数字转型行动计划(2021—2023年)》等国家层面相关政策，对耐火材料工业的发展具有重要意义。耐火材料作为高温工业的重要支撑产业，高质量发展已成为政府主管部门和行业的共识，这对耐火材料行业的发展具有重要的指导和促进作用。同时，各耐火材料主产区地方政府也纷纷出台耐火材料行业相关文件和具体行动计划，加大了工作力度，引导各地方耐火材料企业优化产业结构、提质增效、推动产业转型升级、加快兼并重组步伐，促进了耐火材料行业从高速发展到高质量发展的转变。

行业技术水平稳步提升。耐火材料产量和品种满足了高温工业高速增长的需求，制造技术、装备水平及应用技术水平显著提高，创新能力进一步增强，开发出多项关键技术和创新成果，逐步缩小了我国耐火材料整体技术水平与国际先进水平的差距，有的已达到国际先进水平。

自动化智能化水平有新突破。随着经济全球化及信息技术的快速发展，传统制造行业面临着前所未有的挑战，国家在2015年提出了“中国制造2025”的战略举措，围绕这一目标，耐火材料行业在“十三五”期间大力推进行业制造过程的自动化智能化进程，取得明显成效，通过自动化配料生产线、自动化程控压砖机、自动称量系统、在线检测等装备，提高我国耐火材料行业智能制造的发展。2020年工业和信息化部发布了《建材工业智能制造数字转型行动计划（2021—2023年)》提到“耐火材料行业系统解决方案要求重点形成原料制备、压机控制、窑炉优化、在线监测、全自动立体仓库等集成系统解决方案”，瑞泰科技、濮耐股份、北京利尔、鲁阳节能等优势企业也纷纷开展智能制造的筹划和建设，大大提升了我国耐火材料行业的智能化制造水平。

提升行业集中度进程稳步推进。“十三五”开始时期，耐火材料行业前十家企业集中度约为15%，“十三五”期间，行业发生了数起规模较大的并购重组事件，龙头企业的地位进一步加强，到“十三五”期末，按中国耐火材料行业协会统计计算，行业的集中度达到20%水平，向前进步了5个百分点。这一结果虽远低于工业和信息化部要求的“十三五”期末集中度达到45%的要求，但考虑到耐火材料行业的特殊性，这一进步仍可喜可贺。耐火材料是门槛较低的行业，从20世纪90年代初以来就一直处于无序竞争的状态。我国耐火材料生产企业众多，高度分散，是造成行业恶性竞争的主要因素。随着市场竞争的不断加剧，以及国家对环境保护力度的加强，众多耐火材料企业被淘汰出局。与此同时，一批在技术、资金、品牌等方面具备优势的耐火材料企业脱颖而出。行业集中度的提高将有力地促进耐火行业的有序健康发展，改善我国耐火行业的发展环境。

我国耐火材料行业在世界耐火材料行业中的影响力不断提高。中国耐火材料的产量和消费量约占世界总量的65%，已成为世界耐火材料的制造中心、消费中心和贸易中心，正在成为耐火材料的投资中心和研发中心，是目前世界耐火材料活跃的中心地区。我国耐火材料产品在国际市场的竞争力逐渐增强，市场遍及东南亚多国、北美洲、南美洲、欧盟、俄罗斯等约150个国家和地区。“十三五”期间我国耐火原料和制品年均出口598万吨，耐火原料平均出口量较2015年增长24%，耐火制品出口量持平，出口产品结构得到进一步优化。

1.1.2 资源开发综合利用

菱镁矿是碱性耐火材料的主要矿物原料，我国已探明菱镁矿储量36.42亿吨，占世界总储量的28.85%，居世界首位，主要分布在辽宁、山东等地区，约95%的菱镁矿用于耐火材料的生产。2017~2018年辽宁省菱镁矿山因受安全整治、环保整改影响，造成当时国内市场菱镁矿石供应不足以及碱性原料和制品价格的大幅上涨，这在一定程度上促进了低品位菱镁矿浮选项目的投资与建设。目前国内菱镁矿年度原矿开采量达2000多万吨规模，原矿浮选产能已达到1600万吨/年，极大地促进了资源的综合利用。

高铝矾土是生产铝硅质耐火材料的主要矿物原料，在我国优质铝矾土资源匮乏的态势下，铝矾土企业不断创新生产技术，利用低品位铝土矿生产高品质的铝矾土，不断提高铝土矿资源的综合利用率。低品位铝矾土选矿技术在“十三五”期间实现长足进步，现有百万吨级别的工厂进入商业化运行。高铝均化料技术在“十三五”期间也得到更多的推广和应用，在高铝熟料市场上形成了与天然熟料同台竞争的一个大宗原料品种，促进了高铝质耐火材料的可持续发展。

随着高温工业生产工艺的革新，为满足苛刻条件下耐火材料的应用要求，尖晶石、莫来石、碳化物、氮化物、硼化物等大量人工合成的耐火原料得到广泛应用。人工合成的耐火原料质量稳定、性能优异，提高了耐火材料产品的性能与使用寿命。同时，在材料合成过程中提高了天然原料、废旧耐火材料等固体废弃物的利用率，经济效益和环境效益显著。

1.1.3 科技进步与节能环保

“十三五”期间，耐火材料行业科技进步成果显著。企业科研创新能力进一步得到加强，创新投入强度持续增大，组建了一批具有较高水平的研发平台和创新团队，产学研创新体系得到有效开展，加快了科研成果的产业化。产生了一大批具有较高水平的重大创新成果，有力地支撑了耐火材料行业的转型升级。

一批高水平的研发平台开始发挥科技创新作用。截至“十三五”末，我国由耐火材料企业建立的院士工作站8个、博士后研发基地11个、由国家发展改革委、科技部、财政部、海关总署、国家税务总局五部委认定的国家级企业技术中心6个。各企业建立了省级企业技术中心42个、省级工程研究中心和工程技术研究中心35个。其中业内4家主板上市公司的年度研发投入占其营业收入比例达到4.3%，处于较高水平。

“十三五”期间耐火材料全行业共申请专利8812项，其中中耐协会员单位申请专利2180项，非会员单位6632项。专利申请总数较“十二五”期间大幅增长。

“十三五”期间，多项创新成果获得省部级科技奖项，其中由中钢集团洛阳耐火材料研究院有限公司等完成的“冶金功能耐火材料关键服役性能协同提升技术及在精炼连铸中的应用”荣获国家技术发明奖二等奖。重要的研发成果还有：钢铁冶金高温装置用新型节能环保耐火材料、RH精炼炉用优质环保无铬耐火材料、低导热多层复合莫来石砖、COREX炉配套刚玉质系列耐火材料制品、宝石长晶炉内衬材料、大型焦炉用节能环保新材料、水泥窑关键部位不定形耐火材料长寿技术、有色冶炼关键部位用耐火材料、大型钢包用铝镁质喷射料及造衬施工技术等。

同时在“十三五”期间节能环保方面产生了一系列产品创新、技术创新及服务创新。产品创新主要包括低导热节能型耐火材料、环保型耐火材料、长寿命耐火材料、用后耐火材料回收再利用等，技术创新主要包括耐火材料高能效的制备过程、喷涂技术创新、泵送技术创新及推广预制件技术。同时服务模式也发生重大转变，由以前单纯产品制造型向生产服务型转变。

信息化和工业化“两化融合”步伐加快，在部分优秀企业实现落地。企业在产品、设计、生产过程、企业管理、市场经营等环节的信息化建设得到提升，建成了一批具有示范带动作用的智能工厂、数字工厂，实现自动化、信息化、标准化、数字化的管理模式来解决传统企业面临的共性问题，实现成本精细化管控、质量控制能力提升、客户智能化服务、行业治理水平大幅提升。

“十三五”期间耐火材料行业经历了最严苛的“环保风暴”洗礼。按照国务院强化源头防控、实施专项治理、实行全程管控的部署，耐火材料行业坚持把节能减排和环保治理摆在行业发展与进步的重要位置，引导企业响应政府号召积极实施环保治理措施，协调地方企业配合政府主管部门推进环保专项治理和产业调控，2018年，协会组织制订的《耐火材料工业大气污染物排放标准》团体标准，推动了各地的节能减排、绿色生产。为行业环保整治的标准化工作提供了业内共识，卓有成效地推动了全行业节能减排和环境治理。

生态环境部发布了《重污染天气重点行业应急减排措施制定技术指南（2020年修订版）》的相关要求，具体规定了耐火材料企业在燃料类型、污染治理技术、排放限值、无组织排放等方面水平对耐火材料企业进行分级管控，同时也针对不定形制品作出了引领性的指标。从政策上鼓励企业建立健全完善的环保节能体系，防止企业出现环保节能的短板，限制或禁止环保技术水平不达标的企业进行生产。中国耐火材料行业协会牵头业内同行参与了指南的修订和实施工作。目前业内已有4家规模较大的企业通过了A类管控评定，为行业的管控水平的提升树立了标杆。

耐火材料的重点分布区域也制定了相关的环保政策，如辽宁省发布《辽宁省镁质耐火材料行业规范》，山东省出台了地方标准DB 37/2376—2019《区域性大气污染物综合排放标准》和DB 37/2373—2018《建材工业大气污染物排放标准》；河南省2017年印发河南省新型材料业转型升级行动计划（2017—2020年），并出台河南省地方标准DB 41/T 669—2018《耐火材料单位产品能源消耗限额》，2020年发布河南省地方标准DB 41/1066—2020《工业窑炉大气污染物排放标准》等。

从国家政策导向及耐火材料重点生产省份的政策引导方面来看，节能环保是耐火材料行业发展的重要方向。从能耗方面来看，协会和各省市对于耐火材料单位产品综合能耗要求的不断提升，一方面会直接淘汰工艺装备技术落后的产能，另一方面会推进节能技术的推广应用。节能型高温竖窑、隧道窑、轻型梭式窑等节能窑炉，高效燃烧技术、新型隔热材料及烟气余热回收等新技术，会得到有力的推广。污染物排放方面，各省市目前对于耐火材料生产企业的有组织排放的要求也在不断增高。新颁布的山东省和河南省的相关标准中，耐火材料生产企业的污染物排放水平为：颗粒物≤$10mg/m^3$，二氧化硫≤$50mg/m^3$，氮氧化物≤$100mg/m^3$，在重点控制区域，其排放标准会更严苛。这意味着不采用高效除尘器、脱硫脱硝等先进环保技术的耐火材料工厂将不具备生产条件，进而促进相关技术的推广应用，降低污染物排放，打赢蓝天白云保卫战。

1.1.4 绿色制造、智能制造

《“十三五”规划纲要》中明确提出“十三五”时期以创新驱动、绿色驱动增长为主要特征的“新增长点培育期”是“新常态”下经济发展的主要趋势之一。工业和信息化部2016年出台《绿色制造工程实施指南（2016—2020年）》，实施绿色制造工程，推进产品全生命周期绿色管理，构建绿色制造体系成为“十三五”时期发展新型制造业的主要方向。耐火材料企业响应工业和信息化部“十三五”绿色制造体系的建设，积极地投入绿色工厂的建设，打造耐火材料行业的绿色品牌。其中瑞泰马钢是耐火材料行业智能制造的领头羊。目前，全行业共有16家企业获评国家级绿色工厂，如瑞泰科技、浙江自立、濮耐股份、河南瑞泰、山东耐材等，更有众多企业获评省级绿色工厂。工业和信息化部立项的行业标准《耐火材料行业绿色工厂评价要求》标准也已经通过标准审查会，即将发布实施。

紧跟国家政策导向及耐火材料工业由传统产业向自动化、智能化转换的客观需求，将智能制造技术、自动信息化技术引入高温材料生产线和工厂管理环节，自动化水平不断提升，智能制造装备逐渐投入使用，如智能仓储、AGV智能物料车、码垛机器人、在线自动检测设备等，工业软件被广泛引入使用，如ERP、PLM、NC、OA等，利用工业云平台和大数据，实现智能制造。行业的制造水平取得了较大的提升，部分典型企业已初步建成智能化生产线，引领行业逐步由自动化向智能化迈进。

1.1.5 优化布局

目前我国耐火材料主产区分布在河南、辽宁、山东、山西、浙江、江苏、河北、北京等省市的部分区域，其中河南、辽宁、山东三省产量约占全国总产量的70%。河南、山东为铝硅系耐火材料的主产区，辽宁为镁质耐火原料和制品的生产基地。近年来随着我国环保政策的趋严，尤其是环境保护部（现生态环境部）发布《关于京津冀大气污染传输通道城市执行大气污染物特别排放限值的公告》相关政策后，对“2+26”城市群中的河北、河南、山东影响较大，加速了该区域内落后产能及环保未达标企业的淘汰和优化，促进了耐火材料产业布局的调整优化。

1.2 我国耐火材料工业存在的主要问题

1.2.1 产业集中度低

耐火材料是严重产能过剩行业，一直处无序竞争的状态。进入行业门槛低导致生产企业众多，高度分散，造成了我国耐火材料行业“大而不强，多而不精”“小”“多”“散”的现象。根据2019年市场数据统计，国内前三家企业市场占有率不到10%，前十家企业市场占有率仅为20%，与“十三五”规划中工业和信息化部的要求“到2020年前十家企业市场占有率达到45%”相差很大。同时我国耐火材料产量占全球总产量的65%左右，但世界销售收入前10名企业中没有我国企业，呈现明显的不协调态势。因此我国耐火材料行业发展布局和产业布局需要进步调整优化，推动行业联合重组、深度整合，提高行业集中度，促进行业有序健康发展。

1.2.2 工艺装备水平仍然较低

“十三五”期间，通过技术提升，装备升级，行业内包括濮阳濮耐、北京利尔、瑞泰科技、后英集团、青花集团、浙江自立等重点耐火材料企业，在智能化装备水平上有了明显的提升，这些举措不仅改变了传统耐火材料制造业生产自动化程度低、生产环境恶劣、能耗高污染高的形象，而且提高了产品的质量控制水平，稳定了产品质量，同时为了节能降耗，采用变频风机电机系统和余热回收系统，在稳定生产的同时又兼顾了能源的回收再利用，实现了经济效益和社会效益的共赢。

但目前行业内其他多数企业对智能制造认识还有待提高，缺乏明确的战略规划、路径不清晰，生产制造装备自动化和智能化水平不高，从而影响了耐火材料的技术转化和产品质量稳定性。国内设备厂家技术创新能力不足，耐火材料企业的参与度小，致使耐火材料专用设备在适用性、使用性能、使用过程维护、生产效率及节能等方面，不能满足发展的需要。特别是在混练、成型、干燥、装窑及出检等关键设备上，多数企业仅到达半自动化水平，生产效率低，作业环境恶劣，造成产品质量不稳定、生产能耗高、环境污染重等问题。

随着耐火材料行业的发展，对耐火材料生产、检测、施工等装备技术以及生产线自动化、智能化程度的要求越来越高，必须通过相关行业的大力配合和联合创新，才能为耐火材料行业的发展保驾护航。瞄准国际先进水平，研制耐火材料行业关键设备及其制造技术，全面提升行业的装备水平及自动化智能化水平，是我国做强耐火材料行业的一项紧迫任务。必须加强耐火材料企业和设备生产企业联合创新，促进产业技术装备的优化升级，降低资源、能源消耗，提高产品质量和劳动生产率，增强产业整体竞争力。要重点研究开发耐火材料生产自动化、智能化技术及装备、特种耐火材料成型技术和装备、耐火材料烧成节能技术和装备、不定形耐火材料配料、混练及施工装备、耐火材料检测技术及装备、除尘降噪等环保装备等。

1.2.3 品种结构和研发应用水平有待提升

“十三五”期间，耐火材料品种由中低端产

品市场逐步走向中高端市场，产品总体质量逐步提升，但依然还存在一些共性问题需要解决：低端产品占比很大，一定程度上阻碍了“绿色耐材”发展；批次产品的性能质量稳定性差，产品质量控制环节薄弱；功能化产品种类较少，产品同质化、低值化严重；高附加值、高技术含量的产品转化速度慢，不能适应目前的市场需求；产品涉及应用领域有待扩大，在一些特殊行业应用的耐火材料仍依赖国外产品填补空白；耐火材料资源高效利用技术研究薄弱，矿产资源消耗高，生产环境负荷重，资源效率低；产品使用性能与国外同类产品相比依然有一定的差距，国际品牌竞争力不足；新产品缺乏相应标准的规范；吨产品能耗偏高，不定形产品占比有待进一步提高。

目前国内耐火材料行业研发投入比例较低，研发条件不能满足产品更新换代速度，研发资源配置不合理，基础研究能力不足，产业共性关键技术和前沿技术系统研究不充分，行业产品结构调整和产业技术提升受到限制。受到国外专利技术封锁，自身拥有自主知识产权数量还偏少，产品国外市场竞争力弱。研发成果转化为生产应用速度慢，研发项目行业指向性不强，导致市场很难接受新产品；高校产学研用一体化的协同创新机制不够完善，研发团队新生力量较弱。

面对国家节能环保监管压力，具有“高寿命，低能耗”的产品种类不能满足市场需求，隔热耐火材料发展滞后，隔热耐火材料的生产技术落后，品种少，隔热性能指标不能满足保温节能高温窑炉要求，特别是高温高效隔热保温材料相较于国外产品有很大差距。

1.2.4 资源保障不力

我国具有丰富的耐火原料矿物资源，菱镁矿、铝土矿、石墨等为我国重要的耐火原料资源，均以储量大、品位高、易开采著称。我国耐火原料在精选、提纯、均化、合成、改性、高温煅烧、扩展品种和提高质量等方面取得了显著成效。但多年来，我国耐火材料产量持续攀升，耐火原料消耗速度不断增大，资源储量锐减，加之过度开采与不当利用造成耐火材料资源浪费严重，高品位资源下降，耐火材料矿产资源的供需矛盾已经比较突出。

菱镁矿开发利用存在的问题：一是矿权分散，矿山开采企业多，开采不规范。2016～2018 年由于地方政府安全整治、环保整改的影响，菱镁矿无法大量开采，国内市场菱镁原矿供应不足，镁砂原料价格大幅上涨。但上述环保整改行动过后，由于价格和利润驱动，开采量增加，供大于求，导致市场价格又打回原形。二是矿石品质降低。高品位矿石日趋减少，特级、一级矿石产量降低，优质矿石供应趋于紧张。

铝土矿开发利用存在的主要问题：一是资源利用率低，铝矾土资源开发存在乱采乱掘，只采富矿，摒弃贫矿等现象，矿石的利用率不到40%，大量的中低品位的铝矾土矿石和碎矿不能够被有效地利用，造成特等铝矾土矿几乎耗尽，高品质高品位的铝矾土矿资源日益枯竭。二是资源供应紧张，我国是铝产品生产的世界第一大国，铝矾土的需求量极大，而相对有限的铝矾土资源更主要的应用方向为氧化铝及金属铝的生产，优质的铝矾土资源中能够应用于耐火材料方向的有限。

2016～2019 年我国年均出口耐火原料 427 万吨左右，其中耐火铝黏土约 84 万吨，电熔及烧结镁砂约为 127 万吨，石墨约为 13 万吨，碳化硅约为 34 万吨。耐火原料出口比重偏高。

人工合成原料虽然有了长足发展，但在简化合成工艺、降低合成成本等方面需进一步改善。同时要加强利用低成本天然原料（或废旧耐火材料）代替化工原料合成的研究，推动已有的科技成果尽快转化为生产力，实现复合原料的规模化生产应用。

1.2.5 绿色低碳发展工作基础仍需加强

虽然我国耐火材料行业在节约能源和资源、保护环境方面有了较大进步，但面临的形势依然严峻。

全行业虽然在能源管理体系和质量管理体系建设方面有显著的进步，但是由于多数工厂生产产品品种较多，能源、资源管理体系和监测设备的缺失。难以做到统计的细化，进而难以发现具体环节的具体问题。虽然在总体排污、总能耗方面可以控制到相应水平，但相应的管理体系缺失，更谈不上对各自企业的碳排放量基本情况的掌握，这方面的工作难于统计，难以细化对标。

随着国家环保层面的政策收紧，对于大气排放等要求的提升，在“环保风暴”检查过程中才临时采取相关工作以应对。按照相关环保政策更加严厉，尤其是气体排放标准目前已经达到世界先进水平的情况下，如果不能积极进行节能环保改造，启用先进的节能技术，开发绿色产品，建设绿色工厂，必将遭到淘汰。

用后废旧耐火材料的回收使用方面难以做到统一，虽然不少厂家积极采用用后耐火材料资源进行生产，但用后耐火材料获取的不确定性和质量的不稳定也制约相关材料的使用。尾矿利用方面，需要更多的耐火材料原料厂家进行相关产品的利用，而行业也需要进行自我规范和相关鼓励，例如考虑将使用绿色物料（用后或低品位物料）的比例纳入相关采购要求中，从行业自身的角度提前做好环保节能工作。

第二章　形势和市场需求分析

2.1　发展环境分析

当今世界正经历百年未有之大变局，新一轮科技革命和产业变革深入发展，国际力量对比深刻调整，和平与发展仍然是时代主题，人类命运共同体理念逐步深入人心。同时国际环境日趋复杂，不稳定性、不确定性明显增加。新一轮科技革命和产业革命方兴未艾，催生了发展理念和发展模式的深刻变化，各国之间核心技术的竞争更为激烈，创新驱动对一国经济发展的作用更加凸显；新冠肺炎疫情全球大流行使世界百年未有之大变局加速变化，世界的动荡变革进一步加剧。党的十九届五中全会做出“我国发展仍然处于重要战略机遇期，但机遇和挑战都有新的发展变化”这一重大论断，强调“全党要统筹中华民族伟大复兴战略全局和世界百年未有之大变局，深刻认识我国社会主要矛盾变化带来的新特征、新要求，深刻认识错综复杂的国际环境带来的新矛盾、新挑战”。因此，把握新发展阶段、贯彻新发展理念、统筹“两个大局”、领会两个“深刻认识”，增强机遇意识和风险意识，构建国内大循环为主体、国内国际双循环相互促进的新发展格局，将是我国未来很长一段时期经济发展的重要指导方针。

2.1.1　国际、国内经济环境

当前国际经济格局异常复杂，主要体现在五个方面：（1）主要经济体经济增速全面放缓，流动性泛滥、通胀和滞胀并存；（2）全球金融市场荣中隐危，整体表现和实体经济显著背离；（3）全球经济治理分歧加剧，经贸纷争此起彼伏；（4）各国经贸联系显著减弱，贸易保护主义盛行，全球化进程面临严重波折；（5）全世界蔓延的新冠肺炎疫情沉重打击了整个世界，主要经济体均不同程度发生经济萎缩，受疫情影响，西方国家消费疲软，只有严防死守的中国保持了社会稳定和复工复产有序进行。

未来1~2年全球经济出现剧烈调整的可能性正在上升，主要体现在以下四个方面：（1）主要经济体将在经济基本面上维持低速增长格局；（2）部分经济体出现短期严重衰退甚至引发全球性危机的风险显著上升；（3）经贸冲突与政治、地域矛盾交错激化的风险显著上升；（4）全球经贸规则陷入短期无序的可能性增加。基于上述分析，党中央提出了经济发展要纠正过度依赖外贸出口的倾向，加快构建以国内大循环为主体、国内国际双循环相互促进的新发展格局。

气候问题是全球发展的共性问题。2020年9月22日，习近平主席在第七十五届联合国大会一般性辩论上首次提出中国在2030年碳达峰和2060年碳中和的目标。耐火材料行业作为资源依赖型和能源依赖型行业，降低二氧化碳排放量是未来较长历史时期的重要任务。绿色低碳发展是践行行业社会责任，支持国家“双碳”目标的关键性行业共性问题和共同任务。

国内经济环境方面，当前在世界贸易保护主义盛行、全球经济低迷、全球市场萎缩的外部环境下，加上新冠肺炎疫情的影响，我国经济下行和滞胀压力持续增大。但从长远看，我国发展仍处于并将长期处于重要的战略机遇期，我们必须集中力量办好自己的事，突出新发展理念的引领作用，充分发挥国内超大规模市场优势，逐步形成以国内大循环为主体、国内国际双循环相互促进的新发展格局。提升产业链供应链现代化水平，加快关键核心技术攻关，以科技创新催生新发展动能，创造新技术快速大规模应用和迭代升级的独特优势，加速科技成果向现实生产力转化。

未来几年，预计我国将采取积极的财政政策和稳健偏松的货币政策，重点会在减税降费、新的基础设施建设和鼓励创新、投资融资等方面着力。资本市场有望成为新一轮繁荣的起点，产业结构调整和转型升级步伐会加快，国资国企改革进入关键实施期，混合所有制深入推进，

以管资本为主的国有资产监督管理体制稳定形成。

坚持全面提高对外开放水平、打造国际合作和竞争新优势，积极参与“一带一路”沿线国家市场，对接《区域全面经济伙伴关系协定》（RCEP）加大本地区产业和价值链融合深度，在区域经济一体化过程中形成国际合作和竞争新优势。

我国作为此轮世界经济大调整的重要一极，应坚持以夯实自身发展基础为前提，以“守义为先，维利为次”为价值导向，立足全球经济发展的大局进行战略决策，构建双循环，强力促内需，在将所受冲击降低在最低限度的前提下，成为全球经济由“大破”向“大立”转化的重要支柱力量。

2.1.2 国外耐火材料现状和发展趋势

国外耐火材料的整体发展很不平衡。目前国际耐火材料技术和市场的制高点基本被欧盟、日本、美国等发达国家和地区占领，世界前10强的耐火材料公司都集中在发达国家，并通过并购资产重组，不断地增强其研发能力，改进工艺装备和完善管理体系，牢牢巩固世界耐火材料企业的第一集团地位，且占有约50%的耐火材料消耗总市场。

21世纪以来，国外耐火材料行业发展有几个明显特征：

（1）产能过剩，竞争激烈。世界的耐火材料年总需求量约在4500万吨，而世界的耐火材料产能约在5000万吨。21世纪以来，国际上耐火材料主要生产企业先后进入了新一轮资产重组和结构调整阶段，其主要特点：一是以资产为纽带，组建大型跨国公司，实现专业化分工和有限资源的合理配置；二是压缩生产规模，集中精力生产高质量、高附加值产品，以获得更高的经济效益；三是在向外输出产品和技术的同时，更加注重资本的输出，通过在耐火原料所在地合资、独资建厂，降低生产成本、扩大市场份额。

（2）研发创新能力加强，技术进步加快。耐火材料工业的技术进步与下游工业的技术进步相辅相成，互为促进。近年来耐火材料的新原料、新产品、新技术和新装备可谓层出不穷。企业对研发投入加大，产品升级和换代的周期缩短。越来越多的新型的、高性能的人工合成原料被开发出来，为高性能耐火材料的研制和应用奠定了基础。不定形耐火材料在整个耐火材料中所占的比例增加。

（3）数字化水平逐年提升，国际上包括维苏威、奥镁等在内的大型耐火材料企业在智能制造机器人操作及数字化服务等方面技术发展迅速，为下游客户带来系统化的解决方案。

（4）服务用户的意识和能力不断加强。在目前及未来的几年间，行业技术、管理及市场竞争双重压力要求耐火材料企业继续降低原料和生产成本，紧紧围绕下游工业的发展，不断增强研发创新能力、服务用户的意识和能力。

（5）重视节能环保和资源节约。国外主流的耐火材料企业都制定了明确的基于2025年的二氧化碳排放及节能目标，并作为企业可持续发展的战略规划。

（6）资本和研发重心逐渐向以中国为代表的新兴发展中国家转移。受高温工业发展速度及市场竞争的影响，欧美和日本等发达国家和地区的耐火材料工业发展缓慢，逐渐向新兴市场和资源丰富的国家或地区转移。新兴发展经济体的耐火材料工业处于快速追赶的发展阶段。

2.2 耐火材料市场分析

2.2.1 国内耐火材料市场分析

中国是世界上最大的耐火材料制造和消费大国。从我国耐火材料需求结构上看，钢铁行业用耐火材料约占65%，水泥、玻璃、有色、陶瓷、化工和电力用耐火材料分别约占8%、7%、4%、4%、4%和3%。“十三五”期间，钢铁行业进行供给侧结构性改革，彻底清除了“地条钢”，建筑钢材产能结构得到优化。产能置换项目未来由北向南迁移产能，通过产能置换，全国各省的钢铁产能此消彼长，到2020年底粗钢产量或突破10亿吨。未来五年会先迎来新增产能的集中释放期后再整体小幅减少的趋势。预计到2025年，我国粗钢产量仍然在10亿吨左右，生铁产量约8亿吨，钢铁行业耐火材料年均需求量也会超过1200万吨。

预计到2025年水泥产量约25亿吨，其中水泥熟料约15.5亿吨，水泥行业耐火材料需求量约60万吨。预计2025年平板玻璃产量会突破10亿重量箱，玻璃工业用耐火材料需求量约45万吨，建卫陶瓷、玻璃纤维及石灰工业耐火材料需求约40万吨。建材工业耐火材料年总需求量约145万吨。

预计到2025年我国十种有色金属总产量约6500万吨，耐火材料年需求量约270万吨。预计到2025年化学工业耐火材料年消耗量约45万吨，电力电子工业耐火材料年需求量约55万吨，机械工业耐火材料年需求量约45万吨。

再考虑到基建用耐火材料，每年的需求量约200万吨，出口耐火制品每年约200万吨，这两项的总量约400万吨。

从下游行业的需求端分析，并考虑到国内出口量的需求，预计到2025年我国耐火材料年需求总量稳定在2400万吨总体水平。供给与需求消费总量总体上平衡稳定。

2.2.2 国外耐火材料市场分析

世界耐火材料市场集中的国家和地区主要有中国、日本、韩国、欧洲、美国、俄罗斯、印度、巴西等钢铁生产大国和地区。因新冠肺炎疫情的影响，国外钢铁总产量预计到2022年末恢复到疫情前水平，随后平稳增长到2025年达约9亿吨，其中印度、伊朗、越南、土耳其以及东南亚地区的钢铁总产量增长幅度尤为突出，年消耗耐火材料约1000万吨。国外水泥总产量达20亿吨，水泥熟料19亿吨，年消耗耐火材料约80万吨。国外日用玻璃总产量达6400万吨，平板玻璃总产量达4300万吨，年消耗耐火材料约122万吨，再考虑到化工、机械和电力工业的需求。中国以外各国和地区耐火材料年总消耗量约2000万吨水平。

“十四五”期间国外耐火材料需求将随着疫情的减缓稳步恢复并增长，受激烈竞争的影响，出口耐火材料的价格变化不大。人民币走向国际化，有利于国际贸易的适度增加，但人民币升值、贸易保护是耐火材料出口的不利因素。总体看，我国耐火材料在国际竞争中仍具有明显的成本优势，性价比较高，随着产品质量稳定性的提高，在国际贸易中的份额将进一步增加。

2.3 “十四五”时期耐火材料总体市场与品种需求预测

“十四五”时期是我国全面建成小康社会、实现第一个百年奋斗目标之后，乘势而上开启全面建设社会主义现代化国家新征程、向第二个百年奋斗目标进军的第一个五年。当前在世界贸易保护主义盛行、全球经济低迷、全球市场萎缩的外部环境下，加上新冠肺炎疫情的影响广泛深远，我国经济下行和滞胀压力持续增大，但从长远看，当前和今后一个时期，我国发展仍然处于重要的战略机遇期。新一轮科技革命和产业变革深入发展，我国已转向高质量发展阶段，国内大循环为主体、国内国际双循环相互促进的新发展格局。这给耐火材料行业带来新的发展机遇，同时也对耐火材料提出了新的挑战。虽然耐火材料总需求量稳中有降，但其技术附加值将大幅度提升，品种质量仍有一定发展空间。普通耐火材料产品的需求趋于减少，特种耐火材料、绿色耐火材料的需求逐渐增加，特别是节能保温隔热耐火材料增加幅度加大。耐火材料工业的总体量呈下降趋势，但全行业整体运行效果将有质的提升。耐火材料行业服务模式、商业模式呈现多元化、融合化，产业结构、产业布局更趋合理。

到2025年我国耐火材料的总体市场需求见表1。

表1 2025年我国耐火材料的市场总需求量 （万吨）

行业	钢铁	建材	有色	化工	机械	电力	基建	出口	其他	合计
年耗量	1200	145	270	45	45	55	200	200	300	2460

“十四五”期间，钢铁业将进入平台期，总体将保持稳定态势，但随着技术进步和管理提升，钢铁业增产降本也是大趋势，过剩是常态。我国高温工业大规模固定资产投资虽转入下行减速通道，但随着钢铁产量放量，耐火材料的总需求量会有小幅增加；出于高温工业节能减排的新需求，隔热耐火制品的用量会相对增加；不定形耐火材料因具有节能环保、快捷方便、生产成本低等特点，其消耗量将会持续增加，比例有望达到50%。高温工业新流程、新技术、新工艺的采用及发展品种的新要求，使特种耐火制品、功能材料、含碳制品的需求量会适度增加。具体各主要耐火材料品种需求量预测见表2。

表 2 2025 年各主要耐火材料品种需求量预测 （万吨）

小计	黏土质	高铝质	硅质	镁质	特种耐火制品	其他致密定形制品	隔热制品	不定形耐火材料
2460	240	200	120	200	400	150	70	1080

综上可见，“十四五”时期，我国耐火材料市场总需求量与目前持平或略有小幅增加。这主要是因为“十四五”时期耐火材料主要应用领域的钢铁业会进入高位平台期的趋势，虽然随着冶炼技术和耐火材料技术的不断进步会导致冶炼吨耗耐火材料量有所下降，我国耐火材料生产和消费大国的地位不会改变，调整结构、提质增效还将有较大发展空间。社会经济形势和高温工业的科技进步要求降低消耗，耐火材料行业必须走“减量制胜”的发展之路，这是强的标志。为此，耐火材料行业应全面发力，重点突破，创建一流企业、开发一流技术、提供一流产品、营造一流环境，实现由大变强。

第三章 指导思想、基本原则和主要目标

3.1 指导思想

“十四五”时期耐火材料行业的发展规划，要高举习近平新时代中国特色社会主义思想的伟大旗帜，要按照党的十九届五中全会通过的《中共中央关于制定国民经济和社会发展第十四个五年规划和 2035 年远景目标的建议》，把握新发展阶段、贯彻新发展理念、构建新发展格局。坚持走创新驱动、智能制造和绿色发展道路。以新技术、新装备、新产品、新服务为发展主线，以耐火原料保障升级和装备智能化转型升级为着力点，全面提升行业形象，满足高温工业发展的更新更高要求。继续贯彻落实工业和信息化部《关于促进耐火材料产业健康可持续发展的若干意见》和《耐火材料行业规范条件》，加快企业联合重组，提升产业集中度，严格控制新增产能，逐步化解不合理的过剩产能。积极研究耐火材料行业在节能环保、绿色低碳发展方面的共性技术和共性问题，提高绿色制造水平。优化产业结构，优化品种结构，规范市场秩序，在构建国内大循环为主体、国内国际双循环相互促进的新发展格局中，奋力实现我国耐火材料工业高质量发展目标。

3.2 基本原则

本规划的编制以新技术、新装备、新产品和新服务为发展主线，在充分认识我国耐火材料工业现阶段的发展特征基础上，从“满足用户的供应链需求”转型至“与用户共同创造和谐价值链”。本规划的编制力求满足以下需求：一是要做好“十四五”与“十三五”发展阶段和任务目标的有机衔接。二是要处理好政府管理与市场的关系，鼓励国企和民企同步发展，鼓励产业集中度的提升，更好发挥我国的制度优势。三是要处理好开放与自主的关系，以创新来推动发展，以高质量发展统筹国内与国际两个市场，以国内大循环为主体，国内国际双循环相互促进。四是要处理好战略与战术的关系，规划既要高瞻远瞩又要务实管用。五是要紧跟国家“十四五”规划和二〇三五年远景目标纲要的战略布局，做好行业的绿色低碳发展工作，力争在“十四五”期间实现行业的碳达峰。

规划稿编制的基本原则是：

（1）坚持绿色低碳发展理念，强化节能减排，加快技术改造升级的原则。加快淘汰落后产能，实行减量置换。提高工艺技术和智能制造涉及的关键装备技术水平，推动耐火材料制造过程的自动化、智能化、绿色化和高效化。“十四五”期间，耐火材料行业要在摸清碳排放现状的基础上，推动绿色低碳发展，从生产制造的角度，要重视绿色工艺及技术的开发与工程应用，推动不定形耐火材料技术升级，推动不烧制品的技术开发和应用范围的扩展。从生产流程来说，重视生产过程优化，推动低碳排放绿色工艺。从管理方面来说，应当建设和提升行业内企业能源管理及碳资产管理的规范性。应重点关注耐火材料绿色关键共性技术的产业化应用，不断提升绿色制造能力。

（2）坚持结构调整，提高产业集中度的原则。鼓励企业联合重组，提高产业集中度。坚持扶优扶强，培育大型、具有世界级规模和能力的耐火材料企业集团。控制耐火材料规模总量，严格控制新增产能，合理规划耐火材料产业的分布。

（3）坚持创新驱动，坚持企业是科技创新的主体原则。创建以企业为主体、市场为导向、产学研结合的技术创新体系，提高创新水平，扩大创新成效，支撑我国耐火材料工业由大变强。积极推进产业技术创新战略联盟和技术创新服务平台建设，显著提升耐火材料行业整体自主创新能力。

（4）坚持立足国内资源，强化保障，合理配置资源的原则。根据我国资源特点，努力构建形成绿色、高效、完整的耐火原料体系。加强矿山规划及开采管理，进一步着力提高中低品位铝土（黏土）矿资源和中低品位菱镁矿资源的利用率。提高原料生产加工技术和装备技术水平，开发系列化、特色化的新型合成原料。深化用后耐火材料的再生综合利用，减少资源消耗。适度控制初级原料出口，积极参与国外资源开发，提高原料保障能力。

（5）创新业内竞争新形态，创导“新服务”商业模式。这些年，钢铁行业的区域承包模式，倒逼我们从单一产品制造商向产品制造和综合服务提供商的商业模式转型，极大提升了行业内各企业的管理水平，优化了企业的团队结构。作为面向客户的全面解决方案综合服务提供商，必然要求我们企业内部管理模式要做大的调整，对我们的企业团队水平要求更高，要求企业有良好的创新能力、设计能力、资金实力和管理水平。要改变过去单一重视产品技术创新模式，在产品持续改进、创新的同时，要特别重视耐火材料使用工艺技术创新、服务装备技术创新等，提高综合服务水平。

（6）强化规范市场环境的原则。持续贯彻落实工业和信息化部《关于促进耐火材料产业健康可持续发展的若干意见》和《耐火材料行业规范条件》（2014 年本）。加强规范管理力度，创新行业管理，倡导依法诚信经营，建立规范有序竞争环境。

3.3 主要目标

“十四五”期间我国耐火材料行业的总体发展愿景为：坚持创新驱动，坚持新技术、新装备、新产品和新服务协同发展的模式，坚持绿色发展、智能制造，全面提高耐火材料工业运行绩效，实现我国耐火材料工业由大到强。优化产业结构，加快联合重组，培育 2~3 家大型世界级耐火材料企业集团，创建一批国际知名品牌。整合创新资源，提高创新水平，开发一流技术。提升管理水平，推动智能制造、绿色制造、高效制造，提供一流产品。加强行业自律，创建有序市场，营造一流市场环境。

主要具体目标如下：

（1）资源利用率目标：提高资源利用水平，到 2025 年，菱镁矿石资源综合利用率不低于 95%，形成 3~4 家大型氧化镁基耐火原料生产企业集团。耐火铝/黏土矿资源综合利用率不低于 90%。用后耐火材料综合处理和再利用率达到 100%。

（2）品种质量目标：控制耐火材料总产量在 2400 万吨总体水平，提高绿色耐火材料和功能化耐火材料的比例，不定形耐火材料的占比不低于 45%或者更高。产品性能的稳定性、质量可靠性和稳定性明显提升，中国制造的品牌效应在国际上得到明显提升。

（3）产业结构目标：耐火材料企业数量大幅减少，前 10 位耐火材料企业的产量占全国总产量比由“十三五”末的 20%提高到“十四五”末 45%的水平。形成 2~3 家销售额达到人民币百亿元级的企业集团，在耐火材料产业集中区创建耐火材料新型工业示范基地、示范企业，进一步优化耐火材料的产业布局。

（4）耐火材料比消耗目标：稳定并提高耐火材料质量，重视和优化窑炉结构设计和配置设计，提高耐火材料运维服务和使用水平，降低耐火材料单位消耗。到 2025 年平均吨钢耐火材料综合消耗降至 12kg/t 水平或以下，平均吨水泥熟料耐火材料消耗低于 0.40kg/t。重点钢厂、水泥厂的单位产品耐火材料耗量达到国际先进水平。

（5）技术创新目标：重点企业建立高水平创新平台，研发经费投入平均水平不低于当年营业收入的 2%。原创科技成果及国际专利申请量明显高于“十三五”水平。形成 2~3 个业内公认、具有世界竞争力的耐火材料研发中心。

（6）服务模式创新目标：改进业内运维服务模式，与客户共同创造和谐的价值链。重点耐火材料企业集团，要成立耐火材料应用技术研究所，开展优化窑炉设计、优化和简化砖型设计、维修工艺设计、砌筑和维修装备设计研究等服务技术研究。行业服务水平大幅提高。

（7）节能减排和绿色低碳发展目标：大力推广节能减排新技术、新设备和新产品，淘汰落后产能，强化产品综合能耗标准的约束作用。2020

年主要产品的单位综合能耗比“十三五”末再降低10%以上，所有企业主要污染物排放总量达到地方环保部门核定的控制指标，主要企业清洁生产水平达到国际先进水平，其中达到重污染天气分级管控A类企业数量占行业企业总数的10%。

建设和提升行业内企业能源管理及碳资产管理的规范性，重点骨干企业建立相应的能源管理及碳资产管理体系。中国耐火材料行业协会创造条件，成立行业“绿色低碳发展专委会”，研究碳排放和低碳发展的一些共性问题，提高对行业碳排放和碳资产管理的规范指导水平。重点关注2～3项耐火材料绿色关键共性技术的产业化应用，不断提升绿色制造能力。

（8）标准体系建设目标：进一步完善耐火材料标准体系，通过整合现有产品标准、优化检测标准、积极采用国际标准和国外先进标准，发展团体标准，逐步形成有利于我国耐火材料行业发展的标准体系。

“十四五”期间我国耐火材料行业要求实现的重要量化指标见表3。

表3 “十四五”期间耐火材料行业应实现的指标

序号	指标	2020年实际	2025年规划	变化幅度
1	行业前10家企业集中度/%	20	45	+25
2	不定形耐火材料比例/%	39	45	+6
3	用后耐火材料综合处理和再生利用率/%	75	100	+25
4	吨钢耐火材料消耗/$kg\cdot t^{-1}$	15	12	−3

第四章 主要任务

4.1 加快联合重组提升产业集中度

在努力构建以国内大循环为主体、国内国际双循环相互促进的新发展格局中，大力推进横向联合重组，纵向产业链延伸，生产与运维服务协同发展，组建大型耐火材料企业集团，提高产业集中度。前10位耐火材料企业的产量占全国总产量比由“十三五”末的20%提高到45%左右的水平。形成2～3家销售额达到人民币百亿元级的企业集团，在耐火材料产业集中区创建耐火材料新型工业示范基地、示范企业，进一步优化耐火材料的产业布局。政府应及时推出联合重组的优惠政策，企业间按照市场化原则，以资本、技术、品牌及市场等要素为纽带，采取多种合作模式，促进跨地区、跨所有制的联合重组。

促进要素和资源向优势企业聚集，强化做精做专、做大做强，加快培育一批具有较大规模、较强创新能力、较高管理水平、较强综合实力、竞争优势明显的一流企业集团，组成中国耐火材料行业的领军企业团队，并培育一家企业集团进入世界耐火材料规模企业前三强。

4.2 提升工艺装备水平

提高设计研发、工艺装备、企业管理、市场营销等方面的信息化水平，生产过程机械化、自动化、智能化，信息管理网络化、云计算，生产环境绿色安全。建设示范性企业和生产线，着重技术改造和生产线升级，采用先进的高效装备，促进智能制造、精准制造和高效制造，促进品质提升、能效提升和环境提升。通过工业物联网技术，将工业窑炉状态信息传送到云端大数据平台，利用云平台强大的运算能力结合人工智能AI技术，对所持有的产品或所服务的高温容器进行远程诊断和维护，对耐材损毁程度及事故危险进行在线监控和预警，为客户提供更为快捷的服务，减少客户的损失；对数据进行全方位的分析、诊断、预测，使高温移动容器由感知状态突破到认知境界，进而实现对精细化生产、设备安全、节能降耗和供应链优化的决策支持，为各个钢厂客户提供“经济高效、节能低耗、安全无忧”的解决方案。

通过淘汰落后产能、提升产业集中度，环保升级改造，产业园区化管理，数字化、智能化应用，促进全行业整体工艺装备水平提高。

充分利用淘汰落后产能、提升产业集中度有

利契机，关停、取缔落后的工艺、装备，提升全行业生产过程机械化、自动化水平；在加强环保升级改造过程中，研发适应耐火材料行业特点及符合国家、地方环保要求的工艺、装置、装备新技术，促进行业生产环境绿色、环保、安全水平提升；设计研发先进、节能、环保、资源利用率高的新工艺、新装备技术，鼓励行业内企业进入各地方产业园区化管理，在新建或升级改造过程中，加强新工艺、新装备的推广应用力度；提倡行业内企业与数字化、智能化领域的相关技术深度融合，推进生产管理数字化、生产过程智能化建设，全行业通过规范公告的生产线由“十三五”末的72条生产线增长至“十四五”末的145条，建议推广一批示范性企业，带动行业工艺装备现代化水平提高。

4.3　强化科技进步与创新

坚持创新驱动发展，坚持企业是科技创新的主体原则，创建以企业为主体、市场为导向、产学研结合的技术创新体系。提高创新水平，扩大创新成效，支撑我国耐火材料工业由大变强。在市场化的机制上积极推进产业技术创新战略联盟和技术创新服务平台建设，显著提升耐火材料行业整体自主创新能力。“十四五”期间科技进步与创新重点包括以下几方面：

（1）加强基础理论与应用研究。推动耐火材料传统产业实现高端化、智能化、绿色化的目标，协调整合高校、科研院所和耐材企业的科研力量进行资源优化和共享，积极参与国家制定的战略性科学计划和工程项目，注重基础前沿研究，注重原始创新，推进学科交叉融合，着眼于人工智能、互联网、大数据等在耐火材料基础理论、设计合成、制备使用等领域的应用，力争产生一批具有重要影响力的国家重大科技项目和成果，原创科技成果和专利申请量能大幅度增加，推动行业科技进步。

加强耐火材料应用性研究。推进清洁生产，追求经济效益、环境效益和社会效益的协调是耐火材料应用的根本目标。随着材料制备技术的日趋成熟，各种材料的性能控制已经实现了较好水平，但耐火材料的寿命受到多种条件的制约，如应用的工艺条件、施工质量、维护质量、安全判定标准等因素。必须深入开展耐火材料的应用性研究，综合优化配置耐火材料，提高耐火材料的使用水平，充分发挥耐火材料的功能，做到耐火材料的物尽其用，实现消耗和排放的减量化，满足现代化钢厂需要。

（2）强化企业创新主体地位。推进产学研深度融合，支持耐火材料行业的重点企业、龙头牵头组建创新联合体，鼓励企业加大研发投入，研发经费投入不低于当年营业收入的2%，同时积极申报、承担国家重大科技项目，促进人、财、物等各类创新要素向企业集聚，提升企业技术创新能力。既要发挥大企业的引领支撑作用，也要支持一批创新型中小企业成为创新的重要发源地，加强共性技术平台和信息共享平台建设。发挥企业家在技术创新中的重要作用，营造良好的企业激励机制和创新文化。

（3）加大重要产品和关键核心技术攻关力度。积极发展先进适用技术，研发新产品，培育新业态、新模式，推动行业产业链供应链向冶金、建材、化工、机械、航空航天、电子、能源、环保等行业领域的多元化延伸。重点开发资源（自然及再生）综合利用工程集成技术、耐火材料绿色智能制造技术集成、结构功能一体化智能型耐火材料制备关键技术、氧化物纳米粉体经济化制备及分散技术、耐火材料衬体轻量化技术、耐火材料在役诊断、使用维护及造衬修补集成技术、具有微孔结构的高效节能新材料，新型蓄热储能材料、绿色环保型、节能环型高温结构材料等。

（4）加强科技人才体系建设。激发传统行业活力，加强人才发展体制和职业吸引力，建立健全创新激励和保障机制，全方位多层次培养、引进、用好专业人才，打造更多一流的科技领军人才、经营管理人才、技术技工人才和团队，培养具有发展潜力的青年科技人才后备军。注重加强行业内创新型、应用型、技能型人才的培养，积极组织实施知识更新工程和技能提升行动，壮大高水平工程师和高技能人才队伍。

（5）强化科技创新体制机制建设。围绕“十四五”期间前沿技术和关键产品的研发目标，发挥政府和行业协会的协调作用，整合创新资源，强化互补，加强协作，围绕数字产业化和产业数字化，推动数字经济和耐火材料制造业的深度融合。深化职普融通、产教融合。依托强大的国内市场，促进耐火材料在国内国际的双循环，坚持科技自立自强，加强创新平台建设，构建高效创新体系，加强知识产权保护，加快先进技术工程化，积极促进技术成果产业化。在行业内大力弘扬科学精神和工匠精神，营造崇尚创新的环境氛围。

（6）创新商业模式，与客户共创共享和谐价值链。耐火材料作为高温工业的辅助材料，涉及耐火材料配置设计、采购、供应、施工、维护、使用管理一体化的钢铁生产全流程。耐火材料整体解决方案即冶金炉窑建筑全流程状态智能运维服务，近几年逐渐受到钢铁业主的关注。该服务模式，重点是状态把控，双赢，以甲方总成本最优为基础，从全系统出发，解决用户关注的焦点问题，具有“管理对口关系明晰，服务内容聚焦准确，考核指标明确量化，供需双方目标一致”的优点，在为用户优化成本、降低能耗、提高产能品质等方面带来直接或间接有利影响。具体言之，该模式总包方不仅供应耐火材料，还对耐火材料的选材选型、配置设计、砌筑施工、施工装备能力、智能运维、状态掌控、维修维护、新材料研发、废弃耐材回收处理及再生利用等应用技术进行冶金窑炉全生命周期的状态总包专业化服务，也就是总包方在供应产品的同时还提供用后耐材回收等服务，以实现窑炉耐材的长寿与节能减排。

耐火材料行业不仅要与钢铁等业主价值取向一致，而且更为重要的是有空间、有条件针对钢铁生产全流程对应的品质、成本和过程能耗进行系统的统筹考虑，平衡全流程总包的耐火材料成本，优化工序结构与投入，在成本受控的条件下，可以使钢铁业主全流程耐材综合单耗与世界一流水平缩小差距，使业主价值最大化。

耐火材料企业供应的不仅仅是材料，而且是客户价值的创造者；客户不单纯考虑耐材的使用成本，而且考虑耐火材料创造价值的共享。

4.4 提高资源保障

（1）高值高效利用矿山资源。强化“资源不可再生”理念，高质量利用矿山资源，加强对矿山主产地政府宏观规划指导工作。针对菱镁矿矿山利用方面，引导企业采用菱镁矿浮选、热选、磁选等工艺，高值高效利用菱镁矿粉矿和碎矿资源，浮选尾矿轻烧制备高活性粉体用于高端镁建材行业，“吃干榨尽”各品位菱镁资源。充分利用大型企业间“资源”+“市场”优势，加快推进混合所有制改革，形成耐火原料“生产”+制品“服务”型企业集团。合理调配耐火铝土矿资源，充分利用耐火黏土矿资源，规划好贵州、广西等地铝矾土资源的利用方式，保障用于耐火材料行业的铝土矿资源总量。

（2）严格矿权管理、优化矿石供应。引导和鼓励地方政府对菱镁矿山开采行为进行整治和整合，建议当地政府规定新建菱镁矿山储量规模必须达到中型以上，最低开采规模为 30 万吨/年。继续推进现有菱镁矿山整合重组，整合重组后矿山储量规模为中型以上的，开采规模应达到 30 万吨/年以上；储量规模为小型的，开采规模应达到 10 万吨/年以上。对超规模开采的企业依法责令停产整改，未按矿产资源开发利用方案开采，依法不予延续矿业权。加强与省市行业主管部门的沟通，积极推动区域协作，实现与辽宁地区菱镁矿资源利用的政策协同，严格按照地方政府每年下达的菱镁矿石年度开采总量有序组织矿石生产，细化管控方案，严格管控措施，科学设定矿山开采强度，坚决制止掠夺式、破坏性开采。通过科学调度优化矿石供给，彻底杜绝无序开采、恶性竞争、量增价低，损害行业健康发展的状况重演。

（3）鼓励引导发展循环经济，加快推进用后耐火材料的回收和再生利用。加强与下游钢铁等行业的合作，经过严格分选、归类后，进行用后耐火材料的回购；鼓励企业研发新技术、新工艺，利用用后耐火材料制备各种粒度的颗粒料，提升废弃耐火材料的掺入量和使用范围，提高用后耐火材料的返回利用率，提高资源集约化利用的能力和水平。

4.5 优化品种结构、大力推进先进耐火材料

“十四五”期间应持续加快品种结构优化进程，大力发展耐火材料先进技术。以“面向市场、面向用户、面向未来”为指导，努力使中国成为世界耐火材料产品品质高端、技术先进、具有竞争力的制造强国。主要方向有：

（1）开发高温工业新工艺新技术、冶金碳中和用关键及前沿性先进耐火材料，满足高温工业及低碳冶金不断发展的新需求。如钢铁冶炼突破性新技术所需的氢冶金相关耐火材料、喷粉冶金关键耐火材料、全氧高炉、低碳冶金等用耐火材料，洁净钢冶炼、高效生产、绿色生产用长寿命、功能化、智能化耐火材料，水泥工业二代新型干法工艺及垃圾处理用绿色低耗功能化耐火材料，玻璃工业全氧燃烧工艺用高档氧化物及低渗透率熔铸耐火材料，有色金属工业富氧吹炼工艺用关键耐火材料，新型煤气化技术及装置用无铬耐火材料，新型制氢技术及装置用耐火材料，高端铸

造用新型陶瓷过滤材料等。

（2）开发高效节能新技术、新产品，满足高温工业提高热效率、节能减排的需求。开发满足高温工业炉窑用不同类型的高性能轻质隔热产品（纳米绝热材料，环保纤维及模块，高品质轻质隔热砖、浇注料、喷涂料等），进一步提升隔热材料的低导热、高强度、耐高温性能，拓展轻质隔热材料使用场合；大力发展不定形耐火材料新技术，开发新品种（高性能自流料、喷注料、压入灌浆料、可塑喷涂料及高品质耐火泥、胶泥等）与相应的施工、维护、结构技术；开发不定形耐火材料无模造衬一体化技术、耐火材料衬体轻量化技术，大力提高不定形耐火材料应用比例；加大免烧、低温烧成及高效生产的绿色技术及产品的开发（如功能化及复合结构预制件、浇注预制砖、不烧机压砖、低温烧成砖等），提高低耗能制造耐火材料的比例。

（3）开发推广绿色环保型耐火材料。开发耐火材料用环保型结合剂，实现含碳耐火材料无害化、无污染化；开发和推广应用环保耐火纤维（可降解、低生物持久性、无致癌物、可按正常工业垃圾处理）；开发推广高温工业用如水泥石灰窑、有色冶炼炉、水煤浆气化炉、RH 精炼炉用长寿命无铬耐火材料。建立耐火材料污染物检测与评价方法，实现耐火材料从制造、应用、排放及回收的 LCA 全生命周期的绿色发展。

（4）开发功能性复合材料产品及其先进配套技术。开发多功能的金属-陶瓷、氧化物-非氧化物高温复合材料产品。开发有色及黑色冶金用复合梯度结构高效长寿新型功能材料。开发新型黑体材料，开发高温相变储热新材料等。研究集结构、功能、智能一体化的先进耐火材料制备与应用软件技术，耐火材料与智能半导体材料、与热电转换材料等复合，结合高温测厚技术、仿真模拟计算等技术，开发出智能化高温工程材料与仪器装备，满足高温炉包在线监测、数据收集与分析、远程诊断与修复等功能。提高耐火材料高温应用的安全性，提升冶金高温装置高效运行。

（5）大力深度开展耐火材料使用及数字化技术。以市场及用户需求为导向，带动耐火材料从产品到材料、到服务一体化的综合解决方案能力大幅提升；同时开发与耐火材料产品相适应的智能应用成套新技术，与机器人、物联网、云计算、大数据等新一代信息技术结合，实现耐火材料应用的精准化、远程化、数字化、智能化管理。耐火材料产品必须结合价格、功能、品质、服务等要素，形成更具竞争力的整体解决方案，同时深度发掘耐火材料产品的“新性能、新功能、新用途”，开展耐火材料 EVI 技术，全方位提高耐火材料的附加值及对市场的把控力、对用户的影响力。

4.6 进一步加强节能减排与淘汰落后工作，推动耐火材料行业绿色低碳发展

（1）强化节能管理，建立和完善耐火材料能源管理体系。大型重点耐火材料企业要建立完整的能源管理体系，争取在“十四五”末期，行业协会将主要产品的能耗管理纳入月度统计范围，并进行业内评比。对现有炉窑进行节能改造，采取保温隔热、余热利用等措施，提高窑炉热效率。开发新型节能技术和装备，推广节能型压砖机、新型节能窑炉、高效燃烧技术、耐火材料中低温烧成技术等。在耐材生产过程中，降低单位产品综合能耗。推广不定形耐火材料无模造衬技术、耐火材料衬体轻量化技术、耐火材料在役诊断、使用维护及造衬修补集成技术等，减少定形耐火材料制品使用量，提高不定形耐火材料生产和使用占比，增加免烧、中低温烧成产品占比，提高用后耐火材料再生利用率。降低整个行业的能源消耗总量。

（2）加大耐火材料企业各环节环保深度治理力度。加强“无组织”和“有组织”排放管理，提高“水、气、声、渣”综合管理水平，依法科学处置危险废物，开发回收利用技术，认真研究工业炉窑及工艺特点，通过提高清洁能源使用比例、配置科学安全的环保治理设施，逐步实现达标排放、超低排放、超净排放和近零排放。全面推行耐火材料行业 A 级绩效分级和绩效引领评定工作，力争“十四五”末期达到 A 级绩效分级的企业数量达到当地重点企业数量的 10%。积极引导申报国家级绿色工厂认证。充分利用企业环保管家智能化，建立集团环保信息智慧平台。加强行业自律，强化政府部门、环保机构、行业协会、网络通信及新闻媒体的监督作用，树立耐材行业良好形象。

（3）全面推广应用“新技术、新产业、新业态、新模式”四新经济形态。加快淘汰高污染、高能耗、安全性能差的落后工艺和装备。积极化解过剩产能，严格控制产能增加，加快优化存量。技改项目坚持等量或减量置换原则，对新上项目

按照《耐火材料行业规范条件》严格核定审批。

依据耐火材料产业发展态势，及时修订和发布耐火材料行业规范条件，对落后设备和产能目录实施动态管理，逐步提高行业规范标准，促进耐火材料行业工艺技术装备水平提升，促进清洁生产、绿色制造和智能制造长足发展。

（4）强化碳排放管理，引导耐火材料骨干企业建立碳资源管理体系。“十四五”期间，行业协会成立绿色低碳委员会，研究行业低碳发展的一些共性问题，比如碳排放量计算规范方法和碳资产管理的规范方法等，围绕国家战略推进行业碳排放管理工作。

4.7 重视职业卫生和安全生产

（1）严格遵守职业卫生方面的法律、法规。重视员工职业健康和权益保护，建立健全职业病防治责任制。为员工配备符合国家标准或行业标准的劳动防护用品，并监督正确佩戴。规范完善职业病防护设施，从建设项目源头做好职业病危害预评价、职业病防护设施设计、职业病危害控制效果评价工作。持续改善生产工作场所劳动作业环境，定期组织开展工作场所职业病危害因素监测，有害气体、粉尘浓度、噪声等指标符合国家要求，科学防治矽肺等职业病。

（2）严格遵守安全生产方面的法律、法规和标准。从建设项目源头做好安全生产预评价、安全生产设施设计、安全验收评价工作。全面推行安全生产标准化、职业健康安全管理体系认证和双重预防体系建设与运行。提高生产和施工设备的自动化、智能化、绿色化和高效化水平，降低员工劳动强度，改善作业条件，严禁使用国家明令淘汰、限制的技术和设备，实现本质安全。建立科学安全的应急管控机制，科学管控生产安全危险源，保障员工职业健康安全。在“十四五”期间，行业协会在重点企业进行常态化的安全统计。推行“互联网+监管”，发挥人工智能和信息科技力量。积极引导企业安全管理人员考取国家注册安全工程师，培养内部安全培训师、安全技术专家和安全管理团队，综合提升耐材行业安全生产水平。

第五章 保障措施

5.1 推动行业规范公告、加强行业的引领和监管

《耐火材料行业规范条件》已经公布。该“规范”从生产布局、工艺装备、质量管理、清洁生产、节能降耗、综合利用和职业卫生、社会责任、监督管理等方面对耐火材料企业做出了明确要求。“规范”的推进实施，对耐火材料行业在“十三五”期间切实提高产业生产水平和创新能力，创建一流的企业、开发一流的技术、生产一流的产品、营造一流的环境，引导合理投资，遏制低水平重复建设，加快结构调整，促进耐火材料产业健康可持续发展，实现由大变强的转变意义重大。

“十三五”期间，在全国各级工信主管部门的指导协调和各级耐火材料行业协会的配合下，“规范”工作越来越得到行业内企业的充分重视，广大企业积极开展相关申报工作，目前已有72条生产线通过规范公告。为进一步提升耐火材料企业质量，推动全行业向现代化、标准化、大型化方向发展，政府部门不断强化“规范”工作，行业协会积极组织符合条件的企业（生产线）完成申报。通过“规范”，极大地鼓励了耐火材料产业聚集发展，引导企业退城入园。在一定程度上遏制了落后产能和单纯扩大规模的产能增长。“规范”旗帜鲜明地鼓励企业做优做强，加强企业技术和管理创新，提高产品质量和生产效率，降低生产成本。“十四五”期间，全行业力争有145条生产线通过规范公告。与此同时，与各地工信部门一起，推动建设了一批具有国际影响力、技术领先、“专精特新”的企业。

未来，在全行业内要继续积极引导加强行业自律，有效辅助和配合政府监管。积极探讨制定行业公约，推动行业自律。按照“自我约束、自我管理、互相监督、协调一致”的精神，对行业内企业在生产、运输、存储、配送、销售等各个环节中的责任、权利进行明确规定，充分发挥协会成员的作用。加强行业自律，调动行业力量共同自觉维护市场经济秩序，保护耐火材料行业整体利益和消费者的合法权益，促进产业健康发展，实现公平竞争和互助互利，维护行业声誉，树立行业良好形象。

要积极发展两个循环。中央明确要加快形成以国内大循环为主体、国内国际双循环相互促进的新发展格局。耐火材料行业要充分发挥技术与信息交流优势，总结国内国际双循环发展经验，增强行业效益。要弘扬企业家精神，鼓励企业家们勇于创新，诚信守法，增强法治意识；要积极承担社会责任，努力稳就业，关心员工健康；要

拓展视野，把握市场动向和需求，推动行业更好、更快发展。

5.2 大力推进联合重组

加快企业联合重组，既是企业快速做大做强、提升企业发展质量的需要，也是发挥规模经济效应、提升行业集中度的需要；既是调整优化资源配置、提高资源利用效率的需要，也是及时处置低效、无效资产的需要；既是主动调整投资布局结构、完善产业链供应链的需要，也是扩展新领域的需要。联合重组必须在规模引领的基础上，不断进行技术、管理和商业模式创新。

“十四五”期间，我国耐火材料行业仍处在国内结构调整的重大机遇期，城镇化建设、基础性建设对为高温工业服务的耐火材料产业仍会带来稳定的刚性需求。我国耐火材料行业必须抓住机遇，按照打造一批世界一流的耐火材料企业的目标，行业要培育出2~3家大型世界级耐火材料企业集团，创建一批国际知名品牌。实现我国耐火材料工业转变发展方式、调整产业结构、强化行业国际竞争力。

推进联合重组，要向盘活存量要效益，强化企业大集团层面的联合重组，推动强强联合；推动专业重组，以行业龙头企业为依托，通过股权合作、资产置换、无偿划转等方式，进一步实现同质化业务整合和细分行业整合。

耐火材料行业的联合重组可以分为两个层次推进。一方面，大企业要发挥先锋带头作用，主动出击，通过兼并小企业的方式，将核心市场区域内的一些中小型企业进行并购重组或托管，使先进技术和管理制度影响进入并购的小企业，发挥整合效应；同时，让一些产能小、设备技术落后、盈利能力差的小企业有序退出，增加行业集中度。另一方面，大企业之间可以创新联合重组模式，从“产能重组”向“资本重组”“资产重组”“市场重组”“利益重组”的模式转变，通过跨区域和跨所有制实施资产重组，在全国范围内进行资源整合和市场重组，优化资源配置，形成规模更大、实力更强、品牌更优的特大型企业，促进规模化和集约化经营，推动产业提质增效、实现产能优化布局。

耐火材料行业的联合重组是一项系统工程，除了企业本身主动作以外，还需要政府给予足够的支持。一是进一步优化政策环境，完善税收优惠、融资倾斜、贷款利息、职工安置等政策，帮助企业解决联合重组过程中融资难、融资贵、负担重的问题。二是进一步完善体制机制。希望各级政府能结合本行业特点和地方具体情况进一步出台一些细化措施和配套政策，着力简化审批程序、降低税费，为“十四五”深化耐火材料行业的联合重组营造更加良好的环境。

5.3 建立行业创新平台

行业科技创新平台是整合集聚相关创新资源、支撑全行业自主创新与科技进步的重要平台，是本行业创新体系的重要组成部分，是科技创新活动的重要基础设施和条件保障。“十三五”期间，我国耐火材料行业科技进步取得了很大成绩，但总体发展仍显缓慢，企业发展参差不齐。一方面，企业的科技投入严重不足，国内耐火材料企业普遍研发投入占产值远不到百分之一，而世界发达国家均为2%~3%。另外，行业科技资源存在浪费现象，科技多头管理，条块分割，缺乏顶层设计和统一规划，存在科研课题重复分散，科研设施重复购置。

“十四五”期间，积极推进行业创新平台建设，目的就是根据我国耐火材料行业科技发展需求，通过组织、优化和整合各类科技资源，完善相关基础条件建设，提升公共技术服务能力，为本行业创新技术研究、产业发展、科技人才创业和培养、开展技术交流、技能培训、国内外合作与交流提供优质高效服务，全面提升本行业科技创新能力。真正实现行业创新由“跟跑”“并跑”为主向全面“领跑”的转变。

针对我国科技投入总量不足、投入结构不尽合理、科技基础条件薄弱的现状，特别在科技研发环节设置科技公共服务，重点建设科技创新公共技术平台体系，支撑创新主体的科技研发活动。比如，建设科技文献服务平台、科学数据共享服务平台、大型仪器设备共享和科技资源保障平台、研发和实验协作平台、创新技术产品开发平台、知识产权保护服务平台、科技创新投融资平台、科技成果孵化转移平台、科技交流合作服务平台等。

5.4 合理配置资源

资源合理配置是指为了达到一定的生态经济目标，根据生态经济系统结构，利用科学技术管理手段，对自然资源系统进行改造、设计、组合、布局的活动。它是确立区域发展方向、合理布置生产要素的关键，也是解决经济增长的无限性与资源供给的有限性矛盾的重要措施。

我国是耐火材料生产与消费大国，产量占全世界总量的65%，品种齐全、结构合理、特色鲜明，部分产品质量和技术达到国际先进水平。但耐火原料发展相对滞后，对耐火材料生产的资源保障仍存在诸多问题。从现状与长远看，制约了我国耐火材料产业持续和谐发展。

我国铝土矿资源严重短缺，必须研究构建高质量资源保障体系，利用好两种资源。多年来，国内争抢使用高品位原料的矛盾已很突出。建议国家和地方政府部门在已有政策的基础上，统筹考虑，合理配置。为了充分利用宝贵的铝土矿资源，特提出如下建议：

一是，联合重组，建设矿业集团。积极推动在资源主产地或周边地区，促进耐火材料、原料加工及矿山开采企业进行联合重组，以优势企业主导，组建大型股份制矿业集团。二是，划定耐火原料基地。优质大型扩区优先配置给以大型铝硅质耐火材料企业为主导的矿业集团，鼓励企业加大投入，支持企业科技创新，规划组织开采、分级选别、分级使用、综合利用。对重点矿区引导建立先进的管理体制并给予政策扶持，如采取租赁提成、低息贷款、分期还款、调价减税等。三是，合理配置铝土矿资源。将 Al_2O_3/SiO_2 比高（>6）的矿点给炼铝行业开采使用，而 Fe_2O_3、TiO_2 杂质低的矿点分配给耐火材料行业开采使用。国内国有矿区开采的 Al_2O_3/SiO_2 比低、杂质含量高的矿石，应由耐火材料行业组织选矿、提纯（包括浮选、磁选、酸处理、电熔提纯）的研究开发利用工作，提高资源利用率。四是，加强绿色矿山建设。深入贯彻国家矿山管理与开发有关文件精神，规范矿山开采，强化管理，坚决清理矿山无证开采、乱采乱挖、只采不剥等乱象。支持企业集团加大矿山建设投入，采用先进技术，合理开发，绿色高效，安全有序。

我国菱镁矿资源储量丰富，但是由于传统的开采及选矿方式不合理，存在资源的严重浪费，按照发展循环经济的要求，需要实现对菱镁矿的高能综合利用。

目前我国菱镁矿资源开采利用存在的主要问题是：菱镁矿资源使用过于粗放，低品位菱镁矿没有合理利用，造成资源的利用效率严重偏低。从目前来看，菱镁矿资源的无序滥采已经带来了许多严重问题，资源浪费严重，矿山开采粗放，“采富弃贫”严重，废弃矿堆积大量占地。开采煅烧技术及装备水平低下，镁砂生产工艺落后，多以技术含量低的低附加值产品为主，资源优势没有得到充分发挥，能耗高。

菱镁矿资源是一种不可再生和不可缺少的战略资源，提高资源利用率，应是今后工作的重点。为此，我们提出如下建议：

一是，加大对提高菱镁矿利用率方面的资金和技术投入。加大对低品位菱镁矿进行分选提纯的资金投入。既可以提高菱镁矿的综合利用率，又可以解决优质菱镁矿原料短缺的问题。二是，积极推广选矿技术，合理利用中低品位矿石。只有对原矿石进行选矿提纯才能生产出优质品位的初级原料，保证原料生产的可持续运行。三是，研究和推广成熟的轻烧氧化镁焙烧技术和炉窑，建立大型轻烧氧化镁集中生产产地，形成规模效应。四是，菱镁矿资源综合利用方式多样化。镁质原料如轻烧镁砂（粉）、重烧镁砂、中档镁砂、高纯镁砂、电熔镁砂，在质量稳定性的基础上适当扩大新系列优质合成镁砂，如镁钙砂、镁钙铁砂、镁白云石砂、镁铝尖晶石砂、镁铬砂、电熔尖晶石砂、镁橄榄石砂等。同时，合理扩展镁质精细化工产品。

“十四五”期间，菱镁矿的利用将向着高档化、合成化的方向发展，特别是对高纯度、高体积密度和大晶体的烧结镁矿需求量在不断增加。不断提高镁质材料深加工水平、提高产品档次、增加产品附加值是市场竞争的发展趋势。

5.5 进一步推动绿色制造和智能制造

我国耐火材料产业正朝着高质量方向快速迈进，在转型升级的过程中，耐火材料生产技术与装备发挥着重大作用。“十四五”期间，我国耐火材料行业需要朝着绿色制造、智能制造的方向不断努力，持续加强研发投入，创新升级技术，才能满足行业发展的需求。绿色制造以用地集约化、原料无害化、能源低碳化、生产清洁化、废物资源化、全生命周期绿色化为导向，是一个综合考虑环境影响和资源效益的现代化制造模式。耐火材料产品从设计、制造、包装、运输、使用到用后废弃处理的整个全寿命周期中，对环境的影响（负作用）最小，资源利用率最高，企业经济效益和社会效益协调发展。“十四五”期间，耐火材料行业必须加快构建绿色制造体系，加强示范引导，以推进行业重点企业创建国家级绿色工厂为基础，全面推进以绿色产品、绿色工厂、绿色园区、绿色供应链创建为主要内容的绿色制造体系建设。支持相关产业发展基金对推进耐火材料行业绿色制造体系建设领域的投资力度，鼓励引导各类投资基金及社会资本向行业节能降耗、绿色制造、能源管理等领域倾斜。

国内耐火材料行业竞争激烈，企业推进智能化有助于实现降本增效。从目前行业整体看，智能制造水平不高，企业发展不均衡，智能化应用仍处于初级阶段。“十四五”期间，我国耐火材料行业必须大力推进智能制造，把智能制造融入耐火材料生产企业全流程和智能决策过程中，全面提升发展质量。建议我国各级政府相关部门应进一步加强政策支持、加快建立完善的耐火材料行业智能制造标准体系，推动行业实现高质量发展。就如何加快发展智能制造，推动行业高质量发展，提出如下建议：

一是，进一步完善政策体系，引导企业实施智能化改造，推动智能化在企业研发设计、生产管控、设备管理、安全环保、节能减排等环节的应用。引进培育互联网企业开展面向重点行业、企业的智能制造单元、智能生产线、智能车间的技术研发和示范应用，为行业提供标准化、专业化的系统解决方案，促进传统产业转型升级。

二是，通过现代信息技术引领制造发展，积极推进工业互联网，5G技术、人工智能、大数据与生产技术装备的深度融合，充分利用新技术进行全方位、全生产链条的改造，积极促进技术革新和设备更新，提高信息化和智能化应用的广度和深度，加快建设数字化车间、智能化工厂。鼓励培育一批行业有影响力的智能制造解决方案供应商。

三是，充分发挥创新企业的示范作用。要强化企业创新主体地位，发挥创新企业的示范作用，培育一批具有国际竞争力的创新性领军企业。完善产业政策、投资政策、财税政策、税优服务政策，加强知识产权保护，建立包容审慎的监管制度，着力激活企业的创新活力。在政策扶持方面，应积极探索设立专项资金支持企业人工智能创新应用。建议相关部门能够在行业内为典型企业提供专项资金支持，加速行业更多的人工智能应用示范项目的落地，同时加大推广，更好地发挥示范效应。

四是，发挥人力资源的保障作用。当前耐火材料行业智能制造领域人才状况总体水平不高，难以适应智能制造发展的要求，因此加强行业领军人才的教育和培养是当务之急，需要多管齐下，培养一批智能制造关键技术的高层次领军人才。同时要完善行业的职业教育和培训体系，深化产教融合、校企合作，鼓励行业大型企业参与职业教育办学，培养高技能人才。

五是，加快行业智能制造标准化体系建设与标准推广，特别是前沿领域标准建设，加快补齐标准化体系的短板，加快已有智能制造和信息化标准贯标工作。

5.6 拓宽融资渠道

促进中小企业健康发展，充分发挥它们在国民经济发展中的重要作用，必须重视长期以来这些企业融资难的问题，切实采取措施，改变现有中小企业的融资格局，满足中小企业的资金需求。多年的实践已经证明完善资本市场结构，拓宽直接融资渠道可以有效解决中小企业发展面临的资金不足等问题。进入2020年，从中央到地方陆续出台了多项有针对性的政策，明确加强对中小企业信贷支持以及减负措施。虽然耐火材料工业在我国国民经济中具有不可替代的重要作用，但其经济规模偏小也是客观事实。因此，我国耐火材料企业总体上直接融资渠道不畅通依然普遍存在。就如何在“十四五”期间，更好地拓宽耐火材料企业融资渠道，提出如下建议：

一是，建议各级政府财政政策和货币政策应继续精准发力，进一步支持广大耐火材料企业可持续发展。

应大力完善资本市场结构，建立多层次的市场体系，拓宽直接融资渠道。适时推出针对包括广大耐火材料企业在内的中小企业直接融资的新市场；建立和健全包括中小企业可以方便融资的公司债券市场；落实国家对风险资本的相关政策，促进风险资本的规范运作和对中小企业的投入；鼓励中小企业利用海外市场。

理顺包括广大耐火材料企业在内的中小企业直接融资机制。中小企业规模小，不能按大企业的要求来处理，需要理顺相关的机制。如，应适当降低新市场中小企业发行上市门槛，简化程序，便捷服务，提高效率，降低筹资成本。

完善包括广大耐火材料企业在内的中小企业直接融资的风险控制措施。中小企业的规模少、稳定性差，面临的市场风险、经营风险相对较大。为控制风险，需要健全中小企业的内部控制制度和约束机制，强化市场监管，建立市场化的退出机制。

二是，企业要进一步加强自身各方面建设，练好内功。提高企业素质是拓展融资渠道的前提和基础。未来，我国耐火材料企业也要努力增强自身能力，提高企业素质，不断提高融资水平。企业的综合素质决定企业的融资方式和融资能力，耐火材料企业需要有明确的发展方向和目标，以及实现目标的措施和保障，建立现代企业制度，完善经营管理制度和法人治理结构，加强内部管理，减少风险，提高信誉度，注重科技创新和技术改造，提高产品竞争力和赢利水平，增强银行放贷或机构投资的认同感和信心，夯实融资平台，争取国家政策支持。

三是，建议金融机构要加快改革，转变观念，为中小企业发展提供有力服务。

商业银行应积极为包括广大耐火材料企业在内的中小企业营造公平的贷款环境，调整信贷政策，修改企业信用等级评定标准，打破以企业规模、性质作为支持与否的条件，支持中小企业的合理资金需求。根据国家产业政策的要求，加大商业银行对中小企业的支持力度，扶持一批符合国家产业政策，有市场、有技术、有潜力的优质中小企业。建议商业银行在组织机构上设置中小企业信贷机构，有针对性地制定和执行对本地区中小企业金融服务的策略。

加快金融产品的创新。我国中小企业融资的主要渠道就是银行的间接融资，单一的贷款品种难以满足中小企业融资需求的多样化。建议金融机构应根据中小企业的融资特点，不断进行开发和探索，创造出适合我国中小企业新的金融产品和服务模式。

加快金融服务模式的创新。改变一味地向“优质大客户”集中，建议做好信贷市场的细分工作，善于在众多的中小企业中，发现和挖掘成长性好的、符合产业发展方向的企业，主动加以支持和培植，使之发展成为自己稳定的客户。

建立多种形式的中小企业银行。建议设立中小企业政策性和商业性银行。政策性银行主要解决中小企业在创业过程中和固定资产方面对中长期贷款的需求，对需扶持的中小企业发放贴息和低息贷款。

耐火材料生产企业温室气体排放核算方法和报告（团体标准）

T/ACRI 0036—2021

中国耐火材料行业协会

2021-12-29 发布　　2022-3-31 实施

前　言

本文件按照 GB/T 1.1—2020《标准化工作导则　第1部分：标准化文件的结构和起草规则》的规定起草。

请注意本文件的某些内容可能涉及专利。本文件的发布机构不承担识别这些专利的责任。

本文件由中国耐火材料行业协会提出并归口。

本文件主要起草单位：中国国检测试控股集团股份有限公司、北京利尔高温材料股份有限公司、瑞泰科技股份有限公司、中钢洛耐科技股份有限公司、濮阳濮耐高温材料（集团）股份有限公司、山东鲁阳节能材料股份有限公司、浙江自立高温科技股份有限公司、海城后英经贸集团有限公司、辽宁中镁控股股份有限公司、中冶焦耐（大连）工程技术有限公司、中国建材联合会耐火材料分会。

本文件主要起草人：马照东、闫浩春、赵继增、王俊涛、薄钧、刘国威、岳耀辉、魏国平、何宪超、潘波、尹高、易帅、颜浩、耿可明、徐如林、李红香、孟凡伟、方斌祥、刘宗林、许谦。

1　范围

本文件规定了耐火材料生产企业温室气体排放核算方法和报告的术语和定义、核算边界、核算方法、核算质量保证、核算文件存档和温室气体排放报告等。

本文件适用于从事耐火材料原料和制品生产企业生产场所和生产设施产生的二氧化碳排放的核算与报告。

本文件不涉及《京都议定书》中规定的二氧化碳之外的其他几种温室气体的排放核算。

2　规范性引用文件

下列文件中的内容通过文中的规范性引用而构成本文件必不可少的条款。其中，注日期的引用文件，仅该日期对应的版本适用于本文件；不注日期的引用文件，其最新版本（包括所有的修改单）适用于本文件。

GB/T 476　煤中碳和氢的测定方法

GB/T 2589　综合能耗计算通则

GB/T 3286.1　石灰石及白云石化学分析方法　第1部分：氧化钙和氧化镁含量的测定　络合滴定法和火焰原子吸收光谱法

GB 17167　用能单位能源计量器具配备和管理通则

GB/T 21114　耐火材料 X 射线荧光光谱化学分析　熔铸玻璃片法

GB/T 23331　能源管理体系　要求及使用指南

GB/T 23459　陶瓷工业窑炉热平衡、热效率测定与计算方法

GB/T 31391　煤的元素分析

GB/T 32150　工业企业温室气体排放核算和报告通则

GB/T 32151.9—2015　温室气体排放核算与报告要求　第9部分：陶瓷生产企业

GB/T 34332 菱镁矿和白云石耐火制品化学分析方法

ISO 14064-1 温室气体 第一部分：组织层面上对温室气体排放和清除的量化和报告的规范及指南（Greenhouse gases—Part 1：Specification with guidance at the organization level for quantification and reporting of greenhouse gas emissions and removals）

ISO 14067：2018 温室气体 产品碳足迹量化要求与指南（Greenhouse gases—Carbon footprint of products—Requirements and guidelines for quantification）

3 术语和定义

下列术语和定义适用于本文件。

3.1

温室气体 greenhouse gas（GHG）

大气层中自然存在的和由人类活动产生的能够可吸收和散发由地球表面、大气层和云层所产生的、波长在红外光谱内的辐射的气态成分。

［来源：GB/T 32150—2015，3.1］

注：无特别说明，本文件的温室气体仅包括耐火材料生产企业排放的二氧化碳（CO_2）。

3.2

耐火材料生产企业 refractory manufacturing enterprises

从事耐火材料原料和制品生产加工的独立法人企业或视同法人的独立核算单位。

3.3

核算与报告主体 quantification and reporting entity

具有二氧化碳排放行为并应定期核算和报告温室气体排放量的耐火材料生产企业。

3.4

温室气体排放源 greenhouse gas source

向大气中排放温室气体的物理单元或过程

［来源：GB/T 32150—2015，3.5］

3.5

活动数据 activity data

导致温室气体排放的生产或消费活动量的表征值。对于耐火材料生产企业，具体是指用于核算温室气体排放的基础数据，包括各种化石燃料消耗量、化石燃料低位发热值、原材料使用量、产品产量和净购入生产用电量等。

［来源：GB/T 32150—2015，3.12］

3.6

排放因子 emission factor

表征单位生产或消费活动量的温室气体排放的系数。对于耐火材料生产企业，具体指单位活动对应的二氧化碳排放量。

［来源：GB/T 32150—2015，3.13］

3.7

碳氧化率 carbon oxidation rate

化石燃料中碳在燃烧过程中被完全氧化的百分比，用于表示化石燃料燃烧的充分性。

3.8

化石燃料燃烧排放　fuel combustion emission

指化石燃料出于能源利用目的过程产生的温室气体排放，属于直接排放。

3.9

碳酸盐分解排放　carbonate decomposition emission

用含有菱镁石、白云石、石灰石等碳酸盐矿物生产耐火原料或制品时，矿石在加热过程中分解产生的二氧化碳排放，属于直接排放。

3.10

工业过程排放　industry process emission

在耐火材料企业生产、废弃物处理处置等工艺过程中除化石燃料燃烧之外的物理或化学变化造成的温室气体排放，主要包括碳酸盐的分解、含碳原料（如煤矸石、有机结合剂等）氧化产生的二氧化碳排放，属于直接排放。

[来源：GB/T 32150—2015，3.8]

3.11

购入电力（或热力）产生的排放　emission from purchased electricity（or heat）

企业消费的购入电力（热力）所对应的电力（热力）生产环节产生的二氧化碳排放，属于间接排放。

4　核算边界

4.1　企业边界确认

耐火材料生产企业（3.2）运营控制权之内的所有生产场所和生产设施产生的二氧化碳排放均应纳入核算范围。如果企业对某设施或业务拥有运营管理的完全权力，即应视为企业边界之内。

按 GB/T 2589—2020 中 5.2 示例 1 的描述，产生二氧化碳排放的生产系统包括：主要生产系统、辅助生产系统和附属生产系统。

主要生产系统包括：定形制品生产工艺过程中的原料破粉碎、筛分、配料、混料、成型、干燥、烧成、检选和包装等工序；不定形制品生产工艺过程中的原料破粉碎、筛分、配料、混料和包装等工序；耐火原料的主要生产系统则根据不同种类原料的具体生产工艺来确定。

辅助生产系统包括：为直接生产系统服务的原料、中间产品、成品的厂内物流运输；成型模具加工；原料/产品的理化检验；供排水、通风、除尘和烟气净化处理等；以及厂区内的动力、供电、供水、采暖、制冷、机修、计量、仓储、库房等。

附属生产系统包括：生产管理设施（厂部），以及企业内为生产服务的部门和单位，如食堂、浴室、保健站等。

注：本文件暂不将企业生产系统中的附属生产系统运行产生的温室气体排放纳入企业温室气体排放总量，但应单独核算并在报告中予以列出并说明。

4.2　排放源识别

4.2.1　排放源的类别

企业应根据产品类别、生产工艺要求和生产设施设备进行逐项排查与识别，确定应纳入核算的二氧化碳排放源。主要生产系统二氧化碳排放源通常不超出以下类别：

a）化石燃料燃烧二氧化碳排放（包含燃料燃烧和用于还原保护的炭粉的燃烧）；

b）工业过程二氧化碳排放；

c）净购入电力和热力间接二氧化碳排放（向外输出电力或热力应扣除相应的排放量）。

辅助生产系统和附属生产系统二氧化碳排放源排查和识别内容同上。

图 1 是耐火材料原料生产工艺及二氧化碳排放源示意图。图 2 是耐火材料制品生产工艺和二氧化碳排放源示意图。企业生产的其他产品（如烧结合成耐火原料、电熔耐火原料、不烧定形制品、不定形制品等），都应根据产品的实际生产工艺，参照图 1 或图 2 绘制出二氧化碳排放源示意图。

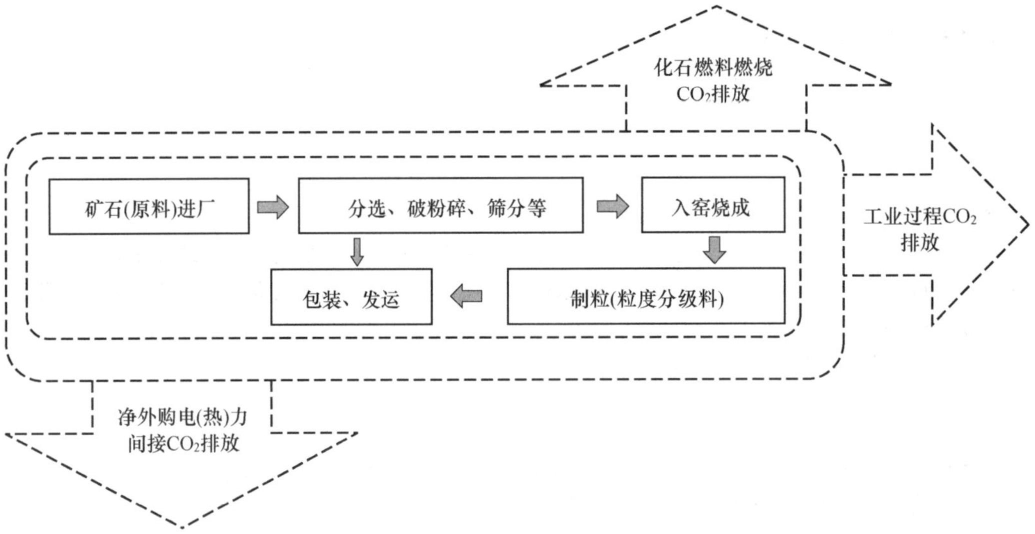

图 1　耐火原料生产工艺及二氧化碳排放源示意图

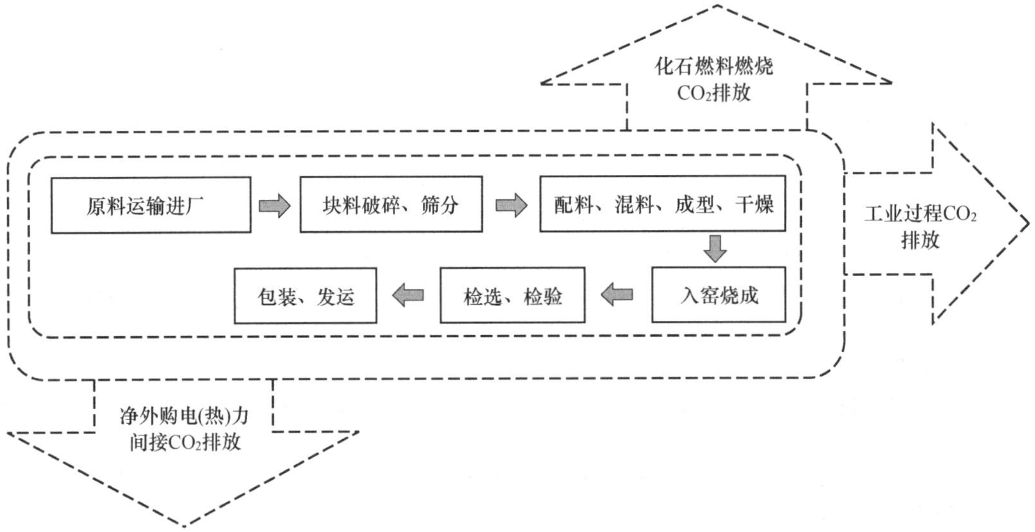

图 2　耐火材料制品生产工艺及二氧化碳排放源示意图

4.2.2　化石燃料燃烧二氧化碳排放

指耐火材料主要生产系统炉窑中，化石燃料燃烧产生的二氧化碳排放。常用的炉窑包括竖窑、回转窑、隧道窑等，所用燃料包括天然气、液化石油气、煤气、柴油、重油、煤炭、焦炭等；有需要埋炭烧成的耐火制品，生产过程中所埋炭粉的氧化过程产生的二氧化碳也属于燃料燃烧直接排放。

除了主要生产系统化石燃料燃烧二氧化碳排放外，辅助生产系统和附属生产系统中所使用的利用化石燃料燃烧提供热能的锅炉等设施、厂内物流运输设备和其他装置运行产生的二氧化碳，也应全部计入燃料燃烧的二氧化碳排放的核算。

4.2.3 工业过程二氧化碳排放

在生产工艺过程中，原料或配料中的碳酸盐分解会产生二氧化碳排放，如用菱镁石、白云石、石灰石生产轻烧氧化镁、轻烧白云石，或生产其他烧结或电熔镁质、镁钙质等耐火原料，原料或配料中的碳酸镁和碳酸钙会发生式（1）和式（2）的化学分解反应生成二氧化碳。

$$MgCO_3 \longrightarrow MgO + CO_2 \uparrow \quad \cdots\cdots\cdots (1)$$

$$CaCO_3 \longrightarrow CaO + CO_2 \uparrow \quad \cdots\cdots\cdots (2)$$

原料、配料和产品中氧化钙和氧化镁含量的测定分析应按 GB/T 3286.1 或 GB/T 21114 的规定进行。

如果原料和配料中使用了煤矸石类矿物原料，该类矿物原料中的碳元素含量的测定应按 GB/T 476 或 GB/T 31391 的规定进行，进而依据：

$$C + O_2 \longrightarrow CO_2 \uparrow \quad \cdots\cdots\cdots (3)$$

根据质量平衡计算产生的二氧化碳量。

烧成耐火制品时，如果用有机物作为坯体的结合剂，其中的碳元素氧化生成二氧化碳的排放，其反应式示意如下：

$$C_xH_yO_z + \left(x + \frac{y}{4} - \frac{z}{2}\right) O_2 \longrightarrow xCO_2 \uparrow + \frac{y}{2}H_2O \quad \cdots\cdots\cdots (4)$$

含有机物的不烧制品，在热处理过程中如果挥发物中含有有机物且生产厂将废气进行焚烧处理，也会发生式（4）的反应，产生二氧化碳排放。

企业应统计原料和配料中的有机结合剂的类别和使用量，根据式（4）计算二氧化碳排放量，此部分排放量可归类为工业过程直接排放。

含有机物或碳的定形制品或不定形制品在使用过程中有机物或碳氧化生成的温室气体，不计入耐火生产企业二氧化碳排放核算。

4.2.4 净购入电（热）力间接二氧化碳的排放

耐火材料生产企业主要生产系统、辅助生产系统和附属生产系统消耗的外购电（热）力，都隐含发电或生产热能时引起的二氧化碳排放。尤其是使用电熔工艺生产镁砂、刚玉、镁铝尖晶石等电熔耐火原料，或采用熔铸工艺生产熔铸耐火材料等消耗电力的生产过程，相关用电设施设备及其生产活动是该类企业主要的排放源。

如果耐火材料生产企业有本文件 4.1 界定的向企业边界外供应余热或自发电力的情况，这部分热（电）力所隐含的二氧化碳排放应从核算中扣除。

4.2.5 二氧化碳的封存与利用

耐火材料生产企业如果存在二氧化碳的封存与利用情况，当企业提供足以采信的包括：合理的封存与利用技术原理、项目行政审批手续、经权威部门校验的计量设施设备以及相应的二氧化碳封存与利用量记录等信息时，该部分二氧化碳封存和利用量可以在企业二氧化碳总排放量中核减扣除。

5 核算方法

5.1 总则

耐火材料生产企业二氧化碳排放总量按式（5）进行计算：

$$E_{总} = E_{燃烧} + E_{工业} + E_{电力} \quad \cdots\cdots (5)$$

式中：

$E_{总}$——核算期内企业 CO_2 排放总量，单位为吨（t）；

$E_{燃烧}$——核算期内企业化石燃料燃烧产生的 CO_2 量，单位为吨（t）；

$E_{工业}$——核算期内企业生产工艺过程中（如碳酸盐分解、碳氧化、有机结合剂氧化等）的 CO_2 排放量，单位为吨（t）；

$E_{电力}$——核算期内企业净购入电（热）力间接的 CO_2 排放量，单位为吨（t）。

式（5）中的 $E_{燃烧}$、$E_{工业}$、$E_{电力}$ 可采用排放因子法核算，也可以采用物料平衡法核算。采用排放因子法时，二氧化碳排放量为活动数据与排放因子的乘积，计算式为式（6）。采用物料平衡法时，可根据质量守恒定律，结合实际工艺过程（化学反应）进行排放量计算。

$$E_{GHG} = AD \times EF \quad \cdots\cdots (6)$$

式中：

E_{GHG}——核算期内 CO_2 排放量，单位为吨（t）；

AD——活动数据，单位根据具体排放源确定；

EF——排放因子，其单位应与活动数据单位相匹配。

5.2 化石燃料燃烧二氧化碳排放核算

5.2.1 排放量计算式

化石燃料燃烧排放量计算，一般采用排放因子法。根据 4.2.1 确定排放源后，可根据式（7）进行计算：

$$E_{燃烧} = \sum (AD_i \times EF_i) \quad \cdots\cdots (7)$$

式中：

$E_{燃烧}$——核算期内企业边界内化石燃料燃烧活动产生的 CO_2 排放量，单位为吨（t）；

AD_i——核算期内企业边界内第 i 种化石燃料活动数据，单位为吉焦（GJ）；

EF_i——核算期内企业边界内第 i 种化石燃料 CO_2 排放因子，单位为吨二氧化碳每吉焦（tCO_2/GJ）。

5.2.2 活动数据计算式

核算期内化石燃料燃烧排放的活动数据 AD_i 可按照式（8）计算：

$$AD_i = FC_i \times NCV_i \quad \cdots\cdots (8)$$

式中：

FC_i——核算期内企业第 i 种化石燃料消耗量，固体或液体燃料单位为吨（t），气体燃料单位为标准立方米（Nm^3）；

NCV_i——核算期内企业第 i 种化石燃料的低位发热值，固体和液体燃料单位为吉焦每吨（GJ/t），气体燃料单位为吉焦每标准立方米（GJ/Nm^3）。

企业所消耗化石燃料的低位发热值应优先使用实测的平均值；当条件不满足时，可参考本文件附录 A 中表 A.1 化石燃料品种相关参数缺省值（参考值）。当国家权威部门公布更新时，以最新缺省值为准。

5.2.3 化石燃料燃烧排放因子计算式

核算期内某装置消耗的第 i 种化石燃料二氧化碳排放因子 EF_i 的计算公式如式（9）所示：

$$EF_i = CC_i \times \alpha_i \times \rho_1 \quad \cdots\cdots (9)$$

式中：

CC_i——核算期内企业第 i 种化石燃料的单位热值含碳量，单位为吨每吉焦（t/GJ）；

α_i——核算期内企业第 i 种化石燃料的碳氧化率（质量分数），单位为%；

ρ_1——CO_2 与 C 的相对分子质量之比 44/12。

企业消耗的第 i 种化石燃料单位热值含碳量 CC_i 及其碳氧化率 α_i 的数值，宜优先使用实测值；当条件不满足时，可参考本文件附录 A 中表 A.1 化石燃料品种相关参数缺省值（参考值），当国家权威部门公布更新时，以最新缺省值为准。

5.3　工业过程二氧化碳排放核算

5.3.1　排放量计算式

工业过程中的二氧化碳排放量可采用物料平衡法计算；如果存在使用结合剂和煤矸石类矿物原料的情况时，可参考 4.2.3 条款要求计算。

根据 4.2.1 确定排放源后，原料中含有碳酸盐类时，可以根据式（10）进行计算：

$$E_{工业} = \sum [F_{原料} \times \eta_{原料} \times (C_{CaCO_3} \times \rho_2 + C_{MgCO_3} \times \rho_3)] \quad \cdots\cdots (10)$$

式中：

$E_{工业}$——核算期内企业工业过程产生的 CO_2 排放量，单位为吨（t）；

$F_{原料}$——核算期内企业原料实际消耗量，单位为吨（t）；

$\eta_{原料}$——核算期内企业原料利用率（质量分数），单位为%；

C_{CaCO_3}——核算期内企业使用原料中 $CaCO_3$ 的质量分数，单位为%；

C_{MgCO_3}——核算期内企业使用原料中 $MgCO_3$ 的质量分数，单位为%；

ρ_2——CO_2 与 $CaCO_3$ 的相对分子质量之比 44/100；

ρ_3——CO_2 与 $MgCO_3$ 的相对分子质量之比 44/84。

5.3.2　活动数据

式（10）中 $F_{原料}$ 根据核算期内原料购入量、外销量以及库存量的变化来确定。$\eta_{原料}$、C_{CaCO_3}、C_{MgCO_3} 由企业根据生产过程实际检测结果的统计数据确定（见 4.2.3）。

5.4　净购入电（热）力间接二氧化碳排放核算

5.4.1　排放量计算式

净购入生产用电（热）力间接二氧化碳排放核算一般采用排放因子法，计算式如式（11）所示：

$$E_{电力} = \sum (EA_{电力} \times EF_{电网}) \quad \cdots\cdots (11)$$

式中：

$E_{电力}$——核算期内企业净购入电（热）力 CO_2 排放量，单位为吨（t）；

$EA_{电力}$——核算期内企业净购入电量，单位为兆瓦时（MW·h）。

$EF_{电网}$——核算期内企业净外购生产用电所属区域电网 CO_2 排放因子，单位为吨二氧化碳每兆瓦时（$tCO_2/(MW \cdot h)$）。

5.4.2　活动数据

企业净购入的用电量，是实际消耗的电量，该电量应依据企业购电结算凭证及企业电力计量记录经交叉核对后获取。如果企业有自发电情况，对外出售电量数据应根据售电结算凭证数据和供电计量表计电力计量数据获得。如果自发电全部企业自用，则自发电量以企业发电车间可以采信的发电量记录或日、月、年度发电量统计报表为准。

企业净购入的用电量是指企业实际消耗的电力，企业各生产系统耗电相关数据的统计和应用均应建立在可查证的计量表计记录数据基础之上。

5.4.3 外供（外购）热力的二氧化碳核减

如果企业向外供应热力，通常采用排放因子法计算对应的二氧化碳排放量。该排放量可以用活动数据（以质量单位计量的蒸汽和热水）乘以热力排放因子进行计算。

排放因子可以采用《矿山企业温室气体排放核算方法与报告指南》和《温室气体排放核算方法与报告指南发电设施》给出的方法和排放因子计算。计算出排放量后，应在总排放量基础上进行核减。外购热力也按此方法计算，并列入排放量。

蒸汽活动数据（以质量单位计量的蒸汽量）可采用式（12）转换为热量单位。

$$AD_{st} = Ma_{st} \times (En_{st} - 83.74) \times 10^{-3} \quad (12)$$

式中：

AD_{st}——蒸汽的热量，单位为吉焦（GJ）；

Ma_{st}——蒸汽的质量，单位为吨（t）；

En_{st}——蒸汽所对应的温度、压力下每千克蒸汽的焓值，单位为千焦每千克（kJ/kg），焓值取值参考相关行业标准；

83.74——给水温度为20℃时的焓值，单位为千焦每千克（kJ/kg）。

热水活动数据（以质量单位计量的热水）可采用公式（13）转换为热量单位。

$$AD_{w} = Ma_{w} \times (T_{w} - 20) \times 4.1868 \times 10^{-3} \quad (13)$$

式中：

AD_{w}——热水的热量，单位为吉焦（GJ）；

Ma_{w}——热水的质量，单位为吨（t）；

T_{w}——热水的温度，单位为摄氏度（℃）；

20——常温下水的温度，单位为摄氏度（℃）；

4.1868——水在常温常压下的比热容，单位为千焦每千克摄氏度（kJ/(kg·℃)）。

热力供应的 CO_2 排放因子暂按 0.11tCO_2/GJ 计，未来应根据主管部门发布的官方数据进行更新。

6 核算质量保证和核算文件存档

核算与报告主体应该加强温室气体数据质量管理工作，包括但不限于：

a）建立企业温室气体排放核算和报告的规章制度，包括负责机构和人员、工作流程和内容、工作周期和时间节点等；指定专职人员负责企业温室气体排放核算和报告工作。

b）根据各类型的温室气体排放源的重要程度对其进行等级划分，并建立企业温室气体排放源一览表，对于不同等级的排放源的活动数据和排放因子数据的获取提出相应的要求。必要时可参考 GB/T 23331—2020 标准中 4.2 条款要求，确保活动数据及排放因子满足法律法规及其他要求。

c）现有监测条件评估、制定监测计划、活动数据的监测和燃料低位发热量等参数的监测及定期对计量器具、检测设备和在线监测仪器仪表进行维护管理应按 GB 17167 的规定进行。

d）建立健全温室气体数据记录管理体系，包括数据来源、数据获取时间及相关责任人等信息的记录管理。

e）建立企业温室气体排放报告内部审核制度，定期对温室气体排放数据进行交叉校验，对可能产生的数据误差风险进行识别，并提出相应的解决方案。

7 温室气体排放核算报告

7.1 报告主体基本信息

报告主体基本信息应包括企业名称、单位性质、报告年度、所属行业、组织机构代码、法定代表人、填报负责人和联系人信息。

7.2 温室气体排放量

报告中应包含在核算期内温室气体排放总量、化石燃料燃烧二氧化碳排放量、工业过程二氧化碳排放量、净购入电（热）力间接的二氧化碳排放量。附属生产系统产生的温室气体排放不纳入企业中的温室气体排放总量，但需要单独核算并列出，各类须要报告的排放见表1。

表1 报告中应该报告的排放类别及排放量

<table>
<tr><th colspan="3">排放类别</th><th>排放量
tCO_2</th></tr>
<tr><td rowspan="7">主要生产系统及辅助生产系统排放</td><td rowspan="2">直接排放</td><td>化石燃料燃烧排放</td><td></td></tr>
<tr><td>工业过程排放</td><td></td></tr>
<tr><td rowspan="2">间接排放</td><td>外购电力消耗排放</td><td></td></tr>
<tr><td>外购热力消耗排放</td><td></td></tr>
<tr><td rowspan="3">须扣除排放</td><td>外供热力排放</td><td></td></tr>
<tr><td>外供电力排放</td><td></td></tr>
<tr><td>二氧化碳利用及封存</td><td></td></tr>
<tr><td colspan="3">附属生产系统排放</td><td></td></tr>
<tr><td colspan="3">总排放</td><td></td></tr>
</table>

7.3 活动数据及其来源

企业应报告所有产品生产所使用的不同品种化石燃料的净消耗量和相应的低位发热量，消耗原料量、原料的利用率，净购入的电量等数据及来源。如果企业生产其他非耐火材料产品，则应按照主管部门最新公布的相关行业企业温室气体排放核算和报告指南的要求报告其活动数据及来源。

7.4 排放因子及其来源

报告主体应报告消耗的各种化石燃料单位热值含碳量、碳氧化率数据，以及采用的电力排放因子数据及来源。如果企业生产其他产品，则应按照主管部门最新公布的相关行业企业温室气体排放核算和报告指南的要求报告其排放因子数据及来源。

附 录 A
(资料性)
化石燃料品种相关参数缺省值(参考值)

表 A.1 化石燃料品种相关参数缺省值(参考值)

燃料品种	燃料	单位	低位发热值[a] GJ/t, GJ/万 Nm^3	单位热值含碳量[b] tC/TJ	碳氧化率[b] %
固体燃料	无烟煤	t	23.2[c]	27.8	94
	烟煤	t	22.3[c]	25.6	93
	褐煤	t	14.8[c]	27.8	96
	型煤	t	17.5[d]	33.6	90
	焦炭	t	28.4	28.8	93
液体燃料	原油	t	41.8	20.1	98
	汽油	t	43.1	18.9	98
	柴油	t	42.7	20.2	98
	一般煤油	t	43.1	19.6	98
	燃料油	t	41.8	21.0	98
	煤焦油	t	33.5	22.0	98
	液化天然气	t	51.4[d]	15.3	99
	液化石油气	t	50.2	17.2	99
	其他石油产品	t	40.9[d]	20.0	98
气体燃料	天然气	Nm^3	389.3	15.3	99
	水煤气	Nm^3	10.4	12.2	99
	焦炉煤气	Nm^3	173.5	13.6	99
	其他煤气	Nm^3	52.3	12.2	99
	炼厂干气	Nm^3	46.1	18.2	99

[a] 数据来源为《中国能源统计年鉴 2012》,中国统计出版社,北京,2011。

[b] 数据来源为《省级温室气体清单编制指南(2011 年试行版)》,表 2.6 和表 2.7。

[c] 数据来源为《中国温室气体清单研究》,表 2-54(a),中国环境科学出版社,北京,2007。

[d] 数据来源为《公共机构能源消耗统计制度》,六、附录(二),国务院机关事务管理局制定,国家统计局审批,2011 年 7 月。

国务院关于调整工业产品生产许可证管理目录加强事中事后监管的决定

国发〔2019〕19号

各省、自治区、直辖市人民政府，国务院各部委、各直属机构：

经研究论证，国务院决定，压减工业产品生产许可证管理目录，取消内燃机、汽车制动液等13类工业产品生产许可证管理，将卫星电视广播地面接收设备与无线广播电视发射设备2类产品压减合并为1类，对其中涉及安全、健康、环保的，转为强制性产品认证管理，认证费用由财政负担。调整后继续实施工业产品生产许可证管理的产品共计10类，其中，由国家市场监督管理总局实施的5类，由省级市场监督管理部门实施的5类。

各地区、各有关部门要督促企业严格履行主体责任，强化信用监督和约束手段，对通过告知承诺和后置现场审查方式取得生产许可证的企业，发现以欺骗手段取得的，依法严肃处理。要研究建立质量追溯体系和奖励举报制度，对恶意违法行为依法严惩重罚。相关企业要切实承担质量安全管理责任，建立健全产品质量验收、检验检测和售后服务等制度，确保产品符合相关标准要求。

各地区、各有关部门要抓紧做好工业产品生产许可证管理目录调整工作，减证不减责任，全面加强事中事后监管，按照“谁审批谁监管、谁主管谁监管”的原则，认真履行监管责任，及时有效防范和化解风险。对继续实施生产许可证管理的产品，要完善对企业现场审查和检查的技术规范，以“双随机、一公开”监管为手段，进一步加强和规范对获证企业的日常检查，对问题线索企业实施飞行检查。对取消生产许可证管理的产品，要充分利用信息化手段，建立健全检验检测机构、科研院所、行业协会等广泛参与的质量安全监测预警机制。要完善问题导向的监督抽查机制，加大对取消生产许可证管理产品的监督抽查力度，扩大重点产品、重点领域监督抽查覆盖面和增加频次，依法及时公开抽查信息，加大对不合格产品的查处力度，对存在行业性、苗头性质量安全风险的产品开展专项整治。要加快制修订产业发展和监管工作急需的标准，严格落实认证机构对认证结果的主体责任和对产品质量持续符合认证要求的连带责任，鼓励相关行业、用户采信认证结果，充分发挥行业监管、社会监督作用，推动构建以标准引领、企业履责、政府监管为基础的管理体系，确保工业产品质量安全。

附件：1. 工业产品生产许可证取消、合并管理的产品目录（共计15类）

2. 调整后继续实施工业产品生产许可证管理的产品目录（共计10类）

国务院

2019年9月8日

（此件公开发布）

附件 1

工业产品生产许可证取消、合并管理的产品目录（共计15类）

序号	产品名称	目前实施机关	调整情况
1	轴承钢材	国家市场监督管理总局	取消
2	防伪技术产品	省级市场监督管理部门	取消
3	摩擦材料及密封制品*	省级市场监督管理部门	取消
4	公路桥梁支座	省级市场监督管理部门	取消
5	内燃机	省级市场监督管理部门	取消
6	砂轮	省级市场监督管理部门	取消
7	钢丝绳	省级市场监督管理部门	取消
8	预应力混凝土用钢材	省级市场监督管理部门	取消
9	预应力混凝土枕	省级市场监督管理部门	取消
10	特种劳动防护用品	省级市场监督管理部门	取消
11	耐火材料	省级市场监督管理部门	取消
12	建筑防水卷材	省级市场监督管理部门	取消
13	汽车制动液	省级市场监督管理部门	取消
14	卫星电视广播地面接收设备	国家市场监督管理总局	取消室外单元等单元，与无线广播电视发射设备合并为广播电视传输设备
15	无线广播电视发射设备	国家市场监督管理总局	取消发射天线等单元，与卫星电视广播地面接收设备合并为广播电视传输设备

*“摩擦材料及密封制品”中的刹车片产品需在完成相关程序后转为强制性产品认证管理，在此之前仍对其实施生产许可证管理。

附件 2

调整后继续实施工业产品生产许可证管理的产品目录（共计10类）

序号	产品名称	实施机关
1	建筑用钢筋	国家市场监督管理总局
2	水泥	国家市场监督管理总局
3	广播电视传输设备	国家市场监督管理总局

续表

序号	产品名称	实施机关
4	人民币鉴别仪	国家市场监督管理总局
5	预应力混凝土铁路桥简支梁	国家市场监督管理总局
6	电线电缆	省级市场监督管理部门
7	危险化学品	省级市场监督管理部门
8	危险化学品包装物及容器	省级市场监督管理部门
9	化肥	省级市场监督管理部门
10	直接接触食品的材料等相关产品	省级市场监督管理部门

重污染天气重点行业应急减排措施制定技术指南2020年修订版（耐火材料部分）

2020年6月29日，生态环境部办公厅以环办大气函〔2020〕340号文，发布了《重污染天气重点行业应急减排措施制定技术指南》(2020年修订版)，该函是应对治理重污染天气重点行业应急减排措施制定的关键性技术文件，现将其中与耐火材料相关部分摘录如下：

前　言

为进一步突出精准治污、科学治污、依法治污，更好地保障公众身体健康，积极应对重污染天气，在《关于加强重污染天气应对　夯实应急减排措施的指导意见》(环办大气函〔2019〕648号）基础上，对重污染天气重点行业应急减排技术指南进行修订，扩大绩效分级行业范围，完善相关指标和减排措施。

一、编制背景

《中华人民共和国大气污染防治法》(以下简称《大气法》）第八十六条第二款规定："重点区域内有关省、自治区、直辖市人民政府……按照统一规划、统一标准、统一监测、统一的防治措施的要求，开展大气污染联合防治，落实大气污染防治目标责任。国务院环境保护主管部门应当加强指导、督促。"第九十六条第一款规定："县级以上地方人民政府应当依据重污染天气的预警等级，及时启动应急预案，根据应急需要可以采取责令有关企业停产或者限产、限制部分机动车行驶……等应急措施"。在当前重点区域污染物排放总量远超环境容量的情况下，一旦遇到不利气象条件，仍会出现区域性重污染天气。按照《大气法》要求，当空气质量恶化到一定程度时，为保障公众身体健康，在地方政府启动重污染天气应急响应时，涉气重点行业均应按照当地应急预案，开展应急减排。

近年来，重污染天气应对工作取得积极成效，全国和重点区域环境空气质量持续改善，重污染天气发生频次和强度均明显下降。一方面，各地不断深入开展大气污染治理，结构性减排成效初步显现；另一方面，重点区域逐步统一重污染天气应急启动标准，各地在统一原则下，制定应急减排措施，有效应对重污染天气。当前重点行业深度治理取得一定进展，为更加科学、精准制定应急减排措施，应按照企业环保绩效水平，开展绩效分级，在满足当地应急减排比例需求的同时，制定差异化减排措施。在重污染天气预警期间，环保绩效水平先进的企业，可以减少或免除应急减排措施，从而鼓励"先进"，鞭策"后进"，促进全行业高质量发展。

二、基本原则

（一）坚持底线思维有效应对。保护公众身体健康是重污染天气应对的根本底线，减少污染物排放强度是根本途径。在制定减排措施时，应以避免发生严重污染，减少重度污染天气为目标，明确减排比例，做到涉气企业全覆盖，切实发挥减排效应。

（二）坚持突出重点精准减排。应急减排措施以优先控制重污染行业主要涉气排污工序为主，精准减排。对新兴产业、战略性产业以及保障民生的企业，应根据实际情况采取减排措施，尽量避免对正常生产生活的影响。

（三）坚持绩效分级差异管控。针对不同治理水平和排放强度的工业企业，分类施策。在地方政府依法采取重污染天气应急响应基础上，减免绩效水平先进企业相应的减排措施。应确保同一区域、同一行业内，同等绩效水平的企业减排措施相对一致，既让环保绩效水平高的企业享受政策红利，也让持续提标改造的企业看到希望，从而推动行业治理水平整体升级，促进区域经济高质量发展。

（四）坚持措施可行有据可查。以"可操作，可监测，可核查"作为基本要求，工业企业减排措施应以停止生产线或主要生产工序（设备）为主，对不可临时中断的生产线或生产工序，应根据季节特点指导企业预先调整生产计划，确保预警期间能够落实减排措施。

三、总体要求

（一）全面推行重点行业差异化减排措施。重点区域各省（市）应按照本指南，持续对重点行业企业开展绩效分级，在重污染天气期间实施差异化管控。评为A级和引领性的企业，可自主采取减排措施；B级及以下企业和非引领性企业，减排力度应不低于本技术指南要求。各地也可根据环境空气质量改善需求和实际污染状况，制定更为严格的减排措施；其他未实施绩效分级的行业，可由各省（市）生态环境主管部门自行制定统一的绩效分级标准，实施差异化减排措施。

（二）继续执行企业绩效分级“短板原则”。在评级时，需满足该级别指标中规定的各项要求，有一项未满足的，降级评定；当企业涉及跨行业、跨工序时，可分行业或工序分别评定，并执行相应应急减排措施，但企业总体绩效以所含行业或工序中绩效评级较差的为准。一年内存在未批先建，超过排污许可证规定的排放浓度或排放量排放大气污染物，未安装、使用大气污染物自动监测设备等环境违法行为，受到行政处罚或构成犯罪的，不应评为A、B（含B-）级和引领性企业。

（三）严格保障类企业审核程序。对于保障民生、保障城市正常运转或涉及国家战略性产业的工业企业和重大工程项目，需纳入保障类的，应当严格控制数量。原则上，对于重点行业内的保障类企业，应达到B级及以上绩效分级或引领性指标水平，由省级相关主管部门确定，并报生态环境部备案；非重点行业保障类企业和保障性工程，可由省级相关主管部门确定。保障类企业在预警期间仅准许从事特定保障任务的生产经营。如保障类企业超出允许生产经营范围、保障类工程未做到绿色施工相关要求的，一经发现，应立即移出保障清单。

（四）视情况减少对小微涉气企业的管控措施。小微涉气企业指非燃煤、非燃油，污染物组分单一、排放的大气污染物中无有毒有害及恶臭气体、污染物年排放总量100kg以下的企业（对于季节性生产企业，应按上述要求以日核算排放量）。在难以满足减排要求的情况下，可按需对涉气排放工序采取相应措施；应避免对居民供暖锅炉和对当地空气质量影响小的生活服务业采取停限产措施。

（五）严格运输环节源头管控要求。实施道路移动源和非道路移动源的源头管控。原则上，橙色及以上预警期间，施工工地/工业企业厂区和工业园区内应停止使用国二及以下排放标准非道路移动机械（清洁能源和紧急检修作业机械除外）；矿山（含煤矿）、洗煤厂、港口、物流（除民生保障类）等涉及大宗物料运输（日载货车辆进出10辆次及以上）的单位，应停止使用国四及以下排放标准重型载货车辆（含燃气）运输（特种车辆、危险化学品车辆等除外），重点行业参照本指南执行。拟申报A、B级和引领性企业，相应运输管理要求需参照《重污染天气重点行业移动源应急管理技术指南》，按照当地生态环境部门要求完善监管监控体系。

（六）规范应急减排清单上报机制。各省（区、市）生态环境主管部门应于每年9月30日前将本行政区域内所有城市的应急减排清单报生态环境部。各城市可根据实际执行情况，对清单进行一次调整，并于每年12月31日前再次按原程序报送。生态环境部将根据各城市最新应急减排清单监督重污染天气应急减排措施落实情况。

四、术语定义

（一）密闭：是指物料不与外界环境空气接触，或通过密封材料、密封设备与环境空气隔离的状态或作业方式。

（二）密闭储存：是指将物料储存于与环境空气隔离的建（构）筑物、设施、器具内的作业方式。

（三）密闭输送：是指物料输送过程与环境空气隔离的作业方式。

（四）密闭空间：是指利用完整的围护结构将污染物质、作业场所等与周围空间阻隔所形成的封闭区域或封闭式建筑物。该封闭区域或封闭式建筑物除人员、车辆、设备、物料进出时，以及依法设立的排气筒、通风口外，门窗及其他开口（孔）部位应随时保持关闭状态。

（五）封闭：是指利用完整的围护结构将物料、作业场所等与周围空间阻隔的状态或作业方式，设置的门窗、盖板、检修口等配套设施在非必要时应随时保持关闭状态。

（六）封闭储存：是指将物料储存于具有完整围墙（围挡）及屋顶结构的建筑物内的作业方式，建筑物的门窗在非必要时应随时保持关闭状态。

（七）半封闭储存：是指将物料储存于至少三面有围墙（围挡）及屋顶结构的建筑物内的作业方式。

（八）封闭输送：是指在完整的围护结构内进行物料输送作业，围护结构的门窗、盖板、检修口等配套设施在非必要时应随时保持关闭状态。

（九）封闭车间：是指具有完整围墙（围挡）及屋顶结构的建筑物，建筑物的门窗在非必要时应随时保持关闭状态。

（十）挥发性有机物（VOCs）：是指参与大气光化学反应的，或者根据有关规定确定的有机化合物。在表征 VOCs 总体排放情况时，根据行业特征和环境管理要求，可采用总挥发性有机物（TVOC）、非甲烷总烃（NMHC）作为污染物控制项目。

（十一）非甲烷总烃（NMHC）：是指采用规定的监测方法，氢火焰离子化检测器有响应的除甲烷外的气态有机化合物的总和，以碳的质量浓度计。

（十二）无组织排放：是指大气污染物不经过排气筒的无规则排放，包括开放式作业场所逸散，以及通过缝隙、通风口、敞开门窗和类似开口（孔）的排放等。

（十三）VOCs 物料：是指 VOCs 质量占比大于等于 10%的物料，以及有机聚合物材料。本指南中的含 VOCs 原辅材料、含 VOCs 产品、含 VOCs 废料（渣、液）等术语的含义与 VOCs 物料相同。

（十四）挥发性有机液体：是指任何能向大气释放 VOCs 的符合下列条件之一的有机液体：（1）真实蒸气压大于等于 0.3kPa 的单一组分有机液体；（2）混合物中，真实蒸气压大于等于 0.3kPa 的组分总质量占比大于等于 20%的有机液体。

（十五）真实蒸气压：是指有机液体工作（储存）温度下的饱和蒸气压（绝对压力），或者有机混合物液体气化率为零时的蒸气压，又称泡点蒸气压，可根据 GB/T 8017 等相应测定方法换算得到。

注：在常温下工作（储存）的有机液体，其工作（储存）温度按常年的月平均气温最大值计算。

（十六）气相平衡系统：在装载设施与储罐之间或储罐与储罐之间设置的气体连通与平衡系统。

（十七）吸附法 VOCs 治理技术：是指利用吸附剂（活性炭、活性碳纤维、分子筛等）吸附废气中的 VOCs 污染物，使之与废气分离，简称吸附技术，主要包括固定床吸附技术、移动床吸附技术、流化床吸附技术、旋转式吸附技术。

（十八）燃烧法 VOCs 治理技术：是指通过热力燃烧或催化燃烧的方式，使废气中的 VOCs 污染物反应转化为二氧化碳、水等物质，简称燃烧技术，主要包括热力燃烧技术（TO）、蓄热燃烧技术（RTO）、催化燃烧技术（CO）、蓄热催化燃烧技术（RCO）。

（十九）冷凝法 VOCs 治理技术：是指将废气降温至 VOCs 露点以下，使 VOCs 凝结为液态，并与废气分离，简称冷凝技术。

（二十）袋式除尘技术：是指利用做成滤袋的纤维织物的过滤作用对含尘气体进行净化。

（二十一）电袋复合式除尘技术：是指将电除尘技术和袋式除尘技术结合的组合除尘技术。

（二十二）湿式电除尘技术：是以放电极和集尘极构成静电场，使进入的含尘气体被电离，荷电的含尘微粒向集尘极运动并被捕集，在集尘极释放电荷，并在水雾作用下冲入灰斗，排入循环水池。

（二十三）石灰石/石灰-石膏法脱硫技术：是指用石灰石、生石灰或消石灰的乳浊液作为吸收剂吸收烟气中的二氧化硫（SO_2），并副产石膏。

（二十四）半干法脱硫技术：是指在吸收塔中单独或共同喷入吸收剂和水，吸收剂在吸收塔中与 SO_2 反应生成干粉状脱硫产物。

（二十五）选择性催化还原法（SCR）烟气脱硝技术：是指在催化剂的作用下，利用还原剂与烟气中的氮氧化物（NO_x）反应生成氮气和水，还原剂常用氨（NH_3）或尿素。

（二十六）选择性非催化还原法（SNCR）烟气脱硝技术：是指一种不使用催化剂，在 850～1100℃范围内还原 NO 的方法，还原剂常用 NH_3 或尿素，NH_3 与烟气中的 NO_x 反应生成氮气和水。

（二十七）低氮燃烧技术：是指采用低氮燃烧器、空气或燃料分级燃烧、烟气再循环等方式，减少 NO 的产生。

（二十八）富氧燃烧技术：是指助燃气体含氧量大于等于 25%的燃烧技术。

（二十九）纯氧燃烧技术：是指助燃气体含氧量大于等于 90%的燃烧技术。

（三十）减排基数核算：以环评批复产能、排污许可载明产能、前一年正常生产实际产量三者日均值的最小值为基准核算。

十八、耐火材料

（一）适用范围

适用于采用高温竖窑、高温隧道窑、其他高温炉窑（包括电熔工艺）及其他工艺生产耐火原料和耐火制品的工业企业。其中，独立不定形耐火制品工业企业仅制定引领性指标。

（二）生产工艺

耐火材料生产包括原料生产和制品生产。原料生产包含铝硅质（含刚玉质）、镁质、非氧化物系及其他合成类耐火原料的生产。制品生产包含硅质（含硅质、刚玉质）、镁质、含碳、其他复合以及不定形耐火制品的生产。

1. 耐火原料

（1）主要生产工艺：矿石破粉碎、细磨、选矿、轻烧（干燥）、压球、高温煅烧（含电熔）、冷却拣选、破碎制粒分级、包装等，如图 18-1 所示；

（2）主要原辅材料：硅石、铝土矿、菱镁矿、白云石、镁橄榄石等；

（3）主要能源：电、天然气、煤层气、煤制气、重油、焦炭、煤等。

2. 耐火制品

（1）主要生产工艺：原料破粉碎、筛分细磨、配料、混料、成型、砖坯干燥、高温烧成（含电熔）、冷却拣选（加工）、包装入库等，如图 18-2 所示；

（2）主要原辅材料：烧结镁砂、电熔镁砂、高铝矾土熟料、刚玉、石墨及其他原料等；

（3）主要能源：电、天然气、煤层气、煤制气、重油、液化气等。

（三）主要污染物产排环节

1. PM：主要来自原料贮存、破粉碎、筛分、物料输送、配料、混练、成型、烧成、产品出窑、加工、包装等工序。

2. SO_2、NO_x：主要来自窑炉烧成和高温热处理（干燥）等工序。

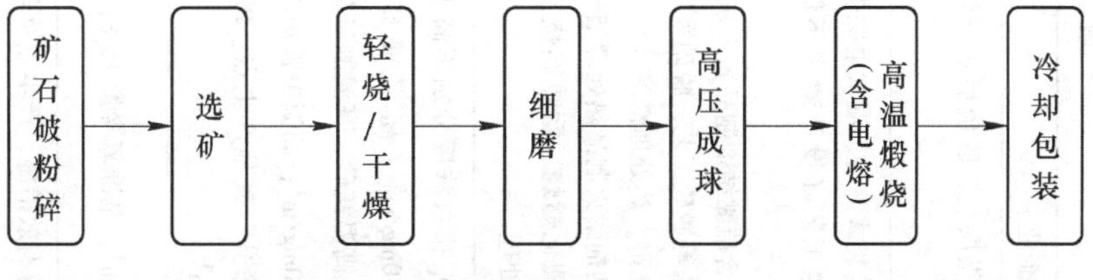

图 18-1　耐火原料生产典型工艺流程图

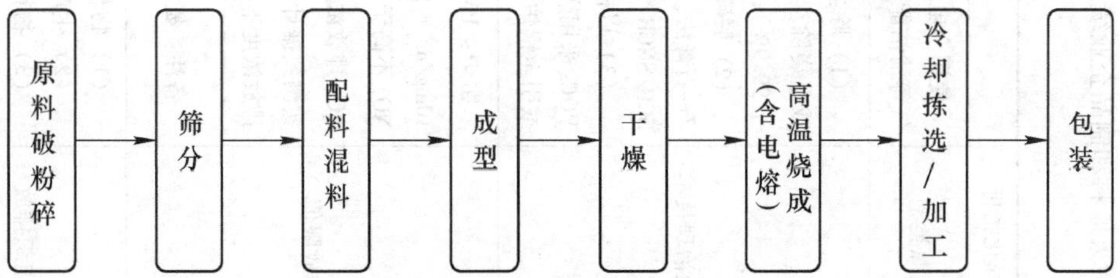

图 18-2　耐火材料制品生产典型工艺流程图

（四）绩效分级指标

耐火原料和制品企业绩效分级指标见表18-1。

表18-1 耐火原料和制品企业绩效分级指标

差异化指标	A级企业	B级企业	C级企业	D级企业
能源类型	使用全电、天然气、煤层气、脱硫后焦炉煤气等清洁能源	使用管道煤制气、焦炉煤气等，高温镁砂生产以含硫量低于0.5%的煤炭为燃料	使用发生炉煤气、含硫量低于0.5%的煤炭等为燃料	其他
污染治理技术	（1）除尘采用覆膜等袋式除尘、湿式电除尘或电袋除尘等高效除尘工艺（设计效率不低于99.9%）； （2）脱硫采用（用于含硫黏结剂制品）石灰/石-石膏法、半干法/干法等脱硫工艺；脱硝采用SCR/SNCR等工艺（干燥窑、热处理窑除外）； （3）以树脂类为黏结剂耐火制品热处理烟气VOCs采用燃烧工艺（催化燃烧、蓄热燃烧），或引至锅炉、窑炉燃烧处理	（1）除尘采用袋式除尘、静电除尘或电袋除尘等除尘工艺； （2）脱硫采用石灰/石-石膏法、半干法/干法等脱硫工艺，脱硝采用SNCR或低氮燃烧技术等脱硝工艺（干燥窑、热处理窑除外）； （3）以树脂类为黏结剂的耐火制品热处理烟气VOCs采用燃烧工艺（催化燃烧、蓄热燃烧），或引至锅炉、窑炉燃烧处理	（1）除尘采用袋式除尘、静电除尘或电袋除尘等除尘工艺； （2）脱硫采用石灰/石-石膏法、半干法/干法、双碱法（含自动加碱和测pH值装置）等脱硫工艺	未达到C级要求
排放限值	窑炉：PM、SO_2、NO_x排放浓度分别不高于10mg/m^3、50mg/m^3、50mg/m^3（高温镁砖：NO_x不高于100mg/m^3；高温镁砂、高温刚玉窑NO_x排放浓度不高于200mg/m^3；高温电弧炉以实测数据计）；破碎、筛分等其他产尘点：PM排放浓度不高于10mg/m^3	窑炉：PM、SO_2、NO_x排放浓度分别不高于20mg/m^3、50mg/m^3、200mg/m^3（高温镁砂、高温刚玉窑NO_x排放浓度不高于300mg/m^3；高温电弧炉以实测数据计）；破碎、筛分等其他产尘点：PM排放浓度不高于20mg/m^3	窑炉：PM、SO_2、NO_x排放浓度分别不高于30mg/m^3、150mg/m^3、300mg/m^3；破碎、筛分等其他产尘点：PM排放浓度不高于30mg/m^3	未达到C级要求
	备注：氨逃逸≤8mg/m^3，基准氧含量18%；一年内稳定运行达标小时数占比95%以上		备注：氨逃逸≤8mg/m^3，基准氧含量18%	
无组织排放	（1）物料采取封闭等有效措施，产尘点及车间不得有可见烟粉尘外逸； （2）生产工艺产尘点（装置）应采取封闭或设置集气罩并配备除尘措施； （3）物料破碎及制备成型过程应在封闭厂房中进行，并配备除尘措施。粒状、块状物料应采用入棚入仓等方式进行储存，采用封闭等方式输送； （4）物料输送过程中产尘点应采取有效抑尘措施			未达到A、B、C级要求

续表 18-1

差异化指标	A 级企业	B 级企业	C 级企业	D 级企业
无组织排放	料棚配备抑尘设施，料棚出入口配备自动门，其他物料全部封闭储存。粉状物料采用封闭皮带、封闭通廊、管状带式输送机、气力输送等方式输送	料棚出入口配备自动门，其他物料全部封闭或半封闭储存。粉状物料采用封闭皮带、封闭通廊、管状带式输送机等方式输送	料棚出入口配备自动门，其他物料全部封闭或半封闭储存	未达到 C 级要求
监测监控水平	重点排污企业主要排放口安装 CEMS（含氨逃逸在线监测），并接入 DCS，数据保存一年以上	安装 PLC，重点排污企业主要排放口安装 CEMS（含氨逃逸在线监测），数据保存一年以上	重点排污企业主要排放口安装 CEMS，数据保存一年以上	未达到 C 级要求
	料场出入口等易产尘点，安装高清视频监控设施，数据保存三个月以上			
环境管理水平	环保档案齐全：(1) 环评批复文件；(2) 排污许可证及季度、年度执行报告；(3) 竣工验收文件；(4) 废气治理设施运行管理规程；(5) 一年内第三方废气监测报告			
	台账记录：(1) 生产设施运行管理信息（生产时间、运行负荷、产品产量等）；(2) 废气污染治理设施运行管理信息（除尘滤料更换量和时间、脱硫及脱硝剂添加量和时间、过滤材料更换频次、吸附剂更换频次、催化剂更换频次、含烟气量和污染物出口浓度的月度 DCS 曲线图等）；(3) 监测记录信息（主要污染排放口废气排放记录（手工监测和在线监测）等）；(4) 主要原辅材料消耗记录；(5) 燃料（天然气）消耗记录	至少符合 A 级 5 条及以上要求，包含 1、2、3 项（可用 PLC 代替 DCS）	至少符合 A 级 3 条及以上要求，包含第 3 项	未达到 C 级要求
	人员配置：设置环保部门，配备专职环保人员，并具备相应的环境管理能力		人员配置：配备专职环保人员，并具备相应的环境管理能力	
运输方式	(1) 物料公路运输全部使用达到国五及以上排放标准重型载货车辆（含燃气）或新能源车辆； (2) 厂内运输车辆全部达到国五及以上排放标准（含燃气）或使用新能源车辆； (3) 厂内非道路移动机械全部达到国三及以上排放标准或使用新能源机械	(1) 物料公路运输使用达到国五及以上重型载货车辆（含燃气）或新能源车辆比例不低于 50%； (2) 厂内运输车辆达到国五及以上排放标准（含燃气）或使用新能源车辆比例不低于 50%； (3) 厂内非道路移动机械达到国三及以上排放标准或使用新能源机械比例不低于 50%	(1) 物料公路运输使用达到国五及以上重型载货车辆（含燃气）或新能源车辆比例不低于 30%； (2) 厂内运输车辆达到国五及以上排放标准（含燃气）或使用新能源车辆比例不低于 30%	未达到 C 级要求
运输监管	参照《重污染天气重点行业移动源应急管理技术指南》建立门禁系统和电子台账		未达到 A、B 级要求	

不定形耐火制品企业绩效引领性指标见表18-2。

表 18-2 不定形耐火制品企业绩效引领性指标

引领性指标	不定形耐火制品
能源类型	电
排放限值	PM排放浓度不高于10mg/m^3
无组织排放	（1）物料采取封闭等有效措施，产尘点及车间不得有可见烟粉尘外逸； （2）生产工艺产尘点（装置）应采取封闭或设置集气罩并配备除尘设施； （3）物料破碎及制备成型过程应在封闭厂房中进行，并配备除尘设施； （4）粒状、块状物料应采用入棚入仓等方式进行储存； （5）料棚配备喷雾抑尘设施，料棚出入口配备自动门，其他物料全部封闭储存； （6）粒状物料采用封闭等方式输送，粉状物料采用封闭皮带、封闭通廊、管状带式输送机、气力输送等方式输送
环境管理水平	环保档案齐全：（1）环评批复文件；（2）排污许可证及季度、年度执行报告；（3）竣工验收文件；（4）废气治理设施运行管理规程；（5）一年内废气监测报告。 台账记录：（1）生产设施运行管理信息（生产时间、运行负荷、产品产量等）；（2）废气污染治理设施运行管理信息（除尘滤料更换量和时间等）；（3）监测记录信息（主要污染排放口废气排放手工监测记录等）；（4）主要原辅材料消耗记录；（5）燃料（电）消耗记录。 管理制度健全：设置环保部门，配备专职环保人员，并具备相应的环境管理能力
运输方式	（1）物料公路运输全部使用达到国五及以上排放标准重型载货车辆（含燃气）或新能源车辆； （2）厂内运输车辆全部达到国五及以上排放标准（含燃气）或使用新能源车辆； （3）厂内非道路移动机械全部达到国三及以上排放标准或使用新能源机械
运输监管	参照《重污染天气重点行业移动源应急管理技术指南》建立门禁系统和电子台账

（五）减排措施

1. A级企业：

鼓励结合实际，自主采取减排措施。

2. B级企业：

黄色预警期间：停止使用国四及以下重型载货车辆（含燃气）进行运输。

橙色预警期间：30%焙烧工序停产保窑，以生产线计；停止使用国四及以下重型载货车辆（含燃气）进行运输。

红色预警期间：50%焙烧工序停产保窑，以生产线计；停止公路运输。

3. C级企业：

黄色预警期间：30%焙烧工序停产保窑，以生产线计；停止使用国四及以下重型载货车辆（含燃气）进行运输。

橙色预警期间：50%焙烧工序停产保窑，以生产线计；停止使用国四及以下重型载货车辆（含燃气）进行运输。

红色预警期间：停产保窑；停止公路运输。

4. D级企业：

黄色预警期间：50%焙烧工序停产保窑，以生产线计；停止公路运输。

橙色及以上预警期间：停产保窑；停止公路运输。

5. 不定形耐火制品企业：

（1）引领性企业：

鼓励结合实际，自主采取减排措施。

（2）非引领性企业：

黄色预警期间：停止使用国四及以下重型载货车辆（含燃气）进行运输。

橙色预警期间：停产50%，以生产线计；停止使用国四及以下重型载货车辆（含燃气）进行运输。

红色预警期间：停产；停止公路运输。

6. 备注：

针对短时间难以停产的工序，建议在重污染频发的秋冬季期间，提前调整生产计划，确保预警期间企业能够落实相应应急减排措施；有条件的城市可以结合实际采取区域统筹的方式，实行轮流停产减排。

（六）核查方法

1. 现场核查：查看破碎、筛分、成型、窑炉等主要生产设备，判断预警期间是否按要求落实停限产；查看除尘、脱硫、脱硝等污染治理设施是否稳定运行。

2. 电量分析：查看近三个月破碎、筛分、成型、窑炉等生产设备用电量明细，分析预警前和预警期间用电量变化，比对采取减排措施期间的用电量是否明显下降。

3. 台账核查：（1）查阅企业绩效评价等级、是否为已备案省市级保障类企业等。（2）查阅生产设备运行台账和DCS/PLC生产数据，查看燃料、原辅料、药剂等使用量和产品产量，判断预警期间是否落实停限产要求。（3）查阅污染治理设施的运行台账和在线监测数据，包括除尘、脱硫、脱硝等设施的运行、巡检、维护、故障记录等；自动监测及辅助设备运行状况、系统校准、校验记录、维护保养记录、故障维修记录、巡检日期等信息，判断污染治理设施是否稳定运行，PM、SO_2、NO_x和氨逃逸（氨逃逸在线监测仅对A、B级企业）等在线监测数据是否满足排放限值，预警期间主要污染物浓度或排放量是否明显下降。

4. 运输核查：具体参照《重污染天气重点行业移动源应急管理技术指南》进行车辆核查。

建材工业智能制造数字转型行动计划（2021—2023年）

建材工业（含无机非金属材料）是建筑工程和基础设施必不可少的支撑，是国民经济和社会发展的基础性行业，是战略性新兴产业和国防军工发展的重要保障，是环境治理和生态文明建设不可缺少的重要一环。为促进建材工业与新一代信息技术在更广范围、更深程度、更高水平上实现融合发展，促进建材工业转方式、调结构、增动力，加快迈向高质量发展，制定本计划。

一、总体要求

（一）指导思想

以习近平新时代中国特色社会主义思想为指导，全面贯彻党的十九大和十九届二中、三中、四中全会精神，坚持新发展理念，坚持以供给侧结构性改革为主线，加快新一代信息技术在建材工业推广应用，促进建材工业全产业链价值链与工业互联网深度融合，构建网络安全和密码应用支撑体系，促进行业智能化生产、网络化协同、规模化定制、服务化延伸，夯实建材工业信息化支撑基础，提升智能制造关键技术创新能力，实现生产方式和企业形态根本性变革，引领建材工业迈向高质量发展。

（二）基本原则

坚持需求牵引。以行业需求为导向，发挥建材工业规模庞大、场景丰富的优势，充分把握不同细分行业、不同企业、不同阶段的特点，推动重点领域率先突破，整体水平持续提升。

坚持创新驱动。建立健全产学研用创新体系，推进建材工业与信息技术协同创新共同进步。引导创新资源向智能化数字化领域汇聚，带动行业技术创新、产品创新和业态创新。

坚持市场主导。充分发挥市场在资源配置中的决定性作用，突出企业主体地位，坚持目标导向和问题导向，激发企业内生改造动力，实现效益提升和转型发展良性互动。

坚持政府引导。分类指导、有序推进，更好发挥政府在方向引导、政策支持等方面作用，统筹整合资源，加强顶层设计，形成建材工业智能制造数字转型发展合力。

（三）主要目标

到2023年，建材工业信息化基础支撑能力显著增强，智能制造关键共性技术取得明显突破，重点领域示范引领和推广应用取得较好成效，全行业数字化、网络化、智能化水平大幅提升，经营成本、生产效率、服务水平持续改进，推动建材工业全产业链高级化、现代化、安全化，加快迈入先进制造业。

——支撑体系基本完善。制修订30项以上建材行业智能制造相关标准，培育5家年产值过亿元的建材行业信息化、智能化供应商，建立10个建材细分公共服务平台，基本满足建材行业信息化发展需要。

——创新能力明显增强。建立5个建材行业智能制造创新平台，形成15套系统解决方案，突破50项建材领域智能制造关键共性技术，培育100个建材工业App，形成若干大数据、云计算、物联网、区块链、5G通信、虚拟现实、工业互联网等新一代技术应用场景。

——推广应用成效显著。推选6家智能制造标杆企业，建立50个建材行业智能工厂，打造20个数字矿山，培育100个在研发设计、生产制造、供应链管理、电子商务、设备运维等领域单项应用取得突出成效的典型项目。

二、重点任务

（一）建材工业信息化生态体系构建行动

1. 完善建材两化融合贯标体系。继续推动建材企业依据两化融合管理体系国家标准开展贯标工作，鼓励有条件的企业申请评定。引导贯标咨询服务机构深入企业，对标国家标准开展基础建设、单项应用、综合集成、协同创新等工作。建立建材企业贯标、年度测评推广和跟踪反馈机制，推动建材工业两化融合不断向更高阶段跃升。

2. 建立建材智能制造标准体系。加强建材行业智能制造标准化协调机制建设，建立健全行业智能制造标准体系。组织开展智能工厂、数字矿山等标准和规程研究制定及宣贯落实。搭建智能制造标准试验验证平台，结合企业实际验证标准的有效性和可行性。

3. 培育信息化公共服务体系。推动装备、软件、自动化、仪器仪表、系统集成商、安全防护等不同领域企业紧密合作，加快培育一批针对建材工业的系统解决方案供应商。面向建材行业信息化发展需要，发挥科研院所转制企业优势，推动产业链分工协作、共同发展。

4. 构建网络安全分级防护体系。面向应用工业互联网的建材工业企业，制定网络安全分类分级防护指南、网络安全分级防护规范，推动企业实施分类分级安全防护。开展防护能力贯标，引导企业加强网络安全防护能力建设。强化网络安全产品和解决方案定制化供给，促进建材工业企业网络安全保障能力提升。

（二）建材工业智能制造技术创新行动

5. 突破一批关键核心技术。依托行业骨干企业创建开放共享的建材智能制造创新平台，推动关键共性技术研究以及智能部件、装备、系统研发。引导各类企业加大研发投入，开展适用于建材工业的智能传感器、神经网络芯片等基础元器件以及工业机器人、智能交互系统等智能产品的研发、制造与应用，突破智能控制和优化、数据采集与分析、故障诊断与维护、密码防护等一批核心技术，夯实建材工业智能制造硬件和软件基础。

6. 形成一批系统解决方案。针对建材细分行业特点，以矿山开采、原料制备、破碎粉磨、窑炉控制、物流仓储、在线检测等关键环节为重点，提炼形成若干套具有智能感知、自动执行、深度学习、智能决策、密码防护等功能的智能化、数字化、集成化系统解决方案，促进水泥、玻璃、陶瓷等行业生产方式的自动化、智能化、无人化变革。

专栏一　建材重点细分行业系统解决方案

水泥行业：重点形成数字规划设计、智能工厂建设、自动采选配矿、窑炉优化控制、磨机一键启停、设备诊断运维、生产远程监控、智能质量控制、能耗水耗管理、清洁包装发运、安全环保管理、固废协同处置等集成系统解决方案。

玻璃行业：重点形成原料选矿和配料，熔窑、锡槽、退火窑三大热工智能化控制，熔化成形数字仿真，冷端优化控制、在线缺陷检测、自动堆垛铺纸、自动切割分片、智能打码仓储等集成系统解决方案。

陶瓷行业：重点形成原料标准数据、压机控制管理、智能高压注浆、坯体干燥控制、物料无人装卸、窑炉优化控制、产品施釉磨抛、自动检测分选、智能仓储物流等集成系统解决方案。

石材行业：重点形成自动开采、智能锯解、研磨抛光、自动裁切、异型加工，以及检验、修补、包装、废弃料资源化处理等集成系统解决方案。

耐火材料行业：重点形成原料制备、压机控制、窑炉优化、在线监测、全自动立体仓库等集成系统解决方案。

墙体材料行业：重点形成原料精准制备、坯体成型切割、干燥（蒸压）养护、窑炉优化控制、质量自动检测、智能包装物流、自动卸车码垛、污染排放控制等集成系统解决方案。

保温材料行业：重点形成原料配料均化、自动输料投料、窑炉优化控制、质量在线监测、设备故障预警、智能切割（分拣）包装、数字仓储物流等集成系统解决方案。

混凝土及水泥制品行业：重点形成制造执行管理、智能物流配送、在线质量监测的混凝土全产业链集成系统解决方案，以及集中搅拌分送、自动成型控制、骨架焊接运送、制品智能养护的水泥制品集成系统解决方案。

防水材料行业：重点形成自动上料计量、过程质量控制、制造执行管理、封装仓储物流等集成系统解决方案。

非金属矿行业：重点形成地勘数据管理、原料精细开采、物料称量均化、选线智能控制、矿物加工优化、质量在线监测、成品包装物流等集成系统解决方案。

高性能纤维及复合材料行业：重点形成池窑拉丝控制、质量在线监测、物流自动输送、注塑拉挤缠绕、压制设备控制、设备故障预警等集成系统解决方案。

机制砂石行业：重点形成破碎整形、级配调整、质量监测、粉尘收集、废水处理、物料储运等集成系统解决方案。

木质建材行业：重点形成原料分选、自动加工、生产控制、在线监测、物流仓储等集成系统解决方案。

无机非金属新材料：重点形成集计算、实验、数据于一体的材料研发设计以及智能分级、提纯、改性、生长、加工、应用等集成系统解决方案。

7. 创新一批工业互联网场景。构建网络、平台、安全三大功能体系，鼓励企业积极探索“5G+工业互联网”，促进工业互联网与建材工业深度融合。推动建材行业工业互联网标识解析二级节点建设，深化标识解析应用。大力发展建材行业工业互联网创新应用平台，加快开发建材工业 App，推动建材企业和设备上云上平台，实现制造资源和制造能力互联互通。构建工业互联网密码支撑体系，加快商用密码在建材行业深度应用。

专栏二　新一代信息通信技术融合场景方向

大数据：运用大数据采集、分析、挖掘等技术，提高监测追溯、预测维修、质量控制、供应链管理、能源管理等智能运营能力，强化对行业公共数据的分析利用，统一数据标准和格式，推动建材行业企业间、平台间数据融通。

工业互联网平台：应用物联网技术实现智能感知、识别、定位、跟踪、管理，促进企业将基础设施、业务系统、设备产品向云端迁移，培育工业 App，构建建材行业工业互联网平台。

区块链：支持建材企业利用区块链技术实现与上下游产业链的产品交易、信息追溯、质量管理等功能，保证数据安全，逐步深化应用。

5G 通信：引导企业利用 5G 通信高带宽、低时延、大连接等技术优势，实现互联互通，鼓励在无人驾驶、远程爆破、设备运维等领域的集成创新应用。

人工智能：推动先进算法、机器学习、智能芯片在建材行业智能生产、智能决策、智能物流、智能监测、智能追溯等领域的应用。

建筑信息模型：运用建筑信息模型（building information modeling，BIM）技术促进建材和建筑无缝连接，大力发展部品化建材，实现建材全生命周期可追溯、可预测、可维护、可回收。

数字孪生：利用计算建模、实时传感、虚拟现实、仿真技术等手段实现建材工厂在虚拟环境中的映射，促进成套生产装置设计、安装、运行全周期优化管理，实现建材工厂可视化、可预测、可维护、可回收。

（三）建材工业智能制造推广应用行动。

8. 大力培育智能工厂和数字矿山。发挥智能制造标杆企业的示范引领作用，通过持续完善、迭代和提升，在行业内大规模复制推广。按照智能工厂建设规程和标准，培育一批集智能生产、智能运维和智能管理于一体的建材行业智能工厂，切实提高产品质量、运营效率、设备管理和安全环保水平。运用三维仿真、智能采选、自动配矿、无人驾驶、灾害监控等手段，实施机械化换人和自动化减人，打造一批安全、高效、绿色的数字矿山。

9. 着力推进关键环节典型应用。聚焦建材工业生产和经营关键环节，加快推广窑炉优化控制、智能仓储物流、设备巡检维护、在线监测检测、批量个性定制、网络集成外包、产品质量追溯、数字设计运营等先进技术方案，培育一批单项应用典型项目。在搬运码垛、投料装车、抛光施釉、喷漆打磨、高温窑炉等繁重危险岗位，以及图像识别、切割分拣、压力成型、取样检测等高精度岗位加快实施“机器换人”。推广窑炉协同处置工业固废、生活垃圾、危险废物等技术，促进建材行业绿色发展。

10. 加快提高中小建材企业信息化水平。支持大型企业建设工业互联网平台，通过网络协同、平台集成、线上对接等方式，实施产业链协同和大中小企业资源融通，带动中小企业转型发展。结合数字化赋能中小企业专项行动，培育针对中小建材企业的信息技术供应商及产品方案，建设第三方工业互联网公共服务平台，在线提供工业软件、研发设计、市场营销、物流仓储等服务，促进中小企业上云上平台，支撑数字化转型进程。

三、保障措施

（一）加强组织领导。各地工业和信息化主管部门要加强统筹协调，建立健全本地区建材行业智能制造数字转型推进机制，明确时间进度，落实各项任务。建材各行业协会要结合各自产业规模、技术特点、发展水平等情况，制订工作计划，明确责任部门，提出政策建议。相关产业联盟、骨干企业、科研院所、部属单位及高校要加强沟通合作，形成推进合力。设立建材行业智能制造专家委员会，提供战略、技术、政策等咨询建议。

（二）加大政策支持。深化产融合作，加大金融支持，鼓励产业和金融资本设立建材智能制造数字转型投资基金，重点投向人工智能、大数据、工业软件、5G 通信、工业互联网等在建材领域的创新应用。支持符合条件的建材智能技术装备企业按规定享受税收优惠、融资担保政策，申请有关保险补偿和资金支持。

（三）强化人才保障。支持开展职业技能培训，鼓励有条件的企业、院校、科研院所联合建设智能制造实训基地，培养一批面向工业化和信息化深度融合的复合型人才，形成一批建材工业智能化数字化发展领军队伍。创新人才引进政策与方式，加强国外高端信息技术人才的引进和交流。

（四）营造良好环境。开展建材企业信息化水平评估，及时总结先进经验和不足，促进各地区各行业不断改进提升。组织开展诊断咨询服务，收集整理相关案例，加强交流宣传。深化技术、管理、标准等方面国际交流合作。

菱镁产业鼓励推广应用的技术及产品目录（2021年本）

序号	类型	技术/产品名称	技术/产品简介	主要技术经济指标	应用情况及推广前景	推荐单位
1	技术	基于恒电弧控制的电熔镁炉智能控制技术	针对电熔镁生产线产品品质不稳定、电耗较高等问题，基于恒电弧控制原理，通过“神经网络+MPC+控制参数在线优化+控制模式智能切换”等智能控制技术，实现对电熔镁熔炼过程的全方位智能化管控，同时满足供电单位电力调峰指标和技术要求，降低产品单耗的同时提升高品质产品比例	经生产实测，吨产品电耗由原来的约2750kW·h降低到2600kW·h，节能5%以上；总有效产量由原来的5.85万吨提高到6.16万吨，提高5%以上；纯度98%以上的产品比例由原来的17%提高到约19%，提高10%以上	该技术已在铁合金、电石等行业应用，并已在鞍山相关企业多条电熔镁生产线开展示范性应用，经试验验证达标，目前正启动规模化项目建设	北京国鼎蓝天科技发展有限公司
2	技术	大型全密闭高效节能低碳环保双品氧化镁智能生产线	原理方法：应用热能动力学、质能定律原理、工业黑体扰流技术、相变技术和智能制造技术创新发明本技术装备。技术组成：由适工况智能控制、超短网供电、大型密闭式智能熔炼炉、熔尘碳气分离资源化装备、密闭式均匀布料、完全利用余热生产轻烧粉组成。 功能作用：高效节能低碳环保一炉双品生产氧化镁	（1）每吨电熔镁节能750～1050kW·h（含利用余热生产轻烧粉的折算能耗）； （2）粉尘排放≤15mg/m^3； （3）减少二氧化碳排放并实现资源化处理； （4）通过密闭格栅及除尘技术将过去跑漏的矿粉，实现二次回熔，大幅节省矿石原料； （5）98电熔镁砂产率达40%以上，实现低品位矿提档升级； （6）具有用电侧电力调峰功能； （7）流程工业智能生产、适工况控制； （8）可利用低温余热实现调峰储能供暖	该技术整合多项技术，部分技术属首次在产业中应用，已和相关企业签订合作协议	海城现代菱镁产业科技工程有限公司

续表

序号	类型	技术/产品名称	技术/产品简介	主要技术经济指标	应用情况及推广前景	推荐单位
3	技术	大结晶电熔镁砂自动化清洁生产工艺	本技术实现了对生产大结晶电熔镁砂的矿热炉整套设备的创新及变革，实现了高效、自动、清洁化生产。项目设计了双层炉盖封罩系统，实现了三根电极限位，避免了喷炉、溅炉、触电安全事故，实现了生产过程中粉尘的收集和再利用；设计的远程控制的喷水与吹风冷却装置，保护了炉体，减少了事故发生，增加了炉体使用寿命；设计的电极吊挂一键起炉系统，实现远程一键起炉；设计的碎电极给料机构，提高了大结晶电熔镁砂的产出率；设计的炉底制作装置，避免了工人的高空攀爬及有限空间作业；设计的内壁覆盖菱镁水泥涂层的炉筒，避免了因矿热炉烧穿而导致淌炉事故	（1）轻烧氧化镁消耗：改造前每吨产品消耗约为 1.65t，改造后为 1.50t； （2）电耗:改造前电耗 2400kW·h/t，改造后为 2250kW·h/t； （3）电极消耗：改造前每吨产品消耗电极 15kg，改造后为 12.5kg； （4）人工费用：改造前人工费用为 70.00 元/t，改造后人工费用为 27.00 元/t； （5）炉筒费用：改造前一个炉筒使用周期为 9 次，改造后使用周期为 20 次； （6）优质品率：改造前 98 大结晶电熔镁砂产品率平均为 55%，改造后 98 大结晶电熔镁砂产品率平均为 65%	该生产工艺已在鞍山相关企业中应用，实现了电熔镁砂高效化、自动化、清洁化生产	岫岩满族自治县恒锐镁制品有限公司
4	技术	菱镁矿粉闪速旋流动态煅烧炉技术	该技术将湿精矿粉送入闪蒸干燥机进行干燥脱水，然后进入多级预热系统进行逐级预热升温，在多级预热器和旋流动态煅烧炉中矿粉进行热分解反应，物料与热气流直接接触，以实现物料与热气体的充分热交换，并使物料得以充分反应，菱镁矿粉轻烧成氧化镁粉，同时对工艺过程中产生的尾气余热进行充分利用，实现热能梯次利用及尾气无害化排放。闪速旋流动态煅烧炉新技术装备系统是全密闭负压下操作，无粉尘外露，热分解充分，瞬间煅烧，产品无过烧、无欠烧现象，有利于低品位菱镁矿生产高活性氧化镁产品	原料适应性：精矿粉、原矿粉； 燃料：煤制气或天然气； 单台套年生产能力：5 万吨/10 万吨/20 万吨； 产品质量指标：氧化镁含量最高可达 98%，活性（柠檬酸法）30～50～80s 可调，灼减≤3%； 环保指标：颗粒物 ≤ 10mg/m^3，SO_2≤50mg/m^3，NO_x≤ 50mg/m^3； 能耗指标：150～186 千克标准煤/t	该技术已经在相关省内外企业应用	辽宁东大粉体工程技术有限公司

续表

序号	类型	技术/产品名称	技术/产品简介	主要技术经济指标	应用情况及推广前景	推荐单位
5	技术	轻烧氧化镁悬浮煅烧炉技术与装备	该技术采用干燥/煅烧/冷却一体化的设计思想，实现了菱镁矿颗粒在悬浮状态下的干燥预热、加热分解及焙烧余热回收工艺过程。该技术装备特点是：单台产能大，目前已经实现10万吨/年和30万吨/年，根据需要还可以达到50万吨/年、80万吨/年、100万吨/年，热耗低，可实现超低排放，生产过程自动化（DCS控制），解决了行业规模小、污染高、能耗高问题	原料适应性：选矿粉或干矿粉； 燃料：气体燃料或液体燃料； 单台套年生产能力：10万～100万吨； 产品质量指标：活性（柠檬酸法）50s，灼减≤2%； 环保指标：颗粒物≤$10mg/m^3$，SO_2≤$10mg/m^3$，NO_x≤$50mg/m^3$； 能耗指标：湿矿（附水11%～15%）150~165千克标准煤/t，干矿140千克标准煤/t	该技术已在鞍山市多家企业得到应用	沈阳鑫博工业技术股份有限公司
6	技术	菱镁矿输送床闪速轻烧成套技术	该技术利用输送床反应器替代传统固定床“反射炉”，采用150μm以下菱镁矿粉替代块状原料。在该输送床反应器中，煤气或天然气燃烧产生的高温烟气与菱镁矿粉快速混合，升温速度可达数千度/秒，实现菱镁矿粉的快速/闪速轻烧，大大提高生产效率和产品稳定性，同时余热梯级利用以预热矿石原料和空气，提高系统能效、降低生产成本	原料适应性：菱镁矿开采和加工过程产生的小颗粒废矿、浮选精矿粉和尾矿粉； 燃料：煤制气或天然气； 单台套年生产能力：10万~25万吨； 产品质量指标：活性（柠檬酸法）40~120s，灼减≤3%； 环保指标：颗粒物≤$10mg/m^3$，SO_2≤$50mg/m^3$，NO_x≤$100mg/m^3$； 能耗指标：180千克标准煤/t	已完成技术中试验证，正在进行建设	沈阳化工大学

续表

序号	类型	技术/产品名称	技术/产品简介	主要技术经济指标	应用情况及推广前景	推荐单位
7	技术	轻烧氧化镁闪烁沸腾煅烧工艺技术及装备	该技术及装备（旋浮炉）主要由原料输送系统、干燥尾气回收系统、煅烧和高温回收系统、预热系统、冷却系统、自控监控系统等组成。技术原理：原料通过皮带输送系统远程输送至螺旋给料机的料斗内，再通过螺旋给料机的输送螺旋，将物料输送至闪蒸干燥机内进行干燥；干燥后的物料脱去自由水，形成干粉。干粉再进入干燥旋风分离器和干燥布袋回收器进行回收，回收后的物料直接进入预热系统。预热后的物料进入煅烧炉内煅烧，物料在煅烧炉内完成分解过程。煅烧后的物料经高温回收旋风分离器回收进入冷却系统。物料在冷却系统内通过二级冷却降温，使物料温度降低至80℃左右。冷却后的物料输送至料仓或者是下一工序	原料适应性：浮选精矿粉、原矿粉和尾矿粉，物料粒度>80 目； 燃料：煤制气或天然气； 单台套年生产能力：5 万～20 万吨； 产品质量指标：活性（水化法）≤55～100s，灼减≤3%； 环保指标：颗粒物≤10mg/m^3，SO_2≤10mg/m^3，NO_x≤50mg/m^3； 能耗指标：≤164 千克标准煤/t	该技术已经在鞍山市、营口市多家耐火材料龙头企业得到应用	沈阳东大东科干燥煅烧工程技术有限公司
8	技术	旋转式循环闪速煅烧炉	该技术采用不同预热装置，其煅烧设备采用旋转式流态化煅烧机理，兼顾资源利用率高的功能，并选择热选提纯，使用低等级原料生产出优级产品。其燃烧室采用大倾角、高铝质耐火砖衬砌筑或利用高铝质浇注料模铸成型，接触面积大，利于煅烧，提高分解率；筒体设计双支架短窑，长径比小于9～15，既节省基础投资，又减少金属构件重量，提高燃料燃烧率、降低燃烬率，减少燃料化学不完全燃烧损失；短窑型结构缩短了物料在窑内的停留时间；冷却带外置，一方面解决煅烧带居中，减少热膨	原料适应性：0～7mm 原矿粉，提高菱镁矿资源利用率。 燃料：天然气、兰炭。 产品质量指标：高纯轻烧氧化镁 MgO≥94%，SiO_2≤1.5%，CaO≤2%，灼减≤3%。高钙轻烧氧化镁 MgO≥92%、CaO≤2%，MgO≥90%、CaO≤3%，MgO≥85%、CaO≤4%。高硅轻烧氧化镁 MgO≥92%、SiO_2≤2%，MgO≥90%、SiO_2≤4%，MgO≥85%、SiO_2≤6%。	该技术项目正在建设中	海城镁矿耐火材料总厂研究所

续表

序号	类型	技术/产品名称	技术/产品简介	主要技术经济指标	应用情况及推广前景	推荐单位
			胀对窑体的变形影响，同时提高出料温度（800~850℃），使余热得到合理的利用及均化功能提高，另一方面为高温热选创造条件。单台套生产能力≥5万吨	环保指标：颗粒物≤30mg/m³，SO_2≤50mg/m³，NO_x≤30mg/m³。 能耗指标：≤135千克标准煤/t		
9	技术	BSK型节能环保型轻烧镁竖窑	BSK竖窑适应各种结晶菱镁矿的物料，也可以加工各种粒度的原矿进行分批次生产，还可以焙烧粉矿压球料；实现轻烧氧化镁连续化和自动化生产，减少劳动强度、降低人工成本、生产均衡稳定；采用窑外燃烧方式，通过对流和辐射传热对物料进行煅烧，实现物料煅烧均匀；窑内采用桥式结构，辅以模糊控制，实现煅烧过程中物料块粉分离，确保窑内炉气畅通；结构紧凑，占地面积小	原料适应性：菱镁矿块料、浮选矿粉压球料； 燃料：煤制气或天然气； 单台套年生产能力：≥7万吨； 产品质量指标：活性（柠檬酸法）60~100s，灼减≤0.2%~8%； 环保指标：颗粒物≤10mg/m³，SO_2≤50mg/m³，NO_x≤100mg/m³； 能耗指标：≤135千克标准煤/t	该技术已经完成中试，项目正在进行建设	鞍山中科蓝光科技有限公司
10	技术	DKNR多孔内燃式竖窑	多孔内燃式竖窑具有投资小（约1500万元），热耗低（≤160千克标准煤/t），产能高（≥300t/d），连续加出料及PLC自动化操作等优点。其断面分成若干个轻烧孔和若干个内燃室，轻烧温度均匀；连续加出料操作制度，气流分布均匀；温度可控制，自动控制在1100℃，不产生过量的NO_x；不仅可使用矿物质燃料，也可以电能为燃料生产轻烧氧化镁	原料适应性：菱镁矿块料； 燃料：煤制气或天然气； 单台套年生产能力：≥10万吨； 产品质量指标：活性（柠檬酸法）60~100s，灼减≤5%； 环保指标：颗粒物≤10mg/m³，SO_2≤50mg/m³，NO_x≤100mg/m³； 能耗指标：≤157千克标准煤/t	已完成半工业试验，正在建设中	辽宁科技大学/辽宁庆鑫炉窑科技有限公司

续表

序号	类型	技术/产品名称	技术/产品简介	主要技术经济指标	应用情况及推广前景	推荐单位
11	技术	块状菱镁矿煅烧轻烧氧化镁用多层多拱内燃式竖窑	该竖窑采用竖窑内设计多道加热拱，燃料通过烧嘴喷入窑膛后，在加热拱下部燃烧产生高温烟气，高温烟气加热煅烧物料后，在窑内压力的作用下，向上运动经预热带后排出窑外，同时采用传导传热方式利用冷空气间接冷却物料并将热空气直接用于燃料燃烧，提高了燃料的热利用效率，达到了节能减排、降低能耗目的，同时还可以保证窑炉内气体顺行，有利于窑炉顺利生产	原料适应性：菱镁矿块料和压球料； 燃料：天然气、丙烷、戊烷等燃料； 单台套年生产能力：≥10万吨； 产品质量指标：活性（柠檬酸法）60～100s，灼减≤3%； 环保指标：颗粒物≤$10mg/m^3$，SO_2≤$50mg/m^3$，NO_x≤$100mg/m^3$； 能耗指标：≤160千克标准煤/t	该技术已完成中试，正在推广中	辽宁科技大学
12	技术	塔式混燃轻烧镁竖窑	高效环保的塔式混燃轻烧镁竖窑包括竖窑炉体、外燃烧室、内燃烧室、塔式布料器、烟气塔式均流器、多孔烟气管道、混风室、冷却风塔式分流器、热风管道、燃烧室烟气管道、排烟管道、上料仓、均质沉降室。与现有的技术相比，通过设置两个燃烧室来提高物料和高温烟气间的换热效率，在满足产品质量和产量的前提下，降低炉窑能耗，提高能量利用效率，降低非金属矿物在轻烧过程中产生的环保问题，同时结合物料堆积角，采用塔式结构易于平衡受力，对热风和烟气等气体起到均衡分配的效果，提高炉窑寿命	原料适应性：颗粒料、块料； 燃料：煤制气或天然气； 单台套年生产能力：≥5万吨； 产品质量指标：灼减≤3%； 环保指标：颗粒物≤$10mg/m^3$，SO_2≤$50mg/m^3$，NO_x≤$100mg/m^3$； 能耗指标：≤180千克标准煤/t	该技术已经在鞍山相关企业得到应用	中钢集团鞍山热能研究院有限公司

续表

序号	类型	技术/产品名称	技术/产品简介	主要技术经济指标	应用情况及推广前景	推荐单位
13	技术	菱镁矿轻烧用节能回转煅烧工艺及装置	菱镁矿轻烧用节能回转煅烧工艺及装置以菱镁矿粉、碎矿为原料，应用悬浮预热分解回转煅烧工艺制备活性氧化镁，主要通过烘干粉磨装置对菱镁矿粉进行烘干和细化处理，利用窑尾余热对生料进行悬浮升温预热分解，最后采用回转煅烧及回转冷却系统对物料进行活化煅烧和冷却入库	原料适应性：0~3mm 粒度的菱镁矿； 燃料：煤制气、天然气或煤粉； 单台套年生产能力：5万~30万吨； 产品质量指标：活性（柠檬酸法）≤90s，灼减≤3%； 环保指标：颗粒物≤$10mg/m^3$，SO_2≤$50mg/m^3$，NO_x≤$100mg/m^3$； 能耗指标：≤150千克标准煤/t	该项目产品已在鞍山、营口等多家企业得到应用	鞍山新科环保设备有限公司、海城市盛鹏矿产品加工厂
14	技术	轻烧氧化镁回转窑生产线项目生产工艺	该技术将反射竖炉、预热器、回转窑煅烧的优点相结合；利用窑尾烟气辐射热与置换热原理，并结合菱镁矿石温度变化与分解的方镁石相特征，采用工业预分解回转窑的温度、分解、热利用的精确控制技术，进行轻烧氧化镁煅烧的先进环保节能装备。特点是：采用多段温控预分解回转窑煅烧工艺，高效节能环保（竖式预分解炉—回转窑煅烧—步进悬浮冷却机）。整个系统自动化、智能化程度高，有效控制温度、窑速、风量、给料、电流等生产要素，及时调节系统内各项指标达到均衡标准。煅烧原料粒度范围广，可煅烧20~50mm的块状物料，使菱镁矿石在升温煅烧过程中自然分解	原料适应性：20~50mm 的块料； 燃料：煤、煤制气或天然气； 单台套年生产能力：≥20万吨； 产品质量指标：活性（柠檬酸法）40~90s；灼减≤3%； 环保指标：颗粒物≤$10mg/m^3$，SO_2≤$50mg/m^3$，NO_x≤$100mg/m^3$； 能耗指标：≤190千克标准煤/t	该项技术已经在水泥、钢铁、矿山等行业得到应用，是菱镁行业未来发展趋势之一	中国冶金矿业鞍山冶金设计研究院有限责任公司

续表

序号	类型	技术/产品名称	技术/产品简介	主要技术经济指标	应用情况及推广前景	推荐单位
15	技术	优质重烧镁砂清洁生产技术与装备	该技术是“十二五”国家科技支撑计划项目“菱镁矿高效制备重烧氧化镁绿色生产装备研制”和“菱镁矿高效制备重烧氧化镁绿色生产技术研究”的成果推广。运用了新的热压烧结理论，围绕大型哑铃型全密闭竖窑核心技术设备，对十余项关键技术进行工艺组装、自动化集成，形成生产工艺规范，取得了优质、高效、长寿、节能减排自动化清洁生产的效果，整体技术达到国际先进水平	（1）窑炉有效容积200～300m^3，日产120～200t/座； （2）工序能耗160～180千克标准煤/t； （3）产品体积密度大于3.18g/cm^3的占90%以上； （4）烟气排放：满足辽宁省《镁质耐火材料工业大气污染物排放标准》(DB 21/3011—2018)； （5）自动化连续生产，节省人工5～6倍； （6）一代窑龄可以达到5～6年	该技术于2015年通过科技部验收，目前已在多个企业得到应用	辽宁科技大学
16	技术	循环流化床煤气化技术	该技术为粉煤气化技术，原材料适用性广。将煤从气化炉中部加入，与返料器返回的900℃高温循环半焦混合，迅速释放出挥发分变成半焦，挥发分中CH_4上升到炉膛上部成为煤气一部分；较粗的颗粒下沉到炉膛底部，与预热空气、蒸汽的混合物发生燃烧和气化反应；较细的半焦颗粒上升到炉膛上部，吸收来自底部的热量并与二氧化碳、蒸汽等发生气化反应，生成煤气，作为工业用的燃料气	（1）煤气指标：干煤气热值>1250$kcal/m^3$；煤气含$H_2S \leq 20mg/m^3$；煤气中粉尘含量$\leq 10mg/m^3$，适用于轻烧镁工艺，供气稳定； （2）环保指标：煤气中不含焦油，生产过程无酚类废水产生；煤气是已除尘、脱硫的净煤气，窑后烟气无须脱硫即可达标排放； （3）安全可靠：常压气化，DCS检测和控制，无安全隐患； （4）比使用天然气节约脱硝费用	该技术成熟，已在冶金（钢铁）、有色冶金（氧化铝、金属镁、铜、镍、金、锡）、陶瓷、玻璃、耐火材料、碳素、合成氨等很多行业上成功应用。适应于各种需气体燃料的炉窑	中科清能燃气技术（北京）有限公司

续表

序号	类型	技术/产品名称	技术/产品简介	主要技术经济指标	应用情况及推广前景	推荐单位
17	技术	超低焦油流化床两段煤制气技术	该技术基于双流化床系统，将煤气化过程分离解耦为煤热解/部分气化和半焦气化/焦油重整两个子过程，利用高温活性半焦在系统内循环，在输送床气化反应器内实现半焦对焦油的催化裂解和重整，进而深度脱除气化焦油，实现低焦油清洁煤制气过程	原料适应性：碎煤、高含水褐煤、生物质； 单台套规模：产煤气量2万~8万m^3/h； 技术指标：汽化过程无焦油酚水产生，粗煤气焦油含量<100mg/m^3，煤气热值≥1100$kcal/m^3$	该技术已在山东、河南等地建成5台套1万~6万吨级气化应用工程，目前正在海城建设"3万立方米/h流化床两段煤制气工程"	沈阳化工大学
18	技术	煤制气中心装置GF高温炉新技术	该技术是在美国联合气体技术公司的（UGI）固定床煤制气炉和德国燃料研究所（GSP）气流床煤制气炉技术基础上，研发的新一代无焦油、无酚水GF高温煤制气中心装置新技术。该技术采用气流床和固定床系统耦合技术，装置上、下两路同时供风技术进行煤裂解制气，保证了在煤制气过程不产生焦油和酚水，同时提高煤制气的碳转化率，实现煤炭转化为燃气的洁净化应用，满足绿色环保要求。该技术具有整体能效高、能耗及成本低、适应性强、技术可靠性高、负荷调节灵活、绿色环保无排放等优势	原料适应性：烟煤、长焰煤、老年褐煤； 煤的颗粒：20~60mm； 每千克标准煤产气量：3.8m^3/kg； 煤气产量：10000~20000m^3/h； 煤气热值：1250$kcal/m^3$； 灰渣含碳量：≤6%； 焦油、酚水排放量：0kg/h	该技术已经在山东省铸造、造纸等行业企业应用	沈阳恒拓科技有限公司

续表

序号	类型	技术/产品名称	技术/产品简介	主要技术经济指标	应用情况及推广前景	推荐单位
19	技术	基于菱镁矿制备高品级氧化镁及其二氧化碳自循环技术集成	应用晶格能理论和相平衡等原理，形成系统的提纯和二氧化碳自循环利用创新工艺；产品组成为微纳米尺度的高纯氧化镁；应用于食品药品、硅钢制造、电子通信、高性能陶瓷搪瓷、先进橡胶塑料等领域；一步法除铁除硅提纯技术成熟，拥有国家发明专利，实现量产。菱镁矿排放的二氧化碳自循环生产高品级氧化镁工艺，正在进行中试；利用本技术生产的氧化镁为高端精细化工产品，市场需求旺盛；本技术为多个反应工艺集成，国内外领先。其生产设备均为通用反应设备，包括：耐压3atm（1atm＝101325Pa）以下、耐温低于200℃的反应釜，实现相平衡反应和除杂工艺过程；固液分离沉降池和板块压滤机，用于中间体固体收集；耐热低于600℃热分解焙烧炉，完成由中间体到氧化镁产品的终端制备生产过程	工艺指标：突破由现有1200℃高能耗热解落后工艺，降低到600℃以下新工艺。CO_2达到2次以上循环中和利用指标。 微米级产品指标：纯度＞99.5%，铁含量＜0.01%，粒径范围10～20μm，悬浮性2.5～4.5mm/h，水化率3.0%～4.0%。 纳米级产品指标：纯度＞99.9%，铁含量＜0.001%，粒径范围50～100nm，悬浮性1.5～2.5mm/h，水化率1.0%～3.0%。 经济指标：高端氧化镁产品销售价格是目前中档产品的10倍以上	该技术生产的高端氧化镁及其上游碳酸镁产品，已在丹东、营口等地多家企业实现规模化生产，应用到食品药品、电子通信、液晶散热、电工电容、航空航天器和汽车组件、陶瓷搪瓷、橡胶塑料等多个行业领域	辽宁科技大学
20	技术	耐火砖智能制造生产线	应用自动控制及机器人AI技术，自主学习工业制造生产流程，实现全自动布料、取砖、检测、码垛等工作，提高耐火砖产品质量，减少操作人员，降低成本，改善环境	自动称重、上料精度高，布料均匀，提高企业劳动生产率，降低人工成本，提高产品质量和产量	该技术比较成熟，已在省内外多家耐火材料龙头企业得到应用	辽宁众禾机器人有限公司、沈阳罗泰智能系统有限公司

续表

序号	类型	技术/产品名称	技术/产品简介	主要技术经济指标	应用情况及推广前景	推荐单位
21	技术	废弃及低品位菱镁矿制备高纯致密烧结镁砂关键集成技术	浮选技术可提纯不同来源和等级的低品位和废弃菱镁矿（MgO≤45%），生产 MgO≥98%的高纯镁砂，达到高温工业用耐火原料标准。解决了使用天然菱镁矿生产烧结镁砂的致密化问题，提高了轻烧粉活性、成球密度和烧结致密化强度。以天然气为燃料，采用 HESCR 烟气脱硝、粉体风送技术，烟气中颗粒物、二氧化硫及氮氧化物排放符合标准	燃料：天然气； 产品指标：MgO≥98%，体积密度 3. 40g/cm^3； 能耗指标：≤55m^3/t； 环保指标：烟气颗粒物≤30mg/m^3，二氧化硫≤50mg/m^3，氮氧化物≤400mg/m^3	该技术已产业化	营口金岱国际科技有限公司
22	技术	废弃菱镁矿高效制备高性能双壁波纹管道料技术	充分利用无机粒子协效作用，在保持聚乙烯优良性能的基础上，提高 HDPE 双壁波纹管的环刚度，提高产品综合性 能，扩大产品适用范围	氧化镁含量 20%；熔融指数：3~8g/10min；灰分（600℃）≥52%；灰分（900℃）≥43%；拉伸强度≥16MPa；断裂伸长率≥4%；弯曲强度≥28MPa；弯曲模量≥2200MPa；冲击强度≥9kJ/m^2。满足 GB/T 19472. 1—2004 标准要求	该产品广泛应用于管道制备中。下游产品已用于雄安新区等国家重点城市基础建设的地下管廊及管网的建设	辽宁精华新材料股份有限公司
23	技术	新型镁碳砖工艺技术开发	该技术包括特殊的成型工艺技术、碳化处理技术、高压浸渍技术，实现上述技术的装备研制。经上述工艺处理后，可提高镁碳砖产品的体积密度和热震等各项性能指标，提高转炉、电炉和钢包等炼钢用镁碳砖的使用寿命，降低原料使用成本及能耗	（1）体积密度>3. 1g/cm^3。 （2）1000℃碳化处理后，显气孔率<8%；浸渍后 1000℃碳化处理后，显气孔率<5%。 （3）使用寿命提高 30%~50%。 （4）降低原材料成本 20%~30%	该产品已经开始规模化使用，可有效提高炉龄，应用前景好	大石桥市宝鼎耐火材料有限公司

续表

序号	类型	技术/产品名称	技术/产品简介	主要技术经济指标	应用情况及推广前景	推荐单位
24	技术	用后镁质耐火材料的再处理技术	该技术主要处理用后镁质耐火材料，经处理后的再生料可直接应用于耐火材料生产中，不仅降低了耐材生产的原料成本，而且实现资源循环利用，保护生态环境	可根据需要对处理后的再生料进行成分调节及矿物相控制，再生料的理化指标与目前使用的烧结镁砂的性能指标持平。 再生料中 $MgO \geq 90\%$，$Al_2O_3 \leq 2.5\%$，$Fe_2O_3 \leq 3.5\%$，$SiO_2 \leq 1.5\%$，$CaO \leq 1.0\%$，体积密度≥3.17g/cm³	用后镁铬砖、用后镁钙砖、用后滑板砖等已完成实验室的试验，摸索出完善的实验参数，水泥窑用后砖已完成中试，制备的镁砂已小范围用于生产实验中	辽宁科技大学
25	技术	大型炼钢转炉低碳氧积冶炼配套的长寿化炉衬关键技术	针对大型转炉冶炼特点，在实现其低碳氧积冶炼的基础上提高炉衬整体使用寿命，主要有：采用角度均分技术对其球形炉底镁碳砖进行创新设计；以“爬坡式”面-面返平结构代替传统的炉底砖与“翻身砖”的线面衔接结构，逐层引导热应力释放，解决应力集中问题；底吹砖采用在线更换技术，保证底吹与炉龄同步；将出钢口座砖与管砖之间采用倒圆台结构设计，实现无缝配合；开发出防粘渣转炉炉口砖，减少清渣频率等	转炉全炉役平均碳氧积值降至0.0020以下时，炉衬整体寿命不低于12000次，完全实现底吹与炉衬寿命同步目标，后期维护耐火材料吨钢消耗降低30%以上，全程无漏钢、穿钢等事故发生，完全满足大型转炉低碳氧积冶炼的要求	该技术已经在多个钢厂的大型转炉上获得成功应用	辽宁富城耐火材料（集团）有限公司
26	技术	块状菱镁矿轻烧用节能回转焙烧工艺	该技术工艺具有自动化程度高、产量大、能耗低、产品质量好且活性可控、可处理颗粒物料、燃料适应范围广、污染少、可进行碳捕集回收等诸多优点。特别是矿山开采的原矿石，在原有工序不变条件下，破碎后块状矿石可直接利用。	原料适应性：20～70mm 的菱镁矿石； 燃料：天然气、煤、重油、焦炉煤气等； 单台套年生产能力：5万～30万吨； 产品质量指标：活性（柠檬酸法）40～70s 可适当调节，灼减≤1%～3%；	该技术已通过辽宁省非金属矿工业协会组织的专家评审，装备拥有自主知识产权，技术成熟可靠，达到国际先进水平	辽宁劲达华杰工程技术有限公司

续表

序号	类型	技术/产品名称	技术/产品简介	主要技术经济指标	应用情况及推广前景	推荐单位
			工艺原理：通过控制块状菱镁矿晶格转变温度的3个节点，使在预热器中可控粉化量，达到预热目的；回转窑焙烧充分分解粉化；锁风装置使含尘二次热风无法直接入窑，达到不影响燃烧目的；通过控制冷却器装置转数从而控制冷却速度，达到活性可控目的。 设备描述：（1）预热器：逆流热空气在物料缝隙中运动，达到预热目的。（2）回转窑：物料在窑内翻滚前行，充分与热气流接触，同时有火焰的辐射热，使菱镁矿充分分解。（3）锁风及控料装置：通过料封达到锁风目的，通过可控准料装置达到控料目的。（4）粉料冷却及换热装置：在单筒冷却机内设置换热管道，空气换热后入窑助燃	环保指标：颗粒物 ≤ $10mg/m^3$，SO_2≤$30mg/m^3$，NO_x≤ $50mg/m^3$； 能耗指标：≤180千克标准煤/t； 碳捕集：回收 CO_2 达到液化工业级99.99%和食品级99.9999%		
27	技术	低品位菱镁矿高效节能生产氢氧化镁、轻质氧化镁技术工艺	低品位菱镁矿（含风化岩、混合含白云岩）采用物理脱硅工艺；使用闪烁悬浮动态煅烧炉焙烧浮选后的矿石粉，出炉含热氧化镁物料直接进行高温水淬水化工艺，降钙、除铁排渣生成氢氧化镁滤饼，烘干后以氢氧化镁产品形式出售。氢氧化镁产品经二次低温煅烧生产出轻质氧化镁产品。采用的新技术包括：轻烧镁粉水淬水化反应工艺、含钙生产尾水与煅烧含二氧化碳尾气碳化循环再利用技术；按其工艺流程	氢氧化镁指标：MgO ≥ 66.5%，SiO_2≤0.25%，Fe_2O_3≤0.1%，Al_2O_3≤0.1%，CaO≤0.9%，灼减≥30%； 轻质氧化镁指标：MgO ≥ 95%，SiO_2≤0.3%，Fe_2O_3 ≤0.1%，Al_2O_3≤0.1%，CaO≤1%，灼减≤3.5%，堆积密度≤0.3g/mL，柠檬酸滴定≤15s，沉钴率≥45%	已在甘肃企业得到应用。生产的氢氧化镁、轻质氧化镁用途广泛，是具有良好市场前景的功能性材料。主要应用于塑料、橡胶制品阻燃剂、酸性废水处理剂、重金属脱除剂、烟气脱硫剂等领域；轻质氧化镁产品主要应用于高功能精细无机材料、电子	辽宁镁誉新材料股份有限公司

续表

序号	类型	技术/产品名称	技术/产品简介	主要技术经济指标	应用情况及推广前景	推荐单位
			建成的整套生产线设备已在甘肃菱镁矿企业已实际应用，工业自动化程度得到大幅提高，节省旧式轻烧氧化镁粉水化所需能耗，产品品质得到大幅提高		元件、油墨、油漆、造纸、钢铁、塑料和橡胶的填充剂和补强剂、各种电子材料的辅助材料以及湿法沉镍置换剂和电熔材料等领域	
28	技术	新型窑外分解工艺生产轻烧氧化镁技术及装备	该项目借鉴了新型干法水泥窑熟料生产的成熟技术路线，设计的余热综合利用五级悬浮预热窑外分解回转窑生产轻烧氧化镁技术装备。该项目采用五级悬浮预热加窑外分解炉具有分解快、粉料预热充分的特点，采用回转窑可以调整氧化镁的活性和质量，工艺技术先进、装备稳定可靠，自动化程度高，对菱镁矿石原料适应性强，余热回收利用率高，采用的无氨脱硝技术，可以大幅降低烟气中的氮氧化物含量	原料适应性：菱镁矿石、精矿粉、尾矿粉、碎矿； 燃料：天然气或煤粉； 单台套年生产能力：≥20 万吨； 产品质量指标：活性（柠檬酸法）50～300s 可调，灼减≤1%～3%； 环保指标：颗粒物 ≤ 10mg/m³，SO_2≤50mg/m³，NO_x≤ 100mg/m³； 能耗指标：140 千克标准煤/t	该技术工艺已通过辽宁省非金属矿工业协会组织的专家论证，项目于 2022 年 6 月试运行，正在示范推广中	营口金泓源镁铝陶瓷有限公司
29	技术	硅钢级氧化镁制备技术	该技术从晶格能理论、相转移技术和有机过渡态等理论出发，达成由“二氧化碳-水-碳酸氢镁”多物种复杂体系共存的“气-液-固”三相反应平衡，以菱镁矿热解的氧化镁为原料，以水为介质，回收菱镁原矿产生的二氧化碳，热解后获得高纯氧化镁，使氧化镁生产工艺从原始的 1200℃降低到 600℃以下。解决了分子团聚和粒径不均难题，降低了生产能耗，形成绿色低碳环保的硅钢级氧化镁先进工艺，产品为高品级高纯氧化镁	产品指标：MgO 纯度>99.5%，铁含量<0.01%，粒径范围小于 10μm，悬浮性≤4mm/h，水化率≤3.5%； 经济指标：此方法生产的硅钢级氧化镁产品为原始工艺产品的精细加工产品，其销售价格是目前产品的 8 倍以上； 工艺指标：低能耗绿色工艺技术，结合碳循环工艺，实现二氧化碳循环综合利用	该技术已经完成小试、中试和放大实验。产品已经在部分行业企业进行试生产，产品被应用于电子通信、电工电容、橡胶塑料、陶瓷搪瓷、食品药品等多个领域，可替代进口产品，具有良好的应用前景	辽宁科技大学

续表

序号	类型	技术/产品名称	技术/产品简介	主要技术经济指标	应用情况及推广前景	推荐单位
30	技术	工业废气低能耗碳捕集提纯技术	该技术围绕工业废气碳捕集领域，开发出第二代新型有机胺吸收剂、第三代新型少水基吸收剂、第四代非醇胺体系吸收剂以及吸附精馏新工艺。利用吸收剂对低浓度 CO_2 捕集，利用新型吸附精馏工艺将捕集气体中重组分和轻组分杂质去除，制备出符合工业级、食品级以及电子级要求的 CO_2 气体	技术指标：CO_2 捕集率＞95%，CO_2 纯度>99.99%，系统再生能耗<2.1GJ/t； 经济指标：以水泥窑烟气捕集提纯5万吨食品级 CO_2 生产线为例，年营业额3000万元，利润1200万元	该技术取代了传统MEA技术，具备5年多长期运行经验，相比国内外具有明显优势，目前主要在镁砂、石灰、炼化、水泥等行业企业推广使用	大连理工大学
31	技术	低品级菱镁矿高效提纯关键技术	该技术针对长期堆存的低品位菱镁矿粉矿泥化严重、资源浪费大等问题，基于系统的分析研究，通过硅质脉石矿物高选择性分选捕收剂开发、钙质脉石矿物溶解特性及对后续影响的分析等，提出了该类资源淘洗机洗矿—回转筛分级重选—分批加药异步反浮选工艺，实现了该类矿产的资源化	SiO_2 含量3%～6%的废弃菱镁矿石，在分级粒度约为1mm、分级产率93%以上、分4次加药条件下，获得产率≥70%、SiO_2 ≤0.25%、MgO≥47%的浮选精矿	该技术已在海城地区建成生产线，开展了示范性应用，经试验验证达标。该技术可实现废弃菱镁矿粉矿的资源化利用，节约矿产资源，延长矿山服务年限，改善矿山区生态环境	辽宁省固废产业技术创新研究院
32	技术	低品级菱镁矿绿色低碳优化开采及固废资源高效综合利用关键技术	该技术针对菱镁矿资源开采过程中资源利用率低、碳排放高、生态冲击大、固体废弃物排放量大等问题，基于矿山多要素整体优化算法、绿色低碳优化模型和固废资源综合利用理论，提出菱镁矿资源从方案设计到开采实施再到固废利用全生命周期的整体开发利用技术，可实现菱镁矿低碳化、资源化、生态化、高效化和综合性利用，延长矿山服务年限，提高资源利用效率、改善矿山生态环境、促进区域经济和社会发展	资源开采整体经济效益提升10%以上；资源开采的碳排放降低20%以上；铲运设备作业效率提升5%以上；采剥生态成本降低10%以上；土地损毁面积减少30%以上；实现尾砂利用率50%以上，铁尾矿和粉煤灰等固废利用率提升10%以上	该技术的相关优化设计技术已在鞍钢集团、河钢集团、成远矿业等推广应用，成果突出、效益显著。固废资源综合利用产品已在成都、格尔木等城市进行推广应用，在道路抢修、机场跑道加固等领域取得良好效果	辽宁省固废产业技术创新研究院

续表

序号	类型	技术/产品名称	技术/产品简介	主要技术经济指标	应用情况及推广前景	推荐单位
33	产品	特种钢冶炼用新型碱性滑板	随着我国钙处理钢、高氧钢、高锰钢等特种钢及低碳洁净钢冶炼技术的迅速发展，对滑板的使用提出更加苛刻的要求。碱性耐材具有不污染钢液、耐火度高、抗碱性熔渣侵蚀能力强的特点。新型碱性滑板生产成本低，可替代目前特钢冶炼过程中使用的铝锆碳质滑板。产品具有较强抗高含量 FeO 渣侵蚀能力，良好热震稳定性能，烧成温度低，生产成本低	体积密度≥3.10g/cm³，显气孔率<6.5%，常温耐压强度>130MPa，抗渣侵蚀率（1650℃×3h）<11%，氧化层厚度（1500℃×3h）<1.5mm，热震稳定性（1100℃，水冷）5 次	主要应用于特种钢冶炼，具有优良的高温性能的同时，能够实现滑动水口生产成本的合理降低和控制。目前已完成中试试验，取得良好效果，正在推广中	辽宁科技大学
34	产品	锆复合电熔镁钙锆砖	该产品主要应用于不锈钢精炼炉 AOD 和 GOR 炉。采用优质镁砂和电熔镁钙锆砂为主要原料，通过添加钙稳定型氧化锆、超细粉体硅灰和高纯镁砂等增强 MgO、CaO 结合强度，填充气孔，提高耐压强度、高温抗折强度、体积密度、降低气孔率，有效抑制熔渣的侵蚀与渗透，提高使用寿命	体积密度≥3.15g/cm³，（Si+A+F）≤1.2%，ZrO_2≥3%，MgO≥65%，CaO≥30%	该产品已经得到大规模应用，可满足不锈钢及特殊钢冶炼要求的顺产、高效、洁净化发展需求，具有高性价比和高炉龄寿命优势	辽宁中镁控股股份有限公司
35	产品	镁铝尖晶石砖	镁铝尖晶石砖具有弹性模量好，蠕变低，热震性优良等优点，其为高效、环保节能型产品，属国际同类一流产品，具有强大的市场竞争力。镁铝尖晶石采用高纯低硅镁砂及合成镁铝尖晶石砂作主要原料，经合适的原料制备工艺，先进合理的颗粒级配比，自动化的成型方法，可靠的热工制度经高温烧制而成。其采用合理配比及粒度组成，加入性能优良的结合剂经强制混	MgO≥85%，Al_2O_3≥7%，体积密度≥2.90g/cm³，显气孔率：14%～16.2%，弹性模量（E-Mod）：20～34	该产品为技术成熟产品，已应用于国内外各钢铁企业，使用效果得到认可	大石桥市金龙耐火材料有限公司

续表

序号	类型	技术/产品名称	技术/产品简介	主要技术经济指标	应用情况及推广前景	推荐单位
			练设备精混而成泥料，有利于制品基质中形成晶体均匀分布，也可增加泥料的可塑性，使砖坯体积密度合理稳定可靠，气孔率降低，改善提高其高温使用性能。该产品技术性能水平处于国际先进、国内领先水平			
36	产品	镁铝碳砖	镁铝碳砖产品广泛用于冶金行业钢包工作衬，其具有良好的热震稳定性、耐浸蚀及保温性能好等特点。镁铝碳砖采用电熔镁砂刚玉或矾土及鳞片石墨为主原料，添加适量的添加剂改善其使用性能，并以酚醛树脂为结合剂经过高压成型后再经热处理而制成。该产品在保持镁碳砖抗侵蚀能力强的性能外又可以缓解其膨胀特性，能有效地改善使用过程中的纵裂现象，适合使用在钢包渣线与包壁之间过渡位置，可有效避免之间出现落差，提高钢包使用寿命	参照镁铝碳砖行业标准 YB/T 165—2018	该产品技术成熟，技术性能水平处于国际先进、国内领先水平，该产品已广泛应用于国内外各钢铁企业，使用效果得到认可	大石桥市金龙耐火材料有限公司
37	产品	免烧合成镁砖	免烧合成镁砖采用镁砂及镁合成砂为基料，通过加入多种无机结合剂、一定量超微细分、少量水加热预料，经高压成型、干燥、检选包装。以颗粒级良好的高档镁砂和镁质、铝质、高分子结合剂，经混炼、成型、干燥后制成镁质定形耐火材料，不使用传统高温烧成工艺	（1）MgO ≥ 87%，CaO ≤ 2.6%，显气孔率≤17%； （2）耐压强度高，常温耐压强度≥100MPa； （3）抗热震性好，水冷≥3 次； （4）高温力学性能好，适合自烧结温度，同级别免烧砖比烧成砖（在适用条件下）的寿命高 30%~40%	该产品应用于国内各大钢铁企业及铁合金冶炼企 业，出口俄罗斯、韩国、印度、伊朗、德国等国家	营口创兴科技有限公司

续表

序号	类型	技术/产品名称	技术/产品简介	主要技术经济指标	应用情况及推广前景	推荐单位
38	产品	中间包干式料环保结合剂	以氧化镁、二氧化硅、三氧化二铝超微粉为主要原料，添加少量有机结合剂合成。产品在200～300℃能快速熔融，不冒黑烟，不产生刺激性气味，当烘烤温度高于200℃时，该产品处于熔融状态，生成网络状或穿插状的陶瓷结合相，从而使干式料有足够的脱模强度，另外，陶瓷结合相也保证了中温烘烤强度和高温使用性能	中温、高温强度明显高于树脂结合；对钢水增碳少，脱模强度较树脂低，可以满足脱模要求	该产品现已推向市场，应用于各大钢铁企业及耐火材料制造企业	营口创兴科技有限公司
39	产品	环保型转炉大面修补料	该产品不含沥青，采用环保型液体结合剂，以镁砂为主要原料，采用科学的粒级配比，添加适量烧结剂、流化剂等外加剂。不含碳及低熔点物质，流动性好，采用湿式自流浇注方式，烧结过程无毒无烟气，烧结时间缩短50%以上，具有很好的高温铺展性能，高温烧结后形成陶瓷结合，结构致密，抗氧化耐冲刷，安全环保，使用寿命延长2～3倍	使用寿命≥40次，MgO≥82%，$MgO + SiO_2 + Al_2O_3$ ≥ 89%，CCS（1450℃ × 3h）≥ 22MPa，MOR（1450℃×3h）≥7MPa； 修补料烧结时间15～20min	该产品已经在企业中应用，使用效果较好	营口东邦环保科技股份有限公司
40	产品	高强纳米陶瓷纤维反辐射绝热板	该产品以陶瓷纤维为主要原料，添加氧化镁、二氧化硅、三氧化二铝等超微粉及晶须，复合白色金属箔，通过热固成型制成。具有强度高、超级绝热、蓄热性能好等特点，适用于鱼雷罐、转炉、电炉、钢包、中间包等各种高温冶炼炉的保温隔热	使用温度：700～1200℃； 永久线变化（800 ～ 1300℃）：0.5%～1.5%； 容重400～1000kg/m^3	该产品性能指标优越，无机非金属化合物含量、使用温度和抗压强度等均优于同类产品。产品已销往国内外各大钢铁厂家、铁合金厂家	营口创兴科技有限公司

续表

序号	类型	技术/产品名称	技术/产品简介	主要技术经济指标	应用情况及推广前景	推荐单位
41	产品	拼装式预制改性硫氧镁水泥砖胎膜板	该产品以氧化镁、硫酸镁为基材，同时填充了辅助材料，具有优良的防火性能、轻质高强、保温隔热、耐水防潮、绿色环保等特点，是一种新型环保材料。适用于基础梁、承台、集水坑等撤模不容易拆除的部位，可替代传统砌筑及水泥预制砖胎膜	（1）防火性能：A1 级，耐火极限>2.5h，属不燃材料； （2）轻质高强：表观密度可控制在 0.85～1.35t/m^3，抗折强度达到 14～25MPa 以上； （3）耐火防潮，抗冻性佳：产品浸水 28d 的软化系数不小于 0.8，抗冻性能 50 次无起层和龟裂等破坏现象，防潮性及抗冻性俱佳； （4）安全环保、无毒无味：无甲醛、不含氯离子，不返潮不返卤，不腐蚀金属，属绿色、低碳、环保产品； （5）加工性能：易裁切、握钉力强	该产品在施工上具有省时、省力、省成本三大优点。规格可按现场施工要求量身定做。自重轻，单人施工，安装便捷，可钉可锯，任意切割，一次成型，无须拆除，表面平整光洁，无须找平抹灰。流水施工无须养护，大大缩短施工工期，节约大量人工。已应用于杭州市相关项目，在保证模板安装质量基础上，大幅缩短施工周期，提高了工作效率	镁鑫建筑科技有限公司
42	产品	镁质通风管道	该产品是一种新型绿色环保建筑材料，通风管道板的密度为钢材的 1/4，强度与聚酯玻璃钢强度近似，可满足各类通风管的强度和刚度设计要求	（1）防火性能：A1 级，耐火极限>2.5h，属不燃材料； （2）轻质高强：表观密度可控制在 0.85～1.35t/m^3，抗折强度达到 8～25MPa 以上； （3）耐火防潮，抗冻性佳：产品浸水 28d 的软化系数不小于 0.8，抗冻性能 50 次无起层和龟裂等破坏现象，防潮性及抗冻性俱佳； （4）安全环保、无毒无味：无甲	该产品综合性能突出，防火性能达 A1 级，抗折强度高，适用高、中、低压防排烟系统，有很强的防腐性，使用寿命长，导热系数低，保温隔热性能佳，隔声性能强，满足《建筑防烟排烟系统技术标准》中消防系统对通风管道耐火	镁鑫建筑科技有限公司

续表

序号	类型	技术/产品名称	技术/产品简介	主要技术经济指标	应用情况及推广前景	推荐单位
				醛、不含氯离子，不返潮不返卤，不腐蚀金属，属绿色、低碳、环保产品； （5）保温隔热、隔声降噪：导热系数为 0.216W/(cm·K)，6mm 板材隔声量为 29dB； （6）加工性能：可现场加工，韧性好、易裁切、握钉力强，可贴、裁、钉、漆、刨，搬运方便	极限的要求。目前，该产品已应用于四川万科地下车库项目	
43	产品	镁质烟道	该产品是一种新型绿色环保建筑材料，与传统水泥制烟道及砖砌烟道比，自重轻、强度高，能大幅度降低建筑物的承受荷载，使用寿命更长	（1）防火性能：A1 级，耐火极限>2.5h，属不燃材料； （2）轻质高强：表观密度可控制在 0.85～1.35t/m^3，抗折强度达到 8～25MPa 以上； （3）耐火防潮，抗冻性佳：产品浸水 28d 的软化系数不小于 0.8，抗冻性能 50 次无起层和龟裂等破坏现象，防潮性及抗冻性俱佳； （4）安全环保、无毒无味：无甲醛、不含氯离子，不返潮不返卤，不腐蚀金属，属绿色、低碳、环保产品； （5）保温隔热、隔声降噪：导热系数为 0.216W/(cm·K)，6mm 板材隔声量为 29dB； （6）加工性能：可现场加工，韧性好、易裁切、握钉力强，可贴、裁、钉、漆、刨，搬运方便	防火性能达 A1 级，可现场加工，工序简易、易安装，增加了室内空间，密闭性好、不返烟、不返臭，能大幅度改善室内环境。目前，该产品已应用于江苏项目中，解决了有关检测部门对成品排烟管道燃烧性能和耐火极限的要求	镁鑫建筑科技有限公司

续表

序号	类型	技术/产品名称	技术/产品简介	主要技术经济指标	应用情况及推广前景	推荐单位
44	产品	二次造孔法生产镁质隔热耐火材料	该产品进一步提高镁质隔热耐火材料性能。以发泡法生产镁质轻质骨料，以镁质轻质骨料为原料，加入预处理后的造孔剂，再生产隔热耐火材料，此种方法生产的隔热耐火材料导热系数低，强度高	显气孔率55%，体积密度1.8g/cm^3，耐压强度16MPa，350℃时导热系数为0.352W/(m·K)	该产品正在进行中试，正在推广中	辽宁科技大学
45	产品	镁基防火板	镁基防火板采用轻烧氧化镁、硫酸镁和水为主要原料，经过合理配制和使用复合改性剂改性，以中碱玻璃纤维网格布为增强骨架，以轻质材料为填料，经机械加工而制成。产品具有防火等级高（A1级）、不返潮、不返卤、绿色环保等优点。可作为轻质墙板、吊顶板、防火板、洁净板、包装箱等使用，可替代木质胶合板做墙裙，窗板、门板，家具等室内装饰用具，可加工成各种类型的装饰板，与保温材料制成复合保温板材。目前，镁基防火板技术成熟，主要替代国内外防火石膏板、硅酸钙板等防火产品	技术指标：阻燃（防火A1级，防火极限时间达到2~4h）、不返潮不返卤（氯离子含量<0.3%）、无毒无味无污染（甲醛释放量为0）、轻质高强（抗折强度14~40MPa）、耐弯曲有韧性，吸声、防震、防虫、平整度高、不腐蚀金属、耐水防潮。表面着色性好，直接贴面、喷涂。可钉、可锯、可粘，装修方便，满足JC 688—2006《玻镁平板》标准。经济指标：成本28~120元/片	广泛应用于电力、石化、冶金、通讯、建筑等行业。该技术成熟，主要替代国内外防火石膏板、硅酸钙板等防火产品，是发展绿色装配式建筑产业主要配套板材材料	辽宁科技大学
46	产品	低成本磷酸镁快速修补材料	该产品作为极端条件、地下耐蚀等特殊场合的快速修补材料，在-20℃、1.5h强度可达30MPa以上，冬季抢修路面，狭小裂缝，1.5h可恢复通车；大面积施工1.5~2h可恢复通车。该产品利用低品位菱镁矿、低温烧结镁砂作为修补材料的主要原料，产品具有凝结硬化快且可控、单位小时强度高、体积稳定性好、耐久性好、养护简单且环保等特性	凝结时间：初凝时间可以满足在5~30min内可调；流动度大于180mm；抗压强度：1.5h大于等于20MPa，3d大于等于40MPa，28d大于等于45MPa；抗折强度：1.5h大于等于3MPa，3d大于等于6MPa，28d大于等于6.5MPa；1d黏结强度	产品已经完成中试，进入工业化生产阶段。适用于高速公路、飞机跑道、市政主干道的快速修补以及建筑材料、建筑装饰制品的胶凝材	辽宁科技大学

续表

序号	类型	技术/产品名称	技术/产品简介	主要技术经济指标	应用情况及推广前景	推荐单位
				大于 1MPa；干缩率：28d 小于 0.05%；耐磨性小于 3.0kg/m^2。耐各种酸碱等盐类腐蚀。 主要经济指标：成本低、流动性好，易施工	料，补牙材料、特种模具、放射性物质固化、3D 打印材料等方面	
47	产品	水化硅酸镁基防静电自流平水泥地面	该产品是以轻烧氧化镁粉、工业硅灰、水、矿物纤维、石墨粉、加固材料为主要原料，通过化学作用、分子间颗粒级配制备成硅酸镁体系胶凝材料，主要水化产物为水化硅酸镁凝胶（M-S-H），是体系强度的主要来源。该技术利用具有低电阻特性的纤维及骨料与水化硅酸镁水泥复合制备出电阻率在105～109Ω之间防静电自流平地面，可广泛应用于各类机房、实验室、中央控制室及其他有防静电要求的场所	导电性能：表面电阻 10^6～10^9Ω；体电阻系数 10^7～10^{10}Ω/cm；耐火性能：不低于 1100℃；耐磨性：4 级/6000 转；耐极冷极热性：－15～105℃，经 10 次急冷热循环不出现明显裂纹；断裂模数：最小值不小于 27MPa；流动度大于 180mm； 主要经济指标：流动性好，易施工，成本 15～20 元/m^2	已经完成中试，拟工业化生产。该产品耐磨性好，碱度低、寿命长，施工便利，可用作计算机室地板、工业化厂房地板、精密仪器实验室等防静电板，具有很好的应用前景	辽宁科技大学
48	产品	镁质弥散透气砖	该产品主要原料采用高纯镁砂、电熔镁砂、大结晶镁砂，添加少量结合剂，液压机压制成型。经过 1500℃烧成制得。应用于冶炼特种洁净钢的钢包中，在透气砖底部通入氩气吹入钢包搅拌钢水，是冶炼高质量钢不可缺少的功能型材料	化学含量：氧化镁 ≥ 95%，0.3MPa 透气率≥25m^3/h，在 1650℃左右的高温下使用，透气率稳定可靠，耐高温、耐侵蚀等性能优良	该产品已实现工业化生产，主要出口国际市场	营口四通高温新材料科技有限公司

续表

序号	类型	技术/产品名称	技术/产品简介	主要技术经济指标	应用情况及推广前景	推荐单位
49	产品	无卤木塑复合材料	该产品以聚乙烯、木质纤维和低品位菱镁矿为主要原料，添加无卤阻燃剂，经“二步法挤出”生产工艺成型，具有阻燃、加工性能好、尺寸稳定性高、防水防潮等特点。生产过程环保，实现了资源节约综合利用	弯曲破坏载荷：4040N，常温落球冲击：3.5mm；密度：1.307g/m^3；吸水率：2.69%；低温落锤冲击：-10℃无裂纹；抗冻融：弯曲破坏载荷保留率98.9%；老化性能：弯曲破坏载荷保留率85.6%；燃烧性能：B1（B-s1，t1）	该产品已进入实质性生产阶段，在省内大部分地区展开应用推广	辽宁精华新材料股份有限公司
50	产品	硫氧镁免拆建筑模板	该产品以新型硫氧镁水泥、高强纤维材料、专用外加剂为主要原料，经高温热压养护等特殊工艺加工而成。产品具有高强、高耐火、高耐蚀、高耐久度等特点。主要用于混凝土建筑组模，室内装修、吊顶、隔墙等。具有“呼吸功能”、二次加工性能好，可做任何表面处理及深加工。结构稳定可靠，在室内条件下最少15年以上不松散、不变软、表面不脱落、不返卤、不返潮、不变色、不返霜粒。产品在国外应用于外墙的实际案例已有10余年，产品性能稳定，主要用于建筑中替代传统模板，并可直接作为建筑墙体部分保留，也可以在表面进行装饰装修。产品各项环保指标、性能均达到或超过国家标准，无毒、无味、无放射和有害物质。在任何条件下不返出任何结晶盐颗粒	产品符GB/T 33544—2017标准。耐水性好：软化系数大于90%；抗折强度≥40MPa；氯离子含量小于0.1%；燃烧性能：A1级；耐火极限1.5~4h	产品广泛应用于隧道、集成房屋等建筑组模及室内装修	海城市大德广消防门业材料有限公司

续表

序号	类型	技术/产品名称	技术/产品简介	主要技术经济指标	应用情况及推广前景	推荐单位
51	产品	镁制多功能碳纤维基防火板	该产品具有有机板和无机板的双重优点，采用高活性氧化镁、饱和硫酸镁溶液、硫氧镁改性剂为主体原料，添加硅藻泥等功能性填料，以短切碳纤维作增强材料而制成的大幅面薄板，这种板材既有木质类有机板的轻质和再加工性能，又具有无机板材的防火性能和无毒无味、不霉不腐、使用寿命长等优点，此外该产品中不含甲醛、石棉、苯、氨等有害成分，无有害辐射，是中国菱镁行业协会及国家建筑装修协会重点推荐的绿色环保建材。该产品厚度为3mm，每平方米质量3kg左右，轻质便于施工，室外试验至今已经15年，产品各方面性能依旧，可用于建筑墙体装饰、防火隔断、曲面防火装饰、影院剧场防火隔声等领域	燃烧等级：A1级；耐火极限≥1.5h；甲醛释放量不高于0.1mg/L；含水率小于10%；游离氯离子含量小于0.1%；抗折强度≥40MPa	产品已广泛应用于家庭、办公、商场等场所的装修装饰	海城市大德广消防门业材料有限公司
52	产品	活性氧化镁	活性氧化镁以菱镁矿为原料，采用先进的分散快速低温煅烧技术制得，其区别于普通氧化镁在于微观形态是不规则颗粒或片状晶体或近球形颗粒，因而具有更强的物理化学反应能力及优异的光、电、磁性能。产品具有精细化、功能化、专用化等特征，产品应用领域不断扩大。产品的纯度、粒度、堆密、白度等可定制	（1）生产规模：5万吨/a活性氧化镁。 （2）产品主要技术指标：MgO≥90.0%，CaO≤1.5%，盐酸不溶物≤0.2%，筛余物150μm≤0.1%，Fe_2O_3≤0.2%，灼烧失量≤7.5%，氯化物≤0.2%，柠檬酸法化学活性1~5min	产品广泛应用于工业、农业、环保领域，可作为塑料、油漆、橡胶、陶瓷、油品的添加剂与助剂，饲料添加剂和肥料原料，锅炉燃料添加剂、燃气脱硫剂、除重金属、中和酸、处理酸雨、处理污水锅炉水及废液、过滤悬浮液、处理造纸废液等	营口菱镁化工集团有限公司

续表

序号	类型	技术/产品名称	技术/产品简介	主要技术经济指标	应用情况及推广前景	推荐单位
53	产品	饲料添加剂硫酸镁	饲料添加剂硫酸镁以低品位菱镁矿为原料，经过化学合成、除杂过滤、结晶、离心分离等提纯工艺过程，产品重金属含量低、纯度高，可作为养殖领域饲料添加剂使用。饲料添加剂硫酸镁含有镁和硫两种营养元素，充足的镁、硫营养元素供给能够促进动物生长，提高动物产奶量，产肉量，改善动物肉质、奶质，促进水产动物的骨骼发育等	年生产能力：2 万吨； 产品主要技术指标：MgO ≥ 28.0%，Mg≥16.5%	该产品重金属含量低、纯度高，广泛适用于反刍动物、水产类及其他家禽等养殖。同时产品无结块、分散性好，利于与其他饲料配合使用，保证了动物饲喂的安全性，具有较好的市场前景	营口菱镁化工集团有限公司
54	产品	含镁中量元素肥料	该产品是利用低品位菱镁矿经过化学转化合成，主要成分为硫酸镁。镁是植物体内叶绿素重要核心元素，参与叶绿体内同化反应促进糖类的合成，也是多种酶的活化剂，可促进蛋白质和脂肪的合成；硫是植物含硫氨基酸的重要组分，也是多种酶的组分，参与植物体内的氧化还原过 程，参与多种酶的构成与代谢。产品同时含有水溶性镁和枸溶性镁两种形态，兼具速效及缓效功能。该产品可直接用作基肥、追肥使用，既可单独施用，也可作为组分之一掺混使用；可在传统农业领域如大田、水田、果树、蔬菜等方面应用，也可在高附加值精密农业、花卉栽培等领域中应用。该产品能够促进农作物生长，提高结实率和坐果率，不同作物增产幅度 5%～35%，同时改善作物品质和提高作物的防病、抗病能力	年生产能力：30 万吨； 产品主要技术指标：MgO ≥ 27.0%，Mg≥16.0%	该产品已实现工业化生产，产品销往国外 60 多个国家和地区，在国内外都有较高市场占有率，产品应用性能良好	营口菱镁化工集团有限公司

续表

序号	类型	技术/产品名称	技术/产品简介	主要技术经济指标	应用情况及推广前景	推荐单位
55	产品	饲料添加剂氧化镁	该产品由菱镁矿煅烧后，经过热选法除杂、磁选吸附等物理、化学工艺过程，有效提高产品的安全性。饲料添加剂氧化镁属于矿物营养元素类，是反刍动物的专用饲料添加剂，属于碱化剂，可提高瘤胃 pH 值，提高乳腺对血代谢物的摄取，提高乳脂率	年生产能力：5 万吨； 产品主要技术指标：MgO ≥ 96.5%，Mg≥57.9%	该产品已通过省兽药饲料畜产品质量安全检测部门检验，产品含量稳定、营养均衡，保证反刍动物喂养安全性。与国内外同类产品相比，提高产品吸收率 5%～15%。市场占有率达 20%以上	营口菱镁化工集团有限公司
56	产品	耐高温防火电缆用氧化镁粉	该产品具有更高的绝缘性、低吸潮率、耐高温的优点。解决氧化镁自身质量关，严格去除氧化镁中具有磁性的杂质；降低氧化镁的挥发分和水分；提高氧化镁的常态和热态的绝缘性和抗击穿性；调整氧化镁粒度配比，使之适应电缆长度的拉伸及在相应的拉力作用下，氧化镁不会出现断裂现象	MgO ≥ 93%；温度 25℃，湿度 80%RH 时，抗击穿能力最大可达到 2800V；电缆过载后最高正常工作温度可达 300℃，短期可在接近铜的熔点温度 1083℃下继续运作 3h	该产品已经在电缆企业中得到应用	大石桥市美尔镁制品有限公司
57	产品	高端氢氧化镁	以菱镁矿为原料，通过气相氨体系中氢氧化镁结晶取向调控、核心工业化设备开发、工艺稳定连续运行和过程污染控制等相关技术生产高端氢氧化镁产品	产品指标：$Mg(OH)_2$≥98.5%，Ca≤0.05%，Fe≤0.08%，氯化物（以 Cl 计）≤ 0.08%；产品粒度可控，d_{50}≈0.8～2μm；晶体形貌可控	项目已经完成中试，正在推广中	沈阳化工大学
58	产品	高性能环保微/纳米无卤阻燃剂	攻克天然矿粉表面功能化制备高阻燃性氢氧化镁/水菱镁复合阻燃剂（阻燃剂-Ⅰ）关键技术、天然矿粉表面分子设计制备高亲油性/高填充性氢氧化镁/滑石复合阻燃剂（阻燃剂-Ⅱ）关键技术。通过天然矿粉体表面的纳米工程化设计制备低烟及抗老	白度≥96%，氧指数≥36%，粒度<10μm	产品已经工业化生产，应用于电线电缆、家电及 3C 行业、汽车、建筑、电器开关、胶黏剂及航空等企业	辽宁精华新材料股份有限公司

续表

序号	类型	技术/产品名称	技术/产品简介	主要技术经济指标	应用情况及推广前景	推荐单位
			化氢氧化镁复合阻燃剂（阻燃剂-Ⅲ）的关键技术，开发高效绿色微/纳米阻燃剂等新产品7个，解决了天然矿粉表面功能化及天然矿粉体表面的纳米工程化设计难题，实现制备高性能阻燃剂的应用技术研究			
59	产品	电工级氧化镁粉	电工级氧化镁粉作为电热管的填充材料，是利用氧化镁导热不导电、高绝缘、均匀的填充性的优良性能。主要分为高温中温和低温氧化镁粉。根据用途不同在密度、流速、粒度、电气性能等方面指标要求不同。高温电工级氧化镁粉是将电熔氧化镁经过分级、破碎、磁选后经过1200℃高温处理，再加入有助于提高电工级氧化镁性能的添加剂、提高电工级氧化镁绝缘性能的改性剂的产品	使用温度：高温电工级氧化镁>900℃，中高温电工级氧化镁800~900℃，中温电工级氧化镁400~750℃，低温电工级氧化镁<400℃	该产品已经在行业中得到广泛应用	大石桥市美尔镁制品有限公司
60	产品	电陶炉用高温氧化镁	陶瓷加热是电磁加热的替代技术，电陶炉用高温氧化镁粉是陶瓷加热技术的关键原材料，采用电熔氧化镁经加工改性后制成。电陶炉用高温氧化镁利用氧化镁的高导热不导电的特点，覆盖发热片表面或者直接预埋发热片，是一种变革性的加热方式	耐受温度：800~1200℃；MgO纯度：≥98%；结晶水等有机杂质含量：0；吸湿率和抗水化能力<0.08%；磁性物含量降低至原含量的20%以下；碳、硫含量降低至原含量的10%以下	该产品已批量投产，并应用于电陶炉中	辽宁嘉顺科技有限公司
61	产品	改性微纳米镁系阻燃材料	该产品采用非金属矿高效、超细化处理技术对天然水镁石进行细化加工，制得亚微氢氧化镁，粒度范围在0.05~0.5μm；而后采用无机粉体连续活化的表面改性技术对氢氧化镁进行改性处理，最后通过熔融	产品吸油值低，活性达到99.01%；填充率最高可达83%。阻燃等级分别达到美国UL940V0级标准、国内A2级阻燃标准，同时阻燃材料的拉伸强度和断裂伸长率等力学性能不同程度改善和提高	因粒径小、易分散、填充量大，显著提高了填充物的氧指数，提高产品的阻燃性能，被广泛应用于电线电缆、热	大连亚泰科技新材料股份有限公司

续表

序号	类型	技术/产品名称	技术/产品简介	主要技术经济指标	应用情况及推广前景	推荐单位
			共混技术，利用专有设备进行混合和深加工。经过改性处理后的微纳米氢氧化镁阻燃剂具有阻燃、消烟、阻滴、填充等特殊阻燃功能		缩材料、胶管胶带、铝塑防火板等行业。该产品已在江苏、浙江、山东等地企业得到应用	
62	产品	大型转炉用高强度增韧镁碳砖	该产品是以电熔镁砂、石墨为主原料，加入适量的添加剂，通过酚醛树脂结合，经过机压成型、干燥而成。该产品强度高，特别是高温强度，适合大型转炉高负重、高废钢量冶炼的需要，有利于提高转炉炉龄。通过提高镁碳砖韧性，应对大型转炉停炉热冲击、回转物理损伤等情况，提高产品使用寿命	化学指标：氧化镁含量>75%，碳含量>14% 物理指标：体积密度>$3.00g/cm^3$，气孔率<4.0%，常温耐压强度>40MPa，高温抗折强度（1400℃×0.5h）>20MPa； 经济指标：提高了镁碳砖的使用寿命，降低了钢铁冶炼过程中各种耐火材料的使用消耗，降低了钢铁冶炼成本	该产品已经在国内、国外大型转炉上长期使用，主要包括日本、俄罗斯、澳大利亚等国家和地区	丹东播磨耐火材料有限公司
63	产品	热固复合聚苯乙烯泡沫保温板	该产品的反应机理是通过化学反应吸收火灾中的热量，即通常伴随着化学键结合水的释出，大量热量被吸收带走，达到阻燃的目的。该产品是一种用水固化的无毒的环境友好的吸热型防火材料，高温下具有吸热冷却和隔热屏障的功效，且固化后能够提高型材结构整体机械强度，固化时间短，各项性能均优于同为A级材料的岩棉。该产品是理想的外墙保温材料，安装施工简便，性价比高。在使用过程中无污染，无排放，无毒，满足环保要求，是有机物和无机物完美的结合	产品指标：低容重，低导热系数（0.040~0.042W/(m·K)），燃烧等级为A级，综合物理性能优异。密度：$128kg/m^3$；抗压强度：0.16MPa；垂直于板面方向的抗拉强度：0.14MPa；体积吸水率：7%；软化系数：0.8；干燥收缩率：0.3%；抗折强度：0.22MPa；燃烧性能等级：A2；燃烧热值试验：PCS = 2.9MJ/kg；单体燃烧试验：$FIGRA_{0.2MJ}$ = 31W/s，THR_{600s} = 2.5MJ；SMOGRA = $4m^2/s^2$；TSP_{600s} = 60	该产品可广泛应用于建筑（内外墙、门、地板、天花板、楼顶、隔墙、防火门等）、冷藏冷冻（冰箱、冰柜、冷藏箱、冷库、医用恒温箱、血库、药箱、冷藏集装箱等）、汽车、动车组、航空航天等领域。目前，该产品已经在万科、中海、碧桂园等企业房地产项目中得到应用	辽宁超强防火保温科技有限公司

续表

序号	类型	技术/产品名称	技术/产品简介	主要技术经济指标	应用情况及推广前景	推荐单位
64	产品	氟化镁光学玻璃及下游高端光学镜头器件	该产品是以轻烧氧化镁（MgO≥98%）或金属镁为原料制备的氟化镁制作光学玻璃，可用于安防、高端镜头、手机摄像、色散还原场景（如激光电视、投影仪等）、显微镜、枪瞄等领域。此外，还可用于医学杀菌、食品保鲜、空气杀菌、物品消毒（碗筷、瓶盖、食物、螨虫灯）、光解催化、表面活化及清洁、去除异味、水杀菌消毒等领域	阿贝数≥101（目前市场95），具有较宽的透光范围（0.25～8μm）、较低的密度和折光率，理论损耗值（10～3dB/km）	该产品已应用于国内军用和民用领域，在国内外市场具有很强的竞争力。产品市场规模巨大，前景广阔	营口市荣兴达科技实业股份有限公司
65	产品	氟化镁	该产品是以轻烧氧化镁（MgO≥98%）或金属镁为原料，与氟化氢或氟化铵按比例反应制得氟化镁粉末，经洗涤、干燥、煅烧后得到氟化镁（MgF_2）。该产品通过特殊工艺去除镁盐中的可溶性的微量金属杂质，产品纯度可用于生产红外窗口、光学镀膜等领域先进材料	氟化镁原料纯度达到99%以上，以此生产的氟化镁镀膜材料纯度可以达到99.95%	该产品主要应用于镀膜材料生产。该产品是优异的红外、紫外探测器窗口材料，在光学透镜、红外制导、光刻机、光纤、激光器、有机电致发光器件等领域有着重要应用。技术稳定，已占领国内51%的市场，以此加工生产的光变防伪材料产品出口国外，被客户认可并占重要份额	营口市荣兴达科技实业股份有限公司

注：以申报先后排序。相关技术及产品的效果、指标主要来自申报材料。

菱镁矿绿色矿山建设规范

1 范围

根据《关于推进菱镁产业持续健康发展的意见》(辽政办〔2020〕33 号) 及《辽宁省绿色矿山建设实施方案》(辽自然资发〔2019〕109 号) 结合《非金属行业绿色矿山建设规范》(DZ/T 0312—2018) 和辽宁省菱镁行业现状制定本规范。

本规范规定了菱镁矿绿色矿山建设过程中矿区环境、资源开发方式、资源综合利用、节能减排、科技创新与数字化矿山、企业管理与企业形象六个方面的基本内容。

本规范适用于辽宁省行政区域内持有有效采矿许可证的新建、改扩建和生产菱镁矿矿山（含合并重组）的绿色矿山建设。

2 规范性引用文件

下列文件对于本规范的应用是必不可少的。各文件的最新版本（包括所有的修改版）适用于本规范。

GB 8978 污水综合排放标准

GB 12348 工业企业厂界环境噪声排放标准

GB 14161 矿山安全标志

GB 16297 大气污染物综合排放标准

GB 18597 危险废物储存污染控制标准

GB 18599 一般工业固体废弃物储存、处置场污染控制标准

GB 50070 矿山电力设计规范

GB 50187 工业企业总平面设计规范

GB 51016 非煤露天矿边坡工程技术规范

GB/T 2589 综合能耗计算通则

GB/T 13306 标牌

GBZ 2.1 工作场所有害因素接触限值 第 1 部分：化学有害因素

GBZ 2.2 工作场所有害因素接触限值 第 2 部分：物理因素

TD/T 1036 土地复垦质量控制标准

DB 21/1642—2008 镁质耐火原料及制品单位产品能源消耗限额

DB 21/3011—2018 镁质耐火材料工业大气污染物排放标准

3 术语和定义

下列术语和定义适用于本规范。

3.1 绿色矿山

在矿产资源开发全过程中，实施科学有序的开采，对矿区及周边生态环境扰动进行有效控制，实现矿区环境生态化、开发方式科学化、资源利用高效化、企业管理规范化和矿区社区和谐化的矿山。

3.2 矿区绿化覆盖率

矿区土地已绿化面积占可绿化面积的百分比。可绿化面积指除开采区、建筑物覆盖区、设备存放区、油品储存区与消防通道之间、防火墙内等禁止绿化区域以外的其他区域。

3.3　研发和技改投入

企业开展研发和技改活动的资金投入。研发和技改活动包括：科技研发，技术和知识产权引进，技术创新、改造和推广，设备更新，科技培训、信息交流、科技协作等。

4　总则

4.1　菱镁矿矿山企业应严格遵守《矿产资源法》等法律法规和相关产业政策，证照齐全，合法经营。
4.2　菱镁矿矿山企业应贯彻创新、协调、绿色、开放、共享的发展理念，遵循因地制宜的原则，实现矿产资源开发全过程的资源利用、节能减排、环境保护、土地复垦的统筹兼顾及企业文化和矿地和谐的全面发展。
4.3　菱镁矿矿山企业应履行矿业权人勘查开采信息公示义务，公示公开相关信息。
4.4　菱镁矿矿山企业应以人为本，保障职工身体健康。
4.5　新建、改扩建菱镁矿矿山应根据本规范建设，生产矿山（含合并重组）菱镁矿矿山应根据本规范进行升级改造，菱镁矿绿色矿山建设应贯穿规划、设计、建设和运营全过程。
4.6　菱镁矿矿山企业在绿色矿山建设过程中，应严格按照安全规程和采矿设计进行规范管理，采取科学合理的预防措施，及时处置安全隐患，保障安全开采和安全生产。

5　矿区环境

5.1　基本要求

5.1.1　矿区各功能分区明确，布局合理；配套设施齐全；应绿化和美化矿区，使矿区整体环境整洁美观。
5.1.2　生产、运输、储存管理规范有序。

5.2　矿容矿貌

5.2.1　矿区按生产区、管理区和生活区等进行功能分区，各功能区达到《工业企业总平面设计规范》（GB 50187）的规定，有相应的管理制度，运行有序，管理规范。
5.2.2　矿区地面道路、供水、供电、卫生、环保等配套设施齐全，供电设施符合《矿山电力设计规范》（GB 50070）的规定，各配套设施正常运转。
5.2.3　员工宿舍、食堂、澡堂、厕所等生活设施配备齐全，干净整洁、管理规范，建筑物无明显老化破损。
5.2.4　生产区按要求设置操作提示牌、说明牌、线路示意图牌、安全生产标识牌，标牌设置符合《标牌》(GB/T 13306）的规定，安全生产标识牌设置符合《矿山安全标志》(GB 14161）的规定。
5.2.5　各种固体废弃物（危险废物、一般废物和生活垃圾）有固定堆放场所，并做到管理规范，危险废物符合《危险废物储存污染控制标准》(GB 18597）的规定；一般废物符合《一般工业固体废弃物储存、处置场污染控制标准》(GB 18599）的规定；生活垃圾按照可回收、不可回收进行分类管理。按照国家法律和标准，自行对固体废弃物进行无害化处置，或委托有资质的第三方单位进行处置。
5.2.6　矿区环境整体干净、整洁，设备、物资材料管理规范、堆码整齐，无乱堆乱放及各种洒落物。
5.2.7　管理区和生活区道路全部采用水泥混凝土或沥青路面进行硬化，生产区主干运输道路表面平整、密实和粗糙度适当，应做到无洒落物；破碎车间、周转场地及有建筑物场地应采用混凝土路面。

5.3　矿区绿化

5.3.1　管理区和生活区可绿化区域应全部绿化，绿化覆盖率应达到100%。
5.3.2　管理区和生活区道路应进行景观绿化，绿植搭配合理，并保证成活率；进入生产区道路两侧因地制宜设置绿化隔离带；生产区道路不具备绿化条件的，可制作宣传牌或宣传标语进行美化。

6　资源开发方式

6.1　基本要求

6.1.1　资源开发应与环境保护、资源保护、城乡建设相协调，最大限度地减少对自然环境的扰动和破坏，选择资源节约型和环境友好型开发方式。

6.1.2 根据菱镁矿资源赋存状况、生态环境等条件，因地制宜地选用合理的开采顺序、开采方式和开采方法。适合地下开采方式的，原则上要采取地下开采方式。

6.1.3 应选用国家和省政府鼓励、支持和推广的采选工艺、技术和装备，充分实现菱镁矿资源集中开发、分级利用、优质优用、综合利用。严禁使用国家和省政府明文规定的淘汰或禁止类工艺及装备。

6.1.4 应贯彻“边开采、边治理、边恢复”的原则，对停采或闭坑的工作台阶要及时治理，复垦矿山压占和损毁的土地，恢复矿山地质环境。

6.1.5 “三率”指标（开采回采率、选矿回收率、综合利用率）不低于国家标准。

6.2 绿色开发

6.2.1 露天矿山按照自上而下的开采顺序，分台阶开采，开采台阶高度、坡面角及工作平台宽度应符合开发利用方案或采矿设计；地下开采矿山鼓励采用充填法进行开采，开采方法应符合开发利用方案或采矿设计。

6.2.2 露天开采矿山开采工作台阶规范，各平台应无杂物、积水等，边坡无危石、浮石和其他滚落物，边坡管理达到《非煤露天矿边坡工程技术规范》(GB 51016) 的要求；地下开采矿山开采工作面安全，出口畅通，满足通风、运输、行人、设备安装、检修等的需要，支护完好，工作面无大面积积水、无杂物、无浮渣。

6.2.3 采用湿式、干式（带收尘）等凿岩设备进行钻孔作业；采用大型化、自动化铲装和运输车辆，鼓励使用清洁能源车辆铲装及运输。

6.2.4 露天矿山开采回采率不低于 90%，地下矿山开采回采率不低于 80%；低品位菱镁矿选矿回收率不低于 58%。

6.3 环境治理和土地复垦

6.3.1 及时治理和修复矿山在基建和开采过程中损毁的各类土地，并恢复其土地基本功能。

6.3.2 停用的排岩场及终了平台应及时进行土地复垦。

6.3.3 矿山恢复治理后的各类场地与周边自然环境和景观相协调，矿山土地复垦质量达到《土地复垦质量控制标准》(TD/T 1036) 的要求，矿山土地因地制宜实现土地可持续利用，区域整体生态功能得到保护和恢复。

6.3.4 建立环境监测机制，配备管理人员、监测人员和必要的监测设备，对生产废水、粉尘、噪声实行动态监测，建立矿山地质环境（如地面变形、地质灾害等）监测机制。

7 综合利用

7.1 基本要求

按照减量化、再利用、资源化的原则，综合开发利用共伴生矿产资源，科学合理利用废石等固体废物、废水等，发展循环经济。

7.2 共伴生资源综合利用

7.2.1 按矿产资源开发利用方案，结合经济、社会发展需要和矿床实际情况，对共伴生资源进行综合勘查、综合评价、综合开发。

7.2.2 达到可经济利用价值的共伴生资源，选用先进适用、经济合理的技术工艺进行回收利用，并妥善处理好社会效益、经济效益和环境效益之间的关系。

7.2.3 对暂时不能开采的共伴生矿产，采取保护性措施，避免资源浪费。

7.3 固体废弃物处理和利用

7.3.1 宜采用井下回填、筑路、制作建筑材料等途径充分利用固体废弃物，实现废石、尾矿的综合利用。

7.3.2 剥离后的表土，将其堆放到具有防护措施的安全场地，用于土地复垦或生态修复，也可统筹用于其他土地复垦区域。

7.4　废水利用

7.4.1　生产废水采用洁净化、资源化技术和工艺合理处置，实现废水的有效处置，建立选矿废水等生产废水的循环处理系统，实现废水循环利用。
7.4.2　矿区建设雨水截（排）水沟及收集池，配备取水设备，将汇集的地表径流水、淋溶水等经沉淀后处理回用。
7.4.3　采用合理方式，有效处置生活污水。

8　节能减排

8.1　基本要求

建立生产全过程能耗核算体系，采取节能减排措施，控制并减少单位产品能耗、物耗和水耗。

8.2　节能降耗

8.2.1　建立生产全过程能耗核算体系，能耗指标和计算方法参照《综合能耗计算通则》(GB/T 2589)，矿产资源开采能耗、焙烧窑的单位产品能源消耗额及产品综合能耗等相关指标，符合矿山设计或《镁质耐火原料及制品单位产品能源消耗限额》(DB 21/1642—2008) 的规定。
8.2.2　企业有年度能源管理计划，节能指标分解到各个部门或车间。
8.2.3　矿山生产过程中合理利用太阳能、地热能、风能、电能、天然气等清洁能源。
8.2.4　对于有电熔镁炉的矿山，使用全封闭和高效余热回收利用技术，回收余热用于发电、取暖等。

8.3　粉尘排放

8.3.1　监测污染物排放含量，加强无组织排放治理，尤其严控采选、物料储存、运输等环节的无组织排放。具有镁质耐火材料加工的矿山严格执行《镁质耐火材料工业大气污染物排放标准》(DB 21/3011—2018) 的规定，安装环保在线监测设备，并与当地环境保护行政主管部门联网，对其依法监管的污染物排放具备按超标程度自动分级报警、分级通知功能；无镁质耐火材料加工的矿山执行《大气污染物综合排放标准》(GB 16297) 的规定。
8.3.2　在凿岩、爆破、岩（矿）石破（粉）碎、筛分、输送、配料、焙烧等关键环节或场所采取降尘措施，工作场所粉尘浓度应符合《工作场所有害因素接触限值　第 1 部分：化学有害因素》(GBZ 2.1) 规定的粉尘容许浓度要求。
8.3.3　运输道路沿途设置喷水、感应式喷雾设施或配置洒水车定时洒水降尘；地面运输车辆及运输设备采取喷雾降尘或洒水降尘；外运产品采用密封车辆，避免沿路粉尘飞扬。
8.3.4　废石或矿石周转场地、贮存场应配套防扬尘设施。
8.3.5　矿山应在适当位置设置自动洗车平台，保证出场车辆清洁。

8.4　噪声排放

8.4.1　矿山应有主要产生噪声场所及其岗位的清单，对矿区凿岩、破碎和空压等高噪声设备进行降噪处理，矿山自行配备消声、减振和隔振等降噪措施，工作场所噪声接触限值应符合《工作场所有害因素接触限值　第 2 部分：物理因素》(GBZ 2.2) 的规定。
8.4.2　矿区场界噪声排放应符合《工业企业厂界环境噪声排放标准》(GB 12348) 的规定。

8.5　废水排放

矿山生产废水与生活废水尽量回收利用，确需外排的应符合《污水综合排放标准》(GB 8978) 的规定。

9　科技创新与数字化矿山

9.1　基本要求

矿山重视科技研发和科研队伍建设，推进科技成果转化，加大技术改造力度，推动产业绿色升级。

9.2 科技创新

9.2.1 矿山建立技术研发队伍，配置专职技术人员，并建立科技创新奖励管理制度。
9.2.2 建立产学研用协同创新体系，与科研院所、高等院校等建立技术创新合作关系。
9.2.3 企业每年用于开展研发和技改活动的资金投入不低于上年度企业主营业务总产值的1.5%，其中镁质材料清洁生产、高端镁质产品开发、矿区固废综合利用、数字化矿山建设方面的研发投入比例不低于上年度企业主营业务总产值的1%。
9.2.4 三年内在科技领域取得创新成果。
9.2.5 矿山应用的技术或产品符合辽宁省工业信息化厅发布的《菱镁产业鼓励推广应用的技术及产品目录》。
9.2.6 加快产品升级换代，促进产品向高端化、多元化方向发展。有耐火材料的矿山企业应对照工业和信息化部《耐火材料行业规范条件》实施技术改造，提升行业发展水平，提高产品附加值。

9.3 数字化矿山

9.3.1 建设数字化、生产集约化、管理现代化的智能矿山。
9.3.2 建立矿山自动化集中管控平台，能够将自动控制系统、远程安全监控系统等集中统一显示。
9.3.3 建立数字化资源储量模型，进行矿产资源储量动态管理和经济评价，实现地质矿产资源储量利用的精准化管理。

10 企业管理与企业形象

10.1 基本要求

矿山应建立健全各种规章制度，并完善绿色矿山管理体系。

10.2 企业管理

10.2.1 编制绿色矿山建设规划，建立绿色矿山组织机构，完善绿色矿山考核机制。
10.2.2 健全绿色矿山管理体系，编制绿色矿山相关制度。
10.2.3 建立职工绿色矿山培训制度，培训计划明确，定期组织人员参加绿色矿山培训，培训记录清晰。
10.2.4 各类报表、台账、档案资料等齐全、完整、真实。

10.3 企业文化

10.3.1 建立生态文明、绿色发展、锐意进取的企业文化。
10.3.2 健全企业工会组织，并切实发挥作用，丰富职工物质、体育、文化生活，定期调查职工满意度。
10.3.3 定期为员工进行职业健康体检，并建立职业健康监护档案。
10.3.4 建立企业职工收入随企业业绩同步增长机制。
10.3.5 不定期开展绿色矿山宣传活动，绿色矿山宣传氛围浓厚，具有绿色矿山宣传片。

10.4 矿地和谐

构建矿地共建、利益共享、共同发展的办矿理念，建立矿区周边群众满意度调查机制，矿山与所在乡镇（街道）、村（社区）等建立良好关系，及时妥善处理好各种纠纷矛盾。

矿山企业不定期开展扶贫或公益募捐等慈善活动。

第三篇

中国耐火材料行业协会成立30周年专篇

中国耐火材料行业协会成立30周年行业发展论坛隆重召开

2021年4月1日下午，由中国耐火材料行业协会主办，中钢洛耐科技股份有限公司、洛阳利尔功能材料有限公司承办，伊川县人民政府、江苏嘉耐高温材料股份有限公司、浙江自立高温科技股份有限公司、无锡宝宜耐火材料有限公司、北京金隅通达耐火技术有限公司、江苏晶鑫新材料股份有限公司、唐山银耐联电子商务有限公司协办的行业协会成立30周年行业发展论坛隆重召开。特邀嘉宾、协会成立以来的老领导，来自中国耐火材料行业协会的会员单位代表及其他行业同仁300多人参加了此次论坛。原冶金工业部副部长、中国工程院院士殷瑞钰，河南省政协副主席张亚忠，工业和信息化部原材料工业司岳全化处长，洛阳市政协副主席任丽君等领导出席论坛。本次论坛由中国耐火材料行业协会会长、北京利尔高温材料股份有限公司董事长赵继增主持。

论坛开幕式中，出席论坛的各位嘉宾：原冶金工业部副部长、中国工程院院士殷瑞钰，河南省政协副主席张亚忠，工业和信息化部原材料工业司岳全化处长，洛阳市政协副主席任丽君，中国钢铁工业协会副秘书长石洪卫等分别致辞，中钢洛耐科技股份有限公司总经理薄钧受董事长李国富的委托，致欢迎辞。

随后，大会播放了纪念耐火材料行业发展30周年的纪录片，纪录片全长12分钟，全面总结和展示了我们耐火材料行业从小到大、从低位徘徊到高速发展的过程。

中国耐火材料行业协会顾问徐殿利与武汉科技大学材料与冶金学院院长顾华志分别作了题为《与快速发展的高温工业同行——协会成立三十年来耐材行业发展的思考和启示》《耐火材料行业发展三十年的科技进步与展望》协会成立30周年回顾主题报告。报告分别从不同角度和方面向大家展示了耐火材料行业近30年的发展成果。

论坛的最后对中国耐火材料行业30年优秀企业家和优秀协会工作者进行了颁奖，其中优秀企业家33名、优秀协会工作者17名。希望当选的优秀企业家再接再厉，把握新发展机遇，贯彻新发展理念，在国内和国际两个市场双循环相互促进发展的新格局中，全面推进绿色发展，为我国耐火材料行业的高质量发展再做新的贡献，以优异的成绩向建党100周年献礼。对于优秀协会工作者，希望受表彰的同志，再接再厉，再创佳绩；同时希望广大协会工作者，以先进为榜样，爱岗敬业，共同为耐火材料行业的高质量发展做出新贡献。

砥砺前行30载，矢志不渝；逐梦奋进30年，初心未改。中国耐火材料行业协会成立30周年来，特别是在党的十八大以来，在维护行业权益、反映行业呼声、倡导行业自律、推动行业发展等方面做了许多富有成效的工作。面对新时代新征程，中国耐火材料行业协会要深入学习贯彻习近平新时代中国特色社会主义思想和党的十九大精神，牢固树立“四个意识”，增强“四个自信”，进一步团结凝聚全行业力量，为推进耐火材料行业高质量发展做出新的更大贡献。

赵继增会长呼吁全体耐火材料同仁把思想和行动统一到中央关于“十四五”期间经济社会高质量发展的思路上来，在国内和国际两个市场双循环相互促进发展新格局中，努力把握“十四五”期间耐火材料产业转型升级的窗口机遇期，为推动我国耐火材料行业的高质量发展做出新的贡献。同时他再次恳请大家更多地关心协会工作，支持协会工作。以协会为纽带，协同发展，共同谱写时代赋予我们的新篇章。

韧重之路 道远之征

——谨以此片纪念中国耐火材料行业协会成立30周年

共和国70年的辉煌历程，是一部波澜壮阔的浩瀚长卷。

从百废待兴到崛起东方，这一段披荆斩棘的破冰之路，这一路上荡气回肠的昂扬奋进，夹裹了无数人的心血与年华，和整整几代人的甘愿与付出。

古老的东方之国正在用工业的崛起，对话世界。

耐火材料行业，用116年的行业历史，见证和相携了共和国工业发展的每一步征程。

1904年，山东博山，博山玻璃公司成立。她是中国历史上第一家现代意义上的耐火材料企业。

1913年，辽东半岛的海城、营口，相继发现菱镁矿。之后成为中国碱性耐火材料的主要产地。

1917年，唐山开平镇，开滦马家沟耐火砖厂落成，中国第一家机制砖厂被载入历史。

中国耐火材料的近代发展之路，由此而始。

1949年我国耐火产量仅为7.4万吨，到2019年产量达2430万吨，占全球产量的65%。耐火材料工业从起步到建立完整的工业体系，成为当之无愧的耐火材料生产大国和消费大国。这一路走来，她支撑着中国钢铁、建材、有色金属、化工、机械、电力等核心工业。

也在时代的变革中，破浪而行。

1957年，苏联援建的我国第一个生产高级耐火材料工厂——鞍山钢铁公司大石桥镁砖厂一期工程建成投产。

1959年，河南洛阳耐火材料厂建成投产。

在国家第二个五年计划至第五个五年计划期间，30多个大型耐火材料项目上马建设。我国耐火材料行业逐步发展成一个比较完整的工业部门。

改革开放的30年，中国耐火材料行业实现了质的飞跃和量的腾飞。

1978年，上海宝山，长江入海口。国家决定建设宝山钢铁总厂。

作为当时我国投资最多、规模最大、最先进的钢铁企业。宝钢工程的成套技术装备从日本引进。她是中国耐火材料行业发展的里程碑事件之一。

在宝钢的建厂方案中，鞍山焦耐院前瞻性地提出了与之配套的28项耐火材料原料和制品项目建议，并得到国家的采纳，作为重点工程同步安排建设。

洛阳耐火材料研究院，承担了引进耐火材料技术的消化、吸收、创新的重任。

采访李国富（现任洛阳耐火材料研究院院长）：宝钢项目的引进，为当时我国钢铁工业用耐火材料的科研、生产提供了前所未有的机遇和挑战。宝钢一期工程让国内耐火材料同行充分认识到当时国内外耐火材料技术的巨大差距。

魏同，时任鞍山焦化耐火材料设计研究院副院长，见证了宝钢耐火材料项目引进吸收与消化的整个过程。

采访魏同：宝钢配套的耐火材料项目，通过引进、消化、吸收，完全实现了国产化，使我国耐火材料项目发生了一个根本性的变化。

国家“六五”“七五”攻关项目和宝钢配套的工程项目建设，极大地推动了我国耐火材料工业的发展。中国的耐火材料工业实现了改革开放后的第一次腾飞。共和国高温工业的快速发展，也带动了耐火材料工业的发展和进步。

从20世纪70年代初开始，我国炼钢工艺由平炉向转炉、模铸向连铸工艺转变，钢铁工业进入了发展的快车道。

1978年，鞍钢150吨转炉，采用大石桥耐火材料厂二步煅烧工艺生产的镁钙砂制作的炉衬，创出了当时业内最好的炉龄水平。

20世纪80中代中期开始，伴随着改革开放的春潮，我国耐火材料品种呈现出前所未有“百花齐放”新局面，各种定形和不定形耐火材料让业内同行耳目一新。

耐火材料行业刮起了“黑旋风”，转炉和钢包镁碳质耐火材料开始普及，一代炉龄寿命迅速提升。

1989年，鞍山，“中国耐火材料工业发展战略研讨会”召开，会议提出“耐火材料应与钢铁等高温工业同步发展”的理念，并促成了行业的“八五”科技攻关项目规划，调动了一场全行业技术攻关的创新浪潮。

1990年10月8日，鞍山，中国耐火材料行业协会成立。

这对后来耐火材料行业的发展拥有深远的意义。

1990年，青岛耐火材料厂开始生产连铸用铝碳质三大件。含碳功能耐火材料成为连铸工艺的标配。顶底复吹转炉用镁碳质供气元件、电熔再结合镁铬砖、氮化硅结合碳化硅质产品相继问世，并取代了进口产品。

进取之路，从未止步。

1989年，中国建筑材料科学研究院科研成果应用于通辽玻璃厂400吨/天浮法目标窑全窑的耐火材料配套项目。

建材院为第一台国产2000吨/天预分解窑提供了炉衬解决方案。新一代环境友好型无铬碱性砖，将水泥窑用耐火材料推向一个新的高度。

高温工业的发展及经济形势的变化，倒逼了这一时期耐火材料工艺的进步。如同行业的特征一样，百炼不折的耐火人，坚韧地挑起了时代的重担。强力支持了冶金等高温工业体系的飞速成长。

采访赵继增（中国耐火材料行业协会会长，北京利尔高温材料股份有限公司董事长）：自中国耐火材料协会成立30年来，中国耐火材料行业取得了巨大的成就。主要体现在品种结构质量功能和环保等性能，完全满足了中国钢铁等高温工业的需求。在经营模式上，实现了由产品制造商向工程技术承包商的转换，由商品价值向服务价值延伸的新型发展模式的转变。在生产和应用集成技术上，基本实现了绿色化、数字化、信息化和智能化，迈上了由高速发展向高质量发展的新台阶。展望未来，通过强化管理创新、模式创新、技术创新和全员创新，控制产能，调整结构，与上游产业建立起利益共同体、事定共同体和命运共同体的和谐价值链，为客户提供超值服务，实现互利共赢、共同发展，为实现中国耐材的强国之梦做出更大的贡献。

2013年，工业和信息化部颁发“关于推进耐火材料行业健康和可持续发展的若干意见”。政府部门第一次将耐火材料作为一个行业，颁发相关引导行业健康发展的文件。

采访徐殿利（时任中国耐火材料行业协会常务副会长）：2011年8月，中国耐火材料行业协会受工业和信息化部委托，完成了《促进耐火材料工业结构升级政策措施的研究》专项报告，为工业和信息化部出台《关于促进耐火材料产业健康可持续发展的若干意见》的专题文件出台做了充分准备，该文件是自1949年以来第一次把耐火材料行业作为一个独立的行业，纳入国家政府部门的管理序业下发的第一个文件。

2014年，工业和信息化部颁发《耐火材料行业规范条件》和《规范公告管理办法》，有效引导了行业高质量发展。自行业规范条件颁布以来，已有72条生产线获得公告。

瑞泰马钢新材料科技有限公司，率先垂范，建设了国家首条智能化绿色耐火材料生产线。

采访曾大凡（中国耐火材料行业协会候任会长，瑞泰科技股份有限公司董事长）：瑞泰马钢智能化生产线，是瑞泰科技践行耐火材料高质量发展、绿色发展的实际行动。湘钢瑞泰、瑞泰马钢是耐火材料企业与钢铁企业合作成功的典范。正在进行的瑞泰科技与中国宝武的资产重组将改变行业格局，进一步提高行业的集中度，促进中国耐火材料行业的健康发展。

砥砺前行，中国耐火材料行业协会，见证了行业30年来翻天覆地的变化。

协会成立至今，致力于服务政府、服务行业、服务会员。耐材之窗网站、情况通报、行业动态、协会公众号成为了行业信息传递的主渠道。

采访李永全（中国耐火材料行业协会驻会副会长）：30年来历届协会在引领行业发展、充当政府与企业之间的纽带与桥梁，促进同行交流、开展科技创新方面做了大量工作，打下了坚实的工作基础。

行业正在从高速发展向高质量发展方向迈进。

1994年，协会主办“中国耐火材料及陶瓷工业展览会”；

2008年，中国耐火材料行业正式获得授权，承担国家耐火材料行业统计职能；

2010年，中国耐火材料行业协会被民政部评定为全国首批3A级行业协会；

2010年，成功举办“耐火材料行业60年暨协会成立20年”庆祝大会；

"中国国际耐火材料生产与应用大会"、上海国际耐火材料展览会已成为行业的标杆品牌展览。

行业培训正在成为行业青年才俊智力大课堂。

协会积极参与国际交流和世界耐协活动。在世界耐火材料的舞台上，中国有了一席之地。

2016年协会启动耐火材料产品团体标准制定工作。

2018年，协会组织制订的《耐火材料工业大气污染物排放标准》团体标准，推动了各地的节能减排、绿色生产。

30年，协会见证了行业的高速发展；今天，我们陪伴行业高质量发展新征程。

韧重之路，千度烈焰淬炼出的耐火精神，是坚韧不屈的行业风骨和民族传承。

道远之征，中国走向世界的风雨兼程，是她复兴的烈火和起舞的台阶。

三十年荣耀之路，当为伊始！

未来高质量发展之路，相约巅峰！

三十年共鉴，再开篇！

剧本：中国耐火材料行业协会

赞助单位：

北京金隅通达耐火技术有限公司

浙江自立控股有限公司

无锡市宝宜耐火材料有限公司

江苏晶鑫新材料股份有限公司

（2021年3月）

中国耐火材料行业30年优秀企业家名单

序号	姓名	单位及职务
1	刘百宽	濮阳濮耐高温材料（集团）股份有限公司　董事长
2	赵继增	北京利尔高温材料股份有限公司　董事长
3	曾大凡	瑞泰科技股份有限公司　董事长
4	鹿成滨	山东鲁阳节能材料股份有限公司　董事长
5	马列鹰	浙江自立控股有限公司　董事长
6	王景斌	营口金龙集团　董事长
7	李　军	武汉钢铁集团耐火材料有限责任公司　总经理
8	黄振球	江苏嘉耐高温材料有限公司　董事长
9	蔡　鑫	海城镁矿集团有限公司　董事长
10	董国亮	唐山市国亮特殊耐火材料有限公司　董事长
11	龚海涛	江苏苏嘉集团新材料有限公司　原董事长
12	虞炳泉	浙江红鹰集团股份有限公司　董事长
13	高长贺	北京金隅通达耐火技术有限公司　总经理
14	薄　钧	中钢洛耐科技股份有限公司　董事、总经理
15	陈海山	瑞泰马钢新材料科技有限公司　原总经理
16	付常浩	辽宁中镁控股股份有限公司　董事长
17	李　涛	鞍山市和丰耐火材料有限公司　总经理
18	杨　强	攀钢冶金材料有限责任公司　董事、总经理
19	车连房	山东耐火材料集团有限公司　董事长
20	李玉强	淄博工陶新材料集团有限公司　董事长
21	侯振东	郑州振东科技有限公司　董事长
22	王战民	中钢集团洛阳耐火材料研究院有限公司　副院长
23	刘　伦	浙江宏丰炉料有限公司　总经理
24	张圣鑫	鞍山钢铁冶金炉材科技有限公司　总经理

续表

序号	姓名	单位及职务
25	武仲丹	辽宁群益集团耐火材料有限公司　董事长
26	李凤强	济南新峨嵋实业有限公司　董事长
27	吴喜民	唐山时创高温材料股份有限公司　董事长
28	陈根财	浙江金磊耐火材料有限公司　董事长
29	方　强	济南鲁东耐火材料有限公司　董事长
30	李富朝	郑州安耐克实业有限公司　董事长
31	郝良军	山西盂县西小坪耐火材料有限公司　总经理
32	何宪超	海城市后英经贸集团有限公司　总经理
33	郑　杰	贵州省海美斯科技有限公司　董事长

（2021 年 3 月）

中国耐火材料行业 30 年优秀协会工作者名单

序号	姓名	单位	职务
1	施振权	中钢洛耐科技股份有限公司（原洛阳耐火材料厂）	第一届、二届会长，第三届副会长
2	陶若璋	中国耐火材料行业协会	第二届秘书长、第三届会长兼秘书长、第四届会长
3	徐殿利	中国耐火材料行业协会	第四届秘书长、第五届常务副会长兼秘书长、第六届常务副会长、第七届秘书长
4	田学光	宝武集团武汉耐火（原武汉钢铁集团耐火材料公司）	第四届副会长、第五届会长
5	陈建雄	中国耐火材料行业协会	第五届副秘书长、第六届秘书长、第七届副会长
6	柴俊兰	中国耐火材料行业协会	第五届~第七届副秘书长、第八届秘书长
7	魏　同	中冶焦耐（原鞍山焦化耐火材料设计研究院）	第一届~第三届副会长、协会专家委员会委员
8	张国栋	辽宁省非金属矿工业协会	常务副会长兼秘书长
9	靳亲国	河南省耐火材料行业协会	常务副会长兼秘书长
10	张继明	山东省耐火材料行业协会	常务副会长
11	姚令春	浙江省耐火材料行业协会	常务副会长兼秘书长
12	卜景龙	河北省耐火材料行业协会	常务副会长
13	程念生	贵州省耐火材料行业协会	会长
14	李肇喜	山西省耐火材料行业协会	副秘书长（驻会）
15	胡卫平	湖南省耐火材料行业协会	秘书长
16	王朝阳	营口市耐火材料行业协会	原秘书长
17	王明安	新密市耐火材料行业协会	原会长

（2021 年 3 月）

我国耐火材料行业近三十年科技进步与展望

武汉科技大学 顾华志

我国耐火材料行业近30年发生了翻天覆地的变化，可以说举世瞩目。值此中国耐火材料行业协会成立30周年之际，本文主要从材料的角度对耐火材料发展与高温工业的关系、耐火材料科技发展代表性成就、国外耐火材料科技动态、耐火材料科技展望四个方面进行概述，谈一点自己的认识。

一、耐火材料发展与高温工业的关系

耐火材料直接应用于钢铁、水泥、有色、玻璃等国民经济多个领域的高温工业生产过程中，是保证其生产运行和技术发展必不可少的基础材料。近30年来，我国粗钢产量2000年之前还在1亿吨左右徘徊，但2000年之后，除了2015年前后4年基本维持在8亿吨外，一直在快速增长。2019年和2020年都超过了10亿吨。水泥产量2014年之前一直在快速增长，2014年达到25亿吨，在这之后也基本维持在23亿~24亿吨。有色金属近30年产量一直保持增长趋势。平板玻璃近30年产量，除了2015年和2016年有所下降，其他年份都在增长。耐火材料近30年产量可以说是忽高忽低，2007年产量超过了4000万吨，后又下降，但总体趋势在增长，2013年以后又呈下降变化。与钢铁、水泥、有色、玻璃相比，它们的产量在增长，而耐火材料产量在下降，影响因素很多，也很复杂，但可以肯定地说，这其中科技的力量发挥的作用不可低估。科技发展的动力，一方面主要来源于从“六五”计划开始的引进、剖析、消化、吸收，特别是宝钢二期工程耐火材料国产化，通过政、产、学、研用合作科技攻关和自主创新，另一方面是，20世纪70年代末~80年代初，日本人发明的镁碳砖和法国人发明的低水泥结合浇注料技术。

二、耐火材料科技发展代表性成就

（一）提高下游产品质量

1. 长寿命耐火材料

这是耐火材料领域的永恒主题，耐火材料寿命长，由此带给钢水等高温熔体的夹杂物也就相应减少。比如高炉用微孔炭砖，我们国内研究的产品性能已经达到日本和德国同类产品先进水平。随着高炉的大型化，配合开发了陶瓷杯、赛隆结合刚玉砖、氮化硅结合碳化硅砖、微孔刚玉砖以及赛隆结合碳化硅砖等。高炉大型化，热风炉也在发生相应变化，比如向顶燃式、高风温方向发展。因此，要求耐火材料具有优异的抗蠕变性能。研究通过添加“三石”或合成莫来石原料等，开发了低蠕变“三石”砖、莫来石砖以及热风炉和焦炉用的优质硅砖。转炉溅渣护炉技术是20世纪90年代后期从美国引进，并在我国得到推广应用的。这个材料主要以轻烧镁粉为主要原料，通过添加部分焦炭等混合，加水成球。经过研究攻关，武钢转炉最高炉龄超过3万炉。还有有色和化工等工业用耐火材料，比如铝电解槽用氮化硅结合碳化硅砖和水煤浆加压气化炉用高铬砖，使用效果都很不错。

2. 含氧化钙耐火材料

因为氧化钙能够净化钢水，国家“八五”“九五”立项，研究开发了优质镁白云石原料及其镁白云石碳砖和烧成镁白云石砖等，在AOD、VOD以及水泥回转窑等得到使用。RH精炼炉用镁钙质喷补料，宝钢长期从德国进口，后来经过研究，研制出这种喷补料，氧化钙含量超过20%，没有水化问题，使用效果比镁质喷补料好。钛合金等高温合金是制作航空发动机叶片等零件的首选材料，合金中O、S、N含量之和应控制在$10\times10^{-4}\%$以下，国内研发出抗水化优良的氧化钙耐火材料满足了冶炼要求。

3. 低碳化

C含量在6%左右，甚至在3%以下。在这之前，开发了碳复合耐火材料很多品种，如转炉/电炉镁碳砖、钢包铝镁（尖晶石）碳砖/镁铝（尖晶石）碳砖/镁碳砖等。但是，为了满足精炼，特别是真空精炼及冶炼超低碳钢的需要，研究了低碳镁碳砖等低碳耐火材料。因为鳞片石墨加入量少了，为了提高抗渣渗透性能和抗热震性能，做了大量研究工作，比如调整颗粒级配，添加热膨胀系数小或热导率高的外加物，引入超细石墨，以及通过原位反应生成或添加适量的纳米碳管、石墨烯等。

4. 无碳化

最典型的就是钢包浇注料和预制块以及不烧砖。体系主要有氧化铝-氧化镁体系（刚玉基）和氧化铝-氧化镁-氧化硅体系（矾土基），尖晶石有预合成的也有通过原位生成的，结合系统有水泥结合、凝聚结合等，氧化铝-氧化镁系材料已经成为我国冶炼高品质钢钢包耐火材料的主流产品。

5. 透气砖

对材质、结合方式、透气方式、安放位置、维护技术、使用部位等都做了研究。转炉透气砖，结合溅渣护炉技术，使得钢水的碳氧积得到有效控制，透气砖使用寿命得到显著提高。近几年还开发了非氧化物结合透气砖及预报技术等，使透气砖的服役安全得到保障。

6. 中间包冶金

为了改变钢水流场，提高钢水品质，工作衬从硅质过渡到镁质、镁铝质和镁钙质，为了降低成本，甚至还有镁硅质；从绝热板转变成涂抹料、喷涂料和干式料。目前有些钢厂干式料使用寿命已经达到100炉以上。挡渣墙/坝通过改变材质和外形结构以及安放位置等，使得钢水质量得到进一步改善。当配上气幕挡墙，效果会更好，特别是对50μm以下的夹杂物去除更加明显。

7. 冶金辅料

炼钢就是“炼渣”，冶金辅料必不可少，发挥了非常重要的作用，其中有脱硅、脱磷、脱硫、脱氧、钢包改质剂、覆盖剂、中间包覆盖剂、结晶器保护渣等。电渣重熔保护渣一般为CaF_2-Al_2O_3系，它的作用一个是作为重熔热源，另一个可以有效地去除钢中有害元素和有害气体以及非金属夹杂物，使金属得到提纯、净化。

8. 玻璃窑用耐火材料

玻璃窑用耐火材料有电熔α-β-氧化铝砖、锆英石砖、锆刚玉砖等。电熔α-β-氧化铝砖，鳞片状β-氧化铝晶粒交织在柱状α-氧化铝晶粒之间，并且α-氧化铝晶粒较单独存在时小得多。因此，熔铸α-β-氧化铝砖耐蚀性略逊于α-氧化铝砖，但是制品的抗热震性却大大提高。

（二）降低能源消耗

1. 不定形化

尽管我国目前耐火材料中不定形耐火材料占比还不及日本等发达国家，但是，我国不定形耐火材料可以说实现了“全覆盖”。这包括所有体系，甚至包括含碳体系、镁钙体系；所有结合系统，包括免烧和不烧制品的金属结合；作业方式有人工和机械，有振动和自流，有湿法、半干法和干法，有预制和机压；使用部位和领域几乎覆盖所有高温行业和高温过程，特别是钢铁冶炼整个流程。根据不同的条件和要求，还对减水剂、缓凝剂、促凝剂、保鲜剂、防冻剂、防爆剂等外加剂做了大量研究。

2. 干熄焦炉用关键耐火材料

干熄焦炉用关键耐火材料如莫来石砖、莫来石-SiC砖、红柱石-SiC砖得到广泛应用。牛腿部位耐火材料一直是薄弱环节，后来通过改变砖型减小砖内应力集中和添加金属铝谋求使用中原位反应生成AlN晶须以及采用氮化硅结合SiC，提高了抗热震性，增加了高温强度，较好地解决了牛腿耐火材料崩裂这个难题。

3. 隔热保温板及涂层

通过有效分散氧化硅纳米粉体，制成的绝热板性能优于德国同类产品指标。微-纳米孔轻质砖通过发泡法、模板法、溶胶-凝胶法、凝胶注模法等造孔手段，莫来石轻质隔热砖、氧化铝轻质隔热砖性能都达到和超过国外同类产品水平。通过对膨胀蛭石组成和显微结构进行调整，其耐压强度和导热系数都达到和优于国外同类产品，取代了进口，在钢包、铁水包以及中间包等得到推广应用。开发的反射涂层涂覆在热风炉蓄热室格子砖上，蓄热量可提高10%以上。

4. 重质耐火材料轻量化

这是李楠老师在国际上首次提出的学术思想。考虑到耐火材料的破坏首先从基质开始，等到基质被基本破坏，颗粒骨料堆积受到冲击，很容易发生松动、垮塌。因此，颗粒骨料的微结构没有必要过于追求致密度。根据这个思想，开发了多孔方镁石-尖晶石砖，其强度、抗热震性和导热系数指标都优于现行方镁石-尖晶石砖，从而较妥善地解决了水泥回转窑烧成带用方镁石-尖晶石砖挂窑皮难的问题。开发了微孔刚玉，通过控制晶界迁移率，获得大量晶内气孔，其中位孔径为0.14μm左右，体积密度在3.20～3.55g/cm^3，既降低了导热系数，又提高了抗热震性，并且强度和抗渣性还不降低。通过竖窑生产的微孔刚玉在武钢、马钢等钢包上试用，取得预期的理想效果，后在唐钢滑板上也得到成功推广。

（三）资源利用和环境友好

1. 原料

充分利用我国耐火材料天然资源，开展了高纯化、复合化、非氧化物化和资源循环化研究，实际上就是钟香崇院士当年提出的“加法”和“减法”学术思想。高纯化和资源循环化可算为减法，复合化和非氧化物化可算为加法。这些原料有氧化物、非氧化物等，有天然的和工业合成的，等等。我国铝矾土多属D-K型，储量丰富，但是品位普遍不高，均化料解决了铝矾土矿构造复杂、成分不均以及矿场大量闲置和混级堆放等问题。研究表明，在一定条件下，氧化铝含量高、高温性能优良的铝矾土均化料可以替代棕刚玉。镁橄榄石熔点为1890℃，没有晶型转变，热稳定性不差，同时因为镁橄榄石中通常伴有一定数量的铁橄榄石，所以可以促进镁质材料烧结。利用这些特性，开发了转炉大面料和中间包干式料。另外，还利用镁橄榄石导热系数仅为方镁石的1/4～1/3，开发了膨胀蛭石-镁橄榄石隔热材料；利用镁橄榄石良好抗碱侵蚀性能，开发的电熔镁橄榄石匣钵应用于工业合成钴酸锂的推板窑中，使用效果优于日本莫来石-堇青石匣钵。钛铁渣原料是冶炼钛铁合金所产生的炉渣经过精选、除铁、熔融还原得到的一种原料。理论上，在1600℃条件下TiO_2-Al_2O_3-CaO系统相图全液相区面积远远小于SiO_2-Al_2O_3-CaO系统相图，因此，推测一定条件下钛铁渣原料可以取代铝矾土熟料。这种料已经在高炉炮泥、铁沟料、中间包和钢包永久层以及喷补料等得到应用。同样铬刚玉也是经过熔融从铬铁渣中制得的一种铝铬固溶体原料，这种原料制成的耐火材料在奥斯迈特炉上试用，效果不错，有望替代直接结合镁铬砖。

2. 颗粒工程

颗粒工程主要指将原料做成不同大小的球形颗粒，这样既可以严格控制颗粒级配，增强浇注料流动性，也可以利用“拱桥效应”提高材料强度，还可以做成微孔制成蓄热材料，比如用在中间包包盖上，效果良好。

3. 无铬化

针对六价铬污染问题，目前有两派。一派是做成不含铬的材料，比如，RH浸渍管用酚醛树脂结合或无碳结合方镁石-尖晶石不烧砖、低碳镁碳砖，水泥窑用方镁石-铁铝尖晶石砖、方镁石-镁铝铁尖晶石砖，过渡带硅莫砖、莫来石复合砖、镁钙锆砖等烧成砖。这些都已经取代直接结合镁铬砖。另外还有采用SiC材料取代铝铬材料，用于垃圾焚烧炉、气化炉等。另一派是通过氧化钙与氧化铝、氧化铬反应形成钙-铝-铬、铝-铬中间相固溶体，消除材料中Cr(Ⅵ)的形成，从另一个渠道实现了材料无“铬”化。

4. 无毒化

这里举三个例子。一个是转炉环保大面修补料，主要就是改变现行的沥青结合和自流方式。大致分三类：（1）干法，通过含结晶水的无机盐分解达到自流并快速烧结，但使用寿命短；（2）水系，采用氧化硅微粉、氧化镁微粉提高材料流动性，并促进烧结；（3）有机物系，存放时间比水系长，但价格较贵。它们各有优缺点。再一个例子是可降解耐火纤维。与传统的硅酸铝耐火纤维相比，（CaO-）MgO-SiO_2体系耐火纤维在隔热和环保性方面具有显著的优势，另外通过引入复合添加剂在纤维表面生成钛酸钾晶须，降低了纤维高温收缩，并且强度和热导率得到进一步改善。还有一个例子是环保型无水炮泥。苯并芘含量做到低于欧洲环保标准，生产过程无难闻气味，使用过程不冒烟，在5250m^3高炉上可以实现310min连续出铁。

（四）安全高效生产

这里主要包括两个方面。一方面指功能耐火材料，包括连铸三大件、滑动水口、定径水口、转炉滑板、引流砂等。材质有Al_2O_3-C、Al_2O_3-ZrO_2-C、Al_2O_3-SiC-C、镁碳质、尖晶石碳质等；结合系统有氧化物结合、非氧化物结合、金属结合等；结构有单一的和组合的以及不同的外形。还有高温烧成和低温处理以及不烧制品等。另一方面指有色和化工用耐火材料。这里我们列举了铝电解槽用氮化硅结合碳化硅砖和水煤浆加压气化炉用高铬砖，使用效果都很不错。还有很多成果，这里就不再一一列举。

三、国外耐火材料科技动态

以欧盟国家为主，承担了对冶金工业炉炉衬的多尺度设计的欧洲地平线2020计划项目，建立了有15个国际合作伙伴的ATHOR组织，其中包括8家工业公司（法铝公司、英格瓷公司、派洛特克公司、奥镁集团、巴西镁业前LWB公司、圣戈班集团、塔塔钢铁和FIRE组织）和7所大学（法国利摩日大学、波兰科学和技术大学、德国亚琛大学、奥地利莱奥本矿业大学、法国奥尔良大学、葡萄牙米尼奥大学和科英布拉大学）。各研究团队合作，将使用最先进的计算工具及模型来设计耐火材料内衬和预测寿命，而且还在科学、技术和软件技能方面训练和培养新一代耐火人，包括研究生、工程师等。该项目于2017年10月开始，为期4年，是结合各团队成员的优势，基于多尺度研究微观结构与材料性能的关系、侵蚀环境对材料热机械性能的影响、抗热震等非线性高温力学行为建模与模拟、耐火炉衬的热力学行为及模拟预测、冶金容器在运行条件下的监测，开发新的测试方法和模型解决材料在工业应用中的科学和技术挑战，并有助于开发更好性能的耐火材料和设计更优内衬结构。其中一个关注的重点是炼钢钢包，因每个钢厂的钢包运行及冶炼工艺均有差异，因此利用这个项目可以形成低成本高效率的工业解决方案。

德国弗莱贝格工业大学Christos Aneziris团队于2012年开始承担德国科学基金项目“熔融金属过滤用功能过滤器-开发零缺陷材料”对新型钢液过滤器进行研究，开发了热震稳定性高的可带氧化铝等涂层的含碳陶瓷过滤器，已在德国蒂森-克虏伯钢铁公司的模铸车间成功进行了工业实验，该过滤器不仅对Al_2O_3夹杂物具有一定的吸附效果，还能利用Al_2O_3与C反应的固相产物促进过滤器与SiO_2、CaO、MgO等夹杂物的反应来吸附夹杂物，利用其气相产物产生微米气泡吸附微米尺寸夹杂上浮，对钢液中非金属夹杂物具有良好的过滤效果，开辟了钢液过滤器发展的新方向。最新研究结果显示，在含碳陶瓷过滤器中采用不同的涂层会产生不同的滤杂效果，比如六铝酸钙涂层能更好地去除20μm以下的夹杂物，但氧化铝涂层对较大的夹杂物的去除效果更好。该项技术也有望改进使其能用于连铸系统。

钛合金等高温合金是航空发动机和燃气轮机的基石。德国弗莱贝格工业大学Christos Aneziris团队研发了可满足钛基合金冶炼用锆酸钙质耐火材料。LIBS（激光诱导击穿光谱）技术是基于激光束聚焦到被测样品上所产生的物质电离过程，电子的复合（再结合）会发光，收集并研究该光谱就可以分析被测物质的光谱特性。这种技术可以原位、在线、同时分析多种元素成分，目前已尝试用于用后耐火材料的高效快速识别分选、再生利用。通常镁碳砖，尤其是低碳镁碳砖具有较大的热膨胀系数，易造成钢包内衬馒头状及开裂，甚至造成钢包外壳产生较大变形，严重影响钢包的安全高效运行。通过采用特殊碳素原料，调控抗氧化剂种类及比例，开发低膨胀或微膨胀的低碳镁碳砖，其高温热膨胀下降30%，可大幅降低镁碳砖在服役过程中的应力破坏，取得良好的耐剥落、抗氧化性能，在德国钢厂使用效果良好。

奥地利莱奥本矿业大学Harald Harmuth团队致力于研究耐火材料的损毁，主要集中在断裂力学表征和高温蠕变表征等方面。楔形劈裂法通过采用较大的块状试样以及楔子、滚轴等传力部件，可以保证耐火材料断裂过程中裂纹的稳定扩展，并减少试样边界对断裂过程区发展的限制，有利于断裂性能的准确测量。近年楔形劈裂法在耐火材料中的应用得以拓宽，涉及更高温及含碳材料等在特定气氛下的测试表征。大家都知道，荷重软化开始温度及压蠕变测试过程中的压应力均为0.2MPa，实际上远低于耐火材料所承受的实际应力。奥地利团队成功研发了高温、高压条件下表征耐火材料压蠕变和拉蠕变装置及方法，使得对耐火材料本身因拉伸应力导致的损毁机理认知不断加深。为应对高洁净钢的连铸工艺，奥镁集团发明了一种基于环缝透气结构的吹氩塞棒，能克服传统吹氩塞棒的压力波动造成钢中两相流动的不稳定性难题，不仅能有效防止浸入式水口结瘤，改善结晶器中的上液面流动状态，避免卷渣，还能更有效地利用气泡去除夹杂物。同时，开发了带旋转装置的多孔水口，能减小射流深度，并在结晶器内产生柱塞流，促使夹杂物上浮；而且为应对薄板坯连铸工艺，研发了4孔水口可减少薄板坯连铸提高拉速后结晶器液面波动。结合机器学习（如神经网络等）技术和耦合数据驱动，进行预测，可以使得炉衬优化的可靠性得到进一步提高。

在耐火材料断裂机理及其热力学损伤研究方面，法国奥尔良和利摩日大学等牵头欧洲高校及企业通过结合数字图像相关技术来测量样品的实时应变，实际上就是通过跟踪物体表面变形前后两幅散斑图像的位移向量，来计算材料的应变以及与裂纹相关的断裂力学参数等，实现了耐火材料的热力学行为的非接触式原位表征。同时，采用拉曼光谱和高温XRD技术从事耐火材料在高温条件下的相变及与高温熔体反应的原位表征。为应对危废垃圾处理用耐火材料的无铬化，研发了莫来石-氧化锆结合红柱石/莫来卡特砖，并进行了工业试验，使用寿命优于铝铬砖等。为面向高品质玻璃（如液晶屏幕、等离子屏幕、陶瓷玻璃、医疗和照明等用玻璃等）熔炼，法国圣戈班、日本旭硝子、美国康宁等外企纷纷研发出高锆耐火材料，通常为熔铸材料，ZrO_2含量可达95%以上的高氧化锆砖，高温长时间基本无玻璃相析出，对玻璃污染甚微。近期，康宁公司还尝试利用纳米添加剂生产能达到熔铸工艺显微结构的高锆材料，在实验室已经取得了一定的效果。

英国维苏威公司则致力于钢流控制智能系统及耐火材料的智能化整体解决方案，如钢包操作平台机器人可以操作钢包机构液压缸，清洁浇铸通道和安装钢包机构耐火材料如水口、滑板等，尝试机器人、钢包机构、耐材的有机结合、有序配合，同时结合数理模拟仿真优化设计技术指导耐火材料配置（如不同钢种和条件下结晶器流场形态，需要配合适当的设置参数和水口设计等），为钢厂带来安全、高效、高质量等方面的提升。维苏威还开发了机器人智能喷涂技术，同时还有激光测厚技术和钢包外壳红外温度监测及报警系统。英国埃克塞特大学张少伟团队还在赛隆等非氧化物，尤其是Al8B4C7等三元硼碳化物或MAX相，以及类石墨烯二维材料的合成及其在耐火材料中的应用开展了大量前沿性研究。

比利时研发了声速法测量耐火材料的高温弹性模量设备和方法。针对耐火材料断裂力学，结合声发射技术，使耐火材料的高温断裂过程（如三点弯曲、热震）能够得到原位表征，更好地指导材料实际使用。

美国、意大利等国的研究人员还开展了耐火材料的自修复研究，如：研究以滑石粉、铝粉和石墨粉为原料制备的SiC/尖晶石纳米复合材料的裂纹自愈合行为与时间、温度和环境气氛的关系，揭示了裂纹愈合的机理——在高温有氧存在时，SiC与氧反应生成SiO_2，SiO_2体积膨胀约80%。另外，形成的二氧化硅与基体发生反应，产生化合物可以使裂纹壁重新结合在一起。

在低碳碳复合耐火材料研究方面，单纯降低碳含量会导致材料抗热震性和抗渣侵蚀性的劣化。日本提出通过引入或生成炭黑、纳米碳管、石墨烯、膨胀石墨等以及纳米氧化物粒子，形成纳米结构基质，谋求解决低碳耐火材料性能难题。日本研制了一种新的生物可溶性纤维，它可以在高温下使用，与通常矿棉的性能接近，而且在高温下具有更优异的抗FeO性能。这种高温LBP纤维用于连铸中间包保温及水口包裹材料，已证实具有比1300℃级矿棉更长的寿命。1988年日本研制出第一台工业型SPS装置。1990年以后，日本推出了可用于工业生产的SPS第三代产品。最近又研制出压力达500t、脉冲电流为25000A的大型SPS装置。目前，SPS放电等离子烧结已广泛用于高温陶瓷和耐火材料，如SPS烧结AlN材料等，能有效提升难烧结材料的致密化程度。

巴西则以Pandolfelli教授团队为主致力于耐火浇注料的无水泥结合系统研究，尝试采用纳米溶胶、凝胶、各种微纳粉等代替水泥作为结合剂，改善浇注料荷重软化温度，防爆性能好还能优化在线烘烤制度。为应对高质量汽车板钢的精炼条件，他们还探索研发了RH用无碳结合免烧镁铬砖，该新产品与1760℃烧成镁铬砖具有相似的性能，且抗热震性和耐侵蚀性更好。开发的硅溶胶结合转炉在线喷补料，施工性优异，使用效果优于水泥结合材料。通过实施钢包衬无碳化技术，经工业应用和监控对比发现，钢包工作衬无碳化后，在钢包运行过程中，钢液温度可少降16℃，也即可将出钢温度降低16℃，具有明显的保温提质的实际意义。此外，针对耐火材料断裂行为的研究主要以数值模拟为主，然而通常的数值模拟，例如有限元法，对于耐火材料破裂过程中多裂纹体系的扩展计算效果并不好。耐火材料作为一种颗粒堆积材料，采用离散元法，可以用来模拟在外荷载作用下连续介质向非连续介质转化的力学问题，比如对耐火材料的四点弯曲断裂过程进行模拟计算，模拟结果和实验结果匹配度更高，可更好地探索材料损伤断裂机理。

作为大型热力学软件的主要研发人，韩国In-Ho教授团队在无机材料和合金热力学数据开发方面做出了突出贡献，并一直致力于拓展其数据库，正在完善分子摩尔体积，以及开展含碱金属氧化物的多元体系的热力学计算。3D打印技术是一项新兴的智能制造技术。在耐火材料领域，对于3D打印技术的开发和应用尚处于起步阶段。韩国报道采用3D打印（光固化）制造了熔融石英耐火材料。

俄罗斯目前还关注于冶金窑炉的炉衬监控及大数据在耐火材料服役过程中的应用。如通过在高炉中大量布置热电偶等传感器，收集和描绘耐火炉衬在服役过程中的演变，并通过大数据分析提出后续改进方案。

据估计，世界铂族金属/元素的储量约为10万吨，其中80%以上的铂族金属/元素蕴藏在南非火成岩中。南非通过对比研究发现，石墨块，包括微孔炭砖难以有效抵御冶炼铂族金属/元素熔体的侵蚀。

四、耐火材料科技展望

耐火材料服务高温工业，为我国高温工业的发展做出了重要贡献。但是，耐火材料本身也是高温行业中的传统材料之一，仍然存在能耗大、资源依赖和环境污染等问题。在国家建设第二个百年目标征程中，我们耐火材料工作者要继续努力，不断创新。下面围绕卡脖子技术、碳达峰/中和、智能化、美丽中国这四个主题，谈一点自己对下一步我国耐火材料科技发展的认识。

（一）卡脖子技术

主要围绕部分高端装备及核心部件用高性能钢铁材料冶炼，开发相应的长寿命耐火材料和可去除钢中夹杂物的耐火材料，比如白云石耐火材料、过滤材料等。非高炉冶炼，特别是氢冶金，欧洲开始试生产，国内宝武和河钢也已经启动氢冶金研究。氢冶金温度不高，但是气氛为强还原气氛，因为绿色低成本制氢目前还有困难，有可能先是H_2与CO混合气体，所以，需要确定哪种耐火材料更适合进行研究。废钢越来越多，与此同时铁矿石价格越来越高，所以，废钢冶炼条件下转炉、电炉，包括钢包、铁水包耐火材料寿命受到明显影响。冶金辅料，特别是保护渣，国内研究得不多，很多保护渣都是仿照国外做的。理论上应该是不同的钢种对应不同的保护渣，实际上包括应该对应不同的水口。另外，航空玻璃熔炼用高锆砖，国内也做得不够。我们近年利用钢渣具有一定的导电性，研究了在耐火材料中外加电磁场，实现了对耐火材料的损毁有效控制，并在钢包上得到验证。针对低密度高强钢冶炼，实现钢材轻量化，研究CA_6质耐火材料，取得预期结果，等等。这个方向的目标主要是耐火材料要达到“超低夹杂”。

（二）碳达峰和碳中和

主要围绕耐火材料低碳化、轻量化开展进一步研究并工业推广实施，把碳做得更低，3%及以下；体积密度降得更低，降低10%及以上。目前我们不仅做了微孔刚玉，还做了微孔镁砂。利用这种镁砂制成的浇注料抗热震性和抗渣渗透性都得到明显提高，导热性降低。在线造衬，也即利用余热在热态下对高炉、钢包、中间包、水泥回转窑等内衬进行喷射造衬。多孔介质燃烧技术是将燃料和氧化剂在多孔介质孔隙内燃烧，然后以高温固体辐射为主进行传热，加热效率大大提高，温度分布均匀，并且能实现低热值气体的燃烧。相变蓄热材料，简单说是把剩余的热储存起来，需要的时候再释放出来。比如用在钢包和中间包包盖，甚至用在钢包和中间包以及铁沟永久层，还有蓄热室、燃烧器等。高性能轻质隔热材料，利用模板法或遗态材料等把孔做得更细。再一个就是利用“自”结合，把传统烧成制品做成不定形或不烧制品，等等。这个方向目标是耐火材料要达到“超低热损”。

（三）美丽中国

低品位天然矿物，比如含杂质的白云石、菱镁矿、铝矾土矿等，能不能把杂质变成有利的或高熔点物质，把原料中的 CO_2 和结构水当成造孔剂等。工业固废方面，对用后耐火材料除了进行再生利用外，还要进行“变身”研究，比如用于冶金辅料等；利用钢渣显热进行组成和结构重构做成有用原料；对铝铬等渣深加工制成更高附加值原料等。核废料处置用材料，以及高危垃圾等离子体气化炉用耐火材料都还不过关。有色金属冶炼炉直接结合镁铬砖六价铬污染问题需要进一步研究。柴/汽油车尾气过滤器，国内高档车基本由美国和日本垄断，等等。这个方向目标是耐火材料要达到“超低排放”。

（四）智能化

现在钢厂都在向无人工厂、黑灯工厂发展。我理解智能化以后，钢铁流程中的物质流、能量流和信息流，可以达到高度协调，能够获得最大化效果。我们耐火材料的生产和应用整个流程，或者某些关键工艺环节也要智能化。与此同时，我们的研究也要从现在的“炒菜式”向“试错式”转变，开展耐火材料基因工程研究，其中涵盖耐火材料多尺度（宏观、介观、微观）多场耦合模型与模拟计算、耐火材料组成、结构与性能及服役特性的多维度数据库，以及基于机器学习的大数据挖掘和预测模型，等等。这里希望能够跟研究机构和企业协同合作，获得实际参数。这样不仅可以提高工作效率，而且能够提供最优化解决方案。这个方向目标是耐火材料要达到“超低人工”。

总之，我国耐火材料主要还是跟跑，部分在并跑，要想办法转成领跑；要从以前过多追求数量向追求高质量转变；我们不仅仅要追求使用寿命，还要综合考虑下游产品质量保证、环境保护、资源可持续、能源节约等，以及加大注重跟信息、军工等结合；要从结构材料向结构-功能材料转变，努力实现我国耐火材料的绿色化和智能化发展。

第四篇

运行分析

2019年全国耐火材料行业生产运行情况及2020年耐火材料市场预测分析

李永全

中国耐火材料行业协会

一、全国规模以上工业整体运行情况

2019年12月份，规模以上工业增加值同比实际增长6.9%（以下增加值增速均为扣除价格因素的实际增长率），增速比11月份加快0.7个百分点。从环比看，12月份，规模以上工业增加值比上月增长0.58%。1~12月份，规模以上工业增加值同比增长5.7%。规模以上工业增加值变化情况见图1。

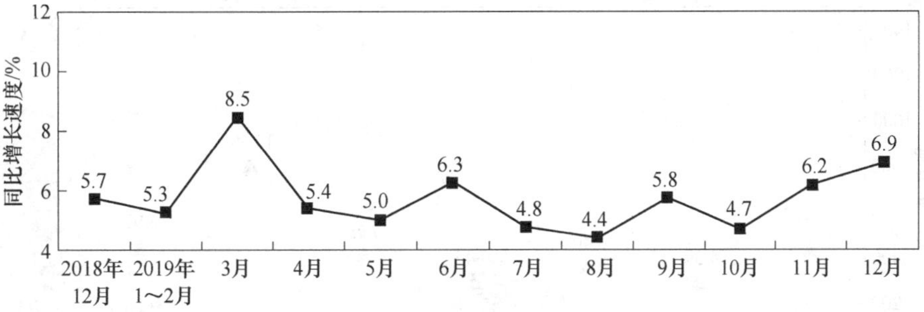

图1　规模以上工业增加值变化情况

2019年，在41个工业大类行业中，28个行业利润总额比上年增加，13个行业减少。

2019年，规模以上工业企业实现营业收入105.78万亿元，比上年增长3.8%；发生营业成本88.94万亿元，增长4.1%；营业收入利润率为5.86%，比上年降低0.43个百分点。

2019年全国规模以上工业企业实现利润总额6.20万亿元，比上年下降3.3%。

2019年末，规模以上工业企业应收票据及应收账款17.40万亿元，比上年末增长4.5%；产成品存货43283.8亿元，增长2.0%。

2019年末，规模以上工业企业每百元资产实现的营业收入为92.4元，比上年末减少2.1元；人均营业收入为141.1万元，比上年末增加10.8万元；产成品存货周转天数为16.9天，与上年末持平；应收票据及应收账款平均回收期为53.7天，比上年末增加2.0天。

二、耐火材料行业生产运行情况

（一）生产运行情况

2019年，根据协会统计全国耐火材料产量2430.75万吨，同比增长3.65%。其中，致密定形耐火制品1341.36万吨，同比增长1.05%；保温隔热耐火制品58.90万吨，同比增长8.87%；不定形耐火制品1030.49万吨，同比增长6.93%。主要品种产量分布见图2。耐火材料主要生产省（市）产量情况见图3，主要省份产量除河南同比稍有降低外，其他省市均有不同程度的增长。2019年耐火材料重点县（市）营业收入和纳税情况见表1。

（二）耐火原材料进出口贸易情况

1. 主要耐火原料出口情况

2019年主要耐火原料出口情况见表2。

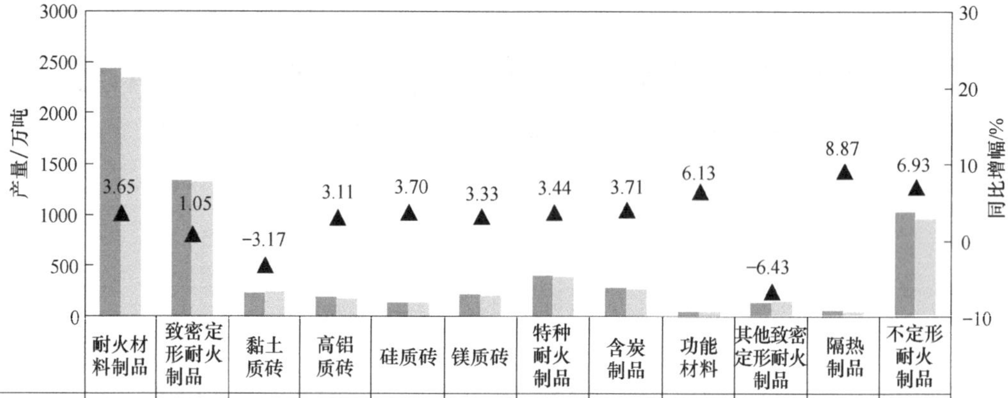

	耐火材料制品	致密定形耐火制品	黏土质砖	高铝质砖	硅质砖	镁质砖	特种耐火制品	含炭制品	功能材料	其他致密定形耐火制品	隔热制品	不定形耐火制品
2019年产量	2430.75	1341.36	237.59	191.88	145.81	220.75	403.44	286.89	54.50	141.88	58.90	1030.49
2018年产量	2345.22	1327.38	245.36	186.09	140.61	213.64	390.04	276.64	51.35	151.63	54.10	963.74
▲ 同比	3.65	1.05	−3.17	3.11	3.70	3.33	3.44	3.71	6.13	−6.43	8.87	6.93

图 2　2019 年耐火材料主要品种产量情况

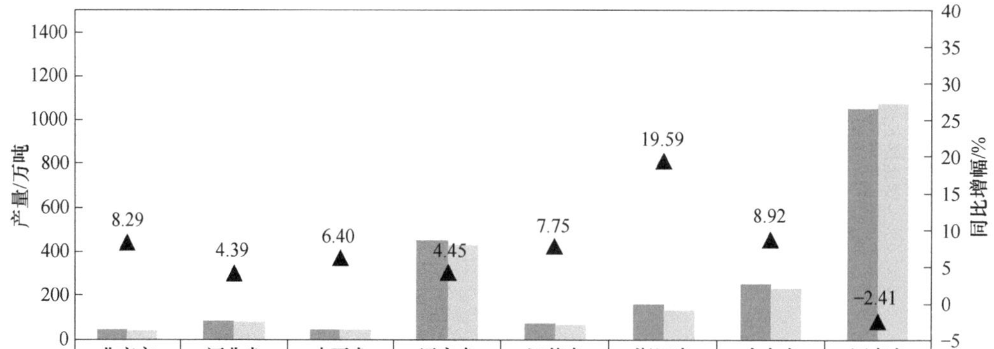

	北京市	河北省	山西省	辽宁省	江苏省	浙江省	山东省	河南省
2019年产量	43.65	83.18	45.87	450.63	72.73	160.46	255.69	1051.04
2018年产量	40.31	79.68	43.11	431.42	67.50	134.18	234.74	1076.98
▲同比	8.29	4.39	6.40	4.45	7.75	19.59	8.92	-2.41

图 3　2019 年耐火材料主要生产省（市）产量情况

表 1　2019 年耐火材料重点县（市）营业收入和纳税情况

地区	收入/亿元	税金/亿元
营口市	281.00	8.73
大石桥	225.00	8.30
海城市	191.69	15.34
巩义市	82.00	8.50
宜兴市	67.18	5.30
孝义市	60.47	3.51
长兴县	53.40	3.50
阳泉郊区	22.80	2.47
伊川市	20.60	0.52

表 2　2019 年耐火原料出口情况

指标	电熔镁砂	烧结镁砂	耐火铝黏土	棕刚玉	白刚玉	石墨	碳化硅
出口量/万吨	36.58	101.12	69.54	52.05	25.74	11.44	28.45
同比/%	−30.18	2.22	−11.90	−1.86	14.96	−15.11	−23.69

据海关统计，2019 年全国耐火原材料进出口贸易总额 38.91 亿美元，比上年同期降低 12.44%。其中出口贸易额 35.24 亿美元，同比降低 15.46%；进口贸易额 3.67 亿美元，同比增长 33.57%。全国耐火原材料出口总量 595.75 万吨，同比降低 6.25%。其中耐火原料出口量 429.18 万吨，同比降低 5.66%；耐火制品出口量 166.56 万吨，同比降低 7.74%。电熔镁砂的出口量出现大幅度下降，平均出口价格下降约 17.73%。铝矾土熟料的出口量下降 11.9%，但出口价格相对稳定。烧结镁砂、轻烧镁砂和白刚玉都有不同程度的增长，但平均出口价格有较大幅度的下降。石墨和碳化硅的出口量出现大幅度下降（分别为 15.11% 和 23.69%），但平均出口价格略有增长（各为 3.54% 和 4.5%）。

2. 耐火制品出口情况

2019 年耐火制品出口情况见表 3。

耐火制品的出口量反映在表 3 中。碱性制品出口量同比降低 13.9%，平均出口价格下降 11.40%；铝硅质制品的出口量和出口价格相对稳定，两者变化较小；其他耐火制品的出口量同比降低 17.08%，而平均出口价格大幅增长 8.59%。

表 3　2019 年耐火制品出口情况

指标	碱性耐火制品	铝硅质耐火制品	其他耐火制品
出口量/万吨	83.94	69.99	12.63
同比/%	−13.19	2.00	−17.08

三、主要下游行业生产运行情况

（一）钢铁行业运行情况

1. 中国钢铁行业生产运行情况

2019 年，全国粗钢产量 9.96 亿吨，比上年增长 8.29%，增速比上年提高 1.69 个百分点；钢材产量 12.05 亿吨，增长 9.79%，提高 1.29 个百分点（图 4）。

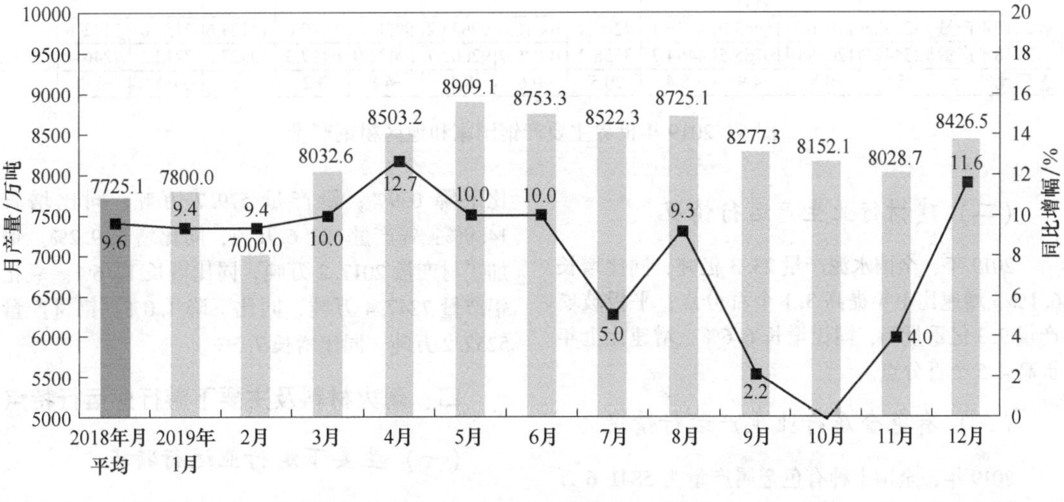

图 4　全国粗钢月产量及同比变化

2. 世界钢铁工业生产情况

据世界钢协统计数据，2019年全球（66个国家和地区）粗钢产量达18.49亿吨，同比增长3.5%。除中东、亚洲、中国大陆和66个国家和地区合计增长外，全球其他国家（地区）粗钢产量不同程度地降低，中国大陆粗钢产量占全球的53.90%。主要产钢国家和地区粗钢产量情况见表4和图5。

表4 全球钢铁工业生产情况

国家或地区	2019年/万吨	上年同期/万吨	同比增幅/%
欧盟28国	15943.0	16765.5	-4.9
独联体	10016.8	10079.9	-0.6
北美	11996.2	12088.0	-0.8

续表4

国家或地区	2019年/万吨	上年同期/万吨	同比增幅/%
南美	4116.1	4494.7	-8.4
非洲	1353.0	1453.0	-6.9
中东	4287.9	3558.2	20.5
亚洲	132792.6	125445.2	5.9
其中：中国	99634.2	92002.7	8.3
大洋洲	616.0	634.1	-2.9
66个国家和地区合计	184854.8	178600.7	3.5
扣除中国大陆	85220.6	86598.0	-1.6

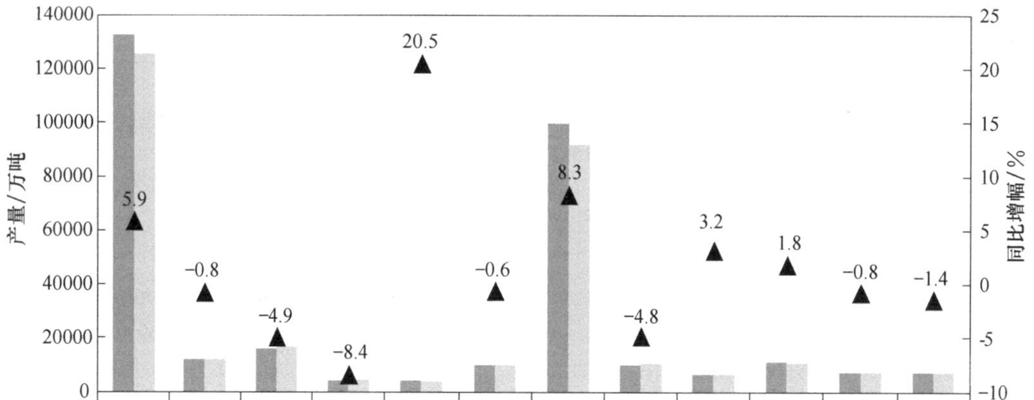

	亚洲合计	北美合计	欧盟28国合计	南美合计	中东合计	独联体合计	中国	日本	美国	印度	俄罗斯	韩国
2019年产量	132792.6	11996.2	15943.0	4116.1	4287.9	10016.8	99634.2	9928.4	6620.0	11124.6	7157.0	7142.1
2018年产量	125445.2	12088.0	16765.5	4494.7	3558.2	10079.9	92002.7	10431.9	6417.3	10927.2	7212.2	7246.4
▲同比	5.9	-0.8	-4.9	-8.4	20.5	-0.6	8.3	-4.8	3.2	1.8	-0.8	-1.4

图5 2019年世界主要产钢国家和地区粗钢产量

（二）建材行业生产运行情况

2019年，全国水泥产量23.3亿吨，同比增长6.1%，增速比上年提高3.1个百分点；平板玻璃产量9.3亿重量箱，同比增长6.6%，增速比上年提高4.5个百分点。

（三）有色金属行业生产运行情况

2019年，全国十种有色金属产量为5841.6万吨，同比增长3.5%。其中，精炼铜产量978.4万吨，同比增长10.2%；原铝产量3504.4万吨，同比下降0.9%；铅产量579.7万吨，同比增长14.9%；锌产量623.6万吨，同比增长9.2%。铜加工材产量2017.2万吨，同比增长12.6%。氧化铝产量7247.4万吨，同比下降1.0%；铝材产量5252.2万吨，同比增长7.5%。

四、耐火材料及主要下游行业运行特点

（一）主要下游行业运行特点

2019年主要下游行业的运行稳定，主要呈现以下特点。

1. 市场需求稳定，产量仍保持增长态势

全国粗钢、水泥、平板玻璃和有色金属产量同比分别增长 8.29%、6.1%、6.6% 和 3.5%。

2. 除建材价格上涨外，钢材及其他产品价格与去年同期比较均有所下降

2019 年 1 月末中国钢材综合价格指数为 106.27 点，4 月末升至 112.67 点，12 月末降至 106.10 点。1~12 月中国钢材综合价格平均指数为 107.98 点，同比下降 5.9%。

2019 年建材产品价格水平同比增长 3.3%，其中，2019 年 12 月当月建材价格指数为 116.79，同比增长 1.0%。全国水泥（PO42.5）平均出厂价格 439.7 元/t，同比增长 4.4%，平板玻璃平均出厂价 75.5 元/重量箱，同比增长 0.2%。

2019 年国内市场铜现货平均价为 47739 元/t，同比下跌 5.8%；铝现货平均价为 13960 元/t，同比下跌 2.1%；铅现货平均价为 16639 元/t，同比下跌 13.0%；锌现货平均价为 20489 元/t，同比下跌 13.5%。

3. 钢铁、水泥、有色行业利润变化情况

2019 年中国钢铁工业协会会员钢铁企业实现销售收入 4.27 万亿元，同比增长 10.1%；实现利润 1889.94 亿元，同比下降 30.9%；累计销售利润率 4.43%，同比下降 2.63 个百分点。

2019 年建材工业规上企业完成主营业务收入 5.3 万亿元，同比增长 9.9%，利润总额 4624 亿元，同比增长 7.2%，销售利润率 8.7%。其中，水泥主营业务收入 1.01 万亿元，同比增长 12.5%，利润 1867 亿元，同比增长 19.6%；平板玻璃主营业务收入 843 亿元，同比增长 9.8%，利润 98 亿元，同比下降 16.7%。

规模以上有色金属企业营业收入 6.0 万亿元，同比增长 7.1%，增速高于工业平均值 2.6 个百分点。利润总额 1578 亿元，同比下降 6.5%，其中，有色矿山行业利润 301 亿元，同比下降 28.4%；冶炼、加工行业利润 647 亿元、630 亿元，同比增长 0.6%、1.4%。分品种来看，铅锌矿采选、钨钼冶炼、金银冶炼行业效益同比减利 75 亿元、65 亿元、45 亿元，成为拖累有色行业效益下滑的主因。

（二）耐材行业运行特点

1. 耐火材料产量小幅增长

2019 年全国耐火材料产量有所增长，同比增长 3.65%；其主要原因是钢铁等主要下游行业运行均呈现增长态势，耐材市场需求加大。碱性耐火制品虽然镁砂市场价格变化较大，但总量仍较稳定。隔热制品增加幅度较大，产量同比增长 8.87%；不定形耐火制品产量同比增长 6.93%。

2. 出口量、出口平均价格和出口贸易额情况

2019 年主要耐火原料出口量、出口额和出口平均价格增幅情况见表 5。

表 5　2019 年主要耐火原料出口量、出口额和出口平均价格增幅情况

商品名称	出口量同比增幅/%	出口贸易额同比增幅/%	出口平均价格同比增幅/%
天然鳞片石墨	−15.11	−12.11	3.54
耐火铝黏土	−11.90	−12.87	−1.10
电熔镁砂	−30.18	−42.56	−17.73
烧结镁砂	2.22	−21.68	−23.38
轻烧镁砂	6.30	3.39	−2.73
棕刚玉	−1.86	−1.61	0.26
白刚玉	14.96	8.22	−5.87
碳化硅	−23.69	−20.25	4.50

2019 年，耐火原材料出口贸易量、出口价格总体上下降。其中出口量同比降低 6.25%，出口贸易额同比降低 15.46%；出口综合平均价格同比降低 9.82%。其中：耐火原料出口量同比降低 5.66%，出口贸易额同比降低 16.25%，出口平均价格同比降低 11.22%。耐火制品出口量同比降低 7.74%，出口贸易额同比降低 14.50%，出口平均价格同比降低 7.32%。表 6 是 2019 年主要耐火制品出口量、出口额和出口平均价格增幅情况。其中石墨、碳化硅和其他耐火制品的出口量虽然大幅降低，但出口价格均出现较大增长的态势，棕刚玉和铝硅制品的出口量和出口价格相对稳定。

表6　2019年主要耐火制品出口量、出口额和出口平均价格增幅情况

商品名称	出口量同比增幅/%	出口贸易额同比增幅/%	出口平均价格同比增幅/%
碱性制品	-13.19	-23.09	-11.40
铝硅质制品	2.00	4.23	2.18
其他耐火制品	-17.08	-9.96	8.59

3. 亏损企业亏损额略有减少

2019年，重点企业中亏损企业6家，亏损面8.22%，较之2018年略有增加。亏损企业亏损额7662万元，比上年同期减少615万元。

4. 应收账款略有增长，仍是影响生产企业经营安全的主要因素

2019年12月末，重点企业应收账款总额141.56亿元，同比增长1.42%。重点企业中，应收账款上升的企业39家，上升面53.42%。其中上升20%以上的企业22家，上升面30.14%。更严重的是有4家生产企业应收账款同比上升100%以上，不仅增加了企业的资金成本，也将严重危及企业的经营安全。

（三）重点耐材企业生产经营状况

据国家统计局数据，2019年全行业耐火制品、耐火原料及相关服务企业总家数1958家，主营业务收入2069.2亿元，利润总额128亿元。协会通过对73家重点耐材企业经营情况调研显示，耐材产量932.57万吨（含部分耐火原料），同比增长3.34%；销售收入568.25亿元，同比增长0.88%；实现利润38.29亿元，利润率6.74%，虽然不及2018年利润率7.84%的水平，但比全国工业企业平均利润率高0.88个百分点。73家重点企业利润降低的主要原因是，2019年碱性原料和碱性制品的市场价格降幅过大导致企业利润的减少。

2019年，耐火材料主营业务收入超10亿元的生产企业16家，超20亿元的企业8家，超过30亿元的企业3家。大型企业的经营质量与2018年相比仍在进步，大型优势企业板块初步形成（图6）。

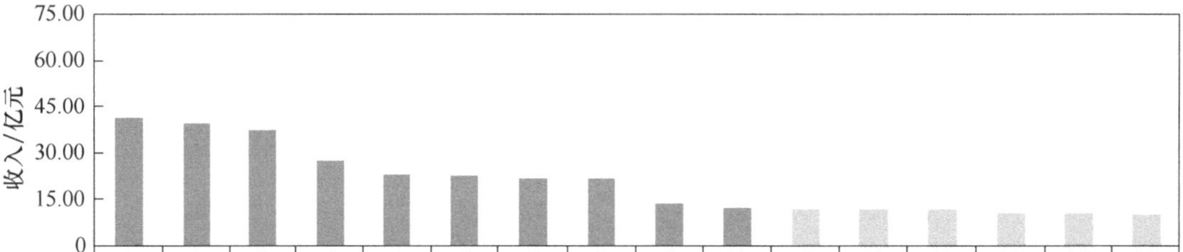

	1 濮阳濮耐	2 瑞泰科技	3 北京利尔	4 海城后英	5 营口金龙	6 浙江自立	7 青花集团	8 鲁阳节能	9 江苏嘉耐	10 江苏苏嘉	11 武钢耐火	12 浙江红鹰	13 维苏威	14 唐山国亮	15 中钢洛耐	16 中镁控股
营业收入	41.39	39.46	37.40	27.62	23.12	22.52	21.48	21.47	13.70	12.29	11.78	11.68	11.60	10.40	10.40	10.04

图6　2019年重点企业主营业务收入情况

表7是四家上市公司2019年与2018年经营情况的比较，四家上市公司的销售收入增幅明显高于行业平均水平，净利润水平良好。虽然2019年行业的平均价格水平较2018年度明显降低，但四家上市公司的平均净利润率达到7.4%（2018年7.1%），表明耐火材料行业的优势企业发展良好，一定意义上也表明行业集中度正在稳步提升。

表7　四家上市公司2019年经营情况

公司名称	销售收入/亿元			净利润/亿元		
	2019年	2018年	增幅/%	2019年	2018年	增幅/%
濮耐股份	41.39	38.88	6.46	2.52	2.22	13.51

续表 7

公司名称	销售收入/亿元			净利润/亿元		
	2019 年	2018 年	增幅/%	2019 年	2018 年	增幅/%
北京利尔	37.40	31.97	16.98	4.20	3.33	26.13
瑞泰科技	39.46	37.86	4.23	0.23	0.173	32.95
鲁阳节能	21.47	18.42	16.56	3.44	3.4	1.18

2019 年重点企业的出口贸易运行平稳。协会统计了出口贸易额超 1 亿元以上重点企业共 16 家（图 7），上述企业占重点企业总出口贸易总额 71.81%。其中除营口金龙的出口贸易量 2019 年度出现大幅增长外，其他企业均出现一定程度的下降或保持相对稳定。主要原因是镁砂市场价格下降幅度过大，导致出口价格的下降。

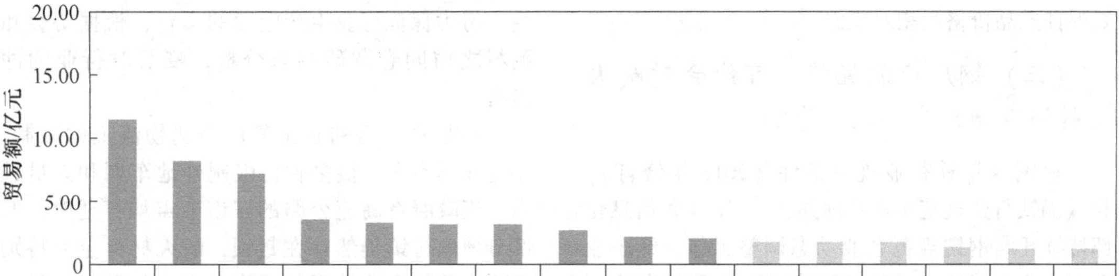

	1 营口金龙	2 濮阳濮耐	3 辽宁奥镁	4 济南镁碳砖	5 青花集团	6 北京利尔	7 海城后英	8 武钢耐火	9 辽宁富城	10 淄博工陶	11 山东耐火	12 中钢洛耐院	13 中钢洛耐	14 重庆赛特刚玉	15 鲁阳节能	16 浙江自立
贸易额	11.53	8.13	7.20	3.50	3.25	3.12	3.09	2.55	1.99	1.92	1.82	1.81	1.73	1.46	1.32	1.22

图 7　2019 年前 16 家企业贸易额情况

五、2020 年耐火材料行业运行中应注意的几个问题

（一）2020 年下游钢铁、建材等行业面临复杂多变的形势

2019 基建、房地产等下游行业运行稳定，国内粗钢表观消费量达到 9.4 亿吨，同比增长 8%。中国的粗钢产量 2019 年创历史新高，达到了 9.9 亿吨，水泥建材、有色金属增幅也大，由于钢铁产量增幅过快，铁矿石等原燃材料价格上涨较多，钢材价格下行，钢铁企业经济效益大幅回落。2019 年中国钢铁工业协会会员钢铁企业实现销售收入 4.27 万亿元，同比增长 10.1%；实现利润 1889.94 亿元，销售利润率 4.43%，同比下降 30.9%；钢铁行业的效益远不及 2018 年。

据预测，2020 年受新冠肺炎疫情影响，汽车、工程机械、建筑等行业影响较大，虽然国家会采取一些应对措施来消除疫情负面效应，但估计 2020 年粗钢产量总体上不会增加，钢铁业效益的下滑可能促使钢厂倒逼耐火材料等行业降价，进一步加大耐材企业的经营压力。2020 年一季度市场价格的下行变化已经显现。总之 2020 年耐材行业面临整个经济层面、上下游行业复杂多变的市场形势。

（二）耐火原料产能释放较大，价格波动太大

由于 2017 年启动的新的一波耐火原料价格上涨行情，涨幅过大，利润过高，导致社会资本投入耐火原料行业的冲动明显增大。2019 年原料产能释放明显加大，导致主要耐火原料价格，除铝

矾土熟料因为铝土矿矿山开采整治，铝矾土价格在第4季度略有反弹外，其余均出现下降。尤其是电熔镁砂和烧结镁砂的价格下降明显。电熔镁砂价格下降15%～20%，烧结镁砂下降20%～30%，电熔白刚玉的价格由于产能释放较大，下降幅度达到10%左右，现在市场上白刚玉、棕刚玉的比价也出现了倒挂。原料价格的快速下滑也是2019年行业运行的一个重要特点，这一市场趋势在2020年将会继续呈现。

耐火原料本来产能严重过剩，市场需求有限，无序的扩大产能，受害的是企业。希望企业家投资耐火原料项目要慎之又慎。从源头做起，控制生产总量是稳定价格的唯一因素，在保证市场需求的前提下，既要严控矿石的开采量，又要控制耐火原料的生产总量，在市场经济条件下才能有效保证产品价格的相对稳定。

（三）钢厂产能置换，可能会对耐火材料的市场产生一定的影响

根据《钢铁行业规范条件（2015年修订）》和《钢铁行业规范企业管理办法》，工业和信息化部持续开展钢铁规范企业动态调整工作。经企业自查、地方工业主管部门初审、工业和信息化部组织专家核实，其中，13家企业符合《钢铁行业规范条件》，拟列入规范企业名单；7家企业存在未通过地方初审、冶炼设备拟全部关停退出等情形，拟撤销规范公告；13家企业存在环保、安全等问题，拟责令整改；12家企业冶炼装备变化等。根据各级发改委、工信部门发布和更新的信息，耐材之窗对全国钢铁企业退城搬迁、产能置换等信息进行了统计汇总，76家钢铁企业因上述原因有置换项目。拟建钢铁项目粗钢产能近2亿吨，对耐火材料的市场需求无疑是重大利好，耐材生产企业应跟踪市场变化，抓住机遇。

（四）关注炼钢电炉用耐火材料

2019年中国废钢市场出现较大变化。据中国废钢应用协会统计，国内废钢产生量和使用量达到2亿吨新台阶。废钢比达到20%水平。炼钢电炉开工率和产能利用率持续走高。电炉钢产量的不断增长，截至2019年6月，有关机构调研的全国275座电弧炉，产能为1.65亿吨，计划全年新增投产2101万吨，其中已投产642万吨，未投产1459万吨。

电炉用耐火材料需求量将逐步加大。由于转炉炼钢引入了溅渣护炉技术，炉龄高且稳定，但炼钢电炉炉龄较低，一般为600～700炉，低的只有200～300炉。因此电炉用耐火材料的质量提升，产品更新和技术发展应引起业内关注与重视。

（五）新冠肺炎疫情对行业2020年运行的影响分析

与其他行业一样，年初开始的新冠肺炎疫情对耐火材料行业的运行挑战严重。疫情发生以来，行业协会和行业同仁一起，坚决贯彻习近平总书记重要指示精神，落实党中央、国务院、国资委、中国钢铁工业协会的决策部署，全行业齐心协力筑牢疫情防控的屏障，在做好疫情科学防控工作的同时，捐款捐物，助力湖北武汉抗击疫情，努力保证行业生产经营的运行，根据协会和耐材之窗问卷调研结果分析，疫情对行业的冲击有：

一是春节后的复工复产遭遇物流上的限制。年初找不到车，很多省份限制外地车辆和人员进入，当政府将高速公路的城市节点均打通时，但部分地区村镇仍然存在封锁，耐火材料企业特别是耐火原料企业地理位置多分布在村镇，原料进入和产品的输出仍然存在困难。

二是运费成本增加。当整个工业体系的完整供应链运行不充分时，耐火材料行业也受到影响，物流成本大幅增加，在取消高速收费的情况下，企业运费上涨30%～80%不等。

三是复工产能利用率低。2月底～3月初，耐火材料企业的表观复工率约80%，但整体产能利用率不足50%。未开工的企业主要原因是未能通过地方政府的开工核准，工人不足并不是耐火材料行业的主要问题。

尽管有上述困难，整个行业齐心协力，满足了钢铁建材等下游行业的供应，未发生因耐火材料断供影响下游企业生产的情况。

上述冲击是暂时的。但随着疫情的全球扩展以及随之而来对整个全球经济影响的显现，疫情对耐火材料需求端的影响日益扩大。疫情必将影响钢铁、汽车消费等，进而影响耐火材料行业。所以说，疫情对2020年耐火材料行业的影响不容小觑。

总之，2020年耐火材料行业的运行既有积极的因素，也有现实的和潜在的困难。2020年是“十三五”规划的收官之年，是我国脱贫攻坚之

年，也是我国全面建成小康社会的决胜之年。从最高层面传递出的信息看，现阶段既要精准防控疫情，又要促进加快复工复产、以省域为单元全面恢复正常生产生活是当前各级政府和各行各业的工作之重。深化改革、扩大开放、提高宏观调控的前瞻性以及推动区域经济发展，仍是2020年经济发展的主基调。当前和今后一个时期，我国经济稳中向好、长期向好的基本趋势没有变。我们要增强必胜信心，控制疫情对经济的影响，善于把外部压力转化为深化改革、扩大开放的强大动力，集中精力办好自己的事。抓住新机遇，迎接新挑战，实现耐火材料行业高质量发展的跨越。

2020年全国耐火材料行业生产运行情况及2021年耐火材料市场预测分析

李永全

中国耐火材料行业协会

一、全国规模以上工业整体运行情况

2020年12月份，规模以上工业增加值同比实际增长7.3%（以下增加值增速均为扣除价格因素的实际增长率），增速较11月份加快0.3个百分点。从环比看，12月份，规模以上工业增加值比上月增长1.1%。2020年，规模以上工业增加值比上年增长2.8%。规模以上工业增加值变化情况见图1。

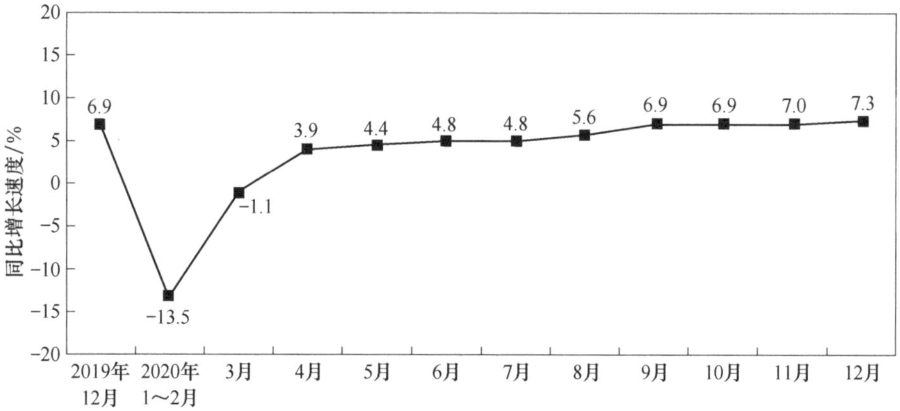

图1 规模以上工业增加值变化情况

2020年，在41个工业大类行业中，26个行业利润总额同比增加，15个行业减少。

2020年，规模以上工业企业实现营业收入106.14万亿元，比上年增长0.8%；发生营业成本89.04万亿元，增长0.6%；营业收入利润率为6.08%，比上年提高0.20个百分点。2020年全国规模以上工业企业实现利润总额6.45万亿元，比上年增长4.1%。

2020年末，规模以上工业企业应收账款16.41万亿元，比上年末增长15.1%；产成品存货4.60万亿元，增长7.5%。

2020年末，规模以上工业企业每百元资产实现的营业收入为87.8元，比上年末减少5.0元；人均营业收入为145.0万元，比上年末增加5.5万元；产成品存货周转天数为17.9天，比上年末增加1.2天；应收账款平均回收期为51.2天，比上年末增加5.8天。

2020年，全国固定资产投资（不含农户）518907亿元，比上年增长2.9%；全国房地产开发投资141443亿元，比上年增长7.0%。

2020年，全国货物进出口总额321557亿元，比上年增长1.9%。其中，出口179326亿元，增长4.0%；进口142231亿元，下降0.7%；机电产品出口增长6%，占出口总额的59.4%，比上年提高1.1个百分点。

二、耐火材料行业生产运行情况

（一）生产运行情况

2020年，根据协会统计全国耐火材料产量

2477. 99 万吨，同比增长 1. 94%。其中，致密定形耐火制品 1370. 94 万吨，同比增长 2. 20%；保温隔热耐火制品 62. 21 万吨，同比增长 5. 61%；不定形耐火制品 1044. 85 万吨，同比增长 1. 39%。主要品种产量分布见图 2。耐火材料主要生产省（市）产量情况见图 3。

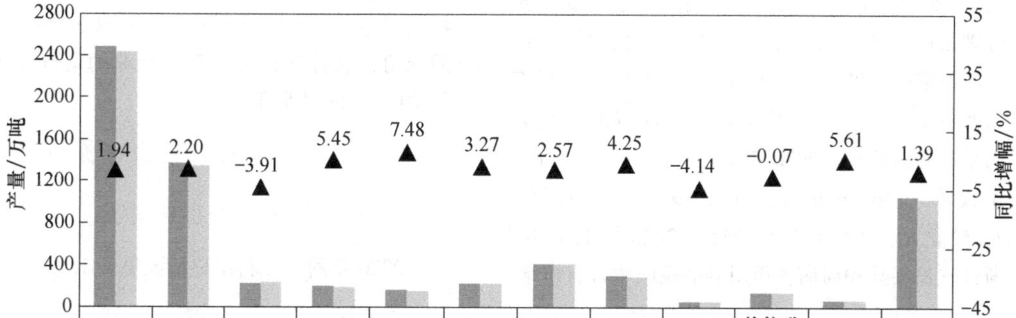

	耐火材料制品	致密定形耐火制品	黏土质砖	高铝质砖	硅质砖	镁质砖	特种耐火制品	含炭制品	功能材料	其他致密定形耐火制品	隔热制品	不定形耐火制品
2020年产量	2477.99	1370.94	228.30	202.34	156.73	227.98	413.81	299.07	52.25	141.79	62.21	1044.85
2019年产量	2430.75	1341.36	237.59	191.88	145.81	220.75	403.44	286.89	54.50	141.88	58.90	1030.49
▲ 同比	1.94	2.20	−3.91	5.45	7.48	3.27	2.57	4.25	−4.14	−0.07	5.61	1.39

图 2　2020 年耐火材料主要品种产量情况

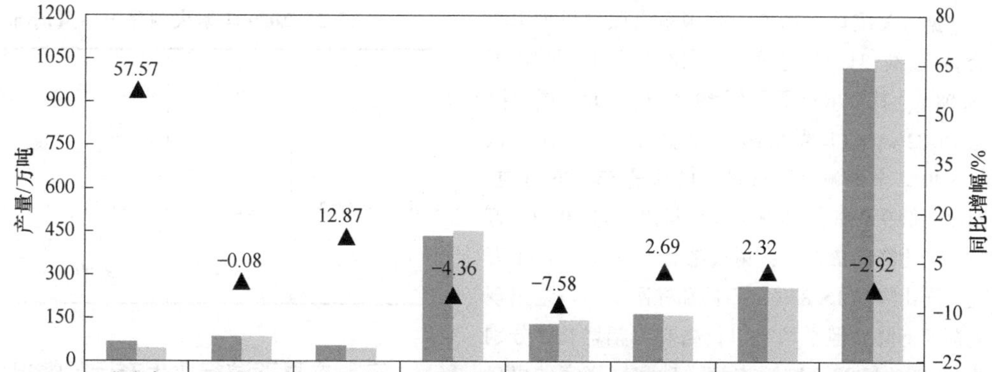

	北京市	河北省	山西省	辽宁省	江苏省	浙江省	山东省	河南省
2020年产量	68.78	83.11	51.78	430.98	130.88	164.77	261.61	1020.33
2019年产量	43.65	83.18	45.87	450.63	141.61	160.46	255.69	1051.04
▲ 同比	57.57	−0.08	12.87	−4.36	−7.58	2.69	2.32	−2.92

图 3　2020 年耐火材料主要生产省（市）产量情况

主产区中，河南省 2020 年耐火材料产量 1020. 31 万吨，同比下降 2. 92%，产量下降时段主要发生在 2020 年 1 季度；辽宁省年产量 430. 30 万吨，同比下降 4. 36%，主要原因是 2020 年 1~3 季度镁质原料和镁质制品市场低迷；其他省区耐火材料产量基本稳定，统计中有些省市同比变化较大的原因是统计样本数变化所致。各级协会鼓励更多的企业上报数据，样本数较上年度有所增长。统计归属口径调整也造成了一些变化。实际总体情况是，2020 年各产地的耐火制品的产量较 2020

年总体稳定，优势企业较多的耐材产区，2020 年耐火制品产量受疫情影响相对较小。

协会跟踪了耐火材料原料和制品重点产地市（县）2020 年营业收入和纳税情况，这些市（县）分别是辽宁省的营口市、海城市、大石桥，河南省的新密市、巩义市、伊川县，江苏省的宜兴市，山西省的孝义市、阳泉郊区，浙江省的长兴县，山东省的淄博市。2020 年上述地区总的耐材行业税收收入 56.96 亿元，而 2019 年这一数据是 77.52 亿元，下降幅度约 27%。2020 年上半年除浙江省长兴县和河南省伊川县的税收收入有所增长外，其他市（县）税收收入均有较大幅度下降。下半年情况总体有所改善。全年耐材行业税收收入除江苏省宜兴市、河南省伊川县、山东省淄博市三地有所增长外，其余均为负增长。上述情况提供了另一个了解耐火材料主产区行业运行质量的视角，说明 2020 年主产区行业的运行经济效益较 2019 年的要差许多。

（二）耐火原材料进出口贸易情况

1. 主要耐火原料出口情况

2020 年耐火原料出口情况见表 1。

表 1　2020 年耐火原料出口情况

指标	电熔镁砂	烧结镁砂	耐火铝黏土	棕刚玉	白刚玉	石墨	碳化硅
出口量/万吨	37.51	89.70	61.88	38.73	23.54	9.46	24.18
同比/%	2.54	-11.29	-11.02	-25.59	-8.53	-17.29	-14.99

据海关统计，2020 年全国耐火原材料进出口贸易总额 31.87 亿美元，比上年同期降低 18.08%。其中出口贸易额 29.49 亿美元，同比降低 16.32%；进口贸易额 2.38 亿美元，同比降低 34.99%。全国耐火原材料出口总量 536.86 万吨，同比降低 9.88%。其中耐火原料出口量 396.65 万吨，同比降低 7.58%；耐火制品出口量 140.21 万吨，同比降低 15.82%。石墨和棕刚玉出口量出现大幅度下降，但平均出口价格却大幅增长，分别达 39.99%和 22.14%；电熔镁砂和轻烧镁砂出口量相对稳定，但平均出口价格大幅降低，分别为 32.15%和 12.82%。

2. 耐火制品出口情况

2020 年耐火制品的出口量列于表 2。碱性制品出口量同比降低 3.41%，平均出口价格下降 25.03%；铝硅质制品的出口量大幅降低，平均出口价格大幅增长 20.18%，这可能是品种结构变化导致的；其他耐火制品的出口量同比降低 21.38%，而平均出口价格大幅增长 8.33%。

表 2　2020 年耐火制品出口量情况

指标	碱性耐火制品	铝硅质耐火制品	其他耐火制品
出口量/万吨	81.07	49.21	9.93
同比/%	-3.41	-29.69	-21.38

三、主要下游行业生产运行情况

（一）钢铁行业运行情况

1. 中国钢铁行业生产运行情况

2020 年，全国粗钢产量 10.53 亿吨，比上年增长 5.2%，增速比上年提高 1.69 个百分点（这一数据国家统计局有所微调，此处未做调整）；生铁产量 8.88 亿吨，增长 4.3%。粗钢月产量变化见图 4。全国粗钢产量排名前 10 名的省区见表 3。各省（市）粗钢产量的变化幅度值得耐火行业同仁跟踪分析，有一定的市场参考价值，故列于此。

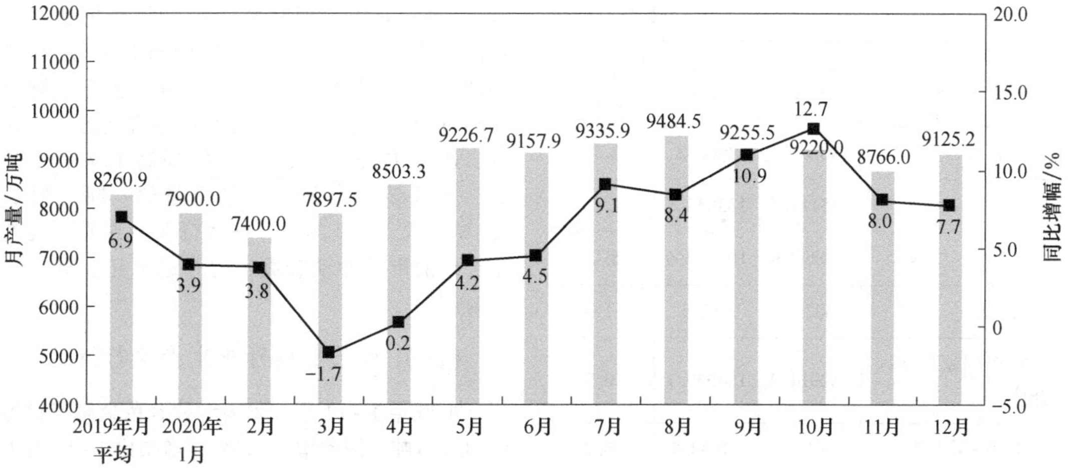

图 4　全国粗钢月产量及同比变化

表 3　2020 年全国粗钢产量排名前 10 名的省区

排名	省区	2020 年/万吨	上年同期/万吨	同比增减/万吨	同比增幅/%
全国合计		105300	100131	5169	5.16
1	河北	24977	24158	819	3.39
2	江苏	12108	11409	699	6.13
3	山东	7994	7390	604	8.17
4	辽宁	7609	7362	247	3.36
5	山西	6638	6039	599	9.91
6	安徽	3697	3222	474	14.72
7	湖北	3557	3610	−53	−1.45
8	河南	3530	3228	302	9.37
9	广东	3382	3229	153	4.74
10	内蒙古	3120	2779	341	12.27

2. 世界钢铁工业生产情况

据世界钢协统计数据，2020 年全球（66 个国家和地区）粗钢产量达 18.29 亿吨，同比降低 0.9%。独联体、中东、亚洲、中国大陆增长外，全球其他国家（地区）粗钢产量不同程度降低，其中欧盟、北美、非洲的钢产量受疫情影响严重，下降幅度较大。中国大陆粗钢产量占全球的比例达到 57.57%。主要产钢国家和地区粗钢产量情况见表 4 和图 5。

表 4　全球钢铁工业生产情况

国家或地区	2020 年/万吨	上年同期/万吨	同比增幅/%
欧盟 28 国	13878.6	15729.8	−11.8
独联体	10175.6	10023.6	1.5
北美	10111.9	11968.3	−15.5
南美	3815.8	4165.6	−8.4
非洲	1260.0	1401.5	−10.1

续表 4

国家或地区	2020 年/万吨	上年同期/万吨	同比增幅/%
中东	4074.5	3968.5	2.7
亚洲	135111.7	133032.5	1.6
其中：中国	105299.9	100130.6	5.2
大洋洲	607.6	616.0	-1.4
66 个国家和地区合计	182914.0	184639.1	-0.9
扣除中国大陆	77614.1	84508.6	-8.2

（二）建材行业生产运行情况

2020 年，全国水泥产量 23.8 亿吨，同比增长 1.6%；其中水泥熟料产量创了历史新高的 15.79 亿吨，同时，全年中国进口水泥熟料 3337 万吨，因此，2020 年我国水泥熟料实际消费超过 16 亿吨。熟料产能利用率得到进一步提升，达到 77.5%，比 2019 年提高 1.9 个百分点。平板玻璃产量 9.5 亿重量箱，同比增长 1.3%，需要提及的是，玻璃行业新建光伏玻璃生产线的市场冲动较高，这一趋势还会维持较长时间。

（三）有色金属行业生产运行情况

2020 年 1 ~ 12 月，我国十种有色金属产量为 6168.0 万吨，同比增长 5.5%，增幅比 1 ~ 11 月扩大 0.9 个百分点。其中，精炼铜产量 1002.5 万吨，同比增长 7.4%；原铝产量 3708.0 万吨，同比增长 4.9%；铅产量 644.3 万吨，同比增长 9.4%；锌产量 642.5 万吨，同比增长 2.7%。

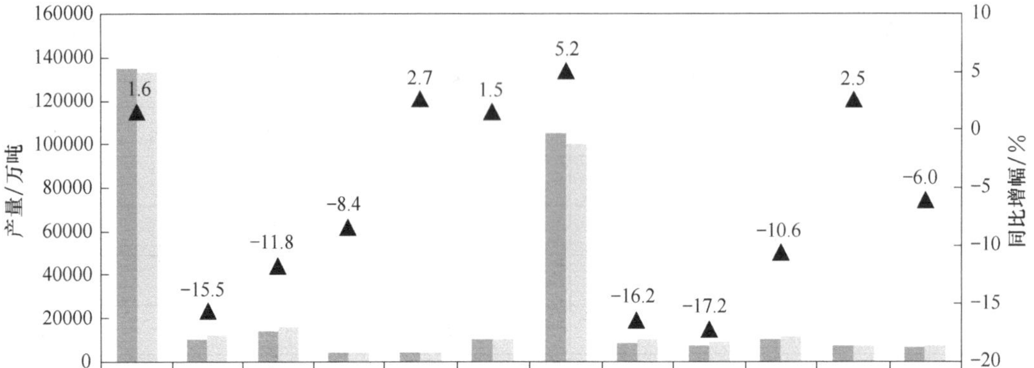

	亚洲合计	北美合计	欧盟28国合计	南美合计	中东合计	独联体合计	中国	日本	美国	印度	俄罗斯	韩国
2020年产量	135111.7	10111.9	13878.6	3815.8	4074.5	10175.6	105299.9	8319.4	7269.0	9957.0	7340.0	6712.1
2019年产量	133032.5	11968.3	15729.8	4165.6	3968.5	10023.6	100130.6	9928.4	8776.1	11135.0	7157.5	7141.2
▲同比	1.6	-15.5	-11.8	-8.4	2.7	1.5	5.2	-16.2	-17.2	-10.6	2.5	-6.0

图 5　2020 年世界主要产钢国家和地区粗钢产量

四、耐火材料及主要下游行业运行特点

（一）主要下游行业运行特点

2020 年主要下游行业的市场运行主要呈现以下特点。

1. 下游市场需求稳定，产量仍保持增长态势

全国粗钢、水泥、平板玻璃和有色金属产量同比分别增长 5.2%、1.6%、1.3%和 5.5%。

2. 除铝、铜外，钢材及其他产品价格与去年同期比较均有所下降

中国钢材价格指数 2020 年 1 ~ 12 月平均值 105.57 点，同比下降 2.2%，4 月末降至 2020 年最低的 96.62 点后逐步回升，11 月开始快速上涨，12 月升至最高的 129.14 点，比 2020 年最低点上涨 32.52 点，涨幅 33.7%。

建材及非金属矿产品出厂平均价格同比下降。2020 年 1~12 月建材及非金属矿出厂平均价格指数同比下降 0.3%，其中 12 月价格指数 114.19，环比上涨 0.6%，同比下降 1.8%。

据中国有色金属工业协会数据，2020 年 1~12 月，国内铜现货平均价为 48752 元/t，同比上涨 2.1%；铝现货平均价为 14193 元/t，同比上涨 1.7%；铅现货平均价为 14770 元/t，同比下跌 11.3%，跌幅比 1~11 月收窄 0.6 个百分点；锌现货平均价为 18496 元/t，同比下跌 9.7%，跌幅比 1~11 月收窄 2.2 个百分点。顺周期的金属产品在 2021 年 1 季度期货和现货市场涨价势头较猛。

3. 钢铁、水泥、有色金属行业利润情况

2020 年 1~2 月，中国钢铁工业协会重点统计，钢铁企业实现销售收入 4.7 万亿元，同比增长 10.9%；销售成本 42366 亿元，同比增长 11.57%，成本增幅比收入增幅高 0.67 个百分点；实现利润 2074 亿元，同比增长 6.6%。销售利润率为 4.41%，同比下降 0.18 个百分点；12 月末，会员钢铁企业的资产负债率 62.27%，同比下降 0.18 个百分点。

2020 年规模以上建材企业完成营业收入 5.6 万亿元，同比增长 0.1%，利润总额 4871 亿元，同比增长 3.2%。其中，水泥行业营业收入 9960 亿元，同比下降 2.2%，利润总额 1833 亿元，同比下降 2.1%；平板玻璃行业营业收入 926 亿元，同比增长 9.9%，利润总额 130 亿元，同比增长 39%。

（二）耐材行业运行特点

1. 耐火材料行业运行概况

2020 年全国耐火材料主产区行业税收下降 26%，幅度较大，行业总体利润水平不及 2019 年的。2020 年耐火材料制品总产量小幅增长，同比增长 1.94%；其主要原因是钢铁等主要下游行业运行均呈现增长态势，耐火材料市场需求加大。下半年行业运行情况总体上强于上半年，这也是 2020 年行业运行的一个特征。碱性耐火原料价格在 2020 年三季度见底，第四季度价格反弹，反弹幅度为 30%~50%。但由于镁砂原料加工生产能力仍较大，原矿供给 2021 年 1 月有所放开，目前供给相对平稳，镁质原料 2021 年 2 月份价格有所下降，镁砂进一步涨价预期得到控制。

目前碱性制品的出厂价格变化不大，钢厂总体上还未认可 2020 年 4 季度镁砂价格上涨带来制品成本上升的事实，价格的传导效应还未发生作用。协会预测，2021 年的碱性制品生产企业成本压力较大，上半年制品企业的运行效益更加严峻。

2. 出口量、出口平均价格和出口贸易额情况

2020 年主要耐火原料出口量、出口额和出口平均价格增幅情况见表 5。

表 5　2020 年主要耐火原料出口量、出口额和出口平均价格增幅情况

商品名称	出口量同比增幅/%	出口贸易额同比增幅/%	出口平均价格同比增幅/%
天然鳞片石墨	-17.29	15.78	39.99
耐火铝黏土	-11.02	-12.43	-1.59
电熔镁砂	2.54	-30.42	下降幅度大
烧结镁砂	-11.29	-32.34	-23.73
轻烧镁砂	3.21	-10.01	-12.82
棕刚玉	-25.59	-9.11	22.14
白刚玉	-8.53	-3.47	5.53
碳化硅	-14.99	-14.38	0.72

2020 年，耐火原材料出口贸易量、出口价格双下降。出口量同比降低 9.88%，出口贸易额同比降低 16.32%；出口综合平均价格同比降低 7.14%。其中：耐火原料出口量同比降低 7.58%，出口贸易额同比降低 11.21%，出口平均价格同比降低 3.93%。耐火制品出口量同比降低 15.82%，出口贸易额同比降低 22.43%，出口平均价格同比降低 7.86%。表 6 是 2020 年主要耐火制品出口量、出口额和出口平均价格增幅情况。其中碱性制品出口量相对稳定，出口平均价格大幅降低；而铝硅质制品和其他耐火制品出口量大幅降低，出口平均价格大幅增长，主要是由出口产品的结构变化所致。

表 6　2020 年主要耐火制品出口量、出口额和出口平均价格增幅情况

商品名称	出口量同比增幅/%	出口贸易额同比增幅/%	出口平均价格同比增幅/%
碱性制品	-3.41	-27.59	下降幅度大
铝硅质制品	-29.69	-15.50	20.18
其他耐火制品	-21.38	-14.83	8.33

3. 业内亏损企业亏状况

2020 年，重点企业中亏损家数 6 家，亏损面 8.70%，较 2019 年有所增加。亏损企业亏损额 1.85 亿元，比上年同期增加 1.08 亿元。

4. 应收账款增长较快，仍是影响企业经营安全的主要因素

2020 年 12 月末，重点企业应收账款总额 141.11 亿元，同比降低 2.72%。重点企业中，应收账款上升的企业 35 家，上升面 50.72%。其中上升 20%以上的企业 15 家，上升面 21.74%。更严重的是有 4 家生产企业应收账款同比上升 90%以上，不仅增加了企业的资金成本，也将严重危及企业的经营安全。

（三）重点耐材企业生产经营状况

据国家统计局数据，2020 年全行业耐火制品、耐火原料及相关服务规上企业总家数 1873 家，主营业务收入 1936.4 亿元，利润总额 114.1 亿元。协会通过对 69 家重点耐材企业经营情况调研统计分析，69 家耐材产量 996.84 万吨（含部分耐火原料）同比降低 2.43%；销售收入 517.54 亿元，同比降低 5.25%；实现利润 48.30 亿元，上升 8.7%。重点企业税收总额 32.38 亿元，较 2019 年下降 13.89%。下降幅度低于耐火材料主产区 2020 年的税收平均下降幅度（-27%）。

2020 年，耐火材料主营业务收入超 10 亿元的生产企业 14 家，超 20 亿元的企业 6 家，超过 30 亿元的企业 3 家。大型企业的经营质量与 2019 年相比仍在进步，14 家大型企业的营业收入列于图 6，大型优势企业板块初步形成。

上述比较结果表明，2020 年耐火材料行业重点企业经营状况优于平均水平。中小企业经营结果较 2019 年更为困难，中小企业的经营效益还在下降。行业重点企业利润和效益较 2019 年略有上升，说明耐火材料行业优势在向大企业和重点企业快速倾斜和集中，也表明产业集中度正在提升。

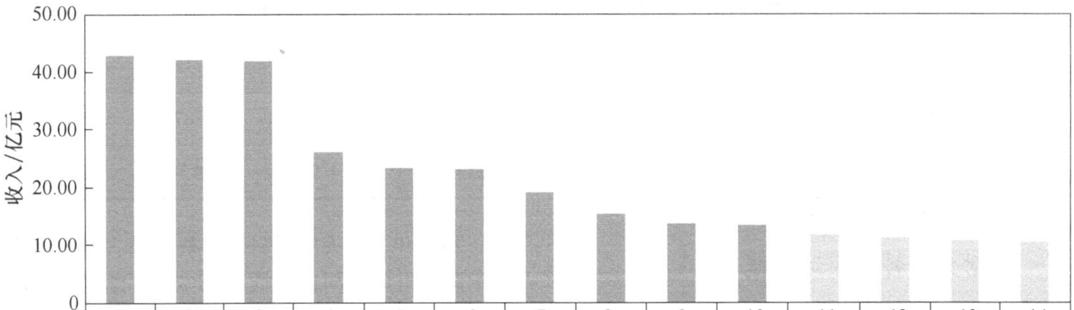

	1 北京利尔	2 瑞泰科技	3 濮阳濮耐	4 海城后英	5 鲁阳节能	6 浙江自立	7 营口金龙	8 青花集团	9 江苏嘉耐	10 浙江红鹰	11 中钢洛耐	12 唐山国亮	13 武钢耐火	14 江苏苏嘉
营业收入	42.87	42.20	41.74	26.06	23.26	23.07	19.18	15.41	13.69	13.45	11.62	11.19	10.63	10.51

图 6　2020 年重点企业主营业务收入情况

表 7 是业内 4 家上市公司 2020 年与 2019 年经营情况的比较，4 家上市公司的销售收入增幅明显高于行业平均水平，净利润水平良好。虽然 2020 年行业的平均价格水平较 2019 年度有所降低，但 4 家上市公司通过科技创新，新品开发，降本增效，充分发挥龙头企业的市场优势，4 家企业平均净利润率达到 8.2%（2019 年 7.4%，2018 年 7.1%），表明业内优势企业发展形态良好，行业的利润都在向龙头企业集中，行业集中度正在稳步提升。

表 7 4 家上市公司 2020 年经营情况

公司名称	销售收入/亿元			净利润/亿元		
	2020 年	2019 年	增幅/%	2020 年	2019 年	增幅/%
濮耐股份	41.74	41.39	0.85	3.10	2.52	23.02
北京利尔	42.87	37.40	14.63	4.50	4.20	7.14
瑞泰科技	42.20	39.46	6.94	1.05	0.23	356.52
鲁阳节能	23.26	21.47	8.34	3.70	3.44	7.56

2020 年重点企业的出口贸易运行平稳。协会统计了出口贸易额超 1 亿元以上重点企业共 14 家（图 7），上述企业占重点企业总出口贸易总额的 83.90%。其中除瑞泰科技的出口贸易额 2020 年度出现大幅增长外，其他企业均出现不同程度的下降。考虑到国外钢铁市场终端需求下降的现实，2020 年行业出口成绩相当可观。

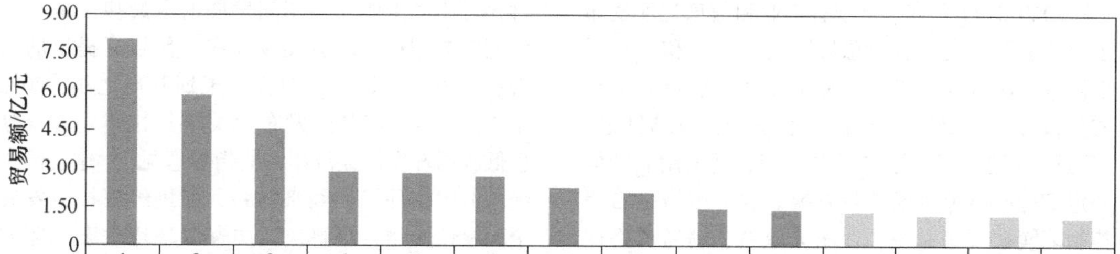

	1 濮阳濮耐	2 辽宁奥镁	3 营口金龙	4 北京利尔	5 济南镁碳砖	6 青花集团	7 淄博工陶	8 海城后英	9 中钢洛耐院	10 武钢耐火	11 瑞泰科技	12 山东耐火	13 鲁阳节能	14 浙江自立
贸易额	8.03	5.87	4.54	2.84	2.79	2.65	2.24	2.05	1.41	1.35	1.29	1.19	1.19	1.01

图 7 2020 年前 14 家企业贸易额情况

五、2021 年耐火材料行业运行情况预测及应注意的几个问题

（一）2021 年钢铁、建材等行业面临的形势及对耐火材料行业的影响

2020 年耐火材料行业的发展和运行质量比预想的要好，优势龙头企业更优。这主要归功于我们的党和政府疫情控制得力，驾驭和应对复杂国际和国内局面能力强，国内经济受疫情影响较国外要好很多。国家层面的环保治理和工业和信息化部自 2013 年持续推进耐火材料生产线规范条件公告活动，大力促进了耐火材料行业的产业集中度提升和运行质量的提高。

2021 年是“十四五”开局之年，也是中国共产党建党 100 周年。国家层面加快构建以国内大循环为主、国内国际双循环发展新格局，紧紧扭住供给侧结构性改革这条主线，注重需求侧管理，形成需求牵引供给，供给创造需求的更高水平动态平衡，中央经济工作会议上，提出宏观政策要保持连续性、稳定性，不搞急转弯，为耐火材料行业的发展提供了良好的宏观环境。

根据中国钢铁工业协会的测算，2020 年国内钢材消费增长 7%，这一数据是在出口钢材下降条件下取得的，是实在的国内钢材消费。国内钢材消费数据也是历史高位数，我们不能指望 2021 年钢材终端需求还会大幅增长。工业和信息化部领导最近在讲话中要求，2021 年中国钢铁粗钢产量要坚决控制住，这是国家部门从宏观层面对钢铁行业可持续发展提出的新要求。中国钢铁工业协会预测 2021 年粗钢产量不会增长，钢材的表观消费保持平稳，消费总量与 2019 年持平。中国耐火材料行业协会预测，2021年耐火材料总的生产和消费水平仍居高位，与2020年基本持平，总量上不再增长。

（二）耐火原料价格波动将对2021年耐火制品市场产生显著影响

由于2017年启动的新的一波耐火原料价格上涨行情，涨幅过大，利润过高，导致社会资本投入耐火原料行业的冲动明显增大。2019年原料产能释放明显加快，导致主要耐火原料价格，除铝矾土熟料因为铝土矿矿山开采整治，在2020年第3季度价格进入底部。尤其是电熔镁砂和烧结镁砂的价格在2020年6~9月份下降明显。电熔镁砂价格在2019年年底的基数上再下降15%～20%，烧结镁砂下降20%～30%，电熔白刚玉的价格由于产能释放较大，下降幅度达到10%左右。

2020年11月底，辽宁省工业和信息化厅发布了《全省菱镁资源省级总量管理办法》和《菱镁矿浮选及镁砂行业产能置换办法》(征求意见稿)。文件核心目标是严格控制电熔镁砂、烧结镁砂、“浮选”产能，不再新增原料产能，新增制品产能一定实行产能等量或减量置换。这一举措是希望控制菱镁矿开采总量，让耐火原料、制品价格回归理性，防止市场价格大起大落。非常有利于行业的健康发展。

受上述政策影响，2020年4季度开始，镁质原料价格开始反弹，反弹的幅度在30%～50%，客观上讲，这一幅度是合理的。镁原料产区各企业，要认真执行当地政府的调控政策，从源头做起，全行业在保证市场需求的前提下，既要严控矿石的开采量，又要控制耐火原料的生产总量，从而有效保证原料和制品成本和出厂价格的相对稳定。

协会也希望，镁质原料价格的反弹在2021年一季度，能得到下游钢厂等终端用户的认同，让价格传导机制发挥作用。各制品企业对价格传导机制能否发挥作用要高度重视。同时协会也再次呼吁，坚决反对业内低于成本价格的竞争，2020年镁钙砖低于成本价竞争，造成上述厂家全部亏损。2021年全行业要充分认识到低于成本价竞争的危害。

（三）新冠肺炎疫情对行业2021年行业出口的影响分析

国内的疫情防控已经取得了很好的成绩，最近国外的疫情防控也取得了积极进展，全球经济恢复预期向好。国际货币基金组织预测，2021年全球经济将增长2%，中国将增长8%。今年两会政府工作报告中设定的经济增长目标是6%。虽然全球经济预期总体向好。但考虑到疫情对2021年终极消费和经济负面影响仍然显著存在，国外的钢铁产量难以短时间恢复常态。疫情对耐火材料的出口影响仍不容小觑。

（四）耐火材料行业“十四五”规划与行业绿色低碳发展

创新驱动、绿色低碳发展、智能制造是耐火材料行业“十四五”期间发展的主旋律，是“十四五”规划稿行动方案设计和工作目标提出的着眼点。2021年是“十四五”规划开局之年，2020年2月2日，国务院发布“关于加快建立健全绿色低碳循环发展经济体系的指导意见”，建立健全绿色低碳循环发展经济体系，促进经济社会发展全面绿色转型，是解决我国资源环境生态问题的基础之策。与其他资源依赖型行业一样，碳排放、碳达峰、碳中和将成为耐火材料统筹推进高质量发展和环境高水平保护的新的管理体系，从原料生产、产品制造、现场使用服务，以及用后耐火材料的回收，都要贯彻落实绿色发展理念。“十四五”规划建议将绿色发展、智能制造摆在十分突出的地位。

总之，2021年是“十四五”开局之年，也是中国共产党建党100周年。全行业要以习近平新时代中国特色社会主义思想为指导，深入贯彻党的十九大和十九届二中、三中、四中、五中全会精神，努力按照把握新发展阶段、贯彻新发展理念、构建新发展格局的要求，坚持创新驱动、全方位全过程推行绿色低碳发展，统筹推进行业高质量发展和环境高水平保护，推动我国耐火材料从高速发展到高质量发展的阶段跨越，为建党100周年做出我们耐火人应有的贡献。

2021年全国耐火材料行业生产运行情况及2022年耐火材料市场预测分析

李永全

中国耐火材料行业协会

一、全国规模以上工业整体运行情况

2021年12月份，规模以上工业增加值同比实际增长4.3%（见图1，以下增加值增速均为扣除价格因素的实际增长率），比2019年同期增长11.9%，两年平均增长5.8%。从环比看，12月份，规模以上工业增加值比上月增长0.42%。2021年，规模以上工业增加值比上年增长9.6%，两年平均增长6.1%。

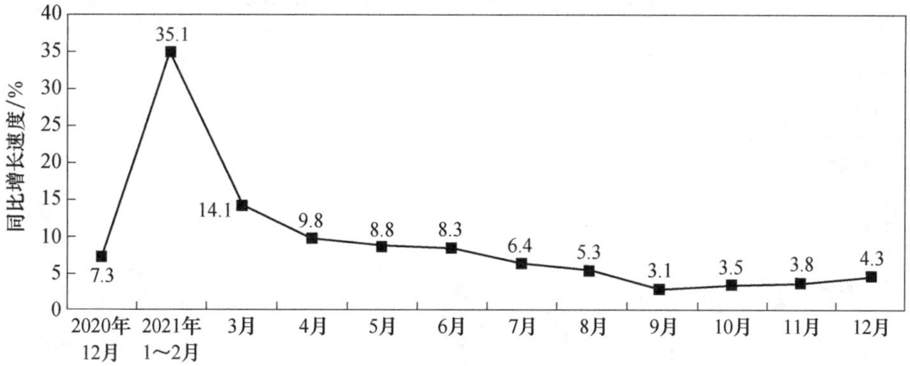

图1　规模以上工业增加值变化情况

2021年，规模以上工业企业实现营业收入127.92万亿元，比上年增长19.4%；发生营业成本107.12万亿元，增长19.1%；营业收入利润率为6.81%，比上年提高0.76个百分点。2021年，全国规模以上工业企业实现利润总额87092.1亿元，比上年增长34.3%（按可比口径计算），比2019年增长39.8%，两年平均增长18.2%。

2021年末，规模以上工业企业每百元资产实现的营业收入为95.4元，比上年增加7.7元；人均营业收入为172.0万元，比上年增加28.4万元；产成品存货周转天数为16.8天，比上年减少0.9天；应收账款平均回收期为49.5天，比上年减少2.0天。

2021年，采矿业实现利润总额10390.8亿元，比上年增长1.91倍；制造业实现利润总额73612.2亿元，增长31.6%；电力、热力、燃气及水生产和供应业实现利润总额3089.2亿元，下降41.9%。

二、2021年耐火材料行业生产运行情况

（一）生产运行情况

2021年行业耐火制品产量总体保持稳定，按协会同口径统计，全国耐火材料制品产量2402.67万吨，同比降低3.04%。其中致密定形耐火制品1320.51万吨，同比降低3.68%；保温隔热耐火制品60.98万吨，同比降低1.98%；不定形耐火制品1021.18万吨，同比降低2.26%。主要品种产量见图2。

图3是2021年耐火材料主要生产省（市）产量情况。其中北京市的生产数据主要来源于北京利尔、瑞泰科技、金隅通达和联合荣大等几家企业。上述企业的生产工厂又主要分布在河南、江苏、安徽等地，部分重叠数据协会按统计口径进

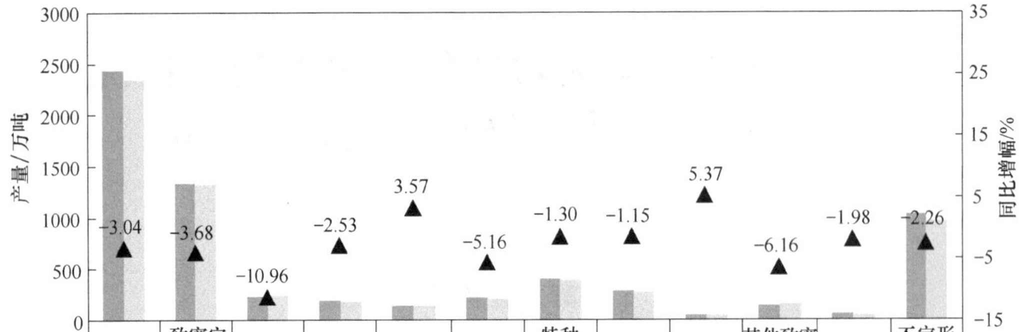

	耐火材料制品	致密定形耐火制品	黏土质砖	高铝质砖	硅质砖	镁质砖	特种耐火制品	含炭制品	功能材料	其他致密定形耐火制品	隔热制品	不定形耐火制品
2021年产量	2402.67	1320.51	203.29	197.21	162.32	216.22	408.41	295.62	55.05	133.06	60.98	1021.18
2020年产量	2477.99	1370.94	228.30	202.34	156.73	227.98	413.81	299.07	52.25	141.79	62.21	1044.85
▲同比	−3.04	−3.68	−10.96	−2.53	3.57	−5.16	−1.30	−1.15	5.37	−6.16	−1.98	−2.26

图 2　2021 年耐火材料主要品种产量情况

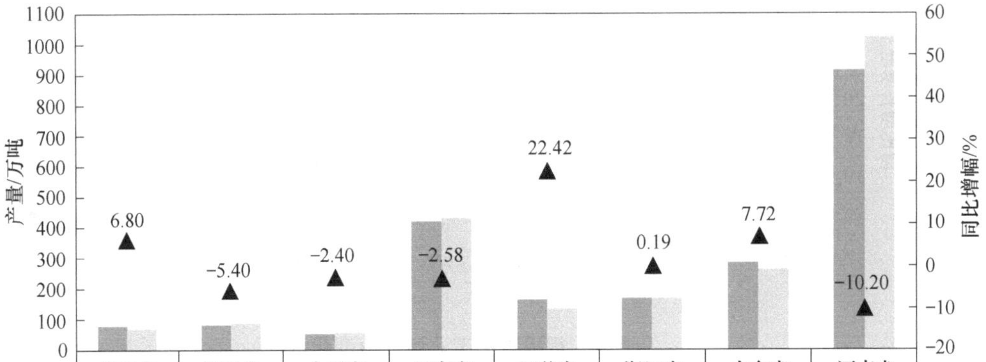

	北京市	河北省	山西省	辽宁省	江苏省	浙江省	山东省	河南省
2021年产量	73.45	78.62	50.54	419.86	160.23	165.08	281.79	916.26
2020年产量	68.78	83.11	51.78	430.98	130.88	164.77	261.61	1020.33
▲同比	6.80	−5.40	−2.40	−2.58	22.42	0.19	7.72	−10.20

图 3　2021 年耐火材料主要生产省（市）产量情况

行了归整。江苏省产量因统计面扩大，致使增幅偏高。由于统计样本的偏差，同比变化数据出现较大的波动和变化，但总体上数据保持较好的一致性。

（二）耐火原材料进出口贸易情况

2021 年，全国耐火原材料进出口贸易总额 48.32 亿美元，比上年同期增长 51.56%。其中出口贸易额 45.54 亿美元，同比增长 54.39%；进口贸易额 2.78 亿美元，同比增长 16.60%。全国耐火原材料出口总量 736.92 万吨，同比增长 37.27%；其中耐火原料出口量 560.23 万吨，同比增长 41.24%；耐火制品出口量 176.69 万吨，同比增长 26.02%。

1. 耐火原料出口情况

2021 年耐火原料出口量、出口贸易额和平均价格三项均大幅增长，同比分别增长 41.24%、74.93%和 23.85%。主要归因于国外钢铁行业的恢复性增长，特别是出口贸易额增幅比出口量增幅高 33.69 个百分点。其中镁质原料和刚玉质原料增长幅度明显高于往年，电熔镁砂的出口量增长了 64.1%。2021 年主要品种出口情况见表 1。

表1 2021年耐火原料出口情况

指标	石墨	耐火铝黏土	电熔镁砂	烧结镁砂	轻烧镁砂	棕刚玉	白刚玉	碳化硅
出口量/万吨	12.17	101.45	61.55	123.96	88.12	56.60	39.42	37.49
出口量同比增幅/%	28.70	63.95	64.10	38.19	7.51	46.15	67.44	55.03
出口贸易额同比增幅/%	2.71	78.34	102.06	67.00	29.01	103.44	108.19	58.04
出口平均价格同比增幅/%	−20.19	8.78	23.14	20.85	20.00	39.20	24.34	1.94

2. 耐火制品出口情况

耐火制品出口量和出口贸易额也呈较大幅度增长，同比分别增长26.02%和26.25%，特别是碱性耐火制品和铝硅质制品出口量同比分别增长24.04%和31.93%，出口贸易额同比分别增长33.81%和19.16%。耐火制品出口贸易额增幅高于出口量增幅0.23个百分点。另一个现象是，量增价不增，总的出口平均价格同比仅增长0.18%。具体为，碱性耐火制品出口平均价格同比增长7.88%，铝硅质耐火制品出口平均价格大幅下降9.68%。2021年各品种出口情况见表2。

表2 2021年耐火制品出口情况

指标	碱性耐火制品	铝硅质耐火制品	其他耐火制品
出口量/万吨	100.56	64.92	11.21
出口量同比增幅/%	24.04	31.93	12.90
出口贸易额同比增幅/%	33.81	19.16	10.59
出口平均价格同比增幅/%	7.88	−9.68	−2.05

3. 重点企业经营情况简要分析

协会通过对92家重点耐火材料企业2021年经营情况调研显示，耐火材料产量1499.36万吨（含部分耐火原料）同比增长14.69%；销售收入696.95亿元，同比增长13.32%；实现利润43.22亿元，同比增长10.82%；上缴税金36.08亿元，同比降低0.11%。

销售收入超过10亿元的耐火材料企业17家，其中超过30亿元的5家，收入在20亿~30亿元水平级的企业2家，10亿~20亿元水平级的企业10家。

排名前10家企业销售收入317.72亿元，比上年同期增加56.79亿元，同比增长21.77%。

重点企业纳税额36.08亿元，排名前9家（超亿元）企业纳税额16.54亿元，占重点企业纳税总额的45.84%。

在销售收入超10亿元的企业的上报数据中，部分企业的产量和销售收入包含了一部分原料产量及其销售收入，这也是国内部分耐火材料企业多年来业务特点，图4的数据完全按照企业上报数据进行排名。

为了更好地为同行提供耐火制品企业的年度产量和销售收入变化，让同仁更加直观明了地进行比较，协会将上报企业的原料生产进行了同口径的分割，再将其中制品的产量及其销售收入进行比较，结果列于图5。

经营方面，2021年92家重点企业实现利润同比增长10.82%，比全国规模以上工业企业平均利润增长低23.4%。营业收入利润率6.20%，比上年同期低0.51%，也低于全国规模以上工业企业营业收入利润率0.61个百分点。若将耐火原料部分进行分割，耐火制品企业的销售利润率接近5.0%。

出口方面，2021年耐火材料出口再创历史新高。贸易额排名前14家企业出口贸易总额50.73亿元，占重点生产企业出口贸易额总额的83.01%，排在第1位的是濮阳濮耐，出口贸易额9.99亿元，出口龙头地位不断加强。2021年重点耐火制品企业出口贸易额比较见图6。

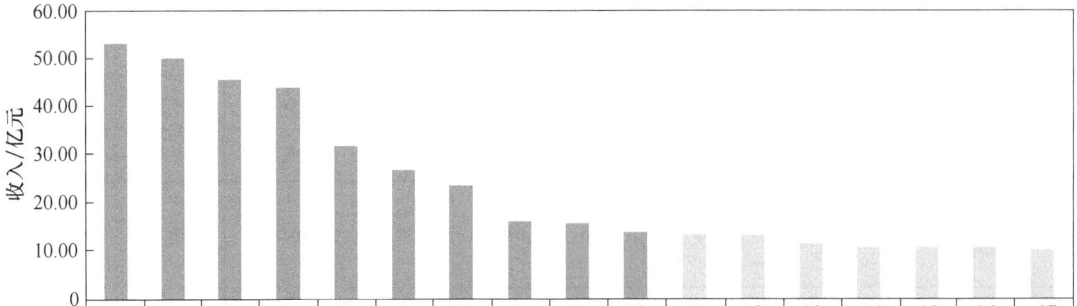

	1 海城后英	2 北京利尔	3 瑞泰科技	4 濮阳濮耐	5 鲁阳节能	6 浙江自立	7 营口金龙	8 中钢洛耐	9 青花集团	10 江苏嘉耐	11 浙江红鹰	12 辽宁三华	13 中钢洛耐院	14 鞍山冶金	15 江苏苏嘉	16 山东耐火	17 辽宁奥镁
营业收入	52.86	50.02	45.38	43.78	31.64	26.26	23.24	15.95	15.21	13.39	13.35	12.98	10.76	10.57	10.43	10.41	10.17

图 4 2021 年重点企业主营业务收入情况

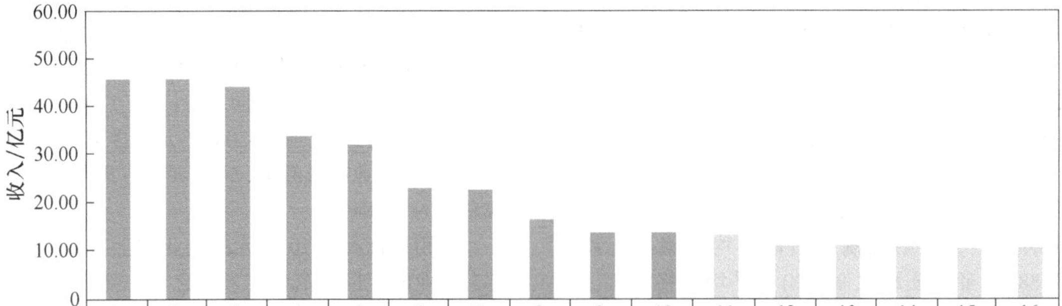

	1 北京利尔	2 瑞泰科技	3 濮阳濮耐	4 海城后英	5 鲁阳节能	6 营口金龙	7 浙江自立	8 中钢洛耐	9 江苏嘉耐	10 浙江红鹰	11 辽宁三华	12 中钢洛耐院	13 鞍山冶金	14 江苏苏嘉	15 青花集团	16 辽宁奥镁
营业收入	45.44	45.38	43.78	33.42	31.64	22.51	22.09	15.95	13.39	13.15	12.98	10.76	10.57	10.43	10.19	10.17

图 5 2021 年重点耐火制品企业主营业务收入比较

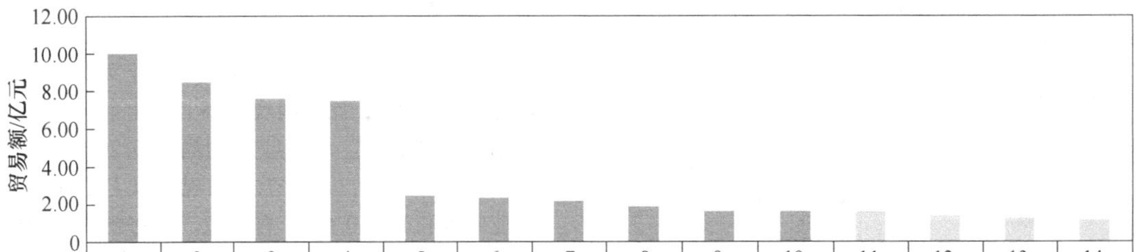

	1 濮阳濮耐	2 辽宁奥镁	3 营口金龙	4 辽宁三华	5 济南鲁东	6 青花集团	7 北京利尔	8 浙江自立	9 江苏苏嘉	10 中钢洛耐院	11 山东耐火	12 山东鲁阳	13 淄博工陶	14 辽宁东和
贸易额	9.99	8.41	7.56	7.43	2.46	2.34	2.13	1.90	1.63	1.57	1.57	1.36	1.23	1.15

图 6 2021 年重点耐火制品企业出口贸易额比较

重点企业中亏损企业 8 家，亏损面 8.70%。2021 年末，重点企业应收账款总额 195.72 亿元，同比增长 11.83%；应收账款上升的企业 52 家，上升面 56.52%。其中上升 20%以上的企业 28 家，上升面 30.43%。更严重的是有 12 家生产企业应收账款同比上升 50%以上，耐火材料企业的资金压力较大，推动财务成本上升。

三、主要下游行业生产运行情况

（一）钢铁行业运行情况

1. 中国钢铁行业生产运行情况

据国家统计局数据，2021 年全国生铁产量为 8.69 亿吨，同比下降 4.3%；粗钢产量 10.33 亿吨，同比下降 3.0%；钢材产量 13.37 亿吨，同比增长 0.6%。各月产量情况见图 7。

从粗钢产量看，2021 年四季度钢铁压产政策力度很大，特别是在第 4 季度各钢铁主产省份都采取了许多硬措施，全年总产量不超过 2020 年的国家调控目标最终实现。但同时应该看到，钢铁作为国家城镇化、工业化的主要原材料，现阶段我国钢产量总基数仍然很大，对耐火材料的总需求也无太大的变化，行业减量发展应该是一个较长和较缓的过程。

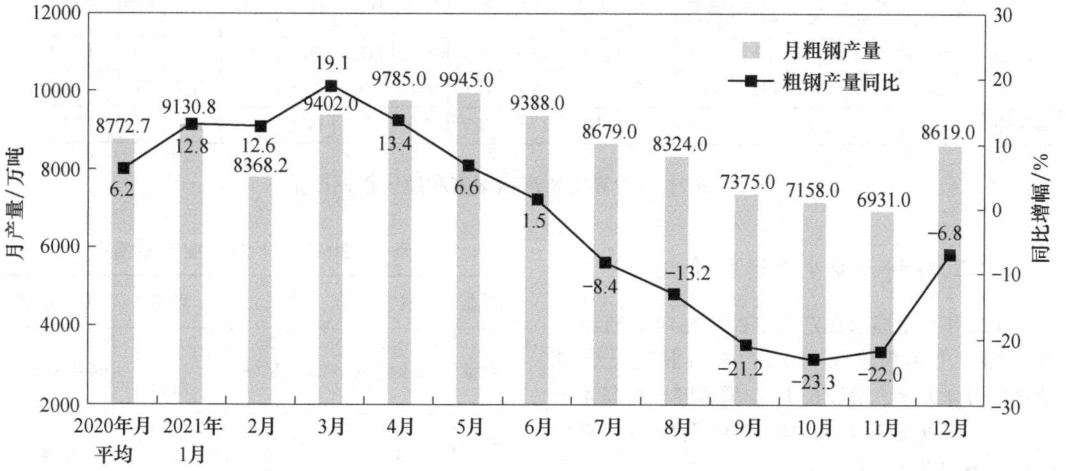

图 7　全国粗钢月产量及同比变化

2. 世界钢铁工业生产情况

据世界钢铁协会统计，2021 年，全球（64 个国家和地区合计）粗钢产量 19.12 亿吨，同比增长 3.6%；中国占全球粗钢的比例为 54.03%。世界主要产钢地区（国家）除中国外均有不同程度的增长，全球经济在新冠肺炎疫情后的恢复对钢材形成强劲的需求。主要产钢国家和地区粗钢产量情况见表 3 和图 8。

表 3　2021 年全球钢铁工业生产情况

国家或地区	2021 年粗钢产量/百万吨	上年同期粗钢产量/百万吨	同比增幅/%
64 国合计	199.190	1845.46	3.6
亚洲和大洋洲	1382.00	1373.76	0.6
独联体	105.60	100.00	5.6
欧盟 27 国	152.50	132.15	15.4

续表 3

国家或地区	2021 年粗钢产量/百万吨	上年同期粗钢产量/百万吨	同比增幅/%
欧洲其他国家	51.20	45.88	11.6
中东	41.20	40.71	1.2
北美	117.80	101.03	16.6
南美	45.60	38.71	17.8
非洲	16.00	12.63	26.7
中国	1032.80	1064.74	-3.0
印度	118.10	100.25	17.8
日本	96.30	83.81	14.9
美国	86.00	72.70	18.3
俄罗斯	76.00	71.70	6.0
韩国	70.60	67.11	5.2
德国	40.40	35.85	12.7

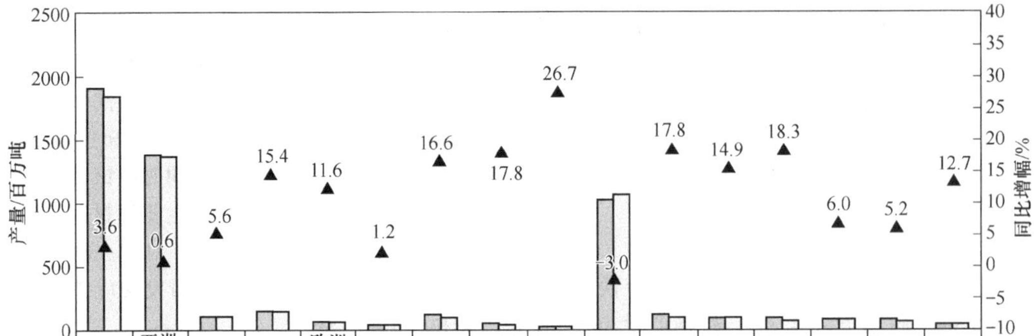

	64国合计	亚洲和大洋洲	独联体	欧盟27国	欧洲其他国家	中东	北美	南美	非洲	中国	印度	日本	美国	俄罗斯	韩国	德国
2021年产量	1911.9	1382.0	105.6	152.5	51.2	41.2	117.8	45.6	16.0	1032.8	118.1	96.3	86.0	76.0	70.6	40.4
2020年产量	1845.5	1373.8	100.0	132.1	45.9	40.7	101.0	38.7	12.6	1064.7	100.3	83.8	72.7	71.7	67.1	35.8
▲ 同比	3.6	0.6	5.6	15.4	11.6	1.2	16.6	17.8	26.7	−3.0	17.8	14.9	18.3	6.0	5.2	12.7

图 8　2021 年世界主要产钢国家和地区粗钢产量

（二）建材行业生产运行情况

2021 年，全国水泥产量 23.63 亿吨，同比下降 1.2%，上年为增长 1.6%；商品混凝土产量 329330 万立方米，增长 6.9%，增速同比提高 4 个百分点。平板玻璃产量 10.17 亿重量箱，增长 8.4%，提高 7.1 个百分点。

（三）有色金属行业生产运行情况

2021 年，全国十种有色金属产量 6454 万吨，同比增长 5.4%，增速同比回落 0.1 个百分点。其中，铜产量 1049 万吨，增长 7.4%，增速与上年基本持平；电解铝产量 3850 万吨，增长 4.8%，回落 0.1 个百分点；铅产量 737 万吨，增长 11.2%，提高 1.8 个百分点；锌产量 656 万吨，增长 1.7%，回落 1 个百分点。氧化铝产量 7748 万吨，增长 5%，提高 4.7 个百分点。

（四）主要下游行业运行特点

1. 产量小幅增长

2021 年，除钢铁和水泥同比略有下降外，玻璃和有色金属产量均有不同程度的增长。玻璃产量的增长与近年来的光伏产业快速发展有关，有色金属的需求增长，表明我国的工业化仍在快速发展之中。2021 年下游行业产量情况见表 4。

表 4　2021 年下游行业产量情况

行业	钢铁	水泥	玻璃	有色金属
产量	10.3 亿吨	23.6 亿吨	10.2 亿重量箱	6454.0 万吨
同比/%	−3.0	−1.2	8.4	5.4

2. 经济效益情况

主要下游行业除水泥利润同比下降外，钢铁和玻璃营业收入和利润同比均大幅度增长。其中钢铁行业的利润创历史最高水平。2021 年下游行业经济效益情况见表 5。

表 5　2021 年下游行业经济效益情况

行业	营业收入/亿元	营业收入同比/%	利润/亿元	利润同比/%
钢铁	69300	32.7	3524	59.7
水泥	10754	7.3	1694	−10.0
玻璃	1184	28.1	247	89.3

四、2022 年行业运行预测与展望

1. 2021 年行业运行的主要特点

从总的需求上讲，我国仍处于城镇化、工业

化发展的攻坚阶段，新发展格局正在酝酿和构建之中，钢铁、建材、有色、电力等高温工业体量巨大，对耐火材料的需求仍然强劲，加之2021年的耐火原料和制品的出口量快速恢复增长，所以2021年耐火原料和耐火制品的总产量处于历史高位水平。

2021年耐火制品企业的成本高位运行。2021年上半年，煤炭和电力价格上涨等多种原因促成棕刚玉、白刚玉、碳化硅、电熔镁砂等大宗原料在不同月份价格先后大幅上涨或波动，9月份拉闸限电又对碱性原料市场价格造成显著影响，镁砂特别是电熔镁砂价格上涨较多，可以这样讲，与2019年和2020年相比，2021年耐火原料价格上涨较多，也是耐火原料生产企业经营较好的一个年份，当然是耐火制品生产企业成本高企的一年。

2. 行业利润承压，行业运行质量不高

耐火材料行业的价格传导机制十分脆弱，原料涨价难以良性和合理地传导至下游用户。2021年上半年，钢铁企业的耐火材料区域承包价格，在原料价格高企的条件下，总体下降幅度仍达到5%~10%，重要原因之一是耐火企业相互杀价。4季度以来，原料涨价形成的价格传导效应开始显现。部分钢厂已经接受了耐火材料企业调高价格的请求，部分钢厂已接受一定的调价幅度，但随着4季度镁砂产区的供电恢复，钢厂又反过来要求耐火企业降价。原料的涨价无法形成合理的成本传导，4季度行业的成本高企，行业的利润水平下滑严重，影响了全年的数据，企业经营承压。

协会统计分析了2021年1~9月全国耐火材料主产区规上企业的耐火材料产量、销售收入和纳税情况。这些地区是，辽宁的营口、海城，河南的新密、巩义、伊川，山东的淄博，山西的孝义、阳泉郊区，浙江的长兴，江苏的宜兴等。统计结果反映了前3季度产量约1435万吨的上述区域的利润和税收情况，数据有较好的代表性。1~9月上述地区销售收入同比增长约34%，但税收仅增长11%，出现了产量和销售收入高增长但纳税额增长远小于产量和销售收入增长率的现象。2021年4季度行业利润进一步下降，全年主产区销售收入1297.6亿元，税金总额58.1亿元，税收仅增长10.3%，销售利润率约5.97%，这其中还包含了原料的销售利润和税收。如果剔除原料，制品的销售利润率更低，客观上反映了运行质量不高的现实。多年来，产业集中度低，同业竞争异常激烈，低价竞销困扰我们行业的现状没有改观。

3. 耐火原材料出口量创历史新高

2021年是耐火原材料出口的丰收年，出口量创历史新高。2021年1~9月，耐火原料的平均出口价格上涨约21.03%，但制品的平均出口价格下降0.81%，制品出口利润受压。受国内原料价格上涨和国际海运费的上涨，出口企业的正常利润被蚕食。制品4季度的出口价格有所提升，国际物流有所改善。全年碱性制品的出口量增长了24%，达到了100.56万吨，价格增长了7.8%。铝硅质制品出口量增长了31.9%，平均出口价格下降了9.68%。虽然世界钢铁产能恢复增长给国内企业的出口带来新机遇，但由于物流费用的上涨，出口企业没有赚到更多的钱。

4. 2022年全年经营情况展望

宏观方面，全球央行货币政策分化预期加大，美联储加息在即，中国面临需求收缩、供给冲击、预期转弱的三重压力，国内宏观政策发力适当靠前的政策预期正在逐步落地。2022年2月7~9日，国务院发展研究中心宏观经济研究部联合上海钢联开展了“春节后企业复工复产问卷调查”，调研显示，大约半数企业对2022年大宗商品行业前景较为乐观，超过4成的企业预计2022年1季度营业收入增长，接近6成的企业对2022年的经济前景表示乐观。

耐火材料行业的企业对2022年行业前景偏谨慎的比例稍高，主要观点是，由于房地产行业的调整趋势已经形成，认为钢铁、建材、有色等耐火材料下游行业2022年不会再有明显的新增长，对耐火材料的需求可能会不及2021年。与此同时，耐火材料行业的竞争已从小企业与大企业之间的竞争，正逐步演变成大企业之间的竞争，企业2022年的运行经营压力加大，这可从2021年4季度的企业利润变化看出端倪。也有观点认为，2022年钢铁、有色等金属产量较之2021年不会有大比例的萎缩，国家稳增长的政策预期正在发力，基建可能较之2021年有一定程度的恢复性增长，所以耐火材料市场总需求不会太差，前景谨慎乐观。

原料方面，近两年新冠肺炎疫情对全球供应链形成较大的冲击，2021年9月份的拉闸限电对耐火原料价格造成较大波动，部分耐火原材料价格上涨幅度较大，但随着2021年4季度供电的恢

复、供应链的改善，价格逐步回归理性，春节期间，辽宁地区轻烧镁和重烧镁砂都已停产，电熔镁有一部分产能在正常运行，加之节前业内企业意识到春节因素和冬奥会的停产因素，都有一定量的库存备货，镁质耐火原料价格总体稳定，镁砂价格特别是电熔镁砂价格走出了2019年的市场价格底部。目前镁砂市场价格方面略有抬头趋势。

铝质原料方面，由于电解铝价格期货和现货在节前节后有较大幅度的上涨，带动工业氧化铝的价格上涨。银耐联等网站跟踪情况是，白刚玉受工业氧化铝持续的价格上涨影响，山东地区部分企业已经调整了售价，河南部分企业也计划在近日做出价格调整。目前贵州地区棕刚玉企业复产较多，生产情绪积极；山西地区棕刚玉企业受环保管控，部分企业会有持续限产的情况；河南地区各方管控最为严格，棕刚玉企业生产基本停滞。棕刚玉市场整体仍保持平淡，无明显行情波动。

2022年1季度，孝义的铝矾土熟料生产由于冬奥环保管控原因，基本上也处于停产状态。熟料破碎生产同时受限，企业仅靠销售库存产品维持供应。考虑到铝矾土熟料生产的周期特点，估计短时间不会对市场供应造成冲击。目前铝矾土熟料价格与生产成本较为接近，吨产品的利润水平在100～200元之间，重烧镁砂销售价格也与成本线接近，吨利润水平也在100～200元之间，基础性的耐火原料生产商几无利润可言，这说明铝质和碱性基础原料价格已无再进一步下降空间，对耐火制品价格形成较强的支撑。

碳化硅和石墨等其他非氧化物原料价格，春节前后无大的变化，市场价格也较为稳定。

耐火制品方面，协会调研，现在重点耐火制品企业生产情况正常，调研的部分重点企业生产任务较为饱满，节后耐火材料企业与钢厂谈判的价格，涨价呼声较高，期望涨的居多，耐火材料的需求量总体稳定。

出口方面，最近俄乌冲突对我国耐火材料出口影响巨大。冲突区域的钢铁生产活动停滞或停止，物流限制、汇率变化、制裁等多因素铰接在一起，严重影响现阶段的出口业务。

展望2022年，与其他基础性原材料工业面临的发展环境类似，一是全球经济走向后疫情时代，经济活动从新冠肺炎疫情大流行中的逐步恢复，需求侧带来一定的恢复性上涨，尤其是汽车、家电等钢铁行业的主要客户行业出现明显复苏。反过来又带动了钢铁需求的复苏。二是各种资源价格的飙升，特别是最近俄乌冲突带来石油天然气价格的快速上涨，“通胀”的趋势2022年可能会继续下去。各行各业面临如何消化成本上涨的挑战。第三个关键因素要看国内房地产市场恢复和基建发力的传递效应。

近日，工业和信息化部、国家发展改革委、生态环境部三部委联合印发《关于促进钢铁工业高质量发展的指导意见》(下称《意见》)。《意见》具体部署了以增强创新发展能力为首的12项主要任务，为新发展阶段促进我国钢铁工业构建高质量发展新格局定向指路。与耐火材料行业关联度较为直接的任务是：增强创新发展能力，深化绿色低碳转型；加快推进兼并重组，提升产业集中度，钢厂的产业集中度有可能要力争达到60%；有序推动电炉钢发展，电炉钢的比例可能要从现在的10%左右提升至20%等。国家层面对钢铁行业“十四五”时期的高质量发展目标定义十分清晰，值得我们认真研究。

钢铁业是耐火材料行业的主要服务对象，作为资源依赖型和能源依赖型的耐火材料行业，紧跟钢铁行业发展的新形势，立足新发展阶段，完整、准确、全面地贯彻新发展理念，处理好现阶段“行业利益”与“企业利益”之间的关系，统筹推进行业的高质量发展，是耐火人的初心与使命。2022年我们要认清形势与任务，凝聚行业发展的澎湃力量，积极参与构建行业发展新格局。学史力行，自觉践行初心与使命，在“行业利益”与“企业利益”的互动中，提高站位，创新发展思路，为改变行业的现状贡献我们的力量，以优异的成绩迎接党的二十大胜利召开，共同创造行业更加美好的明天。

2022年全国耐火材料行业生产运行情况及2023年耐火材料市场预测分析

李永全

中国耐火材料行业协会

一、 全国规模以上工业整体运行情况

2022年规模以上工业增加值比上年增长3.6%，12月份规模以上工业增加值同比实际增长1.3%（增加值增速均为扣除价格因素的实际增长率）。从环比看，12月份，规模以上工业增加值比上月增长0.06%。规模以上工业增加值变化情况见图1。

2022年，规模以上工业企业实现营业收入137.91万亿元，比上年增长5.9%；发生营业成本116.84万亿元，增长7.1%；营业收入利润率为6.09%，比上年下降0.64个百分点。2022年，全国规模以上工业企业实现利润总额84038.5亿元，比上年下降4.0%（按可比口径计算）。

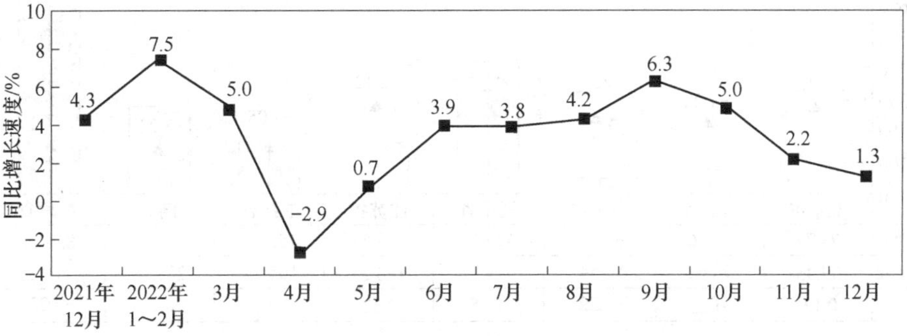

图1 规模以上工业增加值变化情况

2022年末，规模以上工业企业实现营业收入为92.4元，比上年减少2.9元；人均营业收入为182.7万元，比上年增加13.4万元；产成品存货周转天数为17.6天，比上年增加0.9天；应收账款平均回收期为52.8天，比上年增加3.5天。

2022年，采矿业实现利润总额15573.6亿元，比上年增长48.6%；制造业实现利润总额64150.2亿元，下降13.4%；电力、热力、燃气及水生产和供应业实现利润总额4314.7亿元，增长41.8%。

二、2022年耐火材料行业生产运行情况

（一）生产运行情况

2022年，协会同口径统计，全国耐火材料制品产量2300.99万吨，同比降低4.23%。其中致密定形耐火制品1261.10万吨，同比降低4.50%；保温隔热耐火制品56.78万吨，同比降低6.89%；不定形耐火制品983.11万吨，同比降低3.73%。主要品种产量见图2。

图3是2022年耐火材料主要生产省（市）产量情况。其中北京市的生产数据主要来源于北京利尔、瑞泰科技、金隅通达和联合荣大等几家企业。上述企业的生产工厂又主要分布在河南、江苏、安徽等地，部分重叠数据协会按统计口径进行了归整。

（二）耐火原材料进出口贸易情况

2022年，全国耐火原材料进出口贸易总额

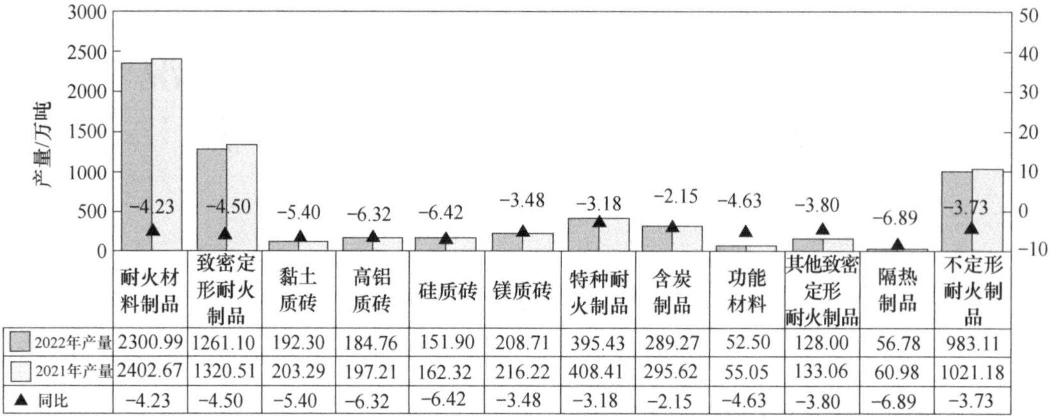

图 2　2022 年耐火材料主要品种产量情况

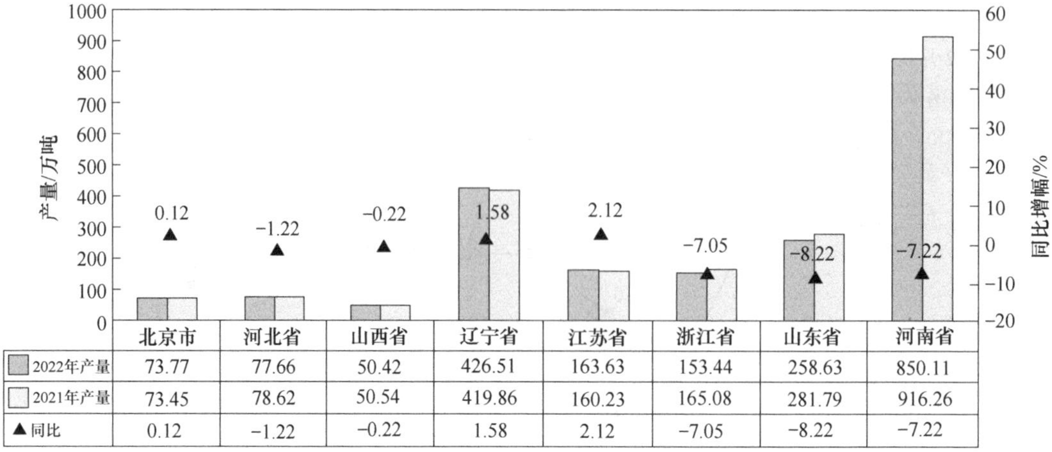

图 3　2022 年耐火材料主要生产省（市）产量情况

56.68 亿美元，比上年同期增长 17.32%。其中出口贸易额 53.62 亿美元，同比增长 17.76%；进口贸易额 3.06 亿美元，同比增长 10.16%。全国耐火原材料出口总量 728.02 万吨，同比降低 1.21%。其中耐火原料出口量 506.25 万吨，同比降低 9.64%；耐火制品出口量 221.77 万吨，同比增长 25.51%。相较 2021 年，出口量略有下降，而出口贸易额却有较快增速。

1. 耐火原料出口情况

耐火原料出口量有所下降（9.64%），而出口贸易额和出口平均价格实现大幅增长，出口贸易额增长 10.04%，比出口量增幅高出 19.68 个百分点，综合平均价格同比增长 21.78%。从平均出口价格看，原料品种均有不同程度的增幅，碳化硅增幅高达 35.99%。2022 年主要品种出口情况见表 1。

表 1　2022 年耐火原料出口情况

指标	石墨	膨润土	耐火铝黏土	电熔镁砂	烧结镁砂	轻烧镁砂	棕刚玉	白刚玉	碳化硅
出口量/万吨	11.62	33.42	69.78	56.51	112.65	93.61	48.13	39.10	41.42
出口量同比增幅/%	−4.51	−15.31	−31.21	−8.20	−9.12	6.23	−14.97	−0.82	10.49

续表 1

指标	石墨	膨润土	耐火铝黏土	电熔镁砂	烧结镁砂	轻烧镁砂	棕刚玉	白刚玉	碳化硅
出口贸易额同比增幅/%	-1.80	5.50	-24.19	7.62	5.13	27.74	-0.76	21.27	50.26
出口平均价格同比增幅/%	2.84	24.58	10.22	17.23	15.68	20.24	16.71	22.27	35.99

2. 耐火制品出口情况

耐火制品出口量高幅增长 25.51%，特别是铝硅质制品和其他耐火制品同比分别增长 65.58%和 21.16%。耐火制品出口贸易额增幅高于出口量增幅 6.89 个百分点，出口平均价格同比增长 5.49%，铝硅质耐火制品出口平均价格小幅下降 3.78%，可能是品种结构变化所致。碱性耐火制品和其他耐火制品出口平均价格大幅增长。2022 年各种制品出口情况见表 2。

表 2　2022 年耐火制品出口情况

指标	碱性耐火制品	铝硅质耐火制品	其他耐火制品
出口量/万吨	100.69	107.50	13.58
出口量同比增幅/%	0.13	65.58	21.16
出口贸易额同比增幅/%	16.36	59.32	31.19
出口平均价格同比增幅/%	16.21	-3.78	8.27

（三）重点企业经营情况简要分析

协会通过对 90 家重点耐火材料企业 2022 年经营情况调研显示，耐火材料产量 1358.91 万吨（含部分耐火原料），同比增长 1.50%；90 家企业耐火制品产量 949.80 万吨，同比降低 1.94%。耐火材料销售总收入 654.73 亿元，同比增长 0.83%；剔除原料，其中耐火制品销售总收入 587.86 亿元，同比下降 0.87%。90 家企业实现利润 40.85 亿元，同比降低 4.02%；上缴税金 32.30 亿元，同比降低 1.83%。

2022 年，销售收入超过 8 亿元的企业 21 家，超过 10 亿元的企业 16 家，超过 30 亿元的企业 6 家。

排名前 10 家企业销售收入 324.17 亿元，比上年同期增加 6.45 亿元，同比增长 2.03%。

重点企业纳税额 32.30 亿元，排名前 17 家企业纳税额 21.01 亿元，占重点企业纳税总额的 65.05%。

2022 年，90 家重点耐火材料企业实现利润同比降低 4.02%，销售收入利润率 6.24%，比上年同期增长 0.04 个百分点，略高于全国规模以上工业企业营业收入利润率 0.15 个百分点。

2022 年，重点企业中亏损企业 23 家，亏损面 25.55%。重点企业应收账款总额 208.04 亿元，同比增长 23.28%，应收账款上升的企业 66 家，上升面 73.33%。其中上升 20%以上的企业 40 家，上升面 44.44%。更严重的是有 12 家生产企业应收账款同比上升 50%以上，耐火材料企业的资金压力较大，推动财务成本上升。

三、主要下游行业生产运行情况

（一）钢铁行业运行情况

1. 中国钢铁行业生产运行情况

据国家统计局数据，2022 年，黑色金属冶炼和压延加工业增加值增长 1.2%，2022 年全国生铁产量为 8.64 亿吨，同比降低 0.8%；全国粗钢产量 101795.9 万吨，同比下降 1.7%；钢材产量 134033.5 万吨，同比增长 0.3%。在此前公布的国家统计局月度统计数据中，2022 年，我国全年粗钢产量为 101300.3 万吨。各月产量情况见图 4。

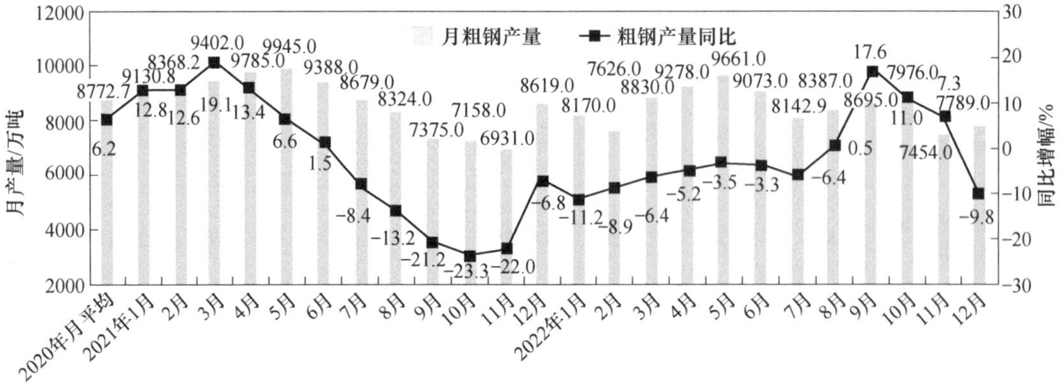

图 4 全国粗钢月产量及同比变化

2. 世界钢铁工业生产情况

2022 年，全球（64 个国家和地区合计）粗钢产量 18.31 亿吨，同比下降 4.3%；中国占全球粗钢的比例为 55.31%。占比权重同比稍有增加。世界主要产钢地区（国家）除中东和伊朗增长外，其他国家均有不同程度的下降。主要产钢国家和地区粗钢产量情况见表 3 和图 5。

表 3 2022 年全球钢铁工业生产情况

国家或地区	2022 年粗钢产量/百万吨	上年同期粗钢产量/百万吨	同比增幅/%
64 国合计	1831.5	1913.8	-4.3
亚洲和大洋洲	1351.3	1383.1	-2.3
俄罗斯和独联体+乌克兰	85.2	106.8	-20.2
欧盟 27 国	136.7	152.7	-10.5
欧洲其他国家	44.7	50.9	-12.2
中东	44.0	41.1	7.1
北美	111.4	117.9	-5.5
南美	43.3	45.6	-5.0
非洲	14.9	16.0	-6.6

续表 3

国家或地区	2022 年粗钢产量/百万吨	上年同期粗钢产量/百万吨	同比增幅/%
中国	1013.0	1034.7	-2.1
印度	124.7	118.2	5.5
日本	89.2	96.3	-7.4
美国	80.7	85.8	-5.9
俄罗斯	71.5	77.0	-7.2
韩国	65.9	70.5	-6.5
德国	36.8	40.2	-8.4
土耳其	35.1	40.3	-12.9
巴西	34.0	36.1	-5.8
伊朗	30.6	28.3	8.0

（二）建材行业生产运行情况

2022 年，全国水泥产量 21.18 亿吨，同比下降 10.8%；平板玻璃产量 10.13 亿重量箱，同比降低 3.7%。全国水泥产量降至 2012 年来最低点，全国水泥平均价格回落到 2017 年的水平。

（三）有色金属行业生产运行情况

据国家统计局数据，2022 年我国十种有色金属产量 6774.3 万吨，同比增长 4.3%。其中，精炼铜、原铝、铅、锌产量分别为 1106.3 万吨、

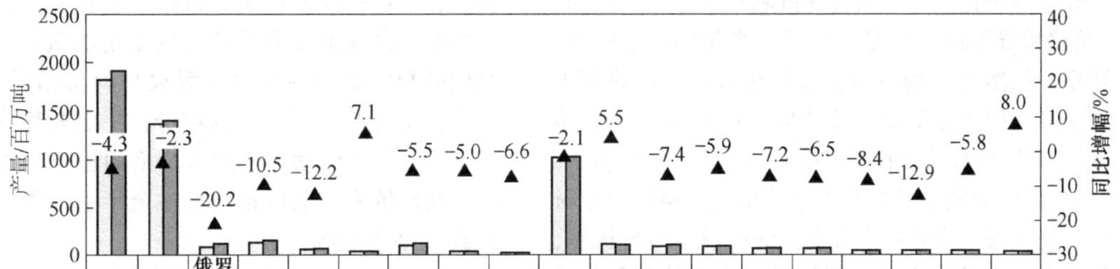

	64国合计	亚洲和大洋洲	俄罗斯和独联体+乌克兰	欧盟27国	欧洲其他国家	中东	北美	南美	非洲	中国	印度	日本	美国	俄罗斯	韩国	德国	土耳其	巴西	伊朗
□2022年产量	1831.5	1351.3	85.2	136.7	44.7	44.0	111.4	43.3	14.9	1013.0	124.7	89.2	80.7	71.5	65.9	36.8	35.1	34.0	30.6
■2021年产量	1913.8	1383.1	106.8	152.7	50.9	41.1	117.9	45.6	16.0	1034.7	118.2	96.3	85.8	77.0	70.5	40.2	40.3	36.1	28.3
▲同比	−4.3	−2.3	−20.2	−10.5	−12.2	7.1	−5.5	−5.0	−6.6	−2.1	5.5	−7.4	−5.9	−7.2	−6.5	−8.4	−12.9	−5.8	8.0

图5　2022年世界主要产钢国家和地区粗钢产量

4021.4万吨、781.1万吨、680.2万吨，同比分别增长4.5%、4.5%、4.0%、1.6%。从上述数据可以看到，有色金属行业是2022年为数不多的产能和效益维持正增长的行业。主要是新能源汽车、电力设备制造、高端设备制造的总需求推动所致。

四、2022年行业运行特点分析与2023年行情展望

（一）2022年行业运行特点分析

2022年耐火材料行业呈现总需求收缩、上半年成本和利润相对稳定、三季度开始市场形势变得严峻、总需求收缩不大但行业利润下滑严重的局面。下游行业市场需求变化是主要原因，首先房地产行业下滑导致的建筑用钢需求不旺，建材水泥、平板玻璃产量同比下滑严重，水泥产量更是降低至2012年来最低点。二季度以来钢铁行业运行呈明显下行态势，下游需求减弱叠加原燃料成本高企，粗钢产量变化幅度并不大但利润下降严重，全年钢铁行业利润大幅下滑72%，平均销售利润率仅为1.49%。这些变化必然会传导至耐火材料行业。导致2022年三、四季度耐火材料行业的经营压力显著增大。钢铁厂主动压价，同业竞争相互压价投标，耐火材料区域承包单价在2022年四季度回调到2021年三季度调价前的水平，从而直接影响去年四季度耐火材料企业的利润。

2022年1月与2023年1月相比，镁砂原料价格向下调整幅度15%~20%，但2022年全年镁砂平均销售价格仍高于2021年全年平均价格，部分镁砂主要生产企业的产量和销售收入均实现较好的正增长。2022年刚玉价格向下调整幅度约10%，高品位铝矾土熟料价格上涨幅度为5%~10%，石墨和碳化硅价格上涨幅度为5%~20%。2022年全年与2021年同口径相比，原料价格的总的平均价格高于2021年。原料价格高企影响了2022年耐火制品全年的边际贡献。若钢厂区域承包价格进一步下调至2021年上半年的水平，则2023年全行业的经营环境更差，边际贡献可能进一步恶化。

协会统计了2022年耐火材料主产区辽宁的营口、海城（2022年未报数据），浙江省长兴县，江苏省宜兴市，山东省淄博市，山西省阳泉市郊区、孝义市，河南省新密市、巩义市、伊川县、登封市等的数据，这个数据反映了上述区域内1230家企业2022年经营的总体情况。2022年耐火材料主产区耐火制品产量1653.67万吨，同比下降7.63%，经营收入823.25亿元，同比下降1.38%左右，上缴税金同比下降8.18%。从区域角度看，江浙和辽宁营口等沿海地区的耐火材料企业运行质量要优于其他地区。

值得注意的是，2022年的全行业的出口业绩，在2021年高基数基础上继续上升。制品的出口贸易总额和平均价格均呈现上涨的态势，表现出结构的优化和单价的上涨。一方面说明国内耐火材料行业有较强的制造能力和替代能力，出口竞争力进一步提升，同时对稳定耐火材料价格总盘子意义重大。

（二）耐火材料行业如何走出这波市场周期

1. 价格传导机制效率低下

耐火材料行业面临总需求不再增长的局面，行业进入发展的转型期，如何走出目前的困局，

首先要解决行业"价格传导机制效率低下"问题。"价格传导不通畅"是困扰行业多年的一个问题。这里面虽然有市场竞争主体数量众多、产业集中度不高、同业竞争激烈等原因，但行业"成本传导机制"经常失效也是重要原因。举个例子，2021年10月份，拉闸限电导致耐火材料行业原材料价格上涨，当时并未形成良好的成本传导机制，许多企业未及时将涨价因素进行合理的传导，或者是想传导，但实现不了，导致2021年四季度全行业经营利润大幅下降，也给2022年一季度行业的经营造成了较强的"后遗症"。2022年四季度以来，需求萎缩导致部分企业订单压力剧增，效益更谈不上。目前虽然耐火原料价格与年初相比，有一定幅度的下降，但远小于钢厂压价的力度。能源价格的上升，也给行业带来一定的成本压力。目前的区域承包机制，造成了耐火材料行业的价格，需要涨的时候，涨不上去。"市场传导机制"失灵。行情一旦不好，钢厂要压价的时候，却立竿见影。

上述现象的根本原因还是产能过剩、供需失衡。如何在区域承包机制条件下，解决"市场传导机制"失灵问题，是耐火材料行业走出这波市场周期的关键之一。

2. 现场服务价格机制的缺失

现行的区域承包机制是多年来市场经济的结果，其优点之多自不必说，但也存在一个明显的缺点，耐火企业给钢厂提供的现场服务成本和贡献未得到充分的反映，业内未形成一个大家认可的、合理的、富有弹性的现场服务价格机制。现场服务成本的权重没有合理反映到耐火材料企业的成本中。现在服务的要求越来越高，成本也越来越高，但对耐火厂而言，效益却未得到体现。

服务成本是实现耐火材料价值链的关键环节，行业高质量发展需要促进现场服务价格机制的尽早形成。

3. 耐火原料价格中枢水平要稳住

协会在2022年10月27日工业和信息化部原材料司组织中国耐火材料行业协会、中国菱镁行业协会、辽宁省工业和信息化厅召开的菱镁产业发展座谈会上再次强调，菱镁矿主产区的开采总量要得到控制、产业集中度要提高，避免镁砂原料及镁质制品产量的过剩至关重要。粗钢产量对耐火制品的刚性需求，以及国内镁砂价格的重心位置，决定耐火材料制品价格中枢位置。协会多次在业内会议上强调镁砂价格稳定的重要性。烧结镁砂和电熔镁砂价格是耐火材料价格的中枢，尤其在全行业行情不好的年份，一定要稳住镁砂的价格，从而带动整个原料价格的稳定。2022年全年镁砂价格控制效果较好，全年平均价格好于2021年平均价格。

（三）2023年市场行情预判

1. 粗钢产量带来的耐火材料总需求仍在

2023年粗钢产量特别基建用钢的托底效应，是影响耐火材料总需求的重要变量，可以简单认为，2023年的粗钢产量决定了耐火材料的需求的基本面。

从中国钢铁工业协会六届五次会员大会对钢铁形势的展望，认为2023年钢材需求总体上较为平稳。钢铁市场专家研判，2023年粗钢将与2022年基本相近，约为10.2亿吨。考虑到水泥等建材行业2022年是一个谷底期，2023年行业需求将有较好的恢复，可以谨慎乐观地估计，2023年耐火材料的总需求较2022年，将相对稳定，总产量与总需求呈现一个高位平台波动。

出口方面。世界钢铁协会发布的最新版短期（2022～2023年）钢铁需求预测报告。该报告显示，全球钢铁总需求继2021年增长2.8%之后，2022年将下降2.3%至17.967亿吨。2023年，钢铁需求将恢复性增长1.0%至18.147亿吨。也就是说，当国内钢铁总量不再增长的时候，国外的钢铁产量也许还是会增长一些的。钢产量增长，对耐火材料的需求就会增长。业内出口企业调研情况表明，2023年耐火材料出口，谨慎乐观，可能继续向好。有条件、有基础的企业，要继续做好耐火材料出口这篇文章。

2. 耐火原料价格稳定

2023年耐火原料价格向下、向上均无多大空间，将相对稳定。

3. 强化行业自律对2023年行业的运行效益至关重要

现在的市场同业竞争行为主要发生在业内大企业之间。预测2023年行业的市场需求将进一步向行业重点企业集中。2021年、2022年行业90多家重点企业数据指标均好于耐火材料主产区1260～

1350家企业平均水平，说明市场仍进一步在向业内重点企业集中。在市场需求总量相对稳定的条件下，同业竞争更有利于头部企业和重点企业。但行业自律至关重要。现在协会了解到的一些案例，都是一些大企业在投标过程中相互挤压的行为。如无改观，估计2023年行业经营利润水平可能进一步下滑。

中国钢铁工业协会副会长骆铁军在最近钢铁行业的一次研讨会上表示，全行业对中国钢铁所处市场环境变化的长期性和必然性要有更加现实、更加清醒的认识，要建立自律限产的氛围和共识，对新市场环境的适应性要增强。产能治理、兼并重组将是下一步行业稳定局面、跨越周期的两大关键举措。骆会长对钢铁行业的这些分析和判断，对耐火材料行业有非常好的借鉴意义。

现阶段的同业竞争会更加激烈，且是业内大企业之间的竞争为主线。自律限产的氛围和共识能否形成，是2023年行业的一项艰巨的任务。企业家们要思考一些行业的共性问题，认真处理好“行业”与“企业”之间的关系，慎用“杀价竞争”这一手段，反对低于成本价的竞争。行业利益大于企业利益。

刚刚闭幕的全国两会，对2023年宏观经济做了总体部署。发展目标以稳为先，经济工作首要任务是扩内需，恢复和扩大消费摆在优先位置，5%左右GDP增速为高质量发展留足空间，加速建设现代化产业体系，实体经济发展与安全并举，立足自立自强、绿色低碳。坚持“两个毫不动摇”，促进多种所有制经济共同发展。作为服务于高温工业的耐火材料这样一个细分行业，认真学习政府工作报告，深刻领会，研究钢铁、建材、有色等下游行业的发展趋势，研究钢产量突破10亿吨后耐火材料行业的竞争格局，顺势而为，对业内同仁来说十分重要。我们要齐心协力，积极引导行业的自律发展，积极倡导“行业利益高于企业利益”发展新理念，鼓励以技术创新和技术进步调整市场格局，鼓励和引导行业的资产重组，进一步提升产业集中度。以新思路、新作为推动行业高质量发展取得新成效，为中国式现代化贡献行业力量。

第五篇

统计分析

1949~2022年中国耐火材料行业主要生产经营情况统计

中国耐火材料行业协会信息统计部

1949~2022年全国耐火材料制品产量见表1。2019~2022年全国耐火材料制品产量及增幅情况见表2。2019年12月重点统计耐材企业耐火材料制品（钢铁用）产量见表3。2020年12月重点统计耐材企业耐火材料制品（钢铁用）产量见表4。2021年12月重点统计耐材企业耐火材料制品（钢铁用）产量见表5。2022年12月重点统计耐材企业耐火材料制品（钢铁用）产量见表6。2001~2022年全国耐火原材料出口量及贸易额见表7。2001~2022年全国耐火原材料进口量及贸易额见表8。2010~2022年河南省耐火材料工业制品产量见表9。2010~2022年辽宁省耐火材料工业制品产量见表10。1949~2022年山东省耐火材料工业制品产量见表11。2010~2022年山西省耐火材料工业制品产量见表12。2010~2022年浙江省耐火材料工业制品产量见表13。2010~2022年河北省耐火材料工业制品产量见表14。1949~2022年全国粗钢产量见表15。1949~2022年全国水泥产量见表16。1949~2022年全国10种有色金属产量见表17。2004~2022年全国平板玻璃产量见表18。

表1　1949~2022年全国耐火材料制品产量

年份	产量/万吨	年 份	产量/万吨
1949	7.4	1961	312.8
1950	18.4	1962	107.7
1951	12.2	1963	123.7
1952	22.0	1964	144.6
1953	45.8	1965	184.9
1954	59.6	1966	220.7
1955	50.2	1967	181.6
1956	83.2	1968	129.0
1957	101.4	1969	206.4
1958	470.7	1970	285.7
1959	790.1	1971	386.0
1960	792.2	1972	423.4

续表 1

年份	产量/万吨	年 份	产量/万吨
1973	389.9	1998	1473.7
1974	327.6	1999	1350.4
1975	371.3	2000	1210.4
1976	356.4	2001	1070.4
1977	427.4	2002	1177.2
1978	487.3	2003	1477.4
1979	432.3	2004	1867.5
1980	382.3	2005	2276.4
1981	384.2	2006	3243.7
1982	383.5	2007	4182.4
1983	411.2	2008	4417.8（2417.5）
1984	471.5	2009	6842.9（含原料）（2453.6）
1985	546.1	2010	6139.36（2808.06）
1986	542.4	2011	7184.15（2949.69）
1987	609.1	2012	7945.53（2818.91）
1988	701.0	2013	8914.45（2928.25）
1989	711.8	2014	11695.51（2797.15）
1990	675.1	2015	2615.19
1991	667.4	2016	2391.24
1992	880.6	2017	2292.54
1993	1053.4	2018	2345.22
1994	1277.0	2019	2430.75
1995	1755.0	2020	2477.99
1996	1477.3	2021	2402.67
1997	1565.4	2022	2300.99

注：2008年始，中国耐火材料行业协会接受委托，依法履行耐材行业生产统计职能，括号内数据为行业协会统计的耐火材料制品产量。

表 2 2019~2022 年全国耐火材料制品产量及增幅情况

序号	指标名称	2019 年		2020 年		2021 年		2022 年	
		产量/万吨	同比/%	产量/万吨	同比/%	产量/万吨	同比/%	产量/万吨	同比/%
8.0	耐火材料制品合计	2430.75	3.65	2477.99	1.94	2402.67	-3.04	2300.99	-4.23
8.0.1	（一）致密定形耐火制品	1341.36	1.05	1370.94	2.20	1320.51	-3.68	1261.10	-4.50
8.0.1.1	黏土质砖	237.59	-3.17	228.30	-3.91	203.29	-10.96	192.30	-5.40
8.0.1.2	高铝质砖	191.88	3.11	202.34	5.45	197.21	-2.53	184.76	-6.32
8.0.1.3	硅质砖	145.81	3.70	156.73	7.48	162.32	3.57	151.90	-6.42
8.0.1.4	镁质砖	220.75	3.33	227.98	3.27	216.22	-5.16	208.71	-3.48
8.0.1.5	特种耐火制品	403.44	3.44	413.81	2.57	408.41	-1.30	395.43	-3.18
8.0.1.5.1	氧化物制品	16.59	0.00	16.29	-1.81	15.49	-4.87	14.39	-7.14
8.0.1.5.2	非氧化物制品	27.91	0.00	28.75	3.01	26.23	-8.77	24.41	-6.93
8.0.1.5.3	熔铸制品	17.55	0.00	17.46	-0.53	16.03	-8.20	14.86	-7.24
8.0.1.5.4	含炭制品	286.89	3.71	299.07	4.25	295.62	-1.15	289.27	-2.15
8.0.1.5.5	功能材料	54.50	6.13	52.25	-4.14	55.05	5.37	52.50	-4.63
8.0.1.6	其他致密定形耐火制品	141.88	-6.43	141.79	-0.07	133.06	-6.16	128.00	-3.80
8.0.2	（二）隔热耐火制品	58.90	8.87	62.21	5.61	60.98	-1.98	56.78	-6.89
8.0.3	（三）不定形耐火制品	1030.49	6.93	1044.85	1.39	1021.118	-2.26	983.11	-3.73

表 3　2019 年 12 月重点统计耐材企业耐火材料制品（钢铁用）产量

单位：吨

序号	单位	本月	去年同月	本月比去年同月		本年累计	去年同期累计	累计比去年同期	
				增减量	增减/%			增减量	增减/%
1	重点合计	401923.68	373491.83	28431.85	7.61	4388338.19	4722619.91	-334281.72	-7.08
2	通达耐火技术股份有限公司	21949.24	21991.32	-42.08	-0.19	161198.77	161406.81	-208.04	-0.13
3	北京利尔高温材料股份有限公司	39581.00	24077.00	15504.00	64.39	306963.84	225139.30	81824.54	36.34
4	北京首钢耐材炉料有限公司	0.01	40.38	-40.37	-99.98	41.70	1786.38	-1744.68	-97.67
5	唐山市国亮特殊耐火材料有限公司	23146.00	17377.00	5769.00	33.20	218057.00	180312.00	37745.00	20.93
6	唐山时创高温材料股份有限公司	2347.00	3201.00	-854.00	-26.68	33384.00	39179.00	-5795.00	-14.79
7	孝义市和中兴矿产有限公司	0.00	0.00	0.00	0.00	9759.00	25382.00	-15623.00	-61.55
8	山西盂县西小坪耐火材料有限公司	47251.00	26923.00	20328.00	75.50	254227.00	133841.00	120386.00	89.95
9	山西禄纬堡太钢耐火材料有限公司	5452.81	6383.60	-930.79	-14.58	62291.33	71906.50	-9615.17	-13.37
10	辽宁群益集团耐火材料公司	3154.00	3283.00	-129.00	-3.93	39838.00	41049.21	-1211.21	-2.95
11	营口青花耐火材料股份有限公司	21993.00	20121.00	1872.00	9.30	273803.00	364867.00	-91064.00	-24.96
12	营口金龙集团耐火材料有限公司	22064.00	27883.00	-5819.00	-20.87	292555.00	281668.00	10887.00	3.87
13	营口永吉麦格新型耐材有限公司	3040.00	2960.00	80.00	2.70	70795.00	77310.00	-6515.00	-8.43
14	海城利尔麦格西塔材料有限公司	1236.11	752.04	484.07	64.37	4902.48	11935.22	-7032.74	-58.92
15	上海彭浦特种耐火材料厂	1332.49	1084.73	247.76	22.84	12831.82	14166.99	-1335.17	-9.43
16	江苏苏嘉集团新材料有限公司	14273.00	15834.00	-1561.00	-9.86	191574.00	185426.00	6148.00	3.32
17	无锡市宝宜耐火材料有限公司	2291.18	2299.28	-8.10	-0.35	21967.52	21744.18	223.34	1.03
18	江苏嘉耐高温材料有限公司	20633.36	12166.38	8466.98	69.59	213930.27	199062.51	14867.76	7.47
19	浙江自立控股股份有限公司	23911.47	24465.57	-554.10	-2.27	267361.31	263821.83	3539.48	1.34
20	浙江湖州父子岭耐火集团有限公司	4929.00	9393.00	-4464.00	-47.53	50070.00	102019.00	-51949.00	-50.92

续表 3

序号	单位	本月	去年同月	本月比去年同月		本年累计	去年同期累计	累计比去年同期	
				增减量	增减/%			增减量	增减/%
21	浙江铁狮高温材料有限公司	1050.00	1460.00	-410.00	-28.08	12080.00	12135.00	-55.00	-0.45
22	浙江红鹰集团股份有限公司	13303.18	11634.87	1668.31	14.34	129168.65	121426.21	7742.44	6.38
23	瑞泰马钢新材料科技有限公司	19488.00	7479.00	12009.00	160.57	171590.00	130613.54	40976.46	31.37
24	安徽宁火新材料有限公司	3675.00	2070.00	1605.00	77.54	14321.00	12120.00	2201.00	18.16
25	济南鲁东耐火材料有限公司	7100.00	7500.00	-400.00	-5.33	80100.00	77600.00	2500.00	3.22
26	淄博市鲁中耐火材料有限公司	9076.39	8810.09	266.30	3.02	89996.61	95262.95	-5266.34	-5.53
27	山东耐火材料有限公司	12844.00	7141.00	5703.00	79.86	120665.00	127308.00	-6643.00	-5.22
28	河南熔金高温材料股份有限公司	2931.00	2751.00	180.00	6.54	32521.00	34358.92	-1837.92	-5.35
29	濮阳濮耐高温材料（集团）股份有限公司	24110.85	27946.67	-3835.82	-13.73	272600.39	270533.45	2066.94	0.76
30	中钢集团耐火材料有限公司	9981.38	9055.66	925.72	10.22	139923.82	140693.21	-769.39	-0.55
31	中钢集团洛阳耐火材料研究院有限公司	2419.34	2674.10	-254.76	-9.53	49419.52	42213.31	7206.21	17.07
32	郑州振东科技有限公司	12083.00	13556.62	-1473.62	-10.87	127949.94	146114.15	-18164.21	-12.43
33	河南工程材料股份有限公司	0.00	0.00	0.00	0.00	168.00	76.00	92.00	121.05
34	郑州安耐克实业有限公司	9704.81	5493.50	4211.31	76.66	115051.81	80321.14	34730.67	43.24
35	武钢耐火材料有限责任公司	4353.00	0.00	4353.00	0.00	56798.77	53530.00	3268.77	6.11
36	湖南湘钢宜兴耐火材料有限公司	6553.60	5726.70	826.90	14.44	63537.51	60746.17	2791.34	4.60
37	成都府天新材料科技有限公司	1148.00	1121.00	27.00	2.41	13134.00	11434.00	1700.00	14.87
38	四川攀钢冶金材料有限责任公司	3517.46	3030.75	486.71	16.06	40675.08	46716.19	-6041.11	-12.93

表 4　2020 年 12 月重点统计耐材企业耐火材料制品（钢铁用）产量

单位：吨

序号	单位	本月	去年同月	本月比去年同月		本年累计	去年同期累计	累计比去年同期	
				增减量	增减/%			增减量	增减/%
1	重点合计	519280.98	468307.96	50973.02	10.89	5758856.73	5092551.57	666305.16	13.08
2	北京金隅通达耐火技术有限公司	16371.13	21949.24	−5578.11	−25.41	156012.84	161198.77	−5185.93	−3.22
3	北京利尔高温材料股份有限公司	44876.00	39581.00	5295.00	13.38	476269.20	306963.84	169305.36	55.16
4	北京联合荣大工程材料股份有限公司	7552.00	5926.00	1626.00	27.44	55730.00	52729.00	3001.00	5.69
5	唐山市国亮特殊耐火材料有限公司	17759.00	23146.00	−5387.00	−23.27	218268.00	218057.00	211.00	0.10
6	唐山时创高温材料股份有限公司	2684.00	2347.00	337.00	14.36	28090.00	33384.00	−5294.00	−15.86
7	山西盂县西小坪耐火材料有限公司	22090.00	47251.00	−25161.00	−53.25	257641.00	254227.00	3414.00	1.34
8	山西禄纬堡太钢耐火材料有限公司	6207.09	5452.81	754.28	13.83	86220.10	62291.33	23928.77	38.41
9	山西圣火炉料有限公司	2684.90	0.00	2684.90	0.00	27658.52	20073.86	7584.66	37.78
10	内蒙古包钢利尔高温材料有限公司	4885.00	0.00	4885.00	0.00	48031.00	37129.00	10902.00	29.36
11	辽宁群益集团耐火材料公司	3272.00	3154.00	118.00	3.74	17001.80	39838.00	−22836.20	−57.32
12	营口青花耐火材料股份有限公司	23246.00	21993.00	1253.00	5.70	249103.00	273803.00	−24700.00	−9.02
13	海城市后英经贸集团有限公司	43186.00	0.00	43186.00	0.00	420238.00	77645.00	342593.00	441.23
14	辽宁中镁控股股份有限公司	13906.41	13296.49	609.92	4.59	143460.19	188692.23	−45232.04	−23.97
15	营口金龙集团耐火材料有限公司	31687.00	22064.00	9623.00	43.61	302686.00	292555.00	10131.00	3.46
16	海城华宇耐火材料有限公司	2698.00	2478.00	220.00	8.88	29222.30	26372.80	2849.50	10.81
17	营口永吉麦格新型耐材有限公司	2680.00	3040.00	−360.00	−11.84	64170.00	70795.00	−6625.00	−9.36

续表 4

序号	单位	本月	去年同月	本月比去年同月		本年累计	去年同期累计	累计比去年同期	
				增减量	增减/%			增减量	增减/%
18	海城利尔麦格西塔材料有限公司	787. 33	1236. 11	-448. 78	-36. 31	10971. 63	4902. 48	6069. 15	123. 80
19	鞍山市和丰耐火材料有限公司	7578. 00	9153. 00	-1575. 00	-17. 21	84881. 12	95421. 80	-10540. 68	-11. 05
20	上海彭浦特种耐火材料厂	968. 92	1332. 49	-363. 57	-27. 29	16233. 81	15852. 69	381. 12	2. 40
21	无锡市南方耐材有限公司	1494. 79	0. 00	1494. 79	0. 00	18695. 13	18379. 85	315. 28	1. 72
22	江苏苏嘉集团新材料有限公司	15879. 00	14273. 00	1606. 00	11. 25	195430. 00	191574. 00	3856. 00	2. 01
23	无锡市宝宜耐火材料有限公司	2299. 74	2291. 18	8. 56	0. 37	20649. 69	21967. 52	-1317. 83	-6. 00
24	江苏嘉耐高温材料有限公司	19120. 64	20633. 36	-1512. 72	-7. 33	188610. 58	213934. 27	-25323. 69	-11. 84
25	宜兴瑞泰耐火材料有限公司	1383. 75	0. 00	1383. 75	0. 00	11587. 82	514. 47	11073. 35	2152. 38
26	浙江自立控股有限公司	23914. 30	23911. 47	2. 83	0. 01	268435. 29	267361. 31	1073. 98	0. 40
27	浙江湖州父子岭耐火集团有限公司	5656. 00	4929. 00	727. 00	14. 75	58918. 00	50070. 00	8848. 00	17. 67
28	浙江铁狮高温材料有限公司	1095. 00	1050. 00	45. 00	4. 29	12080. 00	12081. 00	-1. 00	-0. 01
29	浙江红鹰集团股份有限公司	20987. 66	13303. 18	7684. 48	57. 76	157827. 53	129168. 65	28658. 88	22. 19
30	浙江金磊耐火材料有限公司	9138. 11	8574. 00	564. 11	6. 58	91223. 89	110973. 20	-19749. 31	-17. 80
31	瑞泰马钢新材料科技有限公司	18312. 00	19488. 00	-1176. 00	-6. 03	207828. 00	171590. 00	36238. 00	21. 12
32	安徽省萧县华龙耐火材料有限责任公司	2499. 47	2613. 98	-114. 51	-4. 38	25182. 60	31294. 99	-6112. 39	-19. 53
33	济南鲁东耐火材料有限公司	4500. 00	7100. 00	-2600. 00	-36. 62	64651. 00	80100. 00	-15449. 00	-19. 29
34	山东鲁阳股份有限公司	22259. 00	21413. 00	846. 00	3. 95	226683. 58	264850. 00	-38166. 42	-14. 41

续表 4

序号	单位	本月	去年同月	本月比去年同月		本年累计	去年同期累计	累计比去年同期	
				增减量	增减/%			增减量	增减/%
35	青岛正望耐火材料有限公司	1524.06	2119.71	-595.65	-28.10	16910.73	19452.67	-2541.94	-13.07
36	淄博市鲁中耐火材料有限公司	1534.31	9076.39	-7542.08	-83.10	73436.94	89996.63	-16559.69	-18.40
37	山东鲁桥新材料股份有限公司	7879.00	0.00	7879.00	0.00	132017.00	34863.51	97153.49	278.67
38	山东耐火材料有限公司	11946.00	12844.00	-898.00	-6.99	143661.00	120665.00	22996.00	19.06
39	河南熔金高温材料股份有限公司	2137.00	2931.00	-794.00	-27.09	30577.00	32521.00	-1944.00	-5.98
40	濮阳濮耐高温材料（集团）股份有限公司	32324.42	24110.85	8213.57	34.07	294335.85	272600.39	21735.46	7.97
41	中钢集团耐火材料有限公司	10422.30	9981.38	440.92	4.42	140888.41	139923.82	964.59	0.69
42	中钢集团洛阳耐火材料研究院有限公司	4300.43	2419.34	1881.09	77.75	59981.25	49419.52	10561.73	21.37
43	巩义市第五耐火材料总厂	2908.10	0.00	2908.10	0.00	38353.44	0.00	38353.44	0.00
44	郑州振东科技有限公司	12660.05	12083.00	577.05	4.78	140196.45	137815.24	2381.21	1.73
45	郑州安耐克实业有限公司	9145.77	9704.81	-559.04	-5.76	128551.68	115051.81	13499.87	11.73
46	洛阳盛铁耐火材料有限公司	1546.00	0.00	1546.00	0.00	18896.00	0.00	18896.00	0.00
47	武钢耐火材料有限责任公司	4533.00	4353.00	180.00	4.14	58713.61	56798.77	1914.84	3.37
48	湖南湘钢宜兴耐火材料有限公司	7403.08	6553.60	849.48	12.96	79015.02	63537.51	15477.51	24.36
49	成都府天新材料科技有限公司	1199.00	1148.00	51.00	4.44	12076.00	13134.00	-1058.00	-8.06
50	四川攀钢冶金材料有限责任公司	2947.00	3517.46	-570.46	-16.22	39842.65	40675.08	-832.43	-2.05

表 5 2021 年 12 月重点统计耐材企业耐火材料制品（钢铁用）产量

单位：吨

序号	单位	本月	去年同月	本月比去年同月		本年累计	去年同期累计	累计比去年同期	
				增减量	增减/%			增减量	增减/%
1	重点合计	541914.56	522661.44	19253.13	3.68	6545124.00	5768347.00	776777.00	13.47
2	北京金隅通达耐火技术有限公司	22968.40	16371.13	6597.27	40.30	219114.77	156012.84	63101.92	40.45
3	北京利尔高温材料股份有限公司	43253.00	44876.00	-1623.00	-3.62	482228.78	476269.20	5959.59	1.25
4	北京联合荣大工程材料股份有限公司	4970.66	7552.00	-2581.34	-34.18	75113.61	55730.00	19383.61	34.78
5	唐山时创高温材料股份有限公司	2186.00	2684.00	-498.00	-18.55	27158.00	28090.00	-932.00	-3.32
6	唐山市国亮特殊耐火材料有限公司	20287.00	17759.00	2528.00	14.24	199317.00	218268.00	-18951.00	-8.68
7	山西禄纬堡太钢耐火材料有限公司	8616.01	6207.09	2408.92	38.81	107936.06	86220.10	21715.96	25.19
8	山西圣火炉料有限公司	2407.90	2684.90	-277.00	-10.32	29777.65	27658.52	2119.13	7.66
9	内蒙古包钢利尔高温材料有限公司	5105.00	4885.00	220.00	4.50	59214.00	48031.00	11183.00	23.28
10	大石桥市临峰耐火材料有限公司	115.00	0.00	115.00	0.00	5382.00	3550.00	1832.00	51.61
11	海城华宇耐火材料有限公司	2885.80	2698.00	187.80	6.96	33714.90	29222.30	4492.60	15.37
12	海城利尔麦格西塔材料有限公司	503.50	787.33	-283.83	-36.05	4162.41	10971.63	-6809.22	-62.06
13	海城市后英经贸集团有限公司	43458.67	43186.00	272.67	0.63	563698.75	420238.00	143460.75	34.14
14	辽宁群益集团耐火材料公司	5228.00	3272.00	1956.00	59.78	55592.00	17001.80	38590.20	226.98
15	鞍山市和丰耐火材料有限公司	8103.56	7578.00	525.56	6.94	77988.59	84881.12	-6892.52	-8.12
16	辽宁中镁控股股份有限公司	16619.46	13906.41	2713.05	19.51	213542.45	143460.19	70082.27	48.85

续表 5

序号	单位	本月	去年同月	本月比去年同月		本年累计	去年同期累计	累计比去年同期	
				增减量	增减/%			增减量	增减/%
17	营口金龙集团耐火材料有限公司	34952. 00	31687. 00	3265. 00	10. 30	315611. 34	302686. 00	12925. 34	4. 27
18	营口青花耐火材料股份有限公司	19052. 00	23246. 00	-4194. 00	-18. 04	246457. 00	249103. 00	-2646. 00	-1. 06
19	营口永吉麦格新型耐材有限公司	2400. 00	2680. 00	-280. 00	-10. 45	57803. 00	64170. 00	-6367. 00	-9. 92
20	上海彭浦特种耐火材料厂	1156. 93	968. 92	188. 01	19. 40	16286. 63	16233. 81	52. 82	0. 33
21	江苏嘉耐高温材料有限公司	19298. 16	19120. 64	177. 52	0. 93	180531. 66	188610. 58	-8078. 92	-4. 28
22	江苏苏嘉集团新材料有限公司	15938. 00	15879. 00	59. 00	0. 37	199156. 00	195430. 00	3726. 00	1. 91
23	无锡市宝宜耐火材料有限公司	2503. 84	2299. 74	204. 10	8. 87	20785. 52	20649. 69	135. 83	0. 66
24	无锡市南方耐材有限公司	1683. 00	1494. 79	188. 21	12. 59	17963. 34	18695. 13	-731. 79	-3. 91
25	浙江红鹰集团股份有限公司	20472. 42	20987. 66	-515. 24	-2. 45	196529. 48	157827. 53	38701. 95	24. 52
26	浙江湖州父子岭耐火集团有限公司	4631. 00	5656. 00	-1025. 00	-18. 12	65804. 00	58918. 00	6886. 00	11. 69
27	浙江金磊耐火材料有限公司	7234. 65	9138. 11	-1903. 46	-20. 83	95486. 40	91223. 89	4262. 51	4. 67
28	浙江铁狮高温材料有限公司	1421. 00	1095. 00	326. 00	29. 77	19884. 00	12080. 00	7804. 00	64. 60
29	浙江自立控股有限公司	18321. 02	23914. 30	-5593. 28	-23. 39	289988. 12	268435. 28	21552. 84	8. 03
30	安徽宁火新材料有限公司	1488. 00	0. 00	1488. 00	0. 00	13283. 00	8793. 00	4490. 00	51. 06
31	安徽省萧县华龙耐火材料有限责任公司	2877. 08	2499. 47	377. 61	15. 11	30335. 24	25182. 60	5152. 64	20. 46
32	瑞泰马钢新材料科技有限公司	14389. 00	18312. 00	-3923. 00	-21. 42	278634. 00	207828. 00	70806. 00	34. 07
33	济南鲁东耐火材料有限公司	4300. 00	4500. 00	-200. 00	-4. 44	61150. 00	64651. 00	-3501. 00	-5. 42

续表 5

序号	单位	本月	去年同月	本月比去年同月		本年累计	去年同期累计	累计比去年同期	
				增减量	增减/%			增减量	增减/%
34	青岛正望耐火材料有限公司	1732.25	1524.06	208.19	13.66	18609.38	16910.73	1698.65	10.04
35	山东鲁桥新材料股份有限公司	14267.65	7879.00	6388.65	81.08	145096.73	132017.00	13079.73	9.91
36	山东鲁阳股份有限公司	43414.00	22259.00	21155.00	95.04	505207.38	226683.58	278523.80	122.87
37	山东耐火材料有限公司	10356.00	11946.00	-1590.00	-13.31	153597.00	143661.00	9936.00	6.92
38	淄博市鲁中耐火材料有限公司	7612.26	1534.31	6077.95	396.14	52610.94	73436.94	-20826.00	-28.36
39	巩义市第五耐火材料总厂	6087.00	2908.10	3178.90	109.31	43206.00	38353.44	4852.56	12.65
40	河南工程材料股份有限公司	42.00	27.00	15.00	55.56	273.00	172.00	101.00	58.72
41	河南熔金高温材料股份有限公司	2799.00	2137.00	662.00	30.98	34179.00	30577.00	3602.00	11.78
42	洛阳盛铁耐火材料有限公司	2756.00	1546.00	1210.00	78.27	25337.00	20956.00	4381.00	20.91
43	濮阳濮耐高温材料（集团）股份有限公司	29480.23	32324.42	-2844.19	-8.80	327511.16	294335.84	33175.31	11.27
44	郑州安耐克实业有限公司	10686.00	9145.77	1540.23	16.84	111257.71	128551.68	-17293.97	-13.45
45	郑州振东科技有限公司	11826.77	12660.05	-833.28	-6.58	162895.20	140196.45	22698.75	16.19
46	中钢集团洛阳耐火材料研究院有限公司	3702.40	4300.43	-598.03	-13.91	62546.65	59981.25	2565.40	4.28
47	中钢集团耐火材料有限公司	10329.63	10422.30	-92.67	-0.89	174387.16	140888.40	33498.75	23.78
48	武钢耐火材料有限责任公司	4054.00	4533.00	-479.00	-10.57	60335.86	58713.61	1622.25	2.76
49	湖南湘钢宜兴耐火材料有限公司	2864.51	7403.08	-4538.57	-61.31	92051.99	79015.02	13036.97	16.50
50	四川攀钢冶金材料有限责任公司	5198.00	2947.00	2251.00	76.38	46158.00	39842.65	6315.35	15.85

表 6　2022 年 12 月重点统计耐材企业耐火材料制品（钢铁用）产量

单位：吨

序号	单位	本月	去年同月	本月比去年同月		本年累计	去年同期累计	累计比去年同期	
				增减量	增减/%			增减量	增减/%
1	重点合计	530552.70	563680.20	-33127.50	-5.88	7049256.50	6602733.50	446523.00	6.76
2	北京金隅通达耐火技术有限公司	21661.29	22968.40	-1307.11	-5.69	194563.20	219114.77	-24551.56	-11.20
3	北京精冶源新材料股份有限公司	1310.98	0.00	1310.98	0.00	15103.37	0.00	15103.37	0.00
4	北京利尔高温材料股份有限公司	33879.50	43253.00	-9373.50	-21.67	423751.40	482228.78	-58477.38	-12.13
5	北京联合荣大工程材料股份有限公司	3345.89	4970.66	-1624.77	-32.69	45370.80	75113.61	-29742.81	-39.60
6	河北国亮新材料股份有限公司	15635.00	20287.00	-4652.00	-22.93	189093.00	199317.00	-10224.00	-5.13
7	唐山时创高温材料股份有限公司	1324.00	2186.00	-862.00	-39.43	17674.00	27158.00	-9484.00	-34.92
8	山西高科耐火材料股份有限公司	567.82	0.00	567.82	0.00	3854.38	0.00	3854.38	0.00
9	山西昊业新材料开发有限公司	4873.75	0.00	4873.75	0.00	42940.32	0.00	42940.32	0.00
10	山西禄纬堡太钢耐火材料有限公司	7088.95	8616.01	-1527.06	-17.72	91724.34	107936.06	-16211.72	-15.02
11	山西圣火炉料有限公司	1764.46	2407.90	-643.44	-26.72	23505.23	29777.65	-6272.42	-21.06
12	山西盂县西小坪耐火材料有限公司	4618.34	21124.48	-16506.14	-78.14	111162.92	267967.70	-156804.77	-58.52
13	内蒙古包钢利尔高温材料有限公司	4502.00	5105.00	-603.00	-11.81	58053.00	59214.00	-1161.00	-1.96
14	鞍山市和丰耐火材料有限公司	4394.00	8103.56	-3709.56	-45.78	75146.75	77988.59	-2841.84	-3.64
15	大石桥市临峰耐火材料有限公司	336.00	115.00	221.00	192.17	1691.00	5382.00	-3691.00	-68.58
16	海城华宇耐火材料有限公司	3144.50	2885.80	258.70	8.96	33440.10	33714.90	-274.80	-0.82
17	海城利尔麦格西塔材料有限公司	100.96	503.50	-402.54	-79.95	3550.25	4162.41	-612.16	-14.71
18	海城市后英经贸集团有限公司	36485.85	43458.67	-6972.82	-16.04	503309.94	563698.75	-60388.81	-10.71
19	辽宁青花耐火材料股份有限公司	21318.00	19052.00	2266.00	11.89	212177.00	246457.00	-34280.00	-13.91

续表 6

序号	单位	本月	去年同月	本月比去年同月		本年累计	去年同期累计	累计比去年同期	
				增减量	增减/%			增减量	增减/%
20	辽宁中镁控股股份有限公司	15494.29	16619.46	-1125.17	-6.77	219096.56	213542.45	5554.11	2.60
21	营口金龙集团耐火材料有限公司	28877.00	34952.00	-6075.00	-17.38	448498.00	315611.34	132886.66	42.10
22	营口永吉麦格新型耐材有限公司	2158.00	2400.00	-242.00	-10.08	53173.00	57803.00	-4630.00	-8.01
23	上海彭浦特种耐火材料厂	1084.35	1156.93	-72.58	-6.27	13087.33	16286.63	-3199.30	-19.64
24	江苏嘉耐高温材料有限公司	21732.40	19298.16	2434.24	12.61	197683.60	180531.66	17151.94	9.50
25	江苏苏嘉集团新材料有限公司	24569.00	15938.00	8631.00	54.15	194203.00	199156.00	-4953.00	-2.49
26	无锡市宝宜耐火材料有限公司	1845.20	2503.84	-658.64	-26.31	15731.62	20785.52	-5053.90	-24.31
27	无锡市南方耐材有限公司	1500.16	1683.00	-182.84	-10.86	16792.04	17963.34	-1171.30	-6.52
28	浙江红鹰集团股份有限公司	16632.96	20472.42	-3839.46	-18.75	222513.77	196529.48	25984.28	13.22
29	浙江湖州父子岭耐火集团有限公司	3526.00	4631.00	-1105.00	-23.86	45807.00	65804.00	-19997.00	-30.39
30	浙江嘉吉石化工程有限公司	520.00	0.00	520.00	0.00	6760.00	0.00	6760.00	0.00
31	浙江金磊耐火材料有限公司	5930.12	7234.65	-1304.53	-18.03	70017.78	95486.40	-25468.62	-26.67
32	浙江锦诚新材料股份有限公司	2916.00	0.00	2916.00	0.00	35084.00	0.00	35084.00	0.00
33	浙江铁狮高温材料有限公司	1171.10	1421.00	-249.90	-17.59	11933.67	19884.00	-7950.33	-39.98
34	浙江自立控股有限公司	25281.05	18321.02	6960.03	37.99	295867.88	289988.12	5879.75	2.03
35	安徽瑞泰新材料科技有限公司	2814.04	0.00	2814.04	0.00	38136.51	0.00	38136.51	0.00
36	安徽省萧县华龙耐火材料有限责任公司	3236.48	2877.08	359.40	12.49	31045.36	30335.24	710.12	2.34
37	瑞泰马钢新材料科技有限公司	15824.00	14389.00	1435.00	9.97	310916.00	278634.00	32282.00	11.59
38	江西博丰耐火材料有限公司	5195.01	0.00	5195.01	0.00	29059.48	0.00	29059.48	0.00

续表 6

序号	单位	本月	去年同月	本月比去年同月		本年累计	去年同期累计	累计比去年同期	
				增减量	增减/%			增减量	增减/%
39	济南鲁东耐火材料有限公司	3200.00	4300.00	-1100.00	-25.58	48910.00	61150.00	-12240.00	-20.02
40	青岛正望新材料股份有限公司	1790.26	1732.25	58.01	3.35	16400.66	18609.38	-2208.72	-11.87
41	山东鲁桥新材料股份有限公司	7035.07	14267.65	-7232.58	-50.69	124162.73	145096.73	-20934.01	-14.43
42	山东鲁阳节能材料股份有限公司	62563.00	43414.00	19149.00	44.11	731312.00	505207.38	226104.62	44.75
43	山东耐火材料集团有限公司	9006.00	10356.00	-1350.00	-13.04	142029.00	153597.00	-11568.00	-7.53
44	淄博市鲁中耐火材料有限公司	6780.44	7612.26	-831.82	-10.93	92044.58	52610.94	39433.64	74.95
45	淄博裕民基诺新材料有限公司	2152.00	0.00	2152.00	0.00	15185.10	0.00	15185.10	0
46	巩义市第五耐火材料有限公司	2740.43	6087.00	-3346.57	-54.98	36927.20	43206.00	-6278.80	-14.53
47	河南熔金高温材料股份有限公司	2512.40	2799.00	-286.60	-10.24	30543.19	34179.00	-3635.81	-10.64
48	濮阳濮耐高温材料（集团）股份有限公司	32126.77	29480.23	2646.54	8.98	310674.70	327511.16	-16836.47	-5.14
49	伊川县星源高新材料有限公司	1352.00	0.00	1352.00	0.00	34210.00	0.00	34210.00	0
50	郑州安耐克实业有限公司	8374.00	10686.00	-2312.00	-21.64	130974.36	111257.71	19716.65	17.72
51	郑州科信炉料有限公司	5100.00	0.00	5100.00	0.00	50263.00	0.00	50263.00	0
52	郑州瑞泰耐火科技有限公司	6071.00	0.00	6071.00	0.00	67444.00	0.00	67444.00	0
53	郑州振东科技有限公司	6707.52	23653.54	-16946.02	-71.64	134587.88	162895.20	-28307.33	-17.38
54	中钢洛耐科技股份有限公司	15493.37	10329.63	5163.74	49.99	228908.22	174387.16	54521.06	31.26
55	武汉钢铁集团耐火材料有限责任公司	4087.00	8108.00	-4021.00	-49.59	50980.82	60335.86	-9355.04	-15.5
56	攀钢冶金材料有限责任公司	6803.00	5198.00	1605.00	30.88	73465.00	46158.00	27307.00	59.16

表 7　2001~2022 年全国耐火原材料出口量及贸易额

产品类别	2001 年				2002 年				2003 年				2004 年			
	数量/万吨	同比/%	金额/万美元	同比/%	数量/万吨	同比/%	金额/万美元	同比/%	数量/万吨	同比/%	金额/万美元	同比/%	数量/万吨	同比/%	金额/万美元	同比/%
耐火原料	374.1	—	38474.7	—	317.4	-15.2	34082.3	-11.4	366.7	15.5	41277.3	21.1	338.3	-7.7	41654.2	0.9
耐火制品	52.3	—	19605.2	—	64.1	22.6	25313.5	29.1	82.7	29.0	34217.5	35.2	114.5	38.5	47131.9	37.7
耐火原材料合计	426.4	—	58079.9	—	381.5	-10.5	59395.8	2.3	449.4	17.8	75494.8	27.1	452.8	0.8	88786.1	17.6

产品类别	2005 年				2006 年				2007 年				2008 年			
	数量/万吨	同比/%	金额/万美元	同比/%	数量/万吨	同比/%	金额/万美元	同比/%	数量/万吨	同比/%	金额/万美元	同比/%	数量/万吨	同比/%	金额/万美元	同比/%
耐火原料	304.8	9.4	47515.5	16.5	306.4	0.5	42417.8	-10.7	317.51	4.60	50057.60	18.27	284.31	-10.46	85013.57	69.83
耐火制品	141.0	27.5	62403.6	35.2	164.3	16.6	80439.9	28.9	151.09	-8.04	82336.46	2.36	209.94	38.95	129604.23	57.41
耐火原材料合计	445.7	14.5	109919.1	26.4	470.7	5.6	122857.7	11.8	468.60	0.16	132394.06	7.85	494.26	5.48	214617.80	62.11

产品类别	2009 年				2010 年				2011 年				2012 年			
	数量/万吨	同比/%	金额/万美元	同比/%	数量/万吨	同比/%	金额/万美元	同比/%	数量/万吨	同比/%	金额/万美元	同比/%	数量/万吨	同比/%	金额/万美元	同比/%
耐火原料	193.9	-43.8	80579.1	-44.1	390.48	101.37	189337.40	134.97	333.11	-14.69	204579.60	8.05	326.29	-2.05	165524.04	-19.09
耐火制品	144.7	-31.1	94154.4	-27.4	179.28	23.87	115458.00	22.63	195.38	8.98	140820.30	21.97	203.97	4.40	157427.06	11.79
耐火原材料合计	338.6	-39.0	174733.5	-36.2	569.76	68.25	304795.40	74.43	528.50	-7.24	345399.90	13.32	530.27	0.33	322951.11	-6.50

续表 7

产品类别	2013 年				2014 年				2015 年				2016 年			
	数量/万吨	同比/%	金额/万美元	同比/%	数量/万吨	同比/%	金额/万美元	同比/%	数量/万吨	同比/%	金额/万美元	同比/%	数量/万吨	同比/%	金额/万美元	同比/%
耐火原料	325.79	-0.15	159433.42	-3.68	379.86	16.60	179639.67	12.67	344.62	-9.28	154349.62	-14.08	356.35	3.40	154768.63	0.27
耐火制品	176.91	-13.27	139804.64	-11.19	186.23	5.27	153405.06	9.73	171.81	-7.74	135912.67	-11.40	164.07	-4.51	110269.42	-18.87
耐火原材料合计	502.71	-5.20	299238.06	-7.34	566.09	12.61	333044.73	11.30	516.43	-8.77	290262.29	-12.85	520.42	0.77	256521.37	-11.62

产品类别	2017 年				2018 年				2019 年				2020 年			
	数量/万吨	同比/%	金额/万美元	同比/%	数量/万吨	同比/%	金额/万美元	同比/%	数量/万吨	同比/%	金额/万美元	同比/%	数量/万吨	同比/%	金额/万美元	同比/%
耐火原料	469.49	31.75	180182.94	16.42	454.95	-3.10	229288.24	27.25	429.18	-5.66	192038.76	-16.25	396.65	-7.58	170502.46	-11.21
耐火制品	169.46	3.29	127384.85	15.52	180.54	6.54	187617.46	47.28	166.56	-7.74	160421.33	-14.50	140.21	-15.82	124434.22	-22.43
耐火原材料合计	638.95	22.78	307567.79	19.90	635.49	-0.54	416905.70	35.55	595.75	-6.25	352460.09	-15.46	536.86	-9.88	294936.68	-16.32

产品类别	2021 年				2022 年			
	数量/万吨	同比/%	金额/万美元	同比/%	数量/万吨	同比/%	金额/万美元	同比/%
耐火原料	560.23	41.24	298257.58	74.93	506.25	-9.64	328216.71	10.04
耐火制品	176.69	26.02	157097.81	26.25	221.77	25.51	207998.05	32.40
耐火原材料合计	736.92	37.27	455355.40	54.39	728.02	-1.21	536214.76	17.76

注：2001~2004 年进出口数据中含硅砂石英砂和海关编码为 69010000-硅质滑石粉等硅土砖、块、瓦及其他陶瓷制品的进出口量值；2009 年耐火原料进出口数据中含棕刚玉、其他人造刚玉（不论是否已有化学定义如白刚玉）和碳化硅的进出口量值。

表 8　2001~2022 年全国耐火原材料进口量及贸易额

产品类别	2001 年				2002 年				2003 年				2004 年			
	数量/t	同比/%	金额/万美元	同比/%	数量/t	同比/%	金额/万美元	同比/%	数量/t	同比/%	金额/万美元	同比/%	数量/t	同比/%	金额/万美元	同比/%
耐火原料	22996.0	—	1311.6	—	49015.0	113.1	1720.2	31.2	100153.4	104.3	2523.2	46.7	111943.3	11.8	2906.9	15.2
耐火制品	36563.0	—	8947.1	—	38690.0	5.8	7119.6	-20.4	64903.3	67.8	11468.4	61.1	100509.6	54.9	15233.2	32.8
耐火原材料合计	59559.0	—	10258.7	—	87705.0	47.3	8839.9	-13.8	165056.7	88.2	13991.6	58.3	212452.9	28.7	18140.1	29.6

产品类别	2005 年				2006 年				2007 年				2008 年			
	数量/t	同比/%	金额/万美元	同比/%	数量/t	同比/%	金额/万美元	同比/%	数量/t	同比/%	金额/万美元	同比/%	数量/t	同比/%	金额/万美元	同比/%
耐火原料	60406.1	28.7	1906.7	6.4	65908.8	9.1	2056.2	7.8	103067.3	56.4	2794.6	35.9	169590.4	64.5	4351.5	55.7
耐火制品	75162.1	-24.6	11612.2	-19.0	55283.1	-26.5	9150.8	-21.2	65984.9	19.4	12477.2	36.4	42829.2	-35.1	9616.2	-22.9
耐火原材料合计	135568.2	-7.6	13518.9	-16.2	121191.9	-10.6	11206.9	-17.1	169052.1	39.5	15271.7	36.3	212419.5	25.7	13967.7	-8.5

产品类别	2009 年				2010 年				2011 年				2012 年			
	数量/t	同比/%	金额/万美元	同比/%	数量/t	同比/%	金额/万美元	同比/%	数量/t	同比/%	金额/万美元	同比/%	数量/t	同比/%	金额/万美元	同比/%
耐火原料	220788.6	4.0	8160.5	-6.4	339158.80	53.61	12915.02	58.26	325977.54	-3.89	14058.90	8.86	301594.71	-7.48	12029.41	-12.90
耐火制品	34119.9	-20.3	9099.9	-5.4	31283.07	-8.31	10110.73	11.11	42780.81	36.75	12754.12	26.14	28034.69	-34.47	9635.25	-31.31
耐火原材料合计	254908.5	-0.1	17260.4	-5.9	370441.90	45.32	23025.75	33.40	368758.22	-0.45	26813.02	16.45	329629.40	-10.61	21664.66	-18.39

续表 8

产品类别	2013年				2014年				2015年				2016年			
	数量/t	同比/%	金额/万美元	同比/%	数量/t	同比/%	金额/万美元	同比/%	数量/t	同比/%	金额/万美元	同比/%	数量/t	同比/%	金额/万美元	同比/%
耐火原料	304839.43	1.08	12420.24	3.25	325966.27	6.93	13036.85	4.96	259630.07	-20.35	10373.26	-20.43	305780.64	17.78	10533.19	1.54
耐火制品	34151.18	21.82	10817.56	12.27	25119.17	-26.45	10086.14	-6.76	16761.15	-33.27	5564.22	-44.83	19094.21	13.92	7718.19	38.71
耐火原材料合计	338990.61	2.84	23237.80	7.26	351085.43	3.57	23122.98	-0.49	276391.21	-21.28	15937.49	-31.08	324874.85	17.54	18251.37	14.52

产品类别	2017年				2018年				2019年				2020年			
	数量/t	同比/%	金额/万美元	同比/%	数量/t	同比/%	金额/万美元	同比/%	数量/t	同比/%	金额/万美元	同比/%	数量/t	同比/%	金额/万美元	同比/%
耐火原料	355521.54	16.27	12769.73	21.23	274413.23	-22.81	13056.52	2.25	420768.72	53.33	18703.80	43.25	217701.49	-48.26	9689.59	-48.19
耐火制品	31879.69	66.96	10649.20	37.98	48477.61	52.06	14400.88	35.23	40413.54	-16.63	17972.06	24.80	33441.88	-17.25	14155.03	-21.24
耐火原材料合计	387401.22	19.25	23418.92	28.31	322890.84	-16.65	27457.40	17.24	461182.26	42.83	36675.86	33.57	251143.37	-45.54	23844.61	-34.99

产品类别	2021年				2022年			
	数量/t	同比/%	金额/万美元	同比/%	数量/t	同比/%	金额/万美元	同比/%
耐火原料	263617.97	21.09	11984.40	23.68	380641.84	44.39	19666.95	64.10
耐火制品	36865.13	10.24	15818.23	11.75	25409.98	-31.07	10960.94	-30.71
耐火原材料合计	300483.09	19.65	27802.63	16.60	406051.82	35.13	30627.89	10.16

注：2001～2004年进出口数据中含硅砂石英砂和海关编码为69010000-硅质滑石粉等硅土砖、块、瓦及其他陶瓷制品的进出口量值；2009年耐火原料进出口数据中含棕刚玉、其他人造刚玉（不论是否已有化学定义如白刚玉）和碳化硅的进出口量值。

表 9 2010~2022 年河南省耐火材料工业制品产量

年 份	耐火材料工业制品产量/万吨
2010	1351.68
2011	1386.24
2012	1322.07
2013	1385.92
2014	1287.61
2015	1150.36
2016	1045.25
2017	1098.25
2018	1076.98
2019	1051.04
2020	1020.33
2021	916.26
2022	850.11

表 10 2010~2022 年辽宁省耐火材料工业制品产量

年 份	耐火材料工业制品产量/万吨
2010	553.57
2011	618.19
2012	518.19
2013	514.42
2014	498.47
2015	475.18
2016	431.43
2017	334.81
2018	431.42
2019	450.63
2020	430.98
2021	419.86
2022	426.51

表 11 1949~2022 年山东省耐火材料工业制品产量

年 份	耐火材料工业制品产量/万吨	年 份	耐火材料工业制品产量/万吨
1949	0. 37	1977	49. 58
1950	0. 94	1978	52. 76
1951	1. 13	1979	40. 32
1952	1. 57	1980	34. 64
1953	2. 65	1981	32. 54
1954	3. 32	1982	30. 44
1955	3. 09	1983	29. 35
1956	4. 60	1984	43. 70
1957	6. 34	1985	42. 88
1958	13. 52	1986	48. 37
1959	25. 11	1987	91. 66
1960	33. 75	1988	111. 16
1961	14. 68	1989	85. 90
1962	6. 28	1990	89. 01
1963	8. 34	1991	83. 83
1964	10. 24	1992	95. 11
1965	10. 42	1993	76. 18
1966	14. 41	1994	84. 39
1967	16. 58	1995	147. 60
1968	14. 20	1996	144. 40
1969	12. 33	1997	85. 95
1970	22. 16	1998	100. 96
1971	29. 21	1999	36. 05 *
1972	33. 92	2000	38. 48 *
1973	29. 60	2001	45. 07 *
1974	14. 56	2002	59. 85 *
1975	30. 14	2003	76. 59
1976	34. 64	2004	107. 00

续表 11

年　份	耐火材料工业制品产量/万吨	年　份	耐火材料工业制品产量/万吨
2005	182.50	2014	359.41
2006	224.32	2015	346.07
2007	279.00	2016	320.55
2008	296.45	2017	286.87
2009	413.00	2018	234.74
2010	440.93	2019	255.69
2011	442.28	2020	261.61
2012	421.66	2021	281.79
2013	411.13	2022	258.63

表 12　2010~2022 年山西省耐火材料工业制品产量

年　份	耐火材料工业制品产量/万吨
2010	124.48
2011	115.55
2012	105.56
2013	109.25
2014	111.29
2015	93.08
2016	84.03
2017	68.69
2018	43.11
2019	45.87
2020	51.78
2021	50.54
2022	50.42

表 13　2010~2022 年浙江省耐火材料工业制品产量

年　份	耐火材料工业制品产量/万吨
2010	72.43
2011	84.77
2012	87.78

续表 13

年　份	耐火材料工业制品产量/万吨
2013	94.98
2014	98.10
2015	105.71
2016	109.08
2017	116.72
2018	134.18
2019	160.46
2020	164.77
2021	165.08
2022	153.44

表 14　2010～2022 年河北省耐火材料工业制品产量

年　份	耐火材料工业制品产量/万吨
2010	46.03
2011	48.69
2012	56.69
2013	68.57
2014	70.78
2015	66.56
2016	65.29
2017	75.65
2018	79.68
2019	83.18
2020	83.11
2021	78.62
2022	77.66

表 15　1949～2022 年全国粗钢产量

年　份	产量/万吨	年　份	产量/万吨	年　份	产量/万吨
1949	15.8	1957	535	1960	1866
1952	135	1958	800	1961	870
1953	177	1959	1387	1962	667

续表 15

年　份	产量/万吨	年　份	产量/万吨	年　份	产量/万吨
1963	762	1983	4002	2003	22234
1964	964	1984	4384	2004	28291
1965	1223	1985	4679	2005	35324
1966	1532	1986	521	2006	41915
1967	1020	1987	5628	2007	48971
1968	904	1988	5943	2008	50049
1969	1333	1989	6159	2009	56784
1970	1779	1990	6635	2010	62665
1971	2132	1991	7100	2011	68327
1972	2338	1992	8094	2012	71654
1973	2522	1993	8956	2013	77904
1974	2112	1994	9261	2014	82270
1975	2390	1995	9536	2015	80400
1976	2045	1996	10124	2016	80800
1977	237	1997	10894	2017	83200
1978	3178	1998	11559	2018	92800
1979	3448	1999	12426	2019	99600
1980	3712	2000	12850	2020	105300
1981	3560	2001	15163	2021	103300
1982	3716	2002	18237	2022	101300

表 16　1949~2022 年全国水泥产量

年　份	产量/万吨	年　份	产量/万吨
1949	66	1960	1565
1950	141	1961	621
1951	249	1962	600
1952	289	1963	806
1953	388	1964	1209
1954	460	1965	1634
1955	450	1966	2015
1956	639	1967	1462
1957	686	1968	1262
1958	930	1969	1829
1959	1227	1970	2575

续表 16

年 份	产量/万吨	年 份	产量/万吨
1971	3158	1997	51276
1972	3547	1998	52706
1973	3731	1999	56105
1974	3709	2000	59319
1975	4626	2001	66104
1976	4670	2002	72535
1977	5565	2003	86271
1978	6524	2004	97300
1979	7390	2005	106885
1980	7986	2006	123611
1981	8290	2007	136117
1982	9520	2008	142010
1983	10825	2009	163000
1984	12302	2010	187700
1985	14595	2011	206300
1986	16606	2012	218400
1987	18625	2013	241440
1988	21013	2014	247619
1989	21029	2015	234800
1990	20971	2016	240300
1991	25261	2017	231600
1992	30822	2018	217700
1993	36333	2019	233000
1994	42119	2020	238000
1995	47591	2021	236300
1996	49212	2022	211800

表 17　1949～2022 年全国 10 种有色金属产量

年 份	产量/万吨	年 份	产量/万吨
1949	1. 3	1950	3. 1

续表 17

年　份	产量/万吨	年　份	产量/万吨
1951	5.7	1980	124.8
1952	7.4	1981	126.2
1953	10.3	1982	125.3
1954	12.6	1983	132.7
1955	16.5	1984	144.2
1956	21.4	1985	155.8
1957	21.5	1986	169.4
1958	31.1	1987	188.9
1959	40.1	1988	204.5
1960	40.8	1989	239.3
1961	21.5	1990	239.3
1962	26.1	1991	259.1
1963	31.0	1992	299.2
1964	38.7	1993	343.2
1965	46.2	1994	394.5
1966	55.1	1995	496.6
1967	47.5	1996	523.1
1968	34.0	1997	581.0
1969	54.6	1998	616.4
1970	71.2	1999	694.7
1971	82.9	2000	783.8
1972	86.2	2001	883.7
1973	92.7	2002	1012.0
1974	73.6	2003	1228.0
1975	81.1	2004	1430.6
1976	73.5	2005	1639.0
1977	81.9	2006	1915.2
1978	99.6	2007	2370.1
1979	113.6	2008	2500.7

续表 17

年 份	产量/万吨	年 份	产量/万吨
2009	2604.4	2016	5283.0
2010	3153.0	2017	5378.0
2011	3424.0	2018	5688.0
2012	3691.0	2019	5841.6
2013	4029.0	2020	6168.0
2014	4417.0	2021	6454.0
2015	5090.0	2022	6774.3

表 18　2004～2022 年全国平板玻璃产量

年 份	产量/亿重量箱
2004	3.0
2005	3.7
2006	4.1
2007	5.0
2008	5.5
2009	5.6
2010	6.3
2011	7.4
2012	7.6
2013	7.8
2014	7.9
2015	7.4
2016	7.7
2017	7.9
2018	8.7
2019	9.3
2020	9.5
2021	10.17
2022	10.13

第六篇

中国耐火材料工业科技创新及成果

2019~2022年获省、部级以上科技研发奖项的项目简介

C-Si-N质复合材料制备关键技术及工业应用

获奖类别：2019年湖北省技术发明奖一等奖

获奖单位：武汉科技大学、巩义市泰威高温陶瓷材料有限公司

硅钢是国家电力、电子和军事工业不可缺少的重要软磁合金，其制造要求高，特别是取向硅钢的生产工艺和设备复杂，成分控制严格，工序长，影响因素多，因此常把取向硅钢的质量和牌号看作是衡量一个国家特殊钢制造技术水平的重要标志，被誉为“钢铁皇冠上的明珠”。薄板连续退火炉是硅钢生产的关键设备，其炉底辊套管在炉内高温、气氛和高速运行钢带的机械摩擦等多维度作用下，表面氧化、结瘤和磨损造成硅钢带表面损伤影响硅钢质量，长期以来依赖日本，成为制约硅钢生产的“瓶颈”。另外，我国目前是世界陶瓷生产和出口第一大国，广泛使用反应烧结碳化硅窑具，材料内部存在的游离硅严重影响其使用温度和寿命，成为行业亟待解决的关键难题。针对硅钢和陶瓷行业存在的关键共性问题，项目以创新材料设计思想、开发制备及长寿服役技术为技术路线，研发C-Si-N质复合材料制备关键技术，率先发明C-Si-N质复合材料，其使用寿命明显高于国际先进水平的产品，满足硅钢和陶瓷行业的使用需求。

主要技术发明：

（1）C-Si-N质复合材料相组成设计技术：设计碳基-陶瓷相和碳化硅基-硅复合体系中相组成及分布，阐明C-Si-N系在不同温度和不同气氛下反应生成不同陶瓷相的相组成及转化规律，建立不同陶瓷相在体积分数、晶粒尺寸和分布上的可控制备模型；设计将材料中游离硅通过反应转化为结合能力更强或熔点更高的陶瓷结合相，突破传统技术无法解决碳-陶瓷相、碳化硅-结合相之间的化学结合问题，发明C-Si-N质复合材料相组成设计技术。

（2）C-Si-N质复合材料高温原位反应制备技术：研发将碳基和陶瓷相、碳化硅基和Si之间的黏附、机械啮合和镶嵌的弱结合，原位反应转化成强结合的技术，发明碳-陶瓷相和碳化硅-硅化物结合相基之间强化学结合为核心的高温原位反应烧结的复合制备技术。

（3）C-Si-N质复合材料长寿化服役技术：阐明不同服役环境C-Si-N质复合材料的结瘤和磨损机理、高温下硅的软化和蒸发规律，创新性研发高温条件下降低材料中游离硅高温蒸发量及结瘤在线修复技术，实现C-Si-N质复合材料的长寿化工程应用。

获得的社会和经济效益：

项目发明的连续退火炉高温区用炉底辊套管在武钢硅钢工程工业应用，使用寿命超过8个月，显著高于日本同类产品的3个月，同时性能明显优于日本产品，武钢不再使用进口产品，突破硅钢生产的“瓶颈”。研发新型C-Si-N质窑具在日用瓷和电子瓷等隧道窑的使用寿命已超过5年，高于传统窑具1~2年。项目成果较妥善解决了套管及窑具材料的设计、制备及服役技术等领域的共性问题，丰富了耐火材料设计理论，发展其制备及服役技术。成果获授权发明专利15项，发表论文38篇。近3年系列复合材料产品新增销售额3.646912亿元，新增利润（包括应用单位节省燃料费用）1.38812亿元。项目成果不仅为企业创造了显著的经济效益，更重要的是为我国硅钢特别是高性能硅钢生产及服务三峡工程等国家重点工程提供了基础材料保障，有力地提升了硅钢、陶瓷、耐火材料等战略性产业和传统行业整体技术水平和综合竞争力。

溶胶型金属纳米颗粒催化剂设计及性能

获奖类别：2019年湖北省自然科学奖二等奖

获奖单位：武汉科技大学

催化剂被认为是现代化学工业的心脏，参与90%以上的化工过程。溶胶型金属纳米颗粒催化

剂具有组成、粒径及结构容易调控，催化选择性高，反应条件温和，有价贵金属方便回收等独特优点，被广泛应用在选择性加氢反应、催化氧化及 CO/H_2 反应等催化领域。但是溶胶型金属纳米颗粒催化剂也存在有价组元利用率低、稳定性不好和催化活性有待提高等缺点。对溶胶型金属纳米颗粒催化剂的结构及成分进行设计和化学裁剪，以大幅度提高其催化性能是本领域的难点。项目围绕溶胶型金属纳米颗粒催化剂的结构设计、催化机理研究和合成反应过程控制开展工作，为催化氧化及催化放氢等反应过程提供科学基础及理论依据，具有广阔的潜在应用前景。

取得的重要科学发现如下：

（1）率先提出利用金属纳米颗粒顶点位置原子提升催化剂活性、顶点原子原位置换反应自组装及溶胶型金属纳米颗粒负载单原子催化剂的学术思想。突破金属纳米颗粒仅有合金型、核/壳型、反核/壳型和团簇型4种结构类型的限制，第一次设计并采用选择性置换反应法合成一类全新的“明珠-皇冠”结构金属纳米颗粒。解决纳米颗粒表面特定位置原子难以大规模自组装的难题。

（2）首次提出连续还原法制备溶胶型金属纳米颗粒负载单原子催化剂和 $NaBH_4$ 快速注射共还原制备核/壳结构金属纳米颗粒催化剂的机理。建立吸附能与Au原子优先稳定位置之间的关联，构筑大量成核/原位置换反应制备核/壳结构金属纳米颗粒的新思路。Au/(IrPd) 及 Au/Pd 催化剂催化氧化葡萄糖氧化的活性分别是相同尺寸Au纳米颗粒的40倍及17倍。解决贵金属有价组元利用率低、催化性能差及制备过程副产物易劣化其催化活性的科学难题。

（3）建立金属纳米颗粒催化氧化葡萄糖及铵盐催化硼氢化物水解产氢新机理。确立金属纳米颗粒中Au原子催化活性与电荷转移效应之间的内在关联机制，揭示金属纳米颗粒催化剂对反应气体分子的活化作用，阐明铵盐催化剂无垒催化硼氢化物水解反应入口基元步与产氢性能的内在联系。为金属纳米颗粒催化剂的高效应用提供理论指导。

取得的主要研究成果：

项目在 *Advanced Materials* 及 *Angewandte Chemie International Edition* 等国际著名期刊上发表SCI论文32篇，被SCI他引434次，其中8篇代表性论文被 *Chemical Reviews*（IF = 52.613）等SCI他引272次。Au催化活性发现者、英国卡文迪许大学的Hutchings教授等多位本领域国际权威学者正面引用和高度评价了本项目工作。授权国家发明专利3项；获湖北省优秀硕士学位论文1篇，冶金教育学会优秀硕士学位论文2篇。研究团队入选湖北省自然科学基金创新群体。

基于氧化锆的定径水口和氧传感器关键技术开发及产业化

获奖类别： 2019年湖北省科技进步奖三等奖

获奖单位： 武汉科技大学、泰州市旺鑫耐火材料有限公司、湖北熙田科技有限公司、镇江能斯特汽车科技有限公司、莱鼎电子材料科技有限公司、武汉天榜氧传感器有限公司、武汉锆元传感技术有限公司

氧化锆是一种重要的兼具结构和功能的陶瓷材料，氧化锆及其制品产业链每年市值数千亿元。钢铁和汽车是湖北省支柱产业，近年来随着钢铁冶金技术进步，环保要求机动车尾气排放越来越严，用于连铸连轧的定径水口、汽车电喷用氧传感器系列都基于氧化锆材料，其发展十分迅速，目前存在的主要问题：（1）复合氧化锆粉体材料体系基础研究不足，高性能定径水口主要依赖进口；（2）产品稳定性不足，存在顾此失彼的设计和制作缺陷；（3）缺乏创新设计以规避专利纠纷风险。针对上述问题，项目开展氧化锆粉体制备、材料匹配，产品功能单元设计研究及试验验证，开发出复合氧化锆粉体材料制备工艺、高性能氧化锆定径水口和宽域氧传感器等系列产品，形成如下创新性成果：

（1）复合氧化锆相组分控制与粒度级配以及成型工艺技术：开展水热法等生产工艺研究优化氧化锆粉体特性，通过自制特种分散剂技术优化流延成型配方获得高装载量、叠合性好、柔韧性好的氧化锆生片，完善了成型工艺。

（2）抗侵蚀抗热震定径水口生产技术：通过掺杂级配发挥氧化锆的相变增韧以及单斜变四方体积收缩达到抵消热膨胀的抗热震性效果，通过自创的烧结助剂的加入优化烧结性能，同时提高烧结密度从而提高水口的抗侵蚀性，实现了设计优化。

（3）宽域氧传感器功能单元设计与制备技术：独创的电极组分配方以及石墨烯改性实现孔隙率、黏结性和反应活性的同步优化。独创设计将加热单元和信号单元集成于同一层氧化锆片上，加热单元由内外两层串联并通过导电过孔连接，实现了加热效率和绝缘性的提升而热负荷的下降。独

创性地设计出宽域氧传感器扩散通道的侧面进气模式，有效规避了德国 BOSCH 的专利技术。

获得的社会和经济效益：

项目获授权发明专利 16 件，发表论文 17 篇，形成了具有我国自主知识产权的宽域氧传感器和定径水口等氧化锆系列产品应用技术。成果在汽车尾气排放控制和冶金等领域应用，近 3 年创造经济效益 3 亿元。项目开发的关键技术应用与推广，为汽车行业高技术国产化、冶金领域氧化锆系列产品应用提供了有力保障。

钒钛磁铁矿冶炼用关键耐火材料长寿技术及工业应用

获奖类别： 2019 年冶金科学技术奖三等奖

获奖单位： 武汉科技大学、攀钢冶金材料有限责任公司

钒、钛资源是我国重要的战略资源，提高钒钛磁铁矿资源综合利用率是“十三五”国家战略性新兴产业发展规划的目标之一。然而，钒钛磁铁矿冶炼工况复杂特殊，耐火材料作为其冶炼过程中的炉衬材料，已成为制约冶炼质量、效率及成本的关键因素，数十年来一直没有得到有效解决，主要问题：（1）高炉铁沟材料粘渣严重，吨铁消耗大；（2）提钒转炉和钢包炉衬材料渗渣严重，寿命短。针对上述问题，项目开展钒/钛渣与耐火组元作用规律、高炉铁沟材料和提钒转炉-钢包炉衬与渣界面研究，探明耐火材料与钛/钒渣作用机制，开发出系列耐火材料，形成如下创新性成果：

（1）高温下耐火组元与钛/钒渣作用规律：传统高炉铁沟材料中棕刚玉、高铝矾土等主要原料高温下在高炉钛渣中的溶解，增强了渣熔体网络结构，引起渣的黏度升高；提钒转炉-钢包炉衬材料中镁砂、刚玉等原料与钒渣间的润湿性强，导致钒渣向材料中渗透严重。

（2）高炉铁沟材料抗粘渣技术：采用焦宝石、含硼原料等部分替代铁沟材料中高铝矾土、棕刚玉，促进烧结，提高材料抗氧化性能，并改善渣与耐火材料的界面特性，解决了铁沟料的粘渣问题，提高了铁沟料的使用寿命，吨铁消耗下降 25%以上；引入含钛高炉渣，利用高温服役还原条件原位生成碳氮化钛技术，吨铁耐火材料成本显著下降。

（3）提钒转炉-钢包炉衬抗渣渗透技术：在提钒转炉镁碳耐火材料中原位催化结合剂形成纳米碳与微米碳复合结构，阻止高钒渣向材料中渗透；在钢包用铝镁质耐火材料与渣界面通过氧化锶原位形成高熔点相，与材料中的尖晶石协同抑制低钒熔渣的渗透。提钒转炉基础炉龄由 2500 炉提高到 4000 炉，钢包包龄提高了 30%。

获得的社会和经济效益：

项目获授权发明专利 14 项，发表论文 35 篇，形成了具有我国自主知识产权的钒钛磁铁矿冶炼用系列耐火材料技术。成果在攀钢集团等应用，近 3 年创造直接经济效益 1.283 亿元。项目开发的耐火材料关键技术应用与推广，为钒钛磁铁矿的高效率、低成本冶炼提供了有力保障。

高洁净度高均质化连铸关键技术与应用

获奖类别： 2019 年冶金科学技术奖三等奖

获奖单位： 武汉科技大学、湖南华菱涟源钢铁有限公司、武汉如星科技有限公司、武汉威林科技股份有限公司、河南通宇冶材集团有限公司

本项目以连铸过程钢液洁净化和连铸坯的均质化为研究对象，经过 10 年的攻关，形成了连铸过程钢液夹杂物碰撞-捕捉协同技术，轻压下铸坯凝固末期芯部/表层温度梯度趋近及液相穴形状耦合调控均质化技术，创新设计了强化夹杂物去除的新型连铸装置，开发了新型高效连铸保护渣，提出了铸坯温度场调控和均质化耦合控制的技术方案，形成了一整套覆盖工艺理论、技术装备的高洁净度、高均质化的连铸关键技术。

本技术的主要创造性表现在以下几个方面：

（1）针对中间包、结晶器中卷渣及细小夹杂物上浮困难的问题，创新开发了中间包夹杂物碰撞-捕捉协同调节技术、旋流上水口内夹杂物碰撞长大和迁移调控技术、结晶器防卷渣-夹杂物促上浮协同技术，突破了连铸过程钢水洁净度不稳定的技术瓶颈，实现了高品质钢洁净度精细化控制。

（2）针对连铸坯均质化控制难度大、铸坯合格率低的问题，创新开发了轻压下铸坯凝固末期芯部/表层温度梯度趋近及液相穴形状耦合调控均质化技术，推动了易偏析疏松钢种高均质化连铸技术的进步，实现了对连铸坯凝固末端冷却及偏析程度的精细化控制，提高了连铸坯的均质化程度。

（3）围绕高效、准确、稳定的核心工艺理念，发明了中间包内旋型湍流抑制器、交叉路径型夹

杂物捕捉装置、中间包旋流型上水口及结晶器稳流罩装置，实现了钢液夹杂物去除率提高18%，管线钢、汽车面板钢等高洁净度品种连铸坯总氧小于20×10^{-6}的命中率达到90%以上，连铸坯低倍中心偏析优于C1.0级比例达到92.4%，连铸坯合格率提高至99.84%。

获得的社会和经济效益：

本项目申请12项专利（获批9项），发表学术论文58篇。该项目成果已应用于涟钢等多家钢铁企业，近3年新增产值68.82亿元，新增净利税10.71亿元。该项目的研究成果有效地降低了钢铁企业的原材料消耗，提高了高品质钢铸坯的合格率，促进了钢铁企业积极主动响应国家供给侧改革的政策，极大地推进了我国高品质钢生产的科技进步，具有显著的经济社会效益。

天然镁橄榄石高效利用关键技术及工业应用

获奖类别：2019～2020年中国科技产业化促进会科学技术奖科技创新一等奖

获奖单位：武汉科技大学、中国地质大学（北京）、天津炜润达新材料科技有限公司、瑞泰马钢新材料科技有限公司、宜昌市宜元耐火材料有限公司、宜昌科博耐火材料有限公司

耐火材料是国民经济中高温过程行业用关键性基础材料，镁质耐火材料是主要碱性耐火材料，在现代钢铁和有色冶金行业处于不可缺少的地位，在消耗性耐火材料中超过30%，用量巨大。现有镁质耐火材料由占全国85%储量的辽宁菱镁矿加工而成，其长期开采应用及菱镁矿资源的不可再生性，加上菱镁矿集中在辽宁南部，地理位置造成长距离、长时间交通运输及镁砂水化对我国高温过程工业可持续发展带来了挑战。同时我国天然镁橄榄石矿物资源极其丰富，是我国优势非金属矿产资源；但由于天然镁橄榄石矿成分复杂，缺乏镁橄榄石资源标准和高效利用技术，一直未获有效利用。

在国家“973”前期专项、国家自然科学基金、国家科技支撑计划、湖北省自然科学基金重点项目和企业委托课题等资助下，项目根据我国镁橄榄石矿的特点和品位，结合镁质耐火材料的需求和发展趋势，系统研究天然镁橄榄石矿低碳排放和高效综合利用的关键技术，发明系列含镁橄榄石的耐火产品，实现在冶金行业大规模工业应用。

主要创新如下：

（1）针对我国广泛分布天然镁橄榄石矿的品种和组成特点，系统研究其物相组成及耐火特性，突破镁橄榄石矿物系统分类和均化提质的难题，规范耐火材料用烧结和不烧镁橄榄石原料的品种及分级，建立系统的原料标准体系。

（2）采用不同种类和性能的镁橄榄石原料，系统研究材料微结构和物相组成调控理论，研发制备冶金用镁橄榄石-碳系材料、炼钢过程中间包工作衬材料和炼钢转炉用热态修补材料的关键技术，发明系列材料，实现在冶金和高温工业窑炉设备的大规模工业应用。

（3）通过精选-改性处理，基于碳热还原理论研发镁橄榄石-碳-氧化铝系反应合成氧化镁-碳化硅质和镁铝尖晶石-碳化硅质复相材料；采用熔盐介质法研发制备高强度高热阻镁橄榄石轻质保温材料的微孔控制-烧结一体化新理论和新方法，发明系列镁橄榄石轻质保温材料。

获得的社会和经济效益：

项目成果在耐火材料原料、铁水储运、炼钢转炉、连铸中间包、高温窑炉保温区域等开展了广泛应用。共申请国家发明专利21项，其中授权16项；制定发布执行冶金行业标准3项，发表论文35篇。近2年统计4家项目完成单位（企业）销售收入超过6.3亿元，取得了显著的社会和经济效益。

项目在开发新型高性能镁橄榄石质耐火材料，保障钢铁、有色金属等高温过程行业的可持续发展，改变现有碱性耐火材料过度依赖辽南镁质耐火原料资源的局面，缓解镁质耐火材料的资源紧张程度和交通运输的压力；避免镁砂生产中大量二氧化碳的排放，发挥优化大气环境的重要作用，也推动耐火材料行业的技术进步。

三元硼化物陶瓷-金属复合材料制备关键技术及工业应用

获奖类别：2020年湖北省科技进步奖二等奖

获奖单位：武汉科技大学、武汉春禾科技有限公司、广东博杰特新材料科技有限公司、哈尔滨广旺机电设备制造有限公司、天津市博技机电高科技有限公司、湖北福星新材料科技有限公司、北京协同创新食品科技有限公司

材料在高温、腐蚀环境下快速磨损是冶金、

机械、矿山、电力等行业亟待解决的关键难题，是影响产品质量及零部件长寿服役的“痛点”，现有单一的金属或陶瓷材料均难以满足上述极端服役条件要求。如冶金行业大量使用的热轧辊、连铸辊等关键零部件长期在800～1000℃高温工作，使用寿命短、损耗量大。我国冶金行业每年消耗高温磨损零部件超过600亿元，亟须开发满足“硬韧匹配性”的陶瓷-金属复合新材料及其应用技术。另外，现有的陶瓷-金属复合材料因其界面相容性差、结合强度低及脆性大等缺陷，无法满足高温冲击、热疲劳的性能要求，成为复合材料领域亟待解决的关键难题。

针对上述问题，项目以开发满足高温磨损和腐蚀磨损陶瓷-金属复合材料为技术路线，基于陶瓷-金属复合材料界面相容性冶金结合，研发三元硼化物金属陶瓷复合材料体系设计及其制备技术，创造性开发多类型三元硼化物陶瓷与金属材料界面冶金复合新技术，在机械零件长寿服役及再制造领域取得重大技术突破并实现工业规模应用，形成如下创新成果：

（1）陶瓷-金属界面冶金结合的三元硼化物金属陶瓷复合材料体系设计技术：建立原位形成硼化物硬质相在体积分数、晶粒尺寸和分布上的可控制备模型，实现三元硼化物陶瓷-金属复合材料界面润湿性及相容性；研究三元硼化物金属陶瓷高温氧化、腐蚀及磨损机理，开发高温、腐蚀、磨损条件下Ni-Cr合金元素固溶强化金属黏结相、Nb/VC/Cr_3C_2复合弥散细化硼化物硬质相及纳米稀土/CNTs协同增强增韧金属陶瓷技术，创新性设计满足高温磨损和腐蚀磨损服役条件三元硼化物金属陶瓷复合材料体系。

（2）基于陶瓷-金属覆层的三元硼化物陶瓷复合材料制备技术：基于覆层的厚度、面积、复杂程度等不同需求，项目开发了多类型复合材料制备技术，即针对块体陶瓷-金属复合材料，开发三元硼化物金属陶瓷界面共晶液相控制致密化制备技术；针对复杂精密陶瓷-金属覆层，在国内外率先开发液相原位形成硬质相真空雾化金属陶瓷粉末制备技术；针对大面积、宽厚度陶瓷-金属覆层，开发表面强化三元硼化物粉芯焊丝制备技术。

（3）金属部件表面三元硼化物陶瓷覆层制备及长寿化技术：基于金属部件的尺寸、复杂程度、表面强化及再制造的不同需求，项目开发多种陶瓷覆层制备及长寿化技术：针对尺寸较小、形状简单或大尺寸部件局部表面强化，开发金属部件表面烧结块体陶瓷复合的真空熔接及复合铸造技术；基于激光熔覆、氩弧堆焊技术，开发金属部件表面陶瓷-金属覆层表面强化及再制造技术，实现三元硼化物陶瓷-金属复合材料的长寿化服役工程应用。

获得的社会和经济效益：

项目获授权发明专利19项，发表论文28篇。项目开发的热轧棒线夹送辊产品在天津博技等公司应用，使用寿命为原高速钢夹送辊的4~6倍，明显优于国外产品；项目开发的超耐磨耐蚀注塑机螺杆产品在富士康等企业应用，使用寿命为国产产品的4~5倍、德国产品的2~3倍。项目成果较妥善解决了材料在高温、腐蚀环境下快速磨损的关键难题。统计近3年6家应用企业新增销售额9.271亿元，新增利润2.032亿元。项目成果促进了陶瓷-金属复合材料的技术进步，为我国冶金、机械等行业降本增效实现产业升级提供了有力支撑。

高铝耐火材料成分分析用国家标准样品制备关键技术及标准体系

获奖类别：2020年湖北省科技进步奖三等奖

获奖单位：武汉科技大学、浙江自立新材料股份有限公司、冶金工业信息标准研究院、南京海通电子材料科技有限公司、宜兴市产品质量和食品安全检验检测中心

耐火材料是高温过程工业不可或缺的关键基础材料，其中高铝耐火材料占比约39%。国家标准样品量值体系支撑的高铝耐火材料成分分析标准体系的准确度，是材料研发过程中组成设计、生产过程中质量控制和品质提高、高温设备服役过程中安全保障的基础，是促进服务高温行业技术创新的基础，也是我国建设制造强国的保证。

耐火材料成分湿法分析操作烦琐、周期长且劳动强度高，分析效率低。仪器分析技术以其自动化程度高、操作简便、效率高等显著优势，日益普及。然而，高铝耐火材料仪器分析面临的难题是：缺少与不同Al_2O_3含量、不同物相组成相匹配的高铝耐火材料标准样品，特别是纯莫来石和Al_2O_3含量大于95%以及SiO_2含量小于0.1%和Fe_2O_3含量小于0.1%的刚玉标准样品，无法覆盖Al_2O_3含量在45%~99%、物相组成不同的整个高铝耐火材料成分范围；且现有标准样品组成没有实现梯度分布，无法对不同物相组成样品进行

针对性校正，无法建立成分分析的标准体系。

为此，基于高铝耐火材料物相组成特点，项目开发了标准样品制备关键技术，研制了包括莫来石和刚玉在内的系列国家标准样品，构建了高铝耐火材料成分分析的标准体系，主要创新如下：

（1）成分分析过程的基体校正误差控制技术。研究仪器测量过程误差来源，建立以光谱谱线干扰与基体校正系统及被测样品前处理过程中成分变化的误差控制模型，研发成分分析基体校正误差控制技术。

（2）标准样品粉末表层物相水力剥离及杂质含量控制技术。基于高铝耐火材料包括刚玉质耐火材料的物相组成规律，针对研究发现的粉末样品“包覆效应”，研发标准样品粉末表层物相的水力剥离、沉降分离和杂质含量精准控制的制备技术。

（3）集成成分分析基体校正误差的控制技术和标准样品关键制备技术。研发制备包括纯莫来石和刚玉在内的高铝耐火材料系列国家标准样品，构建高铝耐火材料化学成分分析的标准量值体系。

获得的社会和经济效益：

项目成果获各种知识产权共42项，其中授权国家发明专利14项，实用新型专利5项；软件著作权3项；制定国家标准1项，行业标准9项，研制经国家标准样品技术委员会评审达到国际领先水平的国家标准样品10种，培养成分分析中青年人才9名，发表学术论文22篇。

项目近3年累计经济效益52598.40万元。项目成果通过对实验仪器校准，使得分析效率提高约20倍，完成检测及时率提高3倍，测定结果准确度提高2%，Al_2O_3 含量的分析准确度从±0.7%提高到±0.23%，检测时间比湿法分析缩短16倍，降低了不合格产品导致的事故风险，加快了质量争议协调或解决的进程，获得良好的社会效益，有力推动耐火材料行业分析技术进步和提升综合竞争力。

高品质钢冶炼关键功能耐火材料制造技术及工业应用

获奖类别： 2021年湖北省科技进步奖一等奖

获奖单位： 武汉科技大学、瑞泰马钢新材料科技有限公司、武汉武钢维苏威高级陶瓷有限公司、武汉钢铁集团耐火材料有限责任公司、唐山时创高温材料股份有限公司、山西昊业新材料开发有限公司

高品质钢是航空航天、能源交通、海洋工程、国防军工等领域重大装备制造、重大工程建设及战略性新兴产业所需的关键材料，大力发展高品质钢是《中国制造2025》的战略任务，也是服务“一带一路”倡议的重要支撑。而耐火材料是支撑钢铁工业高效安全运行和技术进步的基础材料，其中在转炉、钢包、中间包等高品质钢冶炼过程中发挥钢水控流作用的关键功能碳复合耐火材料（出钢口、滑板、长水口、浸入式水口等）遭受更为频繁的热冲击、氧化及高温熔渣/钢水冲刷，材料强度和热震稳定性难以兼顾，剥落和冲蚀加剧，直接影响钢铁生产效率和安全。针对上述问题，项目组历时12年，在国家“973”计划、国家自然科学基金、湖北省自然科学基金等项目的资助下，开展关键功能耐火材料设计理论、制备技术与工程应用等研究，取得系列重大成果，主要创新点如下：

（1）揭示碳复合耐火材料强韧化机制：探明原位催化裂解酚醛树脂形成纳米碳的物理化学条件，揭示气-固/气-液-固反应原位形成晶须增强体的机理；阐明纳米碳/原位生长晶须对材料断裂行为的影响规律，建立断裂能和特征长度等关键参数与裂纹扩展路径、断裂模式之间的相关性，揭示纳米碳/原位生长晶须协同强韧化机制。

（2）提出碳复合耐火材料抗剥落耐冲刷技术：原位形成纳米碳和氧化镁/镁铝尖晶石晶须，调控颗粒堆积模式，实现高强度与高热震稳定性的有效兼顾，形成镁碳材料抗剥落技术；通过含硼化合物催化形成纳米碳和碳化硅晶须，调控碳网络与氧化物的界面结构，显著提高材料的强度和韧性，形成铝锆碳材料耐冲刷技术；在具有石墨烯片-胞状孔结构特征的膨胀石墨表面生长碳化硅晶须，大幅度降低碳含量的同时提高材料的热震稳定性，形成铝碳材料降碳增韧技术。

（3）研发长寿控流功能碳复合耐火材料：针对控流功能碳复合耐火材料中各向异性和高温氧化问题，通过跨尺度碳源复合技术和全温域抗氧化技术，开发出抗剥落的镁碳出钢口、耐冲刷的铝锆碳滑板以及低碳高韧性的铝碳水口，其中转炉出钢口使用寿命提高45%，转炉、钢包滑板连滑次数分别提高67%和50%，长水口、浸入式水口连浇炉数分别提高40%和100%。

获得的社会和经济效益：

项目获授权国家发明专利14项，发表论文48

篇，编写专著2部，制定行业标准2项，形成了具有我国自主知识产权的高品质钢冶炼用系列关键功能耐火材料技术，成果在宝武、河钢和太钢等大型钢铁企业推广使用，其高品质钢产品应用于“天和号”核心舱、“华龙一号”核电机组、港珠澳大桥、京沪高铁等国家重大工程项目。项目研发的功能耐火材料远销海外安赛乐米塔尔、塔塔钢铁和韩国现代等，其中铝锆碳材料在欧美地区的市场占有率为40%～60%。近3年瑞泰马钢、武钢维苏威等5家耐火材料生产企业累计销售额26.929亿元，利润3.6743亿元。项目工作不仅满足我国钢铁工业快速发展的需求，更重要的是有力地提升了耐火材料国际影响力，使我国在冶金功能耐火材料研发和制造领域从“跟跑者”成为“领跑者”。

感应熔炼用耐火材料结构功能一体化关键技术及工业应用

获奖类别： 2022年湖北省科技进步奖一等奖

获奖单位： 武汉科技大学、襄阳聚力新材料科技有限公司、山西昊业新材料开发有限公司、天津炜润达新材料科技有限公司、北京科技大学、成都府天高温材料科技有限公司、浙江金磊耐火材料有限公司

感应熔炼是航空航天、核电、船舶、车辆等重大装备制造、特殊钢及合金生产的关键技术，随着感应熔炼设备向大型化、高功率化、熔炼品种多元化及对所熔炼金属洁净化方向发展，其炉衬材料承受更强烈的电磁涡流冲刷、高温熔体侵蚀、高结构应力等复杂苛刻的服役环境，对炉衬材料的抗冲刷、耐侵蚀、结构稳定性及净化功能提出更高要求，亟须保证感应熔炼过程的安全和稳定运行，提升产品质量。为此，项目聚焦炉衬材料结构设计与服役功能耦合协同的行业共性难题，提出感应熔炼用耐火材料结构功能一体化新思想，开展炉衬结构设计理论、材料制备技术与工业应用研究，取得如下创新成果：

（1）提出炉衬结构功能一体化设计方法。针对炉衬结构与服役功能的协同效应，专门建立电磁搅拌-熔体静压力-温度-应力四因素耦合作用下炉衬的热-应力模型，阐明服役过程中不同热-应力梯度约束条件下的压力烧结与物相转化对炉衬致密化及应力分布影响规律，揭示热-应力梯度下炉衬结构渐变特性，形成了炉衬结构功能协同调控判据。

（2）发明炉衬材料高强、耐蚀和结构稳定性控制技术。针对炉衬材料难以满足实际服役条件形成的热-应力梯度下炉衬材料的渐变结构，率先引进压力烧结机制，以稀土元素掺杂调控铝镁尖晶石活化烧结与物相重构，实现刚玉-尖晶石材料高强（高温强度提高40%以上）和耐侵蚀（提高超过15%）；采用不同结晶状态SiO_2和含硅非氧化物，调控SiO_2质材料的热膨胀系数和结合相的高温特性，提升材料耐侵蚀性和体积稳定性（热膨胀系数降低超过30%）；利用可水合Al_2O_3与活性MgO复合胶凝系统高温原位形成尖晶石结合网络，提高预制坩埚的高温强度与热震稳定性（提高40%以上），实现了温度-应力梯度下结构功能一体化的材料制备。

（3）开发结构功能一体化炉衬材料。针对炉衬材料强度低、稳定性差及净化功能不足，在项目发明的材料制备技术的基础上，通过原料预合成、结合相形貌调控及孔结构控制技术，开发出高强、耐蚀和结构稳定的刚玉-尖晶石质及SiO_2质干式振捣料、铝镁质预制坩埚及具有熔体净化功能的弥散型气体扩散元件等4类产品，用于感应熔炼的整体炉衬及复合炉衬。其中，刚玉-尖晶石质整体炉衬寿命提升达60%（50t感应炉，50次提高至80次以上），气体扩散元件对熔体净化效果明显。

获得的社会和经济效益：

项目获授权国家发明专利10项，计算机软件著作权1项，团体标准1项，授权实用新型专利2项，发表论文59篇，形成了具有我国自主知识产权的感应熔炼用耐火材料关键制备技术。开发的系列产品在中国宝武、中国一重、东风汽车等100余家大中型企业推广使用，并且出口东南亚，为“手撕钢”“笔尖钢”，以及舰船、核电机组、风电机组、汽车的制造提供了支撑。近3年项目完成单位的5家耐火材料生产企业累计新增销售10.05亿元，新增利税2.36亿元。项目成果解决了感应熔炼用耐火材料结构功能一体化的行业难题，首次在耐火材料制备技术中引进了热-应力梯度下活化压力烧结和物相转化技术，推动了耐火材料行业技术进步，为我国感应熔炼技术发展及装备制造业核心竞争力提升提供了重要支撑。

高温工业轻量耐火材料制备及一体化设计关键技术与工业应用

获奖类别： 2022年高等学校科学研究优秀成果奖（科学技术）科学技术进步奖二等奖

获奖单位： 武汉科技大学、浙江自立高温科技股份有限公司、瑞泰马钢新材料科技有限公司、马鞍山钢铁股份有限公司、武汉钢铁集团耐火材料有限责任公司、江苏晶鑫新材料股份有限公司、武汉如星科技有限公司、浙江自立控股有限公司、浙江自立新材料股份有限公司、唐山顺江耐火材料有限公司

冶金和建材等高温过程工业是我国国民经济的重要基础产业，节能减排和提质增效是高温工业的发展重点内容。耐火材料是保证高温工业生产运行和技术发展必不可少的基础材料，参与高温过程的全流程，在实现高温工业节能减排和提质增效中起着不可替代的作用。现代高温技术要求提供具有隔热、长寿、高效、经济、安全的优质耐火材料作为保障。既有的炉衬服役理论与材料制备技术难以有效满足以上需求。项目在国家自然科学基金和地方重点项目等支持下，突破了高温工业节能炉衬耐火材料设计、制备、控制、一体化集成设计等关键核心技术，实现工业应用。

主要创新点和关键技术如下：

（1）轻量耐火材料孔结构-隔热-耐蚀协同设计方法。率先提出了设计开发隔热长寿型轻量耐火材料，建立了轻量耐火材料关键服役性能定量描述和预测模型，明确了关键服役性能与其孔结构参数的内在关联，发明了轻量耐火材料孔结构-隔热-耐蚀协同设计方法，为隔热长寿型轻量耐火材料制备及微结构优化提供了理论指导。

（2）隔热长寿型轻量耐火材料制备与微结构控制技术。创新性提出通过调控原位应力-超塑性匹配关系实现孔结构调控，发明了轻量耐火材料孔结构调控及制备技术，所制备的晶内微米-纳米尺度气孔的微孔刚玉材料性能达到国际领先水平；发明了轻量耐火材料基质紧密堆积设计技术，较妥善解决了耐火材料的隔热节能、服役寿命及冶炼产品品质协同提升的难题。

（3）隔热长寿型高温工业炉衬耐火材料一体化设计。建立了基于温度-应力的隔热长寿型炉衬结构构建准则，明确了隔热长寿型炉衬的构建方法；提出了隔热长寿型高温工业炉衬一体化设计技术，钢包服役寿命提升、钢水增碳和夹杂物降低且钢水温降值减少10～20℃，实现了高温炉衬服役寿命-隔热功能-炉体整体安全的协同。

获得的社会和经济效益：

项目授权美国发明专利1项、国家发明专利31项、计算机软件著作权2项，出版学术专著1部。成果在宝武集团、华菱集团、首钢集团、浙江自立股份、瑞泰马钢、江苏晶鑫股份、武钢耐火、武汉如星等国内冶金与耐火材料领域主要上市公司与大中型企业应用推广，产品出口至美国、日本、韩国、俄罗斯、印度、土耳其、伊朗、中国台湾等国家与地区，近3年创造直接经济效益2.27亿元，创汇3491万元。项目成果经过中国建筑材料联合会、中国耐火材料行业协会、浙江省技术市场促进会等评价，在耐火材料的绿色发展方面具有示范作用，提升了高温炉总体技术水平，为我国高温工业的节能减排和提质增效做出了积极贡献。

精炼炉环保型关键耐火材料的研发及工业应用

获奖类别： 中国建筑材料联合会建筑材料科学技术进步奖二等奖

获奖单位： 瑞泰马钢新材料科技有限公司、武汉科技大学、瑞泰科技股份有限公司

项目简介：

随着我国经济的快速发展，建筑、家电、汽车、机械制造等工业呈现新的发展趋势，高质量、超洁净的优质钢材需求增多。同时，低碳洁净钢的产品质量水平也是国家制造技术的重要标志。洁净钢的冶炼对相关耐火材料提出了新的需求，本项目研制的精炼炉环保型关键耐火材料，为洁净钢冶炼用必需配套关键材料，是解决洁净钢冶炼的技术瓶颈之一。钢包和RH精炼炉，是洁净钢生产过程中盛储、运输与对钢水进行二次精炼的关键高温装备，在服役过程中其内衬耐火材料与钢水及高温熔渣接触时间长，参与冶金过程的物理和化学反应，对钢的质量有重要影响。本项目研制的节能环保型无碳钢包衬砖和节能环保型RH镁尖晶石砖，替代目前使用的传统含碳及含铬耐火材料，解决了钢包散热快、钢水温降大，钢水增碳、污染环境等问题。

主要创新点：

（1）研发了凝胶络合增强精炼炉环保型关键

耐火材料高质量制造技术，显著提升其体积稳定性、抗侵蚀、耐剥落、使用寿命等性能。

（2）创造性提出带粒热流冲蚀损伤方程，建立了精炼炉环保型关键耐火材料在冶炼使用过程中全息损毁模型揭示损毁动态变化规律，探明了精炼炉耐火材料损毁机理，为精炼炉环保型关键耐火材料的开发提供理论指导。

（3）开发了精炼炉环保型关键耐火材料综合砌筑与修复一体化设计与集约使用技术，延长使用寿命，减少耐火资源消耗与固体废弃物30%，节能降耗效果显著。

本项目申报发明专利15项，授权发明专利9项、实用新型专利1项，主持编制行业标准YB/T 4765—2019无碳钢包衬砖等行业标准5项，公开发表论文6篇。

获得的社会和经济效益：

项目成果已实现产业化，工艺成熟，质量稳定，产品已在宝武、湘钢、马钢等大中型钢厂推广应用，使用效果良好，在300t钢包上使用寿命达到190炉，在RH炉下部槽达450炉。2018～2020年累计实现销售收入1.45亿元，实现利润3700万元。同时，随着本项目免烧无污染高质量制造技术，以及精炼炉衬体修复与集约使用技术的推广应用，有效降低资源消耗30%，社会和环境效益显著。本项目成果在耐火材料的绿色发展方面具有示范作用，推广应用前景良好，经中国建筑材料联合会和中国耐火材料行业协会鉴定评价综合技术达到国际先进水平。

水泥窑用减碳节能高温材料迭代创新与应用

获奖类别：河南省技术发明奖二等奖

获奖单位：郑州瑞泰耐火科技有限公司、瑞泰科技股份有限公司

项目简介：

本项目针对水泥窑系统散热大、现有耐火材料导热系数高、水泥行业亟须节能减碳的关键共性问题，充分研究了水泥窑不同区域热量散失问题，分析了水泥窑中不同耐火材料的使用效果和使用情况，对影响水泥窑散热的关键部位水泥窑分解带及过渡带、高温烧成带、水泥窑中特殊易损不定形部位，创新性采用梯度复合设计技术，分别发明出节能复合砖、低导热镁铁铝尖晶石砖、节能复合结构件系列低导热复合产品，系统性解决了水泥窑能耗高的技术难题。

主要技术发明点：

（1）发明了节能复合砖，解决了水泥回转窑分解带及过渡带散热问题。创新材料结构设计技术，发明工作层和保温层梯度复合工艺方法，突破复合制造工艺技术瓶颈；发明在工作层中添加硅线石族矿物（红柱石等）强化工作层基质材料，优化工作层相组成，提升工作层的抗侵蚀性和使用寿命；创新采用微孔骨料调控产品孔结构方式，有效降低产品的综合导热系数。

（2）发明了低导热镁铁铝复合砖及低导热无铬复合砖，有效解决了水泥回转窑内部高温烧成带散热问题。创新工作层组成和性能优化设计，降低工作层的导热系数、提高抗热震性，优化保温层组成和性能设计，提高保温层的强度。创建温度场和应力场模拟模型，优化各层厚度及形状，实现多层复合产品性能和结构的完美组合。创新各层材料热匹配性及界面结合强度的理论，解决材料间的热失配及界面结合的难题，提高产品的整体强度；创新生产工艺，实现同步成型、同步烧成，降低了生产成本，提高了生产效率。

（3）发明了多种节能复合结构件，用定形结构件代替不定形浇注料，有效解决了水泥回转窑不定形区域易损部位的散热问题，并大幅度提高了水泥窑的使用寿命。发明了由水玻璃、矾土、高铝粉、硅灰及部分稀土氧化物组成的低导热高温胶，突破了多种耐火产品之间黏结的技术瓶颈。创新悬挂装置和卯榫结合的复合设计技术，制备出用于篦冷机、窑头罩等各种复杂形状部位的新产品。发明直接成型出锁扣状凹槽卯榫结构、挂钩空槽新结构，实现现场的快速安装。

（4）发明用后耐火材料高值利用技术，在非关键区域（保温层）使用用后耐火材料，实现了废旧资源的重复利用，提高资源利用效率，减少固体废弃物的排放，促进了节能减排。

本项目授权发明专利11项，其他专利5项；参与起草国标7项，行标8项（其中主持1项）；发表论文16篇，撰写耐火材料专业书籍2本。

获得的社会和经济效益：

本项目产品整体施工周期可缩短30%以上，窑外易损部位使用寿命提高100%以上，使用过程中整体能源消耗降低30%以上。本项目产品在华新水泥、西南水泥、墨西哥水泥、海德堡水泥等世界知名水泥企业规模应用，2019～2022年新增

产值10.9亿元，新增利润1.039亿元，应用单位节能新增经济效益8.58亿元，厂均每年节约标准煤2000～3000t，减少碳排放5000～7500t，经济与社会效益较大。目前全国新干法水泥生产线约1700条，按照每条生产线降低5000t碳排放计算，技术广泛推广后，每年可减少850万吨碳排放，潜在的社会与经济效益巨大。

熔窑上部结构用低导热熔铸AZS耐火材料研发与应用

获奖类别：“两个二代”技术装备创新提升研发攻关优秀研发成果

获奖单位：瑞泰科技股份有限公司

项目简介：

我国是世界最大的玻璃生产大国，但与国外仍有很大差距，存在能源消耗高、产品质量低、窑炉寿命短、燃料动力开支大的问题，其中能耗居高不下，给企业带来了巨大的经济压力。本项目针对熔铸耐火材料展开研究，通过突破关键工艺技术和镶嵌复合工艺，在保持现有熔铸耐火材料优质性能的基础上降低其导热系数，使其具备耐高温、低导热、抗侵蚀等性能，提高熔铸耐火材料性能和窑炉保温节能效果、降低能源消耗。

主要创新点：

（1）开发了轻质材料与低导热熔铸制品的镶嵌复合工艺，解决了常规熔铸材料热导率高、抗侵蚀性差导致背衬保温材料长期稳定性差的难题，突破目前玻璃窑上部结构常用熔铸耐火材料使用的局限。

（2）开发了熔铸耐火材料强制快熔工艺，形成熔铸材料结构中晶体赋存和发育的关键控制技术，减少斜锆石及刚玉单晶含量，提高Al_2O_3-ZrO_2共晶体含量，达到降低熔铸耐火材料基材热导率及提高抗侵蚀性的目的。

（3）全面优化了熔铸耐火材料的铸造技术，成功研发了新的改性树脂砂型、特制冒口和先快后慢的阶段变温退火工艺，提高铸件补缩率和致密度，减少退火热应力，显著提高了熔铸耐火材料的浇铸质量和退火成品率。

（4）改进了熔铸材料电弧炉计算机程控系统，具有控制精度高、炉料平稳和节电熔化的优点，突破了传统电弧炉操作人为因素影响大、能耗高、控制精度差的技术瓶颈。而且该系统具有连续自动记录存储功能，有利于进行熔铸材料熔化工艺执行情况的监督和优化，显著提高了熔铸耐火材料生产的自动化水平。

获得的社会和经济效益：

项目成果已形成产业化生产，并成功推广应用，取得了良好的使用效果。为用户企业带来节能15%的效果，为公司带来节能30%、合格率提升5%的效果，带来了巨大的社会效益。在经济效益方面，项目成果为玻璃企业和生产企业带来了良好的节能效果，提高了生产效率，带来了巨大的经济效益。

低导热多层复合莫来石耐火材料的研发与应用

获奖类别：“两个二代”技术装备创新提升研发攻关优秀研发成果

获奖单位：瑞泰科技股份有限公司

项目简介：

水泥工业是建材行业能源消耗的重点产业，也是碳排放量较大的产业，为降低水泥回转窑筒体散热损失，提高回转窑运转率，本项目通过技术创新开发了低导热多层复合莫来石砖。开发工作层、保温层和隔热层三层复合结构，此结构为国际首创。采用同步成型、同步烧成技术，解决多层复合材料膨胀系数不匹配而导致的高温开裂、变形、脱落等难题，改善产品的导热性和热震稳定性。隔热层采用含锆耐火纤维并进行结构优化，有效降低了整体材料的导热系数。

主要科技创新点：

（1）优化工作层及保温层组成设计，解决了工作层及保温层导热系数大、抗热震差等难题。

（2）创新性开发多层复合结构，解决了由于结合面膨胀系数不同，结合强度低、膨胀收缩不一致，导致生产、使用过程中出现变形、开裂的难题，最终产品保温层的常温耐压强度不小于90MPa，结合部常温抗折强度不小于15MPa。

（3）开发同步成型、同步烧成技术，通过对结合部结合强度的研究，实现了同步成型、同步烧成，解决了结构稳定性差，生产制作成品率低的难题。通过这种复合结构的研究，使制品综合导热系数不大于1.65W/(m·K)；同时该产品砌筑同体积质量比硅莫砖轻 10%、镁铝尖晶石 20%，减轻了水泥窑整体质量，延长了筒体使用寿命，使用周期达到或超过硅莫砖、硅莫红砖或镁铝尖晶石砖。

获得的社会和经济效益：

该产品经中国建材联合会鉴定为国际首创，处于国际领先水平。已应用在新型干法水泥回转窑、石灰回转窑、电石渣水泥回转窑等数百家国内外高温窑炉企业，如华新水泥、南氏锂电、华腾纳米、拉豪水泥、墨西哥水泥等，筒体温度可普遍降低 50~80℃，使用寿命得到显著提升，节能效果显著，得到市场广泛认可。

水泥窑用镁铁（铁铝）尖晶石砖的研发与应用

获奖类别：“两个二代”技术装备创新提升研发攻关先进研发成果

获奖单位：瑞泰科技股份有限公司

项目简介：

围绕“第二代新型干法水泥技术”用耐火材料“节能、环保、长寿、轻量化”的需求，实现水泥窑用耐火材料无铬化，本项目研制以方镁石为主晶相，含电熔镁铁和铁铝尖晶石复合碱性耐火材料。

主要创新点：

（1）通过熔融技术，采用埋弧工艺合成电熔镁铁砂，技术先进，难度大，具有创新性。

（2）在基质中添加镁铝尖晶石微粉，烧成过程中与主要原料组分形成 $MgO\text{-}Al_2O_3\text{-}FeO\text{-}Fe_2O_3$ 结合，既降低烧成温度，又不影响高温性能。

（3）在高温热处理过程中，通过镁铁尖晶石和铁铝尖晶石的固相反应，生成复相的镁铁铝尖晶石相，增强了各固相间的结合强度，同时 Fe^{2+} 和 Mg^{2+} 在铁铝尖晶石分解过程中相互扩散，材料结构柔韧性得到了增强。

（4）在水泥回转窑烧成带替代镁铬砖，彻底消除铬污染。

获得的社会和经济效益：

本项目成果已建成年产 7 万吨生产线，广泛应用于大型回转窑烧成带。已在南方水泥、中联水泥、华新水泥、中材水泥、赛马水泥、祁连山水泥等大型水泥集团应用，最高使用寿命可达到 18 个月，效果良好。

喷煤管、窑口用增韧型浇注料研制

获奖类别：“两个二代”技术装备创新提升研发攻关先进研发成果

获奖单位：瑞泰科技股份有限公司

项目简介：

大型水泥回转窑前窑口与喷煤管部位，温度高、温度波动性大以及存在物料及二次风的冲刷，金属筒体变形大。所用耐火材料需要承受达 1450℃ 高温以及抗热震冲击、酸碱腐蚀性气体侵蚀、物料的磨损冲刷等，该部位是水泥回转窑耐火材料使用条件最为苛刻的使用部位，使用过程中浇注料易产生开裂而剥落，使用寿命短，严重影响水泥回转窑运转周期。本项目针对该部位使用条件，以历年国家科技攻关及国家“863”项目为基础，采用无机非金属材料高中低温复相结合技术、高温使用过程中本体材料缺陷自动修复技术等，极大地延长了窑口与喷煤管部位浇注料的使用寿命。

主要创新点：

（1）利用有机纤维烘烤时产生的收缩作为排除浇注料中水的通道，实现浇注料的快速烘烤，缩短检修施工停炉时间。

（2）通过在高温使用过程中红柱石的持续莫来石化，提高浇注料高温强度、体积稳定性和抗热震性能。

（3）利用碳化硅氧化产生的体积效应封堵气孔，提高浇注料的耐碱性能。

（4）添加氧化锆和碳化硅微粉，应用复合超微粉和外加剂技术，减少主裂纹的应力集中，起到提高材料断裂韧性的作用。

获得的社会和经济效益：

本项目成果先后在河南登封宏昌、枣庄中联、安徽铜陵上峰水泥等水泥窑上进行推广使用，均取得满意的使用效果，窑口平均使用寿命可提高到 18 个月；喷煤管平均使用寿命可提高到 12 个月。

玻璃窑大型熔铸 Al_2O_3 流槽砖研制

获奖类别：“两个二代”技术装备创新提升研发攻关先进研发成果

获奖单位：瑞泰科技股份有限公司

项目简介：

流槽是熔窑冷却部与锡槽之间的通道，是

浮法玻璃生产的一个关键部位，每天都有成百上千吨1100℃左右的玻璃液通过流槽，对最终成型的浮法玻璃质量有重大影响。该成果通过材料组分和结构优化设计，研制大型熔铸α-β-氧化铝流槽砖，以减少砌缝，提高玻璃熔窑流槽气密性，提高液流断面温度的均匀性，达到第二代中国浮法玻璃系统节能减排高效运行的选材需求。

本项目研发了高温熔化及保温退火新工艺，提高制品的铸造质量、抗碱蒸汽侵蚀性、耐磨性及耐冲刷性能。开发了曲面异形冷加工新技术，解决流槽制品形状特异，带有圆弧、沟槽及数个不同角度的斜面，难以精密磨削加工的技术难题。

该成果耐冲刷、抗侵蚀性强，有利于消除线道、玻筋和气泡等缺陷，显著提高浮法玻璃质量。采用曲面异形加工技术，显著提高了α-β-氧化铝流槽砖的冷加工精度。制品结构大型化、组装质量高，满足高质量、快速流槽砖在线整体热态更换的需要，显著缩短生产恢复时间。

获得的社会和经济效益：

本项目成果在国内外上百座大型浮法玻璃生产线上应用效果良好，综合技术水平达到国际先进，为中国第二代浮法玻璃实现技术升级，工艺装备达到国际领先水平的目标，进而促进我国玻璃工业由“追赶型”进入“领跑型”发展，提供了先进材料支撑。

炉排式垃圾焚烧炉用耐火材料技术集成与产业化制备

获奖类别： 北京市科学技术奖科学技术进步奖二等奖

获奖单位： 北京金隅通达耐火技术有限公司

本项目全面分析了炉排式垃圾焚烧炉耐材损毁机理，开展炉墙结构创新、关键部位用高性能耐火材料研发、湿法喷涂工艺研究、砖型标准化以及技术集成等相关工作，形成国内外先进焚烧炉耐火材料解决方案，致力于推动我国垃圾焚烧技术向稳定、成熟化发展。

项目技术创新点：

（1）创新性研发了中低品位铝矾土制备均质刚玉-莫来石原料技术、焚烧炉废弃碳化硅资源再利用技术，制备出适用于焚烧炉用刚玉-莫来石质、碳化硅质湿法喷涂料、浇注料、可塑料等系列产品，实现了低值矿物资源和工业固废的高值化利用。

（2）优化了焚烧炉用耐火砖的性能和砖型，实现十几种焚烧炉耐火砖型交互使用，有效解决了砖型复杂和差异带来的制造、建设、维修等难题，提高了生产和安装效率。

（3）创新设计开发了焚烧炉炉墙双层拉固的风冷耐火砖和不定形耐火材料两种炉墙结构，提高了炉墙的高温稳定性，创新集成了重型炉墙和水冷炉墙焚烧炉用耐火材料成套技术，实现了焚烧炉安全、稳定、长寿化运行。

获得的社会和经济效益：

本项目成果落地转化服务全国200多个垃圾焚烧项目，为焚烧炉年处理生活垃圾3300万吨提供了技术保障。其中为北京市海淀区、门头沟区、大兴区、通州区、怀柔区、顺义区等垃圾焚烧发电项目顺利投产和稳定运行保驾护航，确保了首都每天近1.5万吨生活垃圾焚烧无害化处理，为北京市建设成国际一流和谐宜居之都提供支持。项目成果推动了我国垃圾焚烧技术向稳定、成熟、长寿化发展，实现了低值矿物资源和工业固废的高值化利用，具有显著的经济和社会效益。

高炉陶瓷杯长寿技术研发及应用

获奖类别： 河南省科技进步奖三等奖

获奖单位： 巩义通达中原耐火技术有限公司、北京首钢股份有限公司、北京科技大学、北京金隅通达耐火技术有限公司

项目紧紧围绕我国钢铁工业发展“卡脖子”的高炉短寿问题，开发出满足高性能塑性相复合刚玉莫来石砖、新型塑性相复合刚玉砖、铁口快速维修用纳米溶胶凝胶结合浇注料、配套高荷软泥浆及相应耐材使用及维护技术实现高炉高效长寿命。通过对高炉陶瓷杯热力耦合分析，建立炉缸、炉底温度场和应力场分布模型，并跟踪耐火材料的侵蚀程度及损坏现状，系统分析损毁机理，对高炉的炉缸、炉底、风口、铁口等不同区域提出耐材配置及耐材性能优化解决方案。

（1）以刚玉、碳化硅、金属粉等为原料，引入超细微粉技术及含碳结合剂等新设计理念，开发了莫来石和碳化硅纤维协同增韧的新型塑性相-炭复合刚玉制品，抗炉渣、抗铁水及抗碱侵蚀等性能优良。通过调控新型塑性相复合刚玉砖导热系数为5~7W/(m·K)，优化了陶瓷杯的使用温度场，在陶瓷杯表面形成稳定渣铁层，实现了高炉炉缸长寿。

（2）首次在刚玉-莫来石砖基础上复合红柱石、硅线石和金属粉开发了新型金属塑性相-刚玉-莫来石复合材料。利用红柱石和硅线石原位莫来石化及二次莫来石化产生的温度梯度效应，提高了材料体积稳定性和抗侵蚀能力，实现高炉炉底寿命同步提升。

（3）开发了高炉陶瓷杯配套用高荷软泥浆和铁口改性溶胶结合快速修补浇注料，在浇注料中生成纤维状莫来石，与刚玉和莫来石基体紧密结合改善了高炉砌筑整体性，实现了铁口的快速维修，提高了高炉强化冶炼过程中的安全性和稳定性。

（4）优化了陶瓷杯材料性能和炉缸结构，采用先进的在线监控和监测技术、强化冷却，完善了高炉操作和维护技术，实现了高炉安全高效运行和长寿化。

本项目创新成果达到国际先进水平，项目授权发明专利6项和实用新型专利4项，企业标准3项。

项目技术先进，产品质量稳定，经首钢、山钢、新余钢铁、印尼喀钢、俄罗斯马钢等国内外用户使用，近3年销售收入2.79亿元，使用达到15年以上，实现了高炉长寿，推进中国高炉“走出去”步伐，高质量共建“一带一路”，经济和社会效益显著。

大型焦炉和热风炉绿色生产用关键功能耐火材料集成技术应用与示范

获奖类别：2019年度河南省科技进步奖二等奖
获奖单位：中钢洛耐科技股份有限公司

钢铁行业是物质、能量高度聚集的产业，对社会资源环境造成巨大压力。该项目针对钢铁工业解决资源-能源可供性、污染防治、环境生态和谐发展的集成性关键问题，通过与宝山钢铁股份有限公司、郑州大学产学研用联合攻关，研发了大型焦炉、热风炉绿色生产用功能性耐火材料集成技术。在大型焦炉和热风炉系统综合配套耐火材料研究、炉衬结构优化设计及过渡液相扩散法制备技术等方面取得重大技术创新，取得了“表面复合陶瓷成型技术、高导热硅质材料制备技术及窑炉热修补技术”等系列重要研究成果并广泛应用。

项目技术创新点：

（1）发明了耐火材料强度、抗渣性、热导率、耐磨性等关键服役性能协同提升技术，研制出大型焦炉、热风炉用系列关键功能性耐火材料，并产业化推广应用，为国内外大型焦炉和热风炉关键部位绿色生产提供了全套的耐火材料技术解决方案，引领高温工业绿色发展。

（2）发明了大型焦炉、热风炉关键部位用耐火材料的系统集成综合配套及结构优化设计技术，突破了耐火材料大型化成型技术，打破了炭化室炉门用单砖的技术难题，使焦炉寿命提高至原来的2倍以上，实现了焦炉、热风炉的高效、绿色运行。

（3）首次研究并利用过渡液相扩散法制备了多孔莫来石材料，具有使用温度高、强度高、孔结构可控和热导率低等特性；该方法具有工艺简单、效率高及无环境污染的优良特点。项目已形成一套具有完全自主知识产权绿色节能环保耐火材料生产制备技术。已获得授权专利23项，牵头制定行业标准2项，发表科技论文31篇，项目技术连续4年入选《国家重点节能低碳技术推广目录》(节能部分)，实现了大型焦炉及热风炉安全稳定、节能高效和绿色长寿命运行，开创了“绿色”耐火材料发展的先河，支撑钢铁工业绿色发展。

获得的经济和社会效益：

项目技术已在中钢洛耐和伊川高温新材料产业园实现产业化、大规模生产，已广泛应用至国内外50多家用户，市场占有率较高，产生可观的经济效益，项目的实施对调整企业产品结构和经济结构、促进企业增效起到重要作用。实现了耐火材料高性能化、精细化、陶瓷化和功能化，对缓解我国能源、资源紧张具有深远意义。为促进我国焦化行业技术进步和绿色发展提供了更新换代技术，为推动我国钢铁工业转型升级提供了技术保障，促进了我国钢铁工业的供给侧结构性改革，支撑了钢铁工业绿色高质量发展。

耐蚀耐磨不定形耐火材料及其高效施工技术的研究与应用

获奖类别：2022 年度河南省科技进步奖一等奖
获奖单位：中钢集团洛阳耐火材料研究院有限公司

本项目主要涉及不定形耐火材料的基础理论研究、产品开发及在高温装置上的应用。

不定形耐火材料因绿色环保、整体性好、资源节约等优点在高温领域广泛应用。随着我国钢铁工业装置的大型化、复杂化和高效化，常规材料耐蚀耐磨性不足、施工效率低及烘烤易爆裂已成为限制相关装置发展的瓶颈。但因缺乏高温条件下必要的测试装置和评价方法，热态下的烧蚀和磨损行为研究不足；缺乏耐火浇注料流变性、流动性及其相关性研究，尤其是泵送浇注料胀流性和稳定性研究不足；浇注料受热爆裂影响因素复杂，爆裂机理研究国外仅为初步探索，国内尚属空白。

1999 年起，中钢洛耐院在国家和省市科研项目的支持下，联合印尼青山、中钢设备、中钢邢机、郑州大学和洛阳理工学院等单位，开展了不定形耐火材料耐蚀耐磨性能、流变性和流动性、抗爆裂性能的应用基础研究，针对镍铁回转窑、带式焙烧机和中频感应炉等多种典型高温装置，开展了系列关键不定形耐火材料的研制和高效施工技术研究，并进行了推广应用。

项目获授权专利 20 件，其中发明专利 10 件，发表论文 67 篇，制定国际标准 1 项、制定和修订国家标准各 1 项。项目涉及不定形耐火材料应用基础研究、检测装置和评价方法、关键耐火材料产品、浇注料泵送和喷射施工技术，通过了中国金属学会组织的科技成果评价，评价委员会认为项目形成的产品和施工技术整体达到国际领先水平。鉴于项目的技术水平和应用业绩，得到了中国耐火材料行业协会的大力推介。

项目技术在中钢洛耐院实现了产业化，在镍铁回转窑、带式焙烧机和超高功率中频感应炉等装备上获得规模化应用。产品在世界最大不锈钢生产企业青山集团和中国最大带式烧结机设计总包单位中钢设备得到应用，促进了 RKEF 镍铁技术的快速发展和球团生产工艺由链回环向带式焙烧方向转变，其中回转窑施工时间缩短 10～15 天，目前在镍铁回转窑和带式焙烧机耐火材料领域市场占有率达 70%；中频炉用铝镁质干式振动料在邢机和太钢实现了国产化替代，使用寿命提高了 30%。2019～2021 年，中钢洛耐院、印尼青山、中钢设备和中钢邢机等完成单位通过该项目累计实现新增销售额 97.4 亿元，新增利润 13.2 亿元。

项目突破了钢铁工业多种装置用耐火材料的技术瓶颈，满足了快速施工、节能环保、安全稳定和长寿命的使用需求。项目引领了耐火材料的应用基础研究和新产品开发，带动了耐火材料行业施工技术的升级，为钢铁工业发展提供了强有力的支撑，为践行“一带一路”做出了贡献，提升了我国耐火材料产业在国际上的竞争力和影响力，经济效益和社会效益显著。

高性能自结合碳化硅耐火材料的研制及应用

获奖类别：2020 年度河南省科技进步奖三等奖
获奖单位：中钢集团洛阳耐火材料研究院有限公司

自结合碳化硅耐火材料是以 β-SiC 为结合体系，SiC 含量高于 90% 的非氧化物耐火材料的通称。最早由日本于 20 世纪 80 年代开发，用作高炉内衬。目前，我国只有少量 4000m^3 以上的大型高炉使用了进口的自结合碳化硅耐火材料。在本项目实施之前，这种高端耐火制品仅日本品川、黑崎播磨等少数企业可规模生产。

项目研制开发了高性能自结合碳化硅耐火材料，通过对材料配方、工艺设备、检测技术等进行全面研究，实现材料的工业化生产和应用。项目申请授权技术专利 3 项，其中发明专利 2 项，实用新型专利 1 项。国内独立开发耐火材料产品及制备技术，项目产品申请注册商标，并在此基础上实现了知识产权转化和产品的应用推广。产品技术指标达到国际先进水平，铝电解行业内应用国际领先。

项目技术制备的自结合碳化硅产品理化性能优良，在热导率、抗热震、抗碱、抗渣等关键性能上，优于氮化硅结合碳化硅材料，可满足大型长寿高炉的工况技术要求。项目产品抗冰晶石侵蚀性能比氮化硅结合碳化硅材质提高 50%，热导率提高 20%～30%，可同时满足超大型铝电解槽对侧部散热、工作稳定和长寿命的技术要求。与氮化硅结合碳化硅侧衬材料相比，项目产品可更快实现电解槽侧衬热平衡，更早形成炉帮保护，实现大型铝电解槽的平稳长寿命运行。

2010年以来，项目产品作为高炉内衬，在国内最早成功应用于中冶赛迪工程技术股份有限公司承建的高炉，首次将真正国产高性能自结合SiC耐火材料成功应用于国内大型高炉。作为铝电解槽侧衬或阻流材料已在中国铝业连城分公司、沈阳铝镁科技有限公司、云南盈江星云有限公司等单位获得良好应用效果。项目产品以注册品牌“SICATEC95”持续多年出口到德国、瑞典、印度尼西亚、印度、俄罗斯等铝业公司。这是国际上最早将自结合SiC耐火材料应用于高效长寿大型铝电解槽，并在国外铝电解槽上独家供应这种耐火材料。

节能型中间包工作衬的研制

获奖类别：2021年度河南省科技进步奖二等奖
获奖单位：濮阳濮耐高温材料（集团）股份有限公司

该项目针对目前中间包工作衬材料体积密度高、导热系数大和镁砂资源过度消耗等问题，通过对材料轻量化、长寿化、安全化和低成本化等关键技术研究，成功地研制了系列且有自主知识产权的节能型中间包用耐火工作衬。项目产品节能型中间包工作衬的体积密度小、流变性能好、热导率低、抗烧结效果好，具有施工性能优异、保温性能好、使用寿命长、安全系数高等优势，项目技术达到了国际先进水平。获得河南省科学技术进步奖二等奖。

大型节能环保电熔镁砂生产工艺开发及产业化

获奖类别：2019年中国非金属矿工业协会非金属矿科学技术奖二等奖（科技进步类）
获奖单位：辽宁科技大学、鞍山澳海耐火材料有限公司

该项目通过大型化实现节能，降低单位电熔镁产品电耗，改造建设4000kV·A大功率电熔镁炉；全密闭化设备，自动上料、布料、出料，实现环保，减少粉尘无组织排放；利用矿山粉矿、碎矿及钢厂废砖进行高致密压球工艺代替高品位矿石，缓解矿石短缺问题。此项技术达到世界领先水平，得到行业内的广泛认可，为传统产业转型升级起到了示范作用。

深脱碳RH炉用耐材无铬化研发及产业化应用

获奖类别：2020年中国非金属矿工业协会非金属矿科学技术奖二等奖（技术发明类）
获奖单位：辽宁科技大学、鞍山市和丰耐火材料有限公司

由于现有RH炉用镁铬砖环境污染严重，国内外耐材专家需要研制一种环保无铬化砖替代镁铬砖，这就是镁尖晶石无铬砖，利用国内优质的电熔镁砂和合成尖晶石资源为主要原料，生产的一种不经过高温烧成的高档耐火制品。试验结果表明，新制备的镁尖晶石无铬砖的抗热震稳定性及抗渣侵蚀性能皆远远优于传统的镁铬砖，前者较后者寿命提高了5.3%，因此其有着广阔的应用前景及较好的社会效益。

菱镁矿轻烧用节能回转煅烧工艺开发及产业化

获奖类别：2021年中国非金属矿工业协会非金属矿科学技术奖二等奖（科技进步类）
获奖单位：辽宁科技大学、鞍山新科环保设备有限公司、海城市盛鹏矿产品加工厂、辽宁省国家新型原材料基地建设工程中心

本项目煅烧活性氧化镁生产线的系统装置及工艺以回转窑为基础，灵活地利用烘干粉磨设备装置、烟气处理装置、生料预热装置、活性氧化镁轻烧系统装置等工序技术，最终通过物料及烟气平衡理论设计回转窑管径及废气处理工艺装备，根据下游产能设计回转窑转速及装备参数。该系统可以达到以下目标：一是可利用多级粒度的菱镁矿；二是可利用0~30mm菱镁矿粉状物料为原料；三是菱镁矿原矿细粉在烘干粉磨、生料粉预热、活性氧化镁煅烧、废气处理的生产过程中，实现工业余热的充分利用和清洁文明生产。

高性能氧化铝纤维关键技术创新、设备开发与产业化示范应用

获奖类别：2019年山东省科学技术进步奖二等奖
获奖单位：山东鲁阳节能材料股份有限公司

本项目所属领域为新材料。氧化铝纤维属于国家重点急需的战略材料，采用溶胶-凝胶技术和

胶体纺丝成纤工艺制备，工艺复杂，成纤条件苛刻，长期以来未实现产业化，制约了宇航军工、高温工业领域的技术进步。本项目从材料科学、胶体化学、纺织科学等角度出发，以氧化铝胶体制备和胶体纺丝成纤技术研究为核心，以纤维深加工技术开发和产品应用研究为支撑，以氧化铝纤维产业化为目标，经过8年攻关，形成了溶胶-凝胶法制备氧化铝纤维的整套技术体系，实现了氧化铝纤维深加工技术创新与系列产品开发，完成了在石化、冶金、宇航军工等领域的应用。

2019～2022年中国耐火材料行业协会组织的科技成果评价项目简介

大型鱼雷罐节能和新型耐火材料应用技术集成与产业化

2019年12月26日，中国耐火材料行业协会组织专家在河南省洛阳市对河南海格尔高温材料有限公司“大型鱼雷罐节能和新型耐火材料应用技术集成与产业化”项目进行了成果评价。

该项目将工作层用Al_2O_3-SiC-C砖两层复合而低导热化，背衬采用专门研制的喷射料实现整体化和轻量化以及钢壳内壁涂覆微孔隔热涂料以增强气密性和保温性等多措并举、协同保温，实现了明显的保温节能效果，解决了大型鱼雷罐内衬传统耐火材料方案和单一增加保温层方案在兼顾使用寿命和保温性方面存在的问题。在鱼雷罐的衬体构造、背衬喷射料的轻量化、微孔隔热涂料用于鱼雷罐等方面有创新。

该项目开发的系列耐火材料产品已在宝武集团梅山钢铁公司320t鱼雷罐成功应用，平均降低外壳温度38℃，减少铁水温降12℃。研制的内衬用材获得了专利，技术先进，质量稳定，已实现产业化，取得了明显的经济和社会效益。

该成果对工业窑炉耐火材料衬体的节能设计和安全高效运行有推广、借鉴和示范作用。

该成果综合技术水平达到国际先进。

氧化铝纤维针刺毯关键制备技术研究

中国耐火材料行业协会组织有关专家于2019年12月13日在山东省沂源县组织了由山东鲁阳节能材料股份有限公司、山东鲁阳浩特高技术纤维有限公司共同完成的“氧化铝纤维针刺毯关键制备技术研究”项目的成果评价。

该项目以铝粉、结晶氯化铝等为原料，通过溶胶-凝胶连甩连吹工艺制备了氧化铝前驱体纤维；采用创新的针刺工艺，制备了多晶莫来石纤维针刺毯；项目独创连甩连吹成纤工艺，通过机械力与气流力对胶粒进行牵伸，有效降低了渣球含量；开发了椭圆形针刺设备和自主设计刺针，控制针刺密度、频率等关键参数，使得抗拉强度、容重和回弹率得到在线控制，满足了纤维毯的产业化制备，产品市场前景广阔。

该项目填补了国内自主生产氧化铝纤维针刺毯的空白，形成发明专利多项，其技术先进、工艺成熟，产品质量稳定，成果已实现产业化，经济和社会效益显著。

该成果综合技术达到国际先进水平。

废弃及低品位菱镁矿制备高纯致密烧结镁砂关键集成技术

中国耐火材料行业协会组织有关专家于2019年9月17日在辽宁省营口市对由营口金岱国际科技有限公司和东北大学共同完成的“废弃及低品位菱镁矿制备高纯致密烧结镁砂关键集成技术”项目进行了科技成果评价。

该项目采用反、正浮选法可浮选提纯低品位或废弃菱镁矿，显著降低了SiO_2、CaO、Fe_2O_3和Al_2O_3等多种杂质的含量，所得精矿粉可生产MgO含量不小于98%的高纯镁砂。同时，此浮选尾矿得到了合理利用，浮选提纯程度高，去除杂质范围广，工业规模浮选提纯菱镁矿技术获得创新性突破。

该项目采用闪烁悬浮炉分解菱镁矿、轻烧镁粉高压成球和双层烧嘴结构高温竖窑煅烧等工艺的技术集成，实现了MgO含量不小于98%、体积密度不小于3.40g/cm^3烧结镁砂的工业化。

该项目利用废弃及低品位菱镁矿资源制造高纯度、高体积密度烧结镁砂，实现了低品位菱镁矿资源的高效综合利用，解决了废弃和低品位菱镁矿的环境污染和土地占用等问题。

该项目产品已规模化生产，经济、社会和环

境效益显著，推广应用前景广阔。

该成果技术达到国际领先水平。

大结晶电熔镁砂自动化清洁生产工艺

2020年11月21日在辽宁省鞍山市岫岩县主持了由岫岩满族自治县恒锐镁制品有限公司完成的“大结晶电熔镁砂自动化清洁生产工艺”项目的成果评价。

该项目独创性设计了双层炉盖封罩系统，实现了三根电极限位，避免了喷炉、溅炉、触电安全事故，实现了生产过程中粉尘全部回收利用；通过采用喷水、吹风冷却装置的远程控制及炉筒内衬耐火涂层的使用，保护了炉体，避免了淌炉事故的发生，提高了炉体使用寿命2.5倍以上；利用传感器及PLC的精确控制实现全程自动化生产，大幅度提高了生产效率，解决了人工上料和投料问题。

该项目工艺技术先进，高品位大结晶镁砂产出率提高了10个百分点，稳定了产品质量，经济、社会和环境效益显著。

该项目解决了国内外大结晶电熔镁砂领域在安全、环保、节能等方面存在的9项关键共性问题，实现了大结晶电熔镁砂绿色生产，形成了多项发明和实用新型专利，具有良好的示范作用及广阔的推广前景。

该成果综合技术达到国际领先水平。

特种不锈钢冶炼用超低碳氧化镁基复合材料的研制与应用

2021年7月26日在北京召开了由北京利尔高温材料股份有限公司、海城利尔麦格西塔材料有限公司共同完成的“特种不锈钢冶炼用超低碳氧化镁基复合材料的研制与应用”项目的成果评价。

该项目使用具有高增塑和高分散作用的纳米碳源、特种树脂结合剂、纳米级 Al_2O_3-ZrO_2 复合粉增强剂等新原料，研制的产品理化性能优异，抗侵蚀性能、抗热震性能大幅度提高。

其研制的产品在太钢炼钢二厂南区90t VOD钢包上平均使用寿命由8.5炉增加到20.22炉，最高达到23炉，完全能满足特种不锈钢的生产要求，实现了VOD精炼钢包运行的高效化和高质量化。

该项目已获得国家授权专利8项，产品质量稳定，并实现产业化制备，经济和社会效益显著。

该成果技术水平达到国际领先。

钢包用双芯透气功能元件的开发与应用

中国耐火材料行业协会组织专家于2021年7月26日在北京召开了由洛阳利尔功能材料有限公司、北京利尔高温材料股份有限公司共同完成的“钢包用双芯透气功能元件的开发与应用”项目的成果评价。

该项目针对单芯整体透气元件、分体透气元件存在的问题，从材料组成、结构和性能上进行改进，研究开发了双芯整体透气元件，可保证透气元件的使用安全性与施工简便性。通过使用纳米氧化铝、二氧化锆，显著提高了透气元件的抗热震性与抗渣性能，延长了其使用寿命，并与钢包渣线寿命相匹配，适用于大中型钢包。在实现高效生产的同时，大幅度降低了钢包维护成本，减少了污染物排放量，节能减排效果显著。

该项目双芯透气元件获得国家授权专利22项，生产工艺成熟、技术先进，产品质量稳定，已经实现产业化，经济、环境和社会效益显著。

该成果技术水平达到国际先进。

RH精炼炉用超低碳无铬免烧镁尖晶石砖的开发与应用

中国耐火材料行业协会组织专家于2021年7月26日在北京召开了由洛阳利尔功能材料有限公司、北京利尔高温材料股份有限公司共同完成的“RH精炼炉用超低碳无铬免烧镁尖晶石砖的研制与应用”项目的成果评价。

该项目研究开发的RH精炼炉用超低碳无铬免烧镁尖晶石砖使用复合添加无碳结合剂结合，降低了树脂用量，通过添加过渡塑性相（Al粉）在服役过程中生成MgAlON尖晶石固溶体，制备的新型镁尖晶石砖的热震稳定性和抗侵蚀性优良，使用性能优于传统的镁铬砖。

该镁尖晶石砖服役过程中大大降低了在钢水中增碳，减少了对钢水的污染和夹杂，实现了RH精炼炉用耐火材料的无铬化。

该项目获得授权国家专利13项，产品质量稳定，实现了产业化，经济、环境和社会效益显著。

综上所述，成果技术水平达到国际先进。

第七篇

企事业概况

中国耐火材料行业重点企业简介（按拼音字母排序）

鞍山钢铁冶金炉材科技有限公司

鞍山钢铁冶金炉材科技有限公司前身为鞍钢耐火材料有限公司，始建于1916年，是中华人民共和国第一家国营耐火材料生产企业，21世纪之前的很长一段时间是国内耐火材料的航母，公司秉承一切以客户为中心的理念，全方位、全天候、全品种为用户服务，依据其特色产品的优质性能和服务，与用户实现双赢，在业内具有极高的声誉。公司占地约10万平方米，员工1100人。2021年销售总产值10.5亿元。

作为百年耐企，经过长期的励精图治、诚信经营，现有制砖生产线、镁质散料生产线、镁质预制件生产线、铝质散料生产线、铝质预制件生产线、透气砖/座砖生产线共6条生产线，综合年产能20万吨耐火材料制品，可生产机压定形制品、不定形耐火材料、预制耐火材料等多种材质的冶金耐火材料产品，能够独立完成炼钢、炼铁全部冶炼工序用耐火材料开发及设计、工程施工、检测及咨询综合性服务，目前已经成为国内少数几个具备炼钢、炼铁全区域用耐火材料整包供货和服务能力的企业。

企业2002年之后陆续通过了ISO 9000质量管理体系、ISO 14000质量管理体系、ISO 18000职业健康安全管理体系的认证，是中国耐火材料行业协会理事单位、中国硅酸盐学会耐火材料分会理事单位。2021年被认定为国家高新技术企业，2022年被认定为辽宁省洁净钢用低碳功能性耐火材料专业技术创新中心、辽宁鞍钢炉材镁质耐火材料产学研联盟盟主单位，主导或参与完成制定多项国家标准、团体标准。

公司选定走产、学、研相结合的新产品开发捷径，先后与武汉科技大学、东北大学、辽宁科技大学、北京科技大学、鞍钢技术中心等10多家院校、研究院所及企业建立了密切的科技合作关系，并诚意聘请了多位国内炼钢、耐火材料知名专家作为公司常年顾问，着眼于跟踪国内外冶金炉料的最新发展思路，不断开发高附加值的新产品，形成超强的技术优势。企业拥有核心技术100余项，专利30多项，公司每年均推出5~10项新产品并顺利投入生产使用。

2009年4月，因产业升级需要，由鞍山钢铁集团有限公司与维苏威中国控股有限公司共同出资2亿元，对原鞍钢耐火材料有限公司部分耐火材料产线进行升级改造，注册成立合资企业鞍山鞍钢维苏威耐火材料有限公司。公司引进国内外先进的冶金炉材生产及化检验设备设施，组建6条生产线及1个试验检测中心，同时拥有科研技术团队，可自主研发、设计、生产炼铁、炼钢、冶金石灰等不同窑炉及高温容器用耐火材料。公司2009年11月投产，生产冶金炉材用机压定形制品，年生产能力5万吨；不定形耐火材料，年生产能力12万吨；预制耐火材料，年生产能力1.6万吨。生产工艺和生产技术达到国内行业先进水平。

2019年6月，根据鞍山钢铁集团有限公司发展战略需要，公司类型由中外合资企业变为鞍钢独资企业，企业更名为鞍山钢铁冶金炉材科技有限公司。公司保留原有的一切业务，在原有生产能力基础上提高机压定形制品生产能力，改造制砖生产线，引进设备，使制砖生产线年生产能力扩大至7万吨。同时引进先进的自动化信息管理系统，覆盖公司全部的生产经营活动，为提高工作实效、更好地发展企业、服务客户提供了有力的保障。

2020年12月，为贯彻国家发展改革委和国资委“混合所有制改革”的政策要求，按照“完善治理、强化激励、突出主业、提高效率”的国有企业改革方针，鞍山钢铁集团有限公司与鞍山市和丰耐火材料有限公司共同出资，成立了混改企业鞍山钢铁冶金炉材科技有限公司，股权分别占比51%、49%。

鞍山市和丰耐火材料有限公司

一、历史沿革

鞍山市和丰耐火材料有限公司是一家专业设计、生产、研发和销售冶金用耐火材料、熔剂辅料以及合金的民营企业，公司成立于1999年，注册资金12000万元，坐落在我国重要的钢铁基地，有“钢都”美誉的辽宁鞍山。

和丰公司秉承一切以客户为中心的理念，全方位、全天候、全品种为用户服务，依据其特色产品的优质性能和服务，与用户实现双赢，在业内具有极高的声誉；依靠20多年的励精图治、诚信经营，目前已经成为国内少数几个具有钢厂全区域耐火材料和熔剂整体承包，并提供产品应用技术服务的耐火材料供应商，是中国耐火材料协会特聘副会长单位、中国硅酸盐学会耐火材料分会理事单位。

公司于2008年与日本品川耐火株式会社合资成立辽宁品川和丰冶金材料有限公司，为国内外各大型钢厂生产高端品质的连铸结晶器用全系列保护渣产品，该产品是各大钢厂冶炼精品钢必备的关键熔剂材料。常年为国内及日本、韩国、美国等大型钢厂供货近20000t产品。

公司于2017年成立全资子公司鞍山市盈丰新材料科技有限公司，建成1条绿色环保、自动化程度较高的复合镁基电熔材料样板式生产线，专业生产高品位大结晶电熔镁砂、低硅高钙电熔镁砂，年产量50000t。

2019年11月，公司为进一步提升企业基础研究、技术研发能力，与辽宁科技大学合作成立辽宁科大和丰绿色耐火材料研究院。

2020年12月，和丰公司为了进一步发展，响应党的十八大以来出台的企业改革“1+N”政策体系及鞍山市政府推出“双鞍融合”政策与鞍钢冶金炉材科技有限公司混改项目圆满成功，股权占比49%。

二、企业概况

公司占地约80000m^2，员工450人，主要生产耐火定形制品、不定形耐火材料、大型耐火预制件、各类熔剂材料、连铸三大件功能材料及合金等各类产品，年产总量近10万吨。企业2002年开始陆续通过了ISO 9001质量管理体系、ISO 14001环境管理体系、ISO 45001职业健康安全管理体系的认证，2004年设立了国家级博士后工作站，先后被认定为省高新技术企业、省级技术中心企业、省级专精特新企业等。

和丰公司的企业精神是：以人为本，质量第一，拼搏进取，奉献社会。公司成立之初，就选定了走产、学、研相结合的新产品开发捷径，先后与北京科技大学、东北大学、辽宁科技大学、中冶焦耐工程技术有限公司、鞍钢技术中心、日本品川耐火材料株式会社研究所等国内外10多家院校和研究院所及企业建立了密切的科技合作关系，并诚意聘请了多位国内炼钢、耐火材料知名专家作为公司常年顾问，着眼于跟踪国内外冶金炉料的最新发展思路，不断开发高附加值的新产品，形成超强的技术优势。企业坚持“人无我有、人有我优、人优我全、人全我转”的发展思路，每年均投入千万元以上的资金用于生产线自动化、智能化的新建和改造，从而保证了企业得以健康持续地发展。

依托辽南地区矿产、能源、人才丰富的资源优势，凭借位于沈阳和大连之间海、陆、空交通便利，更有国家振兴东北老工业基地相关政策的东风，以及地方政府财政的扶持政策和投资企业土地优惠政策，和丰公司目前紧盯国内外耐火材料的发展趋势，以超前的意识加快产品结构调整步伐，面向冶金、建材、有色、石化等行业，大力开发长寿、节能、环保、功能化新型耐火材料，积极拓展国内外市场，不断创造新的国际名牌产品。

作为鞍山市纳税20强企业、民营企业发展的典范，和丰公司依靠20多年的励精图治、诚信经营，秉承一切以客户为中心的理念，在业内具有极高的声誉。公司一直以“不忘初心、牢记使命”为指导思想，时时刻刻以回报社会为己任，在党和政府的帮扶下，2022年集团销售总产值近18亿元，上缴税额1.1亿元，为社会提供1600个就业岗位。公司坚持以客户为中心，不断探索，推进行业进步，时刻创新，以责任赢信任，以诚信谋发展，专注耐火材料，创造价值。

三、主要产品及工艺装备

公司每年均推出8～10项新产品，并顺利投入生产使用。目前和丰公司已成为鞍山周边耐火材料企业中规模最大、品种最全、实力最强的龙头企业。目前企业生产耐火定形制品、不定形耐火材料、大型耐火预制件、各类熔剂材料、连铸三大件功能材料及合金等六大类产品，年生产10万吨。市场遍及鞍钢、首钢、马钢、本钢、山东钢铁、柳钢、广钢、湖南华菱、南钢、河北钢铁、攀钢、广联等10多个国内特大型钢厂，产品覆盖炼铁、炼钢、二次精炼、连铸全部冶炼工序，其中高炉出铁场耐火材料整体承包、铁水罐、鱼雷罐整体设计及耐火材料承包、脱硫预处理整体设计及耐火材料承包、转炉整体设计及耐火材料承包、钢包整体设计及耐火材料承包、RH真空处理整体设计和耐火材料承包、中间包整体设计及耐火材料承包、中间包中空颗粒覆盖剂、连铸结晶器保护渣等品种的技术水平，在国内位居前列。

六大类产品覆盖98个标准、136个牌号，其中典型的产品有：

（1）出铁沟预制块、出铁沟主沟浇注料和喷补料、无沥青捣打料、无水炮泥、有水炮泥等；

（2）铁水罐整体耐火材料、鱼雷罐整体耐火材料、KR脱硫整体耐火材料及脱硫粉剂、铁水预处理脱硫喷粉枪、铁水预处理脱硫旋转式喷粉枪、吹气赶渣管、渣铁分离剂；

（3）转炉衬整体耐火材料、电炉整体耐火材料、转炉底吹透气元件、整体出钢口套管砖、电炉盖预制块、转炉大面快速自流补炉料、转炉喷补料、转炉快速投补料、出钢口高效喷补料、环保型补炉材料、出钢槽、熔渣改质剂脱氧剂、脱磷剂、增碳剂、助熔渣、铝铁合金、锰铁合金等；

（4）钢包整体耐火材料、RH真空精炼整体耐火材料、钢包永久层浇注料、CAS-OB浸渍罩、LF炉盖预制块、VD炉盖预制块、RH浸渍管、RH喷补料、吹氩枪、吹氧枪、RH脱硫剂、铬质引流砂、钢包保温剂、精炼渣；

（5）中间包整体耐火材料、中间包中空颗粒系列覆盖剂、全系列连铸保护渣、中间包长寿命干式料和喷涂料、湍流器、挡渣墙、钢包系列长水口、系列整体塞棒、中间包系列透气上水口、系列浸入式水口。

和丰公司的企业精神是：以人为本，质量第一，拼搏进取，奉献社会。公司全体职工视产品质量为生命，在全面有效实施ISO 9001质量管理体系的同时，引入全面质量管理（TQM）的统计工具，对生产制造的全过程实施有效的痕迹化管理。本着“循序渐进、环保高效”的发展思路，目前公司拥有：

（1）电动压砖机15台，其中1600t 2台、1250t 5台、1000t 3台、800t 2台、630t 3台；

（2）冷等静压机2台；

（3）全自动微机伺服配料、给料系统3套；

（4）高速混练机、造粒机9台；

（5）行星式轮碾混合机10台；

（6）干燥窑10座；

（7）罩式高温窑4座；

（8）耐火材料原料破碎线及粉碎线各2条；

（9）预制件生产线2条；

（10）钝化镁粉、钝化石灰粉、KR脱硫剂生产线1条；

（11）大型压球生产线2条；

（12）喷雾造粒生产线1条；

（13）不定形耐火材料生产线2条；

（14）透气砖生产线1条；

（15）金属结构制作线1条；

（16）各式环保除尘设备77台；

（17）荧光分析仪、X射线探伤仪、热膨胀仪、激光粒度测定仪、高温抗折测定仪等38台价值550万元的检验检测设备。

四、业绩及科研成果

凭借着过硬严密的产品质量控制、完备先进的生产设施、全面覆盖的售后服务网络，尤其是常年秉持全方位、全天候、全品种为用户服务的经营理念，公司一直是鞍钢、首钢、马钢、本钢、柳钢、广钢、南钢、攀钢、广联、山东钢铁、湖南华菱、河北钢铁等多个国内特大钢厂的耐火材料、炉料的主要合格供应商之一，生产的转炉整体耐火材料、转炉底吹透气元件、RH真空精炼整体耐火材料、中间包中空颗粒系列覆盖剂、连铸用全系列保护渣、无碳钢包整体耐火材料、转炉护炉用系列耐火材料、整体出钢口套管砖、中间包整体耐火材料产品的质量赢得了客户的高度认同。其中，部分产品远销美国、日本、韩国、俄罗斯、哈萨克斯坦等国家，产品质量被客户高度认可。

企业长期坚持每年拿出总收入的3%~6%作为科技研发经费，用于新产品研发、原有产品提质升级、完善科研检验设备，以及老旧生产线的改造升级。经过公司博士后工作站专家与现场工程技术人员20多年的励精图治，企业目前已拥有自身核心关键技术115项，已申请获得发明专利40项，其中《一种铁水脱硫用旋转喷吹设备》《一种转炉底吹热态更换透气砖用钻孔机》《一种环保型高寿命的补炉砂及其生产方法》《一种快速出钢冶炼用整体出钢口套管砖及其生产方法》《一种生产纯净钢钢包用渣线镁碳砖的方法》《一种整体结构稳定的RH炉浸渍管》《一种冶炼精品钢用耐渣侵性能镁尖晶石砖及其制备方法》《一种炼钢RH真空精炼槽用高强无铬砖的制备方法》《一种钙铝镁质无碳中包覆盖剂的生产方法》《一种采用含膨胀石墨材料的浸入式水口的密封结构》《一种冶炼超低碳钢中间包用长浇次整体塞棒的生产方法》等发明转化的新产品，已在全国多个大型钢厂使用，取得理想效果。

24年的辛勤耕耘、24年的不舍追求，公司的原材料采购、生产组织、工序质量控制正逐步采用当前先进企业中公认、高效的现代管理手段，并在10多个特大型钢厂实现了售后服务网络的全覆盖。今天的和丰，在绿色环保、智能高效的道路上阔步前行！公司愿与国内外有实力的企业广交朋友，进行多方面、多形式的真诚合作，并严格秉承“诚信、双赢、持续”的合作原则。诚实处事，讲信于人。与朋友前行！与朋友共赢！

宝武装备智能科技有限公司

宝武装备智能科技有限公司（以下简称宝武智维）30余年始终专注于钢铁行业设备技术服务，经过多年的专业化发展和不断的整合、融合，打通检测、诊断、检修、制造等设备服务环节，形成系统解决方案服务模式。在智慧制造的背景下，基于海量数据积累及丰富的应用场景，不断探索人工智能、大数据、云技术等先进技术应用，创新设备智能运维服务新模式，自主构建设备远程智能运维平台。在中国宝武“运维一律远程”发展目标指引下，以“为用户提供稳定可靠、智能高效的设备运行保障”为使命，打造中国宝武装备运维智能化专业化公司，整合集团内运维体系资源，推动中国宝武设备管理体系变革升级，努力成为产业生态圈智能运维主体平台。

北京金隅通达耐火技术有限公司

一、历史沿革

北京金隅通达耐火技术有限公司前身是始建于1981年的北京市海淀通达浇注料厂。1999年，北京市海淀通达浇注料厂开始进行改制，2000年3月与天坛家具股份公司合并（拟整合金隅集团优质资产上市），设立“北京天坛股份有限公司通达耐火技术分公司”；2003年11月，由北京市陶瓷厂、北京天坛股份有限公司共同出资设立北京天坛通达耐火工程技术有限公司；2006年11月，通达公司通过出资转让协议方式收购北京天坛通达耐火工程技术有限公司，并于2008年2月更名为北京通达耐火工程技术有限公司；2010年5月，通达公司更名为“通达耐火技术股份有限公司”；2018年12月，公司北京总部及工程公司整体搬迁至石景山区金隅科技大厦；2020年6月，公司股权结构变化，更名为北京金隅通达耐火技术有限公司。

二、企业概况

北京金隅通达耐火技术有限公司位于中关村国家自主创新示范区，为北京金隅集团股份有限公司全资子公司，现注册资本2.85亿元，有5家分子公司，分布于京晋豫黔鲁等地，工程服务基地遍布全国。在新型耐火材料领域，形成了基础研究、工程设计、产品研发、智能化生产和专业化工程服务的完整体系，是目前国内规模大、产品品种全、服务领域广的绿色高温新材料专业设计、研发、制造、服务商之一。

公司是国务院“科改示范企业”和北京市“专精特新”中小企业，下属巩义公司和阳泉公司两个全资子公司为国家级专精特新“小巨人”，公司及巩义公司和阳泉公司均系国家认定高新技术企业。公司拥有国家企业技术中心分中心、建筑材料行业水泥窑无铬耐火材料工程技术中心、博士后科研工作站等多项科技创新平台，以及两个国家认可实验室（CNAS L3340、CNAS L2741）。

公司以易施工、轻量化、低导热、高耐磨、长寿命为原则，负责起草了《第二代新型干法水泥配套耐火材料技术验收规程》，其关键技术如新型干法水泥窑用高温带耐火砖无铬化配套方案、窑口和喷煤管长寿命耐火材料关键技术及仿真设计等，经中国建筑材料联合会鉴定，达到国际领先水平，制备水平达到国际领先水平，并分别获得北京市科技进步奖三等奖和建材行业国家建筑材料科技进步奖二等奖；设计研发的“炉排式垃圾焚烧炉用耐火材料技术集成与产业化制备”项目解决了垃圾焚烧炉稳定运转长寿命等问题，为建设资源节约型城市、经济可持续发展、环境保护，为建设美丽中国做出贡献，经中国建筑材料联合会鉴定，达到国际领先水平，获得北京市科技进步奖二等奖；与北京科技大学共同研制的新一代陶瓷杯用耐火材料——塑性相复合刚玉碳化硅砖被广泛使用在宝钢、山钢等 $4000m^3$ 以上大高炉，其中“塑性相结合刚玉复合砖”被国家科学技术部批准为“国家科技成果重点推广计划”项目。高纯全红柱石砖经河南省科技厅组织鉴定，在国内红柱石耐火材料的研究与应用上取得重大突破，主要性能指标达到甚至超过了国际先进水平，填补了国内全红柱石耐火材料产品的空白。

公司秉承“科技兴企服务高温行业、创新发展引领绿色耐火材料”的发展理念，打造国际一流的全价值链耐火材料综合服务提供商，通过工程化、一站式、全流程的创新型全产业链服务，不断优化“方案设计、产品研发、智能制造、工程施工、长期维保、诊断咨询”六位一体的“通达·耐火系统”，为高温行业创造节能减排、增产增效价值，为推动耐火材料行业的绿色、环保、节能、可持续发展贡献力量，为社会带来共享效益。

三、主要产品及工艺装备

公司装备有国内领先、国际先进的耐火材料管控一体化智能生产线，国内技术领先的矾土基耐火均质料生产线和德国进口的超高温烧成窑炉和亚洲规模领先的耐火材料专业预砌平台。公司现有服务于建材、冶金、能源、环保等国民经济基础行业的绿色、节能、长寿命系列耐火材料产品共 200 余种，产能合计 25.5 万吨/年。

公司装备有 7 条国内领先、国际先进的管控“一体化”不定形耐火材料自动生产线，国内最大的采用美国设计“银云”窑炉系统的铝矾土均质料生产线，定形制品生产线装备有德国进口的高温烧成窑炉和亚洲最大的高温材料专业预砌平台。

四、机构与人事

公司已形成小集团模式，北京总部职能是公司战略发展中心、市场营销中心、技术研发中心、运营管理中心、财务监管中心。分子公司职能定位：利润中心、生产制造中心、成本控制中心、技术服务中心、施工支持中心（工程公司）。

公司总体采用“财务型管控+操作型管控”相结合的管控模式，主要由公司总部负责资金统一收支、资产监管和内控建设。经营管理坚持“六统一”原则：市场销售实行统一营销、分业管理，生产任务实行统一计划、订单管理，物资采购实行统一招标、分别采购，财务管理实行统一结算、预算管理，技术研发实行统一研发、基地应用，人力资源实行统一配置、分级管理。

公司现有 3 个子公司，2 个分公司。其中子公司为北京通达耐火工程技术有限公司、巩义通达中原耐火技术有限公司、阳泉金隅通达高温材料有限公司；分公司为通达耐火技术股份有限公司淄博分公司、通达耐火技术股份有限公司贵阳分公司。

公司秉承“以人为本”的人才管理理念，通过“博士后科研工作站”等平台引进人才，利用“研发双通道”“科技创新奖励”等制度激励人才，应用党建思想教育、专业技术培训、管理能力训练等方式培养人才，打造了一支忠诚、干净、有担当、高效的高素质、专业化、复合型人才队伍。截至 2022 年底，公司拥有员工 757 人，其中大专以上学历 258 人，大学本科学历 213 人，硕士研究生 38 人，博士研究生 7 人，高级工程师 23 人。

五、科研成果

公司践行“以人为本、科技兴企”的发展理念，打造了一支强大的人才队伍，科技活动人员 163 人，硕士学历以上人才近 38 名，其中博士 7 名。通过发挥自主创新优势和产学研联合创新优势，公司每年均有一批专有、专利型技术和产品通过鉴定，推向市场，服务于客户，取得良好的企业效益和社会效益。公司的快速发展更多地来源于发展中的科技和创新含量，通过科技与管理、服务的创新，向客户提供集耐火方案设计、耐火材料研发、耐火产品制造、耐火整体配套与耐火安装服务于一体的“通达·耐火系统”，紧跟国际主流服务模式，为客户提供“一站式”服务并创造增量价值，充分体现了公司核心竞争力。

公司一直非常重视科技创新工作，在投入大量资金进行自主立项研究的同时，更是积极争取国家和行业的支持。目前已承担参与国家“十二五”到“十三五”期间国家重点研发计划项目课题6项，获得省部级以上（含行业）奖50余项，先后主持和参与起草了约50项国家与行业标准，专利申请135项，有效专利100项，并在业内率先通过ISO 9001、ISO 14001、ISO 45001等国际体系认证，北京金隅通达耐火技术有限公司检测中心和巩义通达中原耐火技术有限公司检测中心通过国家实验室认可。

北京利尔高温材料股份有限公司

一、历史沿革

北京利尔高温材料股份有限公司成立于2000年，公司发起人为以赵继增先生为主的若干曾在原冶金工业部洛阳耐火材料研究院的管理人员与技术人员。公司坐落于北京市中关村科技园区昌平园，是国家级高新技术企业，2010年4月于深圳证券交易所上市，证券代码为002392，总占地面积近200万平方米。经过历次增发、转增，截至2018年末，北京利尔股本总额为人民币11.92亿股，赵继增先生为实际控制人，持股占比24.12%。

二、企业概况

北京利尔高温材料股份有限公司（以下简称“北京利尔”或“公司”）成立于2000年，坐落于北京市中关村科技园区昌平园，是国家级高新技术企业、深圳证券交易所上市公司（证券代码002392，证券简称北京利尔），注册资本11.90亿元，总占地面积200万平方米，截至2022年9月30日，实现营业收入37.28亿元，净利润2.88亿元，公司总资产75.06亿元，净资产49.70亿元。2021年实现营业收入49.11亿元，净利润3.98亿元。公司拥有洛阳利尔耐火材料有限公司、上海利尔耐火材料有限公司、马鞍山利尔开元新材料有限公司、辽宁利尔镁质合成材料股份有限公司、海城利尔麦格西塔材料有限公司、上海新泰山高温工程材料有限公司、洛阳利尔功能高温材料有限公司、辽宁中兴矿业有限公司、日照利尔高温新材料有限公司、日照瑞华新材料科技有限公司、内蒙古包钢利尔高温材料有限公司、西峡县东山矿业有限公司、利尔国际控股有限公司、越南利尔高温材料有限公司、天津瑞利鑫环保科技有限公司、上海宝化国立化工技术有限公司、安华新材料科技有限公司、海南利尔智慧供应链科技有限公司、青海利尔镁材料有限公司19家子公司。

北京利尔及其子公司洛阳功能、洛阳利尔、上海利尔、马鞍山利尔开元、辽宁利尔、海城利尔及天津瑞利鑫均为国家级高新技术企业，通过了ISO 9001：2008质量管理体系、ISO 14001：2004环境管理体系及GB/T 28001—2011职业健康安全管理体系认证。

公司主营业务为钢铁、有色、石化、建材等高温工业用新材料的开发、生产、销售等，并承担高温热工装备用高温材料的整体设计、配置配套、安装施工、使用维护与技术服务为一体的“全程在线服务”的整体承包业务。公司拥有不定形高温材料、机压定形制品、预制类产品、连铸功能材料、钢包透气功能元件、优质刚玉尖晶石制品、钢包滑动水口、陶瓷纤维制品、水煤浆气化炉用新材料等现代化生产线30余条，制品类产品产能75万吨/年；公司拥有菱镁矿山一座，开采证载量100万吨/年，拥有电熔镁砂、烧结镁砂、刚玉类、高纯氧化铝等多种类耐火原料产能60万吨/年；同时拥有高端冶金用合金产品产能2万吨/年。

北京利尔是国内钢铁工业用高温材料整体承包经营模式的先行者，公司的资产规模、研发实力、资金实力、盈利能力、创新能力、产品品类、综合竞争力等均在我国高温材料行业中处于领先地位。

公司研发人员占比、中高端技术人才人数均位于国内同行业前列。公司技术人员专业齐全，覆盖了多个专业领域，使公司兼具了新产品开发、工程设计、检验与测试、现场技术支持等综合研发设计能力。公司拥有国家级博士后科研工作站、中国合格评定认可委员会认可实验室；公司是北京市企业技术中心、国家科技部新材料研究院以及北京市科技研究开发机构。公司每年组织实施50余项的新产品开发、工艺技术研究、节能降耗等科研开发项目，取得了一大批具有自主知识产权和核心技术的科技成果。

公司目前服务的客户包括宝武集团（宝钢、武钢、梅钢、马钢、鄂钢）、河钢集团（邯钢、唐钢、石钢、承钢）、首钢集团（京唐、迁钢、长治）、中信泰富（青钢、大冶特钢）、山东钢铁集团（山钢日照、莱钢、莱钢永锋）、鞍钢集团（鞍山钢铁、攀枝花钢铁）、建龙钢铁集团（吉林建龙、山西建龙、承德建龙、山西建龙、乌海建龙、黑龙江建龙、马来西亚东钢）、沙钢集团（沙钢、东北特钢、淮钢）、日钢控股（日照钢铁、五矿营口），以及太钢、本钢、包钢、南钢、青拓、天津钢管、天钢、天津荣钢、西宁特钢、安钢、济源钢铁等近百家大中型钢铁企业优质客户。在国内设立了80多个办事机构，形成了完善的国内销售网络。

公司产品已销往马来西亚、越南、乌克兰、俄罗斯、伊朗、印度、墨西哥、哈萨克斯坦、泰国、缅甸、英国、南非等十多个国家，并在马来西亚、越南、乌克兰、俄罗斯、伊朗、印度等设立了海外营销机构，建立了国际市场销售网络。

新时代中国特色社会主义思想是全党全国各族人民为实现中华民族伟大复兴而奋斗的行动指南，在党的十九大精神感召下，“利尔人”深入学习习近平新时代中国特色社会主义思想，积极响应国家的产业转移战略，找准自身的定位，优化产业布局，确立了公司长期发展战略。

作为一家拥有使命感与良好愿景的企业，公司有着对于打造“百年企业”的决心与坚持不懈的追求。公司根据发展战略和自身特点，注重文化凝聚共识，形成了“诚信、协同为核心价值观”的利尔文化、“共利共赢、卓尔不群”的企业核心价值观、“创新高效、诚信和谐”的企业精神、“科技领先、追求卓越、诚信服务、共铸辉煌”的企业宗旨、“服务客户、创造价值、回报员工与股东、回馈社会”的企业使命、“成为具有重要国际影响力和突出竞争力的国际知名高温材料企业集团”的企业愿景。

公司董事会立足国家宏观形势与产业发展趋势，结合公司发展理念与愿景，提出“一二三四五”的发展战略。

（1）“一”树立一个品牌。打造和树立“利尔”品牌，持续提升“共利共赢，卓尔不群”的品牌内涵，提高“利尔”品牌在客户市场和行业中的知名度和诚信度，使“利尔”品牌成为高温材料行业最有价值和最具影响力的知名品牌。

（2）“二”建设两大中心。通过构建产学研平台并设立博士后流动站，打造国家级高温新材料技术中心；通过设立利尔学院，打造企业人才培养中心，培养高端技术人才，开发高端技术产品，开拓高端产品市场。

（3）“三”三个一百战略目标。2025年，实现公司三个一百目标：营业收入100亿元，产品产能100万吨，原料产能100万吨。

（4）“四”实现四化经营管理模式。四化经营管理模式即产品专业化、管理精细化、服务集成化、工艺技术智能化。

（5）“五”建设五大产业基地。为不断满足客户和市场发展要求与公司生产经营发展需要，加快产品结构调整步伐，完善产业链，进一步优化升级公司产业布局，公司着力建设五大产业基地：北京总部基地、辽宁镁质高温材料基地、河南铝硅质高温材料基地、沿海产销服务基地、海外产销服务与国际贸易基地。

公司围绕发展战略，强化企业基因，着力打造独有的企业文化与核心竞争力，巩固强化公司在研发、创新、管理、产业链、经营模式、客户综合价值服务等方面的独特领先优势，通过不断学习与创新，吸收转化先进的理念与管理经验，持续提升公司综合竞争力，积极履行社会责任，回报员工与股东，回馈社会，使公司成为国内高温材料行业的领航者，跻身国际高温材料行业前列，发展成为具有重要国际影响力和突出竞争力的国际知名高温材料企业集团。

公司的核心竞争力主要体现在以下7个方面：

（1）全方位的集成创新体系。公司强调立体化、全方位的持续集成创新，以文化和理念创新促进体制和机制创新，以体制和机制创新促进经营管理创新，以管理创新促进商业模式和制度创新，以制度创新促进技术创新。通过全员创新、全流程创新，形成了经营管理、经营模式和技术开发集成化的创新体系，最终以“立体创新、集成创新、全员创新”的创新机制为持续提升公司的竞争力提供了源泉。

（2）科学有效的管理体系。公司在发展中培养和造就了一支懂管理、精业务、工作作风踏实、肯吃苦、能战斗的复合型管理团队，努力践行公司“共利共赢、卓尔不群”的核心价值观，凝聚合力，执行力强，深入落实“精细化管理”，不断进行管理创新，融合先进管理理念与管理方法，建立完善科学的管理机制与管理体系，形成优秀的企业管理文化。

（3）强大的技术创新能力。公司具有强大的高温材料技术研发、自主创新和检测能力，综合技术实力业内领先，公司及子公司洛阳利尔、上海利尔、上海新泰山、马鞍山利尔、辽宁利尔、海城利尔、洛阳功能和天津瑞利鑫均为“高新技术企业”。公司技术人员专业齐全，覆盖了多个专业领域，各学科相互交叉补充，使公司具备了新产品开发、工程设计、热工与模具设计、理化检验与测试、现场技术支持等综合研发设计能力，同时实行“市场—科研—中试—产业化—市场”的一体化创新模式。建立了以市场为导向、以满足市场需求为目标并与生产、使用现场紧密联系的研发机制，紧密结合钢铁冶金等客户和市场对新产品、新技术发展的需要，以及公司产品质量稳定和提高的需要，开展了卓有成效的研发和技术创新工作。近年来，公司每年组织实施100余项的新产品开发、工艺技术研究、节能降耗等科研开发项目，取得了一大批具有自主知识产权和核心技术的科技成果，公司获得授权专利276项(其中发明专利80项)，鉴定成果50余项，高新技术产品58个，新产品110余种，国家级、省部级各种奖项120余项，参与制定国际标准2项、国家标准17项、行业标准10项。

(4) 极具竞争力的商业模式。公司是国内钢铁工业用高温材料整体承包经营模式的首创者、国内最大的钢铁工业用高温材料整体承包服务商。公司在国内首先提出由“产品制造商”向“整体承包商”转变，由“产品价值”向“服务价值”延伸的战略思想，率先创造了“全程在线服务”的整体承包经营模式。公司秉承帮助客户创造更大价值的服务理念，依托完善的产品线、强大的创新能力，以及不断完善和优化的商业模式，公司的市场拓展能力得到进一步提高，核心竞争能力和盈利能力得到进一步提升。

(5) 完善的产业链优势。公司着力打造“矿山开采—矿石深加工（尾矿浮选利用）—高温材料原料—高温材料制品—用后高温材料回收及综合利用”的高温材料全生命周期管理模式。通过优化资源配置、理顺产业链、缩短管理流程从而进一步提升运营能力、提高盈利能力、降低运营成本。全产业链的完善在降低成本、增强公司抗风险能力的同时，促进循环经济发展，综合配置利用，增加利润增长点，实现经济效益最大化。

(6) 资本化运作优势。公司作为上市公司，有着丰富的资本市场资源，在引入投资者、吸收优质资产方面具有较好的优势，同时有着多种资本运作的成熟模式并积累了丰富经验，能够多渠道挖掘与行业相关的优势资源，充分、有效地对接、利用行业优势资源，助力公司快速、高质量的发展。

(7) 不锈钢用高温材料、合金产品的技术优势。公司针对未来国内钢材产品结构升级的趋势，将不锈钢、特种钢用高温材料、合金类产品作为一个重要的攻关方向与战略布局。经过近年来的努力，已取得对高端不锈钢用关键高温材料的重大技术突破，实现了相关领域的技术领先，并得到了太钢、青拓等客户的高度认可。同时，公司在钼合金类产品上也积累了丰富的技术与生产经验，掌握并自主优化了钼合金产品及其上游原料的全套生产工艺，公司2万吨/年钼合金项目一期已实现投产。公司未来将继续加大研发投入，利用技术优势，丰富产品结构，努力打造成为“钢铁行业综合性集成供应商”。

北京联合荣大工程材料股份有限公司

一、基本情况

北京联合荣大工程材料股份有限公司（以下简称“联合荣大”）坐落于北京市怀柔区，是一家集科研开发、生产制造、工程总包、工序承包、销售服务于一体的综合性高新技术企业。

联合荣大的前身为1992年在北京市海淀区成立的北京荣大新材料公司，1996年创立为北京联合荣大工程材料有限责任公司，2016年9月进行股份制改革，成立北京联合荣大工程材料股份有限公司。

二、机构人事

联合荣大经营组织机构主要有5个中心（行政中心、营销中心、技术中心、交付中心、工程中心）、7个分子公司（北京联合荣大工程材料技术研究院有限公司、北京联合荣大工程材料股份有限公司西安分公司、北京联合荣大建材有限公司、南京联合荣大工程材料有限责任公司、成都联合荣大工程材料有限责任公司、淅川县秀盈新材料有限公司、岫岩满族自治县恒锐镁制品有限公司）及5个基地（江苏南京生产基地、山西阳泉生产基地、河南济源生产基地、河南南阳生产基地、辽宁岫岩生产基地）。

联合荣大现有员工500余人，其中各类工程技术人员120余人。

董事长章荣会博士为西安建筑科技大学校董会常务董事、西安建筑科技大学兼职副教授、北京科技大学兼职副教授，入选科技部创新创业人才、中国耐火材料行业协会专家委员会委员、中国金属学会炼铁分会委员会委员、中国金属学会耐火材料分会委员会委员、中国机械工程学会工业炉分会委员、北京市工程技术系列（非金属材料）高级专业技术资格评审委员会评审委员，曾获北京市怀柔区优秀人才引进奖。

三、主要产品

联合荣大现以耐火材料、建筑材料及相关工程技术服务为主导，主要产品有炼铁系统用耐火材料、炼钢及连铸系统用耐火材料、工业炉系统用耐火材料、铝工业炉系统用耐火材料、水泥窑用耐火材料、石灰窑用耐火材料、电力系统用耐火材料、石化系统用耐火材料、高强耐磨内衬系列材料、设备安装及土建加固抢修用RG系列灌浆料、水泥基钢化地坪装饰系列材料、防腐地坪系列材料、水泥自流平系列材料、海陆风电专用灌浆材料、管道防腐材料、UHPC功能性材料、出铁场亮化及钢化地坪材料。产品覆盖国内钢铁冶金、有色、石化、电力、土建工程等诸多领域，并出口哈萨克斯坦、越南、津巴布韦等国家和地区。

四、企业荣誉

联合荣大1999年首次通过ISO 9001质量管理体系认证，2006年被认定为“高新技术企业”，2009年被认定为“中关村高新技术企业”，2010年在国家工商行政管理总局注册的和商标荣获“北京市著名商标”称号。2013年被“我的钢铁网”评为中国耐火材料企业一级优秀供应商（炼铁领域）、全国耐火材料百强企业（炼铁领域），2014年荣获安全标准化管理证书，2017年被“耐火材料之窗网”评为“中国耐火材料百强企业”，2018年通过GB/T 50430工程建设施工企业质量管理规范认证，2018年荣获中国冶金报“钢铁装备技术品牌供应商”称号，2018年全资子公司南京联合荣大工程材料有限责任公司被认定为“南京市工程技术研究中心”，2018年起连续两年荣获中关村企业信用促进会“北京市信用AA级企业”，2020年被认定为“北京市企业技术中心”，2020年被认定为北京市专精特新“小巨人”企业，2020年荣获“北京市诚信创建企业”称号，2021年荣获“怀柔区文明单位”称号，2021年通过ISO 14001：2015环境管理体系、ISO 45001：2018职业健康安全管理体系认证，2020年起连续三年荣获中国冶金报“中国钢铁技术与服务供应商品牌企业”称号，2021年起连续两年荣获中国冶金报“钢铁产业链绿色标杆企业”称号，“环保型水基大面料自流料技术”“长寿命板坯中间包技术”分别于2021年和2022年被中国冶金报评为“钢铁产业链绿色低碳好技术”，2021年被认定为工业和信息化部国家级专精特新“小巨人”企业，2022年荣获中国耐火材料协会“企业信用评价AAA级信用企业”。

五、科研成果

联合荣大在技术创新和产品研发的强力支持下，培育和聚集了一批具有丰富经验和专业技术的骨干力量，并先后与中国科学院、北京科技大学、北京邮电大学、郑州大学、武汉科技大学、西安建筑科技大学、安徽工业大学、河北联合大学等多所院校合作，聘用知名专家做技术指导。2009年携手中科院唐山技术中心共同开发纳米碳化硅高辐射节能涂料的制备及其工程应用技术，2002年与北京科技大学共建实习基地，2020年与湖南科技大学共同研发大型焦炉门用堇青石-莫来石质浇注料及复合釉层制备技术，2022年与武汉科技大学共同设计搭建冶金设备水模型实验平台。联合荣大利用自身优势定期为高等人才提供技术应用领域的操作与实施条件，实现了产学研的有机结合。联合荣大设立了技术研究院，集合现有研发力量，提高企业的技术开发能力，控制、引导和支持所属领域的开发，有效降低技术开发成本，减少技术开发风险，提高企业的技术竞争能力。

依托于重点科技项目以及产学研合作项目，技术研究院设立了专项项目组，自2005年以来先后完成了高炉铁沟水冷技术、高炉炉缸整体浇注技术、金属陶瓷预制件、高强喷注料、不沾铝浇注料技术、纳米溶胶结合喷注料、钢包喷注造衬技术、高炉铁口修复技术、中包自固化干式料、铁沟自流浇注料、纳米绝热保温浇注料、高炉用环保炮泥、LNG压浆料等项目的研发。

多年来，联合荣大与首钢、鞍钢、唐钢、本钢、河钢、昆钢等国内诸多钢铁企业保持长期的技术合作关系，及时开发各种耐火材料新产品，不断满足客户对节能、环保、增产、增效优质产品的需求。

联合荣大坚定地走“技术立企”的路线，通过各种方式夯实技术基础，研发行业领先的耐火材料技术与产品，取得了骄人的成果。

2016年12月，“大型工业炉耐火材料修复关键技术与应用”项目获得湖北省人民政府科技进步奖二等奖。联合荣大牵头及参与发布标准22项，其中国家标准6项、行业标准12项、团体标准4项，具体如下：2021年牵头制定行业标准《高炉喷注料》（YB/T 4922—2021），2021年牵头制定团体标准《不定形耐磨防护材料应用技术规程》（T/CMCA 40024—2021），2020年参与编写国家标准《不定形耐火材料包装、标志、运输、存储和质量证明书的一般规定》（GB/T 15545—2020），2020年参与编写国家标准《耐火材料术语》（GB/T 18930—2020），2020年参与编写国家标准《耐火材料　抗熔融铝合金侵蚀试验方法》（GB/T 39146—2020），2021年参与编写国家标准《耐磨耐火材料》（GB/T 23294—2021），2021年参与编写国家标准《轧钢加热炉用耐火浇注料》（GB/T 22590—2021），2022年参与编写国家标准《不定形耐火材料气动喷嘴混合型喷枪制备耐火喷射料试块》（GB/T 41503—2022），2016年参与编写行业标准《转炉热态修补料》（YB/T 4502—2016），2018年参与编写行业标准《水泥基灌浆材料》（JC/T 986—2018），2018年参与编写行业标准《高炉内衬维修用喷涂料》（YB/T 4194—2018），2018年参与编写行业标准《高炉用无水炮泥》（YB/T 4196—2018），2018年参与编写行业标准《铝硅系轻质喷涂料》（YB/T 4672—2018），2018年参与编写行业标准《高炉基建用耐火喷涂料》（YB/T 4690—2018），2018年参与编写行业标准《热风炉基建用耐火喷涂料》（YB/T 4691—2018），2020年参与编写行业标准《高炉压入料》（YB/T 4153—2020），2021年参与编写行业标准《聚合物水泥加固砂浆》（JC/T 2609—2021），2021年参与编写行业标准《环氧树脂灌注砂浆》（JC/T 2630—2021），2021年参与编写行业标准《渗透型液体硬化剂》（JC/T 2158—2021），2021年参与编写团体标准《高炉出铁沟喷补料》（T/CISA 154—2021），2021年参与编写团体标准《中间包镁质功能预制件》（T/CISA 156—2021），2021年参与编写团体标准《高炉用含钛炮泥》（T/CISA 189—2021）。

“高炉内衬湿法遥控喷注技术”于2010年通过了中国金属学会炼铁分会专家鉴定，鉴定结论为该成果填补了国内空白，并达到了同类技术的国际先进水平，具有广泛的推广应用价值，目前该技术已应用到国内80%以上的高炉内衬检修项目。高炉炉缸整体浇注技术实现了浇注料全部替代碳砖和陶瓷杯砖，用于炉缸利旧碳砖修复、新建高炉炉缸浇注、炉缸局部热态快速修补、铁口热态修复等，全面用于国内外高炉炉缸检修，且逐渐扩大检修范围，实现了高炉本体检修总包的初步目标。

“环保型无碳‘水基’转炉大面自流料”于2018年通过了中国耐火材料行业学会专家鉴定，认为该成果达到国内领先水平，得到了广大冶金客户的高度认可，并取得了良好的经济效益和社会效益。

“大结晶电熔镁砂自动化清洁生产工艺”于2021年通过了中国耐火材料行业协会专家鉴定，综合技术达到国际领先水平。

智能化水冷主沟技术通过对主沟薄弱部位设置水冷模块，并配套多点温度传感器，以实现主沟侧壁温度数据的实时传输，通过分析系统生成主沟侵蚀数字模型，从而实现对主沟的实时在线监测及预警，改变了在主沟高温铁水熔渣环境下人工现场勘察及探测的传统危险操作，提高了主沟寿命和安全性，能够杜绝漏铁事故的发生。

环保型无碳“水基”转炉大面自流料以及转炉遥控喷注修补技术是一种环保高效的转炉大面自流料及施工工艺技术，可节约补炉时间50%以上，修补料寿命提高200%以上，环境友好，烧结过程不产生有毒有害物质。该成果的应用促使转炉前后大面及炉底维护材料更好地适应了苛刻的低碳钢和超低碳钢冶炼工艺，有助于炼钢企业向高附加值的低碳和超低碳钢等品种钢方向转变，具有广泛的市场前景。

长寿命板坯中间包技术是通过对中间包用耐火材料技术、施工和烘烤工艺等进行调整和优化，完善中间包包内工作衬、稳流器、挡渣墙、挡坝等各材料配置，进一步提高中间包连浇炉数，尤其是攻克增寿难度更高的大板坯连铸中间包包龄，创造了大板坯中间包连续浇钢156h25min的世界纪录，并大幅提高了连铸生产作业率，对于炼钢连铸生产环节的节能、降耗、增效，乃至钢铁行业碳减排都具有重大意义。

联合荣大目前已申请各类专利174项，拥有材料与装备授权专利124项，其中发明专利39

项、实用新型专利72项、外观专利13项。

六、检测中心

检测中心实验室于2008年通过“中国合格评定国家认可委员会”（CNAS）认可。中心下设办公室、化学专业室、耐火专业室、建材专业室等部门，拥有各种试验设备100余台（件）；先后在南京、济源、阳泉、南阳、岫岩建立5个下属检测单位。

中心主要承检各类耐火原料及耐火制品、定形隔热耐火制品、灌浆料、耐热混凝土、耐磨料等，尤其是在耐火材料抗一氧化碳破坏性试验、渣铁侵蚀等大型综合性试验方面具有丰富经验。

七、主要业绩

联合荣大致力于耐火材料、建筑材料及相关应用技术的研发与生产，不断为钢铁、石油、化工、铁路等行业提供优质工程材料及服务。经过近30余年的不断创新开拓，联合荣大业务遍及东北、华北、华东、西南、西北地区主要钢铁城市。产品已在宝武钢铁、首钢、鞍钢、唐钢、太钢、包钢等国内大中型企业得到广泛应用，并远销海外。

联合荣大对炼铁系统高炉耐火材料整体承包有丰富的经验，陆续研发了“高炉内衬遥控湿法喷注技术”“炉缸整体浇注修复技术”“智能化水冷主沟技术”“耐磨料仓修复技术”“热风管道修复技术”等炼铁系统耐火材料相关技术，已为国内100多家钢铁企业的1500多座高炉进行了修补，如国内最大、世界第二大的沙钢5800m^3高炉内衬湿法喷注项目、鞍钢鲅鱼圈4038m^3巨型高炉内衬湿法喷注项目，首钢迁钢4000m^3、首钢京唐2号5500m^3、3号5500m^3高炉炉缸整体浇注项目、宝武集团韶钢3200m^3高炉检修工程总包，鞍本集团2580m^3高炉检修工程总包等典型项目。

目前环保型无碳“水基”转炉大面自流料、转炉遥控喷注修补技术、长寿命板坯中间包技术、长寿命中间包挡渣墙、中间包用气幕挡墙等产品、技术已陆续在南钢、八钢、韶钢、新余钢铁、凌源钢铁、唐山中厚板、首钢迁安钢铁、建龙钢铁、承钢、敬业钢铁、金鼎钢铁等钢厂使用，取得了较好的效果。

在备受瞩目的人民大会堂、历史博物馆、军事博物馆、鞍钢高线、新疆独山子炼油厂、华北油田、中油西气东输工程等大型设备安装土建项目上，联合荣大独创的RG灌浆料为它们的坚固长久提供了支撑。在国家会议中心、国家博物馆、国家电网、国家建材检测中心、北京奥体中心、华茂大厦、远洋公馆、呼和浩特候机厅等建筑，阳春新钢铁、广西盛隆、首钢京唐、长治钢铁、马钢、沙钢、武钢等高炉出铁场平台上，联合荣大的地坪材料为工程的实施以及环境美观舒适做出了贡献。

联合荣大建材产品更是在国家重点项目中发挥了不可替代的作用，如世界最大模锻液压机——中国二重集团8万吨级模锻油压机安装灌浆总包工程，吴中高铁、郑万铁路、京张高铁、徐盐高铁等重点轨道交通灌浆项目，以及环氧轨道胶泥在青岛港全自动集装箱码头轨道关键部位上成功应用，实现了设备的平稳运行。

联合荣大立足于技术型企业发展道路，坚持“高素质人才、高效率管理、高品质产品、高技术服务”的经营理念，以“高效率帮助客户解决问题”的服务宗旨继续为客户提供优质服务，创造更大价值。

重庆市赛特刚玉有限公司

重庆市赛特刚玉有限公司为重庆市博赛矿业（集团）有限公司独资组建的民营企业，属于异地搬迁改造，利用原有设备进行资源整合。2014年将原厂址位于贵州遵义、凯里、开阳以及广西平果的4个工厂搬迁至重庆涪陵区，2015年7月投产，目前拥有16台5000kV·A倾倒炉，年产棕刚玉20万吨，并有多条制粒加工线，可根据客户需求加工各种规格段砂、粒度砂及磨粉等。公司技术力量雄厚，检测设备齐全，公司设有被评为省级的研发中心，有完善的质量管理体系，聘有享受国务院津贴的行业专家，和行业大学成立了教学研实践基地。2018年荣获工业和信息化部和中国工业经济联合会共同颁发的“制造业单项冠军”称号，现为重庆市高新技术企业。

26年来，公司秉承“一流产品、一流服务”的经营理念，坚持“以科技为先导，以质量为生存，以信誉求发展”，不断地扩大生产规模，研发新产品。产品30%出口欧美、亚洲、非洲等数十个国家和地区，70%销往国内长三角、珠三角、华北、东北等地区，产销量排名稳居世界第一。

公司将一如既往坚持优良的质量、优质的服务，愿与国内外企业建立最信赖的合作关系，并致力于同行业一起为创造耐火材料工业、磨料磨具行业美好的明天做出应有的贡献。

巩义市第五耐火材料有限公司

一、历史沿革

巩义市第五耐火材料有限公司（前身是巩义市第五耐火材料总厂）是炼铁系统用耐火材料大型专业生产厂，创建于1968年，20世纪60年代在“产业报国、造福社会”宏伟壮志的指导下，几代人励精图治、发愤图强、与时俱进、开拓创新，沿着“依靠科技、质量强企、外争市场、内抓管理”的战略思维，促进企业健康发展，实现了从“生产经营型”向“科技效益型”企业的转变，企业日益壮大，经过几十年艰苦卓绝的努力，由一个村办小厂发展成为集团公司。

二、基本情况

巩义市第五耐火材料有限公司是以生产炼铁系统用耐火材料为主的现代化企业，下设8个分厂，1个新产品开发研究所和1个理化检测中心，总面积30万平方米，职工1000余人，其中工程技术人员180余人，高级科研开发人员85人，大中型设备550余台（套），通过ISO 9000质量体系认证，年产各种耐火材料20多万吨。

公司始终坚持“以质量求生存，靠科技求发展”的经营方针，先后同北京科技大学、武汉科技大学、河南科技大学、洛阳耐火材料研究院、武汉钢铁设计院、武汉冶金建材研究所、东北大学等科研院所和大专院校建立了合作关系，邀请这些单位的20多位专家教授担任公司的总工、技术顾问等，先后开发出低蠕变系列产品、抗热震低蠕变系列产品、刚玉莫来石砖、高炉长寿用微孔刚玉砖、碳复合砖、微孔模压炭砖、Al_2O_3-SiC-C砖等具有国际先进水平的产品，多次填补国内技术空白，分别荣获了“国家教委科学技术奖”“国家冶金科学技术奖”“国家星火计划科技成果博览会金奖”等。公司技术研发中心分别被认定为“河南省冶金工程技术研究中心”“河南省企业技术中心”。

历经多年的积累，公司已为宝钢、武钢、鞍钢、柳钢、太钢等大中型钢铁企业的1000多座高炉、热风炉、鱼雷罐、混铁炉、铁水罐、碳素焙烧炉、回转窑、石灰窑、竖炉生产各类耐火材料100多万吨。2004年为太钢（4350m^3）高炉、2006年为宝钢2号（4800m^3）高炉生产的抗热震低蠕变系列产品受到了客户的一致肯定与好评。

公司不断升级优化生产装备及生产工艺，专利产品——碳复合砖及安全长寿炉底炉缸结构更是国内首创，科技含量国际领先，可使高炉一代炉役达到10年以上的使用寿命，目前已成功应用于国内外410~3200m^3近200座各型高炉，使用效果良好，为钢铁行业降本增效做出了巨大的贡献。此外，公司还坚持实施立足国内、放眼世界的长远战略，力争以先进的管理理念和一流的产品质量融入国际贸易市场，产品畅销日本、俄罗斯、哈萨克斯坦、乌克兰、印度等国家。

近年来，公司以优质的产品和完善的服务受到了国家有关部门的大力表彰以及广大用户的一致好评，先后获得了一系列殊荣，如：全国耐火材料质量过硬名牌企业，全国质量信得过产品，全国质量服务消费者满意企业，河南省名牌产品，全国诚信守法乡镇企业，河南省先进乡镇企业，重质守信进出口企业；并被宝钢评为“优秀耐火材料供应商”，荣膺太钢“质量优良服务满意单位”称号等。公司具有完善的质量、环境和职业健康安全、能源管理体系，并获得了4个体系的认证证书。公司拥有国家授权专利30多项，参与制定国家或行业标准10余项，获省级及省级以上科技进步奖7项、市级科技进步奖9项。

公司始终坚持“块块合格、户户满意、覆盖合国、永争第一”的质量目标，致力于高温窑炉长寿技术用耐火材料的研发、生产和应用，诚望以科技创造效益，与客户共创辉煌！

三、主要产品

公司主要生产各种定形和不定形耐火材料，产品主要应用于以下五大类：

（1）高炉用耐火材料：陶瓷杯用微孔刚玉砖、复合棕刚玉砖、刚玉莫来石砖等；炉底炉缸用碳复合砖；炉底炉缸用高导热微孔模压炭砖；微孔铝碳砖；碳化硅砖；高炉用各种牌号高铝砖、黏土砖等；高炉以上定形产品的配套不定形耐火材料。

（2）热风炉用耐火材料：热风炉用普通低蠕

变系列产品，热风炉用红柱石砖、硅线石砖、莫来石砖系列产品，热风炉用抗热震低蠕变系列产品，热风炉用高铝砖、黏土砖系列产品，热风炉用不定形耐火材料。

(3) 铁水预处理用耐火材料：鱼雷罐用耐火材料，铁水罐用耐火材料，混铁炉用耐火材料，鱼雷罐、铁水罐、混铁炉的设计及施工。

(4) 碳素行业：碳素焙烧炉用高铝砖、黏土砖及不定形耐火材料。

(5) 其他：石灰窑、玻璃窑、水泥窑、矿热炉等窑炉用耐火材料。

四、生产工艺装备

公司拥有全自动定形砖生产线 4 条、全自动不定形生产线 1 条；生产设备主要有 2500t 全自动液压震动成型压力机 2 台，400~1000t 规格压力机共计 49 台、$60m^3$ 低温处理窑 12 座、连环节能梭式窑 3 座（共计 27 座窑）、200m 隧道窑 1 座、200t 液压震动成型机 12 台、铣磨砖机 18 台、切砖机 5 台、20m×20m 组合平台 3 台、12m×12m 组合平台 4 台。此外，公司配有包括 200t 耐压试验机、热震稳定性测定炉、蠕变率试验炉、荷重软化检测炉等设备在内的各种检测及试验设备。

五、机构与人事

巩义市第五耐火材料有限公司设公司总经理以下副总经理 4 名、助理经理 10 名，总公司下设销售部、生产部、技术部、质检部、设备部、采购部、财务部 7 个部门，生产型分公司 8 个。

六、企业管理

巩义市第五耐火材料有限公司已拥有整套较为完善的管理体系，先后通过了质量管理体系、环境管理体系、职业健康安全管理体系和能源管理体系认证，公司在内部推行精细化的管理模式，十分关注治理架构、企业管控的建设，完善的管理制度、生产现场管理评价体系等，加强了对经营中的人员、设备、材料、方法等要素的有效管理，对每个生产环节和生产岗位都要求持续有效地改进提高，生产效率有所提升。

七、科研成果

公司始终坚持“以质量求生存，靠科技求发展”的经营方针。公司拥有各项专利 30 余项，获得国家教委颁发的技术进步奖 1 项、冶金技术进步奖 3 项、河南省技术进步奖 4 项、市级技术进步奖 9 项。

八、服务领域

巩义市第五耐火材料有限公司年产能 20 余万吨，其产品广泛用于冶金、建材、有色、电力、机械、轻工、石化等行业且畅销全国各地并远销世界 10 多个国家和地区，在国内外市场上享有良好的品牌信誉，是国内耐火材料品种最全、配套能力最强的耐火材料企业。

经过几十年的发展，公司已成为集产品设计、研发、生产、施工、耐火材料配置及系统集成服务为一体的大型企业。上百种牌号的产品可以为客户提供更充分的服务，并具备窑炉设计、施工、耐火材料供应总承包能力。

海城华宇集团

海城华宇集团始建于 1987 年，前身是村办企业。位于海城市八里镇铧峪村，占地面积 40 万平方米，建筑面积 24 万平方米，员工 2000 人。年产各种镁质耐火材料 40 万吨，销售收入 9 亿元。

集团下设 7 个分公司，分别是矿产品公司、镁砂公司、镁砖公司、耐火公司、镁建材公司、资源再生利用公司和进出口公司。

矿产品公司：矿产品公司拥有大型菱镁矿山 1 座，探明储量 2.6 亿吨，年开采镁石 70 万吨。其中特级菱镁矿 10 万吨、一级和二级菱镁矿 20 万吨、三级菱镁矿 40 万吨。所有镁石均自用。

镁砂公司：镁砂公司拥有轻烧窑 20 座、重烧窑 18 座、中档窑 7 座、高纯窑 6 座和电熔炉 13 台。年产重烧镁砂 20 万吨、中档镁砂 8 万吨、高纯镁砂 4 万吨和数千吨电熔镁砂。产品销往国内 20 多个省市和东南亚、欧美、非洲等 30 多个国家和地区。

镁砖公司：镁砖公司拥有破粉碎生产线 2 条、摩擦压力机 9 台、全自动液压压砖机 2 台、110m 高温隧道窑 2 条，年产烧镁砖、镁铬砖、镁铝砖等各种定形耐火制品 5 万吨。

耐火公司：耐火公司主营产品是不定形耐火材料，拥有烧结竖窑 5 座、压球生产线 4 条、打料生产线 3 条，年产捣打料、大面料、喷补料等不定形耐火材料8万吨。

镁建材公司：镁建材公司属于菱镁新材料领域，主营产品是镁质保温防火板，应用在建筑物外墙保温领域，用于替代传统的苯板类有机保温材料，彻底解决高层建筑物火灾隐患。公司拥有保温板生产线2条，设计产能年产900万张保温板。

资源再生利用公司：公司拥有浮选生产线1条，主导产品是特级精矿粉。经过多年开采，优质高品位菱镁资源日趋减少、而大量的四级矿和级外矿尚未得到充分利用，因此通过选矿将低品位菱镁矿提档升级，具有资源综合利用、行业提档升级的重要意义。公司于2009年建设，2013年投入生产，年产浮选精矿粉20万吨，轻烧后可获得高品位轻烧氧化镁10万吨，作为高纯镁砂原料，为生产高档耐火材料创造了基础条件。

进出口公司：拥有自主进出口权，年出口镁砂、镁砖等产品8万吨，创汇1000万美元。市场覆盖东南亚、欧美、非洲和中东。

海城镁矿集团有限公司

海镁集团原为部属国企辽宁镁矿耐火材料公司下属单位，1995年8月28日，冶金部体改法规司冶体办（1995）28号文件批复，同意辽宁镁矿耐火材料公司分立为三个直属企业：大石桥镁矿耐火材料总厂、海城镁矿耐火材料总厂、辽宁镁矿耐火材料公司。1999年海镁总厂由冶金部划归辽宁省冶金局管理。2000年6月10日辽宁省政府第38期省长办公会讨论海镁总厂下放鞍山市事宜，9月15日海镁总厂正式下放鞍山市管理。海镁总厂划归鞍山市管理期间，先后由鞍山市冶金局、鞍山市冶化建国有资产经营有限公司、鞍山市国有资产经营管理公司、鞍山市国资委管理，2014年1月1日海镁总厂成建制整体划归海城市管理。

海镁集团位于海城市牌楼镇海镁街108号，法定代表人为尚尔平，2019年12月30日转制为国有独资公司，名称由海城镁矿耐火材料总厂变更为海城镁矿集团有限公司，注册资金10亿元，占地面积548.75万平方米，年用电量达2.7亿千瓦·时。现有员工1978人，其中合同制职工1481人、派遣工496人，2022年人均工资达4162元/月。经过几十年的发展，如今的海镁集团已经成为辽宁（海城）菱镁新材料产业重要的原料基地和研发基地，已成为行业的龙头企业，具有以下七大优势：

（1）资源优势。海镁集团拥有得天独厚的菱镁矿资源，矿区已探明并经全国矿产资源委员会核实储量5.9亿吨，其品位之高、储量之丰，均为世界之最，丰富的菱镁矿资源为海镁集团生产出畅销国内外的优质产品提供了重要保证。集团矿山设计能力为年产菱镁石150万吨，其中MgO含量不小于46%的优质矿石占总储量40%左右，具有埋藏浅、易于剥离、适宜露天开采和大规模经营的优点。目前已形成了完整的开采工艺，具有完善的矿山生产体系。矿山北排土场已复垦绿化，形成完整的生态治理体系，并成为菱镁矿山复垦的标杆工程，使集团在省级花园式工厂的基础上，不断向生态型耐材企业迈进。

（2）产业优势。集团具备品种齐全的生产线，综合产能达200万吨/年。主要生产设备有电熔镁窑炉、高纯油竖窑、轻烧窑、普通镁砂窑、中档窑、浮选、高纯炉料、散装料、镁砖等生产线。主要产品有电熔镁砂、高纯镁砂、中档镁砂、普通镁砂、轻烧镁粉、轻烧镁团球、菱镁精矿粉、菱镁精矿球等。

近三年，海镁集团加大技术改造力度，累计投资1.6亿元对传统工艺流程及环保设施等进行升级改造，各项环保指标完全达到《辽宁镁质耐火材料工业大气污染物排放标准》要求，夯实了企业可持续发展的基础。

2022年工业总产值6.78亿元，工业增加值2.75亿元。营业收入8.33亿元，实现利润1.07亿元。实现税金1亿元，完成了利润、税金双双过亿元的目标。

（3）技术优势。海镁集团于2014年被评为“辽宁省镁质原料行业名优企业”，并通过了“质量管理体系”“环境管理体系”“职业健康安全管理体系”世标三项体系认证。2017年被国家工信部确认为符合耐火材料行业规范公告条件企业，是国家高新技术企业、鞍山市科技“小巨人”企业，拥有鞍山市专业技术创新中心和省级企业技术中心，先后获得辽宁省花园式工厂、辽宁省思想政治工作先进单位、鞍山市精神文明先进单位等荣誉称号。集团公司的“低品位菱镁矿反浮选除杂捕收剂的研究与应用”被评为国家科技部认可的矿山科学技术奖二等奖。现绿色矿山建设技术已经纳入《2018 年国家重点支持的高新技术领域目录》及国家科技部“固废专项”课题。目前集团公司拥有实用新型专利 12 项、软件著作权 10 项，综合能力位列鞍山市 30 强。集团公司正通过科技创新，逐步走向镁耐火、镁建材、镁化工、金属镁及镁合金并重的全产业链发展格局。

（4）质量优势。集团不断加强企业内部综合管理，深入挖潜，节能降耗，产品质量大幅度提高。2018 年企业分别通过了 GB/T 19001—2016/ISO 9001：2015 质量管理体系、GB/T 24001—2016/ISO 14001：2015 环境管理体系、GB/T 28001—2011/OHSAS 18001：2007 职业健康安全管理体系世标三项体系认证。遵照 ISO 9001 国际质量认证体系规定的制度和程序，把生产监控、纠正预防措施、持续改进等工作做实做细，切实体现通过工作质量，保证产品质量，最终满足客户需求。企业信用等级为 AAA 级，2014 年被评为辽宁省镁质原料行业名优企业，2017 年被工业和信息化部确认为符合耐火材料行业规范公告条件企业。集团生产的“海美”牌产品得到了国内外广大用户的认可。

（5）销售优势。海镁集团具备完善的销售组织架构，精明强干的销售队伍，精湛的销售业务水平，长期稳定的销售渠道。集团的国内销售业务由销售部负责，经营区域遍布全省及江苏、安徽、浙江、山东等 20 多个省市，产品畅销国内钢铁、有色、机械、化工、轻工、建材等行业；集团对外销售业务由海镁国贸有限公司负责，产品远销东南亚、欧美、日韩、俄罗斯等国家和地区。集团具有完善的售后服务体系，秉承着“用户第一，客户是上帝”的理念，以客户为中心，重合同、守信誉，全方位为客户提供售前售后服务。

（6）人才优势。海镁集团拥有一支技术过硬、专业性强、素质高的职工队伍，具有中高级职称的人员占职工总数的四分之一，具有镁质耐火材料生产雄厚的技术力量，为区域菱镁产业输送了大批各类技术工人，也为整个行业的发展培育了大批技术骨干。企业通过产学研合作，吸收引进了一大批行业优秀的专业技术人才组成技术团队，积极与先进装备制造企业和具有先进工艺装备研发实力的大专院校开展合作，形成产学研合作联盟培育机制，利用新技术、新工艺进行科技创新、技术改造以及新产品的研发，加快了科技成果的转化。并通过逐步淘汰落后产能，引领行业向节能环保、绿色低碳、高端智能方向发展。

（7）发展优势。海镁集团两大亮点：1）观景台是海镁集团对张家沟排岩场进行复垦和修复过程中，利用张家沟的自然地貌因地制宜选择的视野开阔、俯瞰菱镁矿山全景平台，能让人感受到融入矿山、身临其境的效果。2）创新轻烧镁粉厂是海镁集团近三年新上的项目，共投资 2.3 亿元，建成了 3 条高活性轻烧镁粉生产线，年产高活性轻烧镁粉 25 万吨，使菱镁粉矿、浮选精矿、尾矿可以综合循环利用，实现了工艺、装备的转型升级，延长了集团产业链条，为进军镁化工、镁建材等行业奠定了基础。

海镁集团是菱镁产业中的一员，目前处于产业转型升级、混合所有制改革的重大历史阶段，作为菱镁行业国有龙头企业，坚定扛起振兴菱镁产业的大旗，创新体制机制改革，与行业内企业、专家一道，共同攻克制约菱镁行业发展的短板，增强自主创新能力，提升国际竞争力，推动实现整个菱镁行业可持续健康高质量发展，做出国有独资公司应有的贡献。

新形势赋予新使命，新使命期待新作为。站在新的历史起点上，海镁人将发挥国有企业优势，不忘初心、牢记使命，勇于担当、锐意进取，奋力开创国有企业新局面，为中华人民共和国的经济建设再立新功、再谱新篇。

海城市后英经贸集团有限公司

后英集团始建于 1983 年，坐落在矿产资源极其丰富且美丽富饶的海城市英落镇后英村，集团公司由 50 个分公司、厂、矿组成，现已成为国内大一型企业集团公司，注册资金为人民币 15 亿元，职工 18000 人，拥有资产 200 亿元，历年来在各级政府及相关部门的大力支持与帮助下，集团有了很大的发展，2021 年实现销售收入 200 亿元、上缴税金 19.2 亿元、实现利润 31 亿元、出口创汇 4805 万美元；2022 年 1~10 月实现销售收入 68.48 亿元、上缴税金 10.47 亿元、实现利润 5.82 亿元、出口创汇 1.19 万美元；集团董事长被授予全国农民企业家、全国劳动模范等光荣称号；集团已形成开发三类矿产资源，形成五大工业园区、八大行业产品基地；历年来为地方经济发展、职工就业、社会维稳做出了很大的贡献。

一、开发三大类矿产资源

（1）菱镁资源。

（2）滑石资源。

（3）铁矿资源。

二、五大工业园区

（1）耐火工业园（轻烧镁窑炉58座、重烧镁窑炉18座、中档镁窑炉10座、高纯镁窑炉20座、电熔镁窑炉10座、镁砖系列产品生产线20条）。

（2）滑石工业园（拥有国内先进的滑石粉生产线10条、母粒生产线2条）。

（3）钢铁工业园（铁矿开采、精矿粉加工、钢铁冶炼、制成品）。

（4）建材再生工业园（利用采矿废岩石、炼钢炼铁废水渣钢渣生产建材系列制品）。

（5）开发建筑业。

三、八大类产品及服务业

（1）耐火材料系列产品：轻烧镁粉、重烧镁砂、中档镁砂、高纯镁砂、电熔镁砂、镁砖系列产品。

（2）滑石制品：各类滑石产品、各类滑石粉。

（3）钢铁系列产品：钢坯、棒材、线材产品。

（4）建材产品：各种碎石、矿渣水泥。

（5）房地产。

（6）运输服务业。

（7）农副产品深加工。

（8）小额贷款公司。

河北国亮新材料股份有限公司

一、历史沿革

河北国亮新材料股份有限公司始创于1994年，坐落于河北省唐山市开平区，占地面积16万平方米，年营业收入10亿元以上，现有员工千余名。2021年4月完成股份制改造，注册资本6000万元。

公司主要从事中高端耐火制品和冶金炉料的设计、研发、生产、冶金工程施工总承包和技术咨询服务。产品主要应用于钢铁冶金行业，现已成为集产品技术研发、制造、销售、施工、服务为一体的河北省耐火材料行业领军企业。旗下拥有一个独立法人资格的研究院和两个实体子公司。

二、基本情况

公司现有3座分厂（含10个现代化生产车间），生产工艺先进，主体装备精良，环保设施配套齐全，检测控制项目完备，技术力量雄厚。近年来，公司先后荣获“河北省科技领军企业”“河北省千家创新型领军企业”“河北省产业集群龙头企业”“河北省高新技术企业”“河北省产教融合型企业”“河北省建材行业百强企业”“河北省质量效益型企业”“河北省劳动关系和谐企业”“河北省优秀民营企业”“河北省先进制造业和现代服务业深度融合试点企业”“全国耐火材料AAA级信用企业”“国家级绿色工厂”等称号，并被国家生态环境部认定为“绩效评级A级企业”，连续多年来被评为“全国守合同、重信用企业”，“唐特”牌商标被评为中国驰名商标、河北省著名商标。

公司秉承“让客户满意，让员工满意，让社会满意”的宗旨和“感恩、务实、创新”的核心价值观，不断增强实力、激发活力、提升魅力，致力于实现企业的绿色发展、创新发展和高质量发展。

三、主要产品及工艺装备

公司生产的产品主要分为钢包用耐火材料、中间包用耐火材料、炼铁系统用耐火材料、工业炉用耐火材料及部分辅助材料。

（1）钢包用耐火材料主要产品：钢包内衬材料，如镁碳砖、铝镁碳砖、镁铝碳砖、无碳砖、钢包浇注料；透气砖系列产品，如透气砖、透气座砖、水口座砖及钢包包底预制件；滑动水口系列耐火材料。

（2）中间包用耐火材料主要产品：干式料、稳流器、中包座砖、挡墙、挡坝、护板及挂板等。

（3）炼铁系统用耐火材料主要产品：铁水包浇注料、铁包砖、铁沟浇注料。

（4）工业炉用耐火材料：各种低水泥浇注料、自流浇注料、耐火混凝土、喷涂料、涂抹料等。

（5）冶金辅助材料：引流砂。

国亮公司以自主创新的方式，大量采用新工艺技术装备，有效地保证了产品的质量和使用性能。公司目前实验室配备扫描电子显微镜、荧光分析仪、激光粒度分析仪、高频红外碳硫仪等检测设备，能够实现对耐火原材料以及耐火制品的精确检测及相关试验研究。

生产配备气力输送及自动配料系统、全自动液压成型系统、恒温恒湿系统、窑炉尾气处理系统、在线监测系统等；同时还拥有一条全新的镁碳砖数字化产线，引入全套国际先进生产设备，借助5G+工业物联网平台，实现设备和产品全流程自动管控，刷新了全省耐火材料行业数字化、智能化生产水平纪录，成为全国耐火材料行业的新标杆，被河北省发展和改革委员会纳入战略性新兴产业专项支持计划。

四、机构与人事

国亮公司设有董事会、监事会以及公司高级管理人员，确定公司的方针政策及未来发展规划。

国亮公司下设经营、技术、生产、财务、企管等五大系统。公司职能部门包括审计监察部、董事会办公室、战略发展部、安全部、环保设备部、人力资源部、行政部等。

五、企业文化

优秀的企业文化是企业持续发展的灵魂和动力。国亮公司经过20多年的发展壮大，由内核到外层，逐步提炼打造出极具特色的企业文化，培育出了与企业发展相辅相成的精神文化、制度文化、行为文化和物质文化。

国亮人深深悟出“爱己爱家又爱企，人亮厂亮国更亮”的道理，“诚信、务实、感恩、创新”的核心价值观深入人心。每年一度的“庆三八”座谈会、五一劳模表彰大会、七一党员生活会、八一退伍老兵座谈会、劳动技能比武、综合知识竞赛、健身运动会、全员健康体检、节日派发福利、老年福利中心慰问、爱心基金资助等，是对公司精神文化、制度文化、行为文化和物质文化的不断丰富。

热心慈善一直是国亮的优秀传统，截至目前，公司已累计向社会捐款1000多万元，不仅履行了企业的社会责任，更体现了国亮文化中浓浓的人文关怀。

六、科研成果

早在2008年公司就成立了研发中心，中心占地面积1200m^2，拥有电子扫描显微镜、荧光分析仪、激光粒度分析仪、高频红外碳硫仪等各种先进仪器118台套，价值1000余万元。实现了对耐火原料以及制品的试验研究和精确检测。现拥有国家级博士后工作站1个，省级专业化研发平台4个，市级研发平台3个。在职科研科技人员160余人，其中博士研究生3人，硕士研究生15人；高级职称5人，中级职称15人。雄厚的科技人才力量带来巨大的科技成果，公司自主研发立项34项，承担唐山市科技支撑项目6项，开发新产品29项，获得自主知识产权证书17项；获得河北省科学技术奖励3项；参加制定产品标准6项；所有科研成果都已用于公司主导产品，提高了产品使用性能和用户的满意度，成果转化有效地推动着公司科技进步。

七、服务领域

公司在加大研发投入的同时，以用户的需求为导向。经过二十几年的发展，公司已具备年生产炼钢用耐火材料、炼铁用耐火材料、工业炉用耐火材料20大类80多个品种共计27余万吨的能力，年营业收入近10亿元。

公司业务团队具有21年丰富的钢包整体承包经验，市场以唐山为中心，辐射全国。整体施工承包客户32个。优质的客户资源为公司长足发展奠定了坚实基础。目前公司已成为华北地区最大耐火企业。

公司生产经营一直坚持产品质量优良化、原料能耗节约化、生产过程环保化、产品使用无害化，优良的产品质量、成熟的施工总承包经验和完善的售后服务赢得了众多客户的好评。从销售布局来看，已形成了省内市场与省外市场齐头并进、中国市场和海外市场交相辉映的市场格局。

今日之国亮，正处于跨雄关、强赋能、实现数字化转型、弯道超车、蝶变腾飞的机遇期，国亮人在建设“百年企业”新的起点上，以“精细、数据、创新、高效”八字方针为指引，融入新格局，瞄准新目标，数字赋能，提速转型，先行先试，善作善成。

面对未来，国亮人将守正创新，砥砺奋进，铸就新的辉煌。

河南春胜集团有限公司

春胜集团长期致力于高温耐火材料的生产和研究，是一家集设计、生产、检测、经营、工程服务于一体的综合型耐火材料企业。

春胜现拥有3个工厂和1个预制件车间，年产焦炉、热风炉、玻璃窑、碳素炉用硅砖18万吨，莫来石砖、高铝砖、耐火耐酸砖1.5万吨，轻质硅砖、轻质莫来石砖0.5万吨，散装耐火材料、焦炉用复合陶瓷预制件、零膨胀硅砖2万吨，合计年产22万吨。

春胜始终坚持以技术创新带动产品品质升级，除了依靠自有的技术实力外，长期与国内著名高校研究所、日本黑崎播磨株式会社保持技术合作。公司为日本国家级科研项目研制开发的超级焦炉用优质硅砖（SCOPE21硅砖）产品理化指标均达到或优于国际先进水平。公司研发生产的酸再生用耐火耐酸材料、焦炉用复合陶瓷预制件长期应用于国内外大型钢铁企业，并得到了客户的一致好评。

公司先后通过了ISO 9001质量管理体系、ISO 14001环境管理体系和ISO 45001职业健康安全管理体系认证；作为全国耐火材料标准化技术委员会委员单位，牵头起草了标准《热风炉用硅砖》（YB/T 133—2005），并参与起草了标准《焦炉用硅砖》（YB/T 5013—2005）和《玻璃窑用硅砖》（YB/T 147—2007）；参与新版标准《硅砖》（GB/T 2608—2012）的起草和制定；多次荣获热风炉硅砖、焦炉硅砖、玻璃窑硅砖、耐火耐酸砖全国名优产品百强品牌。过硬的产品质量让春胜在国内及国际耐火材料市场占有极高的市场份额和行业地位，公司的产品不仅畅销国内各大钢铁企业，同时出口到日本、美国、英国、德国、法国、俄罗斯、韩国、印度、巴西、阿根廷、乌克兰、马来西亚、印度尼西亚、意大利、土耳其、中国台湾等国家和地区。

公司下设的技术中心拥有配套齐全的检测仪器设备，为公司产品质量稳定和新产品研发提供了准确依据。春胜人以“品质重于一切”的生产准则，严格控制每道生产工序，在每道生产工序的分解操作中，以一丝不苟的工作态度专注细节，严保产品品质在各个生产环节不打任何折扣，保证将最优质的产品呈现给客户。

春胜全体员工秉承用心做产品、以诚待客户的企业理念，把做一流产品、创美好生活当作春胜的企业使命，将成为一家惠及员工、有益于社会的企业视为春胜的共同愿景，始终坚守求实、进取、感恩、协同、分享的春胜价值观，为把春胜锻造成世界一流的耐火材料企业持续努力奋斗！

河南熔金高温材料股份有限公司

一、历史沿革

河南熔金高温材料股份有限公司是一家民营股份制企业，成立于2003年，注册资本10166万元；其前身是成立于1966年的汲县陶瓷厂，1973年更名为地方国营汲县耐火材料厂，1998年5月改制为卫辉熔金耐火材料有限责任公司，2003年异地扩建新厂区，注册了新公司卫辉熔金高温材料有限责任公司，2013年为适应新三板挂牌需要，更名为河南熔金高温材料股份有限公司，2014年6月在新三板挂牌，成为新乡市第一家新三板挂牌企业。为适应市场需要、拓展产业链、增强抗风险能力，2019年公司投资建设了河南熔金新材料有限公司，作为熔金股份的全资子公司。子公司占地50亩（约33333m^2），建筑面积33000m^2，于2021年6月竣工投产，主要是为母公司提供上游关键原料和下游配套产品。为提升企业研发能力、吸引高层次人才，2020年6月，公司在郑州注册了全资子公司郑州熔金新材料研究院有限公司。

二、企业概况

河南熔金高温材料股份有限公司位于河南省新乡市卫辉市薛屯村北的卫辉铁西专业园区，公司交通便利，紧邻107国道和濮卫高速出入口。公司占地73亩（约48667m^2，不包括子公司），建筑面积33000m^2，职工330余人。公司是国家高新技术企业、国家专精特新“小巨人”企业、中国耐火材料百强企业、中国耐火材料协会AAA级信用等级企业、河南省技术创新示范企业、河南省创新龙头企业、河南省知识产权优势企业，河南省质量标杆企业；公司有省级企业技术中心、河南省炼钢连铸用滑动水口工程技术研究中心和河南省炼钢连铸控流技术工程研究中心及熔金功能耐材“双创汇聚平台”；参与完成了“冶金功能耐火材料关键服役性能协同提升技术及在精炼连铸中的应用”项目，获得了2016年度国家技术发明奖二等奖；公司主持制定了标准《滑板砖》（YB/T 5049—2019）和《铸口砖及座砖》（YB/T 4111—2019），并参与多项行业及团体标准的制定；通过了ISO 9001质量管理体系、ISO 14001环境管理体系、GB/T 28001职业健康安全管理体系、能源管理体系、知识产权管理体系和两化融合管理体系6个体系认证。2022年度，公司被评为河南省能碳管理示范企业、重污染天气绩效分级A级企业，功能耐火材料车间被河南省工信厅命名为智能车间。

公司总资产为44682万元，净资产为31632万元。公司总负债13051万元，负债率29%，固定资产12165万元，信用等级AAA级。高档高温滑板年产能37500t，2020~2022年实现营业收入分别为33810万元、33986万元、32140万元；利润分别为3168万元、1494万元、1253万元；研发支出分别为1394万元、1412万元、1495万元。

公司同时具备炼钢系统转炉、钢包、中间包用全套功能耐材设计、生产及现场施工服务整体承包能力；公司主导产品是炼钢连铸用滑动水口系列功能耐火产品，主要为大中型钢铁企业服务；公司在滑板砖细分领域市场占有率居于全国前列。

作为炼钢连铸用功能耐火材料骨干生产企业，公司在同行业中具有较强的竞争力，拥有宝武钢铁、鞍山钢铁、河北钢铁、本溪钢铁、柳州钢铁等百余家国内大中型钢铁企业客户。产品还出口到美国、德国、卢森堡、意大利、俄罗斯、土耳其、印度尼西亚等国家。

公司在全国耐材行业具有较高的知名度和影响力，特别是在滑板砖细分领域，不论是产品市场占有率、产品质量信誉还是产品售后服务能力，都有一定知名度。

三、主要产品及工艺装备

（一）主要产品

公司主导产品是炼钢连铸用滑动水口系列产品，主要用于炼钢连铸系统，是钢铁连铸工艺中不可缺少的功能性耐火材料，广泛使用于电炉、转炉、炉外精炼等钢包和连铸中间包滑动水口系统中。它作为控制钢水流量和流速的“开关”，安装在钢包和中间包底部，须长时间承受1600℃左右高温钢液的化学侵蚀及几十吨乃至上百吨钢液的压力，因此要求滑板砖具有较高的耐高温强度、优良的耐侵蚀性、抗冲刷性和抗热震性。同时，为了实现开闭钢流的功能，对滑板砖的滑动面平整度、平行度以及外形尺寸要求极为严格。

该类产品在钢铁产业链中所占比重虽然不大，但却是炼钢连铸控流环节的关键部件，对炼钢的质量效率起着至关重要的作用，能够填补含碳滑板砖使用过程中对钢水增碳效应污染钢水和滑板砖烧成浸油耗能大污染严重的短板，属制造强国建设重点领域的关键基础材料——非金属矿物功能材料。公司滑板砖关键能耗指标、生产工艺、技术水平国内领先、国际先进。公司和北科大先后鉴定和评定科技成果项目10余项，全部形成新产品，均属于低碳和无碳滑板砖系列产品，产品的整体技术水平达到了国际先进和领先，为含碳产品低碳、无碳化提供了一定的技术途径和路线，具有一定的引领作用。

（二）工艺装备

近几年，投资近亿元新建了自动配料系统，对浸油线进行了升级改造，增加了爱立许混练机、莱斯压力机、码砖机器人、智能控制窑炉和数控磨床等自动化、智能化设备，并对环保设备进行了提标改造。这些技术改造的完成，使公司的生产流程从配料到成型到烘干到磨制到包装的自动化、智能化水平得到极大提升，不仅提高了劳动效率，还减轻了劳动强度，改善了劳动环境，减少了污染排放；不仅节约了人工成本，减少了能源消耗，还减少了人为因素造成的残次品，提升了产品合格率，增加了产品的稳定性、可靠性和使用寿命，提高了品牌的知名度和信誉度及市场占有率。2022年，公司功能耐火材料车间被河南省工信厅评为智能车间。

四、机构与人事

（一）机构设置

董事会机构：由公司股东大会各股东选定出来的董事会成员所组成的议事、理事的最高层管理机构。

经营管理机构：由公司董事长、总经理、营销副总、技术副总、财务总监组成，全面贯彻执行董事会的各项决议及公司经营管理工作，保证公司经营目标的实现。

管理部门机构：公司设财务部、营销部、技术质量部、研发中心、综合办、企管部、设备部、安环部、生产系统等行政管理、后勤服务职能部门，确保日常工作中内外部沟通的高效运行。

根据公司规模和经营方向，不断优化公司管理机构，壮大公司人才梯队，保障公司在激烈的市场竞争中稳定发展。

（二）人事概况

截至2022年12月，公司在职员工333人，中层以上管理人员23人，行政管理人员30人，技术研发人员59人，生产一线人员221人；其中，在读博士研究生1人，硕士毕业生2人，本科学历23人，大专学历75人，中专及以下学历232人。

公司与员工签订劳动合同，为员工办理“五险一金”，提供高温、取暖、用餐、住宿、技能培训、考取学历等各项福利补（津）贴，重视人才梯队培养和注重职工福利。

五、2019～2022年取得的科研成果及标准和专利

公司高度重视科技创新，紧紧围绕公司主导产业、主要产品开展研发攻关，取得了一系列科研成果，主持或参与了部分标准制定，获得了30余项专利。

取得省级科技成果3项；参与标准制修订10项，其中主持修订行业标准2项；获得授权专利38项，其中发明专利10项、实用新型专利28项，仅2022年就获得发明专利7项、实用新型专利3项。

河南特耐工程材料股份有限公司

河南特耐工程材料股份有限公司（以下简称河南特耐）的前身开封特耐股份有限公司系开封市禹王台区下辖的中型民营企业，数十年生产经营特种耐火材料，平稳发展，承接并创新公司生产经营条件、专有技术、优良资产，加速发展壮大。

河南特耐注册资本4500万元，拥有在职员工286人，其中各类技术人员47人，硕士学历及以上26人；于2014年迁往现址（开封市精细化工产业集聚区），新厂区建设于2013年8月，占地127亩（约84667m^2），第一条生产线于2013年11月7日建成并进行点火试生产。河南特耐是河南省的一家优秀民营企业、省质量信用AAA级工业企业、省名牌产品、省节能减排科技创新示范企业、省火炬计划先进单位、省高技术成长型效益好的优秀耐火材料企业、开封市16家重点企业之一。

河南特耐拥有河南省高温合成材料工程技术研究中心和省级企业技术中心，技术人员30余人，拥有一个中心实验室和两个中试车间，占地面积1500m^2，检测、中试设备齐全，不仅可以从事材料的实验室研究、测验，而且方便进行产品的中试放大实验。

河南特耐是一家科技先导型股份制企业，先后被评为河南省科技创新十佳单位、河南省创新试点示范企业，获得河南省出口创汇重点企业、开封市重点工业企业等荣誉称号，主要开发生产高档耐火原料、耐火制品和不定形耐火材料。公司目前拥有专利39项，其中发明专利4项、实用新型专利35项。公司曾先后承担多项国家科技攻关项目并通过了鉴定，多项产品技术国内领先并获得省、部级奖励，其中两项产品（大型干法水泥回转窑预热器用高强度、抗结皮浇注料和优质活性α-Al_2O_3微粉）被评为国家级新产品。

河南特耐拥有1条年产20000t活性α-氧化铝微粉生产线，4条年产总量60000t人造电熔白刚玉生产线，4条年产总量60000t电熔合成尖晶石生产线，1条年产10000t电熔高温结合剂生产线，1条年产10000t电熔合成莫来石/锆莫来石生产线，1座大型终端实验中心，1座河南省高温合成材料工程技术中心；资产总额达到5.8亿元，生产能力达到年产16万吨；产品销售网络遍布全国且出口到日本、荷兰、澳大利亚等30个国家和地区；成为河南省出口创汇重点企业，被评为河南省加工贸易先进企业。

公司始终坚持以人为本，以质量赢取客户信赖，以创新支撑企业发展，以品牌铸就企业未来，拥有一支勇于开拓、积极进取和经验丰富的管理团队。公司通过了ISO 9001：2015质量管理体系认证、ISO 14001：2015环境管理体系认证和OHSAS 18001：2011职业安全卫生管理体系认证。良好的管理促使企业员工不断创新，不断为社会提供优质的产品服务，公司“凯特”牌产品不仅在国内具有良好声誉，而且在国际上也拥有较高知名度。

河南特耐坚持可持续发展，在创建之初就把“花园中的工厂，工厂中的花园”定为建设、设计理念。根据这一理念，河南特耐围绕“创新、节能、环保”的发展目标，在产品方面，实现了均为国家或省部级新产品；在关键设备方面，实现了均为公司自主研发在国内同行业中首次使用的设备；在两化融合方面，实现了企业生产及管理

全程信息化、自动化；在环保方面，实现了没有工业三废，对环境无污染，单位产品的节能技术在国内同行业中属较高水平，在国际同行业中属先进水平。

济南鲁东耐火材料有限公司

济南鲁东耐火材料有限公司是以生产炼钢用系列耐火材料为主的综合性企业，位于风景秀丽，以“家家泉水，户户垂柳”闻名于世的泉城——济南，南靠胶济铁路和济青公路，北临济青高速公路和济南国际机场，交通十分便捷。

公司拥有一流的生产设施和先进的检测手段，聘用国内外专业技术人员38人。开发、生产的各种炼钢用耐火材料为转炉、电弧炉、钢包、精炼包、中间包及相关设备的维护提供了可靠的保证。

转炉炉底吹氧喷粉技术是20世纪80年代在日本及欧美发达国家兴起的一种新型转炉炼钢技术，经过多年的探索改进日趋成熟。转炉炉底吹氧喷粉技术有效降低了铁耗、提高了合金所得率、降低了炉料消耗、降低了钢水的碳氧积、提高了钢材质量，从而提高了钢厂产品的附加值。但是，由于底吹吹氧强度大，通常耐火材料难以满足冶炼需要，耐火材料寿命短、消耗量相对较大。为了满足炼钢需求，走在前沿的耐火材料研究单位、生产厂家相继进行了耐火材料质量提高攻关及炉底更换技术的研发，从而保证了转炉炉底吹氧喷粉技术的推广应用。

济南鲁东耐火材料有限公司于2020年开始，对转炉炉底热换用耐火材料及工艺展开了研究，于2021年初购置了炉底热换模拟实验装置，自行开发了炉底热换工艺装备。经半年的研发与试验，开发了转炉热更换用定形耐火材料、管道输送顶压式接缝耐火泥浆和耐火泥浆搅拌、输送设备、现场施工工艺等。

2021年下半年在山西太原钢厂80t顶底复吹转炉、河钢集团邯宝钢厂260t吹氧喷粉转炉实施应用获得成功，并取得了良好的使用效果。炉底热换工艺装备性能及耐火材料质量稳定，在河钢集团邯宝钢厂260t吹氧喷粉转炉应用中，仅3个炉底试用就达到了国外十几个炉底试验摸索才能达到的炉底寿命，公司转炉炉底吹氧喷粉技术的应用和炉底热更换技术工艺应用走在了世界前列。

嘉晨集团有限公司

嘉晨集团始建于1988年，总部位于辽宁省营口市老边区。公司自创建以来，始终秉承“坚守实业、深耕主业”的战略思想，经过30多年的不断发展，目前已发展成为拥有18家全资子公司、3家参股公司，总资产600多亿元，职工11000多人的国家级大型实体企业集团。产业涵盖钢铁、煤及煤化工、镁质耐火材料、发电、国际贸易、矿山、房地产及物流等多个领域。

嘉晨集团核心实体企业主要分为镁质耐火材料、煤及煤化工、钢铁三个板块。镁质耐火材料板块的核心企业为嘉晨集团营口金岱国际科技有限公司。公司位于辽宁省大石桥市分水村，主要从事普通和高端镁质耐火材料的研发和生产。经过多年的不断研发，2019年5月成功利用低品位菱镁石为原料生产出高纯度高致密烧结镁砂，氧化镁含量达到了98.2%，体积密度达到了3.42g/cm^3，性能和各项理化指标居世界前列。该产品的成功研发和量产在利用天然菱镁矿石生产高纯度烧结镁砂这一领域属世界首创，技术成果达到了国际领先水平。目前该公司已申请了多项国家专利，其中已授权发明专利5项、实用新型专利14项，发表国际论文期刊1篇。2019年被评为辽宁省科学技术厅高新技术企业。该公司全部投产后，可年产高纯度高致密镁砂100万吨，重烧镁、轻烧镁、中档镁、高纯镁、电熔镁160万吨。

煤及煤化工板块的核心企业为营口嘉晨燃化有限公司。公司成立于2004年，位于辽宁省营口市老边区冶金工业园区。主要建有国内先进的JN60-6型复热式炼焦炉4座，配套建有配备煤系统、化产品回收系统、污水处理系统、大型专用铁路线及机车系统。可年产冶金焦炭260万吨、焦炉煤气11亿立方米，以及焦油、粗苯、硫铵等副产品。公司的卸、输、备、配煤系统，炼、熄、输焦系统以及煤化工生产流程全部采用电气自动化控制，设备先进、生产工艺科学，是全国现代化的煤化工行业重点企业之一。

钢铁板块的核心企业为营口钢铁有限公司。

公司成立于2010年，位于辽宁省营口市老边区，拥有3座1580m^{3}炼铁高炉、3座120t炼钢转炉、2条高速线材生产线、3条窄带钢生产线，另外配套建有原料场、烧结、球团、制氧、石灰、空压站、水处理厂及余热发电厂等公辅设施。可年产各类建筑钢材和工业用钢材500多万吨，年发电21亿千瓦·时，属于国家规模以上的钢铁联合企业，同时也是东北地区生产建筑钢材规模最大的钢铁企业。公司技术装备先进，生产工艺流程科学，核心竞争力优势突出，产品畅销东北、华东、华南等地区，质量和信誉得到了用户的广泛认可和一致好评。

嘉晨集团自2009年起至今已连续多年进入中国企业500强、中国制造业500强、中国民营企业500强行列，并多次被国家及省、市各级人民政府授予国家大型企业、全国民营百强企业、重合同守信誉单位、辽宁省“五一劳动奖状”获得单位、辽宁省纳税百强企业等荣誉称号。

江苏嘉耐高温材料有限公司

江苏嘉耐高温材料股份有限公司坐落于中国历史文化名城——江苏省宜兴市，是国内专业的耐火材料及冶金辅料产品提供商与服务运营商，是中国耐火材料行业中技术领先、服务领先的代表型民营企业之一。公司是中国耐火材料行业协会副会长单位、国家高新技术企业、江苏省服务型制造示范企业。

公司始终坚持走科技创新发展之路，积极开展自我创新研究及产学研合作，先后创建“东大——振球冶金材料研究所”，“武科大——嘉耐特钢精炼材料工程技术研究中心”，2013年成立“江苏省特钢用精炼耐火材料及辅助材料工程技术研究中心”，2015年成立“王人计划”专家工作站，2016年成立“江苏省博士后创新实践基地”，2019年成立“江苏中特嘉耐新材料研究院”，拥有包括钢铁冶金专家、耐火材料专家、机械电子设备专家等博士、硕士在内的“结构合理、稳定担当、高效精干、国内一流”的耐火材料行业专业技术队伍。

公司拥有工艺完善的耐火材料生产线，产品系列与品种在国内钢铁行业用耐火材料生产企业中排名前列。凭借技术和服务的优势，公司与中信特钢集团等多家知名钢企建立了长期稳定的战略合作伙伴关系，并成为沙钢集团、中天钢铁、南京钢铁等“优秀供应商”“五星供应商”“金牌供应商”。

公司将秉承“诚信赢市场、科技创未来”的经营理念，把诚信和感恩的企业文化贯穿于企业经营的始终，在“瞄准高端、依托华东、辐射全国、面向全球”的发展战略指引下，向着成为国内领先、具有国际竞争力的耐火材料企业的战略目标不断迈进。

江苏晶鑫新材料股份有限公司

江苏晶鑫新材料股份有限公司创办于2005年，注册资金5692.5万元，系国家高新技术企业、国家专精特新“小巨人”企业、省创新型企业、省创新型管理示范企业，目前主要生产烧结刚玉、镁铝尖晶石、莫来石、氧化物超微粉等四大系列产品。产量质量在国内同行业中名列前茅，主要产品烧结刚玉国内市场占有率为18%～19%。先后通过ISO 9001、ISO 14001、OHSAS 18001、ISO 50001四体系认证。

企业先后从武汉科技大学、西安建筑大学、扬州大学等高校引进本科毕业生32人、研究生3人。截至目前，公司共有大专以上学历人员48人，其中博士1人、研究生3人。在引进人才的同时，坚持以事业留人、待遇留人、情感留人，做到因材施教、有目标培养。公司建立了“双通道”晋升和“结对培养”模式，促进了企业技术与管理人才的快速成长。至2021年底，先后有18名大专以上学历人员走上中层以上管理岗位。通过江苏省“双创”、扬州市“绿扬金凤”人才项目，从武汉科技大学、西北工业大学引进高层次技术创新领军人才4人，通过博士后科研工作站平台招聘进站博士4人，共同推进微孔节能耐火材料开发、生产技术难题攻关。

2020年，公司与中科院理化所共同承担了“科技部千吨氮化硅粉体生产线”研发建设项目，该项目的建设进一步提升了晶鑫的服务领域和服务能力，对于带动和促进机械、精密陶瓷等相关行业的发展具有积极作用，在同行业中起到了一定的引领和示范作用。

公司建立了国家级博士后工作站、省高温合

成材料工程技术中心、省企业技术中心、江苏省工程研究中心等高层次研发平台。先后获得江都区区长质量奖和扬州市市长质量奖。按照省级智能车间建设要求，设计改造了多条竖窑生产线，公司信息化及智能化的装备投入近2000万元。2018年，公司被扬州市工信局评为互联网+小微企业示范企业；2021年，烧结刚玉车间获批扬州市智能车间；2021年，公司被认定为国家级专精特新“小巨人”企业。

2020年总资产42998万元，资产负债率31.95%，营业收入31799.03万元，利税3357万元，净利润1808万元，研发投入1160.40万元，占销售收入3.65%；2021年总资产54407万元，资产负债率40.41%，营业收入40702万元，利税4168万元，净利润1845万元，研发投入1661万元，占销售收入4.08%。

江苏苏嘉集团新材料有限公司

一、历史沿革

江苏苏嘉集团新材料有限公司原名无锡市苏嘉镁砖有限公司，始建于1986年，隶属于江苏苏嘉集团有限公司。1995年，苏嘉公司与日本最大耐火材料企业“日本黑崎窑业株式会社”成立合资公司。经过近40年的发展，苏嘉公司已从单纯生产镁碳砖的企业发展成为国内规模领先的综合性耐火材料生产企业之一，年产各类耐火材料近20万吨，产值超过10亿元。

公司是国家级高新技术企业、江苏省“明星企业”，是中国耐火材料行业协会副会长单位。公司拥有“江苏省新型复合耐火材料工程技术研究中心”“省级企业技术中心”。

二、基本情况

江苏苏嘉集团新材料有限公司坐落于美丽富饶的太湖之滨——江苏省无锡市。公司占地面积160000m^2，建筑面积128000m^2，公司注册资本15600万元，总资产超过10亿元，职工总数700余人。

公司主要生产炼钢用高级耐火材料，产品除了供应国内近百家钢铁企业外，还远销美国、俄罗斯、德国、奥地利、新西兰、日本及东南亚等国家和地区。多次被国内外重点钢铁企业评为“战略合作优秀供应商”。

1995年，苏嘉公司与日本最大的耐火材料企业“日本黑崎窑业株式会社”合资成立了“无锡黑崎苏嘉耐火材料有限公司”，生产具有世界一流水平的镁碳砖、不定形耐火材料；2000年8月，通过引进和消化吸收日本黑崎的先进技术，研制成功了高性能滑板，平均使用寿命均达4次以上，引领了国内滑板连用技术的发展；具备高度现代化程度的连铸“三大件”（浸入式水口、长水口、塞棒等）生产工厂于2002年底建成投产并不断进行智能化升级，目前其产品80%以上出口。

三、主要产品及工艺装备

公司主要产品有转炉用全套耐火材料（炉衬镁碳砖、镁砖、转炉透气砖、填缝料、捣打料、火泥、大面料等），电炉用全套耐火材料（炉衬镁碳砖、高寿命出钢口、捣打料、喷补料、引流砂等），钢包用各种档次的镁碳砖、铝镁碳砖、镁铝碳砖、镁钙碳砖、无碳砖、透气砖、座砖，高性能滑动水口，连铸用耐火材料，特殊钢专用全镁碳钢包、SN、中包、AG系列耐火材料及其他功能性耐火材料等；耐火材料年生产能力超过20万吨。

主要生产设备有自动计量配料及输送线3套、2600t全自动抽真空压砖生产线1条、2000t等静压机1台、1600t抽真空摩擦压机2台、1250t/1000t抽真空摩擦压机各1台、630~1000t电动及摩擦压砖机20台、镁碳砖全自动智能生产线2套、无锡市智能车间1个、全自动隧道窑6条、真空油浸装置2座等。

近年来，苏嘉公司为进一步巩固行业地位，拥抱新一代信息化技术，推动企业两化融合智能化转型，开展了新型耐火材料全自动工艺智能精细化管控建设，通过智能化设备设施互融互通、系统数据信息集成共享，实现整个生产贯穿从原料到成品全过程集中管理，采用先进的配方管理系统，在兼顾配方保密性的同时，达到技术配方和生产配方有机统一，同时支持生产过程中多种容器的配方转换，优化产业结构，促进技术进步，提高企业的核心竞争能力。

四、机构与人事

公司现有职工总数700余人，工程技术人员82人，中级、高级技术职称人员42人。公司董事长龚育才（江苏省人大代表），事业部总裁彭仁。

五、企业管理

作为中国耐火材料行业协会副会长单位，苏嘉公司早于1998年建立并通过了ISO质量管理体系认证，2008年通过ISO 14001环境管理体系认证，2009年通过ISO 18001职业健康安全管理体系认证，2019年通过两化融合管理体系评定，2021年通过知识产权管理体系认证。

苏嘉公司是国内首批获冶金部颁发的“镁碳砖工业生产许可证”企业之一。2002年起被评为国家级“高新技术企业”，连续多年被评为省“明星企业”“行业最佳”。是国家冶金局颁布的“全国百家重点冶金企业”之一、国家火炬计划惠山特种金属材料示范基地内龙头企业，是“江苏省‘专精特新’中小企业”。

2006年获国家“产品质量免检证书”。“苏嘉”商标为江苏省著名商标，是江苏省耐火材料第一品牌。

六、科研开发

江苏苏嘉集团新材料有限公司建立了无锡市最早的耐火材料工程技术研究中心，2009年该中心更名为“新型镁基复合耐火材料工程技术研究中心”，并且升级为省级工程技术研究中心。工程中心现拥有总资产1500余万元，现有专职科研人员52名，设有监测站、产品研发部、技术工程部、情报研究室、中试车间、综合办公室等部门。在国内同行业中拥有一流的科研攻关力量。研发中心与中钢洛耐院、武汉科技大学、安徽工业大学、郑州大学、钢铁研究总院等多家国内顶尖科研院所长期保持科技交流与研发合作。

目前技术研究中心持有100多项国家授权专利，先后承担了电炉喷补料、高抗镁碳砖、高性能滑动水口、非氧化物复合低碳镁碳砖等多项国家、省级火炬计划，并主导参与了行业“超高功率电弧炉用镁碳砖标准”的制定。

新产品的不断成功开发，确保了公司在同行业中的竞争优势，为企业带来可观的社会和经济效益。为满足国内冶炼特殊钢材的需要，苏嘉公司专门研制了特殊钢专用高级耐火材料，填补了国内空白，为高级钢种的国产化做出了贡献。

七、销售与服务

公司坚持走“质量+技术”型发展道路，以“为国内外客户提供高品质产品”为宗旨，不断改革传统营销模式，在国内率先推出“工程服务”和“整体承包”的营销理念，能为客户提供全套专业“设计+生产+现场砌筑+维护+技术指导”等全方位配套服务，已有超过20年在钢厂进行整体承包的丰富经验，最大限度地为钢厂降低成本、满足客户对耐火材料的各种使用需求，不仅极大地拓展了公司的市场，而且提高了自身的综合竞争力，多次被国内重点钢铁企业评为“战略合作优秀供应商”。

“竞争、合作、勤勉、进取”的苏嘉精神，“优秀的人才、优质的产品、优良的服务”的企业灵魂，“严格科学的管理、不断追求科技领先”的苏嘉理念，构筑了富有苏嘉特色的企业文化内涵。江苏苏嘉集团新材料有限公司通过全面提高质量管理和企业运作水平，以发展民族耐火材料工业、打造世界级的耐火材料“苏嘉”品牌为己任，愿联手志同道合的合作伙伴为国内外钢铁厂提供优质的服务和超预期的价值，为我国钢铁工业的发展贡献力量。

辽宁东和新材料股份有限公司

一、历史沿革

辽宁东和新材料股份有限公司始建于1996年，当时名为“海城市华晨特种耐火材料厂”，于2001年12月21日经海城市工商行政管理局核准更名为“海城市东和耐火材料有限公司”，主要生产轻烧氧化镁、重烧氧化镁和电熔镁砂等耐火原料。

2007年3月，海城市东和耐火材料有限公司又投资建立“海城市东和泰迪冶金炉材有限公司”，生产镁碳砖和不定形耐火材料。

2007年12月，“海城市东和耐火材料有限公司”更名为“辽宁东和耐火材料集团”。

2016年3月，集团公司完成股改，整体变更为“辽宁东和新材料股份有限公司”，并于2016年10月27日正式在北京新三板挂牌上市，股票代码839792，公司简称“东和新材”。

2022年12月14日，公司于北交所IPO成功过会，在北交所挂牌上市。

公司现注册资本14554万元人民币，年销售收入8亿元人民币左右。

二、企业概况

公司是集菱镁矿采矿、选矿、氧化镁冶炼、耐火砖制造、不定形耐火材料制造、钢铁冶炼耐火材料整体工程承包于一体的集团化、专业化的耐火材料生产企业。

公司所生产的低硅高钙电熔镁砂80%以上出口到世界各地，镁碳砖等不烧砖制品50%以上出口到欧洲、美国、印度、南非等国家和地区。

公司于2005年便开始对菱镁矿的资源综合利用进行攻关和研究，在菱镁矿尾矿综合利用方面做了大量科学细致的调研工作，为长期稳步可持续发展、完善循环经济产业链，提前夯实了产业基础，具有其他后跟进企业所不可比拟的产业基础优势，是同类企业中产业链条最完整、最具竞争力和发展活力、在行业内颇具影响力的企业。

公司在多年的经营发展中，从菱镁矿采矿、菱镁矿选矿到氧化镁材料的冶炼，到耐火材料制品的设计、生产、施工及应用，形成了完整的产业链条，积累了丰富的经验，拥有多项自有技术，取得了20多项发明专利及实用新型专利。在菱镁矿资源综合利用方面，通过10余年的技术积累，成功拥有多项独有的新技术、专利及Know-how，使公司在市场竞争中具有独到的技术优势。

公司的菱镁矿浮选技术及旋流动态闪速煅烧高活性氧化镁技术在国内均为领先水平。

公司是工业和信息化部确定的唯一的一家菱镁矿综合利用示范工程。

公司为国家级高新技术企业，省级工程技术研究中心。

三、主要产品及工艺装备

公司的主要产品有菱镁矿石、菱镁矿精矿粉、轻烧氧化镁粉、重烧镁砂、电熔镁砂、大结晶电熔镁、镁碳砖、铝镁碳砖、铝-碳化硅-碳砖以及各种不定形耐火材料。

公司的主要产品生产能力如下：

（1）菱镁矿石30万吨/年。

（2）菱镁矿浮选精矿粉40万吨/年。

（3）高活性轻烧氧化镁20万吨/年。

（4）大结晶电熔氧化镁1万吨/年。

（5）低硅高钙电熔氧化镁10万吨/年。

（6）不烧耐火砖制品5万吨/年。

（7）不定形耐火材料3万吨/年。

公司是辽宁省授牌的“辽宁省工程技术研究中心”及“辽宁省技术中心”，拥有先进的生产系统，包括菱镁矿浮选生产系统、轻烧氧化镁生产系统、电熔氧化镁生产系统、镁碳砖生产系统及不定形耐火材料生产系统。特别是公司的生产轻烧氧化镁的“闪速旋流动态煅烧系统”，该系统是与沈阳东大粉体研究所共同合作开发的，其投产成功标志着我国新一代高活性轻烧氧化镁大规模工业化生产的开始。

四、机构与人事

根据《公司法》，公司设股东大会，股东大会是公司的最高权力机构，依照《公司法》行使职权。公司董事会对股东大会负责，依照《公司法》行使职权，公司董事会成员9名，其中独立董事3名。公司设监事会，依照《公司法》行使职权，监事会成员3名，其中职工监事1名。

公司现有4个下属子公司，海城市东和泰迪冶金炉材有限公司为公司的全资子公司，海城市荣富耐火材料有限公司、东和欧洲公司、东部镁业有限公司为公司的控股子公司。

公司实行母子公司管理模式。母公司设有10个职能管理部门：营销中心、研发中心、财务中心、综合管理中心、安环部、工程部、采购部、质量管理部、人力资源部、仓储部。

各子公司日常经营由子公司董事会聘任的经营管理团队负责，子公司董事会三分之二以上的董事由公司委派，董事长（法人代表）由公司推荐，财务负责人由公司统一委派。

公司2022年底职工总数650人，其中大专以上学历85人，中级工程师以上人员15人。公司建立了基于每名员工的绩效考核体系，提高了各部门、各层级人员的工作积极性和工作效率。

五、科研成果

公司自2006年开始与辽宁省地质矿产研究院、辽宁科大开展技术合作，引进高端人才组建包括3名高工、2名博士总计20人的公司研发团队，研发成功了“低品位菱镁矿分选提纯技术”“高效电熔镁节能减排技术”“废旧镁碳砖水化处理循环技术”等新产品、新技术和新工艺；先后组建了“鞍山市企业技术研究中心”“辽宁省企业工程技术研究中心”以及“辽宁省技术中心”并获批工业和信息化部第一批示范工程。

公司于2016年获批为国家级高新技术企业，目前拥有已授权自主知识产权39项，其中发明专利4项。

公司先后在科技方面获得多项奖励，近3年获辽宁省科技进步奖2项、鞍山市科技进步奖3项，2017年获“鞍山市科技小巨人”称号，是海城市重科技、重研发的典型企业；2017年获得辽宁省名牌产品称号，2018年获得辽宁省科技进步奖二等奖；在2019年被授予“鞍山市明星民营企业”称号，2019年公司获“辽宁省绿色工厂”称号，2020年公司的矿山获“绿色矿山”称号，2021年公司获“辽宁省知识产权优势企业”称号及“国家级专精特新‘小巨人’企业”称号。

辽宁中镁集团

辽宁中镁集团坐落于素有“中国镁都”之称的大石桥市，已发展成为集耐火材料研发、生产、销售及施工服务于一体的现代化企业，有员工1200余人，拥有总面积达68万平方米的生产基地，总资产近12亿元，下辖辽宁中镁控股股份有限公司、辽宁中镁高温材料有限公司、营口关山耐火材料有限公司、新疆中镁高温材料有限公司等8家子公司。

公司主要为高温工业及新能源企业提供高品质耐火材料，从事细分领域20多年，为高温热工窑炉及储能装备提供设计、研发、配置、制造、施工、维护与技术服务于一体的“打包”业务，占据了稳定的市场份额，并成为业内、区域内具备领先地位的优势企业之一。

公司拥有电熔镁砂、合成镁砂等耐火材料原料生产基地；拥有年产能达30万吨高品质碱性耐火材料生产基地，逐步实现了“矿山→原料→制品”全产业链的定位，形成了以碱性耐火材料为主的散料、不烧砖、烧成砖等系列产品，业务涵盖了钢铁、冶金、建材、有色、石化等行业。公司与宝武集团、山东钢铁、青山集团、华菱钢铁等钢铁企业建立长期战略合作关系；与信义集团、中国建材、旗滨集团等玻璃企业及中铜、中铝、江铜、云铜等有色冶炼企业建立良好合作关系，并出口美国、日本、俄罗斯、瑞士、澳大利亚、中国台湾等国家或地区。

2018年，顺应国家“一带一路”政策，发挥“西北”区域优势，成立新疆中镁高温材料有限公司，致力于西北高温工业用材料运营领域的开拓，完善了公司产业跨区域发展的战略布局，实现联动生产和运营，提升了公司竞争实力及盈利能力。

2019年伊始，公司响应国家节能减排号召，把节能环保作为业务发展的基本任务，进行产业结构调整，积极采用先进的全自动化装备取代落后工艺和装备，依托5G+工业互联网平台系统，实现企业资源计划系统（ERP）、制造执行系统（MES）和OA等管理系统（PLM）的集成协同，进行高新技术改造，健全了合理化、正规化的运行流程和信息化管理平台，实现了现代化管理，同时把研发的热点定位于高效利用低品位菱镁资源，生产低碳、无碳、镁钙、镁铁铝砖等一系列绿色产品。

公司为高新技术企业，拥有辽宁省级企业技术中心、研究生实验研发培训基地，与中科院金属研究所、华北电力大学、辽宁科技大学、沈阳化工大学等著名大学和研究机构保持长期良好合作关系；与辽宁科技大学共建镁质高温材料研发中心，现有高级工程师5人，各类工程技术人员130人，形成以博士、硕士等高级技术人才为核心的创新研发队伍。近年来承担多项国家省政府、市级重点科技攻关项目，完成的“菱镁矿废料综合利用”“生产车间自动化升级及工业互联网化改造”“10万吨无铬环保新材料”等项目获得了国家资金支持；参与行业标准制定5项，拥有国家专利50多项，享有自主知识产权新产品多项，其中“节能型-低热导率复合镁钙砖”“电熔再结合镁钙砖”及RH炉用不烧尖晶石等产品达到国内领先水平。

公司先后通过了辽宁省“专精特新”中小企业认定与国家级专精特新“小巨人”企业认定、国家级知识产权优势企业认定，并通过了ISO 9001及ISO 14001管理体系认证，取得了安全标准化管理证书，且全面推行6S管理模式，先后荣获“中国耐火材料行业AAA信用企业”“辽宁省名牌产品”“耐火材料一级优秀承包商企业”“辽宁省现代企业制度首批示范企业”等一系列资格和荣誉。

公司深耕耐火材料行业20多年，培养并拥有了一批颇具规模的经营管理团队和完整的服务体系，凭借从现场考察到设计方案、生产供货、砌筑施工、冶炼维护、技术指导等一站式服务的经营优势，与下游客户的供需关系跃升为战略合作伙伴关系，产品从原来简单的商品价值向服务价值延伸，在帮助客户提高耐火材料制品使用效率、创造更大价值的同时也显著提高了自身的效益和信誉。

攀钢冶金材料有限责任公司

一、历史沿革

攀钢冶金材料有限责任公司是攀钢集团有限公司的全资子公司。1974年，攀钢耐火厂正式建成投产；1994年，整合攀钢原燃料处耐火科、炼钢厂炉衬车间、炼铁厂碾泥工段以及财务处驻耐火厂财务科成建制划拨，组建攀钢耐火材料有限责任公司；2000年，攀钢冶金材料有限责任公司（以下简称公司）正式挂牌成立。

二、基本情况

公司布局攀枝花、西昌两大生产基地，主要涉足耐火材料产品、冶金辅料、新型建材三大产业，占地面积20万平方米，总资产达4.26亿元，年销售收入10亿元以上。公司拥有各种专业生产线8条，检验和研发设备近50余台（套），具有活性石灰100万吨、镁碳砖2万吨、散状料及预制件8万吨、钛镁板20万张的年生产能力。

公司始终秉承“绿色、智慧、共赢”的经营理念，以服务钢铁、钒钛主线发展和攀西地区非金属自然与再生资源综合利用为使命，致力于为用户提供从产品设计、供应、窑炉修砌维护等全过程个性化服务，以优良的产品质量、优质的售后服务不断为用户创造价值。

三、主要产品及工艺装备

公司主要产品有50余种，分别为耐火材料主要有镁碳砖、铝碳化硅碳砖、冲击板、脱硫枪等定形制品；钢包底浇注料、环保型干式料、干式振动料、浇注料等不定形制品；冶金辅料有活性石灰、钝化石灰等品种；新型建材钛镁板；新型耐火原料墨钢玉。

工艺装备主要有ϕ3.6m/3.8~70m回转窑（1套）、ϕ3.6~55m回转窑（1套）、ϕ5.9~70m回转窑（2套）、300t压砖机（2台）、630t压砖机（3台）、1000t压砖机（1台）、1250t压砖机（1台）、2500t全自动液压压砖机（1台）、脱硫枪生产设备（1套）、镁质预制件生产设备（1套）、散装料生产设备（1套）、高炉泥料生产设备（1套）、年产20万张新型建材板成套设备（1套）。

四、机构及人事

公司设立职能部室3个，分公司级单位5个。公司现有在岗员工880人，有经营管理技术人员共136人，生产操作人员744人。其中研究生23人，本科学历人员101人；高级职称11人，中级职称68人；生产操作人员中有高级技师4人，技师23人，高级工95人。

五、企业管理

公司建立了较完备的市场营销、科研开发、生产安全、设备能源、技术质量、财务成本和人力资源等专业管理体系，通过了ISO 9001：2015质量认证、ISO 14001：2015环境管理体系认证和ISO 45001：2018职业健康安全管理体系认证。

公司是中国耐火材料行业协会副会长单位、中国金属学会耐火材料分会理事单位、中国石灰协会理事单位、四川省金属学会理事单位、四川省金属学会耐火材料学术委员会主任委员单位、中国菱镁行业协会会员单位，在全国耐火材料行业拥有一定的知名度，在耐火材料技术进步、冶金石灰生产运营等方面处于西南地区领先地位。

公司不断探索与改进企业管理模式，其中“共赢型耐火材料总包模式的探索与实践”成果获得中国钢铁工业协会冶金企业管理现代化创新成果奖等；多次荣获“全国耐火材料系统竞赛先进单位”“安全防尘优胜单位”“精神文明建设先进单位”“社会治安综合治理先进单位”、四川省金属学会先进集体等荣誉称号。

六、科研成果（含专利、商标等）

公司科研成果主要包括：

（1）钒钛磁铁矿冶炼用耐火材料集成技术。范围涵盖高炉、提钒、炼钢、连铸全流程，先后获得攀枝花市和攀钢科技进步奖二等奖、三等奖，同时取得多项发明专利。

（2）海绵钛熔盐氯化炉用耐火材料集成技术。从材料开发、制造、施工及维护等方面着手，创新思路，逐步将熔盐氯化炉连续稳定运行时间提高到2年，最长达到4年，同时获得2项国家发明专利，获得攀枝花市和攀钢集团科技进步奖二等奖、四川省科技进步奖三等奖。

（3）废弃耐火材料和钒铁渣再生利用技术。从拣选、加工、配方研究到工业运用形成了一整套技术，广泛应用于浇注料、预制件、铁水及半钢罐、钢包砖等材料中，创造了较好的经济效益和社会效益。通过了四川省科技项目鉴定，获得攀枝花和攀钢集团科技进步奖二等奖、三等奖，4项国家发明专利授权。

（4）钒合金冶炼用耐火材料关键技术。公司在耐火材料环保型结合促烧系统、抗钒合金渗透、耐火材料施工工艺改进等方面开展大量研究，形成了独有技术。

（5）石灰生产关键技术。持续开展大型回转窑生产活性石灰工艺技术研究，形成钝化石灰、钒合金冶炼用高品质石灰、冶金石灰等产品系列。

（6）新型建材钛镁板系列研究技术。钛镁板以攀钢特色钛资源、天然镁质矿粉为主要原料，以高分子材料为改性增强剂，以轻质材料为填充物制备出的一种A1级防火建筑板材获得2项国家发明专利。该系列产品具有优越的防火、抗震、防腐、保温隔热性能及良好的施工性能，主要用于装配式建筑的吊顶、地板、楼承板、隔墙（基板、保温隔热板、饰面板）等，也可用于烟道、风管、电缆槽、隧道防火等级要求较高的工程重要部位。

（7）新型耐火原料墨钢玉合成研究技术。墨钢玉是充分利用攀西地区独有原料，由北京科技大学陈俊红教授设计和合成，以 Al_2O_3、MgO 和 CaO 为主要成分，以 MA（镁铝尖晶石）、CA6（六铝酸钙）和两者穿插融合而形成的 $Ca_2Mg_2Al_{28}O_{46}$ 为主要物相，采用电熔方法生产的一种致密耐火原料。通过研究，逐步形成了一套独有的原料预处理、冶炼和冷却技术。该材料具有耐火度高、体积密度适中、吸水率低、抗渣渗透和侵蚀性能强以及热膨胀系数低等特点，在耐火定形制品和耐火浇注料中可作为主要原料使用，也可作为定形制品的高温塑性材料。墨钢玉目前已在攀钢多个产品上获得了批量应用，并在国内多家知名公司获得了批量应用。

截至 2022 年，公司拥有有效发明专利 28 项。

七、服务领域

公司主要从事冶金辅料、高温工业冶炼用耐火材料、新型建筑材料等产品的设计、研发和生产。公司产品广泛用于冶金、石油、化工、建材、电力、机械等行业。多个耐火材料品种在重轨冶炼、钢铁冶金、钒钛磁铁矿冶炼、钒钛冶炼等领域处于领先地位。

濮阳濮耐高温材料（集团）股份有限公司

一、历史沿革

濮阳濮耐高温材料（集团）股份有限公司是在濮阳濮耐高温材料有限公司基础上改制设立的股份有限公司，其前身为濮阳县耐火材料厂。

濮阳县耐火材料厂成立于1988年12月，2002年1月改制为濮阳濮耐高温材料有限公司，2007年6月改制为濮阳濮耐高温材料（集团）股份有限公司，并于2008年4月25日在深圳证券交易所A股正式挂牌上市，股票代码“002225”，股票简称为“濮耐股份”。

上市以来，濮耐股份相继收购了云南昆钢耐火材料有限公司51%股权、上海宝明耐火材料有限公司100%股权、海城市琳丽矿业有限公司100%股权、海城市华银高新材料制造有限公司95%股权、郑州华威耐火材料股份有限公司100%股权、马鞍山市雨山冶金新材料有限公司100%股权、郑州汇特耐火材料有限公司100%股权等。目前濮耐股份有11个全资子公司，9个控股子公司，2个孙公司，4个分公司，3个参股公司。

二、基本情况

濮阳濮耐高温材料（集团）股份有限公司（Puyang Refractories Group Co.，Ltd.，濮耐股份，PRCO）是目前国内主要的功能耐火材料、定形、不定形耐火材料生产企业之一，是国内主要的钢铁行业用耐火材料制品供应商和服务商。

濮耐股份主营业务为研制、生产和销售定形、不定形耐火材料、功能耐火材料及配套机构，并承担各种热工设备耐火材料设计安装、施工服务等整体承包业务，目前已为世界钢铁百强企业中的近70家提供优质产品和完善服务。主要产品包括透气砖类、座砖类、散料类、滑板水口类、三大件类、镁碳/铝镁碳类等20多个系列、200多个品种的耐火材料，广泛应用于钢铁、有色冶炼、电力、石化、铸造等行业，并出口到美洲、欧洲、独联体国家、东南亚、非洲、中东等国家和地区。

濮耐股份一直致力于耐火材料新技术、新产品的开发和推广应用，是国家认定的高新技术企业、国家创新型企业、国家级绿色工厂、环保绩效分级A级企业、省级智能制造车间、河南省头雁企业、中国科技名牌500强企业、中国证券市场20年最具活力新锐上市公司。自1998年起，先后通过了ISO 9001质量管理体系、ISO 14001环境管理体系和ISO 45001职业健康安全管理体系认证。截至2022年底，濮耐在耐火材料行业累计拥有的自主知识产权及各项有效技术专利共计461项，其中发明专利65项、实用新型专利393项、外观设计3项。获得河南省科技进步奖15项，承担国家级、省级、市级科技项目68项，是河南省首批知识产权优势企业、河南省创新龙头企业。

濮耐股份拥有国家认定企业技术中心、国家（CNAS）认可的高温陶瓷材料试验检测中心、省级高温陶瓷材料工程技术研究中心、技术研究院、博士后科研工作站。濮耐股份密切关注全球高温工业及耐火材料领域的发展动态，注重科技人才的引进、市场调研及高新技术产品的开发，先后在冶金行业的高炉、电炉、转炉、钢包、中间包、工业炉、有色金属冶炼、石化、电力、建材行业炉窑等耐火材料的开发上取得了突破性的进展。公司获得“2010年度濮阳市市长质量奖”“2013年度河南省省长质量奖”“中国出口质量安全示范企业”“2020年高新技术企业”。

濮耐股份一直致力于与国内外优质耐火材料公司合作，加快兼并重组，进一步增强综合实力，已成为全国耐火材料行业产品配套齐全、覆盖钢铁、建材、有色、石化等主要高温领域的主要企业。

濮耐使命：与高温艺术同行，为全球高温工业提供卓越的产品与系统解决方案。

濮耐愿景：成为客户信赖、社会尊重、最具价值的国际一流耐火材料企业。

濮耐核心价值观：人本、超越、阳光、责任、内省。

青岛正望新材料股份有限公司

公司自2010年以来持续被认定为高新技术企业，获得“山东省瞪羚企业”和“青岛市中小企业隐形冠军企业”“青岛市民营领军标杆企业”和“青岛市‘专精特新’中小企业”等荣誉称号。2020年，公司生产线被工业和信息化部列入《符合耐火材料行业规范条件生产线名单》。2021年，公司数字化车间被评为青岛市“工业赋能”场景示范认定项目，相关解决案例被列入工业和信息化部中小企业局“中小企业数字化转型典型案例”。

公司现有研发人员60余人，其中博士1人、硕士8人、高级工程师7人。公司具备山东省企业技术中心、山东省博士后创新实践基地、青岛市耐火材料研发专家工作站、青岛市工程研究中心和青岛市技术创新中心等多层次研发机构。2021年，专家工作站被评为青岛市专家服务基地。近3年，公司持续开展新产品新技术研发工作，共计承担市级研发项目50余项，开发新产品30余种，获得授权专利23项，包括4项发明专利和19项实用新型专利。

公司注重标准化工作，积极参与国家、行业等各级标准的制修订工作。公司于2017年开始参与行业标准《连铸用功能耐火制品》（YB/T 007—2019）的修订工作，该标准已由工业和信息化部批准公告并实施；参与编制的黑色冶金行业标准《特种耐火制品单位产品能源消耗限额》（YB/T 4895—2021）和团体标准《薄板坯连铸用中间包浸入式水口》也已获得批准公告并实施。公司目前正在参与国家标准《鳞片石墨》（GB/T

3518）和团体标准《耐火材料工业污染防治可行技术规范》等的制修订工作，目前处于起草阶段。

瑞泰科技股份有限公司

一、历史沿革

瑞泰科技股份有限公司是中央企业中国建材集团有限公司成员单位，控股股东为中国建筑材料科学研究总院有限公司（以下简称“中国建材总院”）。公司的前身为中国建筑材料科学研究院耐火所和湘潭中间试验所，2001 年 12 月，中国建材总院、山东张店水泥股份有限公司、浙江省创业投资集团有限公司、莱州祥云防火隔热材料有限公司、宜兴市耐火材料厂和北京矿冶研究总院作为发起人，以发起方式设立北京瑞泰高温材料科技股份有限公司。2006 年 8 月在深交所中小板上市，公司股票代码 002066，成为国内首家以耐火材料为主业的上市公司。2008 年，公司名称变更为瑞泰科技股份有限公司。经过历次增发、转增，截至 2022 年末，瑞泰科技股本总额为人民币 23100.00 万股，中国建材总院作为第一大控股股东，持股比例为 40.13%。

公司在湖南、四川、安徽、河南、广东、江苏、山东等省份设有 13 家成员企业，业务覆盖钢铁、水泥、玻璃、有色、电力、石化等行业。在耐火材料领域形成了基础研究、技术研发、热工设计、窑炉施工、产品出口、技术服务、工程总包等完整综合服务体系。

二、企业概况

2022 年，公司注册资本 2.31 亿元，营业收入 48.20 亿元。经过 21 年的发展，瑞泰科技已经形成了耐火材料、耐磨材料、工程服务三大主业，钢铁、水泥、玻璃、有色、电力、石化、煤化工等七大业务单元。公司的综合实力、产品质量、服务水平均居行业领先地位。

公司围绕中国建材集团和中国建材总院提出的发展要求，以效益为中心，以市场为导向，以创新为动力，以改革为龙头，以提质增效为重点，走产业融合之路，着力改造提升传统耐火材料产业，培育壮大工程服务业，加快“两化”深度融合和国际化进程，把公司建设成为国内一流、国际领先的科技型产业集团。

多年来，公司秉承“诚信赢得市场，科技创造未来”的经营理念，“做精玻璃，做优水泥，做强钢铁”的战略思想，引领和承担起行业发展的历史重任。公司是国家“资源节约、环境友好两型企业”和“国家重点火炬计划高新技术企业”，拥有博士后科研工作站、博士后研发基地、“玻璃窑熔铸耐火材料工程技术中心”“安徽省环保耐火材料绿色循环利用工程研究中心”“安徽省不定形与功能耐火材料工程技术中心”“河南省碱性耐火材料工程技术研究中心”“安徽省企业技术中心”“河南省铝硅质耐火材料工程技术研究中心”“江苏省节能环保型冶金用高温耐火材料工程技术研究中心”“湖南省认定企业技术中心”“无锡市环保型危废处理热工设备耐火材料工程技术研究中心”等近 30 个省市级行业平台，为公司科技创新、实力提升奠定坚实基础。

近几年，公司在产品高端化、制造智能化、发展绿色化三化转型方面取得显著成效。公司目前拥有国家级绿色工厂 4 家，国家级专精特新“小巨人”企业 2 家。2022 年，所属企业瑞泰马钢入选工业和信息化部制造业质量管理数字化典型场景和解决方案优秀案例，透明工厂被央视《新闻联播》报道，被认定为“安徽省环保耐火材料绿色循环利用工程研究中心”并获评马鞍山市发改委企业能源经济效率和能源技术效率双 A 级、优先发展（Ⅰ）类企业。郑州瑞泰被评为国家级智能制造示范工厂、国家级服务型制造示范企业、河南省第一批 DCMM 贯标试点企业、河南省服务型制造示范企业、河南省能碳管理示范企业等，《河南新闻联播》对郑州瑞泰数字化转型工作进行了重点报道。

公司还承担了行业多项社会工作，是中国耐火材料行业协会会长单位、中国建材联合会耐火材料分会理事长单位、中国硅酸盐学会耐火材料分会理事长单位、国家耐火材料标准委员会副主任委员单位、中国建筑玻璃与工业玻璃协会副会长单位、中国日用玻璃协会副理事长单位，在耐火材料行业和下游产业有较大的影响力。

三、主要产品及工艺装备

公司从事定形和不定形耐火材料及各类耐磨材料的研发、生产、销售以及综合服务，产品服务于玻璃、水泥、钢铁及有色、电力、石化等行业，主要产品包括熔铸耐火材料、烧成耐火材料、不定形材料以及各类耐磨材料等。公司业务分为玻璃行业用、水泥行业用、钢铁行业用耐火材料三大业务板块。玻璃板块主要产品包括熔铸耐火材料、碱性耐火材料，用于平板玻璃、日用玻璃及其他特种玻璃窑体的砌筑，并可为用户提供包括窑炉设计、材料配置、材料提供、技术咨询在内的成套服务；水泥板块主要产品包括碱性耐火材料、铝硅质耐火材料和不定形耐火材料等，公司在该板块致力于推广总包服务模式，即为客户提供从耐火材料的设计、选型、配置、供货、安装施工、技术改造、后期维护的一站式综合服务；钢铁业务板块主要产品有炼钢系统用耐火材料、炼铁系统用耐火材料、连铸用功能型耐火材料，产品品种较为齐全，同样可为用户提供总包服务。公司的生产规模、技术水平、产品质量、创新能力均居行业领先地位。

公司的玻璃窑用熔铸耐火材料产品具有自主知识产权，产品已在国内外市场形成品牌。水泥窑用环境友好型碱性耐火材料是公司承担国家“863”科研计划转化的科技成果，凭借其无铬污染的优良产品性能，在水泥市场广受青睐。公司研制成功的低导热多层复合莫来石砖为水泥行业的节能减排增添新生力量，广受用户欢迎，市场前景广阔。针对钢水连铸体系用耐火材料功能性强的特点，公司自主开发了滑动水口砖、连铸三大件、透气砖、滑动水口执行机构、液压站总成等配套材料，是滑板砖、铸口砖及座砖的国家标准制定单位，产品多次获得国家、省、市科技进步奖和优秀新产品奖，性能指标达到国内领先水平。

公司拥有节能环保型高温材料智能制造基地、玻璃窑用低导热锆刚玉及α-β-氧化铝耐火材料生产基地、环境友好型碱性耐火材料生产基地、全自动不定形耐火材料生产基地及其他耐火材料生产线，其主要装备有全自动控制高温环保隧道窑、德国全自动莱思液压砖机、工业机器人、全自动配料生产线、程控节能型电弧炉等，产品制造过程绿色、环保、安全、高效，产品质量达到或接近世界水平。特别是公司建成投产的节能环保型高温材料智能制造基地将智能制造技术、自动化信息化技术引入高温材料生产线和工厂管理环节，按照绿色智能工厂的标准建设，采用德国、日本等国家的先进智能制造装备，搭建了全流程智能化、自动化管理和操作系统，建成透明工厂，公司生产线的两化融合和智能制造水准得到进一步提升。

四、机构与人事

公司实行母子公司管理模式。母公司（总部）设有10个职能管理部门，1个耐火材料中央研究院，是公司的战略管理中心、投融资管理中心、技术创新管理中心、市场开发管理中心、企业文化和品牌管理中心。公司作为国有控股的上市公司，对国有资产保值增值负责，对广大投资者应享有的平等权益负责，对各分、子公司按照《公司法》有关规定行使出资人权力：重大事项决策权、经营者任免权和投资收益权。各分、子公司是公司生产经营的实体，从事具体的生产经营活动，是公司的利润创造中心。

公司目前共有所属企业13家，分别为瑞泰科技股份有限公司湘潭分公司、都江堰瑞泰科技有限公司、安徽瑞泰新材料科技有限公司、河南瑞泰耐火材料科技有限公司、佛山市仁通贸易有限公司、郑州瑞泰耐火科技有限公司、华东瑞泰科技有限公司、湖南湘钢瑞泰科技有限公司、山东瑞泰盖泽工程有限公司、瑞泰马钢新材料科技有限公司、宁国市开源电力耐磨材料有限公司、宜兴市耐火材料有限公司、宜兴瑞泰耐火材料有限公司。

公司坚持“企业是人，企业靠人，企业为人”的人才管理理念，通过多年努力，建设打造了一支思想纯洁、目标坚定、视野开阔、勇于开拓、敢于承担、群众拥护、上级放心、懂经营、善管理的干部队伍，建设打造了一支年轻有为、忠诚可靠、技术娴熟、能打硬仗的员工队伍。

五、科研成果

瑞泰科技的前身是中国建材总院的耐火材料研究所和湘潭中间试验所，是我国建材耐火技术的发源地，承担了从“六五”到“十五”国家耐火材料科技攻关项目数十项，许多新技术、新产品、新工艺、新装备填补了国内耐火材料技术的空白，“新型干法水泥窑用耐火材料配套开发”和“玻璃窑用熔铸 α-β-Al_2O_3 制品的开发”获得国家科技进步奖二等奖。

公司成立后，更加重视科技创新工作，在投入大量资金进行自主立项研究的同时，更是积极争取国家和行业的支持，承担和参与了国家“十一五”到“十四五”期间多项重点研发项目的科研工作，包括国家“973”计划、国家“863”计划、国家重大科技支撑、国际科技合作、国家火炬计划、科技部科研院所科技开发专项资金项目、国家重点研发计划重大专项等项目10余项，自主研发项目400余项；先后获得省部级科技进步奖一等奖1项，省部级技术发明奖二等奖1项，省部级科技进步奖二等奖8项，省部级科技进步奖三等奖5项，省部级技术革新一等奖11项，省部级技术革新二等奖5项，省部级技术革新三等奖9项，省级专利奖2项，行业标准创新奖1项及市级科技进步奖18项。目前，公司拥有国家专利457项，其中国际发明专利1项、国内发明专利212项，国家重点新产品5项，省部级科研成果70余项，主持或参与国家及行业标准制修订80余项。先后被有关部门批准设立院士工作站1个、博士后研发基地1个、博士后工作站1个。众多科研成果的研发成功和产业化，为公司快速可持续发展、增强核心竞争力奠定了坚实基础，为我国水泥、玻璃、钢铁行业的节能减排、转型升级做出了重要贡献。

瑞泰马钢新材料科技有限公司

一、基本情况

瑞泰马钢新材料科技有限公司是中国建材研究总院旗下的瑞泰科技股份有限公司与马钢（集团）控股有限公司共同出资成立的高新技术企业，其前身为安徽马钢耐火材料有限公司。

瑞泰马钢新材料科技有限公司成立于2017年5月，注册资本2亿元，其中：瑞泰科技股份有限公司现金出资12000万元，占注册资本的60%；马钢（集团）控股有限公司现金出资8000万元，占注册资本的40%。2017年9月29日，公司一期不定形耐火材料生产线开工建设；2018年9月19日，全线投产；2018年12月28日，完成整体搬迁。建设项目成为中国建材与马钢集团进行央企对接合作成功的典范及徽商大会签约汇报项目。公司坐落于安徽省马鞍山市雨山经济开发区，是瑞泰科技东方运营管理中心总部所在地，下辖安徽瑞泰、开源耐磨、宜兴耐火和宜兴瑞泰4家分子公司；是马钢集团多元产业新材料板块重要成员企业；是中国耐火材料行业协会常务副会长单位。

瑞泰马钢新材料科技有限公司致力于研发、生产、销售节能环保型钢铁工业用耐火材料，是国内重要的钢铁工业用耐火材料供应商和综合服务商。公司依托中国建筑材料科学研究总院和马钢集团两大平台，建设有国家级钢铁高温材料创新中心，致力于先进耐火材料关键技术研发、成果产业化、人才培养等工作；成立了博士后和院士科研工作站，聘请了10多位国内耐火材料知名专家、教授担任技术顾问，并与北京科技大学、武汉科技大学、辽宁科技大学等高等院校开展产、学、研合作，建立了长期、稳定的合作关系。创新中心拥有X荧光分析仪、碳硫分析仪，多功能应力应变测试仪、高温荷软蠕变测试仪、高温抗渣试验炉、热线导热仪、气孔体密测定仪、微观粒度分析仪、高温重烧炉、振动试样分缩机、分析仪、熔样炉、电阻炉、全自动钻孔取样机、高温抗折实验机、高温热膨胀仪、节能中温实验炉、抗热震性实验机、高温重烧炉、高温重烧试验炉、全自动抗折耐压试验机、金刚石切割机、测试仪、万能材料试验机、数显压力机，高温显微镜等化学、物理和显微方面最先进、最完备的耐火材料检验、检测及试验设备。公司先后被评定、认定为安徽省绿色工厂、智能工厂、安徽省“十四五”首批先进制造业和现代服务业融合发展试点单位、安徽省企业技术中心、安徽省环保耐火材料绿色循环利用工程研究中心、国家级绿色工厂、2022年皖美品牌示范企业，获评马鞍山市第十届市长质量奖。

二、机构与人事

瑞泰马钢新材料科技有限公司设立董事会，经营层设总经理1名、副总经理5名。按照“精干、高效”原则，不断推进人力资源优化和培训工作，盘活用好现有人力资源和做好员工补充招聘工作。2022年，新招聘员工录用3人；开展各类培训班41个，参与人数1206人；协助申报正高级工程师5人、高级工程师3人、中级工程师1人；聘任正高级职称6人、高级职称7人、中级职称7人、初级职称12人。根据市人才管理办法，15人获得“骏马”工程人才补贴。

三、主要产品及工艺装备

瑞泰马钢新材料科技有限公司经营范围是研发、生产、经营钢铁用耐火材料，提供施工与项目总承包，致力于生产功能、特种、节能、长寿、环境友好型高温材料。公司主要生产及销售炼铁用、电炉用、转炉用、钢包用、精炼用、连铸用、模铸用、工业炉用等八大类应用于钢铁高温领域的耐火材料，主要产品包括出铁场用耐火材料、鱼雷罐、钢（铁）包、中间包本体全套耐火材料、转炉、电炉本体全套耐火材料、转炉挡渣、钢包滑板水口控流、RH炉精炼用耐火材料以及优质钢模铸用耐火材料等。公司“节能环保型无碳钢包衬砖的研制与应用关键技术”“新型节能环保型RH精炼炉用方镁石-尖晶石不烧砖及其配套耐火材料技术的研制与应用”两项创新科技成果项目通过中国耐火材料行业协会科技成果评价，综合技术达国际先进水平；研发的转炉挡渣用铝锆碳、镁碳、锆板（环）复合等系列滑板及配套内外水口砖，在国内外装容量70~350t共计60多座转炉上得到良好应用，在国内居领先水平；研发的莫来石流钢砖用于优质特殊钢浇铸，产品抗热震、耐侵蚀、抗冲刷，能显著降低钢锭中的耐火材料夹杂；4项科技成果处于国际先进水平，授权发明专利35项；高效长寿滑板砖、节能环保型RH精炼炉用镁尖晶石不烧砖、节能环保型无碳钢包衬砖、高附着性钢包包壁冷态整体修补料获安徽省高新技术产品；主持和参与了《莫来石质流钢砖》（YB/T 4637—2018）、《镁钙砖》（YB/T 4116—2018）、《高炉基建用耐火喷涂料》（YB/T 4690—2018）、《热风炉基建用耐火喷涂料》（YB/T 4691—2018）、《RH精炼炉用方镁石——镁铝尖晶石砖》（T/ACRI 0003—2017）等国家、行业及团体标准制定。与武汉科技大学等单位共同完成的“高品质钢冶炼关键功能耐火材料制造技术及工业应用”项目获得湖北省科学技术进步奖一等奖。“精炼炉环保型关键耐火材料的研发及工业应用”项目获中国建筑材料联合会·中国硅酸盐学会建筑材料科学技术奖二等奖。

公司通过引进先进的智能仓储系统、全自动上料配料系统、EIRICH混碾机、LAEIS液压压砖机、节能环保烘烤和烧成窑炉等智能制造装备，搭建全流程智能化、自动化管理和控制系统，建成了国际一流、国内领先的节能环保型钢铁高温材料智能化制造基地，拥有各类高性能不定形耐火材料、钢（铁）包、精炼炉用耐火材料和滑动水口生产线等3条年产9万吨节能环保型高温材料全自动化生产线。该智能制造生产体系辅以相关的配套软硬件，实现生产过程自动化控制和科学管理，促进了高温工业的技术升级和节能技术进步，使我国成为高温材料行业制造强国，为高温工业的服役安全、长寿命技术、节能进步提供了技术借鉴和积累了可复制的成果经验，为我国高温材料产业升级和发展做出了历史性的贡献。通过砖型、模具系列化，缩短换模时间，提高成型设备开动率；对电动螺旋压机，通过装置码垛机器人，实现自动拿砖、自动监测，提高产效，降低劳动强度。定形产品年产量达到32636t，同比增长14%。

四、主要业务和服务领域

瑞泰马钢新材料科技有限公司主要从事耐火材料的研发、生产、销售及钢铁厂耐火材料总承包服务，是钢铁高温材料综合服务商。公司拥有专业的技术及服务团队，具备成熟的钢铁冶炼全流程用耐火材料整体设计研发、制造配置、安装施工、使用维护与技术服务整体承包能力，公司秉承“诚信赢得市场、科技创造未来”理念，以“精品制造、精心服务”为目标，竭力为钢铁等用户提供耐火材料的系统解决方案，不断挖掘业主需求，提供衍生和增值服务，开展联合攻关，区域驻厂员提供24h全方位现场服务，不断提高总包运营效果。

2022年全年为马钢股份公司超额降本3000余万元，马钢采购中心向公司发来感谢信，充分肯定公司在疫情防控和保产保供中的突出贡献。各总包项目部深耕细作，积极响应业主需求，强化运营管理，充分利用内外部资源，不断提高综合配套能力，扩大具有比较优势产品的自供比例；持续整合、优化分包业务、承揽项目管理，提高总包掌控能力；积极跟进新特钢项目，复制推广产线总包模式。

围绕“三重”定位，奋力开拓内外市场。努力扩大既有的武钢、湘钢、日照等市场销售，加强与雨山冶金、宜兴东坡等战略客户协同，实现对长江钢铁电炉产线总承包，成功通过南钢二炼钢RH耐火材料试用并正常供货。与宝钢电炉、沙钢、新余等华东地区潜在客户（渠道商）进行沟通交流，初步形成合作意向。

五、企业管理

瑞泰马钢新材料科技有限公司建立了两化融合、质量、环境、职业健康安全、能源管理体系建设及卓越绩效评价等完善的综合管理体系；不断推进信息化建设，以公司“十四五”发展战略为指引，进一步提高综合配套能力，提升智能制造水平，目标是全面实现数字化转型，加快把公司建设成为国际一流、国内领先的钢铁高温材料综合服务商。公司启动了洁净钢精炼炉用节能环保新材料智能制造生产线工程项目设计、建设。项目本着绿色化、智能化要求，高起点规划、高标准设计，建设内容包括新建1条年设计产能4万吨的短流程、紧凑型洁净钢精炼炉用节能环保新材料智能制造生产线。同步在现有透明工厂1.0版的基础上，迭代升级，建设透明工厂2.0版。努力把公司建设成为在行业内具有示范引领效应的绿色、智能工厂。

以公司成立五周年为契机，以“12345”行动纲领为指南，全面总结提炼，形成公司使命、愿景、价值观以及发展战略等企业文化体系。在董事会的指导下，召开公司改革发展研讨会，形成公司发展战略体系架构，为公司可持续高质量发展擘画了宏伟蓝图。

不断强化思想引领和“三基”建设，围绕发展改革、经营管理，持续创新基层党建工作方式方法，将入人心、接地气的党建工作与企业文化建设一体化推进，统一思想，凝聚共识，营造“风清气正，共建共享，共同成长”家园氛围。以党建带工建，以党建带团建。召开第二届团员大会，选举产生新一届团委班子。支持和鼓励工会发挥自身优势，切实履行职能，维护职工民主权力，开展群众性创新创效活动，制定了微创新管理办法，开展摄影展等丰富多彩的活动。

山东鲁桥新材料股份有限公司

山东鲁桥新材料股份有限公司（前身是山东大桥耐火材料厂，创立于1963年）现位于山东省淄博市博山经济开发区新材料产业园区，占地面积306亩（204000m^2），建筑面积122363m^2，注册资本5533.84万元，资产总额5.5亿元，其中固定资产2.6亿元。公司现有员工417人，科研人员66人。主要产品有黏土砖、高铝砖、硅砖、熔融硅砖及其他不定形耐火材料。具备年产20万吨的生产规模，产品主要用于焦化、钢铁、玻璃行业，并出口美国、德国、意大利、英国、阿根廷、巴西、日本、韩国、中国台湾、印度、南非、俄罗斯等26个国家和地区。公司是中国耐火材料行业协会常务理事单位、国家耐火材料标准修订委员会成员、中冶焦耐工程技术有限公司的耐火材料定点生产厂、中国钢铁耐火材料百强企业、中国耐火材料行业协会首批AAA级信用企业；通过了ISO 9001质量管理体系、ISO 14001环境管理体系、ISO 45001职业健康安全管理体系、知识产权管理体系认证；荣获山东省著名商标和山东名牌产品荣誉称号。技术力量雄厚，工艺装备先进，检测手段齐全，是中国焦化、钢铁耐火材料生产的国内最大型企业之一，是山东省耐火材料优质产品生产基地龙头企业，是山东省企业技术中心、山东省高新技术企业、山东省“专精特新”中小企业、山东省瞪羚企业、山东省“一企一技术”研发中心。

公司自成立以来，就以高标准、高水平、高质量为出发点，着力打造以科学技术带动企业发展的新型现代化企业模式；重视人才的引进、培养，大力开发具有自主知识产权的关键技术，形成独特的核心技术和产品。目前，公司与中冶焦耐工程技术有限公司建立了长期的战略合作关系，与山东理工大学、武汉科技大学、沈阳镁铝设计研究院有限公司、洛阳理工学院、美国麦克温有限公司、瑞士阿尔克什公司等加强合作，在新产品研发、工艺改进和技术创新方面取得了令人瞩目的成绩。成功研发熔融硅砖、超导热高致密硅砖、炉门砖、免烧砖及热修补材料等，有些产品填补了国内空白，甚至处于国际领先水平。

公司在机构与人事方面，遵循股份公司的管理模式和制度，设立了股东大会，董事会与监事会的框架机构。在具体管理方面，由总经理室按照分工组建下属分管及各部门科室，实现有序高效的现代化企业管理。

2019~2022年，公司取得发明专利5个、实用新型专利10个、软件著作权4项，此外还有3个发明专利已进入实质审查阶段。参与制定行业团体标准5个。

山东鲁阳节能材料股份有限公司

山东鲁阳节能材料股份有限公司始建于1984年，2006年11月在深圳证券交易所上市，是集陶瓷纤维、氧化铝纤维、可溶纤维、玄武岩纤维、轻质耐火砖等节能材料研发、制造、销售等于一体的中外合资企业，是全球知名的陶瓷纤维制造基地，中国无机纤维材料行业专家，行业国家标准起草单位、国家火炬计划重点高新技术企业、国家新材料产业化骨干企业、全国守合同重信用企业。

公司设有国家认定企业技术中心、国家认可实验室、博士后科研工作站、山东省陶瓷纤维工程技术研究中心，拥有193项专利、55项技术成果，是国家“863”计划的协作单位，自主研发的陶瓷纤维建筑隔热板、陶瓷纤维复合模块等4项产品被认定为“国家重点新产品”。

公司具备年产各类陶瓷纤维制品40万吨、玄武岩纤维制品18万吨的生产能力，规模、技术、品种与效益连续20多年在国内同行业中名列前茅，并跻身世界陶瓷纤维业三强。产品畅销全国，远销美国、德国、英国、中国台湾等60多个国家和地区，广泛应用于工业炉衬、建筑防火保温、高温绝热等领域。

“发展节能材料，造福人类社会，以卓越的节能产品助推人类与自然的和谐发展”是鲁阳节能始终不变的历史使命，“成为在节能环保领域具有核心竞争优势的行业领导者”是鲁阳人达成的共识，鲁阳节能将坚定不移地向着建设“百亿鲁阳、百年鲁阳、环保鲁阳、世界鲁阳”的既定目标阔步前进，为区域经济的发展做出新的更大的贡献。

山东耐火材料集团有限公司

山东耐火材料集团有限公司（以下简称山东耐火材料）是山东钢铁集团的全资子公司，下设鲁耐窑业公司、王铝分公司、王耐分公司、国际贸易公司4个子分公司及7个职能管理部室，是国内大型耐火材料骨干企业。公司总部位于周村区王村镇高档耐火材料产业园。2010年2月，经山钢集团批准，由省属耐火材料企业通过改制重组成立山东耐火材料集团有限公司。公司是中国耐火材料行业协会副会长单位、山东省耐火材料行业协会会长单位。

山东耐火材料的生产始于1904年，至今已有119年的历史。主要产品有耐火原料、钢铁及非钢建设用耐火材料、钢铁生产消耗用耐火材料和非钢用耐火材料四大类，包括优质焦宝石、莫来石料，铝硅系耐火制品、含炭制品、不定形材料、特耐制品等，产品种类齐全，除用于钢铁企业炼铁、炼钢工程建设及生产消耗外，还广泛应用于焦化、水泥、有色金属冶炼、碳素、石灰、铸造、垃圾焚烧等高温行业。公司铝硅系产品中的红柱石砖、莫来石砖、干熄焦砖、硅砖，以及高档焦宝石料和合成莫来石料均处于世界一流水平，具有独特的技术优势。高炉、热风炉、焦炉、干熄焦、铁水运输及预处理、钢包中间包，以及石灰窑、水泥窑、有色金属冶炼、化工危废等产品，在国内外市场形成了较强的品牌影响力，与国内外多家大型钢铁企业、国内外著名钢铁设计及工程公司建立了长期稳定的合作关系。公司拥有山东省名牌产品9项，山东省优质品牌9项；拥有注册商标3项，国家专利34项；主持制定、修订国家和行业标准24项，主持、参与制定、修订团体标准6项。目前，公司拥有国家高新技术企业2家，省级企业技术中心2个，市级工程实验室2个，市级工程研究中心1个，淄博市工业设计中心1个。2021年，公司被认定为山东省技术创新示范企业，荣获淄博市“双百强”企业、“绿色工厂”称号。2019年，鲁耐窑业公司荣获工业和信息化部“绿色工厂”称号，2021年度被评为山东省“专精特新”中小企业和山东省工业产品绿色设计示范企业，2022年被认定为山东省技术创新示范企业，鲁耐窑业干熄焦用莫来石红柱石系列产品被评为山东省第五批制造业单项冠军产品，“热风炉用低蠕变高热震黏土砖的研制与应用”“热风炉陶瓷燃烧器用莫来石堇青石复合砖的研制与应用”荣获2022年度山东省冶金科技进步奖一等奖。2022年，公司获得中国耐火材料行业协会企业信用等级AAA级企业称号、中国质量协会2022年全国市场质量信用AA（用户满意）级企业称号。公司以“持续为客户提供满意的产品和服务”为企业使命，以“打造具有国际竞争力的耐火材料强企”为发展愿景，以“共创、共进、共赢”为核心价值观，秉承一百多年管理和技术的深厚积累，以百年历史铸就的企业品牌为信誉保证，发挥集团化协同优势，积极推进“产品+技术+服务”经营模式，致力于为客户提供一体化耐火材料解决方案，努力为客户创造价值，实现与客户的共同发展，成为具有国际影响力的研发、生产、服务“一体化”绿色耐火材料供应商。

山东圣泉新材料股份有限公司

济南圣泉集团股份有限公司始建于1979年，是沪市主板上市企业（股票代码605589），总部坐落于“一代儒商”孟洛川的故里章丘刁镇，占地面积3000余亩（约2000000m²），现有员工4000余人，总资产130余亿元。产业覆盖生物质精炼、高性能树脂及复合材料、铸造材料、健康医药、新能源等领域。在德国、西班牙、俄罗斯、印度、巴西等国以及广东、四川、辽宁、黑龙江等地设有子公司，产品市场覆盖全国并远销欧美、东南亚等50多个国家和地区。

公司旗下拥有三家制造业单项冠军示范企业（两家国家级、一家省级）、八家高新技术企业和四家“专精特新”企业，是国家技术创新示范企业、农业产业化国家重点龙头企业、国家知识产权示范企业、首批国家级“绿色工厂”、中国制造业民营企业500强。公司是全球秸秆绿色节能综合利用引领者和“神舟”飞船返回舱保温原材料制造商，自“神舟”八号飞船起，连续助力中国航天事业。主导产品呋喃树脂和酚醛树脂产销规模位居全球首位，芯片光刻胶用树脂、5G通信PCB用电子树脂、圣泉轻芯钢等多种产品打破国外垄断。

创新是圣泉发展的灵魂。公司建有国家级企业技术中心，下设10余个专业研究所，拥有科研人员400余名，每年研发费用投入超过3.5亿元；设有国家级博士后科研工作站、国家生物质燃料加工专业分中心、国家认证认可实验室、山东省企业重点实验室、山东省工程研究中心等多个科研平台；重视产学研建设，与中科院、清华大学、武汉大学、西安交大、天津大学、华东师范大学、哈尔滨工业大学、厦门大学、大连理工大学、四川大学、山东大学等50余家高校院所建立长期合作关系，搭建多个协同创新平台，创新体系日益完善；累计申报国际、国家专利1200余项，多项专利相继荣获“中国专利银奖”“中国专利优秀奖”等荣誉；承担省级及以上科技计划近百项，主持起草标准近100项，创新成果充分涌现。

圣泉将坚持创新驱动，努力迈向高端，走高端化、功能化、精细化、高性能化路线，继续加大在电子化学品、生物医药、纳米材料、碳材料、复合材料、新能源等领域的技术创新投入，全力构建低碳、生态、循环的高质量发展体系，致力于成为全球领先的生物质和化学新材料解决方案提供商，实现“立百年圣泉，为人类造福”的企业愿景。

山西昊业新材料开发有限公司

一、历史沿革

山西昊业新材料开发有限公司位于山西省太原市阳曲县，成立于2012年，自产耐火材料产能达20万吨。公司前身是山西新型炉业集团公司，主要从事钢铁冶炼用耐火材料的研发与生产经营，拥有总资产近4亿元，属山西省民营高科技50强企业之一，公司从1987年创办开始到1993年成立集团公司，历经20年的发展，2012年成立山西昊业新材料开发有限公司，目前公司占地面积200多亩（约133333m²），拥有4条耐火材料生产线、1个冶金辅助设备制造分公司，4条生产线均通过了工业和信息化部第三批符合耐火材料行业规范条件的生产线。承担着全国30家炼钢企业转炉、电炉及AOD炉、RH炉、LF、AOD、CAS-OB等炉外精炼和连铸用耐火材料的供应，产品已覆盖炼钢厂使用的所有耐火材料，并有一支经验丰富的售后服务队伍，为全国各钢铁企业进行窑炉、钢包、连铸中间包的砌筑、喷补等综合施工承包服务。

二、企业概况

山西昊业新材料开发有限公司注册资金6000万元，为山西省规模较大、产品较全、技术研发能力较强的耐火材料企业，为山西省民营高科技企业，也是我国最早进行耐火材料总承包的厂家之一。公司员工400多人，工程技术人员40余人，驻外配有售后服务机构，迅速地成长为国内少数能生产钢铁冶炼用全套耐火材料的专业高新技术企业之一，具有雄厚的技术和人才优势，依靠公司先进的研发、生产、检测力量及科学的管理，开发生产用于钢铁行业的系列产品深受用户好评，可靠的产品质量、优质的服务得到广大客户的充分肯定，使其产能和销售额持续发展，目前已达到年产20余万吨优质耐火材料的生产规模，是国内最大的耐火材料生产企业之一。2009年开始实施第一代ERP系统，2015年进行了ERP升级，实现了业务财务一体化，为实现智能化工厂奠定了基础。

山西昊业已拥有一整套全面的管理体系，通过了GB/T 19001—2016质量体系认证，以及环境管理体系GB/T 24001—2016、职业健康安全管理体系GB/T 45001—2020、能源管理体系ISO 50001：2018、知识产权体系GB/T 29490—2013等一系列认证。五大体系的认证大大提高了公司的全面管理水平，为公司更好的发展奠定了坚实的基础。

公司在内部推行精细化的管理模式，十分关注治理架构、企业管控的建设、完善的6S管理制度、生产现场管理评价体系等。自公司成立以来，先后被评为高新技术企业、省级技术中心、“专精特新”企业、国家知识产权优势企业，被首钢股份有限公司评为最佳合作伙伴等荣誉称号。与武汉科技大学合作成立中试基地，被中国耐火材料行业协会评为AAA级信用等级企业，连续2年获得山西省太原市制造业50强企业称号，并于2022年8月被工业和信息化部认定为专精特新“小巨人”企业。公司拥有专利10余项，承担国家级火炬计划、省级科研项目、专利推广项目及填补国内空白项目等研发项目，得到各级政府支持。

三、主要产品及工艺装备

公司是山西省规模较大、产品较全、技术力量较强的耐火材料集团公司，具有年产20余万吨耐火材料的设计产能。公司建有4条耐火材料生产线、1个冶金制造分厂（包括维修），是我国钢铁冶炼用耐火材料中包、钢包、精炼炉、铁包等全套耐火材料均可生产的少数企业之一。4条生产线均通过了工业和信息化部第三批符合耐火材料行业规范条件。

第一条生产线：连铸铝碳制品生产线，生产产品有浸入式水口、保护套管、塞棒。采用低压生产工艺技术，主要生产设备有等静压3台、混练机4台，低压辊道线6组，产能达1万余吨。第二条生产线：冶金陶瓷新型预制件生产线，生产产品有中间包用挡渣墙（坝）、稳流器、大型预制件包盖、OB罩及部分散装耐火材料。主要生产设备有全自动配料线2条、自动化搅拌机10台、大型预制件振动台2台及振动台、隧道式烧成窑1座、间歇式烧成窑6座，年产能6万余吨。第三条生产线：制砖生产线，生产产品有镁碳砖、铝碳化硅碳砖、无碳砖等。主要生产设备有全自动配料线2条，高速混练机2台，轮碾式混练机8台，630t半自动压砖机8台，2500t全自动压砖机1台，隧道式烘干窑3条，间歇式烘干窑3条，生产能力5000t/月，年产量6万余吨。第四条生产线：高技术节能环保镁质散料生产线，生产产品有中间包用碱性耐火材料及各类原材料的破粉碎粒度料。主要生产设备有破粉碎设备，主要有400×600颚式破碎机3台、250×400颚式破碎机5台、150×1000颚式破碎机5台、550立式破碎机2台、对辊破碎机5台、4R雷蒙磨1台、5R雷蒙磨2台，拥有自动配料线2条，搅拌机8台，2条全自动包装线，产能达8万余吨。机修分厂负责公司各类设备的维检、各类模具的制作及快换机构的生产。

四、机构与人事

公司采取总经理负责制，下设生产部、技术中心、品质部、市场部、安环部、采供部、财务部、综合办8个部门及5个分厂，职工人数达400多人，公司注重技术研发，建有省级技术中心1座，技术中心45人，其中主任1名，由总经理担任，副主任1名，由总工程师担任，首席专家3名，技术顾问4名，课题组长8名（其中1组为技术中心主任兼任），硕士研究生3名，技术中心人员均具备中专以上学历，工程师以上技术人员中具有大学本科以上学历者28人。

公司充分实施以知识价值为导向的分配制度，鼓励企业技术人才创新，并将创新成果的直接受益的80%奖励给创新人才及团队，对获得的政策性补贴100%用于企业技术创新条件改善和技术人才个人奖励。企业每年安排专项资金对在标准制定、专利申请和项目攻关方面做出突出贡献的技术人员进行奖励。下一步公司还计划加大鼓励，注重向人性化管理方向发展，完善更适应公司发展模式的制度，留住人才，用好人才。

五、科研成果

公司与武汉科技大学、北京科技大学有着长期的合作关系，其对公司产品开发都提供了技术支持，并不定期来公司进行授课，将钢铁企业的市场情况及目前耐火材料的最新研究、发展趋势做分析，以便于公司项目的开展和中长期发展计划的制定。公司拥有专利见表1。

表1 公司专利

序号	专利名称	专利类型	授权号及时间	专利应用情况
1	锆尖晶石质上水口	发明	ZL 01115191.9	已应用
2	连铸中间包碱性干式工作衬	发明	ZL 01115190.0	已应用
3	利用废旧 Al_2O_3-SiC-C 质铁沟料制备赛隆陶瓷材料的方法	发明	ZL 200610012953.5	已应用
4	利用废旧镁碳砖和镁铝碳砖制备镁阿隆陶瓷材料的方法	发明	ZL 200610012954.X	已应用
5	一种中间包稳流器的原料配比及制作方法	发明	ZL 201210334965.5	已应用
6	一种异型坯连铸中间包快速更换水口装置	发明	ZL 201510709518.7	已应用
7	一种异型坯连铸中间包快速更换水口用多功能连接板	发明	ZL 201510711168.8	已应用
8	一种钢包包壁用无碳机压砖及其制备方法	发明	ZL 201611145660.4	已应用
9	一种中间包水口旋转快速更换机构	实用新型	ZL 201620863857.0	已应用
10	一种中间包稳流器	实用新型	ZL 201220464995.3	已应用
11	一种防渗钢中间包座砖	实用新型	ZL 202120413144.5	已应用
12	一种螺旋压力机防护装置	实用新型	ZL 202120243046.1	已应用
13	一种具有内冷却装置的轧机（转让）	实用新型	ZL 202120392382.2	已应用
14	板坯连铸浸入式水口在线快速更换装置	实用新型	ZL 0242979.9	已应用

为公司快速可持续发展、增强核心竞争力奠定了坚实基础，为我国水泥、玻璃、钢铁行业的节能减排、转型升级做出了重要贡献。

山西禄纬堡太钢耐火材料有限公司

一、历史沿革

山西禄纬堡太钢耐火材料有限公司创建于1931年，原名西北窑厂，新中国成立后并入太钢集团，在2006年由太钢与德国LWB合资经营，2016年通过股权转让成为太钢全资子公司，2019年太钢集团并入中国宝武，公司成为中国宝武太钢集团的控股子公司。

公司原厂址在太原市解放北路28号，2014年整体搬迁至太原市阳曲县工业园区。公司总占地面积300亩（200000m²），总资产6亿元，是一家集耐火材料生产、研发、销售、服务为一体的高新技术企业。

二、组织机构

公司设有股东会、董事会、监事会和管理层，公司内设技术质量部、安全生产部、经营管理部、综合管理部、财务管理部5个部门，镁钙砖作业区、不定形作业区2个生产车间。公司现有职工462人。

三、主要产品

公司有工业和信息化部公告确认的规范生产线，依托技术中心平台，公司相继开发了镁钙砖、炮泥、钢包砖、铁水包砖等拳头产品，并形成了以镁钙系为特色的不锈钢冶炼专用耐火材料体系，具备耐火材料制品年产能25万吨，新建了年产7万吨的高纯镁钙砂原料生产线，另外有废旧耐火材料回收加工综合利用生产线，年回收处理能力15万吨。

四、工艺装备

公司在核心生产线装备了全自动的破碎、筛分、配料、混合等原料加工设备、大型液压机、机械手和高温隧道窑等设备，秉持“绿色、循环、低碳”科学发展理念，推进污染防治攻坚，治理工业“三废”，推进了企业与城市、人与自然和谐共生。

五、企业荣誉

公司入选工业和信息化部绿色工厂名单，获评山西省环保绩效A级企业、安全生产标准化二级企业，有省级企业技术中心，被太钢集团公司评为先进直属党组织、先进单位、文明单位标兵、模范职工之家等。

六、科研成果

公司专注于镁钙砖、高炉炮泥生产，以废旧耐火材料综合利用为特色，形成一批专利和科研成果。

山西盂县西小坪耐火材料有限公司

山西盂县西小坪耐火材料有限公司成立于1987年，企业资产7亿元，注册资本6000万元，拥有员工1800余人，其中教授级高工5名、高级工程师20名、工程技术人员460余人；拥有专利33项，其中发明专利5项、外观专利18项、实用型专利10项。

公司引进高科技智慧辅助系统，让传统制造业走向智能制造数字产业化，公司现已装备自动化浮选系统、自动混料系统、自动化给料系统、自动化机械手等，拥有15条耐火制品生产线，是全球最大的硅质耐火材料生产厂家。

公司坚持“今天的质量就是明天的市场”的经营理念，将得天独厚的五台山胶结硅石、阳泉优质铝矾土的特点与先进的科学技术融为一体，拓展资源优势，推陈出新，生产出具有西小坪耐火材料公司特色的产品。现已形成年产80余万吨耐火材料制品的生产厂家，其中焦炉、热风炉硅砖25万吨；高铝砖、黏土砖、轻质隔热砖、干熄焦用莫来石砖、玻璃窑用硅砖、高致密高导热硅砖等20万吨；高强度、高致密浇注料、轻质浇注料、高温涂料、铁钩料等其他不定形耐火材料20万吨；天然铝矾土、莫来石、焦宝石等合成材料20万吨。作为全球焦炉用硅砖生产量最大的企业，产品技术发展水平、大型焦炉市场占有率国内领先。2022年10月，公司生产的高导热硅砖荣登中国第七批制造业单项冠军（产品）公示名单。

公司是中国耐火材料行业协会副会长单位，山西省转型发展百强潜力企业，山西省高新技术企业，国家级专精特新“小巨人”企业；在历年焦化行业定点生产厂年会上评为质量先进单位，是耐火材料标准化技术委员会委员单位；被中国鞍山焦耐设计院定为大型焦炉用砖定点生产厂家。

“京武”“西小平”牌焦炉硅砖分别荣获山西省著名商标和省名牌产品称号。公司通过了ISO 9001质量体系、ISO 14001环境管理体系、GB/T 18001职业健康安全管理体系认证。产品除销往国内各大型钢厂、焦化厂、炭素厂以及有色冶金厂、石化行业外，同时远销日本、美国、加拿大、津巴布韦、巴西等国，赢得了用户的一致好评和信赖。

唐山时创高温材料股份有限公司

一、历史沿革

唐山时创高温材料股份有限公司（简称“时创高材”）前身为唐钢耐火材料厂，始建于1943年，该厂位于古冶区工厂街3号。公司曾为新中国的钢铁工业设计生产第一批高铝砖，并获国家最高奖项——银质奖。唐钢于1987年在丰润区东山路3号投资筹建唐钢耐火材料二厂，并于1991年顺利投产。为适应市场需求，研发、生产出高技术含量的炼钢用滑动水口系列产品，经国家“七五”期间重点投资扩建，引进国外先进的关键工艺装备和连续不断的技术改造，渐渐成为国内具有先进工艺水平和检测手段、以滑动水口为主导产品的大型耐火材料骨干企业。1997年1月，唐钢耐火材料二厂改制为唐钢耐火材料有限公司，为唐钢全资子公司；同年6月，唐钢耐火材料厂并入唐钢耐火材料有限公司。2005年，遵照河北省国资委关于国有企业主辅分离、辅业改制的文件精神，公司改制更名为唐山时创耐火材料有限公司，唐钢持股10%。2013年，德高公司入股，同时唐钢增持股份至20%，时创高材成为中外合资企业。2015年10月，唐钢以债转股方式增加对时创投资，进行股份制改造，企业注册资本变更为1.06亿元人民币，唐钢占股40.239%，为时创高材实际控制人。

二、基本情况

时创高材注册地点为河北省唐山市丰润区东山路3号，公司总部设在唐山市丰润区，占地面积193亩（约128667m²），注册资木为10600万元人民币，截至2022年12月31日，资产总额为4.65（未审计）亿元人民币。公司目前共有职工735人，其中本科以上学历89人、中级以上职称68人。公司的经营宗旨是依靠先进管理和技术进步，全面提高企业市场竞争能力；依靠循环经济、合理配置资源和提高投入产出比，稳定增加企业效益；依靠保证产品质量和完善产品功能，满足市场需求；依靠不断改革创新、强化绿色环保和调整产品结构，增强企业适应能力；依靠诚信理念和卓越品质，打造需方、供方、公司、股东各方共赢的名牌企业。公司获取“全国工业产品生产许可证”，享有河北省工商行政管理局颁发的河北省著名商标荣誉，是河北省工业企业研发机构，是中国耐火材料行业协会信用评价AAA级企业、河北省高新技术企业，建立实施了质量、环境、能源、职业健康安全管理体系认证。

三、主要产品及工艺装备

公司主营业务为研制、生产和销售功能性耐火材料——滑动水口系列产品，并提供相应的使用规范、技术服务；从事各种炼钢钢包热修用耐火材料的整体承包业务。主要产品有：

（1）转炉挡渣滑板系列。

（2）钢包、中间包滑动水口系列。

（3）高炉出铁场用铁沟料系列。

（4）钢包用耐火材料系列。

（5）鱼雷罐用耐火材料系列。

（6）氧化锆产品系列。

（7）流量控制滑动机构系列。

（8）其他窑炉等热工设备用高温材料系列。

公司拥有莱斯2500t全自动液压机、630t水口液压机、线切割机床、干燥梭式窑、中温窑、高温梭式窑、浸渍生产线等诸多生产设备和设施，拥有高温重烧试验炉、抗热震性试验机、X荧光光谱仪、天平和光栅分光光度计、X荧光谱分析用全自动熔样机等多套产品检测设备。

四、机构与人事

时创高材的最高权力机构为股东大会。公司设董事会，对股东大会负责。董事会成员7人，其中董事长1人，董事会成员中有3人担任高级行政管理职务。监事会成员3人，其中职工监事代表1人。公司高级管理人员包括总经理1人、副总经理5人，由董事会聘任或解聘。

职能部门包括董事会秘书室、综合办公室、党委办公室、生产计划部、技术部、质量管理部、设备动力部、安全部、人力资源部、财务经营部、滑动机构管理部、供应部、市场部、北方业务部、南方业务部、河钢业务一部、河钢业务二部、清欠办公室、国际业务部。

五、企业管理

面对激烈的市场竞争，时创高材高层管理者准确辨识行业发展趋势，规避行业风险，不断改革和创新经营管理理念，紧紧跟随国际标准化组织的步伐，建立实施了质量、环境、职业健康安全、能源管理体系认证，提升企业管理水平，规范内部管理，提高产品和服务质量，预防环境污染，加强能源管控，降低员工职业风险，使企业内部管理程序化、科学化、规范化。严格依照“遵规守法、持续改进、降低消耗、顾客至上、以人为本、和谐发展”的24字管理方针，确保生产经营的有序运转和生产效率的持续提高。

公司利用信息技术来实现企业管理、生产和服务的全面数字化、自动化。2000年开始，企业实施了安易ERP系统，以实现采购业务和财务一体化。2004年将ERP系统升级为用友ERP系统，这有助于企业更好地管理各个业务流程和提高效率。2005年，企业开始使用新思创OA协同办公系统，自主研发第一代生产管理系统。2015年完成了第二代生产管理系统的开发。近年陆续实施了钉钉考勤系统、食堂消费系统、车辆及行人门禁系统、组建虚拟专用网络（VPN）、升级用友ERP系统、用友ERP与自研数据平台协同工具、更新监控系统、部署群晖（NAS）网络系统、更新公司核心服务器等信息网络化管理建设工作。

六、科研成果

时创高材一直致力于耐火材料新技术、新产品的开发和推广应用，是国家认定的高新技术企业，是河北省著名商标、河北省名牌产品，连续被评为先进单位，被多个合作商认定为优秀保驾单位。

公司现行有效实用新型专利5项。公司每年研发投入占销售收入的1.3%左右，是河北省工业企业C级研发机构。公司拥有国家质量奖，是企业信用评价AAA级信用企业，被评为河北省优质产品，获得名优特新高产品展销优秀奖、名优特新高产品展销最佳奖等奖项。

七、服务领域

通过多年的积累，公司已经逐步建立起优质的客户网络和渠道，开发并服务于钢铁冶炼重点领域，公司业务遍及国内外，覆盖国内东北、华北、西南、华南、西北、华东等各大产钢区域，产品广泛用于唐钢、宣钢、承钢、鞍钢、太钢、首钢京唐、包钢、酒钢、重钢、鄂钢、联峰钢铁、东北特钢、文丰钢铁、唐山不锈钢、奥森钢铁、邯钢等国内几十家大中型企业，并远销美国、日本、韩国、加拿大、俄罗斯、印度、伊朗等国家，以及中国台湾地区，深受安塞洛-米塔尔、新日铁、纽柯等十几家国外知名钢铁企业的青睐。

时创高材将通过与国内外优秀耐火材料企业的合作，进一步增强综合实力，成为中国耐火材料行业产品配套齐全、覆盖主要高温领域的龙头企业。公司将充分利用自身雄厚的技术研发优势、先进的制造工艺、完善的销售网络和广泛的品牌影响力，巩固现有主导产品的市场份额，提升产品档次，拓展适用钢铁全流程产品应用的多领域销售；不断夯实公司的核心竞争力，促进管理体制的优化，确保公司可持续发展；增加科技研发投入，加大节能环保产品的升级和推广力度，提高产品的技术含量及附加值，力争将公司打造成耐火材料品种最全、档次最高、功能最完善的国际一流耐火材料企业，成为河钢集团最重要的非钢板块之一。

无锡市南方耐火材料有限公司

一、企业经营管理概况

（一）企业所从事的细分领域、从业时间和在细分领域中的地位

无锡市南方耐火材料有限公司创建于20世纪50年代，生产耐火材料已有64年历史，于1996年从国有制改制为股份制企业。公司在制造强国战略十大重点产业领域中属于新材料/特种无机非金属材料领域，历经几十年的发展，目前已成为集研发设计、科技创新、生产制造、安装施工、整体承包、服务培训为一体的综合型连铸功能耐火材料生产制造企业，是国内生产连铸功能耐火材料最具规模的专业工厂，国际国内生产、销售连铸功能耐火材料名列前茅的优势企业，国内最具竞争力的连铸功能耐火材料生产企业，国内连铸功能耐火材料（三大件）产销量领先的生产基地，江苏省高新技术企业，中国耐火材料行业协会副会长单位。

（二）企业经营战略

公司是耐火材料行业首批“江苏省高新技术企业”，是“国家级重点高新技术企业”，是专利、标准、商标（品牌）“三位一体”的知识产权优势企业，建立了“江苏省连铸用功能耐火材料工程技术研发中心”，和国内耐火材料知名科研院所及宝钢、首钢等钢铁企业紧密合作，相继研发一系列具有国内、国际先进水平的耐火材料制品，引进实施精益化生产管理模式，实行6S管理，公司将继续保持连铸功能耐火材料国内产销领先优势，进一步研发更长寿、智能化、功能化、绿色化连铸功能耐火材料（三大件）产品，建成全国最具竞争力的连铸功能耐火材料企业，公司将竭诚为国内外用户提供优质的连铸功能耐火材料制品，满足炼钢连铸新技术发展的要求，为冶金工业持续高速发展做出不懈努力。

二、企业主导产品情况

（一）产品在相关产业链中的位置和地位

连铸功能耐火材料是钢铁企业耐火材料产品中科技含量最高、产品附加值最高、质量工艺要求最高的耐火材料。公司连铸功能耐火材料产品在国际、国内同行业中都有广泛的影响力和良好声誉，产品质量、品种、产量皆在国际、国内名列前茅，曾先后获得国家科技进步奖二等奖、冶金工业局科技进步奖二等奖等，被宝钢评为首批A级合格供应商，同时也连续多年被宝钢、首钢、马钢、酒钢、本钢、兴澄特钢等企业评为A级合格供应商、最佳耐火材料供应商等。

（二）近3年主导产品销售及市场占有率

公司主导产品为连铸功能耐火材料（三大件），面向国内外冶金企业提供产品服务。其在国内同行同类产品中占有率为15%～16%，位居国内同行同类产品前2位。

（三）主要客户群及销售地

公司产品长期在宝钢、首钢、湛江钢铁、鞍钢、本钢、马钢、太钢、包钢、武钢、唐钢、沙钢、天钢、天铁、邯钢、南钢、兴澄特钢、抚顺特钢等大中型、特大型钢铁企业使用。在宝钢、首钢等特大型企业中占有率达50%以上。公司具有自行进出口权，产品在国际市场享有一定知名度，出口至俄罗斯、美国、欧洲、韩国、中国台湾中钢等国家和地区。

（四）企业主要竞争对手对比情况

公司连铸功能耐火材料产品主要竞争对手是世界知名耐火材料企业，如维苏威、奥镁、黑崎等。产品在宝钢、首钢等钢铁企业使用过程中，和国际竞争对手在质量上、使用寿命上基本相等。公司对照国际竞争对手在技术研发、新产品开发、国际市场占有率等方面情况保持科研创新、设备资金投入，瞄准国际国内大型、特大型钢铁企业优质客户，竭诚提供更加优质的产品服务，成为其长期、可靠的合作伙伴。

（五）产品关键性能指标、能耗指标及与国际国内领先水平的对比情况

连铸功能耐火材料产品一般工作于钢铁生产的关键环节，现代冶金工业需要功能耐火材料支撑。和国际著名耐火材料企业相比，公司产品在质量、功能上与国际、国内基本持平，在能耗上相比已经低于国际水平，今后公司将继续致力于研发生产更长寿、智能化、功能化、绿色化的连铸功能耐火材料（三大件）产品，全面达到国际、国内领先水平。

关键性能指标：公司连铸功能耐火材料制品的关键性能指标已达到国际先进水平，创新了一种新的材质体系，在降低甚至取消石墨的条件下，仍能具备优异的热态稳定性，其本体材质中采用轻质多孔材料，既具备优异的热稳定性，还兼具低热导性能。

关键能耗指标：公司生产过程中主要使用的能源为天然气与电力。能耗指标逐年下降，能耗低于国际、国内同行业企业。

与国际国内领先水平的对比情况：公司连铸功能耐火材料产品在国际、国内行业里与国际著名耐火材料企业的产品质量基本持平，能够满足国内外钢铁企业的生产使用要求，达到了更稳定、更节能、更绿色的工业指标，为钢铁冶金的多元化发展提供保证。公司产品国际竞争对手包括黑崎、威苏威、奥镁等公司，相比价格低25%左右，替代进口，具有很强的出口创汇能力，符合国内钢铁行业的发展趋势，提升了产业整体竞争力。

（六）产品主要加工工艺、技术及与国际国内领先水平的对比情况

公司连铸功能耐火材料产品的生产工艺包括原料准备、造粒、成型、热处理、机加工、防氧化涂层、检测等，其中生产设备上的自动配料设备、全自动造粒生产线、自动化成型填料—运输生产线、自动化淋釉生产线在国内、国际范围内都处于先进水平，也是目前国际功能耐火材料行业生产中运用的较为主流、先进的生产工艺技术。

（七）知识产权积累和运用情况

知识产权是公司最重要的智力资产，是促进公司科技创新、提升核心竞争力的重要源泉，公司连铸功能耐火材料制品的关键技术申请授权了多项发明专利和实用新型专利，是国内同行业中的领先者。目前公司拥有授权发明专利11项、实用新型专利19项，申请受理发明专利14项。

知识产权与产品质量密切相关，知识产权的研发应用和保护对提高产品质量和技术水平起到了关键作用。通过专利技术对产品的改进应用，特别的内衬材料的应用完善，采用新技术、新材料、新工艺，有效降低热导率，提升了产品的抗热震性和稳定性，提高生产效率，公司产品质量和先进性名列国际、国内前列。

（八）参与或主导相关产品领域国际国内相关技术、工艺标准制定情况

公司在同行业中具有较高的行业声誉和地位，参与制定了1项国家级标准《定形耐火制品验收抽样检验规则》（GB/T 10325—2012）和4项国家行业标准《滑板砖2019版》《连铸用功能耐火制

品2019版》《连铸三大件用液体酚醛树脂2020版》，提高了公司科研创新能力和核心竞争力，使公司产品在市场竞争中处于领先地位，保证了公司的可持续发展。

三、企业研发创新基本情况

（一）技术研发机构建设情况

公司于2014年建立省级“江苏省连铸用功能耐火材料工程技术研究中心”，并于2017年通过省科技厅验收确认。研发中心场地总面积3000m^2，配备各类科研人员40人，购置各类研发设备合计达1000多万元人民币，公司每年投入的研发经费都达1000万元人民币以上。通过研发中心强大的科研力量，公司与宝钢集团、宝钢研究院、武汉科技大学、中国地质大学等开展产学研合作，借助科研院所与高校先进的技术和科研成果进行消化吸收并产业化，获得了良好的效果。

（二）研发经费的保障情况及激励机制

公司建立了完善的科技创新管理制度，如研发中心组织管理制度、研发费用投入核算管理制度等，严格按照制度进行研发组织管理和研发资金投入，建立研究开发费用专账，并每年对研发费用进行专项核算审计。同时研发中心专门制定了研发人员绩效考核制度，激发科研人员的积极性，保证公司科技创新的先进性和持续性。

（三）研发创新带头人及创新团队情况

1. 创新带头人

公司研发中心建立了以杭文明同志为带头人的一个专业研发团队。杭文明同志，硕士研究生学历，EMBA（高级工商管理硕士）学位，高级经济师，现任无锡市南方耐火材料有限公司总经理兼公司工程技术研究中心主任，主持公司的生产和研发工作，获得授权专利22项，主持参加国家重点耐火材料科技攻关项目“连铸用铝碳制品生产线”和“不吹氩防堵塞浸入式水口”，承担了国家科技支撑项目“优势非金属矿产资源高效综合利用技术研究与示范”“天然镁橄榄石高效利用关键技术与应用示范”，获得国家专项资金，实施的“洁净钢冶炼用耐火材料关键技术与工业应用”项目获国务院国家科技进步奖二等奖，“中间包耐火材料综合研究技术”荣获冶金工业局科技进步奖二等奖，为我国耐火材料和连铸工艺高新技术的发展做出了重大贡献。

公司董事长路济民同志是公司发展带路人，高级工程师，兼任中国耐火材料行业协会副会长，国家耐火材料制品科技创新创导者。路济民同志在长期工作中多次主持、参与承担的科研项目都通过了国家科技成果鉴定验收，在科技成果转化中业绩突出，取得了显著的社会和经济效益，其中高新技术产品占公司销售80%以上，跃居同行业前列，获得了“享受国务院政府特殊津贴”“全国五一劳动奖章”荣誉，被评为“江苏省有突出贡献的中青年专家”“江苏省优秀知识分子”“江苏省优秀科技工作者”“中国陶瓷行业杰出企业家”“无锡市劳动模范”“无锡市十佳科技之星”等多项荣誉称号。

2. 创新团队情况

公司研发中心建立了一支在连铸用功能耐火材料行业从业多年，并具有丰富经验的技术研发创新团队，团队建立了创新创业平台，制定了科技成果转化实施与奖罚制度、开放式创新创业平台实施方案等，长期与科研院所、高校合作，持续不断对技术与产品进行研发创新和发明创造。

（四）创新人才培养情况

公司非常重视人才的培养，具有良好的人才晋升通道，制定了技术人才培养制度、职工技能培训及考核管理办法、特殊人才引进管理办法等，并引进高层次人才和先进技术，每年定期组织职工进行技能培训考核，提高职工综合素质。

四、企业制度建设基本情况

（一）企业品牌培育相关制度

品牌是企业一切无形资产总和的全息浓缩，品牌培育是公司的重要目标和发展趋势。公司成立品牌管理委员会，制定了公司品牌培育发展规划等制度，进行培育工作实施和指导，加强品牌管理，公司“火轮”牌商标是无锡市南方耐火材料有限公司在行业内的一块名牌，荣获江苏名牌产品、江苏省著名商标等称号。

（二）产品质量保障相关制度

产品质量是企业的生命，公司在1998年起就申请获得ISO 9001：2015质量管理体系认证、ISO 14001：2015环境管理体系认证、GB/T 28001—2011职业健康安全管理体系认证，公司制定了一系列制度和标准，包括《现场质量管理制度及考核规定》《功能耐火材料工艺文件》《过程和成品检验规程》《工艺装备的质量控制》《质量异常考核规定》《坯体首件检验规定》《原材料采购技术标准》《设备管理制度》等，并在经营生产中严格遵照执行，保证了产品质量。

（三）知识产权保障制度

知识产权是公司的核心竞争力，是科技创新的发动机，保障知识产权权益，抵制不正当竞争，维护公司利益，公司在研发中心建立之初就制定了《知识产权保护管理办法》，保护公司所拥有的专利权、商标权、商业机密，包括新产品、新工艺、新技术、新材料、新配方等，并加强科研人员管理培训，签订保密协议，切实有力地保障了公司合法权益。

（四）企业生产安全保障制度

公司生产安全和环保防护是企业健康持续发展的重要保障，按照《安全生产法》和《环保法》等相关法律法规要求，公司成立安全生产保障管理领导机构，制定《安全生产、操作细则》《设备操作手册》《职工职业病防护手册》《生产环境保护细则》等，定期开展安全生产培训，每年进行防火、防洪演习，合理对有毒、易燃、化学物品等进行规范管理使用，有力保障了公司正常经营。

（五）应对各类风险机制

针对严峻复杂的国际、国内市场形势，全面提升防范应对企业内外各类风险的挑战，强化忧患意识，是公司需要长期面对的重要问题。公司运营一直保持负债率低于30%，无贷款，资金保障充分，有稳定的销售市场，有完善的经营管理体系，有很强的抗风险能力。公司一贯注重内部管理，制定抗风险机制，完善内控环境，规范财务会计核算，完善用人制度，加强信息管理等，为企业的健康持续发展保驾护航。

武汉钢铁集团耐火材料有限责任公司

一、公司简介

武汉钢铁集团耐火材料有限责任公司（以下简称“武汉耐火材料”）是中国宝武集团有限公司的一级、全资子公司，是国内主要的钢铁行业用耐火材料研发、设计及生产制造基地及钢铁工业用耐火材料综合服务商。

武汉耐火材料专注耐火材料行业60余年，伴随宝武发展，适应钢铁冶炼工艺技术进步，通过在产品、技术、服务、管理、客户、资金、人才等方面系统能力的构建，逐步形成了“全系列耐火材料产品制造能力、总包技术集成服务能力、品牌优势及较强的平台资源整合能力”三大核心能力，始终坚持“诚信、协同、创新、共享”的核心价值观，为客户创造价值，促进各利益相关方共同成长。

二、历史沿革

武汉耐火材料创建于1957年，其前身为武钢集团耐火材料厂，主要为原武钢集团钢铁主业配套耐火材料。1998年，变更公司形式注册成立有限责任公司，同年在国内首推耐火材料整体总承包模式，使国内耐火材料行业商业模式发生转变。2002年，与维苏威合资成立武钢维苏威高级陶瓷有限公司（目前该公司已成为维苏威公司在全球最大的滑板制造基地）。2007年，与维苏威合资成立了武钢维苏威高级连铸耐火材料有限公司，生产连铸三大件。2016年，吸收并入宝武集团。2018年，成为宝武集团的一级子公司。

三、企业概况

截至2022年末，武汉耐火材料注册资本4.09亿元人民币，收入10.5亿元。

经过60余年发展，武汉耐火材料已形成了包括定形耐火材料制品、不定形耐火材料产品、钢水控流功能耐火材料在内，产品涵盖高炉、转炉、RH精炼炉、鱼雷罐、铁包、钢包、中包等钢铁冶炼全流程10余个系列、140余个耐火材料品种；并已形成了包括高炉、转炉、RH精炼炉、鱼雷罐、铁包、钢包、中包等钢铁冶炼的全流程总包的经营业绩及成熟经验；形成了集总包队伍、产品、装备、技术服务、工程管理、维护支持于一体的系统集成技术及总包服务能力，目前武汉耐火材料总包业务收入占公司总收入90%以上。

四、员工情况

通过多年努力，建设打造了一支思想纯洁、目标坚定、视野开阔、勇于开拓、敢于承担、群众拥护、上级放心、懂经营、善管理的干部队伍，建设打造了一支年轻有为、忠诚可靠、技术娴熟、能打硬仗的员工队伍。截至2022年底，公司员工人数664人，拥有无机非金属材料专业本科及以上学历员工76人，其中博士3人，硕士26人。

五、技术水平

专注耐火材料行业60年，拥有全系列耐火材料产品生产技术，具备钢铁冶炼全流程总包技术集成服务的经营业绩及成熟经验，拥有国家一级窑炉砌筑及维护的总包资质，形成了具有自主知识产权的高炉、转炉、RH精炼炉、鱼雷罐、铁包、钢包、中包等钢铁冶炼全流程耐火材料总包技术集成能力，其中转炉系列处于行业领先水平，钢水控流系列处于国际领先水平。

武汉耐火材料拥有“湖北省认定企业技术中心”、湖北省高温陶瓷材料技术中心及“国家CNAS认可实验室”，与武科大、华科大、武汉理工、宝武集团中央研究院等高校和研究机构进行广泛合作，建立了强大的产、学、研、用一体化的综合研发平台，与科研院所有良好的技术合作。2022年，公司被评定为湖北省2022年第四批高新企业。

“十三五”期间，累计开展研发项目76项，有效进行成果转化68项，累计取得自主知识产权专利142项，目前有效专利有67项（其中中国专利66项，美国专利1项）；累计主导制定国家/行业标准5项，主导修订国家/行业标准6项，参加标准评审并提出建设性意见72项；累计发表的各类期刊论文54篇，其中SCI收录5篇，EI收录2篇。获得省科技进步奖1项。取得全国发明专利金奖1项，银奖1项，铜奖1项。

营口金龙集团

营口金龙集团位于中国著名的镁都辽宁省大石桥市，是集科研、生产、销售、服务为一体的综合性企业，是全球较大的镁质耐火材料生产基地之一。

集团现有员工近1900人，工程技术人员近200人，具有助理工程师以上职称人员68人，其中高级工程师8人；拥有5条镁碳制品生产线，5条超高温隧道窑，2条电熔镁砂原料生产线和1条不定形生产线，年生产耐火材料总数达57万吨。企业现拥有资产总额16亿元，占地面积45万平方米。2021年产值23.24亿元，出口创汇10亿元，税费总额1.25亿元。

金龙集团下辖13家控股及参股企业，分别是大石桥市金龙耐火材料有限公司、营口黑崎播磨耐火材料有限公司、营口光阳耐火材料有限公司、营口雷法耐火材料有限公司、营口和泉耐火材料有限公司、丹东市金龙彤宽耐火材料有限公司、防城港创宇新材料有限公司、营口东方耐火材料有限公司、营口泰华房地产开发有限公司、营口鑫宇房地产开发有限公司、大石桥市和鑫电熔镁砂厂、海城市国正矿业有限公司、大石桥市金龙御景物业有限公司。行业涉及耐火材料、房地产、物业管理、耐火原料生产等多个领域。

集团公司是以生产镁碳砖、铝镁碳砖及镁铝尖晶石烧成砖系列产品为主的企业。其产品有冶金、建材等高温设备所用的镁碳砖、铝镁碳砖、镁钙碳砖、铝碳化硅碳砖；镁砖、镁铝尖晶石砖、镁铬砖、镁铁铝砖、镁锆砖、镁钙砖以及各种不定形耐火材料等。

为促进集团公司生产技术水平的不断提高，加快开发新产品的步伐，增强企业适应市场能力，公司于1999年10月与辽宁科技大学（原鞍山钢铁学院）成立了“金龙集团鞍山钢院耐火材料应用技术研究中心”，暨营口九州耐火材料研究所。2005年、2006年又分别获批省级企业技术中心和省级工程研究中心。研究中心的成立，拓宽了公司研制开发新产品的渠道，加之借助4个合资公司的力量，积极引进国际领先的技术，使公司的整体技术研究开发及产品质量控制能力大大加强，具有转炉、电炉、钢包、中间包等耐火材料研发设计、施工、维护的专业队伍。现已研制开发了镁钙碳砖、无碳钢包砖、镁铝尖晶石砖、镁铁铝铬砖、电熔再结合镁铬砖、镁锆砖、中间包涂抹料、镁质喷涂料、镁质和镁钙质干式料、钢包整体浇注料等系列产品，并陆续在冶金、建材、有色冶炼等行业高温设备上投入使用，取得了较好的效果。

2021年5月由中日合资营口黑崎播磨耐火材料有限公司、中韩合资营口光阳耐火材料有限公司和大石桥市金龙耐火材料有限公司三方投资，成立智能化生产车间。车间现场目前拥有世界最大的4000t液压机1台、2500t液压机1台，配备9台螺旋式液压机，还配有自动称重给料系统、自动机器人码砖系统、自动VCA运输系统、自动打包系统、3D视觉智能识别系统。新生产线将利用5G+工业互联网技术，将人、机、物数字联通，混料—生产—成型—发运，全程信息化操控，全面实现自动打砖、自动上料的智能化生产环节，各类生产作业场景一屏呈现，全集团生产计划一键统筹。

集团先后通过了ISO 9001质量管理体系认证和ISO 14001环境管理体系认证以及OHSAS 18001职业健康安全管理体系认证。2004年被辽宁省环境保护局授予“辽宁省环境保护模范企业”称号，企业信用等级在2011年被行业协会评为AAA级，2012年又被中国出入境检验检疫协会授予“中国质量诚信企业”称号。集团于2006年被评为全国耐火行业唯一一家“国家环境友好企业”；同年，集团的“金龙”牌镁碳质产品获评国家免检产品和辽宁省名牌产品称号等。

金龙集团的“金龙”牌产品为中国驰名品牌，主要应用于冶金及建材行业。集团研发的优质高效节能产品钢包内衬用无碳砖在首钢迁钢及首钢京唐钢厂使用创造了包龄新高，达到了用户满意，并通过“省级科技成果鉴定”获“营口市科技进步奖二等奖”。集团产品除销往国内首钢的迁钢、京唐钢厂、包钢、南钢、河北钢铁、乐亭钢铁、日照钢铁、沙钢、山东永锋钢铁、广西盛隆钢铁、建龙钢铁、鞍钢等十几家大中型钢铁企业外，还大量出口到美国、日本、韩国、德国、俄罗斯、乌克兰、英国、越南、南非、加拿大、印度、泰国、澳大利亚等国家和地区，其主导产品出口量达65%以上，产品性能及使用效果优良安全稳定，深受客户青睐。

营口金龙集团的质量方针是“科技先导，精品制造，创新求实，服务周到”，经营思想是“以诚待人，以信为本，广交天下朋友”，宗旨是“不断发展壮大自己，为国家及社会做出更大的贡献”。

营口青花耐火材料股份有限公司

一、历史沿革

营口青花集团是伴随着改革开放发展起来的大型非公有制企业，其创立者——青花峪村二小队全体村民在脱贫致富的探索中披荆斩棘、励精图治，经过30多年的打拼，已然打造出中国碱性耐火材料行业企业领军企业之一——营口青花集团。

1984年5月25日，在政府的支持下，营口县青花镁矿成立，小队长王守彬出任矿长。原第二小队的农业以农场形式划归镁矿直接管理，务农的社员和做工的社员一律以工分的形式按劳计酬，把农业生产与青花镁矿融为一体，实现了由农业向工业转化的第一次改革。

1985年10月1日，第一座重烧镁砂窑点火成功，正式投入生产，年产1万吨镁砂，盈利10万元。到1986年又相继建设3座竖窑，可年产镁砂4万吨。

1988年，青花镁矿与日本某企业合资，组建年产2万吨的中档镁砂厂——营口青花镁矿有限公司，是辽宁省内首家与外商合资的乡镇企业，创造了改革开放初期民企发展史上的奇迹。

1991年，原营口青花镁矿更名为营口青花镁矿总公司，一改“卖原料”的状况，更新升级产品，带领农民走出了一条科技兴厂的新路。

1994年，青花镁矿总公司成为省内第一家获得国家批准的有自营进出口权的乡镇企业，为企业产品自营出口创汇铺垫了一条绿色通道。

1996年12月20日，营口青花集团有限公司成立。

1999年1月1日，由省市县三级政府按政策要求成立了改制领导小组，对青花进行企业改制。依照领导小组的意见进行股权确认，最终有196名社员成了股东，结束了工分计酬，实行工资制度，企业由集体企业转为股份制企业，现代企业经营管理体系建设完成。

二、企业概况

青花集团现有员工2000多人，占地面积400万平方米。集团下辖辽宁青花耐火材料股份有限公司、辽宁青花耐火材料研究院等14个单位，在上海、太仓、岫岩设有子公司。

青花集团采取“统一规划、统一投资、统一建设、统一管理、统一标准”的“五统一”原则，锁定“信息化、自动化、现代化、智能化”目标，以信息化带动工业化、以工业化促进信息化，为青花实现超常规发展铺平道路。

目前，集团拥有由德国和日本引进的、在全

国耐火材料行业领先的现代化全自动生产线，其系列耐火产品完全适应国内钢铁、有色冶炼、建材、轻工等行业需要。拳头产品镁钙砖更是进入中国宝武、首钢、鞍钢、太钢、酒钢、江苏德龙等50余家大型钢铁企业，并出口到欧美、日本、韩国、俄罗斯等40多个国家和地区。

近年来，青花集团坚持习近平总书记提出的“既要金山银山，也要绿水青山”清洁生产理念，按照国家《环保法》的要求，进一步提高和强化了企业的环保意识，积极落实环保部门对企业的各项环保指标，累计投入环保整改治理资金1.4亿元，加大力度在5处施工现场同时开展环保工作专项整改，目前已实现了达标。企业的环保改造升级不仅改善了生产环境，也进一步增加了企业的核心竞争力。

青花集团在做好自己依法生产、依法纳税的同时，积极主动承担社会责任，捐资助学、安置国有企业下岗职工及适龄就业青年等，履行一个大型企业回馈社会的职责。成立34年来，青花集团为地域经济的发展起到了重要的推进作用。据不完全统计，青花集团累计实现销售收入402亿元，各种税金累计实现54亿元：出口创汇79223万美元；曾先后被国家六部委评定为“国家大型企业”，被国家授予“自营出口先进企业”“出口创汇先进企业”“优秀乡镇企业”“贯彻执行商检法先进单位”等光荣称号，曾入选全国民营企业500强，连续十年被辽宁省工商局评为“守合同、重信用企业”，被国家工商总局评为全国“守合同、重信用”企业，连续多年被中国耐火材料行业协会评为中国耐火材料行业企业信用等级AAA级企业。

企业通过了GB/T 19001—2008/ISO 9001：2008质量管理体系认证、GB/T 24001—2004/ISO 14001：2004环境管理体系认证、GB/T 28001—2001职业健康安全管理体系认证。

三、主要产品及工艺装备

青花集团现拥有矿山6座、重烧镁砂窑12座、轻烧镁砂窑96座、电熔镁砂窑26座、高纯合成镁砂窑6座、镁碳砖生产线5条，有1850℃超高温隧道窑22座，有从德国、日本进口的2000～3600t液压机10台，同时配备了强力混砂机、机器人等先进设备，其装备达到世界耐火材料行业的先进水平。

青花集团以碱性耐火材料和各种不定形耐火材料为主导产品，是集研发、生产、销售、售后现场跟踪服务于一体的国家大型企业，其深加工能力和技术水平居国内同行业领先地位，部分产品达到国际先进水平，是亚太地区规模较大的碱性耐火材料生产基地。

青花集团主要产品包括散状耐火材料、不定形耐火材料、碱性定形制品、不烧砖、烧成砖、镁钙砖、镁碳砖、镁铝尖晶石砖等几十个品种，服务于国内外知名的钢铁、建材、有色、轻工等行业。其中，镁钙砖具有自主知识产权。公司还根据各服务对象的不同，为客户提供包括窑炉设计、耐火材料优化、耐火材料的分析研发、技术咨询、配置、供货、安装施工、技术改造、售后跟踪、后期维护的一站式综合服务，在业内取得了良好的口碑。

四、机构与人事

青花集团通过引进专业化人才，引进国内外先进技术和管理理念，不断优化、强化管理，打造了一支勤劳拼搏、忠诚担当、开拓进取的管理团队，正是这支有战斗力的队伍，使青花由小到大、由弱到强。

对于集团下辖的辽宁青花耐火材料股份有限公司等14家子公司，集团把生产处、设备处、供应处、销售处、进出口有限公司、耐火材料研究设计院、财务处、人资行政管理中心8个职能管理部门分为事业战略、竞争战略和功能战略构成的三大板块，这三大职能板块构成了集团的战略管理中心、市场开发管理中心、技术创新管理中心、投融资管理中心、企业文化和品牌管理中心，通过企业集团管控体系建设提高集团整体竞争力。总公司对子公司、子公司对项目部的管理模式，包括业务管理、经济管理以及效绩考核方式等。

五、科研成果

近年来，青花集团始终秉承“以科技为先导，研发为动力”的科学理念，针对市场需求致力于研发高科技含量、高附加值的新产品，先后取得十几项科研专利，30多个产品被评为国家高新产品。其中“烧成浸渍白云石砖生产技术”获国家专利，镁铬砖、镁白云石砖、镁碳砖、镁尖晶石砖获省市科技进步奖，镁碳砖系列产品获国家免检产品荣誉，“高级含碳砖”“浸渍镁白云石砖”“优质镁铬砖”等一批产品被国家科技部火炬高新技术产业中心评定为高新技术产品。

辽宁青花耐火材料研究设计院是集团下辖的省级科研机构，集科研、检测、培训等多项功能于一体，被国家评为“国家中小企业公共服务示范平台”，并分别被辽宁省政府、省经委、省财政厅、省地税局评定为“辽宁省省级企业技术中心”“辽宁省省级企业工程技术研究中心”“博士后科研基地”。

青花集团还非常重视与高校的科研合作，先后同辽宁科技大学共同研究菱镁矿的开发、研究原料的等级提升、研究无铬化产品的开发，同北京科技大学和东北大学联合进行技术攻关，为高校科研提供生产实践基地的同时，也提升了青花集团整体的科研水平。

浙江红鹰集团股份有限公司

一、历史沿革

浙江红鹰集团股份有限公司自1978年创办以来经历了40多年的历练，从濒临倒闭的湖州保温材料厂发展成一家集冶金、高新材料、老字号餐饮和农业等多个领域的综合型企业。公司位于风景秀丽的太湖南岸湖州经济开发区，地理位置优越，杭宁高铁、杭宁、申嘉湖、申苏浙皖高速公路和318国道穿越而过，交通便捷。

公司前身是湖州砂石英厂里的一个车间（成立于1978年），连续亏损，资不抵债。1983年，虞炳泉凭着特有的智慧和胆识，通过不断观察、调研，反复摸索、分析，觉得耐火材料是钢铁行业必需消耗品，而令人头疼的本地石英砂尾矿又能得到重新利用，一定有广阔的前景。他带领46个农民，花35万元买下该村办保温厂，开始了创业征途。

1985年，在宝钢的大力支持下，共同研制冒口绝热板。凭着过硬的产品质量和诚信的服务，宝钢终于接纳了这家村办小厂。1986年，红鹰正式与宝钢结盟。产品经宝钢现场考察、试验评比、国外检测后正式被国内一流钢铁企业录用，从此获得了打入中国钢铁行业的通行证，开始了第一次的跨越发展，步入良性循环轨迹，在纷繁复杂的市场竞争中获得了宝贵的生存空间，一个濒死的企业在虞炳泉手里奇迹般活了起来，利润年年递增。生产的多个产品替代进口产品，填补了国内空白。

1991年开始与上耐二厂联合研发不定形耐火材料；1993年在宝钢的引荐下与美国Quipley合资创办湖州铭德耐火材料有限公司；1994年成立湖州红鹰企业集团有限公司；2001年在湖州市政府的号召下，收购了湖州饭店、丁莲芳千张包子店、周生记馄饨店等5家国有困难企业，跨行业经营，开启重振百年老字号之路；同年11月走出国门，在越南成立南鹰耐火材料有限公司，成为浙江省首批走出去发展的典范；2004年在湖州长兴煤山镇选址，与宝钢合资成立湖州浙宝钙业科技股份有限公司；2005年成立浙江红鹰集团股份有限公司；2006年与香港德晖集团合资成立湖州铭德特种材料有限公司（现变更为浙江铭德新材料科技有限公司）；2015年跟随宝钢的步伐，在湛江省东海岛成立湛江红鹰铭德新材料科技有限公司。至今已拥有境内15家及境外2家下属单位。

二、基本情况

公司以品牌培育、技术创新、体制改革、信息化为手段，以创名牌增加竞争优势、增加出口创汇、提高综合效益为抓手，以促进企业与时俱进、跳跃式发展为目标。在各级部门的大力扶持和指导下，通过全体员工努力拼搏，使一个接管时规模弱小、品种单一、资不抵债、濒临倒闭的村办小厂扭亏为盈，逐年稳步发展壮大。历经了从小到大、从单一产品到系列产品、从简单到高新技术、从低附加值到高附加值、从环保钉子户到环保达标的艰难企业稳步上升的发展过程；2022年实现销售收入13亿元。

2000年在红鹰集团研究所基础上批准创建为省级企业技术中心。企业技术中心全面负责企业的技术和产品开发，由公司董事长亲自担任技术中心主任，配备了一支通过内培外引、不断充实壮大的高素质科技队伍，聘请浙大、洛耐院、武科大等大学、研究所的耐火材料、冶金方面的专家担任顾问。

2013年被批准为省级企业研究院，通过与大专院校和科研院所的技术交流、科技合作，努力将其最新科技成果消化吸收并加以创新，尽快将其科研成果转化为生产力。同时积极参与国际技术交流与合作，引进技术、工艺、产品并进行消化、吸收，为公司所用且有创新。公司每年投入的技术开发经费占该年度销售收入的3%以上，做到按时足额到位，为年年有新产品开发成功并被应用提供资金保障。近年来，开发的多项新产品均处于国内领先水平，具有广阔的市场前景。

近年来，公司获得全国文明单位、高新技术企业、省创新型示范企业、省专利示范企业、省工商企业信用AAA级守合同重信用单位、湖州市政府质量奖、宝武优秀供应链合作伙伴等诸多荣誉，先后通过了质量管理体系、环境管理体系和职业健康安全管理体系的认证。公司以“三部二室一中心”现代企业管理模式，对产品质量、服务质量以及环境体系实行全面监控，确保产品质量。

三、主要产品及工艺装备

公司主要生产五大系列60多个品种的保温、耐火材料。保温材料及冶金辅料主要有硅酸铝纤维制品、轻质绝热板、中间包硅质绝热板、镁质绝热板、复合型绝热板、钢水精炼熔渣剂、铸造发热剂等，耐火材料主要有高炉、转炉、电炉、钢包和中间包用镁碳砖、炉底料、小炉盖、喷补料、喷涂、手涂料、浇注料及不同类型的预制件产品等。不少产品填补了国内空白，达到国内领先水平，其中耐用电炉喷补料已被评为国家重点新产品并列入国家“火炬”项目；复合型绝热板也被列入国家级“火炬”计划等。

公司一直以来注重科技创新，加强科学管理，对原有的落后设施设备进行了改造及淘汰，加大技改投入，进行高起点的技术改造，同时引进了先进的生产设备，目前主要生产装备有2条HY20000全自动不定形耐火材料生产线，1台HC2500液压全自动压机，电加热烘烤炉1座，低温烘烤炉5座；检测设备有高温抗折仪、激光粒度分析仪、荷重软化测定仪、原子吸收分析仪、常温抗折仪、耐压试验机、耐火度仪、高中低温试验炉、快速化学分析仪、多元素X荧光分析仪等。整体装备具有国内先进水平，具备年生产15万吨耐火材料的生产、质控能力。

工艺装备实行机械化、自动控制一体化：不定形耐火材料生产采取微机控制自动化配料、混合、自动包装系统。

镁碳质不烧耐火材料的原料破粉碎工艺安装除尘设备采用细碎式颚式破碎机、立式冲击破碎机、振动圆锥破碎机、MTM中速T形磨粉机等先进高效破粉碎设备。

烧成耐火材料生产的配料采用微机控制自动化配料系统；混合采用倾斜式混合机、SXG系列旋移式混合机等先进高效混料设备；成型采用电动程控螺旋压力机、全自动液压压力机。对现有双盘摩擦压力机进行改造升级为电动程控螺旋压力机。对原料破粉碎必须安装除尘设备。鼓励采用细碎式颚式破碎机、立式冲击破碎机、振动圆锥破碎机、MTM中速T形磨粉机等先进高效破粉碎设备；配料采用微机控制自动化配料系统；混合采用行星式混合机、SXG系列旋移式混合机等先进高效混料设备；成型采用电动程控螺旋压力机、全自动液压压力机。对现有双盘摩擦压力机进行改造升级为电动程控螺旋压砖机或半自动及全自动液压压力机。烧成采用新型节能全自动梭式窑、新型节能全自动隧道窑等先进烧成设备。

其他特种耐火材料的生产配料采用微机控制自动化配料系统；机械成型采用电动程控螺旋压力机、全自动液压压力机，对现有双盘摩擦压力机进行改造升级为电动程控螺旋压砖机或半自动液压压力机；烧成采用新型节能全自动梭式窑、新型节能全自动隧道窑等先进烧成设备。

原料生产工艺配备安装目前最新的除尘设施。现有细碎式颚式破碎机、立式冲击破碎机、振动圆锥破碎机、MTM中速T形磨粉机等先进高效破粉碎设备。

公司通过技术改造、技术创新，进一步提升装备的技术水平，提高资源、能源利用率，降低生产成本，降低设备的能耗，改善企业形象，提高企业市场竞争力，增加企业经济效益。同时提倡绿色采购、绿色生产、绿色运输，减少产品生产、运输过程中造成的污染，为同行业和周边企业提供示范带动作用，有利于促进行业和区域的发展。

四、机构与人事

“企业是船，人才是帆”，人才是决定技术创新能力的关键因素，人才的积累最终决定着企业技术创新的实力。实施技术创新工程，关键是人才。公司在引进人才的同时，充分发挥现有人才的作用，为所有人才营造宽松的学术氛围，提供公平竞争的土壤。既充分保证外引人才的需求，同时采取相应措施，稳定内部原有人才，造就合理、公平的工作环境，对现有人才和引进人才一视同仁。既重视高层次人才，让他们充分发挥引领作用；也关注和规划构成团队稳定基础的梯级人才和普通员工的职业生涯，充分调动现有人才的积极性，发挥他们的聪明才智，形成各层次人才优势互补、相互促进、形成合力、共同发展，达到人才使用效益的最大化。

建立人才激励机制，使人能尽其才。企业参与市场竞争，要生存、要发展，离不开稳定的人才队伍，因此在人才的使用上，公司建立了“事业留人，感情留人，政策留人”的用人机制。为他们营造一个尊重、和谐、进取的环境，让他们去发挥、去创造；让员工参与到企业管理中去，充分发挥员工的聪明才智，调动积极性，实行自我管理；敞开渠道，鼓励员工为公司的发展献计献策，只要有利于公司的发展壮大，有利于提高公司的经济效益，按贡献大小给予不同的奖励。使每个员工产生一种归属感和成就感，充分发挥自己的才能，使他们感到公司不仅仅是发挥才干的地方，同时也是他们提升才干的地方。做到公司与员工在利益上的双赢。

五、企业管理

在管理方面，公司聘请专业技术人员指导，保证生产参数的稳定。具有健全的管理制度，成熟的生产工艺，完善的生产设备，使产品制造水平、外观质量和可靠性等方面有较大的提高。大力推进技术创新并加速产品结构的调整，加强新产品开发，提高开发速度，更好地满足市场需求，提高市场竞争力。

2022年，面对新冠肺炎疫情，特别是年初上海疫情暴发，面对人员封控隔离、生产封闭管理、物流重重受困等一系列不利因素和风险挑战，公司作为宝武集团耐火材料供应的合作伙伴，以用户价值为中心，千方百计疏困解难、全力以赴组织生产、想方设法打通物流、齐心协力共渡难关，充分彰显了公司一直以来秉持的“以用户为中心”的经营理念。为此宝武集团特发来感谢信，称公司是铸就宝武强大供应链的坚定“守护者”和最美“逆行者”；并授予2022年度“优秀合作伙伴”称号。

为了积极响应国家“节能减排”“循环经济”的号召，公司自成立以来一直致力于节能技术创新工作，认识到环保工作的重要性，在现有的基础上进一步借助外部力量全面深入推行清洁生产，对厂区内的固体垃圾、废水废物等回收利用，再度回用于生产，避免了物料的消耗和浪费。

公司十分重视品牌的培育，制定发展规划和措施，打造自己的品牌，创出自己的名牌，于2000年建立了自己的网站 www. chinahongying. com 及在国内外耐火材料网站中注册宣传，2020年建立了红鹰公众号，不定期宣传公司的管理亮点与重大事件。

六、科研成果（含专利、商标等）

公司十分注重科技创新，近年来投入大量资金，不断扩大科研队伍，积极地与武汉科技大学等国内科研机构和高校进行产、学、研一体化合作，组建了省级研究中心和红鹰耐火材料研究院。目前拥有各类技术人才近300人，每年承担国家和地区科研开发项目多项，拥有专利百余件，其中发明专利19件。

公司还专门配备了一支技术力量雄厚、相关专业齐全的科技研发队伍，工程技术人员占企业总人数32%以上，另外还外聘了武科大、浙大、洛耐院、钢研所等耐火材料、炼钢方面的专家及国外国际著名耐火材料专家指导、合作开发高新技术产品；积极与用户及同行业企业，如宝钢、杭钢等国内大中型钢厂以及美国辉瑞企业、日本黑琦窑业株式会社等国际权威耐火材料企业等合作；及时了解国内外钢厂对耐火材料的新需求，借鉴经验长处，尽早研制开发出适时的新产品提供给冶金企业现场使用，同时中心人员与冶金企业技术人员共同现场跟踪，掌握第一手资料，使产品性能得到很大程度的改进，使科研开发更适合生产应用的市场需求。

七、服务领域

耐火材料是高温技术领域的基础材料。耐火材料应用较为普遍的是在各种热工设备和高温容器中作为抵抗高温作用的结构材料和内衬。

公司经过40多年的历练，形成了具有自身特点的产品技术体系，陆续研制出一批具有国际先进、国内领先水平的中间包、钢包、电炉、转炉、RH炉用耐火材料；拥有多项突破性技术，在全国行业名列前茅。公司拥有先进的生产工艺及检测设施和设备，技术与钢铁企业同步，具有较强的科学研究和技术开发能力，具备耐火材料区域承包的能力（如电炉耐火材料设计和总承包，AOD炉耐火材料设计和总承包，钢包耐火材料设计和总承包，中间包耐火材料设计和总承包等），并积累了丰富的现场施工经验。公司产品分为两大类：定形产品和不定形产品。定形产品主要有镁碳砖、镁钙砖、铝镁碳砖、耐火预制件、中间包绝热板、大型钢锭保温绝热板等。不定形产品主要有高炉、转炉、电炉、混铁炉、钢包等喷补料系列，中间包涂料系列。冶金辅料产品主要有石灰、石粉、高钙活性石灰、炼钢脱硫剂等。产品具有性能稳定、使用寿命长、抗侵蚀性好等优点，深受宝钢、京唐钢铁、邯钢、天津钢厂等20多家国内大中型钢铁企业的青睐。公司与中国的钢铁航母——宝武结为长期战略合作伙伴，产品远销蒙古、东南亚、欧美等多个国家和地区。

浙江宏丰炉料有限公司

一、历史沿革

浙江宏丰炉料有限公司成立于1998年，刘伦先生为公司实际控股人。公司位于浙江省湖州市长兴县夹浦镇长平园区，东临太湖、G104国道，距G25高速公路长兴北出口仅1km，新长铁路、宁杭高铁在公司门前经过，北与江苏接壤，交通便利，地理位置得天独厚。

二、企业概况

自1998年创建以来，宏丰致力于发展定形及不定形耐火材料专业领域技术，是集研发、生产、销售、服务于一体的耐火材料供应商，并为客户承担高温热工装备用耐火材料的整体设计、配置配套、安装施工、使用维护与技术服务于一体的“全天候在线服务”整体承包业务。2022年，公司实现销售收入7.8亿元。

公司为国家高新技术企业，截至目前已获得工业和信息化部耐火行业准入生产线、浙江省科技型企业、2017~2019年浙江省亩均税收第一档企业、“浙江省守合同重信用AAA级单位”、浙江省“专精特新”中小企业、省高新技术企业研发中心、省级研究院、省级服务型示范企业、浙江制造精品企业、中国知名品牌、诚信供应商、湖州市绿色工厂、湖州市两化融合试点企业、湖州市两化融合示范项目、湖州市企业技术中心、湖州市工业企业设计中心、湖州市上云标杆企业、柔性博士后工作站、2016~2022年长兴县工业50强企业，是中国耐火材料行业协会副会长单位，在耐火材料行业和下游产业有较大的影响力。

三、主要产品及工艺装备

公司拥有镁质耐火原料、不定形耐火材料、机压定形耐火制品等现代化生产线4条，耐火材料制品生产能力18万吨/年，不定形耐火材料10万吨/年，公司拥有多条高度智能化、自动化的先进性生产线，配套高精度的智能化生产设备，整体装备现代化水平处于行业领先地位。

公司从2014年根据浙江省耐火行业转型升级工作部署要求，一直坚持装备更新换代，经过几轮的自动化改造，目前设备自动化率达到98%，在此基础上公司2021年开始建设数字化车间，先后导入设备IOT物联平台、生产制造MES执行系统、LMS料仓存储系统、DCS控制系统、金蝶云ERP的数据采集整合系统，实现整个过程在线数据化管控，提升企业从研发设计、生产制造、售后支持、在线监控产品，为钢厂客户提供定制化的服务，建立服务全生命周期工业互联网平台。

四、机构与人事

根据《公司法》，公司设股东大会，股东大会是公司的最高权力机构，依照《公司法》行使职权。公司董事会对股东大会负责，依照《公司法》行使职权，公司非独立董事3名，独立董事3名。公司设监事会，依照《公司法》行使职权，监事会成员1名，其中职工监事1名。

公司设有运行高效的组织架构，在董事会管理下设有研发中心、市场部、采购部、财务部、行政人事部、品质部、物流中心、生产部、钢铁服务部等。

公司建设了一支具有吃苦耐劳、积极进取、坚持不懈、努力奋斗等优秀精神品质的员工队伍，也培养了一支精于管理、善于创新、敢于担当、勇于开拓的管理队伍。截至2022年底，公司员工数600人，其中博士生2人，硕士生3人，大学本科38人，大专、中专52人，工程师40人。

五、科研成果

公司现已拥有专业定形及不定形耐火材料技术研发部门和一流的生产研发平台，技术力量雄厚、设备精良、生产工艺先进、检验检测手段齐全，具有较强的新产品开发、研制能力。为了保持企业在耐火材料行业的技术领先地位，公司持续不断地加大研发投入，科研投入占主营业务收入的比例始终保持在4%左右。强大的科技创新投入，保持了公司的创新活力，取得了丰硕的科技成果，公司承担和参与了多项重点研发项目的科研工作。

目前，公司拥有国家专利36项，其中发明专利7项，省部级科研成果20项，主持或参与标准制修订3项。先后被有关部门批准设立浙江省研究院、浙江省科技研究开发机构、柔性博士工作站、湖州市专利示范单位。众多科研成果的研发成功和产业化，为公司快速可持续发展、增强核心竞争力奠定了坚实基础，为我国耐火材料转型升级做出了重要贡献。

浙江湖州父子岭耐火集团有限公司

一、历史沿革

浙江湖州父子岭耐火集团有限公司成立于2001年12月14日，公司位于浙江省长兴县夹浦镇父子岭村，其前身为长兴父子岭村1978年建立的以生产黏土砖、轻质砖和高铝砖为主的村级集体企业耐火材料厂，1986年转产镁碳砖、铝镁碳砖和镁铝碳砖，1991年父子岭村成立镁质材料厂，1994年两厂合并成立集团有限公司，2000年由村集体企业转制成民营企业，2001年12月14日更名为浙江湖州父子岭耐火集团有限公司。公司为民政福利企业，享受国家规定的政策。公司创始人、实际控制人及法人代表为王柏成，占股74.78%。

二、企业概况

浙江湖州父子岭耐火集团有限公司是浙江省“五个一批”重点骨干企业，是一家专业服务于高温行业、生产炼钢炉用耐火材料的企业。公司注册资本3600万元，总资产4.30亿元，销售收入4亿元。公司占地面积60000m^2，建筑面积42600m^2。公司生产的大、中、小转炉、电炉、精炼炉和钢包衬砖20多个品种，300多个不同规格镁碳砖和不定形耐火材料，生产工艺布局合理，生产设备配套齐全。年生产镁碳砖、铝镁碳砖和镁铝碳砖10万吨和不定形耐火材料2万吨。

三、主要产品及工艺装备

公司是中国耐火材料之乡——长兴县当地镁碳砖系列耐火产品生产的代表厂家及龙头企业，公司主要产品镁碳砖经原冶金工业部国家耐火材料检测中心历年抽检均高于YB/T 4074—91中的MT18A指标，1998年通过了ISO 9002国际质量体系认证，2004年通过ISO 14001环境质量管理体系认证。公司生产的“丰达”牌镁碳砖分别被评为浙江省著名商标和浙江省名牌产品。公司本着“依托科技、勇于开拓、立足国内、跨出国门”的企业精神，始终坚持“质量为企业的生命，用一流的产品，满意的服务来不断开拓新领域，不断改进和完善质量管理体系，满足用户对产品的需求”的发展理念。公司拥有为大转炉生产炉衬砖的1600t级压砖机1台、1000t级4台、630t级12台、400t级2台及相应的磨粉碎机设备，并配有较先进的计量和物理、化学检测全套设备仪表及小型试验工厂。公司创新耐火材料营销新模式，即集供砖、砌筑、维护、确定包/炉龄和拆包/炉等于一体的“一条龙”承包方式，充分发挥产品的抗侵蚀性能、抗渣性能、耐急冷急热性能等方面的优点。公司产品年销量排名浙江省耐火材料行业前列，公司产品广泛应用于国内外多家大中型炼钢企业的转炉、电炉、精炼炉耐火衬砖，在特钢、不锈钢领域业绩斐然。2014年，公司响应县域内耐火行业整治行动，逐步完成了企业的机器设备、厂房及产品工艺的升级换代，实现了生产作业的自动化、标准化和环保化，给每台压力机配置了全自动生产线，将原材料搅拌工序实现封闭搅拌，达到整治目标和环保标准。公司对原有窑炉进行改造，将原有煤窑改造成电窑，有效降低了原来煤烧制方式带来的污染。

四、科研成果

公司连续多年被评为浙江省科技型企业、国家高新技术企业、湖州市绿色企业、浙江省最具成长性中型企业，现有高级、中级、初级职称的专业技术人员45人，经过多年的技术积累及研发，拥有各项专利20余项，公司还与洛阳耐火材料研究总院和北京钢铁研究总院及宝钢集团建有长期技术协作关系，保证了公司产品质量稳定和对新产品开发上的技术支持。过硬的产品质量和满意的售后服务赢得国内近百家客户的好评并建立了良好的合作伙伴关系。

浙江金磊耐火材料有限公司

一、历史沿革

浙江金磊耐火材料有限公司成立于2014年11月17日，注册资本4亿元，法人代表为陈根财先生。

公司办公地址和生产基地位于浙江省湖州市

德清县钟管镇龙山路117号。毗邻沪、苏、杭三大城市，向北距太湖之滨约40km，向南距离杭州西湖约60km，向东距上海南京路约180km，交通便利，区位优势明显。

公司前身是成立于1999年8月的德清县金磊耐火材料有限公司（其前身是德清县天健耐火炉料有限公司）。

2010年2月整体变更为浙江金磊高温材料股份有限公司，于2011年11月28日在深圳证券交易所上市，股票代码002624。

2014年11月与完美世界股份有限公司完成资产重组后，退出上市公司注册成立浙江金磊耐火材料有限公司。

二、资产和经营规模

公司注册资本4亿元。公司占地面积约300亩（约200000m²），建筑面积10万平方米。公司员工总数420余人。公司拥有约5000m²、装修水平一流的现代化办公大楼，并拥有集体宿舍、职工食堂等便利的食宿条件。

2021年年产镁钙质烧成砖、不烧砖以及不定形耐火材料约8万吨，销售收入2.95亿元。

三、公司主导产品以及主导产品在行业中的地位

浙江金磊耐火材料有限公司是全球居于领先地位的以镁钙质耐火材料产品为主的专业耐火材料生产企业，具有近20年的镁钙质耐火材料生产历史。公司主导产品主要为不锈钢冶炼企业AOD、GOR等精炼炉、钢包及钢包精炼炉等用镁钙质碱性耐火材料，主要品种包括烧成镁钙砖、不烧镁钙砖、不烧镁钙碳砖、镁钙质捣打料和可塑料等散装料。长期以来，公司镁钙质耐火材料产品在国营、民营国内大中型不锈钢企业中得到了广泛应用，为国内专业生产镁钙质耐火材料的在规模和技术上领先企业。公司是国内在南方环境条件下自主开发生产镁钙质耐火材料的首创企业，其自主开发的“抗水化超高纯镁钙砖”获浙江省科技成果转化一等奖，“不烧镁钙碳砖产业化”被列入国家火炬计划项目，国内首家自主开发的镁钙质可塑料、捣打料完全取代进口产品。

另外，公司还有具有国内领先技术水平的转炉、电炉和精炼钢包用各类含碳耐火材料、无碳预制耐火材料、低水泥无水泥浇注料、RH精炼炉用无铬镁尖晶石耐火材料等。尤其是RH用无铬镁尖晶石砖技术性能以及实际使用性能在国内具有较强的综合竞争优势。

四、主要生产装备及产能

公司拥有龙山工厂、辉山工厂两个现代化工厂，拥有世界一流的现代化镁钙制品生产线。

公司拥有从原料合成、原料加工到产品生产完整的烧成镁钙砖和不烧镁钙砖耐火材料生产线，为公司镁钙质主导产品在国内外不锈钢冶炼企业中保持较高的竞争优势提供了保障。

其中，龙山工厂主要产品为镁钙质合成原料，主要生产装备有轻烧白云石回转窑1条，合成镁钙砂配料、压球生产线1条，高温镁钙砂烧成回转窑1条，具有日产200t合成镁钙砂生产能力。

辉山工厂主要产品有烧成镁钙砖、不烧镁钙砖、不烧镁钙碳砖、不烧含碳耐火材料、镁钙质散装料等。主要生产装备有原料生产加工线3条，德国进口LAEIS全自动液压机7台（2500t 2台，2000t 5台），140m长全自动高温隧道窑2条，不烧镁钙砖专用自动控制隧道干燥窑1条，预热利用不烧制品干燥窑2条。

公司年产能烧成镁钙砖70000t，不烧制品25000t，各种不定形耐火材料20000t。

五、技术与质量管理体系

公司拥有博士、硕士等一批技术骨干，具有较强的新产品开发能力。

公司技术中心具有比较完善的试验检验测试装备和能力，被认定为“省级企业技术中心”。

公司为国家级高新技术企业，通过了ISO 9001质量管理体系和ISO 14001环境管理体系认证。

浙江自立控股有限公司

一、历史沿革

浙江自立控股有限公司（以下简称“自立控股”“公司”）是在上虞市自立工业新材料有限公司基础上改制设立的有限公司，其前身为上虞特种耐火材料厂。

上虞特种耐火材料厂创立于1985年，2002年由国企改制为上虞市自立工业新材料有限公司；2006年成立绍兴上虞自强高分子化工材料有限公

司（现更名为浙江自立高分子化工材料有限公司，以下简称“自立高分子”）；2007年，公司成立研究所，控股江苏永和耐火材料有限公司；2008年，成立湛江自立高温材料有限公司；2010年，公司经过股份制改造，成立浙江自立股份有限公司（以下简称“自立股份”）；2013年，成立浙江自立氧化铝材料科技有限公司（现更名为浙江自立新材料股份有限公司，以下简称“自立新材”），并于2017年1月23日起在全国股转系统挂牌公开转让；2014年，成立第一家海外公司美国自立有限责任公司；2015年成立浙江自立高温科技有限公司（现更名为浙江自立高温科技股份有限公司，以下简称“自立高温”）；2017年底，自立股份根据自身发展规划，与自立高温进行重组，将耐火材料相关经营性资产及业务、负债等转移至自立高温名下。2019年9月更名为浙江自立控股有限公司。2019年，自立控股将其名下自立新材股份转让给自立高温。

二、基本情况

自立控股总部位于浙江省绍兴市上虞区百官街道百谢路338号，是一家集耐火材料、高档氧化铝原料、精细陶瓷及原料、精细化工产品的设计、制造、销售及服务为一体的综合型公司。公司注册资本18000万元整，2021年实现销售收入超26亿元，纳税1.76亿元。

自立控股下辖3家全资子公司，5家控股子公司，5家控股孙公司。公司现有浙江上虞、江苏江都和广东湛江三个制造基地，耐火材料制品生产能力33万吨/年，耐火原料生产能力14.9万吨/年，酚醛树脂2万吨/年，精细陶瓷及原料1.45万吨/年。

公司耐火材料产品立足中国宝武钢铁集团，服务于国内外各大优秀钢铁企业，为国内各大钢厂提供耐火材料的设计、生产、仓储、配送、砌筑施工、施工设备管养、维运管理、用后耐火材料资源综合利用等全程服务，并同时提供技术支持服务，实现了制造业向服务型制造业的转变；同时产品出口美国、日本、韩国、澳大利亚等国家。2021年被认定为省级“服务型制造示范企业”和省级“先进制造业和现代服务业融合发展试点企业”。耐火材料用原料应用于钢铁冶金、水泥、石灰、玻璃、石化等领域，烧结板状刚玉客户覆盖率居于国内同行前列，并大量出口美国、日本、韩国、西亚、中东和欧洲。2021年度被认定为浙江省“专精特新”中小企业。2022年度被认定为“国家级专精特新‘小巨人’企业”。精细陶瓷产品应用于钢铁冶金、重金属冶炼、半导体行业、军工及核工业等领域。精细化、功能化、绿色化酚醛树脂主要应用于电子电工材料、耐火材料、模塑料、磨料磨具、保温材料、复合材料、铸造等行业。

公司设有独立的技术中心和研究所，配备了完善的研发和检测设备，通过了省级技术中心和研究中心认证，2022年通过了国家CNAS实验室认证。公司成立省级院士工作站，拥有国家级博士后工作站，并与宝钢中央研究院、武汉科技大学、中科院上海硅酸盐研究所等建立了长期良好的合作关系。公司重视信息化和自动化的发展应用，积极推进两化融合，走新型工业化道路。

三、主要产品及工艺装备

公司的主要产品：

（1）定形耐火材料，镁碳砖、镁铝碳砖、铝镁碳砖、无碳致密砖、铝碳化硅碳砖、镁尖晶石砖等。

（2）不定形耐火材料，各种散装料、预制块、挡渣堰板、RH环流管和浸渍管、电炉炉盖、CAS浸渍罩、UT浸渍罩、KR搅拌桨等。

（3）功能性耐火材料，保温板、转炉和钢包透气砖、转炉和钢包滑板和水口等。

（4）耐火材料用原料，烧结刚玉、活性氧化铝微粉、各种尖晶石微粉、铝凝胶微粉结合剂、高强度镁质结合剂、分散性氧化铝微粉等。

（5）精细陶瓷用原料及多品种精细陶瓷制品，高纯微晶氧化铝粉原料、ZrO_2陶瓷、Al_2O_3陶瓷、ZTA陶瓷研磨衬和球、半导体行业用ZTA陶瓷基板及一批军工所需用CaF_2、MgO材质的特种陶瓷坩埚等。

（6）高性能酚醛树脂。

自立控股坚持自主技术创新，绿色低碳发展，积极推进各产线技改项目，采用先进设备工艺，以确保产品质量稳定、效率提升和节能降耗。公司装备了2500t/3600t全自动液压机、1600t抽真空压力机、超高温梭式窑、爱立许（Eirich）混料机等先进生产设备及工艺完善的生产线，借助于自主开发的企业数字化综合管理运行系统IMSDO（Integrated Management System of Digitized Operation）对生产过程进行管控，实现了产品全生命周期管理。公司配备了基于材料显微结构、化学成分、物相组成、常规物理性能、力学性能和热学性能检测设备如高分辨率场发射扫描电子显微镜、X射线衍射仪等先进检验设备，保障生产产品的质量检验及研究所产品研发使用。

四、机构与人事

自立控股的最高权力机构为股东大会，公司设董事会，对股东大会负责。董事会成员5人，其中董事长1人；监事会成员3人，其中职工监事代表1人。

公司目前拥有员工共1932人，其中技术人员205人，约占员工总数的10.6%，其中博士学历及以上8人，硕士19人；售后服务人员592人，约占员工总数的30.6%。

五、企业管理

自立控股以“技术领先，致力于质优产品；绿色耐火材料，致力于美好环境；以人为本，致力于员工安康；诚信守法，致力于不断进步”为质量环境职业健康安全方针。公司通过了ISO 9001、ISO 14001、ISO 45001认证，并通过了能源管理体系及两化融合管理体系认证。公司自主开发的企业数字化综合管理运行系统IMSDO对生产过程进行管控。该系统通过高度定制化的实施方式，结合了多种物联网传感技术，达到了对人、机、料、法、环等核心生产要素的全面覆盖。在此基础之上，该系统搭建分布式计算架构，采用基于谷歌TENSORFLOW的机器学习框架，实现对耐火材料产品全生命周期的大数据分析，为提升钢产品质量、接轨钢厂智慧制造提供耐火材料数据平台及相关服务，公司的智慧制造生产体系在同行业中处于领先水平。

公司以技术、品质和服务赢得市场，通过技术进步发展长寿命、无污染、功能化、节能环保型先进耐火材料，为钢铁冶炼及钢产品质量服务并积极推进资源再生利用。2012年通过省级技术中心和研究中心认证，2014年获得省级研究院称号。2016年，公司设立浙江省博士后工作站，2018年成立院士专家工作站。2022年通过国家CNAS实验室认证和国家级博士后工作站认证。与宝钢中央研究院、武汉科技大学、中科院上海硅酸盐研究所等建立了长期良好的合作关系，经营、技术、管理、服务等创新带动了企业的可持续发展。

公司坚持由“产品制造商”向“整体承包商”、由“产品价值”向“服务价值”转型的战略思想，致力于为客户提供专业解决方案，提供设计、生产、仓储、配送、砌筑施工、施工设备管养、维运管理、用后耐火材料资源综合利用等全程服务，实现了从钢铁行业用耐火材料产品制造商向服务运营商的转变，成为中国耐火材料行业中技术领先、服务领先的代表型企业之一。

自立控股以“以创意、诚意、善意，积极参与世界产业之发展；求得人与自然环境和谐共生，公司与社会共同繁荣”为宗旨，突出以人为本的管理和教育，努力培育积极向上、锐意进取的企业精神，形成了以“责任”为核心的企业文化。公司注重产品质量、环境友好和用户发展，工厂对工作区域内粉尘、噪声等进行检测和管控，积极为员工创造充满人文关怀的工作环境。2018年，自立控股主体生产工厂浙江自立高温科技有限公司申请重点行业清洁生产审核，2019年2月通过审核。2018年2月，公司生产工厂获得工业和信息化部认证为国家级“绿色工厂示范单位”，成为钢铁行业用耐火材料领域首家“绿色工厂”。孙公司浙江自立新材料股份有限公司2022年申请重点行业清洁生产审核，现已进入最终验收阶段。同时，公司通过并实施了一系列的节能环保项目，其中原料工厂投资建设脱硝项目助力绿色环保。

面向未来，全体自立员工正朝着“更好的耐火材料，更好的服务，更好的环境”目标而努力，致力于成为“国际知名、国内一流”的耐火材料企业。

六、科研成果

自立控股坚持自主创新道路，其名下自立高温、自立新材和自立高分子均为国家高新技术企业，公司现有授权专利144项，其中发明专利54项；国家授权计算机软著作权8项；主持或参与制定标准37项，其中国际标准1项、国家标准23项；产品荣获省部级以上奖项11项，其中“钢铁冶金储运与精炼设备炉衬材料长寿高效技术”项目荣获2008年度国家科技进步奖二等奖殊荣，“洁净钢冶炼用耐火材料关键技术与工业应用”项目荣获2011年度国家科技进步奖二等奖殊荣，“钢铁冶金RH炉内衬用节能环保型新材料”荣获国家火炬计划产业化示范项目证书，“电炉精炼钢包长寿命及高等级品种钢用关键耐火材料开发与应用实践”2022年度荣获冶金科学技术奖三等奖殊荣。

七、服务领域

公司耐火材料产品立足中国宝武钢铁集团，服务于国内外各大优秀钢铁企业，为国内各大钢厂提供耐火材料的设计、生产、仓储、配送、砌筑施工、施工设备管养、维运管理、用后耐火材料资源综合利用等全程服务，并同时提供技术支持服务，实现了制造业向服务型制造业的转变；同时产品出口美国、日本、韩国、澳大利亚等国家。耐火材料用原料应用于钢铁冶金、水泥、石灰、玻璃、石化等领域，烧结板状刚玉客户覆盖率居于国内同行前列，并大量出口美国、日本、韩国、西亚、中东和欧洲。精细陶瓷产品应用于钢铁冶金、重金属冶炼、半导体行业、军工及核工业等领域。精细化、功能化、绿色化酚醛树脂主要应用于电子电工材料、耐火材料、模塑料、磨料磨具、保温材料、复合材料、铸造等行业。

郑州安耐克实业有限公司

郑州安耐克实业有限公司成立于2003年9月，总部位于河南省新密市。公司是以输出高风温、长寿命、低能耗、低排放、低投资高炉热风炉技术、配套耐火材料制造及EPC工程总承包为核心业务的国家高新技术企业和国家级专精特新“小巨人”企业。公司下属安耐克富良、安耐克富华、安耐克富钢、安耐克富宝4个生产公司和安耐克窑炉公司、郑州热风炉工程技术公司、安耐可（北京）工程技术公司以及洛阳伊川正在建设的洛阳安耐克科技股份有限公司。公司现有产能15万吨，洛阳公司规划产能40万吨。

安耐克以“持续推动高炉热风炉科技发展和耐火材料技术进步”为使命，创建了河南省院士工作站、河南省博士后创新实践基地、河南省工程技术中心、河南省企业技术中心和全球首座顶燃式热风炉CFD数模、冷态、热态仿真综合实验中心5个研发平台，组建了以中国科学院周国治院士、旋切顶燃热风炉发明人姜凤山教授、材料学博士章道运等为首的11位冶金、材料、热工、结构多学科共融的研发团队，长期致力于高炉热风炉技术创新与发展，获得专利和专有技术110多项，主持或参与制定国家及行业标准10余项，多次荣获国家冶金科学技术奖、河南省科技进步奖。

安耐克始终专注于高炉热风炉技术的自主研发与创新，与中冶京诚合作，长期持续优化顶燃式热风炉系统结构与耐火材料标准化配置，历经千余次试验，通过数模、冷态与热态实验验证，成功研发了安耐克式锥柱旋切顶燃热风炉技术，突破了国外热风炉技术壁垒，具有完全自主知识产权，已获得俄罗斯、日本、乌克兰、印度、印度尼西亚等国家专利，并在国内1000多座大中型高炉配置的3000余座热风炉和国外越南和发钢铁、马来西亚安裕钢铁、塞尔维亚钢铁、俄罗斯MMK钢铁、印度JSW钢铁和Rashmi钢铁等国家1500~5872m^{3}高炉成功应用，依托国际领先的技术、优质的产品和全方位、全生命周期的服务助力全球钢铁企业节能高产、低氮低碳绿色发展。

安耐克始终秉承“客户满意、员工满意、股东满意”的宗旨，坚持“以科技促发展，以质量求生存，以诚信为根本”的理念，牢记初心使命，坚持守正创新，把握时代脉搏，唱响时代旋律，为持续推动高炉热风炉科技发展和高温新材料技术进步，成为全球高温工业的首选服务商踔厉奋发、勇毅前行！

郑州振东科技有限公司

一、历史沿革

郑州振东科技有限公司前身为“郑州矿务局磨料磨具厂”，由侯振东、毛喜民、刘大圈三位创始人于1988年8月18日在河南省新密市曲梁乡草岗村侯振东自家的责任田上创建，1998年8月18日更名为“郑州振东耐磨材料有限公司”，2012年1月更名为“郑州振东科技有限公司”，并沿用至今。

二、企业简述

郑州振东科技有限公司是国内钢铁行业用耐火材料主要生产企业之一，致力于为钢铁行业提供优质的产品与系统的解决方案，在我国冶金炼钢炉外精炼钢包用耐火材料行业处于领先地位，是中国耐火材料行业协会副会长单位、河南省耐火材料行业协会副会长单位、新密市耐火材料行业协会会长单位，在全国钢铁行业享有较高的知名度。公司注册资金3.568亿元，占地面积328亩（约218667m^2），主要生产设备1600多台（套），具有年产各种耐火材料25万吨的生产规模，是国内众多钢铁企业用耐火材料制品主要供应商。产品广泛应用于河北钢铁、安阳钢铁、天钢联合、敬业集团、山西建龙、普阳钢铁、裕华钢铁、六安钢铁等30多家大型炼钢企业，质量及供货量在同行中始终处于领先行列，连续11年在新密市同行业中纳税排名第一，主导产品钢包耐火材料在省内市场占有率达到30%左右，国内市场占有率6%左右，连续5年市场占有率全省第一，国内钢铁行业排名前三。

三、产品、技术服务

公司主导产品镁碳砖、铝镁碳砖自2003年以来曾连续被评为“河南省名牌产品”，水口砖曾被评为“高新技术产品”。经多年经营，现已实现钢包用耐火材料的选材从含碳到无碳、从常规产品到功能性产品、从定形材料到不定形材料均有覆盖，能适应LF、RH、VD、AOD、VOD等不同精炼方式的钢包。除常规产品内衬砖外，还开发了配套的透气砖、水口座砖、滑板、上下水口等系列产品。如今公司产品结构已进行了全产业链延伸，产品种类涵盖钢包、铁水包、中间包、连铸、转炉用耐火材料；产品功能实现系列化、配套化、维修多样化。

公司坚持以顾客和市场为导向，在国内设有30多个办事处，进行整体承包一站式服务。借助互联网信息技术与本土化营销网络，加强与客户的工作交流、技术研讨、流程对接、工艺改进，把耐火材料的工艺和炼钢的工艺紧密结合，以多元化的产品和服务适应钢厂需求，根据客户需求提供个性化服务，公司目前有500多名员工全天候为钢铁事业的发展在用户现场从事着产品的售后服务工作，让客户省心、放心、舒心。

四、技术力量

公司拥有一支稳定的技术科研团队，有各类工程技术人员280名，中高级以上技术人员16名，硕（博）士、知名专家5名，是“省级企业技术中心”“省级工程技术研究中心”“河南省优秀耐火材料企业”“国家技术标准创新基地-绿色耐火材料技术标准创新联盟成员单位”“标准化工作先进单位”。2018年以来，投资2000多万元用于研发大楼重建，总面积达4500多平方米，科研工作环境舒适，配有WDX全自动荧光分析仪、高频红外碳硫分析仪、中频感应动/静态抗渣试验炉、高温荷软测定仪、全自动风冷热震试验仪、全自动水冷热震试验仪、全自动高温抗折仪、热膨胀测定仪、导热仪等各类中高端仪器设备50多台（套），满足研发、试验检测需求，为新产品开发提供了强有力的支撑。研发大楼配有实验室、办公室、理化检测中心、资料室、学术报告厅、大中小会议室等，可进行各种规格的学术报告以及学术交流活动。

公司坚持以“诚信经营、科技创新”为理念，强化产、学、研结合，促进科技自主创新，不断加大技术创新和新品开发的投入力度，先后与北京科技大学、武汉科技大学、郑州大学等国内多所知名大学建立战略合作关系，提高了公司科技创新能力和市场竞争力，为公司可持续发展奠定了坚实的基础。2019年，公司与中科院周国治院士团队合作建立了“院士工作站”，由院士团队的骨干、国家“优青”和长江奖励计划“青年学者”侯新梅教授具体实施双方的合作项目，加强了耐火材料的应用研究；与北京科技大学、郑州大学材料科学与工程学院建立博士后创新基地，博士参与公司的研发项目，确保为炼钢提供先进、可靠、稳定的优质定形和不定形产品。

主要科研成果如下：

（1）“耐火材料结构功能化设计与制备及在高品质钢冶炼中的应用”项目，被教育部评为“高等学校科学研究优秀成果奖二等奖”。

（2）“洁净钢精炼钢包金属复合低碳碱性耐火材料”被河南省人民政府授予“2020年度河南省科学技术进步奖二等奖”。

（3）“洁净钢精炼钢包内衬耐火材料服役损毁过程及其Monte Carlo模拟”项目，被河南省教育厅评为“科技成果一等奖”。

（4）“金属复合低碳碱性耐火材料及其在洁净钢精炼中应用”项目，被河南省机械冶金建材工会委员会和河南省建筑材料工业协会评为2020年“康宁特杯”河南省建材行业技术革新一等奖。

五、智能化、信息化升级改造

公司积极响应国家“节能环保、减少污染、

降低排放”的相关政策，2019年起先后投资近2亿多元用于“技术改造、智能改造、绿色改造”，对破碎、配料、混练、成型、烘干、拣选、包装道道生产工序进行了全方位的改造，以节能降耗、减污增效为核心，调整和优化了产业结构，新上了耐火材料生产用能系统优化项目。混合料自动化生产线结合管理系统（ERP）信息化项目，安装脉冲袋式除尘器260多台，购置成型机器人55台，解决了粉尘污染和人工取砖重体力问题，生产车间安装了中央空调系统和自动喷淋系统，新上了污水处理系统，使整个生产系统实现了自动化，改造后的生产线产能得到了提升，生产环境得到了改善，生产效率得到了提高，职工的劳动强度得到了降低。

六、文化建设

30多年来，公司始终坚持“以人为本、以德治厂”的方针，以“回报祖国、奉献社会、富裕职工”为宗旨，务实奋进，努力拼搏；以振东文化培育人，以振东科技凝聚人，以业绩考核人，以学习提高人。给员工提供一个有利于价值发挥的公平环境，赋予员工责任的同时进行相应的授权，并通过制定科学有效的激励机制来调动员工的积极性，激发员工在实现自我价值的基础上为企业创造价值。在职工后勤保障方面建有综合餐厅、高标准装修的职工公寓，宾馆化配置标间274间，12000m^{2}休闲喷泉广场，都已投入使用。还有可容纳千人以上的职工俱乐部、图书报刊阅览室、功能齐全的健身房、棋牌室、多功能影视厅、理发店、网球场、停车场等服务性设施，为职工提供免费服务。

七、目标愿景

全体职工将在侯振东董事长带领下，以习近平新时代中国特色社会主义思想为指导，全面贯彻党的二十大精神，坚持稳中求进工作总基调，立足发展新阶段，团结拼搏、提质增效、创新驱动、绿色发展、高质量发展。将继续坚持“回报祖国、奉献社会、富裕职工”的核心文化，持续推动钢铁冶金耐火材料科技的发展和技术进步，不断提升系统服务能力和智能制造水平，为成为钢铁冶金工业的首选服务商不懈努力！

中钢洛耐科技股份有限公司

一、基本情况

中钢洛耐科技股份有限公司（以下简称“中钢洛耐”）由原中钢集团耐火材料有限公司与中钢集团洛阳耐火材料研究院有限公司联合重组而成，于2019年12月实现重组，成立了“中钢洛耐新材料科技有限公司”；2020年6月，引入外部战略投资者，同步实施内部员工持股，完成混合所有制改革；2020年8月，完成股份制改革，中钢洛耐科技股份有限公司正式揭牌成立。2022年6月6日，中钢洛耐科技股份有限公司上交所科创版上市。

中钢洛耐以中高端耐火材料的研发、制造、销售和服务为核心业务，致力于为高温工业提供全方位、全过程、个性化和精益化服务，是中国先进的中高端耐火材料研发制造、工程设计和技术集成服务商。中钢洛耐主要产品有硅质系列制品、镁质系列制品、高铝系列制品、复合系列制品、高纯氧化物制品、功能型材料制品、不定形及预制件制品8个系列的多品种耐火产品，远销世界五大洲40多个国家和地区，广泛应用于钢铁、有色金属、石油和煤化工、建材、电力、节能环保和国防军工多个高温领域。

中钢洛耐拥有实力雄厚的专业技术人员队伍，拥有先进耐火材料国家重点实验室、耐火材料联建实验室、耐火材料国家工程研究中心和国家耐火材料质量监督检验中心等研发平台，先后承担了国家“六五”、“七五”、“八五”、“九五”、“863”、“973”、科技支撑计划等诸多国家科技攻关计划项目，获得多项科研成果。

未来，中钢洛耐将继续以“建设具有国际竞争力的世界一流耐火材料企业”为目标，以科技为支撑，立足高温工业，适度拓展战略新兴材料产业，打造高温工业用耐火材料系统集成、综合配套和系统方案解决服务商，推进耐火材料全面创新驱动高质量发展，实现绿色、低碳、可持续发展，致力于成为最具创新能力和市场价值的科技型企业。

中钢洛耐使命：为高温工业提供环境友好和更具价值的系统解决方案。

中钢洛耐愿景：成为技术领先、客户信赖、

社会尊重的世界一流耐火材料企业。

中钢洛耐价值观：

（1）诚廉。热爱祖国，忠诚于企业，遵纪守法，道德高尚。

（2）创新。勤于学习，锐意改革，创新开拓，提升核心竞争力。

（3）卓越。努力创造优异品牌、造就优异团队、打造优异企业。

（4）和谐。服务创造客户价值，与员工、客户、合作伙伴、社会共同发展，承担社会责任。

二、经营范围、主要产品与服务

（一）经营范围

中钢洛耐经营范围包括耐火原料、耐火材料及节能材料的非金属矿物制品制造；耐火材料工艺设计、耐火材料工程设计服务和总承包；高温工业炉工程设计、工程施工及服务；耐火材料机械设备、零部件的制造、安装；高温材料检测设备的制造与技术服务；高温材料技术开发、技术咨询与技术服务；新型陶瓷材料研发与销售；从事货物和技术进出口贸易；国内广告制作、代理及发布。

（二）主要产品与服务

中钢洛耐主营产品为耐火材料，属于新材料领域。公司生产的耐火材料按外观形状可以分为定形耐火制品和不定形耐火制品，定形耐火制品包括标型砖、异型砖、特异型砖和管、器皿、坩埚功能型耐火制品等，不定形耐火材料包括浇注料、捣打料、投射料、喷涂料、可塑料、耐火泥浆以及预制件等，主要应用于冶金、建材、有色金属、化工、军工和环保等高温工业。另外中钢洛耐还提供工程设计、咨询，各类窑炉设计、制造及技术开发、转让、咨询、人才培训等服务。

1. 定形耐火材料

中钢洛耐生产的定形耐火材料产品主要有硅质耐火材料、镁质耐火材料、高铝质耐火材料、复合耐火材料、高纯氧化物耐火材料、功能型耐火材料等。

（1）硅质耐火材料：中钢洛耐拥有多年的硅质产品生产经验，产品主要包括大型焦炉用优质硅砖、玻璃窑用优质硅砖、热风炉用硅砖和碳素炉抗侵蚀硅砖四大类别，后又相继开发了轻质硅砖、热修补用零膨胀硅砖、无钙硅砖和高导热硅砖等新产品。“大型焦炉用优质硅砖”曾列入国家级火炬计划项目，在大型焦炉、热风炉上使用，大大提高了大型焦炉的运行质量，延长了大型焦炉的生命周期，炼焦的单位耗能降低，减少了污染物的排放，节能、减排效果明显，产品成功出口意大利、德国等；零膨胀硅砖经河南省科技厅鉴定，技术水平为国际先进，并获得洛阳市科技进步奖一等奖、河南省科技进步奖二等奖。

（2）镁质耐火材料：中钢洛耐生产的镁质耐火材料主要有直接结合镁铬砖、电熔再结合镁铬砖、电熔半再结合镁铬砖、镁铝铬砖、镁铝尖晶石砖、优质镁砖等。产品质量稳定，品种较为齐全，获得河南省名牌产品称号，广泛应用于有色冶炼、钢铁、石灰和水泥等行业，牵头制定国家标准1项、行业标准2项。近几年开展的“RH精炼炉用优质环保无铬耐火材料集成技术”项目减少了铬污染，产品在宝钢、鞍钢等国际一流大型钢厂得到广泛应用，抗侵蚀性、抗热震稳定性和耐磨性等性能优异，使用寿命明显提升，实现了RH精炼炉材料的无铬化。该项目获河南省科技进步奖二等奖，2019年荣获第四届质量创新大赛最高奖（QIC-Ⅴ级奖）。

（3）高铝质耐火材料：高铝质耐火材料主要包括低蠕变高铝砖、抗渗透高铝砖、刚玉莫来石砖、红柱石砖、莫来石砖、硅线石砖等。产品广泛应用于钢铁、有色冶炼及建材行业的高炉、热风炉、焙烧炉、熔铝炉及陶瓷窑等高温设备。在国内处于相对先进水平，牵头制定了国家标准2项、行业标准2项。

（4）复合耐火材料：复合耐火材料系列产品主要包括氮化硅结合碳化硅质、赛隆结合碳化硅质、氧化物结合碳化硅质、赛隆结合刚玉质等品种，主要应用于钢铁、电解铝、环保和高温陶瓷行业。拥有德国爱立许全自动配混料系统和全自动梭式窑，工艺装备先进，产品质量稳定。自主研发牌号Sicatec75铝电解槽用氮化硅结合碳化硅产品已成为国际电解铝市场上的知名品牌。获国家科技进步奖二等奖1项、省市级奖多项，获国家重点新产品、河南省名牌产品、河南省出口名牌等多项荣誉称号。

（5）高纯氧化物耐火材料：高纯氧化物耐火

材料系列产品主要包括高纯刚玉砖、氧化铝空心球砖、氧化锆砖、铬铝锆砖和铬刚玉砖等，广泛用于水煤浆加压气化炉、渣油气化炉、循环流化床锅炉、炭黑反应炉、人工晶体、有色及建材等高温窑炉。其中，“宝石长晶炉节能内衬材料的开发及应用”获 2017 年洛阳市科技进步奖一等奖和河南省科技进步奖二等奖；自主开发的水煤浆加压气化炉用优质氧化物系列材料使我国引进的上百套“水煤浆加压气化炉”的使用寿命提高到 15000h 以上，满足了煤气化炉向大型化发展和高效化运行的需要。

（6）功能型耐火材料：功能型耐火材料方面，公司生产的透气砖在多家大型钢铁企业使用，为提高炉外精炼钢的品质做出了贡献，自主研发的芯板型复合结构透气砖在特钢钢包中使用效果良好，可显著提升钢液洁净度；转炉挡渣滑板镶嵌用氧化锆板、氧化锆环已在国内大中型转炉上推广使用，具有减少钢水回磷、提高合金收得率、降低钢中夹杂物含量等突出优点。公司研制的薄板坯连铸用功能耐火材料（浸入式水口、长水口、塞棒）具有强度高、耐侵蚀、抗热震、使用寿命长等特点。“冶金功能耐火材料关键服役性能协同提升技术及在精炼连铸中的应用”获 2016 年国家技术发明奖二等奖，“钢铁冶金储运与精炼设备炉衬材料长寿高效技术”于 2008 年获国家科技进步奖二等奖。

2. 不定形耐火材料及预制件

（1）不定形耐火材料：中钢洛耐是国内较早从事不定形耐火材料研究的单位，在不定形耐火材料领域拥有了深厚的技术积淀和丰富的生产经验。主要产品包括国防军工用高温材料，高炉出铁沟用浇注料、捣打料，球团矿带式焙烧机用配套不定形耐火材料，钢包、中间包用浇注料，大型铝熔炼炉用系列不定形耐火材料等。产品广泛应用于钢铁、石化、有色、环保、军工等多个行业。

（2）预制件：预制件产品是将不定形耐火浇注料预先浇注成型为特定的形状，特别是生产复杂的异型砖比定形制品更具灵活性。发行人的预制件产品主要有焦炉用大型表面复合陶瓷预制件系列、有色冶炼溜槽用预制件以及其他预制件。

中钢洛耐是国内较早系统研发生产大型焦炉用节能环保新材料的单位，产品包括大型复合陶瓷炉门预制件、上升管、装煤孔等系列。产品具有较低的导热率和膨胀率、热震稳定性好、强度高以及抗积碳和焦油渗透性能优异，结构简单、整体性强、施工便利、密闭性能好、节能环保。

中钢洛耐生产的溜槽预制件提高了溜槽耐火材料的使用寿命，并减少了有色金属回收时对能源和原材料的浪费，同时大大降低了耐火材料砌筑时的劳动强度。2016 年 2 月被评为河南省科学技术成果，获得河南省建材行业技术革新一等奖。

3. 仪器装备与新材料等其他产品

中钢洛耐可生产多个品种的高温检测仪器、齿科设备及新材料。高温检测仪器主要有耐火材料力学性能、热学性能、使用性能、结构性能等检测设备；齿科设备主要有自动可编程真空烤瓷炉、纯钛铸造机及氧化锆研磨仪等；新材料主要有高性能晶体纤维、硬质材料加工工具、新能源用窑具材料等，性能优异。

4. 工程与技术服务

中钢洛耐拥有一支专业从事耐火材料工程设计、工程咨询、各类工业窑炉设计、制造、施工安装和技术培训的专业技术团队。项目涉及高温隧道窑、梭式窑、回转窑、推板窑、气化炉、矿热炉、铁合金炉、热处理炉等多种高温设备。中钢洛耐在炉型结构设计、炉衬材料选型配置、窑炉施工等方面具有相对独特的创新技术，并拥有多项专利，尤其在节能环保、施工自动化、优化建设成本等方面具有一定的优势。

中钢洛耐拥有先进技术实力和技术优势，可为耐火材料生产企业、耐火材料用户提供技术开发、技术转让、技术咨询、技术服务、人才培训等众多服务。

中钢洛耐拥有国家耐火材料质量监督检验中心通过 ISO、ASTM、DIN、EN 等国际先进标准检测能力认证，是国内耐火材料行业检验业务范围最广的质检中心。

三、机构与人事

中钢洛耐科技股份有限公司组织结构如图 1 所示。

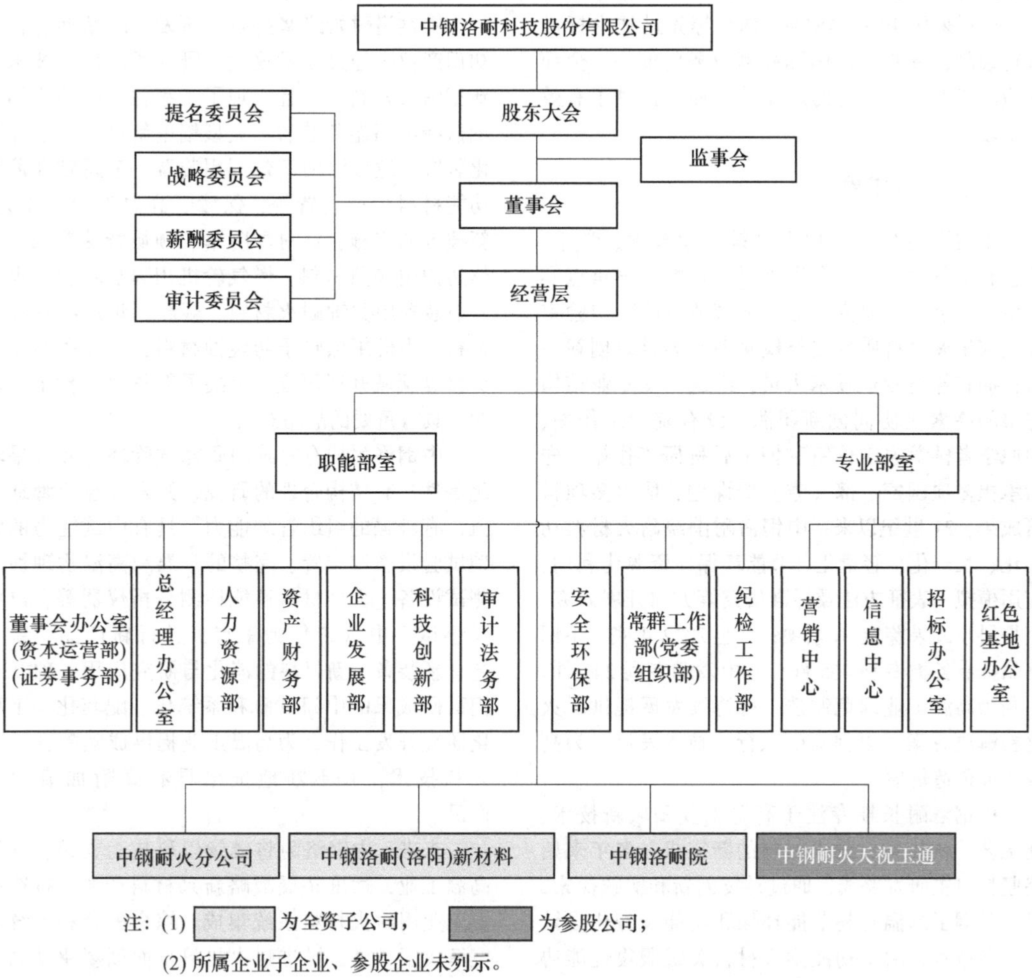

图 1　中钢洛耐科技股份有限公司组织结构

四、企业管理

中钢洛耐战略定位：以科技为支撑，立足高温工业，适度拓展战略新兴材料产业，打造高温工业用耐火材料系统集成、综合配套和系统方案解决服务商，推进耐火材料全面创新驱动高质量发展，实现绿色、低碳、可持续发展，建设世界一流耐火材料企业。

经过多年的发展，作为国有大型耐火材料生产企业，中钢洛耐已在产品设计、研发、生产、炉窑设计、耐火材料配置、施工及系统集成服务等方面积累了丰富的生产经验，现有 8 个系列 200 多个品种的产品。具有完整、严谨的产品质量控制体系，特别是针对国际市场，中钢洛耐是国内较早建立耐火材料生产、质量追溯体系的企业，为国际市场的拓展奠定了坚实的基础。中钢洛耐依托产品和技术优势，通过系统技术集成，为客户提供从工程设计到综合配套、施工和应用的全流程、全生命周期的服务，是高温工业领先的成套解决方案供应商。

中钢洛耐通过了 ISO 9001 质量体系认证、ISO 14001 环境和 GB/T 28001 职业健康安全管理体系认证、GJB 9001 军用产品质量管理体系认证，通过不断完善企业运营管理，促进了产品结构升级，保证了生产质量的稳定。

中钢洛耐拥有国家耐火材料质量监督检验中心，承担国家监督抽查、生产许可证检验、仲裁检验；日常委托检验、检验员委培等业务，是国内耐火材料行业检验业务范围最广的质检中心之一。公司采用 ISO、ASTM、DIN 等先进技术标准进行检测，具有承担国际检测业务的能力。全面的检测能力，为公司的产品质量控制提供了有效的手段。

五、科研成果

中钢洛耐是我国耐火材料行业技术、学术、信息和服务中心，建有先进耐火材料国家重点实验室、国家工程研究中心、国家地方联建实验室和国家耐火材料质量监督检验中心等科研创新平台；拥有各类专业技术人员，组成多支专业结构完整的高素质协同创新团队，设有院士工作站、中原学者科学家工作室和博士后科研工作站。先后承担多项国家、部（省）级课题，取得多项科研成果，21 世纪以来，中钢洛耐围绕耐火材料功能化、长寿化、轻量化、节能环保、资源化利用、应用模拟、表征方法及标准研究等方向开展研究，获得科技成果鉴定 60 余项；截至 2022 年底，中钢洛耐拥有各类专利 465 件，其中发明专利 244 件。不断为高温工业绿色制造、可持续发展提供耐火材料解决方案，以创新引领行业技术发展，为高温工业创造价值。

中钢洛耐长期专注于高温工业领域新技术、新工艺、新装备对耐火材料的新需求，多年来始终坚持自主研发路线，通过科技创新和实践探索，已经掌握了高温材料节能环保和功能长寿化设计与制备技术、冶金功能耐火材料关键服役性能协同提升技术、高性能碳化硅材料制备技术、高性能优质硅砖及焦炉热修补技术、新型煤气化装置用自保护关键材料制备及应用集成技术、铝加工高温装置用关键材料制备及应用技术、高纯优质长寿化碱性材料制备及应用技术、长寿多复合尖晶石材料制备技术、超高温功能氧化锆陶瓷材料制备技术、垃圾焚烧发电用特种碳化硅材料制备技术、火箭发射工位用特种材料制备与施工技术等一系列核心技术，并应用于公司主要产品的生产过程，多项技术达到行业先进水平。

中钢洛耐致力于打造技术研发和科技成果转化两级创新平台，始终坚持自主研发研、产、用相结合，构筑面向高温工业需求、面向行业技术进步和面向自身良性发展三个层面的科技创新体系，充分发挥制度、人才、技术优势，发挥市场导向作用，保障研发投入，集中科研资源，推动关键核心技术突破，促进科技成果转化，提升公司在高温工业领域的核心竞争力。

中钢洛耐始终坚持自主研发，产品拥有自主知识产权。经过技术攻关，研制了多种新技术及新型耐火材料，并且实现了工程化，成功应用于钢铁冶金高温新装置、大型铝电解槽、大型煤气化装置、垃圾清洁高效利用装置、金属磁性薄带功能材料生产装置等，保障了高温工业新工艺、新技术的实施；针对国防军工领域特殊需求，在热防护用隔热材料、燃气轮机用隔热材料、火箭发射装置用关键耐火材料、舰艇锅炉用特种高温材料、飞机用黑匣子防烧蚀材料、高温风洞相关材料等领域开展研究，解决了部分“卡脖子”难题，具有重要的战略意义。

中钢洛耐拥有完善的研究试验环境和成果转化条件，有结构合理的研究、开发、经营管理队伍，有较强的组织管理能力。具有中试能力的大型试验设备和装置、完整的常温和高温物理性能测试设备、大型材料性能检测分析仪器等，以成果小试、中试转化为重点，进行新产品、新工艺、新装备、新材料的消化与研究应用，独立承担科研成果的中间试验和系统化、配套化、工程化研究开发工作，为高温工业提供成熟配套的工艺和技术，并不断地推出具有高附加值的新产品。

未来，中钢洛耐将继续以科技为支撑，立足高温工业，适度拓展战略新兴材料产业，打造高温工业用耐火材料系统集成、综合配套和系统方案解决服务商，推进耐火材料全面创新驱动高质量发展，实现绿色、低碳、可持续发展，建设世界一流耐火材料企业。

中钢集团洛阳耐火材料研究院有限公司

一、历史沿革

中钢集团洛阳耐火材料研究院有限公司（以下简称“中钢洛耐院”）始建于 1963 年，1988 年 6 月经冶金工业部批准，更名为“冶金工业部洛阳耐火材料研究院”，为原冶金工业部直属重点科研院所。1998 年 3 月，冶金工业部撤并为国家冶金工业局后，中钢洛耐院隶属国家冶金工业局直接领导。1999 年 7 月 1 日，根据科学技术部、国家经济贸易委员会科研机构转制方案，中钢洛耐院转制为科技型企业，整体进入中国钢铁工贸集团公司，并于2001年3月5日更名为“洛阳耐火材料研究院”，登记注册为企业法人。2004年4月26日，更名为“中钢集团洛阳耐火材料研究院”；2008年3月25日，改制并更名为“中钢集团洛阳耐火材料研究院有限公司”。2019年12月10日与中钢集团耐火材料有限公司完成重组，整体进入中钢洛耐新材料科技有限公司。2020年8月，中钢洛耐新材料科技有限公司完成更名，中钢洛耐科技股份有限公司成立。

二、基本情况

中钢洛耐院是中国耐火材料专业领域唯一的大型综合性研究机构，也是我国耐火材料行业技术、学术、信息和服务中心。业务范围涵盖科研开发、中高端耐火材料产品及高温仪器设备生产、工程设计与总承包、产品质量监督检测、技术服务、行业服务和人才培养等多个领域。

依托中钢洛耐院建有先进耐火材料国家重点实验室、耐火材料国家工程研究中心、国家级企业技术中心、耐火材料产业技术基础公共服务平台（省部共建）、中原学者李红霞科学家工作室、耐火材料新技术与关键制造工艺智能化河南省工程实验室、河南省绿色制造体系建设第三方服务机构、河南省先进高温材料中试基地等多个国家级、省级的创新、服务平台；国家耐火材料质量监督检验中心、耐火材料国际标准化委员会主席单位、中国耐火材料标准化委员会、中国金属学会耐火材料分会、中国耐火材料行业协会技术质量标准部、耐火材料行业生产力促进中心等行业机构均挂靠在中钢洛耐院；编辑出版有全国中文核心期刊《耐火材料》、英文《China's Refractories》和《耐火材料信息》等刊物。2010年牵头成立了河南省耐火材料产业技术创新战略联盟，2011年又牵头成立了全国范围的耐火材料产业技术创新战略联盟。

中钢洛耐院2008年获河南省创新型企业；2011年被认定为国家创新型企业和国家火炬计划重点高新技术企业，2008年、2011年、2014年、2017年、2020年5次被河南省认定为高新技术企业；2012年，被认定为国家技术创新示范企业；2016年，被认定为首批河南省创新龙头企业。中钢洛耐院是国务院授予的首批硕士学位授予单位，并与北京科技大学联合申请了无机非金属材料学博士学位授予权。建立了博士后科研工作站，与中科院上海硅酸盐研究所联合成立了河南省高性能碳化物材料院士工作站。

中钢洛耐院现有职工1001人，其中正高级工程师49人、高工165人、工程师103人。学历与学位结构为博士15人、硕士179人、大学本科144人。拥有享受国务院政府津贴专家9人；中原学者1名；河南省杰出贡献奖获得者1名；入选“新世纪百千万人才工程”国家级人选2人；拥有博士研究生导师2人，硕士研究生导师13人。组建有10个不同方向的创新团队，其中功能耐火材料、复合材料、不定形耐火材料、节能耐火材料团队为河南省创新型团队。中钢洛耐院还荣获科技部颁发的“十一五”国家科技计划执行优秀团队奖。建院以来取得各种科研成果600余项，其中荣获国家技术发明奖和省部级科技进步奖282项。

中钢洛耐院的使命：引领高温新材料技术发展，为高温工业创造价值。

中钢洛耐院的愿景：成为集高端产品制造、工程技术集成和行业服务为一体的世界一流耐火材料企业。

中钢洛耐院的价值观：客户至上，创新创效，团结奋斗，追求卓越。

三、主要产品及工艺装备

中钢洛耐院主导产品有碳化硅系列制品；连铸用功能耐火材料如浸入式口、长水口、塞棒、钢包透气砖、定径水口；水煤浆加压气化炉用高纯氧化物制品、高纯刚玉制品；优质不定形耐火材料；无碱玻纤池窑用致密氧化铬砖和致密锆英石砖；耐火材料检测仪器设备等。

中钢洛耐院依托工程研究中心建设有3个生产厂区，现有8个验证平台，拥有复合材料、高级氧化物材料、功能耐火材料、不定形耐火材料、耐火陶瓷纤维、高温陶瓷窑具、高温检测仪器、齿科设备等八大类15条生产线，产品规模达16万吨/年，产品服务于冶金、有色、石化、陶瓷、建材、电力、环保、机械、医疗等多个行业。品牌（LIRR）在耐火材料相关行业中享有很高声誉。

中钢洛耐院销售网络遍及国内32个省市自治区直辖市及特别行政区，与全球56个国家和地区建立了广泛的贸易和技术合作伙伴关系，销售足迹遍及亚洲、欧洲、美洲、大洋洲和非洲。氮化硅结合碳化硅制品年生产能力达40000t，国际市场占有率达 45%；水煤浆加压气化炉用高级氧化物制品国内市场占有率达 60%。产品技术达到国际先进或领先水平，为高温工业节能降耗及新工艺的实施做出了积极贡献。

中钢洛耐院企业技术中心是我国耐火材料行业科研条件和手段最完善的技术中心之一。现有科研专用实验楼面积 6000m²，各类中试场地 10000 余平方米，拥有耐火材料工艺实验、性能测试和各种模拟试验、结构分析测试等科研开发设备 1000 余台套。

四、机构与人事

中钢洛耐院是根据《公司法》注册的国有独资公司，不设董事会，设执行董事（兼法定代表人）、党委会和总经理办公会，负责公司的日常经营决策和日常运营管理。企业上级主管部门（股东）——中钢洛耐科技股份有限公司负责中钢洛耐院重大事项的决策审批。

中钢洛耐院目前共有 9 个职能部门，12 个二级经营单位，2 个全资子公司，1 个控股子公司和 2 个参股子公司，如图 1 所示。

中钢洛耐院总经理、党委副书记、法人代表王战民，1966 年出生，正高级工程师，享受国务院特殊津贴专家。主要社会职务有中国金属学会耐火材料分会秘书长、河南省钢铁工业协会副会长、河南省金属学会副理事长、非晶节能材料产业技术创新战略理事、中国机械工程学会工程陶瓷专业副理事长、《China's Refractories》副主任编委、《耐火材料》编委、金属学会不定形耐火材料专业委员会副主任委员等。

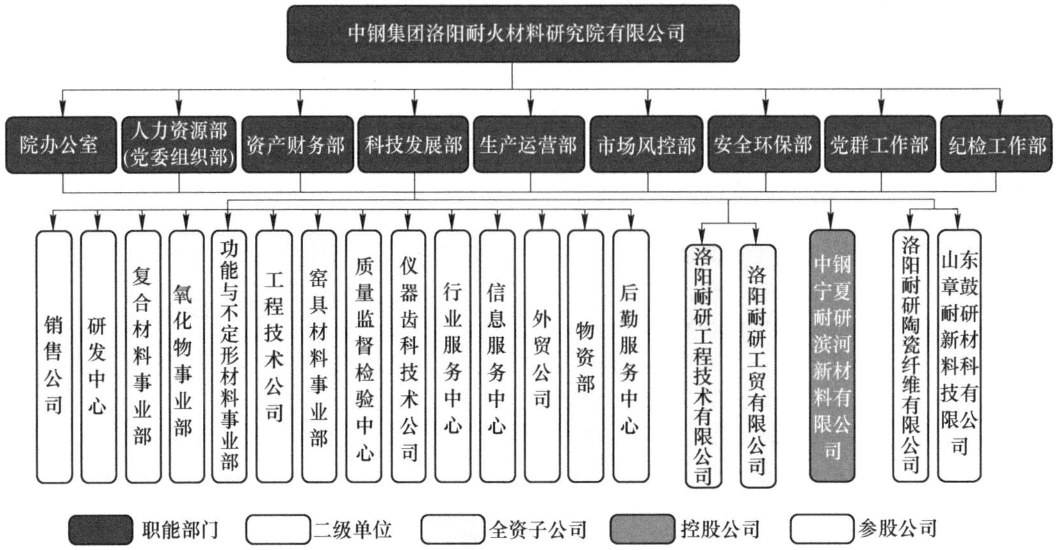

图 1　中钢洛耐院组织机构图

五、企业管理

中钢洛耐院发展的总体战略是：以价值创造为核心，依托科技创新立足高温材料，拓展战略新兴材料，打造产业和服务两大特色业务板块，引领全球高温材料技术，加快建设世界一流耐火材料企业。

中钢洛耐院拥有一整套较为完善的管理体系。先后通过了 GB/T 19001—2016/ISO 9001：2015 质量体系、GB/T 24001—2016/ISO 14001：2015 环境管理体系和 GB/T 45001—2020/ISO 45001：2018 职业健康安全管理体系、能源管理体系、武器装备质量管理体系认证，是耐火材料行业内首家通过质量、环境和职业健康安全管理体系"三合一"认证的单位。公司在内部推行精细化的管理模式，十分关注治理架构、企业管控的建设。完善的 5S 管理制度、QC 小组、生产现场管理评价体系等，加强了对经营中的人员、设备、材料、方法等要素的有效管理，对每个生产环节和生产岗位都要求持续有效的改进提高，在生产效率、产品质量上得到提升。

中钢洛耐院为河南省优秀高新技术企业和出口重点企业、工商免检企业和省级守合同重信用单位，是 AAA 信用等级企业，拥有冶金（含钢铁、有色）工程咨询单位乙级咨询预评价证书，冶金工程施工总承包叁级、石油化工工程施工总承包叁级建筑业企业资质证书，建筑行业丙级、冶金行业专业乙级、建材行业专业乙级工程设计资质证书。

六、科研成果

2011年以来，中钢洛耐院发挥行业引领作用，加强创新平台建设，加大科技创新投入，科技开发成绩显著，科研成果产业化步伐加快，自主创新能力逐步提升，企业核心竞争力进一步提高。先进耐火材料国家重点实验室、河南省高性能碳化物材料院士工作站、海智工作站、中原学者李红霞科学家工作室、耐火材料新技术与关键制造工艺智能化河南省工程实验室、耐火材料产业技术基础公共服务平台（省部共建）等先后落户中钢洛耐院，河南省创新型科技团队增至4个。同北京科技大学、武汉科技大学、天津大学联合培养博士、硕士；与太钢、南京钢铁建立了联合实验室；与宝武集团、建龙集团、一重集团、中冶赛迪、中铝山东、中国重燃、上海硅酸盐研究所、中国科学院过程工程研究所、中国工程物理研究院材料研究所、北京航天发射技术研究所、中国航空制造技术研究院、昆明理工大学、郑州大学、哈尔滨工业大学等大型企业、科研院所、大学开展项目研发、技术服务、标准服务等广泛的合作与交流。

2011年以来，共承担省部级以上项目72项，其中国家级项目36项；获得省级鉴定成果17项，国家、省部级奖励14项，其中“冶金功能耐火材料关键服役性能协同提升技术及在精炼连铸中的应用”获国家技术发明奖二等奖；“现代煤气化装置用关键耐火材料研发及工业化应用集成技术”“钢铁冶金高温装置用新型节能环保耐火材料的研究与应用”“梯度功能耐火材料研究开发”“耐蚀耐磨不定形耐火材料及其高效施工技术的研究与应用”分别获2022年、2018年、2016年和2013年河南省科技进步奖一等奖。制修订标准107项，其中国际标准5项、国家标准64项；获得授权专利359项，其中发明专利198项；截至2022年底，企业拥有有效专利301项，其中发明专利191项。荣获国家重点新产品项目4项；发表论文600余篇，其中SCI、EI收录100余篇。

2019~2022年，共承担省部级以上项目32项，其中国家级项目23项；获得鉴定成果4项，国家、省部级奖励26项；制修订标准52项，其中国际标准4项、国家标准20项；授权专利127项，其中发明专利73项。

未来，企业将面向世界科技前沿，面向国家能源、环境等领域重大需求，围绕军工、环保、冶金、石化等领域新技术、新装备用关键高温新材料的研究、制备和工程化应用等方面，通过创新平台、人才团队建设，承担国家重大科研任务和对外学术交流等措施，在传统产业产品升级、战略新材料、资源综合利用、冶金行业新工艺新技术用新材料、环保用新材料和前沿基础领域6个方向开展先进材料关键共性技术的创新研究及系列新产品开发，引领行业技术进步、产品结构调整，推动行业高质量绿色发展。

北京钢研新冶工程技术中心有限公司

一、历史沿革

公司是中国钢研科技集团有限公司（简称中国钢研）控股子公司，中国钢研是国务院国资委直接管理的中央企业。公司窑炉工程与特陶耐火材料领域由钢铁研究总院第九研究室改制形成，始建于1952年，主要从事热工窑炉工程、耐火材料、特种陶瓷和相关技术的研究、开发、设计和生产，同时从事对外技术咨询与服务。

二、公司概况

2011年4月，依托中国钢研科技集团有限公司和钢研技术综合平台，经北京市科学技术委员会批准，公司正式成立了特种陶瓷与耐火材料北京市重点实验室，具有较强的持续改进现有产品以及开发新产品的能力。2014年，公司负责制定了国家冶金行业标准《转炉和电炉用透气砖》（YB/T 4440—2014）。公司申报的项目“电弧炉炼钢复合吹炼技术的研究应用”于2015年7月获得冶金科学技术一等奖，2016年12月获得国家科学技术进步奖二等奖；“高品质管材用钢洁净冶炼技术及应用”于2021年获北京市科学技术奖一等奖；“二氧化碳绿色洁净炼钢技术及应用”获2021年中国钢铁工业协会、中国金属学会冶金科学技术奖特等奖。

三、主要产品及工艺装备

现有主营业务为转炉底吹供气元件、电炉底吹供气元件、精炼炉用透气砖、二氧化锆（ZrO_2）发热元件及超高温电炉、金属陶瓷测温保护套管以及热工窑炉用各类不定形耐火材料，获得多项国家发明奖和省部级科技进步奖。公司从事供气元件的研究、生产与应用已有30多年的历史，公司现有供气元件专业生产线，为国内数十家钢铁企业提供产品，并批量出口到世界许多国家，获得多项国家和省部级科学技术奖励，以及多项发明和实用新型专利。公司部分业绩见表1和表2。

表1 转炉、电炉底吹供气元件（透气砖）业绩表

用户	吨位	类型	用户	吨位	类型
宝钢一炼钢	300t 转炉	热更换式	河南闽源钢铁	120t 转炉	
宝钢二炼钢	250t 转炉	热更换式	中冶京诚（营口）	100t 转炉	
宝钢不锈钢分公司	150t 转炉	热更换式	芜湖钢铁	120t 转炉	
宝钢浦钢	120t 转炉	热更换式	贵港钢铁	120t 转炉	
首钢京唐	300t 转炉	热更换式	凌源钢铁	120t 转炉	
本溪钢铁	180t 转炉	热更换式	新金钢铁	120t 转炉	
广西柳州钢铁	150t 转炉	热更换式	永钢联峰钢铁	120t 转炉	
	120t 转炉	热更换式	唐山国丰钢铁	120t 转炉	
秦皇岛首秦	100t 转炉	热更换式	鑫达钢铁	120t 转炉	
唐山松汀钢铁	120t 转炉	热更换式	芜湖新兴铸管	120t 转炉	
山西中阳钢铁	120t 转炉	热更换式	唐山中厚板	120t 转炉	
日照钢铁有限公司	300t 转炉		本溪钢铁	180t 转炉	
	120t 转炉		山东鲁丽集团	120t 转炉	
包钢	250t 转炉		山西中阳钢铁	120/80t 转炉	
	210t 转炉		四川德胜钢铁	80t 转炉	
	150t 转炉		方大特钢	80t 转炉	
本钢北台	120t 转炉		济源钢铁	120t 转炉	
酒泉钢铁	120t 转炉		唐山建龙	70t 转炉	
湘钢	120t 转炉		伊犁钢铁	60t 转炉	
攀钢	120t 转炉		涟源钢铁	100t 转炉	
五矿营钢	120t 转炉		临沂钢铁	120t 转炉	
江阴兴澄特钢	150t 转炉		通钢	120t 转炉	

续表 1

用户	吨位	类型	用户	吨位	类型
莱钢	150t 转炉		鞍钢-朝阳钢铁	120t 转炉	
五矿中板	120t 转炉		宁夏建龙	120t 转炉	
韶钢	120t 转炉		富伦钢铁	150t 转炉	
武钢 CSP	170t 转炉		承德建龙	120t 转炉	
武钢一炼钢	130t 转炉		马来西亚东钢	65t 转炉	出口
宝钢德盛	150t 转炉		特里内茨	200t 转炉	出口
秦皇岛宏兴钢铁	150t 转炉		德富高	180t 转炉	出口
大连特钢	110t 转炉		伊朗扎兰德	120t 转炉	出口
赤峰远联钢铁	110t 转炉		NLMK	160t 转炉	出口
山西建邦钢铁	120t 转炉		NTMK	160t 转炉	出口
福建青拓实业	120t 电炉		大连华锐重工	60t 电炉	
鼎信实业	70t 电炉			40t 电炉	
梧州永达钢铁	100t 量子电炉		天津荣程	100t 电炉	
青拓镍业	120t 电炉		西宁特钢	65t 电炉	
	75t 电炉		甘肃酒泉钢铁	100t 电炉	
天津大无缝	90t 电炉		新良特钢	40t 电炉	
BMZ	140t 电炉	出口	西南特钢	120t 电炉	
山东伊莱特	80t 电炉		广西桂鑫	120t 电炉	
营口泰兴		出口	辽冶矿产		出口
辽宁美顿		出口	辽宁德曼		出口

表 2 底吹供气系统业绩表

序号	用户	炉型及吨位	数量/座
1	秦皇岛宏兴钢铁有限公司	150t 转炉	2
2	江苏省镔鑫钢铁集团有限公司	120t 转炉	2
		100t 转炉	2
		80t 转炉	1
3	唐山港陆钢铁有限公司	150t 转炉	2

续表 2

序号	用户	炉型及吨位	数量/座
4	唐山国丰钢铁有限公司	120t 转炉	2
5	唐山中厚板有限公司	120t 转炉	3
6	芜湖新兴铸管有限责任公司	120t 转炉	2
7	鲁丽集团有限公司（山东）	120t 转炉	1
8	秦皇岛安丰钢铁有限公司	120t 转炉	1
9	唐山松汀钢铁有限公司	120t 转炉	2
		80t 转炉	1
10	山西中阳钢铁有限公司	80t 转炉	2
		50t 转炉	1
11	扬州恒润海洋重工有限公司	80t 转炉	1
12	安阳市新普钢铁有限公司	60t 转炉	1
13	印度 EIL 公司	60t 转炉	2
14	日照钢铁有限公司	60t 转炉	4
15	赤峰远联钢铁有限公司	110t 转炉	2
16	鲁丽集团有限公司	100t 电炉	2

除了在产品方面加强研发与生产之外，还拓展了相应耐火材料配套系统，如转炉底吹供气系统、电炉底吹供气系统、底吹供气元件热态更换、直接还原、循环流化床锅炉、熔铝（镁）炉、炼铜炉、提钛炉等工程。

主要工艺设备包括冷等静压机、混练机、烘干窑、产品性能检测设备等。

四、2019～2022 年取得的科研成果及标准和专利

（一）获奖项目

（1）“二氧化碳绿色洁净炼钢技术及应用”，获 2021 年中国钢铁工业协会、中国金属学会冶金科学技术奖特等奖。

成果简介：从炼钢过程抑制烟尘、高效脱磷、稳定脱氮、强化控氧和底吹长寿等方面入手，解决了炼钢烟尘和炉渣固废源头减量及钢水磷、氮、氧洁净控制的诸多炼钢工艺难题，先后发明了 CO_2-O_2 混合喷吹炼钢降尘技术、CO_2 控温高效脱磷技术、CO_2 吸附深度稳定脱氮技术、CO_2 稀释强化控氧技术和 CO_2 强化底吹安全长寿成套技术，实现了炼钢过程节能减排、钢质洁净、降本增效的目标。

（2）“高品质管材用钢洁净冶炼技术及应用”获北京市科学技术进步奖一等奖。

成果简介：该项目针对高品质管材冶炼钢中杂质元素及夹杂物控制的核心技术问题，对管材用钢的洁净冶炼工艺及装备进行了系统、全面的自主创新，研发出国际领先的电炉双联超低磷冶炼、CO_2 吸附脱氮及氧-硫-夹杂物多尺度协同脱除技术，实现了钢液净化的一体化控制集成，并成功应用于多个电炉产线，实现了管材产品向高钢级、高品质的跨越，对管材生产技术进步起到了重大引领和推动作用。

（二）专利

［1］高飞，李林，贺智勇，等．一种底喷粉供气元件用粘结剂及其制备方法与粘结方法［P］．2021.

［2］彭小艳，李林，贺智勇，等．一种底喷粉供气元件报警装置［P］．2019.

［3］张彦祥，李林，贺智勇，等．一种转炉底吹喷粉元件［P］．2019.

中冶焦耐（大连）大连工程技术有限公司

一、历史沿革

中冶焦耐工程技术有限公司（英文缩写ACRE，以下简称“中冶焦耐”）现隶属于中国五矿集团有限公司。中冶焦耐始建于1953年，前身为原重工业部成立的鞍钢黑色冶金设计公司。1958年经原冶金工业部批准，鞍山焦化耐火材料设计院正式挂牌，为冶金工业部直属重点科研院所。1962年，鞍山焦化耐火材料设计院更名为鞍山焦化耐火材料设计研究院。1984年改为事业单位企业化管理，实行自收自支。1998年，冶金工业部撤销，改为国家冶金工业局，鞍山焦化耐火材料设计研究院随即转属于国家冶金工业局。1999年底，国家冶金工业局撤销，国家将鞍山焦化耐火材料设计研究院划归中国冶金建设集团直属。2000年5月，更名为鞍山焦化耐火材料设计研究总院。2001年初，以完成工商注册为标志，鞍山焦化耐火材料设计研究总院由事业单位转制为科技型企业。2004年10月，鞍山焦化耐火材料设计研究总院改制为中冶焦耐工程技术有限公司。2006年5月，经国资委和国家工商总局批准，中冶焦耐所属的中国冶金建设集团公司更名为中国冶金科工集团公司，进入董事会规范运作试点后又更名为中国冶金科工集团有限公司。2012年，中冶焦耐实现战略迁移，整体自辽宁省鞍山市迁移至辽宁省大连市高新园区。2015年12月，经报国务院批准，中国冶金科工集团有限公司整体并入中国五矿集团有限公司成为其全资子企业，中冶焦耐现隶属于世界500强企业——中国五矿集团有限公司。

二、公司简介

中冶焦耐工程技术有限公司业务领域涵盖炼焦化学、耐火材料、石灰、自动控制、市政工程与环境工程等，为客户提供项目规划、咨询、设计、工程监理、设备成套、工程总承包、技术服务等工程建设和运行维护的项目全过程解决方案和服务。

作为国家级技术创新示范企业，中冶焦耐拥有国家级的企业技术中心，在中国勘察设计行业“百强”企业排名中，中冶焦耐多年位列前20名，在国内焦化、耐火材料领域持续保持技术引领、高端服务的“产业升级创新者”地位，是中国冶金建设国家队焦化、耐火材料与石灰单元的唯一成员单位，承担着引领中国焦化、耐火材料设计建设向更高水平发展的国家责任。公司拥有工程施工一级总承包资质、甲级工程设计资质、甲级工程监理资质、甲级环境污染治理资质、甲级环境影响评价资质、甲级建筑行业工程设计资质、甲级工程造价咨询资质以及国家授予的对外经营权。

中冶焦耐通过了ISO 9001：2015质量管理体系、GB/T 24001—2016环境管理体系、GB/T 28001—2011职业健康安全管理体系、GB/T 29490—2013知识产权管理体系以及GB/T 23001—2017信息化和工业化融合（两化融合）管理体系认证。中冶焦耐的管理体系是以项目管理为中心，从立项、决策、筹资、组织、实施直至建成后评估，实施科学有效的质量、进度、费用、安全等综合管理，为用户提供E、EP、EPC、EPCM、EPS、BOT等多种类型的技术和管理服务，实现项目良好的经济效益和社会效益。

中冶焦耐成功入选2022年“科改示范企业”名单，积极参与“科改示范行动”（全称为“百户科技型企业深化市场化改革提升自主创新能力专项行动”），在完善公司治理体制机制、健全市场化选人用人机制、强化市场化激励约束机制、激发科技创新动能、坚持党的领导加强党的建设等方面大力深化改革，不断提升自主创新能力。

中冶战略定位：做冶金建设国家队、基本建设主力军、新兴产业领跑者，长期坚持走高技术高质量发展之路。

中冶焦耐的企业使命：回报股东，关爱员工，报效祖国，奉献社会。

中冶焦耐的核心价值观：以人为本，追求个人与公司的共同发展。

中冶焦耐的发展总战略：面向国内国际两个市场，以工程技术为基础，以工程总承包和装备制造为主业，以人才和技术为核心竞争力，创新提升，做强做大，持续发展，长富久安。

中冶焦耐的发展愿景和总目标：建设一流的国际化工程公司。

三、机构与人事

中冶焦耐下设各专业设计室和事业部、3 个全资子公司以及 6 个控股子公司，如图 1 所示。

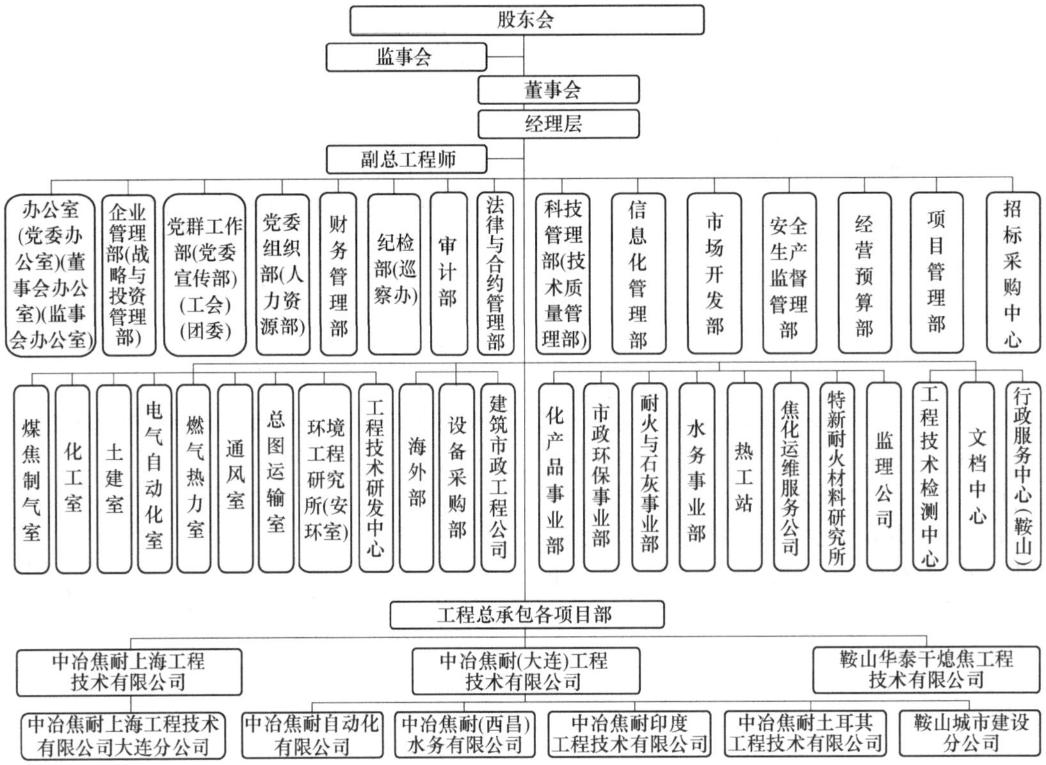

图 1　中冶焦耐工程技术有限公司组织机构图

作为国家级技术创新示范企业，中冶焦耐在耐火材料领域拥有国家级企业工程技术研发中心；拥有通过了中国实验室认可（CNAS）和实验室资质认定（CMA 和 CAL）双重资质的“辽宁省耐火材料产品质量监督检验中心”；主管主办《耐火与石灰》，是全国唯一全面报道耐火材料及石灰领域的科研、生产、使用及发展的国家级科技期刊。成立了耐火与石灰事业部，为客户提供耐火材料及石灰项目技术咨询、工程设计、工程监理、设备成套、工程总承包等工程建设、开工运维等全流程技术服务。

公司现有员工 1300 余人，其中：国家级工程设计师 1 人，省级勘察设计师 4 人，行业首席专家 1 人；国家注册工程师近 400 人，教授级技术职称近 300 人，高级技术职称 600 余人；工程设计、技术咨询和技术研发团队共 900 余人。从事耐火材料及石灰领域咨询与设计的人均工作经验超过 15 年，90%以上的工程师从事过大型项目的设计工作。

中冶焦耐承担的主要社会职务：中国冶金建设协会常务理事单位、中国金属学会常务理事单位、中国耐火材料行业协会副会长单位、中国石灰协会副会长单位、中国勘察设计协会常务理事单位、中国国际工程咨询协会理事单位。

四、科技成果

截至2022年12月，中冶焦耐的科研开发和技术进步成果如下：

（1）获得国家、省部级科学技术奖100余项，其中国家科技进步奖一等奖1项、二等奖2项，其他国家级科学技术奖17项，钢铁行业冶金科学技术奖特等奖1项、一等奖5项，获评国家第五批制造业单项冠军企业。

（2）连续5年获中国专利奖，其中获中国专利金奖1项，并被评为"知识产权领域最具影响力企业十强"，获国家知识产权示范企业认定。

（3）主编国家标准10项、行业标准9项、地方标准3项和团体标准36项；参编国际标准2项、国家标准24项、行业标准14项、地方标准1项和团体标准6项。

（4）完成了1000多个设计咨询项目和200多个工程总承包项目（工程总承包项目总投资已超过500亿元），其中焦炉2000余座（年产能超过4亿吨）、耐火厂300余家（年产能超过800万吨）、石灰窑400余座（年产能超过6000万吨）。获得国家、省部级优秀工程设计奖、优秀咨询成果奖和优秀工程总承包项目管理奖200余项。

（5）共申请专利3646件（其中PCT专利17件、发明专利1627件、实用新型专利1647件、外观设计专利8件）；拥有有效专利1598件（其中发明专利322件、实用新型专利1268件、外观设计专利8件）；办理计算机软件著作权登记40项；开发具有自主知识产权的专有技术200余项（其中通过冶金行业协会认定100项，拥有注册商标41件）。

五、业务范围

中冶焦耐在我国耐火材料工业的发展进程中发挥了举足轻重的积极作用，取得了可喜成就。

现如今中冶焦耐具有耐火材料领域全面、成熟、先进的设计技术，涵盖国家发展改革委发布的《产业结构调整指导目录（2019年本）》中涉及钢铁鼓励类的焦炉、高炉、热风炉用长寿节能环保耐火材料生产工艺；精炼钢用低碳、无碳耐火材料、保温材料及高效连铸用功能环保性耐火材料生产工艺。

中冶焦耐先后设计了国内多条大中型硅砖、黏土砖、高铝砖以及莫来石砖等硅铝系耐火制品生产线，镁砖、镁铬砖等碱性耐火制品生产线，镁碳砖、铝碳砖、铝碳锆等含炭耐火制品生产线，连铸三大件（塞棒、长水口及浸入式水口）、滑动水口等功能耐火材料生产线，同时具有真空油浸系统设计经验，以及绝热板、轻质高铝砖、轻质漂珠砖等隔热耐火材料设计技术。

通过大量的工程实践、自行研发和与高等院校及国外工程公司合作，中冶焦耐拥有丰富的不定形耐火材料及预制件生产线的工程设计和建设经验，充分掌握了炮泥、散料、灌浆料等不定形耐火材料、建筑材料以及焦炉用上升管、焦炉用炉门砖、喷枪、水口、挡渣墙、透气砖、CaS罩预制件的工艺技术。

中冶焦耐具有高铝熟料煅烧，电熔刚玉、湿法合成莫来石等硅铝系耐火原料生产工艺的成熟设计经验；具有高纯镁砂、电熔镁砂、死烧白云石、烧结镁铬砂等碱性耐火原料生产工艺的成熟设计经验。通过国外技术引进和自主研发相结合，中冶焦耐设计了辽镁公司海城高纯镁砂年产量5万吨焙烧生产线；承担了近年来规模最大的海城海鸣矿业高端镁砂加工项目的工程设计，即利用浮选、多层炉轻烧、球磨制粉、高压压球机成球、高温竖窑煅烧工艺生产高纯镁砂技术；以及青海濮耐公司的高纯镁砂和大结晶电熔镁生产线等项目。

中冶焦耐的冶金石灰技术，也是随着我国钢铁工业的不断发展壮大起来的。现已掌握世界上各种先进石灰窑炉技术，拥有完全自主知识产权的全系列回转窑和双膛竖窑技术，以工程设计和总承包形式为国内外客户建设的石灰窑炉数量超过400座，石灰总年产能超过6000万吨，极大地推动了我国冶金石灰技术的发展。

近年来，中冶焦耐积极践行"绿色发展和智能制造"的发展理念，依托丰富的工程经验和技术储备，先后为重点客户解决了环保治理问题，为行业及地方主编“大气污染物排放标准”，助力耐火材料行业实现快速转型升级。顺应国内外市场宏观经济发展环境和“碳中和”“碳达峰”的发展目标，致力于推进耐火材料行业装备高端化、操作智能化、生产绿色化发展。中冶焦耐在建设一流的国际化工程公司的道路上，以焦化和耐火材料的投资、建设、运营及全方位服务为主业，以创新奋斗型人才队伍和独占鳌头的技术为核心竞争力，做强做优，坚持为中国耐火材料工业的发展而担当社会责任。

中国耐火材料行业重点院校简介（按拼音字母排序）

北京科技大学

北京科技大学于1952年由天津大学（原北洋大学）、清华大学等6所国内著名大学的矿冶系科组建而成，现已发展成为以工为主，工、理、管、文、经、法等多学科协调发展的教育部直属全国重点大学，是全国首批正式成立研究生院的高等学校之一。1997年5月，学校首批进入国家“211工程”建设高校行列。2006年，学校成为首批“985工程”优势学科创新平台建设高校。2014年，学校牵头的，以北京科技大学、东北大学为核心高校的“钢铁共性技术协同创新中心”成功入选国家“2011计划”。2017年，学校入选国家“双一流”建设高校。2018年，学校获批国防科工局、教育部共建高校。

建校70年来，学校逐步形成了“学风严谨，崇尚实践”的优良传统，为社会培养各类人才26余万人，其中许多人已成为国家政治、经济、科技、教育等领域尤其是冶金、材料行业的栋梁和骨干。党和国家领导人罗干、刘淇、徐匡迪、黄孟复、范长龙、郭声琨、刘晓峰等都曾在校学习，另有41名校友当选为中国科学院或中国工程院院士，一大批校友走上宝武、北汽、河钢、中铝、一重等国有大中型企业的重要领导岗位。学校被誉为“钢铁摇篮”。

学校本部位于高校云集的北京市海淀区学院路，全校占地面积约80.39万平方米，校舍建筑总面积94.11万平方米。学校现有1个国家科学中心，1个“2011计划”协同创新中心，2个国家重点实验室，2个国家工程（技术）研究中心，2个国家科技基础条件平台，1个国家科技资源共享服务平台，2个国家级国际科技合作基地，1个国家安全监管监察科技支撑工程，64个省、部级重点实验室、工程研究中心、国际合作基地、创新引智基地等。特别是2007年，学校作为第一所教育部直属高校牵头承担了国家重大科技基础设施项目——重大工程材料服役安全研究评价设施，并负责筹建国家材料服役安全科学中心。图书馆实体馆藏247.9万余册（件）。定期出版*International Journal of Minerals, Metallurgy and Materials*（《矿物冶金与材料学报（英文版）》）《工程科学学报》《北京科技大学学报（社会科学版）》《思想教育研究》《物流技术与应用》《金属世界》《粉末冶金技术》等重要学术刊物。

材料科学与工程学院于1996年10月由材料科学与工程系、金属压力加工系、表面科学与腐蚀工程系、冶金系的铸造教研室合并组建而成。1998年12月，应用科学学院的材料物理系和物理化学系无机非金属材料部分并入材料科学与工程学院，成立了材料物理系、金属材料系、无机非金属材料、功能材料与表面技术系、粉末材料系、表面科学与腐蚀工程系、金属压力加工系、铸造研究所等8个系（所）。2001年3月，8个系（所）重新整合，成立了材料学系、材料加工与控制工程系、材料物理与化学系、无机非金属材料系、粉末冶金研究所、功能材料研究所、腐蚀与防护中心、实验测试中心等4系2所2中心。2008年12月，根据学校的发展规划，以材料学院的2所2中心为主构建了新材料技术研究院。材料学院即形成了现在的架构，下设材料学系、材料加工与控制工程系、材料物理与化学系、无机非金属材料系、粉末冶金与先进陶瓷研究所。

材料科学与工程学科是首批国家一级重点学科和国家一级学科博士点，所属的3个二级学科也全部是首批国家重点学科、长江学者奖励计划特聘教授设岗学科，具有硕士学位和博士学位授予权，并设有博士后科研流动站。在2003年和2007年教育部的一级学科评估中，分别排名第三（高校排名第二）和第二。2006年在中国管理科学研究院的《中国大学评价》中，排名第一。美国汤森路透公司ESI（Essential Science Indicators）

2000~2010年数据检索，学校材料科学与工程学科全球排名16，进入该学科领域的1%。2011年据美国ESI数据检索，学校材料学科SCI论文数量一直稳居全球该学科领域的前1%，2010年全球排名16位，2011年排名13位。10余个学会及其二级学会挂靠学校材料科学与工程学科，如中国腐蚀与防护学会及其近10个二级学会。

无机非金属材料是除有机高分子材料和金属材料以外的所有材料的统称。主要研究无机材料的声、光、电、磁、热等性能。新型无机非金属材料是新能源、电子信息、航空航天、生物医学以及环境保护等高技术领域发展的支撑；传统无机非金属材料则涉及国家基本建设所必需的基础材料，量大面广，其质量和性能的提升将产生重大的经济效益和社会效益。《中国大学评价》的统计表明，学校无机非金属材料工程专业连续8年全国排名第一。该专业有中国科学院院士1人，教授16人，副教授7人，博士生导师16人，教育部新世纪优秀人才计划入选者3人，北京市科技新星计划入选者3人，北京市优秀人才计划入选者2人。同时聘请了英国、美国、日本等国外著名大学的知名学者担任兼职教授。

本专业承担了包括“973”计划、“863”计划、国家科技支撑计划、国家自然科学基金和国际合作等研究项目在内的国家和大型企业的研究项目。有3个国家、省部级重点实验室，同时与大型企业合作建设有本科生和研究生实习基地，拥有配套齐全的教学和科研平台，为国家和企业重大工程技术问题的解决和人才培养发挥了重要作用，获得了包括国家发明奖一等奖、二等奖在内的多项国家、省部级奖励。所培养的研究生在Advanced Materials、Advanced Functional Materials、APL等国际著名刊物发表高水平的学术论文。

在陶瓷和耐火材料领域，用新理论新工艺新技术对传统耐火材料进行了改造，开发了系列绿色高效新材料体系，主要成果包括金属-氧化物复合耐火材料体系研发及其制备技术、氮氧化物的金属燃烧反应合成技术、含三氧化二钛电熔莫来石的合成技术、新型高性能钛刚玉原料的开发及深度利用技术、高品质高温合金冶炼用长寿命无污染陶瓷坩埚的制备与应用技术、大型高炉用高性能无水炮泥研发、炉外精炼用耐火材料绿色制备技术、利用中低品位铝土矿合成高性能含钛刚玉/莫来石原料的制备技术、新型环境友好金属-非氧化物（Al_4O_4C、$(Al_2OC)_x(AlN)_{1-x}$、Si_3N_4、SiC、Sialon、AlN-SiC固溶体、MgAlON、Ti(C，N))-氧化物复合耐火材料制备技术、固体废物和尾矿资源的综合高附加值利用技术、水泥生产流程无铬化工艺技术、水煤浆加压气化炉用无铬耐火材料的制备技术等。

今天，北京科技大学全体师生正满怀信心，迈着坚定的步伐，向着“把北京科技大学建设成为特色鲜明、有重要影响的世界一流大学”的目标而奋进。材料科学与工程作为首批国家一级重点学科，始终坚持“注重基础，加强应用，发展交叉，促进联合”的科技工作方针。面向当今国际科技前沿和国家重大需求，学院将继续开展基础研究和技术创新，积极推进科技成果的转化。

河南工业大学材料科学与工程学院

河南工业大学始建于1956年，先后隶属国家粮食部、商业部和国内贸易部，是河南省人民政府与国家粮食和物资储备局共建高校。1959年开始本科教育，1981年开展硕士研究生教育，2013年开始博士研究生教育，2020年入选河南省特色骨干大学；2021年入选河南省“双一流”高校创建行动计划。经过历代工大人的励精图治和薪火传承，学校已经发展成为一所以工学为主，涵盖理学、经济学、管理学、法学、文学、艺术学和农学等学科协调发展的多科性大学，具备完整的学士、硕士、博士三级人才培养体系。作为第二单位成功入选国家首批“2011协同创新计划”，是教育部“中西部高校基础能力建设工程”和“卓越工程师教育培养计划”建设高校。

材料科学与工程学院创建于1956年，是河南工业大学特色院系之一。在60多年的建设与发展过程中，秉承“博学、明理、勤思、善行”的院训，在全国磨料磨具、超硬材料行业形成了自己独有的优势，是全国磨料磨具、超硬材料、涂附磨具行业副理事长单位、全国涂附磨具行业专家委员会主任委员单位。

学院现有教职工86人，其中教授19人，副教授、高级工程师、高级实验师32人，博士63人（海归博士17人），博士后4人，博士生导师2人，硕士生导师33人。其中，享受国务院特殊津贴专家1人，机械部青年科技专家1人，河南省创新人才工程入选者1人，河南省优秀中青年骨干教师6人，河南省教育厅杰出人才创新基金获得者1人。

建有材料科学与工程省级一级重点学科、高温耐磨材料河南省工程实验室、超硬研磨复合材料河南省工程实验室、河南省重点学科超硬材料开放实验室、河南省高校超硬材料及制品工程技术中心、河南省超精密研磨抛光工程技术研究中心、河南省碳纤维复合材料国际联合实验室、河南省材料科学与工程实验教学示范中心等学科发展平台，学院已经形成本硕博全流程培养体系，有机械工程一级博士点、材料科学与工程专业一级硕士点，下设材料学、材料加工工程、材料物理化学3个二级硕士点以及材料科学与工程、高分子材料与工程、无机非金属材料工程、复合材料与工程4个本科专业。其中，材料科学与工程、高分子材料与工程两个专业通过工程教育专业认证，跨入国际工程教育的第一方阵。材料科学与工程专业获批国家一流专业建设立项，高分子材料与工程和无机非金属材料工程专业获批省一流专业建设立项。材料科学与工程专业的超硬材料及制品方向、磨料磨具制造方向是全国高校中唯一设点的专业方向。另有16000m^2实验室，2400余台套仪器设备，总价值4800余万元。

近年来，先后承担国家科技重大专项、国家自然科学基金项目20多项，河南省科技重大专项、省杰出人才基金项目12项，省部级科技攻关项目100多项，企业合作项目200多项。近几年出版教材、著作30余部，在国内外著名刊物上发表论文600余篇，其中被SCI、EI收录200多篇。申请国家发明专利200余项。获省部级科技进步奖10项，低温陶瓷结合剂金刚石砂轮、高温树脂结合剂、CBN砂轮、柔软耐水砂布等诸多成果填补国内空白并达到国际先进水平，这些成果产业化后产生了显著的经济效益和社会效益。

学生在历年“挑战杯”全国大学生课外学术科技作品竞赛和创业计划竞赛、中国“互联网+”大学生创新创业大赛、“创青春”全国大学生创业大赛、大学生数学建模竞赛中获得多项国家和省级奖励。2021年荣获第十三届河南省挑战杯课外学术作品竞赛二等奖、第八届“互联网+”河南省大学生创新创业大赛一等奖等。学院先后在黄河旋风集团、郑州白鸽（集团）股份有限公司、中南杰特超硬材料有限公司、郑州华晶超硬材料有限公司等24个单位建立了校外实习基地。

高温耐磨材料河南省工程实验室于2012年9月经河南省发改委批准组建，依托河南工业大学材料科学与工程学院，目前工程实验室面积达2000m^2，实验仪器价值1000多万元。现有教学科研人员15人，其中教授6人、副教授7人，具有博士学位人员13人。建有材料制备、性能检测及结构分析实验室，定位于高温耐磨材料的基础研究、新材料开发、工程模拟、产业化推广及应用为一体的科研机构。力争在平台建设、人才队伍建设、核心技术及创新体系建设等方面有新的突破。主要研究方向有高温耐磨新材料的设计与制备技术、生命周期变化与仿真技术、绿色制造技术、性能表征和评价方法。

学院的发展得到了社会各界的认同，先后获得“河南省教育系统先进集体”“河南省教育厅先进基层党组织”“河南工业大学先进基层党委”等荣誉称号。进入发展新时代，学院牢记历史使命，迎接新挑战，抢抓新机遇，踔厉奋发，勇毅前行，为实现建设高水平一流学院的目标阔步前进！

河南科技大学材料科学与工程学院

河南科技大学材料科学与工程学院的前身可追溯到1952年原北京拖拉机工业学校设立的铸造和金属材料及热处理专业。1958年在原洛阳工学院创办的机械系、冶金系设立冶金专业。1959年在原洛阳工学院机械系设铸造工艺及设备和金属材料及热处理专业；1974年、1988年增设锻压工艺及设备专业和焊接工艺及设备专业；2001年、2003年又增设无机非金属材料工程和冶金工程专业。学院现有的4个本科专业材料成型及控制工程、金属材料工程、无机非金属材料工程和冶金工程全部通过国家工程教育专业认证，全部为国家一流专业建设点。学院1983年开始招收硕士研究生，1986年获硕士学位授予权，2013年获材料科学与工程一级学科博士学位授予权，2014年获材料科学与工程博士后科研流动站，2021年获冶金工程一级学科博士学位授予权。学院的材料加工工程和材料学学科为原机械部重点学科，现有军工材料国家国防特色学科、河南省特色优势学科（A类）、河南省“双一流”创建计划学科和冶金工程河南省重点学科，设有河南省特聘教授岗位。2019年，学院获“全国教育系统先进集体”荣誉称号。2021年，学院“金属材料加工工程教师团队”成功入选第二批全国高校黄大年式教师团队。河南省特色优势学科（A 类）和河南省“双一流”创建计划学科。

学院现有教职工 155 人，其中专任教师 145 人，博士 122 人，硕士 27 人，博士占师资总数的 78.7%，博士生导师 30 人，硕士生导师 58 人，教授 34 人，副教授、高级实验师、高级工程师 51 人，讲师、实验师、工程师 47 人。拥有双聘院士 1 人，“百千万人才工程”国家人选 3 人，国家千人计划专家 3 人，“中国政府友谊奖”获得者 1 人，中原学者 3 人，中原学者科学工作室首席科学家 1 人，教育部新世纪人才 1 人，中原千人计划 5 人，中原名师 1 人、河南省教学名师 3 人，省部级专家、学术带头人 18 人，河南省科技创新人才 25 人。

学院拥有 25000m^2 实验室，教学实验仪器设备总值 1.2 亿元。拥有高端轴承摩擦学技术与应用国家地方联合工程实验室、金属材料磨损控制与成型技术国家地方联合工程研究中心、有色金属新材料与先进加工技术省部共建创新中心和矿山重型装备国家重点实验室及国家级工程实践教育中心等国家级教学科研平台 5 个，摩擦学与材料防护教育部工程技术研究中心等 13 个省部级重点实验室与工程技术研究中心，河南省学科引智基地 1 个，河南省教学实验教学示范中心 3 个，以及国际焊接工程师（IWE）联合培养基地 1 个和中外双边研究机构 2 个。拥有国家级教学团队 1 个，教育部“长江学者和创新团队发展计划”团队 1 个，河南省创新型科技团队 8 个；国家精品课程和精品资源课程各 1 门。

长期以来，学院遵循“突出特色，提高水平，直接为行业和地方经济建设服务”的指导思想，立足河南、面向全国，致力于材料科学与工程领域新材料、新技术、新工艺的研究开发，形成了特色鲜明的科学研究方向，成为河南省乃至中原地区材料科学研究领域的优势单位。近年来，先后承担国家“863”计划、国家“973”计划、科技部重点研发计划、国家自然科学基金、河南省重大科技攻关、河南省杰出人才创新基金、河南省杰出青年科学基金等省部级以上重大科研项目 127 项，获国家和省部级科技奖励 80 余项、国家发明专利 358 件，在一些研究领域达到国际先进水平和国内领先水平。2013 年、2016 年和 2017 年，以第一完成单位获国家科技进步奖二等奖 3 项。2020 年，魏世忠教授获河南省科技技术杰出贡献奖、何梁何利科学与技术创新奖。

60 多年来，学院秉承“立德树人、学术至上”的办学理念，遵循“突出特色，提高水平，直接为行业和地方经济建设服务”的办学思想，立足河南、面向全国，积淀形成的“产学研”合作高级工程技术人才培养模式，特色鲜明，入选全国教学评估优秀案例 100 例。近年来，学院获共青团中央授予的大学生“小平科技创新团队”1 支，在“互联网+”“挑战杯”“创青春”等大赛获国家级银奖、铜奖 8 项，历届校友中产生中国工程院院士 1 人，全国“做出突出贡献的工程硕士学位获得者”1 人，先后为国家和社会培养输送 1.2 万名高级专门人才。

无机非金属材料工程专业：

河南科技大学无机非金属材料工程专业是基于中原地区耐火材料、光伏材料等产业优势和人才需求，于 2001 年成立的专业。2012 年入选河南省卓越工程师培养计划，2013 年获批河南省特色专业，2020 年通过中国工程教育专业认证，2021 年获批国家级一流本科专业建设点。

无机非金属材料工程专业现为博士学位、硕士学位授权专业，河南省特色专业，河南省卓越工程师计划培养专业。在长期办学过程中，本专业形成了“平台+特色”（4 个基础平台+2 个特色模块）的多元化人才培养模式，专业结合中原地区产业优势，在耐火材料、光伏材料和电子陶瓷等方面专业人才培养上形成了鲜明的专业特色。近 3 年培养本科生 209 人，已累计培养本科毕业生 1100 余人；近 3 年平均一次就业率保持在 94% 以上，已成为中原地区乃至全国无机非金属材料领域高级工程技术人才的培养基地。

无机非金属材料工程专业的主要科研方向为环境友好、资源节约型高温材料和新型电子材料。环境友好、资源节约型高温材料旨在开发和应用在生产制备、筑衬施工、使用和维护过程中节能，材料和人力消耗少，无有害排放和污染的新型无机非金属材料，满足高温工业用。对于能源、原料资源、环保、洁净钢冶炼等挑战，该研究方向有重要现实意义。新型电子材料主要研究光伏材料、电子陶瓷和储能材料。目前承担国家自然基金项目 5 项，河南省杰出青年科学基金、河南省高校创新人才基金、河南省科技攻关等省级项目 20 余项。在国内外发表学术论文 100 余篇，其中被 SCI、EI 收录 40 余篇。申请国家发明专利 30 余项。获河南省科技进步奖二等奖等奖项 5 项。

无机非金属材料工程专业现有教师22人，耐火材料方向专任教师8人，其中“千人计划”专家1人、省特聘教授1人，省青年骨干教师1人，省教学标兵1人。专业拥有“有色金属新材料与先进加工技术省部共建协同创新中心”“河南省不定形耐火材料工程技术中心”“河南省工程材料实验教学示范中心”“河南省本科高校大学生校外实践教育基地”“河南省虚拟仿真实验教学中心”等10个国家、省部级教学实践、科研基地。专业每年培养本科生75人左右，硕士研究生10~15人，博士研究生5人左右，形成了本硕博三级人才培养体系。

河南科技大学高温材料研究院以满足高温工业尤其是冶金工业用高温材料为主要研究对象，包括新型合成耐火原料、不定形耐火材料、耐热工业陶瓷等的组成、结构、性能与应用效果之间的关系和相关应用技术。学院的使命是在高温材料的研发和应用上多出成果，大力开展产学研合作，促进成果转化为生产力，为学校无机非金属材料工程专业的人才培养提供支撑。

专业为中国硅酸盐学会耐火材料分会副理事长单位、中国耐火材料行业协会理事单位、中国金属学会耐火材料分会委员单位、全国专业标准化技术委员会委员单位。承办了多届全国耐火材料基础知识培训，培训耐火材料行业技术人员800余名，成为中国耐火材料行业人才培养基地。专业拥有“有色金属新材料与先进加工技术省部共建协同创新中心”“河南省不定形耐火材料工程技术中心”等科研平台。与中钢洛耐院、中钢洛耐联合承担多项国家级课题。

近年来，耐火材料方向承担国家自然基金项目2项，省、厅级项目5项，产学研合作项目20余项。发表学术论文60余篇，出版专著《铜冶金用镁铬耐火材料》，获发明专利20余项，获河南省教育厅教学成果奖2项。

华北理工大学

（无机非金属材料工程专业）

华北理工大学材料科学与工程学院起源于1958年开设的硅酸盐专业，目前有齐全的专业门类和高水平的教学科研平台。现有无机非金属材料工程、材料化学、高分子材料与工程、复合材料与工程4个本科专业，其中无机非金属材料工程专业为国家级一流本科专业建设点，高分子材料与工程专业为省级一流本科专业建设点。学院秉承“明德博学、勤奋求实”的校训，沐燕山灵气，融渤海胸襟，乘京津风华，纳燕赵豪情。同时坚持“求真务实、独创新材”的院训，树立质量观念、特色观念和素质教育观念，坚持科研与教学协调互动，注重理论与实践有机结合，顺利通过本科教学工作审核评估、材料科学与工程学科学位点水平评估、无机非金属材料工程教育认证，努力为社会培养品学兼优，具有扎实的理论基础和较强的实践能力、创新精神，能够满足社会需要的高素质应用型人才。

学院拥有材料科学与工程硕士学位授权一级学科及材料工程专业硕士学位授予权。材料科学与工程学科为河北省博士授权单位支撑学科，二级学科“材料学”为河北省重点学科。学院建有国家级实验教学示范中心、河北省实验教学示范中心、河北省无机非金属材料重点实验室、河北省工业固废综合利用工程技术研究中心、唐山市无机非金属材料重点实验室、唐山市功能高分子材料重点实验室和唐山市环境功能材料重点实验室等教学科研平台。企业在学院设有面向全体本科生及研究生的“国亮奖学金”和“瑞兴奖、助学金”，用于奖励和资助学院在校学生。

学院依托人才、学科和技术设备优势，在高温结构材料、高性能水泥基材料、先进陶瓷材料、高分子材料、复合材料等研究领域取得了丰硕成果。近年来完成和承担国家自然基金项目、省市纵向科研项目、校企横向科研项目160余项，获得国家和省市级奖80余项，发表科研论文780余篇、授权国家发明专利70余项。学院现有教职员工56人，其中教授16人，副教授20人，博士生导师3人，硕士生导师34人，具有博士学位教师43人。其中，从事耐火材料专业教学与研究的教师9名，其中专任教师7人，专任教师中具有博士学位5人、正高职教师4人、硕士生导师5人、40岁以下4人，入选河北省“三三三人才工程”1人。现有研究生90余人，本科生1400余人。在激烈的就业竞争中，学院近3年平均就业率达98%，考研成功率达32%。

近年来，学院耐火材料专业依托“河北省无机非金属重点实验室”“河北省耐火材料工程技术中心”，立足冶金行业，跟踪高温材料学科前沿，开展耐火原料制备技术、耐火材料高温服役应用和保温隔热材料制备技术研究，加强高温结构材料新技术开发与转化，实现了较快发展。先后承担国家自然科学基金项目4项、国家青年基金2项，河北省自然科学基金项目7项。获得河北省技术发明奖二等奖2项、河北省科技进步奖三等奖1项、唐山市科技进步奖一等奖1项，授权发明专利10项。并在本科生和研究生培养上成绩显著，获校级优秀硕士学位论文奖多人。

在耐火材料设计理论与制备技术方面，其一为了解决钢铁连铸及高新技术领域中所用关键性部件（ZrO_2制品）热震稳定性差的问题，根据复相改性原理，以Al粉、AlN粉和ZrO_2粉为原料，以CaF_2、$MoSi_2$、ZrB_2为添加剂，采用高纯氮气气氛1600℃原位反应烧结工艺及XRD和SEM-EDS分析方法，探讨并揭示了其高温反应过程与物相形成机理，获得了以ZrO_2、AlN、ZrN和$ZrAl_3O_3N$为主要物相组成、结构均匀致密、烧结性能和抗热震性能优良的Zr-Al-O-N复相材料，其中经防氧化处理后试样的抗热震性能最优情况为“经室温至1100℃水冷5次热震后其强度保持率可达23%”。其二为解决高碳含量碳复合耐火材料极不利于洁净钢冶炼和绿色环保方面的要求，进行了$MgO-CaZrO_3-ZrO_2$质无碳净钢钢包内衬材料研究，重点探讨了$MgO-CaZrO_3-ZrO_2$材料组成、结构与性能的关系，并成功地制备出性能优良的$MgO-CaZrO_3-ZrO_2$质自流浇注料，经室温至1100℃水冷5次热震后其试样强度保持率可达45%；研究中充分利用氧化锆、锆酸钙优良特性及结构调控，提出复相改性与热失配综合控制技术思路，揭示了Mg-Ca-Zr-O系无碳净钢钢包内衬材料中$CaZrO_3$的生长与烧结机理及其复相材料结构控制机制。

在镁质原料制备方面，进行了$MgO-NiO-TiO_2$新材料的设计和性能研究，获得抗渣蚀能力强、抗渗透性能好、抗水化能力强的镁质合成熟料，揭示了熟料致密化机理，确定了熟料的最佳组成和合成工艺条件，并将$MgO-NiO-TiO_2$熟料成功应用于镁质浇注料中。

在透气材料方面，通过刚玉-莫来石质透气砖的研制，揭示了颗粒级配与透气材料性能的关系规律，确定了最佳的颗粒配比，成功研制出只需低温烘烤后就可直接使用的中间包透气砖。

在保温隔热材料制备技术方面，运用材料仿生设计理念，依据北极熊多腔中空毛发赋予其优异保温隔热性能的生物现象，提出陶瓷绝热纤维仿生多腔中空结构设计构思；采用静电纺丝技术，利用相分离原理，成功制备仿生多腔中空结构的氧化铝、氧化锆、莫来石、镁橄榄石和锆酸镧等陶瓷隔热纤维。同时，采用溶胶-凝胶自组装技术合成出适用于主动热防护的高红外发射率的$MoSi_2@SiO_2$粉体，利用高温固相法合成出堇青石体系的高辐射率红外辐射材料。

协办了首届中国冶金炉料交易洽谈展览会，有多名教师与研究生先后参加了历届武汉耐火材料学术年会、全国耐火材料青年学术报告会和第七届国际耐火材料会议，并多次应邀做口头学术报告，其中研究生刘盼获得厚植奖学金1次。

辽宁科技大学

无机非金属材料工程专业隶属辽宁科技大学材料与冶金学院。无机非金属材料工程专业是我国培养高温材料领域人才最早的专业之一。专业现有专任教师26人，其中教授7人、副教授7人，具有工程背景的教师占41.7%，辽宁省“百千万人才工程”百人层次1人、千人层次1人，已形成一支学术水平较高、年龄结构合理、以中青年教师为骨干力量、具有较高理论水平和丰富工程经验、富有奉献精神和创新能力的教学团队。专业先后获批教育部“卓越工程师”人才培养试点专业、国家级一流本科专业建设点、辽宁省普通高等学校本科工程人才培养模式改革试点专业、辽宁科技大学优势特色专业。

无机非金属材料工程系现拥有一级学科硕士点1个，工程硕士点1个。拥有实验教学面积2500多平方米，具有齐全的无机非金属材料教学、科研与检测设备，与行业内39家企业建立了实习实践基地，先后获批省科技厅和教育厅“辽宁省大学生校外实践教育基地”“辽宁省镁质材料工程研究中心”等1基地4中心。基地和中心的设立，为本科生工程和社会实践能力的培养奠定了坚实基础。目前，承担国家、省、市企业各类科研项目100余项，其中国家“十二五”科技支撑项目6项、“十三五”科技支撑计划项目1项、自然科学基金项目4项，省部级科技进步奖一等奖4项、二等奖、三等奖10项及多项市级奖；省部级教改一等奖2项、二等奖2项，撰写专著及主编教材5部，近4年发表核心期刊以上论文100余篇，获国家发明专利23项。已培养3000余名工程技术人员，很多毕业生已成为业内知名专家、企业的技术骨干。

武汉科技大学
（省部共建耐火材料与冶金国家重点实验室）

省部共建耐火材料与冶金国家重点实验室于2013年12月由国家科技部和湖北省人民政府批准依托武汉科技大学建设，是湖北省属高校第一家省部共建国家重点实验室。实验室是在耐火材料与高温陶瓷省部共建国家重点实验室培育基地（2003年）和钢铁冶金及资源利用省部共建教育部重点实验室（2005年）基础上建设发展起来的。实验室学科门类涵盖了材料科学与工程、冶金工程、矿业工程、机械工程、化学工程与技术等学科，材料学为国家重点（培育）学科、湖北省优势学科，材料科学与工程学科为湖北省属高校一流学科重点建设学科，材料科学学科排名进入全球ESI前0.35%。实验室拥有材料科学与工程、冶金工程、机械工程、化学工程与技术一级学科博士学位授予权和博士后科研流动站。

省部共建耐火材料与冶金国家重点实验室立足湖北、面向全国、辐射全球。实验室瞄准国家重大需求，针对我国耐火材料和湖北钢铁及其汽车、造船等下游优势产业所存在的共性基础理论与重大、关键技术问题，以耐火材料与冶金为特色，以创建和发展耐火材料设计理论与冶金过程理论为重要引领，以构建耐火材料微结构设计与制备技术、高性能钢铁材料制备技术以及特色冶金资源高效利用技术及其集成创新平台为核心支撑，以研究原创性和系统性科研成果、带动耐火材料与冶金科学技术发展、促进湖北省和国家冶金工业结构转型和技术升级为重大任务，形成了耐火材料设计理论与制备技术、耐火材料高温服役行为及功能化、冶金过程理论与高性能钢铁材料和特色冶金资源高效利用4个特色鲜明的研究方向。实验室学术委员会主任为周国治院士，实验室主任为倪红卫教授。

2022年，实验室创新科研组织模式，着力加强国家和地方重大、重点项目和奖项的组织策划。实验室主持获批国家重点研发计划青年科学家项目1项，国家自然科学基金16项（其中重点项目1项，联合基金重点项目1项，面上项目8项，青年项目6项）；参与获批国家基金重大项目1项、国家基金重点项目1项、国家重点研发计划子课题2项。主持获批湖北省科技创新人才及服务专项战略科学家培养计划1项，湖北省重点研发计划项目4项，湖北省自然科学基金8项（其中创新群体项目1项，面上项目3项，青年项目4项），湖北省科技计划项目揭榜制项目4项。获批湖北省教育厅科研计划项目6项，中国科协青年人才托举工程项目2项，纵向批准经费3359.63万元，纵向到账4317.42万元。新立项横向项目170项，其中单项合同金额1000万元1项，合同金额超过500万元1项，超过200万元的10项，超过100万元的20项，横向合同总金额8027.048万元；横向项目到账4870.49万元。本年度科研经费合计到账9237.91万元。

本年度实验室广泛宣传和推进专利转化（许可）。年内实验室“相分离冶金制备高纯多孔硅技术系列专利”作价1.5亿元，专利许可金额1000万元，年内已全部到账。本年度专利转化（许可）数量为68项，专利转化（许可）金额超过1421.16万元，达到横向到账金额的29.17%。

2022年，实验室已发表或接收论文532篇，其中SCI刊源论文395篇。授权国家发明专利107项，实用新型专利6项，计算机软件著作权5项，出版专著4部。以第一完成人和单位申报湖北省科技进步奖3项、申报获批教育部高等学校科学研究优秀成果奖（科学技术）科技进步奖二等奖1项（已公示）、湖北省科技进步奖一等奖、二等奖各1项，参与上海市技术发明奖一等奖1项，河南省科技进步奖二等奖1项，云南省科技进步奖三等奖1项，建筑材料科学技术进步奖二等奖1项，冶金科学技术奖三等奖1项，河北省金属学会冶金科技进步奖三等奖1项。

代表性研究成果：

（1）感应熔炼用耐火材料结构功能一体化关键技术及工业应用。

感应熔炼是航空航天、核电、船舶、车辆等重大装备制造、特殊钢及合金生产的关键技术，随着感应熔炼设备向大型化、高功率化、熔炼品种多元化及对所熔炼金属洁净化方向发展，其炉衬材料承受更强烈的电磁涡流冲刷、高温熔体侵蚀、高结构应力等复杂苛刻的服役环境，对炉衬材料的抗冲刷、耐侵蚀、结构稳定性及净化功能提出更高要求，亟须保证感应熔炼过程的安全和稳定运行，提升产品质量。为此，项目聚焦炉衬材料结构设计与服役功能耦合协同的行业共性难题，提出感应熔炼用耐火材料结构功能一体化新思想，开展炉衬结构设计理论、材料制备技术与工业应用研究，取得如下创新成果：

1）提出炉衬结构功能一体化设计方法。针对炉衬结构与服役功能的协同效应，专门建立电磁搅拌-熔体静压力-温度-应力四因素耦合作用下炉衬的热-应力模型，阐明服役过程中不同热-应力梯度约束条件下的压力烧结与物相转化对炉衬致密化及应力分布影响规律，揭示热-应力梯度下炉衬结构渐变特性，形成了炉衬结构功能协同调控判据。

2）发明炉衬材料高强、耐蚀和结构稳定性控制技术。针对炉衬材料难以满足实际服役条件形成的热-应力梯度下炉衬材料的渐变结构，率先引进压力烧结机制，以稀土元素掺杂调控铝镁尖晶石活化烧结与物相重构，实现刚玉-尖晶石材料高强（高温强度提高40%以上）和耐侵蚀（提高超过15%）；采用不同结晶状态SiO_2和含硅非氧化物，调控SiO_2质材料的热膨胀系数和结合相的高温特性，提升材料耐侵蚀性和体积稳定性（热膨胀系数降低超过30%）；利用可水合Al_2O_3与活性MgO复合胶凝系统高温原位形成尖晶石结合网络，提高预制坩埚的高温强度与热震稳定性（提高40%以上），实现了温度-应力梯度下结构功能一体化的材料制备。

3）开发结构功能一体化炉衬材料。针对炉衬材料强度低、稳定性差及净化功能不足，在项目发明的材料制备技术的基础上，通过原料预合成、结合相形貌调控及孔结构控制技术，开发出高强、耐蚀和结构稳定的刚玉-尖晶石质及SiO_2质干式振捣料、铝镁质预制坩埚及具有熔体净化功能的弥散型气体扩散元件等4类产品，用于感应熔炼的整体炉衬及复合炉衬。其中，刚玉-尖晶石质整体炉衬寿命提升达60%（50t感应炉，50次提高至80次以上），气体扩散元件对熔体净化效果明显。

项目获授权国家发明专利10项，计算机软件著作权1项，团体标准1项，授权实用新型专利2项，发表论文59篇，形成了具有我国自主知识产权的感应熔炼用耐火材料关键制备技术。开发的系列产品在中国宝武、中国一重、东风汽车等100余家大中型企业推广使用，并且出口东南亚，为“手撕钢”“笔尖钢”，以及舰船、核电机组、风电机组、汽车的制造提供了支撑。项目获得2022年湖北省科技进步奖一等奖（已公示）。

（2）高温工业轻量耐火材料制备及一体化设计关键技术与工业应用。

冶金、水泥、玻璃等高温过程工业是我国国民经济的重要基础产业，节能减排和提质增效是高温工业的发展重点内容。耐火材料是保证高温工业生产运行和技术发展必不可少的基础材料，参与高温过程的全流程，在实现高温工业节能减排和提质增效中起着不可替代的作用。现代高温技术要求提供具有隔热、长寿、高效、经济、安全的优质耐火材料作为保障。既有的炉衬服役理论与材料制备技术难以有效满足以上需求。项目在国家自然科学基金和地方重点项目等支持下，突破了高温工业节能炉衬耐火材料设计、制备、控制、一体化集成设计等关键核心技术，实现工业应用。主要创新点和关键技术如下：

1）轻量耐火材料孔结构-隔热-耐蚀协同设计方法。率先提出了设计开发隔热长寿型轻量耐火材料，建立了轻量耐火材料关键服役性能定量描述和预测模型，明确了关键服役性能与其孔结构参数的内在关联，发明了轻量耐火材料孔结构-隔热-耐蚀协同设计方法，为隔热长寿型轻量耐火材料制备及微结构优化提供了理论指导。

2）隔热长寿型轻量耐火材料制备与微结构控制技术。创新性提出通过调控原位应力-超塑性匹配关系实现孔结构调控，发明了轻量耐火材料孔结构调控及制备技术，所制备的晶内微米-纳米尺度气孔的微孔刚玉材料性能达到国际领先水平；发明了轻量耐火材料基质紧密堆积设计技术，较妥善解决了耐火材料的节能、服役寿命及冶炼产品品质协同提升的难题。

3）隔热长寿型高温工业炉衬耐火材料一体化设计。建立了基于温度-应力的隔热长寿型炉衬结构构建准则，明确了隔热长寿型炉衬的构建方法；提出了隔热长寿型高温工业炉衬一体化设计技术，钢包服役寿命提升、钢水增碳和夹杂物降低且钢水温降值减少10～20℃，实现了高温炉衬服役寿命-隔热功能-炉体整体安全的协同。

项目授权美国发明专利1项、国家发明专利31项、计算机软件著作权2项，出版学术专著1部，发表论文45篇。成果在宝武集团、浙江自立股份、瑞泰马钢、江苏晶鑫股份、武钢耐火、武汉如星等国内冶金与耐火材料领域主要上市公司与大中型企业应用推广，产品出口至美国、俄罗斯、日本、韩国、印度、土耳其、伊朗、中国台湾等国家与地区。项目获得教育部高等学校科学研究优秀成果奖（科学技术）科技进步奖二等奖（已公示）。

（3）非金属夹杂物有效利用关键基础研究及在高强输氢管线钢中应用。

在钢液冶炼、浇铸和冷凝的过程中，由于内部各种物质成分之间或钢与炉中的气氛、容器等接触而引起的化学反应所生成的产物，或钢液在冷凝温度下降时，因溶解度减小等因素而析出的颗粒物质，还有从设备或容器上剥落下来而掺入钢液中的杂质，都统称为非金属夹杂物。夹杂物虽然存在于钢铁中的数量不多，但对钢铁材料及其产品质量却有着不小的危害，如导致钢的热脆开裂、造成冷加工切削和研磨困难、疲劳性能下降等，特别是含氢环境服役钢材的氢致开裂敏感性。目前为止，无论采取多么先进的冶金技术也不可能将钢中夹杂物完全去掉。

基于此，团队聚焦油气输送管线用钢，开展钢中夹杂物数量、形状、大小、分布等与服役过程渗入钢中的氢相作用机制研究，针对非金属夹杂物捕获氢全时空演变的原位表征是技术难点，自主研发一套能准原位直观观察非金属夹杂物捕获氢连续动力学行为的实验装置，运用该装置发现了氢不仅能在夹杂物/钢基体界面捕获，还可以在复合夹杂物不同组元界面捕获，这为主动设计具有抗氢功能的有利夹杂物提供了理论支撑。申请的“高强管线钢抗氢‘功能基元’设计、构筑及协同增韧机制”获国家基金委重点项目资助。

高强管线钢是长距离、大规模、高效输氢的关键材料，但服役时面临氢致开裂和韧性劣化两大风险，已成为其开发和应用的瓶颈。项目依据多尺度理论计算，设计具有多重界面的球型微纳“功能基元”；利用先进复合处理技术，实现“功能基元”精准构筑；探明“功能基元”多重镶嵌界面与氢作用微观机制，揭示多重镶嵌界面-氢-交变应力耦合下，高强管线钢抗氢协同增韧微观机制，为新一代高强抗氢钢冶金材料及服役安全一体化制备提供新范式。项目获批2022年国家自然科学基金重点项目。

（4）相分离冶金制备高纯多孔硅技术及应用。

国家发布的《节能与新能源汽车技术路线图2.0》和《汽车产业中长期发展规划》中明确指出，到2025年，新能源汽车动力电池单体比能量达到400W·h/kg，2030年力争实现500W·h/kg。电动汽车是国家和湖北省战略性新兴产业之一，是属于湖北省“51020”现代产业集群重要支柱产业。动力电池是新能源汽车的“心脏”，提升电池的能量密度是解决新能源汽车里程焦虑问题的关键。电池是电子产品的“心脏”。采用高容量的硅材料取代商业石墨负极材料是提高电池能量密度的重要途径。

近年来，亿纬锂能、楚能新能源、中创新航等大型电池企业纷纷在湖北建厂，新能源电池将有望成为湖北省新兴的支柱产业，新能源材料需求量巨大。新能源电池材料包括正极、负极、隔膜和电解液等，湖北省锂离子电池材料产业的发展起步较晚，特别是硅碳负极材料方面，没有形成产业规模，有可能成为省新能源领域的短板。《湖北省科技创新“十四五”规划》等文件将高比能硅基负极材料作为重点发展的新材料。

针对硅负极材料体积膨胀大、循环性能差、制备工艺难等痛点，实验室历经10年精心研究，研发了低膨胀、高容量的多孔硅负极材料，申请发明专利20余项，授权中国发明专利12项、美国专利1项，实现了公斤级的小试。以多孔硅为基础开发了容量不小于650mA·h/g的硅碳负极产品，填补了电池行业高容量、低膨胀硅负极材料的空白，硅基电池能量密度超过350W·h/kg，可广泛运用于电动汽车、电子产品和电网储能等诸多领域。

团队研发新一代高性能硅碳负极材料，与湖北随州犇星新材料有限公司签订合作协议，知识产权估值1.5亿元，犇星公司支付专利使用费1000万元，且拟投资1.5亿元用于1000t/年生产线的建设，实现亿元以上的成果转化。项目的成功实施能够填补高性能负极材料及新能源汽车等方面的短板，提升省新能源汽车、消费电子产业综合技术水平和全球竞争力。

实验室拥有一支年龄结构、学历结构和职称结构合理、朝气蓬勃、富于创新的研究队伍。实验室现有固定人员86人，其中研究人员79人，仪器设备等管理人员7人。实验室研究人员中有俄罗斯工程院外籍院士1人，国家千人8人（含青千2人），国家杰青1人，长江学者1人，国家级“万人计划”百千万工程领军人才人选1人，“百千万人才工程”国家级人选3人，教育部新世纪人才4人，享受国务院政府津贴8人，国家“万人计划”青年拔尖人才1人，全国GF科技工业先进个人1人，湖北省百人计划高层次人才3人，湖北省“楚天学者计划”特聘教授13人，湖北省新世纪高层次人才工程4人，省级创新群体/团队8个，省部级以上有突出贡献的中青年专家5人。

2022年，李楠、祝洪喜入选“2022中国高贡献学者”，张海军入选“终身科学影响力排行榜（1960—2022）”，张海军、左威、李亚伟、王强入选“2022年度科学影响力排行榜”，李享成获湖北省五一劳动奖章，樊希安教授获评第六届“荆楚好老师”。顾华志、黄奥、张寒获得湖北省百名专利发明领军人才。王炜获得青山区“最美科技工作者”称号。张施琦、宋生强入选中国科协第七届青年人才托举工程，干路获批湖北省百人计划人才。年内申报楚天学子8人，招收全职博士后10人，获批中国博士后科学基金二等面上资助2项。刘浩获得2022中国无锡“太湖杯”国际精英创新创业大赛三等奖。

学生培养方面，博士生赵鹏达获2022年全国五一劳动奖章，胡晓明博士荣获2022“强国青年创业者”提名。实验室获得“挑战杯”大学生创新创业大赛省级一等奖1项，“互联网+”大学生创新创业大赛省级一等奖1项，全国大学生节能减排社会实践与科技竞赛三等奖2项，全国大学生数学建模竞赛省级二等奖1项，全国大学生金相技能大赛一等奖1项、二等奖2项，全国大学生冶金科技竞赛一等奖2项，全国模拟炼钢大赛一等奖4项、二等奖2项。2022年度招收博士生59人，硕士生313人；毕业博士生28人，硕士生205人。

实验室主动与地市开展对口合作，签订对口合作协议，实验室与湖北金科环保科技股份有限公司、郑州市磴槽集团有限公司等企业签订产学研合作协议。实验室顾华志、潘应君参加湖北省“院士专家企业行”活动，王周福团队被选拔为河北省首批专精特新“小巨人”企业科技特派团，贾涓、刘升入选湖北省科技副总项目，外派8人从事科技成果转化工作。年内组织产学研洽谈会16场。

为进一步加强实验室在国际和国内的科研影响力和国际地位，实验室本年度通过线上、线下、线上线下相结合的方式组织各类国际、国内、地区性学术会议4次。实验室主办了第五届国际耐火材料研究生论坛，7个国家23所高校及科研院所的300余名专家学者参加了会议；与广州市金属学会等主办了2022年第三届先进材料与智能制造国际学术会议；与省教育厅、科技厅联合承办了教育部产学研用国际合作会议、材料与冶金技术新发展国际学术研讨会。

本年度实验室积极邀请开展学术交流活动，邀请行业专家来校讲学并进行学术交流，同时组织本院出国访学归国老师进行学术报告，年内组织学术报告42场。实验室接待湖北省省长王忠林、副省长邵新宇、省政协副主席周先旺、湖北省教育厅厅长周静、湖北省科技厅副厅长杜耘等领导、科研院所及企业179人来室参观访问32次。李亚伟、刘静等受邀在国内外大型学术会议上作大会主旨报告8人次，分会场邀请报告18余次；丁文红、戴方钦等外出讲学11次。同时，实验室重视社会公益科普活动，于科技活动周期间开展“碳达峰碳中和”主题科普活动，并组织任家路中学师生来实验室参观交流。

实验室高度重视基地的规范化和科学化管理，依托实验室建设的各级科研平台运行良好。年内实验室与武钢等合作成立我国首个湖北省先进低碳冶金产业技术创新联合体，与韩国国立首尔大学签署科研合作及共建国际联合实验室协议。同时实验室主持申报了教育部国际合作联合实验室以及教育部B类实验室并完成答辩。

实验室现有面积10000m²，仪器设备4223台套，总价值达到1.47亿元，已经构建了耐火材料微结构设计与制备平台、耐火材料热模拟与计算平台、金属材料计算与仿真平台、钢铁材料热模拟实验平台、低值冶金资源高效利用平台，平台贵重仪器设备100%对外开放共享。本年度实验室完成了全自动耐火材料透气度测定仪、一体化光热测试系统、取向硅钢高温退火实验平台和型钢断面尺寸的智能检测系统等仪器设备和实验平台的研制和搭建。年内发布国家标准7项，发布行业标准2项、团体标准2项。

实验室将继续贯彻“开放、流动、联合、竞争”运行机制，坚持开展耐火材料与冶金领域应用基础研究和技术开发，产生具有国际影响力的原创性、前瞻性和系统性研究成果，为湖北省和国家经济建设以及国防装备发展提供支撑。

西安建筑科技大学
（材料科学与工程专业）

西安建筑科技大学的材料科学与工程专业前

身可追溯到1956年并校时开设的“混凝土及建筑制品工艺”专业和1970年开设的“水泥”及“耐火材料”专业。20世纪八九十年代专业名称分别调整为“硅酸盐工程”专业和“无机非金属材料”专业，2002年提升为材料科学与工程专业，并按一级学科招生和培养。本专业以学科为依托，积极改革人才培养模式，按材料科学、材料工程、材料应用3个方向办学，改革成果获2014年国家级教学成果二等奖。其中，材料科学侧重于材料的研究与开发，以高温结构材料为特色，主要服务于冶金、陶瓷、玻璃、化工等行业；材料工程侧重于材料生产工艺技术的开发与设计，以过程工程节能减排与绿色制造相关理论及技术装备为特色，主要服务于建材、冶金、矿业、化工等行业；材料应用侧重于材料应用和经营管理等领域，以建筑材料生产行业为背景，主要服务于建筑材料的研发、制备、施工、销售与管理。专业重视学生工程实践能力培养，强化产学研结合，经过多年实践已成为国内知名的国家级特色专业和国家一流建设专业。入选国家首批卓越工程师教育培养计划和材料工程领域国家级人才培养模式创新实验区。

目前，该专业拥有材料科学与工程一级学科博士点，材料学、材料物理与化学、资源循环科学与工程和建筑材料4个二级学科博士点，以及材料科学与工程博士后流动站，材料科学与工程学院是（2013～2017年）教育部无机非金属材料专业教学指导委员会主任委员单位、陕西省硅酸盐学会理事长单位。材料科学与工程学科作为国家重点（培育）学科和陕西省重点学科，在第四轮学科评估中位列前30%（B等级），于2020年7月首次进入ESI全球前1%。

拥有材料科学与工程国家级实验教学示范中心、材料科学与工程国家级工程实践教育中心、功能材料陕西省实验教学示范中心、生态建筑材料国家地方联合工程中心、教育部生态水泥工程研究中心、陕西省新型干法水泥工程研究中心、陕西省生态水泥混凝土工程技术研究中心、陕西省建材冶金循环经济工程技术协同创新中心和中英水泥基材料联合实验室等科研平台。依托学院建设的材料与矿物标本陈列馆是展示学校办学特色的4个校办展览馆之一。濮阳濮耐高温材料（集团）股份有限公司、广东奔朗新材料股份有限公司、蒙娜丽莎集团股份有限公司等分别在学院设立教育教学奖学金和工程研究中心。

一、党建成果

材料科学与工程学院党委共有党员318人。其中教职工党员97人，学生党员221人；正式党员240人，预备党员78人。党委下辖共有20个党支部，其中教职工党支部6个、本科生党支部2个、研究生党支部10个，师生联合党支部2个。学院党委坚持“围绕中心抓党建，抓好党建促发展”工作思路，形成“党建+学术”“党建+业务”的工作新模式。学院粉体工程师生联合党支部在学院党委的领导下，以党建为引领，以样板支部“七个有力”的要求为抓手，以学校“11445”发展战略为指引，不断强化党支部战斗堡垒、党员模范带头作用，一心一意谋发展，全力打造“党-产-学-研-用”五位一体的“党建+”创新平台。2021年11月获批陕西省党建工作样板支部，2022年3月获批全国党建工作样板支部。学院党委不断加强师德师风建设，注重选树宣传师德先进典型，深入挖掘院士故事。经学院申报，中国硅酸盐协会推荐，2022年5月，徐德龙院士生平事迹陈列厅成功入选国家首批科学家精神教育基地，陕西省共8所单位入选，全国共140家单位入选首批科学家精神教育基地名单。

二、师资力量

该专业现有专任教师和实验人员96人，其中专任教师82人，实验室人员14人，具有正高级职称19人、副高级职称39人，二级教授4人，三级教授6人。先后获国家优青1人，“三秦人才”称号获得者4人，宝钢教育基金“优秀教师”称号获得者6人，陕西省杰青2人，陕西省师德标兵1人，陕西省特支计划领军人才2人、青年拔尖人才1人。陕西省科技创新团队2支，陕西省教学名师3人，陕西省优秀教师1人，校级“植物医生”优秀教师奖3人，此外还聘有包括国家“青年千人计划学者”、陕西省“千人计划特聘教授”在内的36名国内外相关学科的专家为学院兼职教授。

三、教学科研成果

该专业在科学研究方面取得了丰硕成果，形成了材料工程理论与装备、资源循环理论与技术、新型生态建筑材料、高温结构材料理论与应用、功能材料、纳米材料制备理论与技术等研究方向。

近3年，主持在研或完成国家重大科技专项

项目、国家科技支撑计划项目、国家重大战略咨询研究项目、国家自然科学基金项目及各类省部级科研计划项目等纵向项目共计 65 项，其中国家级 17 项、省部级 48 项，企业委托重大横向课题 105 项，项目合同金额 4000 余万元，发表高水平论文 300 余篇。先后获得国家科技进步奖二等奖 2 项，国家教学成果奖二等奖 2 项，国家科技成果推广奖 1 项，国家发明奖四等奖 1 项，入选“中国高等学校十大科技进展”成果 1 项，省部级科技奖 15 项；研究开发的 3 个系列 28 项技术被列入“国家科技成果重点推广计划”。与德国劳克斯塔尔大学、德国德累斯顿大学、英国伦敦大学学院、英国埃塞科特大学、澳大利亚莫纳什大学、美国东北大学等国外知名大学建立了友好合作关系。

2022 年，学院获准国家自然科学基金项目 8 项，其中包括国家优秀青年基金 1 项，国基金获准数创历史新高。学院陈延信教授科研团队在低品质铝土矿焙烧提质理论与技术领域取得重大突破，项目成果应用一年即新增产值 22.78 亿元，该成果获西安建筑科技大学 2022 年度科技进步奖特等奖，其技术成果被人民日报、新华社、光明日报、经济日报、陕西日报等 30 余家媒体广泛报道，这也是学校建校以来首次登上《人民日报》纸质版的重大成果。此外，该团队还获准陕西省秦创原首批“科学家+工程师”项目 1 项，参与项目 1 项。

专业设有无机非金属材料实验中心，面积约 6254m^2，下设材料工程实验室、建筑材料实验室、高温陶瓷实验室，以及学校 5 大主题场馆之一的材料与矿物标本陈列馆，2014 年获评国家级无机非金属材料实验示范中心。中心是以水泥、建筑材料、耐火材料等无机非金属材料为主，是突出行业特色的无机非金属材料类综合实验室，拥有全数字化核磁共振谱仪、扫描电子显微镜、X 射线衍射分析仪、X 射线荧光光谱仪、同步热分析仪、激光粒度分析仪、图像分析仪、粉体综合性能测试仪、电感耦合等离子发射光谱仪、氧化锆高温电炉（氧化气氛 2000℃）、冷等静压成型设备（300MPa）等大型分析测试仪器，设备台套数共计 2600 余件，设备总价值 4000 余万元。承担着材料科学与工程、资源循环科学与工程、功能材料、纳米材料与技术等材料类相关专业的教学、科研任务。

研究方向一：材料工程理论与装备。

依托“国家干法水泥回转窑预分解技术研究推广中心”、“陕西省新型干法水泥工程研究中心”、粉体工程综合实验中心以及高固气比悬浮预热与快速反应热态试验平台、气固流场动态压力测试系统、烟气成分在线分析系统等基础研究平台，开展无机非金属材料制备过程节能减排的基础理论研究、高效节能绿色制造工艺技术与装备的研发，创立了高固气比悬浮换热反应理论，发明了高固气比悬浮预热反应新工艺——XDL 水泥熟料煅烧新工艺技术，建立包括技术研发、装备制造、工艺设计和市场推广的成果转化体系，将 XDL 水泥熟料煅烧新工艺技术在国内近 20 余条不同规模的水泥生产线上推广应用，开创了世界水泥生产的领先水平，在业内引起广泛关注。该成果 2006 年获陕西省科学技术奖一等奖，2011 年入选中国高等教育十大科技进展。

研究方向二：资源循环理论与技术。

针对国家生态文明建设和发展循环经济的需求，依托陕西循环经济工程技术院、教育部生态水泥工程技术研究中心、生态建筑材料国家地方联合工程技术研究中心、陕西省生态水泥混凝土工程技术中心和陕西省建材冶金循环经济工程技术协同创新中心等平台，长期致力于固体废物资源化利用和生态建筑材料绿色低碳制备的基础理论研究和技术设备的开发与推广、循环经济产业发展关键技术与政策体系的研究与决策咨询工作。近年来，本方向先后承担国家重点研发计划、国家科技支撑计划、国家重大水专项课题、国家自然科学基金、国家战略咨询研究项目、陕西省重大科技创新专项等，在冶金工业固废、能源工业固废和城市固废的资源化利用和绿色胶凝材料的制备方面积累了丰富技术开发与推广经验。科研成果“冶金渣大规模替代水泥熟料制备高性能生态胶凝材料技术研发与推广”荣获 2017 年度国家科技进步奖二等奖。

研究方向三：新型生态建筑材料。

针对绿色建筑的需求，重点开展全生命周期内低能耗、无污染、环境友好高强高性能混凝土、新型混凝土外加剂、轻质节能墙体材料的相关基础理论与产品研发工作。主要包括：针对结构工程对高强高性能混凝土的技术需求，以提高混凝土强度及耐久性为目标，研究各种混凝土性能改善技术，针对建筑对功能材料日益增长的需求，开展防水、保温、透水等功能建筑材料的研究，针对建筑材料在长期服役期间发生的表面疏松、剥落、微裂缝等问题，引入功能性微生物，构建可根据外界环境变化激发功能菌诱导形成碳酸钙等材料从而自主修复建筑材料的生物智能自修复体系。

研究方向四：高温结构材料理论与应用。

针对钢铁冶金、建筑材料、石油化工等工业对高温结构材料提出的耐高温、抗氧化、抗侵蚀、抗热震等苛刻要求，开展高温陶瓷、耐火材料基础理论及新产品的开发研究工作。重点解决纳米粉体在耐火材料中应用的高成本、难分散、易腐蚀等瓶颈问题，发展绿色先进耐火材料，实现高温工业低碳、节能减排、绿色制造。研究成果获陕西省科学技术进步奖三等奖1项。

为满足航空、航天、兵器等前沿高技术对电磁波透过/吸收/屏蔽功能材料提出的耐高温、高可靠性、高力学强度、抗化学腐蚀、多功能等苛刻要求，开展高温结构型电磁功能材料基础与应用研究。开展陶瓷基复合材料微结构与性能关联性研究，建立陶瓷基复合材料透波、吸波、电磁波屏蔽功能与力学性能协同优化方法。研究成果获陕西省高校科学技术奖二等奖1项。

郑州城市职业学院材料工程学院

郑州城市职业学院材料工程学院始创于2021年3月，是由郑州城市职业学院结合学校所在地支柱产业——耐火材料产业发展需要，与地方政府共同创办的以耐火材料专业为主的全日制高等职业教育。同年，经河南省教育厅批准为全日制专科教育。学制三年，采取“2+1”教学模式，纳入全国高职院校统一招生范围。

该学院是目前全国同类高职院校中唯一开设耐火材料专业的学院。

该学院的创立得到了新密市政府、河南省耐火材料行业协会、新密市耐火材料协会和新材料协会的大力支持。新密市政府专门成立了郑州城市职业学院材料工程学院筹建工作领导小组，先后出台了《郑州城市职业学院材料工程学院筹建工作方案》《郑州城市职业学院材料工程学院建设基金筹集方案》《新密市耐火材料产业专业技术人才培养三年提升计划》等文件。

学校聘请郑州大学二级教授、博士生导师叶国田为材料工程学院院长、学术带头人，高标准组建了耐火材料专业师资团队。学校与新密市政府、新密耐火材料企业共同出资，联合建设了集教学、科研、检测为一体的现代化的耐火材料实验实训室。

郑州城市职业学院计划用5年时间，将材料工程学院建成有一定影响力的全国耐火材料专业人才培养培训基地。

学院于2021年9月实现全省范围内的首届招生。

耐火材料专业的兴办，迅速引起了全国耐火材料企业的高度关注。全国著名耐火材料企业北京利尔高温材料股份有限公司和江苏晶鑫新材料股份有限公司在该学院设立耐火材料专业奖学金。材料工程学院也于2021年被中国耐火材料行业协会吸纳为会员单位。

目前学院开设的课程主要有无机材料科学基础、无机材料物理性能、耐火材料工艺、耐火材料原料、耐火材料性能及检测、耐火材料机械装备、耐火材料热工设备、耐火材料质量控制、耐火材料应用、画法几何与工程制图、现代材料分析方法、耐火材料企业环境监测、耐火材料企业管理等。

学院的培养目标：主要面向耐火材料行业，从事工艺控制、技术管理、产品研发、产品销售、施工管理、技术支持等岗位，培养具有精益求精的工匠精神、较强的继续学习能力和可持续发展能力的耐火材料专业高素质技术技能人才。

学院的教学理念：针对耐火材料企业岗位知识和技能需求制订学生培养计划，设置专业课程。通过课程体系（课程及课程内容）来保证学生学到能适应耐火材料企业具体岗位所需要的实用知识和技能。学院教师团队从全国知名高校和耐火材料企业中邀请专家编撰教材教案，然后再精炼成教学PPT。授课教师牢固树立“责任在我”的教学理念，保证每节课的知识点清晰、实用，让学生听得懂、记得住、用得上。学科带头人负责监督教师的授课效果、及时了解学生的学习效果，鼓励学生监督教师“包教包会”，以保证学生每节课学懂、掌握讲授的关键内容。

郑州大学高温功能材料研究所

无机非金属材料方向是作为国家级特色专业的郑州大学材料科学与工程专业的主要方向之一。

高温功能材料（耐火材料）是优势特色教学科研方向，郑州大学高温材料研究所/河南省高温功能材料重点实验室由已故中国科学院院士、耐火材料界首席科学家钟香崇教授于2000年创建，河南省、郑州市和郑州大学共同投入经费2000余万元，现为河南省重点实验室、河南省及郑州市科技创新团队。

河南高温材料重点实验室设立了“开放课题”和“郑州大学钟香崇研究生奖学基金”。实验室总面积$2500m^2$，包括常规实验室、高温性能实验室、结构分析实验室、化学分析实验室和高温模拟实验室，其中高温模拟实验室面积$900m^2$。目前学术委员会主任为中国科学院院士周国治教授，实验室主任为郑州大学马成良教授。

郑州大学高温功能材料研究所（下称高温所）是依托我国高温材料行业的首席科学家钟香崇院士所设立的河南省高温功能材料重点实验室，于2019年在郑州大学基层学术组织改革方针的指导下整合原无机非金属系、高温功能材料研究所和先进陶瓷研究所并吸纳无机功能材料研究方向成员组建而成的，现有教师47人。

郑州大学高温功能材料研究所科研基础雄厚，希望未来与业界同仁携手共进，助力双碳背景下“材料强国”。无机非金属材料是建设先进制造业不可或缺的基础材料，性能稳定，应用广泛。建设先进制造业强国，提质发展先进基础材料是重要支柱，其中“新型高温材料、超硬材料、新型建材、无机功能材料”为河南省优势产业，成为全国重要的材料创新高地和先进材料基地。“高温功能材料”也是郑州大学“资源材料”一流学科的特色方向之一。展望未来，“高温功能材料”将会在高温工业、新能源、航空航天、节能环保、军工等领域有越来越多的用武之地。

高温所立足河南省两大特色优势材料产业（占全国1/2的耐火材料工业及占全球90%的超硬材料工业），响应“中国制造2025战略”及中国工程院“面向2035的新材料强国战略”，研究开发以特种高温功能材料为重点的优质高效新产品、新技术，满足现代高温工业新技术发展的需要，努力成为我国高温功能材料的研发基地与高温功能材料新技术、新产品的辐射中心，推动高温功能材料行业的技术进步和工业发展；同时培养一批能够独立地承担新型无机非金属材料相关领域科研、教学、技术开发、产品生产、企业管理等诸多任务的复合创新性人才。

高温所师资力量强大，队伍年轻化，绝大多数教师毕业于国内“985”高校及海外知名高校。其中硕士生导师36人、博士生导师11人，教育部杰出青年、青年长江学者各1人，中组部万人计划1人，教育部无机非金属材料专业教学指导委员会委员1人，中原科技创新领军人才和河南省教学名师各1人，河南省高校科技创新团队1组，多位老师获得过河南省青年骨干教师、河南省优青、河南省杰青的荣誉。高温所多名教师近3年荣获以下荣誉或称号：河南省科技进步奖一等奖、二等奖，河南省自然科学奖二等奖、中国建筑材料联合会技术发明奖一等奖，河南省杰青、河南省优青、河南省高等学校青年骨干教师、河南省优秀硕士论文指导老师。

高温所立足于国家战略对新型无机材料的需求以及河南省优势特色的耐火材料和超硬材料产业发展需求设立4个主要研究方向，各方向近年及主要在研课题如下：

（1）高温材料：

1）真空封装/微孔粉体复合高温隔热材料隔热机理和使役模拟研究。

2）熔盐隔离法制备碳化物包覆微纳米石墨片及含碳浇注料。

3）应力扰动下低碳耐火材料中非氧化物晶须生长机理研究。

4）水合氧化铝颗粒表面化学键修饰的研究。

5）氧化物的表界面结构调控及其对光催化分解水性能影响研究。

6）化工含盐废水焚烧炉用复合尖晶石材料研究与开发。

7）ZrO_2-C渣线表层保护层的原位生成机制研究。

8）低导热长寿命新型隔热耐火材料研发与应用示范。

（2）先进陶瓷及超硬材料：

1）基于聚合物先驱体陶瓷超材料无线无源高温极端环境传感技术。

2）仿生层ZrB_2-Mo_5SiB_2复合材料设计、微结构调控与性能研究。

3）规模化微波制备高性能陶瓷一体加热空间热场调控机制研究。

4）微波制备SiC陶瓷气凝胶热效应调控及高温电磁波吸收机理。

5）基于界面分析对弥散封TRISO燃料的结构优化。

6）高温宽频吸波 SiOC 陶瓷结构设计与高温吸波机理。

（3）先进无机功能材料：

1）廉价燃料电池催化剂的设计与合成。

2）锂硫电池的金属大环化合物/金属氧（硫）化物复合催化材料的构建及性能调制。

3）金属掺杂诱导铂表面畸变的构筑及其燃料电池氧还原性能研究。

4）暖白光 LED 用新型 Mn^{4+} 激活氧氟化物红光荧光粉的合成与荧光性质研究。

5）基于强电荷分离驱动力的高效氮化碳光电极的可控构建及其水氧化性能研究。

6）MoS_2 及 MoO_3 基纳米复合材料的可控制备及其传感性能调控。

（4）绿色建材：

1）基于辐射自屏蔽的赤泥-铬渣地聚合物设计与协同消纳机制研究。

2）基于内养护碳源扩散-沉淀反应的轻集料-拱壳结构形成机制。

3）多尺度微观结构可控 α-Al_2O_3 微粉的制备及生长机理。

人才培养方面，目前在读研究生（硕士、博士）人数 2020 级及 2021 级 138 人。2019 级已培养毕业研究生（硕士、博士）50 人。高温所学生在攻读研究生期间，除可享受学业奖学金与助学金、国家奖学金外，还有机会获得本所专设的“钟香崇研究生奖励基金”“北京利尔奖学金”。

国际化交流方面，高温所约 2/3 教师拥有海外经历，包括直接毕业于海外高校，海外博士后或访学经历，求学、工作或访问目的地涵盖韩国材料科学研究所（KIMS）、美国橡树岭国家实验室（ORNL）、英国埃塞克特大学、荷兰特文特大学等遍布世界各地的知名院校机构。

毕业硕士研究生博士深造目的地包括日本静冈大学、日本国立材料研究所（NIMS）、比利时天主教鲁汶大学、法国波尔多大学等海外知名院校机构。硕士研究生在读期间可参与以下高校合作的海外交换活动：美国中佛罗里达大学、韩国庆熙大学、澳大利亚格里菲斯大学。随着高温所国际化程度的不断提高，未来可选交换目的地将不断扩充。

2022 年，在师资队伍建设方面，国家杰青、世界陶瓷科学院和亚太材料科学院院士周延春教授全职加盟，马成良教授荣获中原科技创新领军人才，张佳楠教授入选英国皇家化学会会士。在科学研究方面，研究所国家自然科学基金青年基金 3 项，年度到账总经费 1221 万元，人均到账经费 26 万元；获批共建河南省耐火材料产业协同创新中心（省级）；以郑州大学为第一单位发表 SCI/EI 论文 76 篇，授权发明专利 22 项，保持了良好的发展态势。获河南省优博、优硕论文各 2 篇，本科生获“挑战杯”河南省大学生创业计划特等奖等 8 项。2022 届无机非金属材料专业本科毕业生就业率超 80%，学生保研至北京大学（2 人，创新高），保送中国科技大学、上海交通大学、中国科学院上海硅酸盐研究所等国内知名高校多人，学生升学率为 51%。

以高温功能材料重点实验室和河南省新型耐火材料创新中心建设为抓手，推动高温功能材料领域产学研合作创新，助力河南省优势产业转型升级和高质量发展。获批共建河南省耐火材料产业协同创新中心（省级）；开展有组织科研，与濮耐股份共同立项郑州市协同创新重大专项“基于微晶菱镁矿的高性能氧化镁质材料研发与应用”，立项 18 项子课题进展顺利；与相关企业共建校企党建科研联合基地 3 个。持续推进校企交流和访企拓岗工作，先后到天瑞集团郑州水泥有限公司、郑州磨料磨具磨削研究所有限公司、焦作市北星耐火材料有限公司、巩义市泛锐熠辉复合材料有限公司等开展产学研交流活动，积极融入区域产业发展。

中国地质大学（北京）材料科学与工程学院

（耐火材料和陶瓷方向）

中国地质大学（北京）前身是 1952 年由北京大学、清华大学、天津大学和唐山铁道学院等院校的地质系（科）合并组建的北京地质学院。1960 年被评为“北京市文教战线红旗学院”，跻身于 64 所全国重点高校行列。1970 年迁校，1978 年在邓小平同志直接关怀下，在北京原校址恢复办学。1987 年成立中国地质大学，在京汉两地相对独立办学，是我国首批试办研究生院的 33 所高校之一，并首批进入“211 工程”、“985”优势学科创新平台建设行列。2000 年 2 月，中国地质大学由国土资源部整体划转教育部管理。2005 年 3 月，大学总部撤销，京汉两地独立办学。2006 年

9月，教育部和国土资源部共建中国地质大学。2017年9月，学校入选世界一流学科建设高校。在数十万名毕业生中，有37人成为两院院士，200余人成为省部级以上劳动模范。

中国地质大学（北京）材料科学与工程学院依托学校自1952年逐步建立的地质、资源、环境、地质工程等优势学科的实验岩石学、应用矿物学、矿物晶体结构与晶体化学等学科方向的厚重积累，以材料科学与工程一级博士点学科建设为主旨，与化学、化工、物理、环境科学与工程等学科逐渐交叉、融合、创新，日益发展壮大。学院前身是始建于1993年的材料科学系，于1999年经过院系调整成立了材料科学与工程学院。2015年起，学院牵头并作为主要成果支撑单位的材料学科进入了ESI全球排名前1%。学院现有博士后流动站2个、博士学位授权点3个、硕士学位授权点4个、工程硕士授权点2个，本科专业3个；其中，国家级重点学科1个、国土资源部重点学科1个、北京市重点学科1个，国家级特色本科专业1个。建院以来，已培养了大批博士、硕士及本科毕业生，他们在新材料、新能源、资源综合利用、环保、化工、矿物加工、新型建材、国土资源、冶金等行业的机关、企业、高校及科研院所发挥着重要作用。学院现有教职工54人。学院教师队伍100%具有博士学位，2/3以上具有海外留学经历，具有高级职称者占88%。有教育部"新世纪人才"3名、"跨世纪优秀人才基金"获得者1名；全国百篇优秀论文获得者1名、全国百篇优秀论文提名奖获得者1名；青年地质学家"金锤奖"获得者2名和"银锤奖"获得者1名，"黄汲清青年地质科技奖"获得者1名，侯德封青年地质学家奖1人，"霍英东青年教师教学奖"获得者1名，北京市教学名师2名，"北京市优秀教师"称号获得者1名，"北京市师德先进个人"称号获得者1人，北京市"科技新星"获得者2人。建设有北京市级优秀教学团队1个、校级科技创新团队1个。

材料科学与工程学院积极探索，不断改革创新，取得一批有代表性的教学、科研成果。近年来，学院获国家优秀教学成果二等奖1项、北京市优秀教学成果一等奖、二等奖2项；公开出版专著、教材30余部，其中1本教材入选国家级精品教材、4本教材入选北京市精品教材、1门课程入选北京市精品课程。多年来连续被评为学校教学管理先进单位。科研方面已完成国家级、省部级及企业委托科研项目数百项，在研项目150余项，多项成果获省部级奖励。发表SCI论文900余篇，居全校各学院人均第一，授权发明专利和科技成果转化在全校名列前茅。结合学科建设和学院发展，近年来对实验室布局进行了规划与调整，建立由若干个先进材料实验室、材料加工实验室、材料物理性能表征实验室、材料化学实验室、材料设计与模拟计算实验室等组成的材料学教学、科研平台。优化整合专业实验室，成立"材料学实验教学中心"并被评为校级实验教学中心。学院牵头建有"非金属矿物与固废资源材料化利用北京市重点实验室""全国循环经济工程实验室""矿物岩石材料开发应用国家专业实验室"，共建"水资源与环境工程北京市重点实验室"、北京市"固体废物处置科技创新研发基地"、北京市"珠宝与矿物材料实验教学示范中心"等科研和教学平台。

耐火材料和陶瓷方向是学院主要学科特色之一。早在20世纪50年代，我国著名工艺岩石学家苏良赫教授调入学校（原北京地质学院）任教授，他曾在曼彻斯特大学地质学系、剑桥大学矿物岩石学系从事科学研究并取得博士学位，先后任《硅酸盐学报》编委、中国金属学会会员、耐火材料学会名誉理事、国家科委非金属材料专业组成员、中国硅酸盐学会常务理事、中国硅酸盐学会工艺岩石学专业委员会主任委员、中国硅酸盐学会非金属矿专业委员会副主任委员、北京市政府专业顾问等。苏良赫教授及其团队率先采用岩石学理论和方法研究耐火材料，解决冶金工业用耐火材料相关问题；提出发展我国铸石工业，探讨铁渣/钢渣综合利用，用于水泥工业并得到推广；系统研究包钢实验高炉的耐火材料、炉瘤、炉渣等，为包钢建设有重大建树；进一步深入研究高炉热风炉和转炉炉衬耐火材料损坏机理，使首钢转炉炉龄提高上百倍。他出版的《应用在水泥工业中的高炉炉渣的工艺岩石学研究》《平炉喷火口及炉顶高铝砖腐蚀作用的工艺岩石学研究》等论著，对矿物的反应机理、耐火材料损坏机理探讨有开拓性意义。

20世纪80年代以来，学校翁润生教授及研究团队一直从事非金属矿物及耐火材料方面的研究工作，提出在熔铸锆刚玉耐火材料中加入少量混合稀土氧化物，砖中玻璃相渗出温度提高100～150℃，也提高玻璃相渗出黏度，改善其显微结构和矿物组成，减少制品的裂纹，提高制品的成品率，增强抗侵蚀能力和延长耐火砖的使用寿命，使我国玻璃窑炉寿命从3~4年提高到5~6年；研究武钢转炉盛钢桶镁碳砖的腐蚀机理，发现在镁碳砖渐变带与反应带之间的镁铝尖晶石层有延缓钢渣侵蚀的作用，并从热力学计算揭示脱碳层及镁铝尖晶石层的形成，提出增强衬砖寿命具体改进措施，大大提高镁碳砖在盛钢桶渣线部位寿命；研究红柱石、蓝晶石等非金属矿物在高温下莫来石相变过程及其微观结构特征，阐明红柱石微粉对高铝矾土熟料制品的补强作用；1990年，翁润生教授编著出版《工业岩石学》，详细叙述耐火材料、传统陶瓷和精细陶瓷等矿物原料、矿物性质及其分类、生产工艺过程及制品化学成分、矿物成分、显微结构、性能与其工艺生产关系，为我国耐火材料等工业制品生产工艺优化提供理论参考。

2004年以来，中国地质大学（北京）材料科学与工程学院在耐火材料专业学科科研团队有黄朝晖教授、刘艳改教授、房明浩教授、吴小文教授、闵鑫副教授、米瑞宇博士等教师和一批博士后、博士/硕士研究生，长期从事耐火材料及资源化利用方面科研工作。相关教师博士毕业于清华大学、哈尔滨工业大学、北京科技大学、北京航空航天大学等高校，有着与剑桥大学、牛津大学、伦敦大学学院、美国密西根大学、新西兰奥克兰大学、澳大利亚西澳大学等国外高校的访学交流经历，负责“无机非金属材料工艺学”“材料科学与工程专业导论”“材料导论”“材料科学与技术基础”和“陶瓷材料科学”等专业主干课程的教学。相关教师多次被评为学校“我爱我师”及“研究生教学名师”，并担任中国硅酸盐学会耐火材料分会副理事长、中国硅酸盐学会特种陶瓷分会理事、中国硅酸盐学会固废分会技术委员会副主任、全国材料科学技术名词审定委员会特聘专家，以及国家相关部委在资源高效综合利用、节能减排环保等方面项目和科技奖励评审专家委员，该方向研究成果获得省部级科技进步奖二等奖3项。已发表SCI/EI刊源学术论文300余篇，申请/授权发明专利50余项。

学院陶瓷耐火材料科研团队主持负责在研“十三五”国家重点研发计划“固废资源化”重点专项2018年度项目“大宗低阶固废规模化制备高值矿物材料关键技术”，同时负责课题“陶瓷固废微结构屏蔽调控制备耐高温材料研究及示范”研究（2018年12月至2021年12月）。主持负责完成结题“十二五”科技支撑项目“优势非金属矿产资源高效综合利用技术研究与示范”研究，并负责课题“低耗能高温非金属矿物聚合材料技术研究与示范”。主持负责完成结题国家自然基金重点项目“非氧化物复相耐火材料的免烧成技术及性能研究”和面上项目“典型耐磨耐火材料高温冲蚀磨损行为及性能优化的基础研究”“用高Al_2O_3粉煤灰制备的Fe-Sialon在高炉用泡泥中作用行为的基础研究”“不连续金属塑性相（Fe/Mo）复合耐高温气固两相流冲蚀磨损Sialon基材料的基础研究”等10多项基金项目，以及负责完成国家2009年“863”重点项目“新型轻质绝热耐火砖”子课题研究等。

近20年来，学院耐火材料专业学科科研团队的学术成果主要表现在4个方面：（1）阐明高温下氧化物陶瓷及典型耐磨耐火材料的气/固两相流冲蚀磨损行为及机制；（2）开发含有SiC、Sialon、Si_3N_4、TiN（C）和MgAlON等单元多元体系非氧化物复相耐火材料免烧成技术，以及典型含铝硅锆镁钛矿物和固废原料经高温碳化/碳热还原氮化/铝热还原氮化规模化低成本合成含有Si_3N_4、Sialon、SiC、ZrN、$MgAl_2O_4$和Ti(C，N）等单元的非氧化物耐火原料的关键技术；（3）开发铝硅镁系列天然非金属矿物和低铁高铝粉煤灰经过物理均化和高温处理稳定物相技术，实现对矿物原料物相稳定调控，获得耐高温非金属矿物聚合材料关键制备技术；（4）基于冶金固废铝热法钛铁渣和用后耐火材料、废陶瓷等具有高值利用明显潜质特征，重点解决固废有害组分分离、低阶组分屏蔽固化及物相重构机制、固废高值材料化“物相-粒级-面-性能”全过程调控耦合机制等基础科学问题，开展大宗低阶固废规模化制备高值矿物材料系列关键技术研究。

目前，学院耐火材料主要研究工作包括：高性能碳化硅/非氧化物复合耐火材料技术、铝硅镁系非金属矿和典型工业固废资源高效利用技术、高性能矿物材料制备技术、复杂形状（匣钵、管状、超大薄板和特异形制品）大型耐高温材料关键制备技术、多金属矿产尾矿尾渣综合利用技术；多孔轻质耐高温材料制备技术、复相耐火纤维陶瓷材料制备技术、碳化硅/氮化硅/刚玉/尖晶石/莫来石/六铝酸钙/钙长石等复合耐高温材料、高Al_2O_3固体废物（高Al_2O_3粉煤灰、铝灰、富铝煤矸石、中低品位铝矾土、中低品位菱镁矿、镁橄榄石、白云石、用后耐火材料、垃圾焚烧灰渣、煤化工灰渣、用后催化剂载体和用后多孔过滤矿物陶瓷材料、碳化硅除尘灰等）近零排放利用技术、炼镁用长寿命高温真空还原反应灌防腐蚀技术、流化床锅炉和垃圾焚烧炉用耐高温磨损材料技术、仿石装饰材料技术、矿物制备艺术陶瓷材料3D打印技术、高强度低密度陶粒制备技术等。

展望未来，任重道远。材料科学与工程学院将结合国家“双一流”（一流大学、一流学科）建设项目的实施，以矿物材料、陶瓷与耐火材料、高分子复合材料、纳米功能材料、资源综合利用为主要发展方向，发展壮大有地大特色的材料学科，建设有特色的材料学品牌专业，探索有特色的院系管理新机制，培养有特色的材料学创新型人才，在我国材料科学与工程、高温材料技术、资源综合应用、循环经济、节能环保等领域做出越来越大的贡献。

第八篇

行业协会概况

中国耐火材料行业协会

中国耐火材料行业协会（The Association of China Refractories Industry，ACRI，以下简称协会）于1990年10月8日正式成立，是由中国耐火材料行业的相关企业、事业单位、社团组织及个人自愿结成的全国性、行业性社会团体，是非营利性社会组织，具有法人资格。协会会员分布和活动地域为全国。协会的宗旨是：团结本行业的各方面力量，积极为耐火材料企业和耐火材料行业健康可持续发展服务；贯彻安全生产、安全发展、安全第一，以人为本、预防为主的方针；预防和治理污染、保护环境；根据高温工业发展要求，提升耐火材料工业发展的质量和效益。

协会遵守宪法、法律、法规和国家政策，践行社会主义核心价值观，遵守社会道德风尚，自觉加强诚信自律建设。

协会坚持中国共产党的全面领导，根据中国共产党章程的规定，设立中国共产党的组织，开展党的活动，为党组织的活动提供必要条件。

协会的登记管理机关是民政部，党建领导机关是国务院国有资产管理委员会协会党建工作局及中国钢铁工业协会党委。协会接受登记管理机关、党建领导机关、有关行业管理部门的业务指导和监督管理。协会负责人包括会长、副会长、秘书长。协会的办公地点设在北京市。

中国耐火材料行业协会的业务范围如下：

（1）深入开展行业调查，研究行业发展问题，积极向政府及其部门反映行业会员诉求，提出行业发展和立法方面的意见和建议。

（2）协调会员关系，制定并监督执行行规公约，实施行业自律，规范企业行为，协调会员争议，维护公平竞争和市场经济秩序，协助政府监督会员依法经营和活动，查处会员违法行为，大力推动行业诚信建设，建立行业自律机制，维护会员合法权益。

（3）根据授权进行行业统计；收集、分析、发布耐火材料行业信息，依照有关规定创办行业出版物和网站，开展咨询活动，为会员提供国内外技术、市场、管理、人力资源开发等多方面、多层次的信息服务。

（4）受政府委托承办或根据市场和行业发展需要组织耐火材料产品展销会、展览会，举办报告会、研讨会、科技成果推广会等活动，促进本行业的产品销售与技术交流合作，参与国内外耐火材料领域产品市场建设。

（5）加强与国际同行业相关组织的联系，开展对外经济技术交流与合作；发展对外出口、利用外资、引进技术等工作，帮助会员开拓国际市场。

（6）积极参与相关法律法规、宏观调控和产业政策的研究；经政府有关部门批准，参与制定、修订行业标准、团体标准和行业发展规划、行业准入条件，组织科技成果评价，促进行业发展。

（7）经政府有关部门授权参与新技术推广、事故认定等相关工作，引导企业不断优化产品结构，提高行业自我发展能力。

（8）组织耐火材料行业的人才、技术、职业、管理、法规等培训，指导协助会员改善经营管理。

（9）主动参与协调对外贸易争议，积极组织会员做好反倾销、反补贴和保障措施的应诉、申诉等相关工作，维护正常的进出口经营秩序；建立预警机制，保护本行业经济运行安全。

（10）经政府有关部门批准，积极参与耐火材料领域重大投资和技术改造项目的前期论证工作。

（11）发展耐火材料行业和社会公益事业。

（12）承担法律法规授权、政府部门委托的其他符合本会宗旨的工作。

中国耐火材料行业协会现有（第八次会员代表大会）会员单位422个，理事140个，常务理事46个。中国耐火材料行业协会通过会员代表大会选举产生理事；理事会选举产生常务理事、会长、副会长和秘书长。中国耐火材料行业协会第八次会员代表大会于2019年9月24日选举产生第八届理事会，在同时召开的第八届理事会第一次会议选举产生了协会新一届负责人。协会负责人：轮值会长赵继增（2019年9月~2021年9月）、曾大凡（2021年9月至今）；李永全驻会副会长，柴俊兰秘书长；副会长（按姓氏笔画排序）马列鹰、王东、王鹏、王守业（2022年2月起：王战民）、车连房、刘百宽、李军、李国志、杨强（2021年11月起：袁东）、吴喜民（2021年11月起：齐文方）、高长贺（2022年1月起：罗华明）、顾华志、鹿成滨、彭仁、虞炳泉、蔡鑫；特聘副会长王治洋、王柏成、李涛、李广达、何宪超、张正民、张国栋、张继明、陈海山（2022年9月起：卢咏明）、武本有（2020年1月起：武会敬）、赵冬莲、姚令春、侯振东、唐地源、董国亮、程念生、靳亲国、路济民、薄钧（2020年6月起：李国富）、霍平。协会秘书处负责协会的日常工作。

中国耐火材料行业协会第八届理事会成员名单

会　长：

赵继增（轮值）　北京利尔高温材料股份有限公司　董事长

曾大凡（轮值）　瑞泰科技股份有限公司　董事长

驻会副会长：李永全

秘书长：柴俊兰

副会长（按姓名拼音字母排序）：

蔡　鑫　海城镁矿耐火材料总厂　党委书记

车连房　山东耐火材料集团有限公司　董事长

高长贺　通达耐火技术股份有限公司　总经理
（2022年1月起：罗华明）

顾华志　武汉科技大学材料与冶金学院　院长

李国志　中焦耐（大连）工程技术有限公司　副总经理

李　军　武汉钢铁集团耐火材料有限责任公司　执行董事

刘百宽　濮阳濮耐高温材料（集团）股份有限公司　董事长

鹿成滨　山东鲁阳节能材料股份有限公司　董事长

马列鹰　浙江自立控股股份有限公司　董事长

彭　仁　江苏苏嘉集团新材料有限公司　总裁

王　东　江苏嘉耐高温材料有限公司　总经理

王　鹏　营口金龙集团　副董事长

王守业　中钢集团洛阳耐火材料研究院有限公司　执行董事
（2022年2月起：王战民）

吴喜民　唐山时创高温材料股份有限公司　董事长
（2021年11月起：齐文方）

杨　强　攀钢冶金材料有限责任公司　总经理
（2021年11月起：袁东）

虞炳泉　浙江红鹰集团股份有限公司　董事长

特聘副会长（按姓名拼音字母排序）：

薄　钧　中钢集团耐火材料有限公司　总经理
（2020年6月起：李国富）

陈海山　瑞泰马钢耐火材料有限公司　总经理
（2022年9月起：卢咏明）

程念生　贵州省耐火材料行业协会　会长

董国亮　河北国亮新材料股份有限公司　董事长

方元德　济南镁碳砖厂有限公司　董事长

何宪超　海城市后英经贸集团有限公司　总经理

侯振东　郑州振东科技有限公司　董事长

霍　平　山西省耐火材料工业协会　会长

靳亲国　河南省耐火材料行业协会　会长

李广达　海城华宇耐火材料有限公司　董事长

李　涛　鞍山市和丰耐火材料有限公司　董事长

路济民　无锡市南方耐火材料有限公司　董事长

唐地源　山东圣泉新材料股份有限公司　总裁

王柏成　浙江湖州父子岭耐火集团有限公司　董事长

王治洋　辽宁青花耐火材料股份有限公司　总经理

武本有　山西盂县西小坪耐火材料有限公司董事长
（2020年1月起：武会敬）
姚令春　浙江省耐火材料行业协会　会长
张国栋　辽宁省非金属矿工业协会　常务副会长
张继明　山东省耐火材料行业协会　常务副会长
张正民　青岛正望钢水控制股份有限公司董事长
赵冬莲　唐山成联电子商务有限公司　董事长

河南省耐火材料行业协会

一、协会情况

河南省耐火材料行业协会（以下简称协会）为行业性社会团体，1989年成立。协会宗旨是遵循国家方针政策，开展各项活动，维护行业成员的合法权益，沟通会员与政府联系，维护公平竞争，为耐火材料企业服务。协会工作目标是推动耐火材料行业体制改革，改善行业管理，依靠科学技术进步，提高企业素质和综合效益，促进耐火材料行业发展，更好地为国民经济各部门服务。

2018年9月，协会召开了第八次会员代表大会及八届一次理事会，选举产生了八届理事会理事，聘请了名誉会长，选举产生了会长、副会长、常务理事、秘书长，聘任了副秘书长。

张长喜同志为八届理事会会长，靳亲国同志为常务会长兼秘书长，贾全利、石凯同志为副秘书长。

名誉会长：张森、刘百宽

会长：张长喜　河南特耐工程材料股份有限公司　董事长

副会长（按姓氏笔画排序，共25位）：

王新福　中钢集团洛阳耐火材料研究院有限公司　副院长

龙沾卫　郑州远东耐火材料有限公司　董事长

白纪周　郑州华宇高炉工程技术有限公司　董事长

冯钢军　河南和成无机新材料股份有限公司　董事长

毕振勇　河南海格尔高温材料有限公司　总经理

刘　雷　洛阳利尔耐火材料有限公司　总经理

刘　源　焦作北星耐火材料有限公司　董事长

刘国威　濮阳濮耐高温材料（集团）股份有限公司　董事

李伟峰　河南省西保冶材集团有限公司　总经理

李国富　中钢洛耐科技股份有限公司　执行董事

李学彦　河南省宏达炉业有限公司　董事长

李泉侑　郑州瑞泰耐火科技有限公司　董事长

李富朝　郑州安耐克实业有限公司　总经理

张红哲　河南省瑞泰科实业集团有限公司　董事长

张佳磊　巩义市第五耐火材料有限公司　董事长

侯振东　郑州振东科技有限公司　董事长

姜玉正　河南华西耐火材料有限公司　董事长

倪高金　巩义通达中原耐火技术有限公司　总经理

徐跃庆　河南熔金高温材料股份有限公司　董事长

梁德安　河南安瑞高温材料股份有限公司　董事长

董卫杰　郑州登电昊南热陶瓷材料有限公司　董事长

锁永刚　三门峡电熔刚玉有限责任公司　董事长

靳艳军　河南鑫诚耐火材料股份有限公司　董事长

翟耀杰　河南瑞泰耐火材料科技有限公司　总经理

魏小闵　郑州东方安彩耐火材料有限公司　董事长

二、行业情况

河南省耐火制品企业有1400余家，原料企业有500余家，从业人员约25万人。河南省耐火材料以市场为导向，以技术升级为主题，强化节能减排，促进结构调整，坚持绿色生产，增强了综合实力。耐材产业已成为河南的特色优势产业，主体企业凸显做精、做专、做强、做大，发展基本平稳。

围绕实现绿色高质量发展，“十四五”期间，河南耐材要按照国家及河南省有关政策，全面发力，重点突破，转变观念、加强合作、持续创新，提高自动化、智能化装备水平，创建一流企业、开发一流技术、提供一流产品、营造一流环境，加快发展新型、高端、绿色高温新材料，实现由大变强；同时实施耐火材料产业优化升级工程，构建高质量发展产业体系，依托现有河南耐火材料产业占全国产量近50%的发展基础，加快转型升级，提升新型耐材优势产业集群，淘汰落后，推动耐火材料主导产品向新型耐材高端迈进，大力开发高温新材料，实现高质量发展，努力建成国内外知名的新型耐材产业生产研发基地。

三、协会工作

（1）多年来，受政府有关部门委托，协会参加编写了多项行业发展规划、科技发展规划、可持续发展研究报告，提出了各阶段的发展目标和建议，得到了良好评价。

（2）近几年，协助政府有关部门，制定了《耐火材料工业大气污染物排放标准》，组织制定了《高温材料单位产品能源消耗限额》等团体标准，引导企业绿色低碳高质量发展。针对耐火材料制品（有加热窑炉的）列入“两高”行业，不利于耐材企业发展的实际情况，协会在各主要企业的支持配合下，多次召开会议，形成有关报告，及时向政府反映行业诉求，于2023年元月政府有关部门发文将“耐火材料”从“两高”行业中清出，支持发展高温新材料。

（3）近几年，协会在政府有关部门的支持下，协调组织成立了郑州市新型耐火材料创新中心，在此基础上，河南省新型耐火材料中心已进入培育阶段。该创新中心公司+联盟运作模式，联合省内外相关科研院所，产学研协同，打造高温材料关键共性技术开发创新平台。

（4）在政府部门的领导下，协会发挥了桥梁纽带作用，不定期召开全省耐火材料行业工作经验交流会，传达政府政策，交流科技成果，请专家作动向报告，引导企业做精、做专、做大、做强，绿色低碳高质量发展。

（5）围绕行业热点共性问题，坚持每年与辽宁、山东、山西、浙江、贵州省级协会联合召开技术交流及相关博览会，做到了跨省区耐材企业相互借鉴，加强合作，共同提高。

（6）协会坚持每月编写一期简报，目前已报道412期，宣传了政府的有关政策，反映了行业情况，交流了技术动向及创新经验。

辽宁省非金属矿工业协会

辽宁省非金属矿工业协会（LNMIA）是由辽宁省境内从事非金属矿开采、加工、销售以及设备制造等相关行业的企业自愿组成的全省性行业协会，并经政府社团登记管理机关核准注册登记，具备法人资格的非营利性社会组织。协会现设有5个行业分会，分别是镁质材料行业分会、硼行业分会、滑石行业分会、膨润土行业分会和琥珀（煤精）行业分会，正式会员296家，其中镁质材料行业分会会员143家。自成立以来，协会始终坚持服务于省非金属矿行业企业，充分发挥政府与企业间的桥梁和纽带作用，维护国家利益，遵守国家有关法律、法规和政策，维护行业和会员单位合法权益，促进省非金属矿工业健康发展。

2019~2022年，辽宁省镁质耐火材料行业生产经营运行情况及协会开展的主要工作概况如下。

一、行业概况

（1）菱镁矿资源状况：辽宁省是中国菱镁矿储量最集中地区，主要分布在海城、大石桥、岫岩、凤城、宽甸、抚顺、辽阳等地区，现有镁质原料和制品生产企业千余家，规上企业431家，储量26亿吨，占中国储量的84%，占世界储量的22.4%。是国内最大的耐火材料生产基地，产品质量、档次居全国同行业前列，部分产品达到国际先进水平。

（2）菱镁矿生产情况：辽宁省年开采菱镁石生产规模 2271.05 万吨，实际开采量年均超过 1800 万吨。2022 年，镁质耐火材料制品（包括各类镁砂）1740 万吨，镁建材 180 万平方米。

二、协会概况

辽宁省非金属矿工业协会根据《辽宁省非金属矿工业协会章程》的规定，经辽宁省民政厅批准后，于 2018 年 12 月 21 日在大连召开第二次会员大会及第二届理事会第一次会议。会员大会总结了第一届理事会工作，并按照《辽宁省非金属矿工业协会章程》进行了换届选举。

换届大会选举何宪超等 91 名同志组成了第二届理事会，选举会长何宪超、王洪涛，秘书长张国栋，副会长 27 名。

会长名单：

海城市后英经贸集团有限公司　何宪超

副会长名单（排名不分先后）：

大连金玛硼业科技集团股份有限公司　王洪涛

海城华宇镁砂有限公司　李广达

辽宁艾海滑石有限公司　齐　颖

辽宁金石膨润土有限公司　王维东

辽宁菱镁矿业有限公司　史大业

海城镁矿耐火材料总厂　蔡　鑫

营口青花耐火材料股份有限公司　王　枫

鞍山钢铁集团耐火材料有限公司　张圣鑫

大石桥市金龙耐火材料有限公司　王　鹏

辽宁金鼎镁矿集团有限公司　秦世旭

辽宁群益集团耐火材料有限公司　王金林

中冶焦耐工程技术有限公司　尹　高

海城市中昊镁业有限公司　刘　颖

海城市峰驰耐火材料总公司　高岩树

鞍山市和丰耐火材料有限公司　李　涛

海城海鸣矿业有限责任公司　郝大为

辽宁东和新材料股份有限公司　毕胜民

东北亚镁质材料交易中心有限公司　周金壮

海城利尔麦格西塔材料有限公司　赵现华

辽宁科技大学高温材料与镁资源工程学院　罗旭东

凤城化工集团有限公司　杨庆顺

辽宁首钢硼铁有限责任公司　况盛阳

辽宁北海实业（集团）有限公司　金　楠

建平慧营化工有限公司　刘天会

朝阳市庆建矿业有限责任公司　李　鹤

沈阳工业大学　李三喜

大连理工大学　仲剑初

三、2019~2022 年协会镁质材料行业分会主要工作

坚定信念、迎难而上，行业发展稳中有进。辽宁省非金属矿工业协会二届理事会自 2018 年 12 月成立，在这四年里，辽宁省非金属矿行业面对产业集中度低、产品结构不合理、附加值低、科技投入不足、加工技术落后等突出问题。协会内部也存在人员结构、资金困难等诸多问题。在二届理事会的领导下，协会全体同仁以推进节能环保为导向，以提高经济运行质量和效益为目标，以增量调整带动结构优化、科技创新、促进产业升级为重点，推动行业向“高效益、低消耗、少排放、能循环、可持续”方向发展，实现从资源优势向产业优势转化。

四年来，二届理事会领导协会重点做好各级政府和企业的桥梁。反映企业诉求，针对环保、安全、煤电价格倒挂，宏观调控生产总量和下游需求的矛盾，力争行业利益提高，把企业生产、经营真实情况及时反映给各级政府。同时，协助各级政府，制定相关政策，在控制“产能”，能耗标准修订，产能置换，推广新技术，提供上下游基础数据（国内外、省内外），做好政府的参谋。

切实履行协会职能，扎实开展各项工作，不断提升协会服务质量。二届理事会坚决贯彻党和国家、省委省政府以及相关各级主管部门的决策部署，坚持服务会员、服务行业、服务政府、服务社会的职能定位，紧扣行业发展实际，以绿色高质量发展为目标，坚持科技创新驱动，坚持产业结构和产品结构优化，努力破解行业共性矛盾和发展瓶颈问题，组织和引领行业转型升级。不断完善协会自身建设，扎实开展产业政策、行业标准、科技培训、运行分析、行业诉求、信息交流、品牌建设、展示宣传等各项工作，坚持有序规范协会不断地取得新进展。下面简要回顾二届理事会重点工作。

（1）2017 年 3 月，协会在省民政厅社会组织党委的正确领导和大力支持下，建立了中共辽宁省非金属矿工业协会党支部委员会。2019~2022 年期间，通过党支部的积极探索及全体党员的努力，党员管理及党建工作稳步有序，扎实有效地开展，协会在党的领导下有序开展各项工作。

辽宁省非金属矿工业协会党支部在省民政厅社会组织党委的领导和指导下，抓好党员学习，提高党员干部的整体素质，以灵活多样的学习形式，坚持共产党员的先进性，营造“学习型”组织的浓厚氛围。认真开展了学习习近平总书记在庆祝中国共产党成立一百周年大会上的重要讲话精神，组织观看“党史学习”“先进典型”“党性教育”“党风廉政”等题材的电教片。通过对有关文件、党的路线、方针、政策的认真学习，提高协会党员的政策水平，加强政治敏感度。加强党员自身业务学习，提升业务水平和工作能力，从而切实提升协会工作能力和服务质量。抓好“两个覆盖”，发挥好党组织“两个作用”，加强“两支队伍”建设。将党的领导嵌入协会章程之中，坚持党对一切工作的领导，提高了党把方向、谋大局、定政策、促改革的能力和定力。

（2）2020年新年伊始，新冠肺炎疫情暴发，非金属矿行业的正常运行面临严峻挑战。辽宁省非金属矿工业协会认真执行辽宁省民政厅关于动员社会组织依法有序参与新型冠状病毒感染的肺炎疫情防控工作的公告要求，深入贯彻习近平总书记重要指示精神，认真落实党中央、国务院、民政部和省委、省政府关于做好新型冠状病毒感染的肺炎疫情防控决策部署，全面动员引导会员单位积极依法有序参与防控工作。倡导鼓励会员单位支持政府和慈善组织开展针对疫情防控急需的相关物资的募捐工作，并且根据自身情况及疫情防控要求，组织复工复产，得到了积极响应。许多副会长单位及理事单位的捐款都超过了100万元，并且捐赠了大量的防疫物资，据协会不完全统计，仅副会长以上单位捐款1300万元以上。广大会员单位克服疫情困难，积极复工复产，3月份会员企业复产率已达到90%，保证产品供应，稳定行业发展。

（3）发挥桥梁纽带作用，深化政策研究，做好政府参谋助手。全面建成小康社会和“十三五”规划阶段，也是谋划“十四五”规划的关键时期。协会根据省政府、辽宁省特种资源产业发展中心要求，积极响应习近平总书记关于“十四五”规划编制的重要指示精神，认真开展关于行业“十四五”规划编制的前期调研和初稿编制工作，广泛征求行业专家和会员单位的意见，并对调研数据进行汇总、整理，多次召集协会专家委员会，针对行业“十四五”规划的编制召开专题讨论会，认真总结“十三五”期间行业发展的热点、难点问题，讨论行业“十四五”目标和发展方向。圆满完成初稿编制工作，为行业“十四五”规划编制奠定了基础。

协会多次参加省政府组织的菱镁产业发展会议，为《推进菱镁产业持续健康发展的意见》等行业政策的制定提出了许多具体可行的意见和建议，随后协会还积极参加全省菱镁行业排查整治现场调度会、落实工作现场调度会等会议，配合省政府、省工信厅管理行业工作，支撑企业对政策的解读和政府的沟通，使行业健康有序发展。

（4）响应国家“碳达峰、碳中和”部署，组织高校与企业新技术对接交流活动，推动行业向低碳环保方向发展。

2020年9月22日，习近平主席在联合国第75届一般性辩论大会上庄严承诺：“中国将提高国家自主贡献力度，采取更加有力的政策和措施，二氧化碳排放力争于2030年前达到峰值，争取在2060年前实现碳中和。”按照国家关于环境治理的相关部署，协会坚持把节能减排和环保治理摆在行业发展与进步的重要位置，利用多种渠道宣传节能减排及环保政策，配合省政府主管部门强化环保治理，组织高校与企业新技术对接交流活动，促进先进节能环保技术及装备的推广和应用。2020年，协会多次组织行业专家赴海城、大石桥企业就新型竖窑、回转窑煅烧轻烧氧化镁技术、新型镁建材技术进行交流和洽谈合作。

（5）主办、协办、承办非金属矿行业展会、论坛及技术交流，研究行业热点问题。

2021年，协会主办、协办、支持参与行业内举办的展会、论坛和技术交流等会议，研究行业热点问题，推动行业健康发展。3月在海城组织省内高校、研究部门、海城企业近百家单位召开了海城市菱镁装备提档升级技术推广研讨会，就“窑炉提档升级”进行技术交流，内容涉及竖窑、回转窑、电熔炉及环保技术；4月组织高校科研设计部门与岫岩县政府和企业开展新型窑炉技术对接，与岫岩县菱镁矿业协会共同召开“岫岩县轻烧氧化镁新型窑炉生产技术交流会”；5月辽宁省非金属矿工业协会和河南、山东、山西、浙江、贵州六省协会组织召开“耐火材料产业链现代化协同发展高峰论坛（上海）”；10月在大连与中国无机盐工业协会、中国化工学会无机酸碱盐专委会、省新材料建设工程中心、大连理工大学共同举办了“含硼材料和硼精细化工大连高端（国际）论坛”。承办第九届中国辽宁（营口·大石桥）

国际镁质材料博览会。镁博会是辽宁省特种资源产业发展中心倾力打造的国际性专业博览会，是辽宁省镁质材料行业加强国内外交流与合作，加快产业结构调整和转型升级，共商镁质材料产业及相关行业发展战略的行业盛会。2022年受国内新冠疫情发展态势影响，“镁博会”创新办展理念和举办方式，分线上线下两部分举办，首先推出线上展览展示、科技成果交流、项目推介等活动。

山东省耐火材料行业协会

一、基本情况

山东省耐火材料行业协会（以下简称山东耐协），经山东省民政厅批准，于1998年12月19日正式成立，具有社会团体法人资格。山东省是我国最早生产耐火材料的省份之一，山东耐材集团鲁耐窑业有限公司于1904年建厂，至今已有119年历史。山东省耐材行业主要以铝硅系耐火材料制品生产为主，产量一直列河南、辽宁之后排全国第三位。2019年全省耐火材料制品产量253.2万吨，2020年303.9万吨，2021年339.3万吨。

二、会员大会及理事会

2019年7月27日，协会召开第五次会员大会暨五届一次理事会，选举山东耐火材料集团有限公司董事长、党委书记车连房为会长，选举马中军、封立杰、方元德、张敦新、高建立、张正民、李咸伦、张胜、陈艳鸣、王立平、张继明、毕文岳（2022年8月9日增补）为副会长。

秘书长：孔凡茂

副秘书长：王磊、曹伟、李尊亮、赵维平（2022年8月9日增补）

监事会监事：陈建文、陈孝良、崔来胜

理事会理事单位：

山东耐火材料集团有限公司
山东鲁阳节能材料股份有限公司
淄博市鲁中耐火材料有限公司
山东鲁桥新材料有限公司
济南鲁东耐火材料有限公司
国家陶瓷与耐火材料产品质量监督检验中心
淄博裕民基诺新材料有限公司
山东万乔集团有限公司
青岛正望钢水控制股份有限公司
山东金都大展集团有限公司
淄博八陡耐火材料有限公司
淄博工陶新材料集团有限公司
济南新峨嵋实业有限公司
山东九龙新材料有限公司
淄博华庆耐火材料有限公司
淄博耀东耐火材料有限公司
潍坊华美精细技术陶瓷股份有限公司
山东耐材集团鲁耐窑业有限公司
淄博桑德机械设备有限公司
济南大学材料科学与工程学院
山东中凯高温材料有限公司
山东八三特种耐火材料厂
青岛西海岸高新材料有限公司
淄博永安达高温材料有限公司
山东恒嘉高纯铝业科技股份有限公司
山东百瑞耐火材料有限公司
淄博天炬耐火材料有限公司
山东嘉明耐火材料有限公司
山东省耐火材料行业协会
山东嘉岳新材料有限公司

协会五届二次理事会于2020年6月召开，车连房会长作了《坚定信心、共克时艰、沉着应对、化危为机，力争夺取抗疫、生产双胜利》的报告。审议通过了因疫情免交2020年度会费的议案。

协会五届三次理事会于2021年7月召开，车连房会长作了《创新驱动、绿色低碳发展，开创“十四五”发展新局面》的工作报告。会议决定成立山东省耐火材料行业协会专家委员会。

协会五届四次理事会于2022年8月召开。车连房会长作了《认清形势、应对挑战，以优异成绩，迎接党的二十大胜利召开》的报告。会议增补毕文岳为副会长，决定赵维平为协会副秘书长；会议进行了大会发言；会议听取了协会专家委员会专家李振对中国耐协制定《温室气体排放团体标准理解及核算情况》的报告，并结合山东耐材集团实际进行了核算分析，提出了耐火材料企业降低碳排放的有效途径。

三、协会开展的主要工作

（1）开展了协会成立20周年系列纪念活动。协会先后组织评选了“杰出耐火人”14名，“优秀企业家”7名，“优秀协会工作者”10名；并进行了表彰奖励。编辑出版了协会20周年纪念册；推选了功勋会员单位并授牌。

（2）打赢蓝天保卫战、实现超低排放。这是山东耐协这几年一直抓的重点工作。2019年9月17日，协会在山东万乔集团召开了重点企业环保治理座谈会。车连房会长在会上强调，环保已上升到国家战略，企业已投资安装脱硫脱硝、除尘设施，就要维护好，确保正常运行，能否实现超低排放是企业生存的生命线。根据会上大家反映强烈的环保“一刀切”现象，协会向山东省生态环境厅提交了《加快推进耐火材料行业重污染天气分级管控的建议》，建议让环保投入大、绩效高的企业稳定生产。同时限制排放高的产能。

（3）积极推动绿色、低碳、节能降耗、智能化改造。绿色低碳是今后耐火材料发展的主基调，协会及时把这方面的国内外新技术、新工艺介绍给企业，把国内智能化、数字化先进单位推荐给企业对标学习。引导企业在这些方面下功夫，不走盲目扩大产能的粗放式发展道路。

（4）积极支持创建“专精特新”企业。近年来，国家、山东省出台了一系列优惠政策，鼓励“专精特新”中小企业发展。协会积极推荐，山东耐火材料行业已有11家企业获山东省“专精特新”企业；2022年，山东耐材集团鲁耐窑业、山东嘉岳新材料、山东恒嘉高纯铝业等6家耐火材料企业获国家级专精特新“小巨人”企业称号。

（5）全面抗击新冠肺炎疫情。2020年初新冠肺炎疫情突发后，协会连续发出《打赢新冠肺炎疫情防控阻击战的通知》《抓好疫情防控和迅速组织复工复产的通知》。根据国内疫情发展及疫情在全球暴发的情况，协会再发通知要求做好国外客户调查摸底，帮助客户采购防疫物资。为积极支持抗疫工作，2020年山东耐协会员单位捐赠折合人民币560余万元。协会也积极协调模具生产和外省原料运输问题。2022年会员单位又捐赠折合人民币230余万元。通过精心组织，山东耐材行业疫情期间总体运行平稳。

（6）发挥好协会的桥梁和纽带作用。协会始终把中央、省经济工作会议精神等作为历年工作的指导方针和总抓手，通过理事会积极贯彻落实；通过调查研究，充分听取会员单位的意见及诉求，就有关复工复产、大气污染分级管控、秋冬季应急减排措施建议等多次上报省生态环境厅、有关市政府、市工信局、市生态环境局。有些建议得到采用，取得较好效果。

（7）参与组织了六省耐协第十六次、十七次、十八次耐火材料新知识讲座，参与组织了上海、唐山、天津有关耐火材料、炉料博览会。

（8）按时完成了中国耐协交给的山东耐材制品的统计工作。

浙江省耐火材料行业协会

浙江省耐火材料行业协会（以下简称浙耐协）是由浙江省从事耐火材料生产的企业自发组建，于2009年经浙江省民政厅、省经信委批准，具备法人资格的非营利性社会团体。浙耐协成立以来，加强行业自我服务、自我管理、自我完善，以切实维护经营者合法权益、坚持为会员服务为宗旨，全心全意做好各项工作。浙江耐材产品主要应用在钢铁、建材、电力、化工、电子等领域，是我国耐火材料主产区之一。

浙耐协现设有会长1人，常务副会长2人，副会长13人，专职秘书长1人，专职工作人员2人，现有会员单位178家。地址：浙江省长兴县太湖资本广场A座702室。

协会第二届领导班子：

会长：王柏成

常务副会长：马列鹰　姚令春

副会长：盛树堂　刘　伦　虞炳泉　陈根财　司凤年　朱国平　佘云锋　张阿强　严掌贵　吴汉章　谈利强　沈军华　朱晓明

秘书长：姚令春

秘书处：路丽娜　董雅燕

浙耐协围绕行业改革发展和生产经营中心，认真组织开展了以下工作：

（1）通过平时对企业的走访和对本行业的掌握情况，为政府做好参谋，为企业做好服务。每年春季联访、高温慰问、冬季关怀等不定期深入企业调研100余次，把脉本地区耐火行业现状。协会加大对会员企业的走访，探索深化服务模式，继续加大服务的力度、广度和深度，全力促进耐材企业健康有序的发展。

（2）协会主办、承办、协办了多次国家级行业相关会议及展览，举办高层次高规格的耐材培训，并积极组织会员单位参加会议，为会员企业构建技术交流平台，提供优质、高效服务。加强政企沟通互动，发挥桥梁纽带作用。

（3）协会创办的《浙江耐火》通讯，定期向会员企业和各政府职能部门传递行业资讯，反映和沟通本行业的动态信息，为企业经营和政府决策提供信息参考。协会的微信公众号，多了一道信息发布平台，以少量而精致的资讯推送，高效互通，关注阅读人数累计增长，打造出更具影响力的协会形象。

（4）协会牵头的耐火材料行业地校人才合作接洽会多次在长兴举行，浙江省耐火材料行业协会是企业和科研院校的服务者，将努力做好产业人才的“输送带”。

奋进新时代，需要掌舵者，阔步新征程，呼唤领路人。浙耐协将继续以深入贯彻落实工业和信息化部关于促进耐火材料产业健康可持续发展的若干意见为主线，深化耐火材料行业供给侧结构性改革，不断加强企业转型升级，提高产业集中度、创新驱动、增强综合竞争实力，节能减排、推进绿色耐材战略，加强服务企业，为实现浙江省耐火材料工业高质量发展而努力，大胆探索，推进耐材产业优化升级，努力适应国家智能制造发展方向。

河北省耐火材料行业协会

河北省耐火材料行业协会（The Association of Hebei Refractories Industry，以下简称协会）是由河北省从事耐火材料生产的企业自发组建，从事耐火材料行业的生产企业、科研院所、大专院校及科技工作者等单位自愿组成的非营利性的社会组织。协会于2017年经河北省民政厅批准，是具备法人资格的非营利性社会团体。河北省耐火材料行业协会现有会员单位70家，会长由河北国亮新材料股份有限公司董事长董国亮和唐山时创高温材料股份有限公司董事长齐文方轮值担任，耐材之窗网总裁赵冬莲担任常务副会长，卜景龙担任驻会副会长兼秘书长。

河北省是我国高铝砖的发源地和滑动水口产品最大的生产基地，曾为新中国钢铁工业研发、设计、生产出第一批高铝砖，并获得了冶金部银质奖。截至2021年，河北省共有400余家耐火材料生产企业。其中，不定形耐火材料产量约占70%，主要产品有高炉用炮泥、铁沟浇注料、钢包浇注料、中间包干式料等，定形耐火制品有滑板水口、镁碳砖、透气砖、黏土砖、高铝砖、轻质隔热保温砖、硅酸铝陶瓷纤维制品、碳化硅制品等。

近年来，河北省耐材企业集中度及规模大幅提高，涌现出了一批技术力量和生产实力雄厚的企业，如河北国亮新材料股份有限公司、唐山时创高温材料股份有限公司、唐山市丰南区瑞兴炉料有限公司、唐山首尔耐火材料有限公司、河北丰能耐火材料股份有限公司、河北北方窑业工程有限公司、河北炫坤耐火材料科技发展有限公司等；同时，唐山银耐联电子商务有限公司在耐火材料电子交易业务方面取得了重大突破，成为电子商务领域的领军企业。

山西省耐火材料工业协会

2019~2022年，山西省耐火材料行业生产经营运行情况及省耐火材料工业协会开展的主要工作概况如下。

一、行业概况

（一）全省耐火材料企业总数、产量

截至2022年12月，全省在市场监督管理机关注册登记耐火材料生产经营企业632户，其中规模以上企业104户；据山西省统计局统计，全省规模以上耐火材料企业制品总产量（2022年总产量省统计局暂未公布）：2019年147万吨、2020年158万吨、2021年223万吨。

（二）重点产区

阳泉市郊区：2019年总产量96.12万吨，其中定形制品55.8万吨、不定形制品40.32万吨，销售收入22.8亿元，上缴税金2.47亿元；2020年总产量79.6万吨，其中耐火制品55.72万吨、耐火原料23.88万吨，销售收入17.64亿元，上缴税金1.73亿元；2021年总产量81.37万吨，其中耐火制品56.96万吨、耐火原料24.41万吨，销售收入15.77亿元，上缴税金1.76亿元；2022年总产量77.58万吨，其中耐火制品54.39万吨、耐火原料23.19万吨，销售收入15.05亿元，上缴税金1.66亿元。

孝义地区：2019年耐火材料总产量371.28万吨，其中铝矾土制品24.53万吨、耐火矾土346.75万吨，销售收入60.47亿元，利润3.08亿元，上缴税金3.51亿元；2020年耐火材料总产量264.90万吨，其中铝矾土制品21.35万吨、耐火矾土243.55万吨，销售收入44.85亿元，利润3.57亿元，上缴税金2.76亿元；2021年耐火材料总产量371.10万吨，其中铝矾土制品25.07万吨、耐火矾土354.03万吨，销售收入61.44亿元，上缴税金3.56亿元；2022年耐火材料总产量385.76万吨，其中铝矾土制品26.16万吨、耐火矾土359.6万吨，销售收入66.21亿元，上缴税金4.29亿元。

（三）重点企业

2022年是“十四五”开局之年，面对新冠肺炎疫情、市场需求下滑、订单减少、原材料价格波动、能源价格上涨、产品销价不稳定、物流受阻、外欠应收账款增加、流动资金紧张等多种不利因素的影响，耐火材料行业企业在这极具挑战性的一年，负重前行，爬坡过坎，虽然生产经营状况比上年明显下滑，但有此业绩亦实属不易。如省耐火材料工业协会对20户重点会员企业2022年生产经营情况调查统计：合计总产量89.59万吨，上年同期总产量99.03万吨，同比减少9.53%；销售收入20.02亿元，上年同期27.80亿元，同比减少27.99%；利润0.49亿元，上年同期1.93亿元，同比减少74.61%；上缴税金1.00亿元，上年同期上缴税金1.39亿元，同比减少28.06%；截至2022年12月末，外欠应收账款3.92亿元，上年12月末外欠应收账款3.06亿元，同比增长28.10%；2022年总产量、销售收入增加的5户，占25%；利润增长的企业8户，占40%：上缴税金增长的企业9户，占45%：年末，外欠应收账款增加的企业13户，占65%。

（四）山西省耐火材料行业2022年22件大事

（1）山西省委书记林武到山西超牌煅烧高岭土有限公司视察调研，对该公司2022年底“超牌”煅烧煤系高岭土总产能达到70万吨、年产10万吨堇青石生产线投产给予高度肯定。

2022年6月15日，山西省委书记林武到山西超牌煅烧高岭土有限公司考察调研省煤矸石固废资源综合利用情况。山西超牌煅烧高岭土有限公司董事长冯建明就公司高值化、100%资源化利用煤矸石固废制造战略新兴产业新材料的情况进行了详细汇报。林武书记对山西超牌煅烧高岭土有限公司研发先行、注重产学研贯通创新发展给予充分肯定，并指出要坚持减量化、无害化、资源化综合利用煤矸石资源。林武书记特别对该公司2022年底煅烧煤系高岭土总产能达到70万吨，堇青石熟料单条窑炉年产能力达到10万吨，“十四五”末年产能达到180万吨，成为全球煅烧高岭土行业龙头，高度赞扬。

（2）山西省市场监管局党组成员、副局长郭新安在阳泉市深入检测中心、耐材企业宣讲党的二十大精神并进行调研。

2022年11月10日，山西省市场监管局党组成员、副局长郭新安一行在阳泉市深入阳泉市综合检验检测中心（国家硅铝质耐火材料质量检验检测中心）、山西盂县西小坪耐火材料有限公司专题宣讲党的二十大精神，并对该市耐材企业情况进行调研，对耐材行业发展提出十分重要的指导性意见。省市场监管局质量发展处处长张一民，阳泉市监管局党组成员、副局长刘建民陪同调研。

（3）2022年1月，山西禄纬堡太钢耐火材料有限公司获评工业和信息化部“绿色工厂”。

山西禄纬堡太钢耐火材料有限公司坚定走绿色低碳发展道路，按照中国宝武“三治四化”要求，近3年内先后投资4000余万元，全面开展绿色化升级改造：重点推进资源循环化利用，将太钢等单位产生的废旧耐材回收，设计回收耐材13.84万吨/年，可全部产品化利用或返生产自用，实现固废资源循环利用；将厂区生活污水处理后回用于厂区绿化，实现中水循环利用；将隧道窑烟气余热回用于预制件干燥窑、石蜡及炮泥黏合剂加热、澡堂热水及冬季供热等，实现余热资源再利用，每年可节约电费约130万元。2022年1月，入选工业和信息化部第六批“绿色工厂”名单。

(4) 2022年9月，山西禄纬堡太钢耐火材料有限公司入选山西省绩效分级A级企业。

山西禄纬堡太钢耐火材料有限公司秉承绿色发展理念，全面推进超低排放改造，率先使用焚烧炉工艺，实现镁钙砖隧道窑烟气超低排放；积极推进无组织排放整治，完成“跑冒滴漏”治理100余项，有效改善作业环境；运输车辆及非道路移动机械全部合规达标。2022年9月，入选山西省生态环境厅公告的《山西省绩效分级A级企业名单》。

(5) 2022年6月，山西省工业和信息化厅联合山西省中小企业促进发展局为山西禄纬堡太钢耐火材料有限公司颁发“专精特新”中小企业荣誉证书。

(6) 山西盂县西小坪耐火材料有限公司“高导热硅砖”成功入选中国第七批国家级制造业单项冠军产品行列。

2022年10月，该公司重点产品“高导热硅砖”成功入选中国第七批国家级制造业单项冠军产品行列。国家级制造业产品单项冠军认定是中国制造业企业的一项重要荣誉，此次获奖的单项冠军产品“高导热硅砖”指标优于同行业及相关标准，具有显气孔率低、常温耐压强度高、导热系数高等特点。

(7) 山西盂县西小坪耐火材料有限公司获得山西省市场监督管理局、阳泉市市场监督管理局、盂县市场监督管理局“标准奖补助金”共计21万元。

2022年10月14日，阳泉市市场监管局举办第53个“世界标准日”主题纪念活动暨2022年度“阳泉市标准化助推高质量发展奖”发放仪式，该公司获阳泉市标准化助推高质量发展奖补资金4万元整，获得2021~2022年山西省市场监督管理局、阳泉市市场监督管理局、盂县市场监督管理局“标准奖补助金”共计21万元。

(8) 阳泉金隅通达公司2022年被评为国家高新技术企业、国家专精特新“小巨人”企业、省级专精特新“小巨人”企业。

阳泉金隅通达公司在市级工程技术中心以及重点实验室的基础上，积极优化平台建设水平，获得国家高新技术企业、国家专精特新“小巨人”企业、省级专精特新“小巨人”企业称号，得到了各级政府奖励资金12万元，减免了10%的企业所得税税率。

(9) 阳泉金隅通达公司产、学、研取得新成绩。

2022年积极开展与郑州大学、山西工程技术学院、阳泉市综合检验检测中心等高校、研究院、检测中心的深度产学研合作，联合建设了山西工程技术学院实习实训基地、郑州大学研究生联合培养基地、山西省工业固废耦合制备先进铝硅系耐火材料工程（技术）研究中心等科研平台，大大提高了企业技术创新能力和科技成果转化能力，为公司可持续发展提供强有力的技术支撑。

(10) 阳泉金隅通达公司党支部书记、经理王亚利获得首届“阳泉郊区工匠”光荣称号。

阳泉金隅通达高温材料有限公司党支部书记、经理王亚利获得首届“阳泉郊区工匠”光荣称号。2022年6月16日，阳泉郊区召开“人才工作先进典型表彰会”，阳泉金隅通达高温材料有限公司党支部书记、经理王亚利被授予首届“阳泉郊区工匠”光荣称号。王亚利作为高科技引进人才，多年来，他带领公司团队先后承担完成国家火炬计划项目1项、参与“十二五”国家科技支撑计划项目1项，完成《矾土基耐火均质料》等5项国家标准项目编制及审定工作；主持完成山西省科技创新计划项目1项；获得授权发明专利3项，在他的引领和带动下，该公司2018年以来实现连续4年盈利。他的突出表现，先后荣获金隅集团、山西省、北京市、建材行业等上级嘉奖8次，展现出一名高科技人才持之以恒守专长、创技术、建标准的工匠精神。

(11) 山西超牌煅烧高岭土有限公司年产10万吨堇青石生产线投产成功。

2022年11月，山西超牌煅烧高岭土有限公司根据堇青石生产工艺特点，改造现有生产线，制造堇青石熟料投产成功，单条窑炉年产能力达到

10万吨。堇青石具有极低的热膨胀性能和较好的热震稳定性，被作为优质的抗热震材料而广泛应用，特别是随着锂电池行业的兴起，堇青石材料作为锂电池原料处理的载体而备受重视。该举措一方面大大简化了堇青石熟料的生产工艺，提高了产能，另一方面进一步深化了煤系高岭土的利用价值。

（12）2022年9月23日，山西高科耐火材料股份有限公司获得国家知识产权局公示“2022年度国家知识产权优势企业”荣誉。

（13）2022年12月12日，山西省科技厅公示通知，山西高科耐火材料股份有限公司通过了2022年“高新技术企业”认定。该公司连续五届被认定为“高新技术企业”。

（14）2022年11月20日，山西高科耐火材料股份有限公司通过了北京中经科环质量认证公司质量、环境、职业健康管理体系认证审核，通过了知识产权认证审核。

（15）2022年，山西吕梁山矿产品有限公司国内首家“原料微机配料+回转窑煅烧热装+倾倒式冶炼炉”电熔改性料生产线正式通过环保验收，5台7500kV·A倾倒炉正式投产。

（16）2022年7月，山西省中小企业发展促进局授予山西吕梁山矿产品有限公司“山西省‘专精特新’中小企业”荣誉称号。

（17）2022年，国家知识产权局批复山西吕梁山矿产品有限公司实用新型专利13项。

（18）山西阳泉华岭耐火材料有限公司投资1800余万元实施技术改造项目。

2022年，山西阳泉华岭耐火材料有限公司为进一步加快企业转型升级，秉承低碳绿色发展理念，投资1800余万元实施了环保+自动化及1.6万吨低导热莫来石砖生产线技术改造项目（项目代码：2020-140311-30-03-023157），目前项目已基本完工并进入试运行阶段。正常运行后预计可新增产值7000余万元，实现利税1300余万元。该项目为企业转型升级奠定了坚实的装备和环境保障，实现了经济效益和社会效益的同步发展。

（19）2022年8月8日，山西昊业新材料开发有限公司获国家工业和信息化部第四批专精特新“小巨人”称号。

（20）2022年阳泉市圣火炉料有限公司投资1800万元，设备全面升级改造，生产线自动化水平上了新台阶。

（21）2022年阳泉市圣火炉料有限公司按照负极材料市场要求，开发生产出年产5万支碳化硅质大型坩埚和黏土质坩埚新产品，为企业注入新活力。

（22）山西国丰耐火材料有限公司购置两台机器人，于2022年5月正式投入使用，使用过程中经技术人员和公司员工共同探讨研究，克服许多困难，目前，正常使用后既保证了产品的质量，又节省了人工10余个，效果很好。

二、山西省耐火材料工业协会情况

（一）组织机构

2023年2月28日，山西省耐火材料工业协会第三届理事会第一次会议表决同意，4名同志当选轮值会长、14名当选副会长（含常务副会长1名）、1名当选秘书长。

轮值会长4名：

李高平　阮克胜　武会敬　连新瑞

副会长14名：

史永记　赵才福　任建全　梁智军　王亚利

王宏刚　高喜怀　苏廷龙　任晓军　郎　勇

冯建明　史通昭　侯建兵

李焕英（常务副会长）

秘书长1名：武晓煜

2023年2月28日，山西省耐火材料工业协会第三次会员大会表决同意，以下39名同志（单位）当选第三届理事会理事：

李高平（山西禄纬堡）　阮克胜（中铝晋铝）

武会敬（盂县西小坪）　连新瑞（山西国丰）

武晓煜（晋中鑫海）　李焕英（孝义春鹏）

任建全（吕梁弘泽）　梁智军（阳泉丰泽恒业）

王亚利（阳泉金隅）　赵才福（孝义华晨）

史永记（阳泉华岭）　高喜怀（阳泉金土）

王宏刚（交城中天锐能）　苏廷龙（孝义金刚）

任晓军（孝义方兴）　郎　勇（山西昊业）

冯建明（山西超牌）　侯建兵（山西圣川）

史通昭（阳泉圣火）　侯富明（恒峰耐材）

马建军（山西天坤）　武恩理（孝义义龙）

王　虹（山西高科）　任茂勇（孝义茂泰）

燕志勇（孝义镁铝）　李卫平（山西耐检中心）

范闫相君（轩钧工贸）　刘云飞（偏关云祥）

宋心愿（沁新刚玉）　马艳军（阳泉上白泉）

宋永寿（平遥峰岩）　陈有斗（交城晋阳）

赵良玉（盂县良玉）　郑建刚（交城万城）

郭小玲（孝义惠宏）　闫承华（孝义和中兴）
李晓东（河曲万联）　梁亚浓（阳泉东梁）
张宗伟（枣庄包装机械）

山西省耐火材料工业协会第三届理事会第一次会议表决同意，以下25名同志（包括单位）当选第三届理事会常务理事：

李高平（山西禄纬堡）　阮克胜（中铝晋铝）
武会敬（盂县西小坪）　连新瑞（山西国丰）
武晓煜（晋中鑫海）　李焕英（孝义春鹏）
任建全（吕梁弘泽）　梁智军（阳泉丰泽恒业）
王亚利（阳泉金隅）　赵才福（孝义华晨）
史永记（阳泉华岭）　高喜怀（阳泉金土）
王宏刚（交城中天锐能）　苏廷龙（孝义金刚）
任晓军（孝义方兴）　郎　勇（山西昊业）
冯建明（山西超牌）　侯建兵（山西圣川）
史通昭（阳泉圣火）　侯富明（恒峰耐材）
马建军（山西天坤）　武恩理（孝义义龙）
王　虹（山西高科）　任茂勇（孝义茂泰）
燕志勇（孝义镁铝）

2023年2月28日，山西省耐火材料工业协会第三次会员大会表决同意，以下3名同志当选山西省耐火材料工业协会监事会监事并推选监事长1名：

监　事：霍　平　侯团生　房旭斌
监事长：霍　平

山西省耐火材料工业协会第三届理事会第一次会议审议同意，聘请霍平为第三届理事会名誉会长，聘请孙加林、高峰、侯淑平为第三届理事会特聘专家，聘请姚文博为第三届理事会顾问。

山西省耐火材料工业协会第三届理事会第一次会议审议同意，聘任李肇喜、赵刚为第三届理事会副秘书长。

（二）2019~2022年主要开展的几项工作

山西省耐火材料工业协会第二届理事会按照工作计划安排和中耐协的工作要求，四年来，在省民政厅民管局、省社会组织综合党委和省工信厅等政府部门及省建材协会的工作指导下，在会长、副会长的领导下，在各位理事、会员的大力支持下，坚持为会员服务、为行业服务、为政府服务的宗旨，不断加强协会自身建设，紧紧围绕促进行业实力提升、企业交流、依法维权、环保治理等方面积极开展工作。

1. 深入企业调研，撰写调研报告，积极向省政府及有关部门反映会员诉求，得到会员好评

省耐材协会为促进省耐材工业的发展，十分关注省耐材行业出现的新情况、新变化、新特点及会员反映的热点问题。为此，每年多次组织工作人员到省重点耐材企业座谈访问、走进现场、深入调研。每年调研后撰写2~3份调研报告，呈报省政府及有关部门，争取政策支持。

2019年新年伊始，省耐材协会副会长李永全（现中耐协驻会副会长）一行到阳泉市的山西盂县西小坪耐火材料有限公司、山西阳泉华岭耐火材料有限公司、山西阳泉金土耐火材料有限责任公司就当前耐火材料生产经营状况及今后发展趋势进行交流考察，还着重对拖欠耐材民营企业账款情况专项摸底调研。

2019年1月25日，为贯彻落实国务院常务会精神，开展专项“清欠”行动，解决拖欠民营企业账款问题。省耐材协会对部分会员企业被拖欠账款情况进行摸底调研后，向省工信厅、国资委呈报《关于对我省部分耐火材料企业被拖欠账款情况的调查报告及建议》。报告中，如实反映山西省耐材行业被拖欠账款4个方面问题并提出相关解决建议。

2019年3月8日，省协会邀请山西省工业和信息化厅原材处副处长王保明、调研员魏志平，以及山西省建材工业协会会长、山西省建筑材料工业设计研究院院长康建红来山西省耐火材料工业协会考察调研。省协会向政府有关部门汇报工作，取得理解和支持。

2019年5月，为积极应对耐火材料行业面临的新形势，不断提升耐火材料生产装备整体水平，促进山西省耐火材料行业转型升级、提质增效，省耐材协会对山西省耐火材料行业部分企业生产装备情况进行初步调查，5月24日将《山西省耐火材料生产装备发展现状及建议》的专题报告呈山西省工业和信息化厅，对发展山西省耐材行业提出4条建议，省工信厅原材料处为此专门来电表示关注与支持。

2020年11月4日，省耐材协会收到会员单位（公司）河曲县万联节能材料有限公司、河曲县富恒德化工有限公司《关于对新建合成高纯莫来石、新型多孔微孔高温隔热材料等项目是否符合产业政策给予指导的报告》，为此，省协会经与有关部

门请示沟通，依照有关政策文件，11 月 6 日即回复意见，省协会及时回复意见，为解决企业申报新项目中的困难有积极的推动作用。会员企业对省协会的及时、明确答复比较满意。

2020 年为山西省耐火材料行业适应新的经济发展形势，更好地发挥资源优势，促进山西省耐火材料行业向多元化、融合化、绿色化方向发展，省耐材协会积极组织调研，广泛征求各会员企业、专家、顾问意见，7 月 15 日向省工业和信息化厅提出制定《山西省耐材行业“十四五”发展规划》书面建议。

为落实 2020 年人大代表政协委员对政府工作意见建议责任分解第四条中：“建议振兴耐火材料产业，规范资源管理，优化营商环境，增加科技含量，发展高端产品”。经山西省耐火材料工业协会认真研究，2020 年 7 月 21 日，经调研，省协会向省工信厅呈送了“打造耐火材料产业两个集群、支持组建山西省耐火材料集团公司”等 4 项建议。

2021 年 5 月 10 日至 13 日，会长霍平，副会长武晓煜、王亚利、赵才福、李焕英等先后陪同中国耐火材料行业协会顾问徐殿利在阳泉市、孝义市、介休市、交口县分别与当地市、县（区）工信局、中小企业局有关领导及部分耐火材料企业负责人就耐火材料行业绿色低碳发展相关情况召开专项座谈会，并对各地各类窑型 2019 年、2020 年高铝熟料实际产量及 2020 年底生产产能进行考察调研。

2022 年 7 月 22 日，按山西省营商环境和开发区建设督导组通知要求，经调研，呈报了“山西省耐火材料行业部分重点企业 2019 年—2025 年初步规划项目”。

2022 年 10 月 22 日，经深入调研，向山西省工信厅呈报了《山西省耐火材料行业概况、资源概况 、生产装备概况及发展现状报告》调研报告。

2. 召开铝矾土交易洽谈会及高峰论坛，为企业搭建交流平台

2019 年 7 月 17 日，在中国耐火材料行业协会的指导下，山西省耐火材料工业协会、河北省耐火材料行业协会联合主办，银耐联承办的第三届铝矾土交易洽谈会在山西孝义召开。来自山西、河南、贵州等铝矾土主产区的供应商代表和全国各地的用户代表欢聚一堂，共同商讨、探索铝矾土合作新模式；2021 年 5 月 20 日至 21 日，“第四届铝矾土交易洽谈会——铝矾土创新应用及供应链发展论坛”在山西孝义市再次隆重召开。本次交易会由山西省耐火材料工业协会与河北省耐火材料行业协会联合主办，中国耐火材料行业协会支持、孝义市铝工业商会协办，中国耐材之窗网（银耐联）承办。交易会旨在促进耐火材料行业高质量发展，加强铝矾土供需企业及相关设备企业间的交流合作，进一步提高耐火材料企业的竞争力。本次洽谈会到会采购商 105 家、供货商 112 家，参会总人数 500 余人，据不完全统计，现场交易洽谈会达成铝矾土合作意向约 10 万吨。

2022 年因疫情防控，“第五届铝矾土交易洽谈会、第二届刚玉质耐火原料交易洽谈会暨高铝、刚玉质原料创新应用与高效供应链发展论坛”推迟，在 2023 年 2 月 28 日至 3 月 1 日在山西省孝义市隆重召开。

3. 支持协助企业参加耐火材料团体标准、行业规范公告管理、行业企业信用评价三项重点工作

为不断增强山西省企业软实力，提高市场竞争力，按照《耐火材料行业规范条件》(2014 年本）和《耐火材料行业公告管理办法》，省协会积极协调开展此项工作，主动向省工信厅呈送《关于贯彻工业和信息化部〈耐火材料行业规范条件〉(2014 年本）和〈耐火材料行业公告管理办法〉的有关情况及建议》的专题报告，积极协调开展工作。支持鼓励山西省耐火材料行业各会员单位积极申报。2020 年，山西禄纬堡太钢耐火材料有限公司已有 3 条生产线列入行业（准入）公告；2021 年 7 月 20 日，山西昊业公司已有 4 条生产线列入行业（准入）公告。山西盂县西小坪耐火材料有限公司、中国有色集团晋铝耐材有限公司等也在积极推进此项工作；2019 年以来，省耐协组织继续开展行业企业信用评价工作，根据《国务院办公厅关于加快推进社会信用体系建设构建以信用为基础的新型监管机制的指导意见》(国办发〔2019〕35 号）文件精神，为了深化新时代耐火材料行业的体系建设，按照“支持有关部门授权的行业协会、商会协助开展行业信用建设和信用监督”的要求。目前，山西省盂县西小坪耐火材料有限公司、中铝集团晋铝耐材有限公司、山西高科耐火材料股份有限公司、山西禄纬堡太钢耐火材料有限公司、山西昊业新材料开发有限公司等被评定为信用等级评价 AAA 级企业。

4. 做好前期基础工作，参与省“排放标准”制定

为认真落实生态环境部华北督查局2019年6月5日在“调查研究工作交流”中向山西提出“山西省亟须加严排放标准促耐材行业转型升级”的建议和山西省生态环境厅尽快编制《耐火材料工业大气污染物排放标准》的要求，由山西省环境科学学会、山西省耐材协会、太原理工大学、重点耐材企业组成起草小组开展相关工作。

（1）2019年开展的几项工作。一是，2019年7月17日，山西省环境科学学会、山西省耐材协会在孝义市召开制定《耐火材料工业大气污染物排放标准》首次征求意见座谈会。中耐协、浙江耐协、太原理工大学、省耐材产品质检站等部门领导应邀参加了座谈会。二是，8月上旬、中旬，省耐协对山西省耐材行业内具有高级技术职称及专业特长人员信息进行摸底调查，从各企业报送的61名人员信息中，根据工作需要，经有关部门审核，拟定22名（含山西省环境科学学会、太原理工大学教授专家）为《耐火材料工业大气污染物排放标准》编制组成员。三是，对山西部分企业生产用炉窑及主要设备等情况进行摸底调研，为起草（标准）做好基础工作。四是，制发排放情况调查表，9月下旬，编制组制发《耐火材料生产企业大气污染物排放情况调查表》，对重点耐材企业主要产品、产量、原料名称及来源、热源类型、配置环保设施、污染物名称等情况进行摸底调查。此信息的摸底调查为制定山西省标准打下良好基础。五是，前后两次将《山西省耐火材料工业大气污染物排放标准》初稿发至全体编制组成员，编制组撰稿人吸纳编制组成员提出的意见进行多次认真修改。

（2）2020年开展的工作。2020年4月30日，受疫情影响，编制组依托腾讯视频召开了《耐火材料工业大气污染物排放标准》（征求意见稿）专家座谈会。编制组成员代表20余名出席了专家研讨会，对《耐火材料工业大气污染物排放标准》（征求意见稿）中拟采纳部分做进一步的讨论，特别是对大气污染物排放浓度限值充分发表了意见。山西省生态环境厅有关部门领导到会听取了各位专家的意见。

（3）2021年开展的两项工作。一是，2021年8月8日，在省环保厅会议室召开了部分企业专家对（耐火材料工业污染排放标准）草稿征求意见座谈会，重点对NO_x排放情况及建议做了研讨；二是，11月起草组将“征求意见稿”请中耐协领导提出了很好的建议，编制组作了进一步修改完善。

（4）2022年开展的工作。2022年2月23日，按照省生态环境厅《关于征求地方标准〈耐火材料工业大气污染物排放标准〉（征求意见稿）意见的函》（晋环函〔2022〕111号），省耐材协会广泛征求了更大范围生产企业的意见后，向省生态环境厅作了认真反馈。

目前，省生态环境厅专家会已审核完毕，将《耐火材料工业大气污染物排放标准》（待审稿）报省政府审批后，由省市场监督管理局、省生态环境厅联合发布。

5. 举办耐材知识培训，提升从业人员素质

为促进山西省耐火材料行业转型升级、两化融合、绿色制造、智能制造的进一步深化，提升从业人员素质，山西省耐火材料工业协会举办会员企业耐火材料知识培训。培训班于2020年11月14日上午在吕梁交口县的山西道尔耐火材料公司大会议室开班。山西省耐火材料工业协会会长霍平、副会长武晓煜、副会长任建全，中国耐火材料行业协会专家组成员、山西省耐火材料工业协会顾问姚文博，河南科技大学高温材料研究院博士、教授周宁生，河南工业大学高温耐磨材料研究所博士、教授石凯，交口县人力资源和社会保障局局长吴文华等与参加培训的省协会会员单位、道尔公司的学员100余人参加培训班开班仪式。本次培训，为了不影响正常的生产工作，在11月14日~12月20日期间，每周的周六全天和周日半天组织培训，培训班共分六期。

四年来，省协会每年都在会员大会、理事（扩大）会期间，按照会员企业生产经营中的实际需求，邀请北京科技大学、太原理工大学特聘专家、顾问等进行专题讲座、培训。

6. 贯彻落实《重污染天气重点行业应急减排措施制定技术指南》（2020年修订版）的通知

认真落实习近平总书记精准治污、科学治污、依法治污的重要批示精神，按照生态环境部印发的《关于进一步提高认识、规范程序、扎实做好重污染天气重点行业绩效分级有关工作的通知》，

2020年11月3日省耐材协会发出了通知，希望各会员企业提高政治站位，充分认识绩效分级管控工作的重要性、紧迫性和严肃性，做到早行动、早对标、早整改、早获级、早收益。

同时，为落实山西省工业和信息化厅《山西省绿色建材工业2020年行动计划》，推进“绿色耐材工业”的建设，行业实现绿色发展，产业转型升级，2020年7月13日省耐材协会发出通知，请各会员企业要按照省工业和信息化厅（行动计划）和即将出台的《山西省耐火材料工业大气污染物排放标准》，提高思想认识，落实（行动计划），及早部署，精心策划，坚定走建绿色企业必由之路。

7. 献出爱心共同抗疫，积极助推复工复产

2020年突然来临的新冠肺炎疫情严重冲击着人们的正常生活和社会经济活动。灾难无情，人间有爱，疫情来临，献出爱心，旗帜彰显担当。2月3日，省耐材协会即发出通知，号召各会员企业及党员干部自觉同以习近平同志为核心的党中央保持高度一致，坚决打赢疫情防控阻击战。

疫情来临，协会各会员单位的广大党员、干部、职工纷纷行动起来，为抗击疫情，捐款捐物，献出爱心。2月5日，共产党员、会长霍平同志向中国红十字会捐款3万元、副会长赵才福向当地红十字会捐款2000元；阳泉华岭耐材公司（董事长史永记）通过当地工商联捐款1万元、孝义市茂泰矿产品有限公司（董事长任茂勇）向当地红十字会捐款30万元；2月4日之前，孝义市耐协会员及党员、骨干就向当地红十字会捐款115.2万元，口罩4000只，护目镜420副；山西盂县西小坪耐火材料有限公司党支部向党员发出倡议书，开展支援抗疫捐助活动。2月18日，公司董事长、党支部书记、总经理，组织全体党员干部举行了献爱心捐款活动。公司董事长代表西小坪耐火材料公司捐款10万元。公司全体党员干部120余人合计捐款19100元。公司第一时间把爱心捐款共计119100元汇入盂县红十字会账户。省耐协各会员企业及广大党员、干部、职工积极捐款捐物，形成合力，慎终如始，共同“抗疫”，体现了灾难无情，人间有大爱的精神风貌。

为落实习近平总书记的重要指示，各会员企业积极组织复工复产。如山西省阳泉、孝义两地会员企业基层党组织和党员、骨干率先做出榜样。阳泉金隅公司面对突如其来的新冠疫情，党员干部全部战斗在一线抗疫、促复工复产；2月中旬，省耐协副会长赵才福积极与孝义市政府与相关领导和部门紧急沟通磋商。2月18日，孝义市委市政府和防疫指挥部立即召开会议，孝义市政府即开通了全市物流绿色通道，保证了耐材的物流畅通，解决了企业复工复产的燃眉之急。山西盂县西小坪耐材公司组织抗疫、促复工复产成绩显著，总经理在山西省社会组织综合党委“七一表彰会”上获“2020年新冠肺炎防控工作先进个人”荣誉证书。

8. 努力完成日常工作和上级交办各项任务

（1）建支部抓好党建，加强协会自身建设。

遵照《党章》规定，按中共山西省社会组织综合党委批复，省耐火材料工业协会2019年6月12日召开党员大会成立党支部。四年来，协会党支部积极开展党建工作，认真落实“三会一课”制度，不断提高党员政治思想觉悟，初步取得一些成效。支部书记在省综合党委召开的社会组织党建工作年度述职大会进行述职，综合党委领导对省协会党支部工作予以肯定。

（2）认真做好统计报表汇总及报送工作，省协会统计工作被上级多次表扬。

省协会十分重视统计这项基础性工作。几年来，一直坚持省协会重点耐材企业生产经营情况半年报、年报制度。积极督促、协调会员企业生产经营情况统计、汇总，并按时报送中耐协、省级政府有关部门。在各会员企业的共同努力下，山西省统计工作多次得到中耐协和政府有关部门的肯定。在2019年中国耐火材料协会召开的统计工作总结表彰会上，山西省协会获统计工作先进单位奖牌。同时，山西禄纬堡太钢公司、山西昊业新材料开发有限公司等企业的11名同志被中耐协评为统计工作先进工作者。

（3）发挥社会组织作用，建立联合扶贫养殖基地。

省协会十分重视发挥社会组织的作用，积极开展参与脱贫攻坚工作。依托会员企业山西道尔公司，在交口县挂牌成立山西省耐火材料工业协会驻交口县联合扶贫养殖基地，参与协助当地贫困村（户）脱贫致富。省耐材协会在2020年6月29日召开的山西省社会组织综合党委“七一”表彰会上受到表彰，获“参与脱贫攻坚组织奖”。

（4）2019～2021年（2022年因疫情延迟举行），每年连续参加组织由河南、山东、辽宁、山

西、浙江及贵州六省耐火材料行业协会联合主办的耐火材料新知识讲座、耐火材料产业链发展高峰论坛、铝硅质耐火原料博览会。

（5）不断吸纳新会员，拓展省协会工作覆盖面。四年来，根据企业自愿申请，理事会先后7次召开理事会议（通讯）讨论决定：吸收7户企业（或负责人）为省耐材协会会员，并根据工作需要提名增选理事3名、常务理事3名，使省协会不断注入了新鲜血液，拓展了工作交流渠道、扩大了工作覆盖面。

湖南省耐火材料行业协会

湖南省耐火材料行业协会成立于2013年7月，现有会员单位39家，全部为单位会员，无个人会员。会长单位为湖南湘钢瑞泰科技有限公司，协会会长、副会长、秘书长名单见表1。

表1　协会会长、副会长、秘书长名单

序号	单位名称	姓名	拟任职务
1	瑞泰科技南方中心	唐安山	会长
2	湖南湘钢瑞泰科技有限公司	周光辉	秘书长
3	个人会员	章兴高	常务副会长
4	冷水江市华科高新材料有限公司	罗乐音	副会长
5	长沙湘宁耐火材料有限公司	黄立耀	副会长
6	郴州联华耐火材料有限公司	焦小刚	副会长
7	长沙中耐新材料有限公司	钟飞虎	副会长

湖南省耐火材料产业在全国耐火材料产业来说算很小的一部分，但也有其独有的特点，具体为以下几个方面：

（1）是全国主要的锂电池生产用莫来石-堇青石匣钵生产基地。

（2）是全国堇青石、莫来石、莫来卡特重要的原料生产基地。

（3）湖南省有世界著名的硅火泥之乡——醴陵。

（4）有全球一流的感应炉配套用耐火材料。

（5）有针对钢铁冶炼及各种高温窑炉配套的全流程所有耐火材料的生产产品提供。

（6）有丰富的土状石墨资源。

2019~2022年，协会主要做了如下工作：

（1）组织各会员单位进行学术交流及专业、设备技术方面的培训工作。

（2）积极组织会员单位申报政府各类资金及荣誉奖励项目。

（3）及时了解和传递国家相关产业政策，引导会员单位严格按国家政策要求实施经营工作。

（4）建立理化检测设备会员共享模式。

（5）组织会员单位与用户单位直接对接。

（6）建立耐火材料专家库，解决会员单位技术问题。

（7）组织会员单位形成耐火材料互售及联盟，大家共同发展。

（8）推进互联网采购和销售。

湖南省耐火材料产业在湖南省经济建设中起到了一定的作用，但体量还是太小，除了会长单位2022年产值超11亿元（为湖南省最大的耐火材料生产基地），其他耐火材料企业产值达1亿元及以上的可能不到10家，大部分在几千万元。行业的发展扩大一直是协会努力的方向。

贵州省耐火材料行业协会

贵州省耐火材料行业协会（Association of Guizhou Refractories Industry，AGRI），是由贵州省内耐火材料领域相关的企业、事业单位自愿结成的行业性的、全省性的、非营利性社会组织。目前贵州省耐火材料行业协会有会员单位41家，年产能达到100万吨耐火材料原料及制品。

贵州省耐火材料行业协会于2014年10月22日经贵州省民政厅核准成立。

2018年4月25日，贵州省耐火材料行业协会第二届理事会一次会议选举产生协会第二届管理机构。

会长：郑　杰

名誉会长：程念生

常务副会长：张书军

副会长：赖学著　李大华　张成行　黄道伦　刘　江　谢先足　陈玉英　Jean-yves

秘书长：刘显斌

副秘书长：王国书

贵州省耐火材料行业协会服务范围：

（1）协会组织贵州耐材企业参加由河南、山西、山东、辽宁、浙江、贵州六省协会联合主办的铝硅质耐火材料线上线下交流会。

（2）贵州省耐火材料行业协会一直坚持协会成立的初衷，时时与国内各省协会保持联络，组织贵州省的耐材企业参加国内同行业交流会、博览会；经过交流，希望能引进先进的生产技术和管理理念，促进大家的发展。

（3）协会还保持与相关的政府部门针对耐材企业的一些政策进行沟通。为企业与政府主管部门牵线搭桥，同时也根据实际情况向政府部门提出耐材企业的合理请求，进行恳谈，最终大家达成一致的意见。

（4）贵州的铝土矿资源丰富，协会经与政府部门、企业之间协调，满足贵州的耐火材料企业在生产上原料的需求。

（5）协会积极参与推进贵州省耐火材料企业生产的提升改造，特别是环保在线检测安装使用。截至2023年2月，贵州省耐火材料企业95%以上的已经完成环保在线检测安装。

此外，协会充分利用贵州的资源优势，中国耐火材料行业协会搭建的交流平台，加大与国内外同行业组织间的联系和沟通，积极开展交流合作，为更多的贵州耐材企业开拓市场创造条件，提供服务。

营口市耐火材料行业协会

营口市耐火材料行业协会成立于2002年5月25日，是由营口地区各耐火材料领域的企业、事业单位及相关行业的企业、事业单位、大专院校、科研院所等自愿组成的行业协会，并经政府社团登记管理机关核准注册登记，具备法人资格的非营利性社会组织。

一、行业概况

营口是中国东北近代史上第一个对外开埠的口岸，依托营口港，是“一带一路”倡议中的重要节点城市，是国务院批准设立的辽宁自贸区（营口片区）。营口大石桥市“依镁而立，因镁而兴”，镁产业历史悠久，镁资源丰富。菱镁矿保有储量19.4亿吨，白云石矿储量20亿吨，是全球菱镁矿主要产地之一。镁制品深加工能力、技术装备水平在国内处领先地位，部分装备和产品达到国际先进水平。

营口市耐火材料规模以上企业500多家，营口青花集团、金龙集团、嘉晨集团等企业在国内外同行业中具有一定知名度和影响力。营口地区耐材企业技术先进、装备精良（自动化程度），深加工能力和工艺、技术在国内均处于领先地位，一些装备达到国际先进水平。镁质产品品种齐全，科技含量高、附加值高，一些产品达到国际领先水平。

主产地大石桥市是辽宁省十二大示范产业集群之一，被国家科技部认定为“可持续发展试验区”，被工业和信息化部评为新型工业化产业示范基地，辽宁省政府授予“辽宁省出口基地”，被中国耐火材料行业协会认定为“全国镁质耐火材料生产和出口基地”，素有“中国镁都”之称。镁产业已成为地域经济发展的支柱产业。

全市有国家级高新技术企业10家，科研机构36家（其中省级工程技术研究中心7家）。在已开发的产品中，国家和省级科技计划58项；获省部级科技进步奖、优秀新产品奖和专利奖69项；与北京科技大学、大连理工大学、辽宁科技大学、东北大学等14家高校和科研院所建立了全面科技合作关系。252家企业与国内高校院所及大型企业集团建立了长期技术协作关系。

企业分别承接科技部国家级火炬计划镁碳砖、镁钙砖、镁铬砖项目；国家“863”计划“低品位菱镁矿高效利用关键技术与装备”项目；国家重点支撑计划“菱镁矿高效利用绿色生产技术”项目和“悬浮闪速制备高活性轻烧氧化镁新流程开发与示范”项目；以及已投产的自主研发和引进先进技术及装备的回转窑利用废弃粉矿生产高纯氧化镁和二氧化碳示范项目、环保节能型煅烧菱镁矿粉新技术项目。

营口市镁产业现已形成以精深加工为主，以大中型企业为龙头的产业集群，主要生产轻烧镁粉、烧结镁砂、电熔镁砂、白云石砂、镁质合成砂、镁碳砖、镁钙砖、镁铝尖晶石砖、镁质复合材料、滑板砖、连铸三大件、不定形耐火材料等产品。产品广泛应用于冶金、建材、有色冶炼、化工、轻工等行业，产品远销世界50多个国家和地区。

二、协会情况

营口市耐火材料行业协会拥有会员118家，会长王治洋，副会长王鹏、孙朝英、秦世旭、武仲丹、付宇、宋显峰、董波、李季、蒋勇、蒋政飞、廉守峰、袁善菊、董宏宇、史树威、李玉东、张志东、张鑫、卢德斌、陈学东。

协会主要工作：以党的路线、方针、政策为指导，以为企业服务、为行业服务、为政府服务、为社会服务为宗旨，认真履行社会责任，发挥在政府和企业之间的桥梁和纽带作用。客观及时反映会员单位的愿望和诉求，维护行业利益和会员的合法权益，规范运作，引导会员单位自觉遵守国家的法律法规和产业政策，搞好行业自律。组织开展调查研究和咨询服务、人才培训、技术信息交流，促进行业科技进步和管理水平提高，实现地区耐火材料行业健康、可持续发展。

协会先后被国家民政部授予“全国先进民间组织”，全国工商联授予全国“四好”商会，辽宁省政府授予“辽宁省出口基地”，营口市委、市政府授予“文明单位”，省民政厅授予“省示范社团”“省先进社团”，营口市民政局授予“先进行业协会”“中国社会组织评估5A”等荣誉称号。

三、未来发展方向

调整产品结构、致力科技创新、顺应绿色环保、服务下游行业，主要围绕镁耐材、镁化工、镁建材、镁合金等几个方面，努力打造世界级镁质材料产业精深加工基地、科技创新基地、出口基地、产业服务聚集地。

(1) 镁耐材。主要发展优质、高效、环保、节能、长寿、功能性耐火材料，提高为高温工业整体服务水平，延长产业链，完善产品种类，提供整体承包服务，促进企业实现由生产型向生产服务型转变。

(2) 镁化工。大力发展新材料、新产品，重点开发新技术与新装备，向高纯、高附加值、专用化、功能化、系列化的方向发展，发挥化工技术适应性强的优势，主要开展低品位菱镁矿、粉矿等加工，利用技术研究，扩大产品应用范围。

(3) 镁建材。充分发挥菱镁产品节能低碳、防火保温、绿色环保、轻质高强等独特性能优势，研发和生产高科技含量、高性能、高附加值产品。优先发展具有高质、高强、多功能等主要特征的镁质绿色建筑材料。

(4) 镁合金。重点开发面向航空航天、军工、车辆领域的新型、实用、加工成本低的镁合金板材、型材及其零部件，研究成果向高品质、高附加值、高科技含量、高市场竞争力转变，产业化向符合低碳经济要求的节能、低排放、清洁、安全、可循环利用转变。

新密市耐火材料行业协会

新密市耐火材料行业协会，在市委市政府、市工业信息化局、市民政局的正确领导下，在中国耐火材料行业协会和河南省耐火材料行业协会的工作指导下，按照协会章程积极传达政府有关方针政策，完成市委、市政府交办的工作，围绕行业热点问题，经常开展行业技术经验交流，及时了解掌握耐材行业的市场动态，推广新技术、新设备，引导行业调整产品结构，推进节能减排，安全生产，发展循环经济，积极开展技术交流，使行业平稳可持续发展，满足工业需要。

一、行业概况

新密市位于河南省省会郑州西南30km处，是河南省改革开放发展特别试点县（市），扩权县（市）之一，河南省加快城镇化进程重点县（市）、对外开放重点县（市）之一。

新密市耐火材料工业是新密市最具特色、最有影响力的传统支柱产业，起源于1958年，经过60多年的建设和发展，产品涵盖钢铁、水泥、有色、玻璃、石化等9大门类，占河南省和全国的比重分别达30%和15%，其中水泥、玻璃行业用耐材占全国的50%，先后被命名为“国家耐火材料产业基地”“省级耐火材料高新技术特色产业基地”“河南省新型耐火材料出口基地”“河南省知名品牌示范区”。新密市矿产资源丰富，种类繁多，分布广，储量大，品位高。已探明矿藏有25种，其中煤炭储量50亿吨，石灰石储量50亿吨，工业硅储量10亿吨，铝矾土储量1.5亿吨，丰富的矿产资源为耐材工业发展奠定了雄厚的物质基础。产品质量、档次居全国同行业前列，部分产品达到国际先进水平。

目前，全市共有各类耐火材料企业286家，其中规上企业125家，从业人员8万余人。拥有中国驰名商标2项，省著名商标32个，名牌产品23个，质量诚信A等企业11家、其中AAA级企业1家，标准化良好行为企业6家，计量合格确认企业11家，创新型企业28家，“绿色工厂”企业5家，科技型企业66家、院士工作站5家，各级研发中心57家（其中省级11家、郑州市级46家），高新技术企业16家，已创成省级高新技术企业12家，郑州市市长质量奖1家，上市企业4家，在区域性股权市场挂牌融资52家，挂牌排名位居郑州市前列，先后涌现出了振东科技、华威耐材、郑州瑞泰、东方集团、安耐克实业、万力实业等一大批优秀骨干企业。

二、协会情况

新密市耐火材料行业协会是由市委市政府组织耐火材料生产企业和相关大专院校、科研院所、事业单位及个人自愿组成的非营利性社会团体，拥有会员108家，设有会长1人，第一届由时任新密市政府副市长王明安担任，第二届由郑州振东科技有限公司董事长侯振东担任，第三届由郑州瑞泰耐火科技有限公司董事长李泉侑担任；设有6个行业分会，分别为钢铁分会、水泥分会、玻璃分会、石化分会、电力分会、原材料分会，秘书长由韩银苹担任；协会本着围绕铝、硅、镁、锆质行业的发展规划开展工作，深入实施创新驱动，优化产品结构、淘汰落后产能，着力节能减排，规范市场秩序、增强保障能力，扎实推动耐火材料工业健康稳定发展。

（1）调整产品结构，促进行业发展。2020年以来，协助推进实施重点耐材建设项目180个，完成固定资产投资350亿元。郑州凯元耐火材料有限公司年产60000t耐火材料扩建项目、郑州汇丰新材料科技有限公司年产180000t耐火材料扩建项目、河南凯翔实业有限公司年产200000t耐火材料生产基地等一大批省、市重点项目已陆续建成投产，夯实了耐材行业作为市工业的支撑地位；以国家耐火材料产业基地为依托，大力发展集办公、中试研发、技术培训、产品展示为一体的多功能、综合性发展业态，鼓励有条件的企业向平台型企业转变，企业整体发展水平明显提升；围绕密州大道南延，以超化、来集为依托，加快建设步伐，着力打造“亮、绿、净、美”的耐材专业园区。

（2）联合重组有序推进。按照“政府引导、企业自愿、政策推动、分步实施”的原则，大力推动联合重组，提高产业集中度。河南火宝与瑞泰科技重组成立郑州瑞泰，在同行业企业中异军突起；郑州华威、汇特公司与濮耐股份完成兼并重组，实现上市；东升新材料、盛巍电熔在上海股权交易中心挂牌。截至目前，累计52家耐材企业在多层次资本市场挂牌上市，挂牌排名位居河南省前列。远东公司被确定为省重点上市后备企业，进入股改阶段；凯翔实业等重点企业基本完成股改程序。

（3）推进清洁生产全面开展。贯彻落实《中国制造2025》，加快构建高效、清洁、低碳、循环的绿色制造体系，市耐材行业以大气污染防治攻坚战为契机，率先开展绿色制造发展工作。目前，市耐材企业全部使用天然气、电力等清洁能源进行生产，年减少燃煤约200万吨，减排二氧化硫16640t、氮氧化物21485t、烟尘10750t，单位能耗和$PM_{2.5}$、PM_{10}指标连年下降，厂区厂貌、职工身心健康水平得到普遍的提升。郑州瑞泰科技股份有限公司荣获第一批国家级绿色工厂示范单位，是全国耐材行业唯一一家荣获“绿色工厂”荣誉称号的企业，成为耐材行业绿色制造的先进典范。

(4) 开展调查研究，协调解决行业问题。协会与市科工信局等有关部门会同专家多次深入行业进行调研，了解企业生产经营状况，针对共性问题制定对策，为企业把好脉、定好位，为行业把准方向。通过深入调研，协会更加了解市耐材企业面临的困难和需求，更加明确了为企业服务的路径，同时，也提高了向有关方面反映耐材企业诉求的话语权。

(5) 发挥行业网站、公众号作用，推广行业信息。协会网站充分发挥覆盖广、快捷的优势，全面准确地刊登各种信息，及时发布各类通知、公告、文件、新闻动态、行业信息、市场动态等；并且协会收集会员企业的各类信息，将企业产品类型、品名、特点、价格及售后服务、联系方式等推荐公布，为促进产品的销售，提供一个有益、便捷的信息平台。

协会总群（初期以群聊形式），目前成员351人；微信公众号发布各类信息2600余条，也得到广大会员、企业家的关注，目前，近700人加入此平台，并积极发布各类供求信息，交流信息涉及省市耐材企业转型升级、企业经营策略、有关高端人士经济新思维、大众创业、万众创新思路等，其中较多有益、有价值的信息得到大家认可、赞许。

巩义市耐火材料行业协会

巩义市耐火材料产业起源于20世纪50年代，目前巩义市在册耐材企业总计有470多家，其中规上企业118家，从业人员1.7万余人，拥有高新技术企业65家，院士工作站1家，省级工程技术研究中心17家，郑州市级工程技术研究中心8家，国家专精特新“小巨人”企业6家，耐火材料专业园区连续多年被评为“河南省中小企业特色产业集群”，被省工业厅确定为“高新技术特色产业基地”。

巩义市耐火材料行业凭借先进的技术优势和经验积累，以及当地丰富多样的矿产资源和便利的交通运输条件，经70多年发展沉淀，已形成具有较大的产业规模、一定创新能力和竞争优势的耐火材料企业集群，是国内重要的耐火材料生产基地，长期以来形成了高温耐材、新型陶瓷、支撑剂、精细粉体等多元产业，主要应用于钢铁、有色冶金、建材、电力、石化等行业，享誉全国，远销欧美、东南亚、非洲等国家和地区。

与此同时也成长起来一批优质的耐火材料企业，如五耐集团、通达中原、宏宇耐材、华西耐材、顺祥耐材、金岭耐材等公司，这些耐火材料生产企业在全中国冶金行业都具有很大的知名度，象征着在耐火材料行业中多个领域的代表企业，它们也为全国冶金行业工业高温窑炉的发展做出了杰出的贡献：如五耐集团的热风炉用低蠕变系列产品、抗热震低蠕变系列产品、铁水预处理用Al_2O_3-SiC-C砖、高炉用微孔模压炭砖、微孔刚玉砖、碳复合砖等具有国际先进水平的产品，荣获了“国家教委科学技术奖”“国家冶金科学技术奖”“国家星火计划科技成果博览会金奖”等荣誉，多次填补国内空白，大大提高了我国高炉一代使用寿命；通达中原的“COREX炉配套刚玉质系列耐火制品的研制与应用”获得河南省科技进步奖三等奖；神南特耐的刚玉莫来石、氧化铝空球，主要用于耐材高温窑炉、高温陶瓷等行业，领先国内同行水平；华西的整体浇筑技术、华宇碳化硅制品、顺祥出铁沟浇注料、艾米克的特种陶瓷等产品，在国内同行业属高端产品。它们为全国冶金行业工业高温窑炉的发展做出了杰出的贡献，2022年全市耐材企业销售收入约为125亿元，为地方经济的发展做出了巨大的贡献。

巩义市耐火材料行业协会成立于2005年7月，协会目前拥有会员单位120多家，现任会长张佳磊为巩义市第五耐火材料有限公司总经理，另外协会还设常务副会长1名，副会长4名，秘书长1名，监事4名。

协会以党的方针、政策为指导，以助力巩义市耐火材料科学发展为目的，依照职权办事，维护行业基本权益，保障企业合法利益，规范行业领域竞争，加强企业交流合作，促进会员优势互补，引导企业创新经营，为巩义市耐火材料绿色可持续发展贡献力量。同时，积极向政府反映企业诉求，为企业宣传政府有关的利企政策，在政府和企业之间发挥纽带作用。

多年来，协会致力服务于巩义市耐火材料行业的绿色高质量发展方向，促进巩义市耐火材料企业向集约集群发展步伐，加快企业生产装备升级、产业升级节奏；指导培育一定数量具有较大影响力的领军企业；坚持引领“专精特新”的发展目标，发挥产业的领域优势，定位精准，突出特色和差异化；持续强化创新，确保耐材行业的整体领先优势和竞争能力，未来几年协会重点工作方向包括以下几方面：

（1）引导实施传统产业升级改造工程。引导企业科技创新投入和企业开展技术改造升级，瞄准科技发展前沿趋势，实现技术创新；协助企业推进全封闭自动化生产，推广降尘、排气、脱硫脱硝新技术，推动生产工艺提升，树立现代企业形象。

（2）探索绿色低碳发展路线。组织研讨耐火材料行业减碳实施方案，加快节能降耗、工艺优化、装备改造步伐，确定园区生态建设绿色化发展方向。积极培育绿色车间、绿色工厂、绿色工程等项目。

（3）助力企业开展产业高端精品工程。助力会员单位开展高端工业耐火材料投资项目，关注新一代信息技术产业、高端装备制造产业、新能源产业、节能环保产业等战略性新兴产业的新技术、新要求；积极开展市场调研，开发具有微孔结构的长寿高效隔热耐磨新材料、结构功能一体化新材料、绿色环保耐火材料、资源能源节约耐火材料。

（4）组织实施人才培育工程。聘请全国耐火材料知名专家为耐火材料产业发展培养实用人才、后备人才，与域内外教育资源市场化合作开设专班授课，加强耐火材料行业技术人才队伍建设，培育中青年企业家领军人物。

宜兴市耐火材料行业协会

宜兴市耐火材料行业协会成立于1997年9月，同年10月加入中国耐火材料行业协会。目前协会拥有会员单位83家，设有会长1人，由江苏嘉耐高温材料有限公司董事长黄振球担任，名誉会长1人，副会长8人，秘书长1人。

协会成立20多年来，始终立足宜兴本地实际，着眼行业发展大局，坚持科学发展观，在维护行业权益、推进有序竞争、搭建合作平台、促进行业可持续发展等方面发挥了积极作用。

一、加强运行监测，搞好行业分析

当前全市耐材行业主要呈现三大特点：一是经济总量持续增长。从经济指标看，2022年，全市规模以上耐材企业共75家，实现工业总产值98.51亿元、销售90.21亿元、税金4.19亿元，四年年均分别增长5.6%、5.47%和5.8%；2022年，全市耐材产品各品种实现总产量101万吨，四年年均增长6.7%。二是企业运行质态较优。主要反映在亩均税收上，从宜兴市2021年工业用地调查反馈情况看，当时行业亩均税收为10万元，销售前十位企业亩均产税达到23.1万元，远高于全市亩均产销3.25万元水平。三是行业发展前景较好。主要体现在三个方面：首先是客户优势。宜兴市重点骨干企业的主要客户集中在大型钢厂、水泥厂、电厂、石化企业等，并且基本上都是一些央企、国企。经过近年来的整治整合，这些行业目前发展势头较好，宜兴市耐材企业在可预期的将来发展空间仍然是比较大的。其次是技术优势。75家规上企业中有25家是高新技术企业，拥有有效发明专利75件，分别占全市总量的6.5%和11.3%。无锡南耐集团、诺明高温、市耐火材料公司、宜刚耐火等10多家重点骨干企业还主持或参与过国家专业标准的制定，细分产品特色优势比较明显，有一定的行业“话语权”。最后是后劲优势。近年来，全市耐材企业都比较重视技术创新、产品开发和项目投入，自2019年以来，几乎所有规上企业都有后劲投入项目，总投资规模约30亿元，虽然总量不大，但相比整个耐材行业120亿元的总经济规模，投资比例还是比较高的，居全市各行业前列，这也在较大程度上支撑了全市耐材产业的持续健康发展。

二、抓好平台建设，促进交流合作

一是加强检验检测平台建设。江苏省陶瓷耐火材料产品质量监督检验中心围绕宜兴耐材高质量发展的要求，进一步提升了自身检验检测的资质能力，实验室面积由2017年的1500m^{2}增至现在的4000m^2，新增了X射线荧光光谱分析仪、X射线衍射分析仪、电感耦合等离子体发射光谱仪等一批国内外先进的检验检测仪器设备，检测设备的总值达1500多万元，现有97只产品通过了实验室资质认定（CMA）、207项参数获得了实验室认可资质（CNAS），其中，通过美国ASTM标准资质认定达10多项，检验检测范围覆盖耐火材料、陶瓷、建材等产品，检验检测的资质能力满足了全市耐火材料生产企业对检验检测工作的需求，2022年，共为耐材生产企业和耐材用户提供耐火原料、耐火制品的检验检测达3800多批次。二是加强科技研发平台建设。武汉科技大学宜兴陶瓷与耐火材料研究院，以武汉科技大学省部共建耐火材料与冶金国家重点实验、无锡市宜兴市场监管局“江苏省陶瓷耐火材料产品质量监督检验中心”为依托，以武汉科技大学、无锡市宜兴市场监管局、丁蜀镇人民政府为主要支撑和承办单位，围绕宜兴地区陶瓷与耐火材料产业的发展，构建了政、产、学、研科技创新服务体系，加强了研究院的平台建设、企业调研与对接、项目合作与成果转化、人才培训、国行标制修订等方面的工作。其中，组建了碳复合耐火材料、玻璃窑用高性能耐火材料、轻质隔热材料等研发团队、不定形耐火材料研发团队，为宜兴耐材行业的科学发展、创新发展提供了坚强的科技保障。三是加强对外技术交流合作。近年来，江苏诺明等企业通过与武汉科技大学、南京工业大学等学校的合作，成功申报了一批省市科研项目。宜兴摩根热等企业通过与全国耐标委的合作，成为全国耐标委委员单位，成立了“全国耐标委高温隔热耐火砖工作组”，先后主导、参与国行标制修订10多次。

三、强化协调服务，推进行业发展

一是完善协会组织机构。经过此次改选，协会健全了会长负责，常务理事、理事会共同决策重大事项的领导机关，扩大了会员覆盖面，吸纳和发展了更多的企业加入协会，使协会更具广泛性和代表性。严格按照《章程》要求健全协会的各项规章制度，落实民主决策程序。驻会人员要加强学习，不断提升业务能力，全心全意为会员企业服务。二是加强自律，规范企业行为，树立行业良好的整体形象。企业是市场的主体，企业间竞争与协作是永恒的主题，耐火材料行业内的企业都要做到胸怀行业大局，坚守不打价格战，不相互拆台，不追求不正当竞争收益的底线，相互尊重、取长补短、埋头苦干，做“协作共赢”的典范，并通过实施行业自律公约，使企业从单纯的“经济人”走向“道德人”。三是建好信息发布、互动交流平台。逐步建立协会网站和会员微信平台，为会员单位提供各种市场信息、科技信息以及提供法律法规等方面的咨询服务，真正做到“协会搭台、企业唱戏”，要通过开展培训服务和组织交流研讨活动，帮助会员单位提高综合素质，提高企业经营管理水平。

洛阳市耐火材料行业协会

根据洛阳市产业集群发展需要，在市工信局的指导下，洛阳市耐火材料行业协会（The Luoyang Association of Refractories Industry，LARI）于2022年8月19日正式成立。协会是由全市耐火材料行业的科研院所、国有企业、民营企业等机关单位及个人自愿组成的非营利性、地方性社会组织；宗旨是遵守宪法、法律、法规，遵循国家的方针、政策，遵守社会道德风尚，践行社会主义核心价值观，努力开展各项活动，维护行业成员的合法权益，沟通会员与政府的联系，维护公平竞争，为耐火材料行业服务；协会接受业务主管单位洛阳市工业和信息化局的业务指导和登记管理机关洛阳市民政局的监督管理。工作地址：洛阳市涧西区西苑路43号洛耐院行业服务中心办公楼2-203室。

洛阳市耐火材料行业协会第一届会员共计102

家，其中理事单位29家，第一届协会负责人如下：

会长：中钢洛耐科技股份有限公司王战民常务副总经理。

副会长：洛阳利尔功能材料有限公司刘雷总经理、洛阳盛铁耐火材料有限公司高冲锋董事长、偃师中岳耐火材料有限公司白宏宇总经理、洛阳大洋高性能材料有限公司苗建成副总经理、洛阳中唯冶金材料科技有限公司曹阳总经理、河南海格迩新材料有限公司毕振勇总经理、洛阳科创新材料股份有限公司蔚文绪董事长。

秘书长：中钢集团洛阳耐火材料研究院有限公司彭西高。

副秘书长：中钢洛耐科技股份有限公司王少先。

2022年，洛阳市域内耐火材料企业100余家，耐火材料总产量约300万吨，营业收入约90亿元。其中，中钢洛耐在科创板上市、科创新材在北交所上市；中钢洛耐获评全国质量标杆，中钢洛耐院获评河南省制造业头雁企业，利尔功能材料、大洋高性能材料两家企业获批国家第四批专精特新“小巨人”企业，利尔功能材料获评国家智能制造示范工厂，中钢洛耐（洛阳）新材料“5G+环保型硅质材料智能生产车间”获评省级智能车间。

伊川县耐火材料商会

伊川县耐火材料商会成立于2016年10月，是经伊川县民政局登记备案的群众团体，接受伊川县民政局的监督和管理，是伊川县工商联合会领导下的行业性、非营利性的会员组织，由非公有制耐火材料及相关产业的企业经营组织组成。

伊川县耐火材料商会由洛阳科丰冶金新材料（集团）有限公司、洛阳盛铁耐火材料有限公司、洛阳博巨冶金辅料有限公司等57家公司组成。商会以支持服务为基础、以创新发展为目标、以回报社会为愿景；帮助政府宣传政策，规范企业行为；帮助企业了解市场，寻找投资机会；遵守宪法法律、法规和国家政策，遵守社会道德风尚；坚持以人为本，引进儒商理念，促进民营企业科学持续稳定发展，走中国特色社会主义道路，为伊川县和谐社会建设发挥作用。

伊川县耐火材料商会会长：翟荣灿

副会长15人（排名不分先后）：

高冲锋　郭六法　郭晓辉　赵可尊　郭丙臣
张延辉　范武汉　申伟力　曹涛源　阮乐伟
万国强　万迎超　董联峰　张　奇　曹留阳

秘书长：郭晓辉（兼）

伊川县委、县政府高度重视耐火材料行业的发展，积极引导行业企业开展和中钢洛阳耐火材料研究院、河南科技大学、洛阳理工学院和专业研发机构的技术合作，与郑州大学开展高质量培训合作，拿出2733亩（约1822000m^2）土地建成伊川县“耐火材料功能性产业园”，招引中钢洛耐入驻产业园；同时在省级产业集聚区，招引洛阳利尔、郑州安耐克进入园区，为伊川耐火材料行业的发展注入更大动力。

截至2022年底，行业企业共申报专利技术近550余项，软件著作权3件；成立“博士后创业基地”一处；建成国家高新技术企业9家，正在申报国家高新企业的5家；被工业和信息化部授誉“专精特新‘小巨人’企业”一家；省级技术研发平台2家；省“科技小巨人”企业5家；市级研发平台15家；5年来承担市、县科技研发项目16项，争取科技扶持资金1000余万元；完成转型升级企业18家；22家企业完成了智能化、自动化“两化融合”改造，企业的整体素质和管理水平得到全面提高，为打造中原耐火材料新高地打下坚实基础。

耐火材料商会企业主要产品有炼钢用保护渣、冶金辅料、干式料、浇注料、自培电极材料、镁碳砖、水口、炮泥和醇基涂料等10大系列30多个品种，年产量达到240万吨，产值48亿元，年上缴国家税金8000万元，可安排当地5000名贫困户群众就业，是伊川县民营经济的重要组成部分，更是伊川县第二大支柱产业，为伊川经济的发展和社会进步做出了巨大贡献。

第九篇

行业媒体

（排名不分先后）

《耐火材料》（双月刊）

《耐火材料》杂志创刊于1966年，由中钢集团洛阳耐火材料研究院有限公司主管、主办，是主要报道国内耐火材料科研、生产和应用情况及国外耐火材料科学技术发展动向的中文学术技术期刊。《耐火材料》是一本兼顾耐火材料研发及生产应用技术的杂志，直接为耐火材料及相关高温行业如冶金、化工、水泥、玻璃、陶瓷等的决策、规划、设计、科研、生产、使用和教学服务。读者对象为上述行业从事管理、研发、生产、使用、销售、教学等工作的工程技术人员及教师、学生。

《耐火材料》杂志自1992年以来连续9次被评为中文核心期刊，被美国的《化学文摘（CA）》《剑桥科学文摘（CAS）》《艾博思科（EBSCO）数据库》、荷兰Elsevier的《斯高帕斯数据库（SCOPUS）》、俄罗斯的《文摘杂志（化学卷）》、日本的《日本科学技术振兴机构（中国）数据库》（JST China）等国际知名数据库收录；目前被《中国学术期刊网络出版总库》（中国知网）、《中国核心期刊（遴选）数据库》（万方数据）、《中文科技期刊数据库》（维普网）和超星全文收录，也是《中国学术期刊影响因子年报》的统计源刊。

《耐火材料》为双月刊，全年6期，大16开，正文96页；国内外公开发行，刊号：CN 41-1136/TF，ISSN 1001-1935。

《China's Refractories》（中国耐火材料）（季刊）

《China's Refractories》（中国耐火材料），1992年经国家科委批准创刊，由中钢集团洛阳耐火材料研究院有限公司主管、主办，是主要报道当前中国耐火材料的发展现状，论文内容涉及耐火材料的基础研究、生产工艺及应用方面的新进展，以及耐火材料的装备技术等内容的英文学术期刊。

《China's Refractories》自创刊以来，始终以追求杂志的内在质量为目标，以服务行业为己任，所刊登的文献被Elsevier's Scopus和Abstract Journal收录，并被《中国学术期刊网络出版总库》（中国知网）、《中国核心期刊（遴选）数据库》（万方数据）、《中文科技期刊数据库》（维普网）和超星全文收录。

《China's Refractories》为季刊，全年4期，大16开，内文56页。国内外公开发行，刊号：CN41-1183/TQ，ISSN 1004-4493。

《耐火与石灰》（双月刊）

《耐火与石灰》（原《国外耐火材料》）创刊于1964年，由中冶焦耐工程技术有限公司主管、主办，2007年更名为《耐火与石灰》。

《耐火与石灰》是全国唯一全面报道石灰领域及耐火材料科研、生产、使用及发展的国家级科技期刊。杂志为双月刊，大16开，国内公开发行（邮发代号：8-29），刊号：CN21-1544/TQ，ISSN 1673-7792。

《耐火与石灰》是中国学术期刊综合评价数据来源期刊、中国核心期刊遴选数据库收录期刊，被中国期刊网、中国学术期刊（光盘版）全文收录。

《耐火与石灰》的办刊宗旨为：打造耐火材料与石灰行业学术、技术交流平台，传播先进行业技术；通过多方融合、共同合作，推动行业技术进步，提升行业技术水平。

期刊定位为：重点关注工程设计、技改创新、生产应用领域，做耐火材料和石灰行业权威性的专业技术期刊。

近年来，《耐火与石灰》通过升级网站（www. acre. com. cn）和创办“耐火与石灰”微信服务号等方式为广大读者提供了更为便捷的信息服务，提升了期刊的影响力。

《耐火材料信息》（月刊）

《耐火材料信息》创办于 1985 年，是我国耐火材料行业内以专业技术信息报道为主的出版物，由中钢集团洛阳耐火材料研究院有限公司和中国耐火材料行业协会主办。彩色印刷，每月出版 1 期，全年 12 期。

《耐火材料信息》是综合性的技术、市场、管理方面的信息类杂志，设置“综合信息”“文献摘编与综述”“国外文献快递”“原料·装备新技术”“标准化工作”“会议会展”等多个版块，并根据主办会议的情况实时推出会议专刊，为读者提供有效、美观的信息读物。其在耐火材料行业及其上下游行业发行，目前已出版 700 多期。

《耐火材料技术》（季刊）

《耐火材料技术》由中国建筑材料联合会耐火材料分会、中国硅酸盐学会耐火材料分会主管、主办，是一家报道国内耐火材料科研、生产和应用情况及国外耐火材料科学技术发展动向的专业技术杂志。本杂志创刊于 1990 年，为耐火材料及相关行业如钢铁及有色金属冶炼、玻璃、水泥、陶瓷、石化等行业服务，读者对象为上述行业从事管理、研发、生产、使用、销售、教学等工作的工程技术人员及教师、学生。2019 年本刊出版一系列关于耐火材料研究与发展的主题专辑，新增“名人堂”“青年科技工作者”等版块，为促进我国耐火材料行业企业、高等院校的技术交流和信息沟通发挥重要作用。

《耐材之窗》（月刊）

《耐材之窗》杂志创刊于 2004 年，是中国耐火材料行业协会的会刊，精编耐材之窗的精华信息，以特快专递和电子期刊的形式面向读者发行。《耐材之窗》发行范围覆盖耐火原料、耐火材料设备、耐火材料制品、冶金、建材及国内专业院校、科研单位，政府协会等企事业单位，是耐火材料及相关产业人士获取信息的精品读物。目前已出版 200 多期。

《Mysteel耐材参考》

《Mysteel耐材参考》由上海钢联电子商务股份有限公司（以下简称上海钢联）创办。作为国内专业的耐火材料行业纸媒，《Mysteel耐材参考》内容涵盖宏观经济、耐材动态、耐材价格及走势、耐火材料产业链优质供应商推荐、招采信息、调研数据和下游发展视点等版块。

《Mysteel耐材参考》为月刊，每月底至次月初印刷出版，主要有三种发行渠道，渠道一：快递邮寄；渠道二：邮箱发送；渠道三：扫码阅读。通过以上三种渠道直达钢铁企业、耐材企业，创刊至今，月发行量已达上千册。因其内容丰富、参考性强、发行速度快、阅读方便的特性，《Mysteel耐材参考》也成为耐材行业重要的产品推广、品牌提升的媒介。自发行以来，受到读者的高度认可。

上海钢联耐材团队始终坚持客观、独立、公正、准确、及时、全面的原则，为耐火材料产业链上下游提供专业服务，让大宗商品价格及相关产业数据为用户创造价值。

中国耐材之窗网

中国耐材之窗网（www.fm086.com）于2003年创建运营，是中国耐火材料行业协会唯一指定的官方网站，是集数据服务、营销服务、技术服务、交易服务于一体的综合性耐火材料行业电子商务平台。

网站设有耐火原料、耐材制品、冶金辅料、生产装备、耐材下游（冶金建材）等五大资讯频道四十余个服务专栏，注册用户数万家，遍及产业链的上中下游企业、科研院所、协会组织，服务已经全面渗透到企业的原料采购、生产管理、技术研发、产品销售、物流管理、品牌营销等每个环节。

2016年，中国耐材之窗网电子交易平台——银耐联上线运营，探索全流程的电子交易服务。2021年，耐材之窗跨境电子交易平台上线，实现了外币的在线支付结算，解决了国际企业间的信任问题。如今，耐材之窗在交易方面形成了撮合交易、担保支付、交易规则、诚信体系、智慧物流、检验检测有机融合的高效服务生态；成为耐火材料行业企业获取信息、开展电子交易、跨境交易的重要互联网窗口。

耐材之窗先后获评商务部“国家电子商务示范平台”、工业和信息化部“制造业与互联网融合发展工业电子商务示范平台”、交通运输部“网络平台”、中央网信办“2022年度数字科技双化协同典型案例”。未来，耐材之窗将持续为打造高效在线供应链、实现耐火材料行业高质量发展贡献力量！

上海钢联耐材网

上海钢联（SZ300226）是全球领先的大宗商品及相关产业数据服务商。作为独立第三方机构，为市场提供可信的交易结算基准价格。并以价格为核心，构建了围绕价格波动的多维度数据体系，涵盖宏观、供给、流通、需求等，深度挖掘价格波动背后的数据逻辑。

作为中国第一家通过国际证监会组织（IOSCO）认证的大宗商品数据服务商，Mysteel每年通过外部独立指数审计，并连续达标IOSCO金融基准原则。

除了国内现货交易，Mysteel价格也成功参与到了国际价格体系中，开创多项先河，被世界四大矿山、新加坡交易所、FEX Global期货交易所、芝加哥商品交易所等采纳应用，作为长协合同、港口现货、衍生品合约的结算指数。

国家发展改革委、商务部、工业和信息化部、国家统计局、国务院发展研究中心等多个国家部委授予公司数据合作单位称号，将Mysteel作为产业运行监测及调控工作的数据支撑与决策参考来源，使上海钢联得以为工业农业领域的运营效率与质量提升贡献力量。

上海钢联耐材板块专注于服务耐辅材产业链客户，提供六大产品服务，通过价格、数据、快讯、分析、咨询、会务的产品组合，帮助客户更高效地获取、解读、运用数据，从而在复杂多变的市场中占有优势。

耐火材料网

耐火材料网（http：//www.nhcl.com.cn）由中钢集团洛阳耐火材料研究院主办，依托中国金属学会耐火材料分会、全国耐火材料标准化委员会、国家耐火材料质量监督检验中心、中国耐火材料行业协会等行业机构，是国内权威的集耐火材料信息、技术、供求、图书资料、质检等于一体的综合服务网站。同时，网站还依托耐火材料国家工程研究中心、先进耐火材料国家重点实验室的技术资源优势，以及《耐火材料》《China's Refractories》及《耐火材料信息》等媒体资源优势，为行业内用户提供权威的耐火材料技术、市场信息。

本网站共设有信息中心、行业机构和期刊出版三大板块，开设的主要栏目有资讯行情、会议展览、企业信息、专家交流、耐材商城、图书资料、耐材专利、耐材标准、期刊编辑等栏目。

易耐网

易耐网（www.easynai.com）于2017年正式上线成立，运营至今已受到业界的普遍认可，是优质的耐火材料服务平台。易耐网以耐火材料为基础创建了六位于一体的服务模式，涵盖了交易基地、电子商务、行情资讯、仓储物流、再生材料等业务的综合性电子商务平台。

平台以质量和信誉为出发点，让每一位会员企业得到优质的服务，为耐火材料行业保驾护航。成立至今注册用户已达两千多家、交易金额超8亿元、相关资讯报告上万篇，易耐网已然是各耐火材料企业重点参考原料报价网站之一。

疫情三年，易耐网的发展没有停歇，平台在三年里相继推出了易耐网原料报价系统、原料竞价交易系统、瑞联智运网络货运服务系统。在这出行受阻、经济放缓的三年里，易耐网的运行效率一如既往，每时每刻串联着无数耐火人。

易耐网成立至今，先后获得了中关村高新技术企业、双软企业称号。六年里，平台交易量稳步增长，服务方向多元化发展，逐步形成独有特色的生态圈。提升服务质量，增强综合实力，易耐网将会为整合材料行业零碎的生产资源、规范行业发展秩序的目标而不懈努力。

第十篇

附录

2019~2022年耐火材料现行标准（国际标准、国家标准、行业标准、中国耐火材料行业协会团体标准、地方标准）目录

序号	标准号	标准名称	类别
1	ISO 22685：2021（E）	耐火材料　高温耐压强度试验方法 Refractory products — Determination of compressive strength at elevated temperature	国际标准
2	ISO 21736—2020	耐火材料　抗热震性试验方法 Refractories—Determination of thermal shock resistance	国际标准
3	ISO 22605：2020	耐火材料　高温动态杨氏模量试验方法	国际标准
4	ISO 13765-7：2021	耐火泥浆　加热永久线变化率试验方法	国际标准
5	GB/T 18931—2022	碳含量小于7%的碱性致密定形耐火制品分类	国家标准
6	GB/T 41879—2022	塑料　燃烧性能　纤维增强聚合物复合材料的中等尺寸耐火测试	国家标准
7	GB/T 5019.10—2022	以云母为基的绝缘材料　第10部分：耐火安全电缆用云母带	国家标准
8	GB/T 41503—2022	不定形耐火材料　气动喷嘴混合型喷枪制备耐火喷射料试块	国家标准
9	GB/T 22459.1—2022	耐火泥浆　第1部分：稠度试验方法（锥入度法）	国家标准
10	GB/T 22459.2—2022	耐火泥浆　第2部分：稠度试验方法（跳桌法）	国家标准
11	GB/T 22459.4—2022	耐火泥浆　第4部分：常温抗折粘接强度试验方法	国家标准
12	GB/T 22459.5—2022	耐火泥浆　第5部分：粒度分布（筛分析）试验方法	国家标准
13	GB/T 22459.6—2022	耐火泥浆　第6部分：预搅拌泥浆含水量试验方法	国家标准
14	GB/T 5988—2022	耐火材料　加热永久线变化试验方法	国家标准
15	GB/T 14321—2022	刚玉磨料中α-Al_2O_3相X射线定量测定方法	国家标准
16	GB/T 2478—2022	普通磨料　棕刚玉	国家标准
17	GB/T 2479—2022	普通磨料　白刚玉	国家标准
18	GB/T 2480—2022	普通磨料　碳化硅	国家标准
19	GB/T 6609.2—2022	氧化铝化学分析方法和物理性能测定方法　第2部分：300 ℃和1000 ℃质量损失的测定	国家标准

续表

序号	标准号	标准名称	类别
20	GB/T 6609.30—2022	氧化铝化学分析方法和物理性能测定方法 第30部分：微量元素含量的测定 波长色散X射线荧光光谱法	国家标准
21	GB/T 18257—2021	回转窑用耐火砖热面标记	国家标准
22	GB/T 22459.3—2021	耐火泥浆 第3部分：粘接时间试验方法	国家标准
23	GB/T 5990—2021	耐火材料 导热系数、比热容和热扩散系数试验方法（热线法）	国家标准
24	GB/T 2994—2021	高铝质耐火泥浆	国家标准
25	GB/T 22590—2021	轧钢加热炉用耐火浇注料	国家标准
26	GB/T 23293—2021	氮化物结合耐火制品及其配套耐火泥浆	国家标准
27	GB/T 23294—2021	耐磨耐火材料	国家标准
28	GB/T 22459.8—2021	耐火泥浆 第8部分：泌水性试验方法	国家标准
29	GB/T 39862—2021	高热导率陶瓷导热系数的检测	国家标准
30	GB/T 39146—2020	耐火材料 抗熔融铝合金侵蚀试验方法	国家标准
31	GB/T 38978—2020	耐火材料 应力应变试验方法（三点弯曲法）	国家标准
32	GB/T 15545—2020	不定形耐火材料包装、标志、运输、储存和质量证明书的一般规定	国家标准
33	GB/T 16546—2020	定形耐火材料包装、标志、运输、储存和质量证明书的一般规定	国家标准
34	GB/T 18930—2020	耐火材料术语	国家标准
35	GB/T 3044—2020	白刚玉、铬刚玉化学分析方法	国家标准
36	GB/T 14849.1—2020	工业硅化学分析方法 第1部分：铁含量的测定	国家标准
37	GB/T 14849.3—2020	工业硅化学分析方法 第3部分：钙含量的测定	国家标准
38	GB/T 39704—2020	真空绝热板有效导热系数的测定	国家标准
39	GB/T 38712—2020	超薄玻璃导热系数试验方法 热流法	国家标准
40	GB/T 9978.2—2019	建筑构件耐火试验方法 第2部分：耐火试验试件受火作用均匀性的测量指南	国家标准
41	GB/T 37796—2019	隔热耐火材料 导热系数试验方法（量热计法）	国家标准
42	GB/T 22459.7—2019	耐火泥浆 第7部分：其他性能试验方法	国家标准
43	GB/T 21114—2019	耐火材料X射线荧光光谱化学分析 熔铸玻璃片法	国家标准
44	GB/T 8722—2019	炭素材料导热系数测定方法	国家标准
45	GB/T 7320—2018	耐火材料 热膨胀试验方法	国家标准

续表

序号	标准号	标准名称	类别
46	GB/T 36134—2018	不定形耐火材料　抗爆裂性试验方法	国家标准
47	GB/T 17911—2018	耐火纤维制品试验方法	国家标准
48	GB/T 17617—2018	耐火原料抽样检验规则	国家标准
49	GB 36892—2018	刚玉单位产品能源消耗限额	国家标准
50	GB/T 25261—2018	建筑用反射隔热涂料	国家标准
51	GB/T 35845—2018	莫来石质隔热耐火砖	国家标准
52	GB/T 37125—2018	硫铝酸盐水泥熟料	国家标准
53	GB 36891—2018	莫来石单位产品能源消耗限额	国家标准
54	GB/T 4676—2018	普通磨料　取样方法	国家标准
55	GB/T 36133—2018	耐火材料　导热系数试验方法（铂电阻温度计法）	国家标准
56	GB/T 6609. 1—2018	氧化铝化学分析方法和物理性能测定方法　第 1 部分：微量元素含量的测定　电感耦合等离子体原子发射光谱法	国家标准
57	GB/T 6609. 6—2018	氧化铝化学分析方法和物理性能测定方法　第 6 部分：氧化钾含量的测定	国家标准
58	GB/T 6609. 12—2018	氧化铝化学分析方法和物理性能测定方法　第 12 部分：氧化锌含量的测定　火焰原子吸收光谱法	国家标准
59	GB/T 6609. 19—2018	氧化铝化学分析方法和物理性能测定方法　第 19 部分：氧化锂含量的测定　火焰原子吸收光谱法	国家标准
60	GB/T 41664—2022	低 NO_x 燃油燃气燃烧器评价方法与试验规则	国家标准
61	YB/T 164—2022	铁水预处理工作衬用 Al_2O_3-SiC-C 质耐火材料	行业标准
62	YB/T 4195—2022	防爆裂快速烘烤耐火浇注料	行业标准
63	YB/T 4197—2022	自流耐火浇注料	行业标准
64	YB/T 4897—2021	特种耐火制品单位产品能源消耗限额	行业标准
65	YB/T 4896—2021	铝硅质耐火制品单位产品能源消耗限额	行业标准
66	YB/T 4895—2021	耐火原料单位产品能源消耗限额	行业标准
67	YB/T 4894—2021	镁质耐火制品单位产品能源消耗限额	行业标准
68	YB/T 4923—2021	高炉用铸钢冷却壁	行业标准
69	YB/T 4921—2021	高炉出铁沟浇注料施工及验收规范	行业标准
70	YB/T 4922—2021	高炉喷注料	行业标准
71	YB/T 4858—2020	用后耐火材料回收利用技术规范	行业标准

续表

序号	标准号	标准名称	类别
72	YB/T 4857—2020	半硅质隔热耐火砖	行业标准
73	YB/T 4856—2020	鱼雷式混铁车用耐火砖形状尺寸	行业标准
74	YB/T 4855—2020	耐火砖用砌块形状尺寸	行业标准
75	YB/T 386—2020	硅质隔热耐火砖	行业标准
76	YB/T 4153—2020	高炉用压入料	行业标准
77	YB/T 4019—2020	轻烧氧化镁化学活性测定方法	行业标准
78	YB/T 5207—2020	硬质粘土熟料	行业标准
79	YB/T 5180—2020	硬质粘土与高铝矾土熟料杂质检验方法	行业标准
80	YB/T 4858—2020	用后耐火材料回收利用技术规范	行业标准
81	YB/T 3862—2020	硅质隔热耐火砖	行业标准
82	YB/T 4763—2019	耐火材料　氧化锆空心球砖	行业标准
83	YB/T 4764—2019	耐火材料　氧化铝空心球砖	行业标准
84	YB/T 4765—2019	无碳钢包衬砖	行业标准
85	YB/T 4766—2019	耐火材料用工业硅中单质硅和二氧化硅的测定方法	行业标准
86	YB/T 007—2019	连铸用功能耐火制品	行业标准
87	YB/T 4168—2019	焦炉用黏土砖及半硅砖	行业标准
88	YB/T 113—2019	烧成微孔铝炭砖	行业标准
89	YB/T 4111—2019	铸口砖及座砖	行业标准
90	YB/T 5049—2019	滑板砖	行业标准
91	YB/T 4693—2018	活性石灰回转窑用不烧衬砖	行业标准
92	YB/T 101—2018	电炉炉底用 MgO-CaO-Fe_2O_3 系合成料	行业标准
93	YB/T 4701—2018	耐火材料用叶蜡石	行业标准
94	YB/T 4702—2018	耐火材料用不烧镁橄榄石	行业标准
95	YB/T 4196—2018	高炉用无水炮泥	行业标准
96	YB/T 4116—2018	镁钙砖	行业标准
97	YB/T 4692—2018	低导热多层复合莫来石砖	行业标准
98	YB/T 4671—2018	钢包喷注料	行业标准
99	YB/T 4672—2018	铝硅系轻质喷涂料	行业标准
100	YB/T 4690—2018	高炉基建用耐火喷涂料	行业标准

续表

序号	标准号	标准名称	类别
101	YB/T 4691—2018	热风炉基建用耐火喷涂料	行业标准
102	YB/T 4194—2018	高炉内衬维修用喷涂料	行业标准
103	YB/T 4666—2018	矿热炉用碳化硅炭砖	行业标准
104	YB/T 4640—2018	中间包、感应炉用耐火干式料	行业标准
105	JC/T 2645—2021	绿色设计产品评价技术规范　镁铝尖晶石质耐火制品	行业标准
106	JC/T 2644—2021	绿色设计产品评价技术规范　高铝质耐火制品	行业标准
107	JC/T 2640—2021	耐火材料行业绿色工厂评价要求	行业标准
108	JC/T 2598—2021	水泥预分解窑用耐火砖形状尺寸	行业标准
109	JC/T 2601—2021	白色硫铝酸盐水泥	行业标准
110	JC/T 2609—2021	聚合物水泥加固砂浆	行业标准
111	JC/T 2630—2021	环氧树脂灌注砂浆	行业标准
112	JC/T 2574—2020	玻璃窑用硅线石砖	行业标准
113	JC/T 496—2020	水泥窑用耐碱砖	行业标准
114	JC/T 60004—2019	玻璃窑用耐火材料使用规程	行业标准
115	JC/T 933—2019	快硬高铁硫铝酸盐水泥	行业标准
116	JB/T 13944—2020	普通磨料　抗破碎力测定方法	行业标准
117	JB/T 6570—2020	普通磨料　磁性物含量测定方法	行业标准
118	JB/T 6569—2020	普通磨料　包装	行业标准
119	JB/T 1189—2018	普通磨料　锆刚玉	行业标准
120	JB/T 3294—2017	普通磨料　碳化硼	行业标准
121	JB/T 7986—2017	普通磨料　铬刚玉	行业标准
122	QB/T 5640—2021	全电熔玻璃窑炉　通用要求	行业标准
123	YS/T 1420—2021	铝电解废耐火材料资源化利用规范	行业标准
124	NB/T 10824—2021	换流变压器用绝缘材料耐火等级评定导则	行业标准
125	DL/T 1035. 5—2018	循环流化床锅炉检修导则　第5部分：锅炉耐火防磨层检修	行业标准
126	T/ACRI 0043—2022	中间包用碱性干式料	团体标准
127	T/ACRI 0042—2022	镁硅质与镁铝碳质连铸中间包用挡渣堰	团体标准
128	T/ACRI 0041T/CISA264—2022	钢包用树脂结合低碳铝镁碳砖	团体标准

续表

序号	标准号	标准名称	类别
129	T/ACRI 0040T/CISA263—2022	薄板坯连铸用浸入式水口	团体标准
130	T/ACRI 0039—2022	刚玉尖晶石质无碳钢包预制块（砖）	团体标准
131	T/ACRI 0038—2022	高炉湿法喷补料	团体标准
132	T/ACRI 0037—2022	LF 精炼炉炉盖用耐火浇注料	团体标准
133	T/ACRI 0036—2021	耐火材料生产企业温室气体排放核算方法和报告	团体标准
134	T/ACRI 0035—2021	焦炉用漂珠隔热砖	团体标准
135	T/ACRI 0034—2021	焦炉用膨胀珍珠岩隔热砖	团体标准
136	T/ACRI 0033—2021	焦炉用耐火浇注料预制件	团体标准
137	T/ACRI 0032—2021	焦炉用堇青石砖	团体标准
138	T/ACRI 0031—2021	焦炉用硅藻土隔热砖	团体标准
139	T/ACRI 0030—2021	焦炉用缸砖	团体标准
140	T/ACRI 0029—2021	低钠烧结刚玉	团体标准
141	T/ACRI 0028—2021	低维纳米二氧化硅绝热板	团体标准
142	T/ACRI 0027—2020	耐火材料用钛铝酸钙	团体标准
143	T/ACRI 0026—2020	连铸三大件用液体酚醛树脂	团体标准
144	T/ACRI 0025—2020	多复合尖晶石砖	团体标准
145	T/ACRI 0024—2020	焦炉用致密硅砖	团体标准
146	T/ACRI 0023—2020	焦炉用粘土砖	团体标准
147	T/ACRI 0022—2020	焦炉用硅线石砖	团体标准
148	T/ACRI 0021—2020	焦炉用高铝砖	团体标准
149	T/ACRI 0020—2020	焦炉用半硅砖	团体标准
150	T/ACRI 0019—2020	焦炉用硅砖	团体标准
151	T/ACRI 0018—2018	钙处理钢用滑板砖	团体标准
152	T/ACRI 0017—2018	转炉挡渣滑板砖	团体标准
153	T/ACRI 0016—2018	水泥窑用镁铁尖晶石砖	团体标准
154	T/ACRI 0015—2018	水泥窑用复合结构硅莫砖	团体标准
155	T/ACRI 0014—2018	干式捣打料试样制备用石英质匣钵	团体标准
156	T/ACRI 0013—2018	铬渣电熔铬刚玉	团体标准
157	T/ACRI 0012—2018	合金渣电熔刚玉	团体标准

续表

序号	标准号	标准名称	类别
158	DB53/T 1081—2022	钢铁、水泥用耐火材料循环利用技术要求	地方标准
159	DB23/T 3328—2022	天然鳞片石墨中微量三氧化二磷铬天青S分光光度法	地方标准
160	DB23/T 3327—2022	天然鳞片石墨中微量五氧化二磷含量测定　磷目蓝分光光度法	地方标准
161	DB21/T 3412—2021	镁质耐火材料行业大气污染物排放清单编制技术指南	地方标准
162	DB41/ 2166—2021	耐火材料工业大气污染物排放标准	地方标准
163	DB23/T 2963—2021	天然鳞片石墨中微量钙含量测定钙-偶氮胂Ⅲ分光光度法	地方标准
164	DB23/T 2962—2021	天然鳞片石墨石墨化度测定方法	地方标准
165	DB13/T 1416.10—2019	工作场所职业危害因素检测规范　第10部分：耐火材料行业	地方标准
166	DB13/T 5090—2019	连铸保护渣　氧化钾和氧化钠含量的测定　波长色散X射线荧光光谱法	地方标准
167	DB21/3011—2018	镁质耐火材料工业大气污染物排放标准	地方标准

2019～2022年获国家专利的耐火材料产品目录

（排名不分先后）

序号	单位名称	知识产权名称	专利号	类别	授权公告日
1	鞍山钢铁冶金炉材料科技有限公司	一种可测量宽度的切砖机台	ZL 202021029799.4	实用新型	2021.04.27
2	鞍山钢铁冶金炉材料科技有限公司	一种新型耐火材料的烘干设备	ZL 202021623205.2	实用新型	2021.05.04
3	鞍山钢铁冶金炉材料科技有限公司	一种能够循环用水的耐火材料平面磨床	ZL 202021729956.2	实用新型	2021.05.04
4	鞍山钢铁冶金炉材料科技有限公司	一种耐火材料的毛边打磨设备	ZL 202021585679.2	实用新型	2021.05.04
5	鞍山钢铁冶金炉材料科技有限公司	一种耐火砖烧制用高温窑炉	ZL 202022034772.0	实用新型	2021.05.11
6	鞍山钢铁冶金炉材料科技有限公司	一种耐火材料生产用烘烤架	ZL 202021634774.7	实用新型	2021.05.11
7	鞍山钢铁冶金炉材料科技有限公司	耐火浇注料生存的除铁装置	ZL 202021229048.7	实用新型	2021.05.14
8	鞍山钢铁冶金炉材料科技有限公司	用于耐火浇注料生产的配料装置	ZL 202021230747.3	实用新型	2021.05.14
9	鞍山钢铁冶金炉材料科技有限公司	一种耐火材料预制件	ZL 202022295533.0	实用新型	2021.05.25
10	鞍山钢铁冶金炉材料科技有限公司	一种钢水包	ZL 202021727813.8	实用新型	2021.06.04
11	鞍山钢铁冶金炉材料科技有限公司	一种具有内设加强耐火层易换式耐火砖	ZL 202021858569.9	实用新型	2021.06.15
12	鞍山钢铁冶金炉材料科技有限公司	一种耐火材料生产用原料清洗装置	ZL 202022022794.5	实用新型	2021.06.15
13	鞍山钢铁冶金炉材料科技有限公司	一种耐火材料生产用筛选装置	ZL 202022026284.5	实用新型	2021.06.22
14	鞍山钢铁冶金炉材料科技有限公司	一种R19倾斜式混炼机用搅拌耐火材料的搅拌桨叶结构	ZL 202121922750.6	实用新型	2021.12.24
15	鞍山钢铁冶金炉材料科技有限公司	一种快速扎制中间包涂抹料工作衬表面排气孔的工具	ZL 202122257541.0	实用新型	2022.01.11
16	鞍山钢铁冶金炉材料科技有限公司	一种两流板坯连铸中间包复合干式料工作衬浇注结构	ZL 202122094286.2	实用新型	2022.01.11
17	鞍山钢铁冶金炉材料科技有限公司	一种用于转炉大面补炉料模拟试验的可移动式试验装置	ZL 202121047705.0	实用新型	2022.03.04

续表

序号	单位名称	知识产权名称	专利号	类别	授权公告日
18	鞍山钢铁冶金炉材料科技有限公司	一种易于挂渣的转炉局部镁碳工作衬	ZL 202122257517.7	实用新型	2022.04.05
19	鞍山钢铁冶金炉材料科技有限公司	一种铁水罐底工作衬耐材的砌筑结构	ZL 202220026858.5	实用新型	2022.07.05
20	鞍山钢铁冶金炉材料科技有限公司	一种长寿命转炉活动烟罩升降拉杆的保护结构	ZL 202220238214.2	实用新型	2022.07.05
21	鞍山钢铁冶金炉材料科技有限公司	一种螺旋立式压砖机斜面砖模盖	ZL 202220149073.7	实用新型	2022.08.19
22	鞍山钢铁冶金炉材料科技有限公司	一种引流砂烧结层破口装置	ZL 202220870569.3	实用新型	2022.08.19
23	鞍山钢铁冶金炉材料科技有限公司	一种螺旋立式压砖机双砖底模	ZL 202220150812.4	实用新型	2022.09.09
24	鞍山钢铁冶金炉材料科技有限公司	一种带松料装置的料盅	ZL 202220157926.1	实用新型	2022.09.09
25	鞍山钢铁冶金炉材料科技有限公司	一种可热修更换的钢包分体式水口座砖结构	ZL 202220544034.7	实用新型	2022.09.09
26	北京金隅通达耐火技术有限公司	一种回转窑用复合砖	ZL 201821757908.7	实用新型	2019.08.30
27	北京金隅通达耐火技术有限公司、巩义通达中原耐火技术有限公司	一种生活垃圾焚烧炉风冷炉墙结构	ZL 201920523192.2	实用新型	2020.03.13
28	北京金隅通达耐火技术有限公司、巩义通达中原耐火技术有限公司	一种耐火材料衬里用分体调节式金属锚固件	ZL 201920525744.3	实用新型	2020.04.21
29	北京金隅通达耐火技术有限公司、阳泉金隅通达高温材料有限公司、巩义通达中原耐火技术有限公司	一种 RH 精炼炉高热震微孔化无铬不烧砖及其制备方法	ZL 201710481809.4	发明专利	2020.05.22
30	阳泉金隅通达高温材料有限公司、北京金隅通达耐火技术有限公司、巩义通达中原耐火技术有限公司	一种垃圾焚烧炉耐磨耐腐蚀浇注衬里结构	ZL 201920849162.0	实用新型	2020.06.16
31	阳泉金隅通达高温材料有限公司、北京金隅通达耐火技术有限公司、巩义通达中原耐火技术有限公司	一种水泥回转窑窑口用预制件	ZL 201920980099.4	实用新型	2020.06.16

续表

序号	单位名称	知识产权名称	专利号	类别	授权公告日
32	北京金隅通达耐火技术有限公司、阳泉金隅通达高温材料有限公司	配料装置	ZL 201921830565.7	实用新型	2020.09.11
33	阳泉金隅通达高温材料有限公司、北京金隅通达耐火技术有限公司、巩义通达中原耐火技术有限公司	一种RH精炼炉关键部位用刚玉体系不烧砖及其制备方法	ZL 201810841752.9	发明专利	2021.04.09
34	北京金隅通达耐火技术有限公司	一种抗结皮耐火衬里结构及水泥窑	ZL 202021506065.0	实用新型	2021.05.11
35	北京金隅通达耐火技术有限公司、阳泉金隅通达高温材料有限公司	一种预制件衬体和预制件衬体结构	ZL 202120260901.X	实用新型	2021.09.03
36	北京金隅通达耐火技术有限公司	一种氯化钠盐回转窑焙烧炉	ZL 202022872021.6	实用新型	2021.09.07
37	北京金隅通达耐火技术有限公司	一种生活垃圾焚烧用水冷炉壁的炉墙结构	ZL 202022452777.5	实用新型	2021.09.07
38	北京金隅通达耐火技术有限公司	一种钛复合抗侵蚀耐磨耐火浇注料的制备方法	PCT/CN2019/127097	发明专利	2021.09.29
39	北京金隅通达耐火技术有限公司	一种干熄焦炉用整体浇注料位计	ZL 202120560382.9	实用新型	2021.12.14
40	北京金隅通达耐火技术有限公司	干熄焦余热锅炉入口区域烟道内衬结构	ZL 202121153170.5	实用新型	2021.12.14
41	北京金隅通达耐火技术有限公司	回转窑的双层耐火砖结构及回转窑	ZL 202120501781.8	实用新型	2022.01.01
42	北京金隅通达耐火技术有限公司、巩义通达中原耐火技术有限公司	一种防止煤气泄漏铁口结构	ZL 202121472066.2	实用新型	2022.02.11
43	北京金隅通达耐火技术有限公司、巩义通达中原耐火技术有限公司	一种新型高炉炉底陶瓷垫	ZL 202121426954.0	实用新型	2022.02.11
44	北京金隅通达耐火技术有限公司、巩义通达中原耐火技术有限公司	长寿命高炉炉底炉缸耐材结构及维护方法	ZL 202110648049.8	发明专利	2022.04.10
45	北京金隅通达耐火技术有限公司；阳泉金隅通达高温材料有限公司	火箭导流槽耐火层预制件及火箭导流槽耐火层	ZL 202122085612.3	实用新型	2022.04.19

续表

序号	单位名称	知识产权名称	专利号	类别	授权公告日
46	北京金隅通达耐火技术有限公司、巩义通达中原耐火技术有限公司	高炉风口大型预制件	ZL 202122962185. 2	实用新型	2022. 05. 13
47	北京金隅通达耐火技术有限公司、巩义通达中原耐火技术有限公司	一种微孔化刚玉砖及其制备方法	ZL 201910772661. 9	发明专利	2022. 05. 24
48	北京金隅通达耐火技术有限公司、巩义通达中原耐火技术有限公司	一种水泥窑用单晶相莫来石砖及其制备方法	ZL 202010817201. 6	发明专利	2022. 07. 08
49	北京金隅通达耐火技术有限公司、巩义通达中原耐火技术有限公司	一种耐火材料物理检测装置	ZL 202122962236. 1	实用新型	2022. 07. 01
50	北京金隅通达耐火技术有限公司、巩义通达中原耐火技术有限公司	危废焚烧和水泥协同处置回转窑用防腐节能内衬结构	ZL 202120837812. 7	实用新型	2022. 07. 12
51	北京金隅通达耐火技术有限公司	工业窑炉的炉墙结构及工业窑炉	ZL 202220004304. 5	实用新型	2022. 07. 12
52	北京金隅通达耐火技术有限公司、巩义通达中原耐火技术有限公司、阳泉金隅通达高温材料有限公司、唐山冀东水泥股份有限公司	水泥窑用预制砖及砌筑结构	ZL 202220753038. 6	实用新型	2022. 09. 02
53	北京金隅通达耐火技术有限公司、巩义通达中原耐火技术有限公司	水泥窑分解炉	ZL 202220751238. 8	实用新型	2022. 09. 06
54	北京金隅通达耐火技术有限公司、巩义通达中原耐火技术有限公司、阳泉金隅通达高温材料有限公司、唐山冀东水泥股份有限公司	预制件、水泥窑三次风管的衬体及水泥窑的三次风管	ZL 202220751300. 3	实用新型	2022. 09. 06
55	北京金隅通达耐火技术有限公司	锚固件及隔热结构	ZL 202220732588. X	实用新型	2022. 09. 06
56	北京金隅通达耐火技术有限公司、巩义通达中原耐火技术有限公司	一种水泥窑窑口用钛复合刚玉碳化硅耐磨浇注料及其制备方法	ZL 202111456639. 7	发明专利	2022. 08. 30

续表

序号	单位名称	知识产权名称	专利号	类别	授权公告日
57	北京金隅通达耐火技术有限公司、巩义通达中原耐火技术有限公司	一种固溶Ti(C,N)免烧硅莫砖及其制备方法	ZL 202010757417.8	发明专利	2022.09.30
58	北京金隅通达耐火技术有限公司	一种协同处置水泥窑用镁铝尖晶石砖及其制备方法与应用	ZL 202011452149.5	发明专利	2022.11.15
59	北京金隅通达耐火技术有限公司	一种刚玉复合砖及其制备方法	ZL 202110602388.2	发明专利	2022.11.15
60	北京金隅通达耐火技术有限公司、巩义通达中原耐火技术有限公司	一种利用废镁铝砖粉烧结合成的镁铝尖晶石及其制备方法	ZL 202111634219.3	发明专利	2022.11.08
61	北京金隅通达耐火技术有限公司、阳泉金隅通达高温材料有限公司	一种用后水泥窑砖资源化循环利用方法	ZL 202110448802.9	发明专利	2022.07.15
62	北京金隅通达耐火技术有限公司、阳泉金隅通达高温材料有限公司	一种用后水泥窑碱性砖制备再生原料的方法	ZL 202110448350.4	发明专利	2022.07.15
63	北京科技大学、中钢集团洛阳耐火材料研究院有限公司	一种高炉用硅-刚玉-高钛莫来石复合耐火材料及其制备方法	ZL 202210062543.00	发明专利	2022.12.13
64	北京利尔高温材料股份有限公司	一种用于中间包干式料制样振动仪	ZL 201820304460.7	实用新型	2019.01.08
65	北京利尔高温材料股份有限公司	一种连铸用长水口及其制造方法	ZL 201610851537.8	发明专利	2019.01.11
66	北京利尔高温材料股份有限公司	一种中间包复合工作衬及其制作方法与中间包	ZL 201610166367.X	发明专利	2019.02.05
67	北京利尔高温材料股份有限公司	一种规范合门砖切割尺寸的工具	ZL 201821350939.0	实用新型	2019.03.22
68	北京利尔高温材料股份有限公司	过渡区凹头砖	ZL 201830593262.2	外观设计	2019.03.22
69	北京利尔高温材料股份有限公司	一种单流板坯中间包控流元件	ZL 201821058621.5	实用新型	2019.03.22
70	北京利尔高温材料股份有限公司	一种可调节弧度的中间包火泥施工用具	ZL 201821355942.1	实用新型	2019.03.22
71	北京利尔高温材料股份有限公司	一种双流板坯中间包控流元件	ZL 201821058545.8	实用新型	2019.03.22
72	北京利尔高温材料股份有限公司	高安全性过渡区凸头砖	ZL 201830592577.5	外观设计	2019.04.23

续表

序号	单位名称	知识产权名称	专利号	类别	授权公告日
73	北京利尔高温材料股份有限公司	新型中间包工作衬包胎设备	ZL 201821355929.6	实用新型	2019.04.23
74	北京利尔高温材料股份有限公司	一种旋转射流的浸入式水口	ZL 201821351020.3	实用新型	2019.04.23
75	北京利尔高温材料股份有限公司	一种多功能塞棒	ZL 201821444130.4	实用新型	2019.04.23
76	北京利尔高温材料股份有限公司	一种连铸中间包工作层与永久层进行加固的固定工具	ZL 201821351147.5	实用新型	2019.04.23
77	北京利尔高温材料股份有限公司	一种便于固定的组合材料式钢包保温盖	ZL 201821351038.3	实用新型	2019.04.23
78	北京利尔高温材料股份有限公司	一种高炉喷补机均匀布料装置	ZL 201821350947.5	实用新型	2019.04.23
79	北京利尔高温材料股份有限公司	一种便于对永久层进行防护的钢包	ZL 201821351366.3	实用新型	2019.07.12
80	北京利尔高温材料股份有限公司	一种新型薄板坯中包水口	ZL 201821351104.7	实用新型	2019.07.12
81	北京利尔高温材料股份有限公司	一种防絮流浸入式水口	ZL 201821351117.4	实用新型	2019.07.12
82	北京利尔高温材料股份有限公司	一种镁质合成材料的制备方法	ZL 201610964206.5	发明专利	2019.08.16
83	北京利尔高温材料股份有限公司	一种稳定流场浸入式水口	ZL 201920128485.0	实用新型	2019.11.26
84	北京利尔高温材料股份有限公司	一种耐高温抗弯曲喷枪结构	ZL 201920128520.9	实用新型	2019.11.26
85	北京利尔高温材料股份有限公司	一种可均匀吹氩的长水口结构	ZL 201920128543.X	实用新型	2019.11.26
86	北京利尔高温材料股份有限公司	一种具有防絮流功能的中包上水口	ZL 201920128546.3	实用新型	2019.11.26
87	北京利尔高温材料股份有限公司	一种工作层采用四螺旋砌筑工艺的钢包	ZL 201920128659.3	实用新型	2019.11.26
88	北京利尔高温材料股份有限公司	一种氧化铝质电炉盖及其制备方法	ZL 201410588720.4	发明专利	2019.11.26
89	北京利尔高温材料股份有限公司	一种环保型KR搅拌器浇注料	ZL 201610954955.X	发明专利	2019.11.29
90	北京利尔高温材料股份有限公司	一种可高效吹氩气且具有去除絮流功能的塞棒	ZL 201821351148.X	实用新型	2020.04.17

续表

序号	单位名称	知识产权名称	专利号	类别	授权公告日
91	北京利尔高温材料股份有限公司	一种连铸中间包用的拼接式挡渣墙	ZL 201920128534.0	实用新型	2020.05.08
92	北京利尔高温材料股份有限公司	一种防塌包永久衬包胎的中间包	ZL 201920128548.2	实用新型	2020.05.12
93	北京利尔高温材料股份有限公司	一种连铸中间包用分体式稳流器	ZL 201921409414.4	实用新型	2020.06.05
94	北京利尔高温材料股份有限公司	一种免加工塞棒成型布料器	ZL 201921407764.7	实用新型	2020.07.03
95	北京利尔高温材料股份有限公司	一种用于机压砖静态抗渣性试验的组合式模具	ZL 201921409349.5	实用新型	2020.07.03
96	北京利尔高温材料股份有限公司	双层式稳流器（中间包用）	ZL 202030108939.6	外观设计	2020.09.29
97	北京利尔高温材料股份有限公司	稳流器（防冲击区拐角）	ZL 202030154478.6	外观设计	2020.09.29
98	北京利尔高温材料股份有限公司	一种浸入式水口镁锆共晶侧孔材料	ZL 201610873251.X	发明专利	2020.11.13
99	北京利尔高温材料股份有限公司	一种防炸裂浸入式水口	ZL 202020333485.7	实用新型	2020.11.13
100	北京利尔高温材料股份有限公司	一种长寿命高抗热震性浸入式水口	ZL 202020332863.X	实用新型	2020.11.13
101	北京利尔高温材料股份有限公司	一种连铸用净化钢水作用的塞棒及其制备方法	ZL 201810180874.8	发明专利	2020.11.13
102	北京利尔高温材料股份有限公司	一种工业窑炉用钢包永久层隔缝料及其制备方法、使用方法	ZL 201710844057.3	发明专利	2020.11.13
103	北京利尔高温材料股份有限公司	一种高炉出铁厂的主沟工作层模胎的结构	ZL 202020655695.8	实用新型	2020.12.01
104	北京利尔高温材料股份有限公司	一种搅拌头用防粘渣隔离剂及其制备方法	ZL 201710843982.4	发明专利	2020.12.08
105	北京利尔高温材料股份有限公司	一种抗氧化、抗剥落性能优异的钢包内衬用超低镁碳砖及其制备方法	ZL 202010883042.X	发明专利	2020.12.08
106	北京利尔高温材料股份有限公司	一种抗氧化性能优异的耐冲刷超低镁碳砖及其制备方法	ZL 202010883052.3	发明专利	2020.12.08
107	北京利尔高温材料股份有限公司	一种性能优良的超低碳镁碳砖及其制备方法	ZL 202010883309.5	发明专利	2020.12.08
108	北京利尔高温材料股份有限公司	一种连铸中间包预制件浇注料及其制备方法	ZL 201710843983.9	发明专利	2020.12.11

续表

序号	单位名称	知识产权名称	专利号	类别	授权公告日
109	北京利尔高温材料股份有限公司	一种中间包整体导流式湍流器	ZL 201921407736.5	实用新型	2020.12.15
110	北京利尔高温材料股份有限公司	一种不锈钢钢包包底用超低碳镁碳砖及其制备方法	ZL 202010883053.8	发明专利	2020.12.18
111	北京利尔高温材料股份有限公司	一种精炼钢包用铬质引流砂及其制备方法	ZL 201710843919.0	发明专利	2020.12.22
112	北京利尔高温材料股份有限公司	一种冶炼不锈钢用高强高侵蚀低碳镁碳砖及制备方法	ZL 202010902452.4	发明专利	2020.12.25
113	北京利尔高温材料股份有限公司	一种用于连铸中间包的过滤式挡渣墙	ZL 202020631903.0	实用新型	2021.01.12
114	北京利尔高温材料股份有限公司	一种中间包复合包底永久衬	ZL 202021525300.9	实用新型	2021.02.23
115	北京利尔高温材料股份有限公司	一种中间包复合渣线永久衬	ZL 202021525745.7	实用新型	2021.02.23
116	北京利尔高温材料股份有限公司	一种钢包耐材残厚测量装置	ZL 202022161621.1	实用新型	2021.02.23
117	北京利尔高温材料股份有限公司	一种新型隔热层结构	ZL 202020333481.9	实用新型	2021.02.23
118	北京利尔高温材料股份有限公司	一种中间包导流式异性挡坝	ZL 202020338804.3	实用新型	2021.04.13
119	北京利尔高温材料股份有限公司	一种锥形转炉出钢用挡渣锥	ZL 202021468117.X	实用新型	2021.04.27
120	北京利尔高温材料股份有限公司	一种连铸用梯度复合中包水口及其制备方法	ZL 201910082965.2	发明专利	2021.04.30
121	北京利尔高温材料股份有限公司	一种防塌包的中间包干式振动料及其制备方法	ZL 202110160795.2	发明专利	2021.05.18
122	北京利尔高温材料股份有限公司	一种高强度抗冲刷侵蚀钢包自流浇注料及其制备方法	ZL 202110160363.1	发明专利	2021.05.18
123	北京利尔高温材料股份有限公司	一种整体塞棒加工成型装置	ZL 201910799975.8	发明专利	2021.05.18
124	北京利尔高温材料股份有限公司	一种轻质高强钢包永久层浇注料及其制备方法	ZL 202110160812.2	发明专利	2021.05.18
125	北京利尔高温材料股份有限公司	一种长寿命免烘烤浸入式水口	ZL 2019100718096	发明专利	2021.05.18
126	北京利尔高温材料股份有限公司	一种连铸三角形中间包用内外复合式稳流器	ZL 201910800771.1	发明专利	2021.05.28

续表

序号	单位名称	知识产权名称	专利号	类别	授权公告日
127	北京利尔高温材料股份有限公司	一种高炉出铁沟套浇前用结合料及其制备方法	ZL 202110045311. X	发明专利	2021. 06. 08
128	北京利尔高温材料股份有限公司	一种镁碳砖及其制备方法	ZL 202110160800. X	发明专利	2021. 06. 08
129	北京利尔高温材料股份有限公司	一种整体式浇注钢包包胎	ZL 202022434083. 9	实用新型	2021. 06. 08
130	北京利尔高温材料股份有限公司	一种无碳钢包复合包底施工工艺	ZL 201810957187. 2	发明专利	2021. 06. 18
131	北京利尔高温材料股份有限公司	一种钢包抗侵蚀镁质耐火泥浆及其制备方法	ZL 202110160817. 5	发明专利	2021. 07. 02
132	北京利尔高温材料股份有限公司	一种中间包工作衬浇注料及其制备方法	ZL 202110145229. 4	发明专利	2021. 07. 06
133	北京利尔高温材料股份有限公司	一种复合废钢包砖渣线破碎料的长水口	ZL 201810957131. 7	发明专利	2021. 07. 20
134	北京利尔高温材料股份有限公司	一种中间包水口防渗钢安装工具	ZL 2021200835622	实用新型	2021. 10. 08
135	北京利尔高温材料股份有限公司	一种中间包涂抹料及其制备方法	ZL 2019102781728	发明专利	2021. 10. 08
136	北京利尔高温材料股份有限公司	一种中间包工作衬用警示砖	ZL 202120282025. 0	实用新型	2021. 11. 16
137	北京利尔高温材料股份有限公司	一种组合整体复合塞棒	ZL 202120285919. 5	实用新型	2021. 11. 16
138	北京利尔高温材料股份有限公司	一种新型低成本高效率整体塞棒棒头模具	ZL 202120281816. 1	实用新型	2021. 11. 16
139	北京利尔高温材料股份有限公司	一种气幕整体塞棒	ZL 202120059934. 8	实用新型	2021. 11. 16
140	北京利尔高温材料股份有限公司	一种抗氧化铝碳化硅砖及其制备方法	ZL 202111030106. 2	发明专利	2021. 12. 31
141	北京利尔高温材料股份有限公司	一种具有抗氧化性能的低碳镁碳砖及其制备方法	ZL 202111023818. 1	发明专利	2022. 01. 07
142	北京利尔高温材料股份有限公司	一种资源节约型轻质环保中间包工作衬及其制备方法	ZL 202111036191. 3	发明专利	2022. 01. 07
143	北京利尔高温材料股份有限公司	一种高抗热震性低碳铝镁尖晶石碳砖及其制备方法	ZL 202110893202. 3	发明专利	2022. 01. 07
144	北京利尔高温材料股份有限公司	一种钢包水口座砖的热补模具及其热补方法	ZL 202111258010. 1	发明专利	2022. 01. 18

续表

序号	单位名称	知识产权名称	专利号	类别	授权公告日
145	北京利尔高温材料股份有限公司	一种钢包包底材料和由该材料制备冲击区预制块的方法	ZL 202010296240. 6	发明专利	2022. 04. 12
146	北京利尔高温材料股份有限公司	一种铁沟浇注料及其制备方法	ZL 2021100646080	发明专利	2022. 04. 15
147	北京利尔高温材料股份有限公司	一种合成尖晶石-镁钙铁砂的复合电炉炉底捣打料及其制备方法	ZL 202010301093. 7	发明专利	2022. 04. 15
148	北京利尔高温材料股份有限公司	一种添加钒铁渣的钢包包壁用不烧镁铝碳砖及其制备方法	ZL 2020103281712	发明专利	2022. 04. 22
149	北京利尔高温材料股份有限公司	一种高炉出铁沟主沟浇注料	ZL 202210127223. 9	发明专利	2022. 04. 26
150	北京利尔高温材料股份有限公司	一种连铸中间包干式料工作衬胎膜定位器	ZL 202122532710. 7	实用新型	2022. 05. 13
151	北京利尔高温材料股份有限公司	一种连铸中间包的工作衬包底挡墙留槽模及其中间包	ZL 202122100197. 4	实用新型	2022. 05. 13
152	北京利尔高温材料股份有限公司	一种环保型低碳铝镁尖晶石砖及其制备方法	ZL 202210135125. X	发明专利	2022. 05. 17
153	北京利尔高温材料股份有限公司	一种中间包水口挡钢槽、中间包水口、中间包	ZL 202122527784. 1	实用新型	2022. 05. 17
154	北京利尔高温材料股份有限公司	一种镁质喷补料及其应用	ZL 2020102257044	发明专利	2022. 06. 17
155	北京利尔高温材料股份有限公司	一种中间包干式料及其制备方法	ZL 2020110833337	发明专利	2022. 06. 17
156	北京利尔高温材料股份有限公司	一种优质钢用低硅中间包干式料	ZL 2022102917221	发明专利	2022. 06. 28
157	北京利尔高温材料股份有限公司	一种添加氮化硅铁的中间包干式料、中间包工作衬及其制备方法	ZL 2022103215033	发明专利	2022. 06. 28
158	北京利尔高温材料股份有限公司	一种抗剥落不烧镁钙碳砖及其制备方法	ZL 202011152598. 8	发明专利	2022. 06. 24
159	北京利尔高温材料股份有限公司	一种钢包复合包底施工工艺	ZL 201910799677. 9	发明专利	2022. 01. 25
160	北京利尔高温材料股份有限公司	一种转炉用补炉料、制备方法及施工方法	ZL 202010328176. 5	发明专利	2022. 07. 12
161	北京利尔高温材料股份有限公司	一种铁钩用浇注料及其制备方法	ZL 202011253950. 7	发明专利	2022. 06. 17
162	北京利尔高温材料股份有限公司	一种防止钢包永久层夹钢的不烧镁钙碳砖及制备方法	ZL 202110205337. 6	发明专利	2022. 08. 09
163	北京利尔高温材料股份有限公司	一种免预热长水口内衬材料的制备方法	ZL 202011592909. 2	发明专利	2022. 08. 09

续表

序号	单位名称	知识产权名称	专利号	类别	授权公告日
164	北京利尔高温材料股份有限公司	一种原位生成塞隆高强度耐侵蚀浇注料及制备方法	ZL 202110205846.9	发明专利	2022.09.13
165	北京利尔高温材料股份有限公司	一种连铸用高可靠免预热长水口及其制作方法	ZL 202110406861.X	发明专利	2022.09.13
166	北京联合荣大工程材料股份有限公司	一种耐侵蚀的高炉铁沟自流浇注料及其制备方法	ZL 201810306950.5	发明专利	2020.10.09
167	北京联合荣大工程材料股份有限公司	一种钢包工作衬砖的修补方法	ZL 202010437038.0	发明专利	2021.09.10
168	北京联合荣大工程材料股份有限公司	一种转炉遥控湿式自流喷注料	ZL 201911338839.5	发明专利	2022.03.15
169	北京联合荣大工程材料股份有限公司	轻质耐火材料的制备方法	ZL 202111436380.X	发明专利	2022.03.15
170	北京联合荣大工程材料股份有限公司	一种 PCM 耐磨防护材料及其制备方法	ZL 202010659352.3	发明专利	2022.04.06
171	北京联合荣大工程材料股份有限公司	钢结构料仓内衬结构及其制作方法	ZL 202210169375.5	发明专利	2022.05.17
172	北京联合荣大工程材料股份有限公司	一种高炉用环保结合剂及炮泥	ZL 202110378438.3	发明专利	2022.06.14
173	北京联合荣大工程材料股份有限公司	一种自固化型中间包干式料及其制备方法	ZL 202011196645.9	发明专利	2022.07.19
174	北京联合荣大工程材料股份有限公司	高炉炉缸用冷却壁受损和炭砖浸水或脆断后的修复方法	ZL 202010584480.6	发明专利	2022.09.02
175	北京联合荣大工程材料股份有限公司	一种高炉出铁沟	ZL 202110281449.X	发明专利	2022.09.02
176	北京联合荣大工程材料股份有限公司	炮泥软硬度在线监测装置及方法	ZL 202210701584.X	发明专利	2022.10.14
177	北京联合荣大工程材料股份有限公司	一种道路修复材料及其制备方法	ZL 202011524879.1	发明专利	2022.12.16
178	北京联合荣大工程材料股份有限公司	整体浇注的高炉炉缸	ZL 201821487705.0	实用新型	2019.04.30
179	北京联合荣大工程材料股份有限公司	一种铁沟料搅拌机用定量加水装置	ZL 201821473819.X	实用新型	2019.04.30
180	北京联合荣大工程材料股份有限公司	一种可均化物料的分格式料仓及方法	ZL 201822191108.X	实用新型	2019.09.03
181	北京联合荣大工程材料股份有限公司	可预留堰板安装槽的干式料中间包工作衬用模具	ZL 201920513940.9	实用新型	2020.05.05
182	北京联合荣大工程材料股份有限公司	用于铁沟的排残铁装置	ZL 201921429321.8	实用新型	2020.05.05
183	北京联合荣大工程材料股份有限公司	转炉修补料供料装置	ZL 201922307895.4	实用新型	2020.07.28

续表

序号	单位名称	知识产权名称	专利号	类别	授权公告日
184	北京联合荣大工程材料股份有限公司	转炉出钢口泵送浇注修补设备	ZL 201922266978.3	实用新型	2020.08.11
185	北京联合荣大工程材料股份有限公司	一种测量炮泥马夏值的保温模具	ZL 202020027425.2	实用新型	2020.10.09
186	北京联合荣大工程材料股份有限公司	一种钢包底吹气的透气装置及钢包	ZL 202021057623.X	实用新型	2021.01.26
187	北京联合荣大工程材料股份有限公司	一种钢包底吹气的透气装置及钢包	ZL 202021057665.3	实用新型	2021.01.26
188	北京联合荣大工程材料股份有限公司	吨包袋切割装置	ZL 202021839097.2	实用新型	2021.02.19
189	北京联合荣大工程材料股份有限公司	一种夹心型焦炉炉门预制件	ZL 202022728671.3	实用新型	2021.07.13
190	北京联合荣大工程材料股份有限公司	一种高炉放残铁结构及高炉	ZL 202022731812.7	实用新型	2021.08.06
191	北京联合荣大工程材料股份有限公司	高炉风口带结构	ZL 202023022115.0	实用新型	2021.08.06
192	北京联合荣大工程材料股份有限公司	高炉冷却壁结构	ZL 202023010031.5	实用新型	2021.08.06
193	北京联合荣大工程材料股份有限公司	一种新型水淬冲渣沟结构	ZL 202022195602.0	实用新型	2021.08.17
194	北京联合荣大工程材料股份有限公司	一种转炉出钢口的填充修复装置	ZL 202022891240.9	实用新型	2021.09.21
195	北京联合荣大工程材料股份有限公司	高炉储铁式铁沟	ZL 202023108305.4	实用新型	2021.09.21
196	北京联合荣大工程材料股份有限公司	高炉储铁式铁沟	ZL 202023118833.8	实用新型	2021.09.21
197	北京联合荣大工程材料股份有限公司	一种高炉出铁沟	ZL 202120543204.5	实用新型	2021.11.19
198	北京联合荣大工程材料股份有限公司	高炉炉缸浇注用模具工装	ZL 202122135158.8	实用新型	2022.03.01
199	北京联合荣大工程材料股份有限公司	制备坩埚用模具	ZL 202122898801.2	实用新型	2022.05.17
200	北京联合荣大工程材料股份有限公司	塞棒更换装置	ZL 202122869692.1	实用新型	2022.05.17
201	北京联合荣大工程材料股份有限公司	复合有导流管的挡渣墙	ZL 202123334264.5	实用新型	2022.06.10

续表

序号	单位名称	知识产权名称	专利号	类别	授权公告日
202	北京联合荣大工程材料股份有限公司	渣线增强型连铸中间包	ZL 202123337343. 1	实用新型	2022. 07. 15
203	北京联合荣大工程材料股份有限公司	可吹气挡渣墙及中间包	ZL 202220171004. 6	实用新型	2022. 07. 15
204	北京联合荣大工程材料股份有限公司	可吹气挡坝及中间包	ZL 202220170999. 4	实用新型	2022. 07. 15
205	北京联合荣大工程材料股份有限公司	双面渣线增厚型挡渣墙	ZL 202123337478. 8	实用新型	2022. 09. 02
206	北京联合荣大工程材料股份有限公司	挂脱钩装置	ZL 202221033639. 6	实用新型	2022. 10. 14
207	北京联合荣大工程材料股份有限公司	放料除尘装置	ZL 202221812852. 7	实用新型	2022. 11. 04
208	北京联合荣大工程材料股份有限公司	一种防冻型耐磨内衬	ZL 202221785524. 2	实用新型	2022. 12. 09
209	北京联合荣大工程材料股份有限公司	球冠形胎模制备装置	ZL 202222074198. 0	实用新型	2022. 12. 16
210	北京联合荣大工程材料股份有限公司	定量加胶装置	ZL 202222237760. 7	实用新型	2022. 12. 16
211	北京联合荣大工程材料股份有限公司	出铁沟撇渣器横梁	ZL 201930624198. 4	外观专利	2020. 06. 02
212	北京联合荣大工程材料股份有限公司	炉缸浇注用预制块	ZL 202130308190. 4	外观专利	2021. 09. 10
213	北京联合荣大工程材料股份有限公司	炉缸浇注用预制块	ZL 202130308188. 7	外观专利	2021. 12. 10
214	北京联合荣大工程材料股份有限公司	炉缸浇注用预制块	ZL 202130698606. 8	外观专利	2021. 12. 10
215	北京联合荣大工程材料股份有限公司	挡坝	ZL 202130865595. 8	外观专利	2022. 04. 01
216	北京联合荣大工程材料股份有限公司	挡渣墙	ZL 202130864882. 7	外观专利	2022. 04. 05
217	北京联合荣大工程材料股份有限公司	挡渣墙	ZL 202130865593. 9	外观专利	2022. 04. 05
218	北京联合荣大工程材料股份有限公司	挡渣墙	ZL 202130864904. X	外观专利	2022. 04. 05
219	海城华宇镁砂有限公司	一种电熔镁砂加工用粉碎装置	ZL 202121743840. 9	实用新型	2022. 03. 15
220	海城华宇镁砂有限公司	一种电熔镁砂制备用除尘粉装置	ZL 202121755337. 5	实用新型	2022. 03. 11
221	海城华宇镁砂有限公司	一种智能安全的单斗提升机	ZL 202121723281. 5	实用新型	2022. 03. 11

续表

序号	单位名称	知识产权名称	专利号	类别	授权公告日
222	海城华宇镁砂有限公司	一种具备安全保护机构的液压压砖机	ZL 202121723281.5	实用新型	2022.03.15
223	海城华宇耐火材料有限公司	一种板材用加工压密机	ZL 201922315112.7	实用新型	2020.09.18
224	海城华宇耐火材料有限公司	一种方便调节角度的皮带机	ZL 201922315095.7	实用新型	2020.09.18
225	海城华宇耐火材料有限公司	一种破碎效果好的反击破碎机	ZL 201922315104.2	实用新型	2020.10.02
226	海城华宇耐火材料有限公司	电炉变压器	ZL 201922315119.9	实用新型	2020.08.25
227	河南春胜集团有限公司	一种耐火材料原料加工用破粉碎装置	ZL 202222086913.2	实用新型	2023.01.03
228	河南春胜集团有限公司	一种耐火材料原料筛分处理设备	ZL 202221992247.2	实用新型	2022.12.27
229	河南春胜集团有限公司	一种耐火材料磁选装置	ZL 202221795273.6	实用新型	2022.11.04
230	河南春胜集团有限公司	一种耐火材料原料振动筛	ZL 202221890439.2	实用新型	2022.11.08
231	河南春胜集团有限公司	一种耐火材料碾压混合装置	ZL 202221851321.9	实用新型	2022.11.08
232	河南春胜集团有限公司	一种耐火材料成型装置	ZL 202221902001.1	实用新型	2022.12.27
233	河南春胜集团有限公司	一种耐火砖用压砖机	ZL 202221826463.X	实用新型	2022.11.22
234	河南春胜集团有限公司	一种耐火砖用转运装置	ZL 202221936550.0	实用新型	2022.12.06
235	河南春胜集团有限公司	一种耐火材料干燥用步进推送装置	ZL 202221972661.7	实用新型	2022.11.22
236	河南春胜集团有限公司	一种耐火材料烧成隧道窑	ZL 202222134909.9	实用新型	2022.12.27
237	河南春胜集团有限公司	一种耐火材料压砖自动供料机	ZL 202222201357.9	实用新型	2023.01.03
238	河南春胜集团有限公司	一种耐火材料配料装置	ZL 202222272038.7	实用新型	2022.12.06
239	河南春胜集团有限公司	一种耐火砖防侧倾输送车	ZL 202122166472.2	实用新型	2022.04.15

续表

序号	单位名称	知识产权名称	专利号	类别	授权公告日
240	河南春胜集团有限公司	一种耐火砖截断设备	ZL 202122165600. 1	实用新型	2022. 04. 15
241	河南熔金高温材料股份有限公司	一种浇注成型的转炉出钢口挡渣用滑板砖及生产方法	ZL 202010853939. 8	发明专利	2022. 11. 14
242	河南熔金高温材料股份有限公司	一种添加钛酸铝的 Al_2O_3-C 滑板砖及生产方法	ZL 202010332561. 7	发明专利	2022. 10. 04
243	河南熔金高温材料股份有限公司	一种添加氮化钛包裹莫来石的 Al-Al_2O_3 滑板砖及其生产方法	ZL 202110827856. 6	发明专利	2022. 09. 09
244	河南熔金高温材料股份有限公司	滑动水口用微膨胀含碳耐火泥及生产方法	ZL 202111399371. 8	发明专利	2022. 08. 05
245	河南熔金高温材料股份有限公司	一种钛-镁铝尖晶石-棕钢玉复合滑板及生产方法	ZL 202010853940. 0	发明专利	2022. 07. 26
246	河南熔金高温材料股份有限公司	一种滑板砖平面度的检测方法	ZL 202010766457. 9	发明专利	2022. 03. 18
247	河南熔金高温材料股份有限公司	一种浇注成型的转炉出钢口挡渣用滑板砖及生产方法（俄罗斯）	2021117309	发明专利	2022. 09. 12
248	河南熔金高温材料股份有限公司	一种含膨胀石墨的高性能滑板砖涂料及制备方法	ZL 202011389939. 3	发明专利	2021. 11. 26
249	河南熔金高温材料股份有限公司	一种均化料增韧的铝碳下水口砖及其生产方法	ZL 201710902664. 0	发明专利	2020. 09. 29
250	河南熔金高温材料股份有限公司	一种浇注高锰钢用金属铝结合无硅低碳铝锆碳滑板及其生产方法	ZL 201710115248. 6	发明专利	2020. 04. 10
251	河南熔金高温材料股份有限公司	一种钢包滑动水口配套浇注成型复合座砖	ZL 202221704699. 6	实用新型	2022. 10. 25
252	河南熔金高温材料股份有限公司	转炉挡渣下滑板砖	ZL 202122107563. 9	实用新型	2022. 01. 14
253	河南熔金高温材料股份有限公司	耐火生产在线快速检测装置	ZL 202121619940. 0	实用新型	2022. 01. 14
254	河南熔金高温材料股份有限公司	一种挡渣滑板用镶嵌锆环及有板砖	ZL 202021906919. 5	实用新型	2021. 07. 16
255	河南熔金高温材料股份有限公司	一种高效率干式磨床	ZL 202021578115. 6	实用新型	2021. 07. 09
256	河南熔金高温材料股份有限公司	一种摩擦压力机自动插板装置	ZL 202021823873. X	实用新型	2021. 06. 04
257	河南熔金高温材料股份有限公司	一种高寿命中间包快换下水口锆芯	ZL 202022060811. 4	实用新型	2021. 06. 01

续表

序号	单位名称	知识产权名称	专利号	类别	授权公告日
258	河南熔金高温材料股份有限公司	一种中间包快换耐材系统	ZL 202021736411.4	实用新型	2021.06.01
259	河南熔金高温材料股份有限公司	一种钢包加箍座砖	ZL 202021822731.1	实用新型	2021.05.04
260	河南熔金高温材料股份有限公司	一种下水口套加压装置	ZL 202021736405.9	实用新型	2021.04.20
261	河南熔金高温材料股份有限公司	一种镶嵌滑板	ZL 202021178537.4	实用新型	2021.03.16
262	河南熔金高温材料股份有限公司	转炉出钢口挡渣装置	ZL 202021328389.X	实用新型	2021.03.16
263	河南熔金高温材料股份有限公司	滑动水口耐火材料组件	ZL 202022370491.2	实用新型	2021.02.02
264	河南熔金高温材料股份有限公司	一种新型吹氩式钢包组合上水口砖	ZL 202021328390.2	实用新型	2021.03.02
265	河南熔金高温材料股份有限公司	一种钢包复合座砖	ZL 202020706805.9	实用新型	2020.12.18
266	河南熔金高温材料股份有限公司	钢包预制组合水口砖	ZL 202020522340.1	实用新型	2020.12.11
267	河南熔金高温材料股份有限公司	一种组合水口砖	ZL 202020438126.8	实用新型	2020.12.11
268	河南熔金高温材料股份有限公司	一种多功能防止钢包上水口上浮装置	ZL 201921484892.1	实用新型	2020.05.01
269	河南熔金高温材料股份有限公司	一种下水口砖	ZL 201920493537.4	实用新型	2020.04.10
270	河南熔金高温材料股份有限公司	一种多孔高性能转位滑板	ZL 201920810614.4	实用新型	2020.02.07
271	河南熔金高温材料股份有限公司	一种新型中间包吹氩滑板	ZL 201920617933.3	实用新型	2020.01.21
272	河南熔金高温材料股份有限公司	一种长寿型钢包下水口固定模框旋紧装置	ZL 201822234004.2	实用新型	2019.08.23
273	河南熔金高温材料股份有限公司	一种多功能滑板套箍定位装置	ZL 201821929708.5	实用新型	2019.08.20
274	河南熔金高温材料股份有限公司	一种滑板砖外形激光检测装置	ZL 201821307059.5	实用新型	2019.04.26
275	河南熔金高温材料股份有限公司	一种多功能模具外框装置	ZL 201821175308.X	实用新型	2019.04.19

续表

序号	单位名称	知识产权名称	专利号	类别	授权公告日
276	河南熔金高温材料股份有限公司	一种滑板砖压壳装置	ZL 201821307036.4	实用新型	2019.03.19
277	河南熔金高温材料股份有限公司	一种多功能钢包滑板磨床夹具	ZL 201821175976.2	实用新型	2019.03.08
278	河南熔金高温材料股份有限公司	一种出钢口滑板镶嵌板压制装置	ZL 201821216318.X	实用新型	2019.03.08
279	河南特耐工程材料股份有限公司	一种高温脱壳电炉用电极防氧化结构	ZL 201822213933.5	实用新型	2018.12.27
280	河南特耐工程材料股份有限公司	一种便于均布加注返烧料的冶炼炉	ZL 201920865326.9	实用新型	2019.06.11
281	河南特耐工程材料股份有限公司	一种新型复合炉壳	ZL 201920865420.4	实用新型	2019.06.11
282	河南特耐工程材料股份有限公司	一种炉料表层分离装置	ZL 201920865324.X	实用新型	2019.06.11
283	河南特耐工程材料股份有限公司	一种平衡电极圆电弧炉	ZL 201920865322.0	实用新型	2019.06.11
284	河南特耐工程材料股份有限公司	一种超细粉体固液分离的离心机	ZL 202121025282.2	实用新型	2021.05.12
285	河南特耐工程材料股份有限公司	一种混料机及其传动机构	ZL 202121025214.6	实用新型	2021.05.12
286	河南特耐工程材料股份有限公司	一种特异型模具	ZL 202121026083.3	实用新型	2021.05.12
287	河南特耐工程材料股份有限公司	一种结晶器	ZL 202121025167.5	实用新型	2021.05.12
288	湖南湘钢瑞泰科技有限公司	一种物料造块成型装置	ZL 202220926374.6	实用新型	2022.07.29
289	湖南湘钢瑞泰科技有限公司	一种渣线标识砖	ZL 202122529185.3	发明专利	2022.02.18
290	湖南湘钢瑞泰科技有限公司	一种 RH 浸渍管浇注料及其制备方法	ZL 202111471769.8	发明专利	2022.12.27
291	湖南湘钢瑞泰科技有限公司	耐火砖原料除铁筛分系统	ZL 202120502368.3	实用新型	2021.11.30
292	湖南湘钢瑞泰科技有限公司	一种电线电缆收纳装置	ZL 202120652149.3	实用新型	2021.11.26
293	湖南湘钢瑞泰科技有限公司	一种用于耐火砖制造的预混系统	ZL 202120342514.0	实用新型	2021.11.23

续表

序号	单位名称	知识产权名称	专利号	类别	授权公告日
294	湖南湘钢瑞泰科技有限公司	一种电机上的皮带轮拆卸工具	ZL 202120407587. 3	实用新型	2021. 11. 12
295	湖南湘钢瑞泰科技有限公司	一种吊料装置及其吊料桶	ZL 202120252423. 8	实用新型	2021. 11. 09
296	湖南湘钢瑞泰科技有限公司	一种吊装夹具	ZL 202120648079. 4	实用新型	2021. 11. 05
297	湖南湘钢瑞泰科技有限公司	耐火砖回收生产线	ZL 202120346660. 0	实用新型	2021. 10. 22
298	湖南湘钢瑞泰科技有限公司	一种轮碾机	ZL 202023275444. 6	实用新型	2021. 10. 22
299	湖南湘钢瑞泰科技有限公司	一种出钢口吹氩装置	ZL 202120407861. 7	实用新型	2021. 10. 08
300	湖南湘钢瑞泰科技有限公司	用于运输钢包盖的行走台车及输送系统	ZL 202120354603. 7	实用新型	2021. 10. 08
301	湖南湘钢瑞泰科技有限公司	一种吊料装置及其吊料桶	ZL 202120252708. 1	实用新型	2021. 09. 17
302	湖南湘钢瑞泰科技有限公司	一种自动供水控制电路	ZL 202023170531. 5	实用新型	2021. 06. 15
303	湖南湘钢瑞泰科技有限公司	一种喇叭式出钢口总成	ZL 202021923412. X	实用新型	2021. 03. 30
304	湖南湘钢瑞泰科技有限公司	一种转炉出钢口喷补料及其制备方法	ZL 202011062092. 8	发明专利	2022. 12. 27
305	湖南湘钢瑞泰科技有限公司	一种转炉出钢口填缝机构	ZL 201920474282. 7	实用新型	2020. 03. 20
306	湖南湘钢瑞泰科技有限公司	一种高炉球型铁水罐罐底砌筑方法	ZL 201911265468. 2	发明专利	2021. 10. 08
307	湖南湘钢瑞泰科技有限公司	一种转炉内水口袖砖结构和转炉炼钢系统	ZL 201920474283. 1	实用新型	2019. 12. 06
308	湖南湘钢瑞泰科技有限公司	一种转炉出钢口结构和转炉炼钢系统	ZL 201920474507. 9	实用新型	2019. 11. 29
309	湖南湘钢瑞泰科技有限公司	一种烟气处理系统	ZL 201920471175. 9	实用新型	2019. 11. 29
310	湖南湘钢瑞泰科技有限公司	一种转炉用挡渣滑板砖	ZL 201920107688. 1	实用新型	2019. 11. 05
311	湖南湘钢瑞泰科技有限公司	一种外水口砖及具有该外水口砖的转炉挡渣装置	ZL 201920107687. 7	实用新型	2019. 11. 01

续表

序号	单位名称	知识产权名称	专利号	类别	授权公告日
312	湖南湘钢瑞泰科技有限公司	一种内水口砖及具有该内水口砖的转炉挡渣装置	ZL 201920107686. 2	实用新型	2019. 10. 01
313	湖南湘钢瑞泰科技有限公司	一种转炉用补炉料及其制备方法和应用	ZL 201711417526. X	发明专利	2020. 02. 07
314	湖南湘钢瑞泰科技有限公司	一种转炉挡渣用滑板砖及其制备方法	ZL 201710731035. 6	发明专利	2020. 06. 12
315	湖南湘钢瑞泰科技有限公司	一种预制砖及其制备方法、环冷机台车栏板	ZL 201611238492. 3	发明专利	2020. 07. 14
316	湖南湘钢瑞泰科技有限公司	一种滑板砖及其制备方法	ZL 201610298729. 0	发明专利	2019. 05. 17
317	湖州浙宝钙业科技股份有限公司	一种石灰石粉制备工艺	ZL 201910836735. 0	发明专利	2020. 09. 08
318	湖州浙宝钙业科技股份有限公司	磁感应式粉料限位装置	ZL 201821255481. 0	实用新型	2019. 04. 23
319	湖州浙宝钙业科技股份有限公司	一种皮带输送机	ZL 201821560108. 6	实用新型	2019. 07. 26
320	湖州浙宝钙业科技股份有限公司	自接触式降噪管道	ZL 201821256245. 0	实用新型	2019. 08. 27
321	湖州浙宝钙业科技股份有限公司	一种电动行车控制装置	ZL 202020021436. X	实用新型	2020. 07. 03
322	湖州浙宝钙业科技股份有限公司	喷淋脱硫装置	ZL 201822011544. 4	实用新型	2020. 02. 11
323	湖州浙宝钙业科技股份有限公司	窑炉连续自动出灰装置	ZL 202020021345. 6	实用新型	2020. 10. 13
324	湖州浙宝钙业科技股份有限公司	一种皮带清理装置	ZL 202020021451. 4	实用新型	2020. 10. 16
325	湖州浙宝钙业科技股份有限公司	一种球磨机进料装置	ZL 202020021413. 9	实用新型	2020. 12. 11
326	湖州浙宝钙业科技股份有限公司	一种天然气窑炉	ZL 202122102710. 3	实用新型	2022. 02. 15
327	华北理工大学	一种高强度高密度锆酸钙陶瓷的制备方法	ZL 201510573877. 4	发明专利	2019. 10. 29
328	华北理工大学	一种无碳耐火材料及其制备方法和应用	ZL 201810380919. 6	发明专利	2020. 07. 07
329	济南鲁东耐火材料有限公司	一种低碳镁碳砖及其制备方法	ZL 200910014811. 6	发明专利	2011. 08. 31

续表

序号	单位名称	知识产权名称	专利号	类别	授权公告日
330	济南鲁东耐火材料有限公司	一种氢燃料电池极板及其制备工艺	ZL 201210160760. X	发明专利	2014. 05. 16
331	济南鲁东耐火材料有限公司	一种钢包透气砖防堵塞供气系统	ZL 201320100673. 5	实用新型	2013. 08. 28
332	济南鲁东耐火材料有限公司	改进型转炉出钢气幕挡渣装置	ZL 201320420372. 0	实用新型	2013. 12. 25
333	济南鲁东耐火材料有限公司	一种转炉出钢气幕挡渣装置	ZL 201420430200. 6	实用新型	2014. 12. 10
334	济南鲁东耐火材料有限公司	一种带安全示警标识的透气砖	ZL 201420442119. X	实用新型	2015. 04. 29
335	济南鲁东耐火材料有限公司	一种新型镁质耐火火泥及其制备工艺	ZL 201511029657. 1	发明专利	2018. 03. 09
336	济南鲁东耐火材料有限公司	一种炼钢用顶吹氩枪浇筑专用模具	ZL 201620702314. 0	实用新型	2016. 12. 07
337	济南鲁东耐火材料有限公司	一种更换转炉底吹供气砖或底枪专用钻机设备	ZL 201620702315. 5	实用新型	2016. 12. 07
338	济南鲁东耐火材料有限公司	一种耐火材料用酚醛树脂的制备方法	ZL 201711317502. 7	发明专利	2021. 03. 02
339	济南鲁东耐火材料有限公司	一种垃圾焚烧气化炉的炉衬	ZL 201820129890. X	实用新型	2018. 11. 06
340	济南鲁东耐火材料有限公司	一种阴极炭块焚烧无害化处理炉的炉盖	ZL 201920230787. 9	实用新型	2019. 11. 05
341	济南鲁东耐火材料有限公司	一种镁碳砖均质布料装置	ZL 202020930671. 9	实用新型	2021. 02. 02
342	济南鲁东耐火材料有限公司	一种用于镁碳砖生产的酚醛树脂结合剂自动加入装置	ZL 202023300486. 0	实用新型	2021. 11. 30
343	济南鲁东耐火材料有限公司	一种转炉炉底用可更换供气保护系统的装置	ZL 202023300548. 8	实用新型	2021. 09. 03
344	济南鲁东耐火材料有限公司	一种转炉炉口炉帽内衬砌筑结构	ZL 202023293098. 4	实用新型	2021. 09. 03
345	济南鲁东耐火材料有限公司	一种用于镁碳砖泥料混炼的无损耗除尘装置	ZL 202023300546. 9	实用新型	2021. 09. 21
346	济南鲁东耐火材料有限公司	一种用于酚醛树脂结合剂的连续式隧道加热房	ZL 202023300450. 2	实用新型	2021. 08. 17
347	江苏嘉耐高温材料股份有限公司	一种高红外发射率涂料制备方法及其应用	ZL 201610249885. 8	发明专利	2019. 03. 22

续表

序号	单位名称	知识产权名称	专利号	类别	授权公告日
348	江苏嘉耐高温材料股份有限公司	一种轻质高红外发射率涂料制备方法及其应用	ZL 201610249884.3	发明专利	2019.07.08
349	江苏嘉耐高温材料股份有限公司	一种复合型狭缝透气砖	ZL 201822102156.7	实用新型	2019.04.23
350	江苏嘉耐高温材料股份有限公司	一种镁制中间包用稳流器	ZL 201920001523.6	实用新型	2019.04.23
351	江苏嘉耐高温材料股份有限公司	一种钢包用复合型透气砖	ZL 201822102149.7	实用新型	2019.04.23
352	江苏嘉耐高温材料股份有限公司	一种碳化硅质中间包	ZL 201822100579.5	实用新型	2019.04.23
353	江苏嘉耐高温材料股份有限公司	一种高寿命中间包包盖	ZL 201822231588.8	实用新型	2019.04.23
354	江苏嘉耐高温材料股份有限公司	一种安全且节能的铁水包内衬	ZL 201822102148.2	实用新型	2019.08.16
355	江苏嘉耐高温材料股份有限公司	一种铁沟浇注料生产用搅拌装置	ZL 201822261804.3	实用新型	2019.09.20
356	江苏嘉耐高温材料股份有限公司	一种直通孔密布透气砖	ZL 201822100638.9	实用新型	2020.01.10
357	江苏嘉耐高温材料股份有限公司	一种连铸钢包用均质挡渣球用耐火材料及其制作挡渣球方法	ZL 201610936860.5	发明专利	2020.08.25
358	江苏嘉耐高温材料股份有限公司	一种超薄带用双层中间包覆盖剂	ZL 201811578170.2	发明专利	2020.09.11
359	江苏嘉耐高温材料股份有限公司	一种耐侵蚀氧化锆水口砖及其制备方法	ZL 201810033208.1	发明专利	2020.10.28
360	江苏嘉耐高温材料股份有限公司	一种相变储热材料	ZL 201811578090.7	发明专利	2020.11.03
361	江苏嘉耐高温材料股份有限公司	一种高温相变储热材料	ZL 201811578218.X	发明专利	2020.11.03
362	江苏嘉耐高温材料股份有限公司	一种安全系数高的长寿命中间包快换水口	ZL 202020306810.0	实用新型	2020.11.04
363	江苏嘉耐高温材料股份有限公司	一种防旋流型中间包锆质上水口	ZL 202020306814.9	实用新型	2020.11.09
364	江苏嘉耐高温材料股份有限公司	一种中间包干式料及其制备方法	ZL 201810038472.4	发明专利	2021.04.13
365	江苏嘉耐高温材料股份有限公司	一种具有应力缓冲功能的球团回转窑预制砖	ZL 202022193313.7	实用新型	2021.08.10

续表

序号	单位名称	知识产权名称	专利号	类别	授权公告日
366	江苏嘉耐高温材料股份有限公司	一种以石材废浆为原料生产特殊钢精炼渣的方法	ZL 201911388942.0	发明专利	2021.08.05
367	江苏嘉耐高温材料股份有限公司	一种棕刚玉抗粉化性能检测方法	ZL 202010823435.1	发明专利	2022.05.27
368	江苏嘉耐高温材料股份有限公司	一种钢水过滤功能型挡渣墙	ZL 202122987640.4	实用新型	2022.06.28
369	江苏嘉耐高温材料股份有限公司	一种模铸用流钢砖	ZL 202220162992.8	实用新型	2022.08.05
370	江苏嘉耐高温材料股份有限公司	一种钢包渣线砌筑结构	ZL 202220545341.7	实用新型	2022.09.02
371	江苏嘉耐高温材料股份有限公司	一种石灰回转窑烧成带砌筑结构	ZL 202220859983.4	实用新型	2022.11.04
372	江苏嘉耐高温材料股份有限公司	一种提高钢水收得率的钢水罐底砌筑结构	ZL 202220862194.6	实用新型	2022.11.04
373	江苏嘉耐高温材料股份有限公司	一种用于铁沟料施工的搅拌机盖体	ZL 202222173428.9	实用新型	2022.12.27
374	江苏嘉耐高温材料股份有限公司	一种高炉支铁沟预制块	ZL 202222173288.5	实用新型	2022.12.27
375	江苏嘉耐高温材料股份有限公司	一种可释放热应力的主铁沟浇注用钢模	ZL 202222462054.2	实用新型	2022.12.06
376	江苏晶鑫新材料股份有限公司	一种烧成高铝质耐火砖及其制备方法	ZL 201710528075.0	发明专利	2019.08.20
377	江苏晶鑫新材料股份有限公司	一种纳米孔轻量刚玉耐火骨料及其制备方法	ZL 201611261862.5	发明专利	2019.09.10
378	江苏晶鑫新材料股份有限公司	一种纳米微孔刚玉的制备方法以及用于制备的高温回转炉	ZL 2020104824222	发明专利	2021.01.08
379	江苏晶鑫新材料股份有限公司	一种用于制备烧结刚玉的生产线	ZL 2020104824218	发明专利	2021.02.12
380	江苏晶鑫新材料股份有限公司	一种高效研磨微粉的球磨系统	ZL 2019208631999	实用新型	2020.05.05
381	江苏晶鑫新材料股份有限公司	一种粉料收集中转装置	ZL 2019210089096	实用新型	2020.11.10
382	江苏晶鑫新材料股份有限公司	一种新型烟废气水幕净化塔	ZL 201921992150X	实用新型	2020.11.10
383	江苏晶鑫新材料股份有限公司	一种智能成球系统	ZL 2019219919622	实用新型	2020.11.10

续表

序号	单位名称	知识产权名称	专利号	类别	授权公告日
384	江苏晶鑫新材料股份有限公司	一种精密铸造用复相莫来石的制备装置	ZL 202023319368.4	实用新型	2021.10.08
385	江苏晶鑫新材料股份有限公司	一种防物料跌落的皮带秤	ZL 2021207570181	实用新型	2021.11.19
386	江苏晶鑫新材料股份有限公司	一种振动筛	ZL 2021207570196	实用新型	2021.11.19
387	江苏晶鑫新材料股份有限公司	一种分路阀	ZL 2021205570878	实用新型	2021.11.19
388	江苏晶鑫新材料股份有限公司	一种粉体送料用卸料阀及粉体送料装置	ZL 202120557661X	实用新型	2021.11.19
389	江苏晶鑫新材料股份有限公司	一种适用于粉体的卸料阀	ZL 202120557647X	实用新型	2021.11.19
390	江苏晶鑫新材料股份有限公司	一种适用于成球机的滚筒	ZL 2021207570228	实用新型	2021.11.19
391	江苏晶鑫新材料股份有限公司	一种球料、块料冷却装置	ZL 202022432583.9	实用新型	2021.10.08
392	江苏晶鑫新材料股份有限公司	一种高效节能干燥塔	ZL 202022436569.6	实用新型	2021.10.01
393	江苏晶鑫新材料股份有限公司	一种竖窑燃枪自动调节球面旋转装置	ZL 2020224364903	实用新型	2021.12.24
394	江苏晶鑫新材料股份有限公司	一种竖窑窑炉烟气换热与净化装置	ZL 2020233198283	实用新型	2021.12.24
395	江苏晶鑫新材料股份有限公司	一种多峰烧结氧化铝微粉的制备设备	ZL 2020233193701	实用新型	2021.12.24
396	江苏晶鑫新材料股份有限公司	一种高面能球形活性氧化铝的制备	ZL 2020233003730	实用新型	2021.12.24
397	江苏晶鑫新材料股份有限公司	一种竖窑用微孔轻量化节能内衬的制备装置	ZL 2020233004714	实用新型	2021.12.24
398	江苏晶鑫新材料股份有限公司	一种高效减水剂生产用反应釜	ZL 2022222459255	实用新型	2022.12.14
399	江苏晶鑫新材料股份有限公司	一种活性氧化铝微粉生产用干燥机	ZL 2022222634822	实用新型	2022.12.23
400	江苏晶鑫新材料股份有限公司	一种高纯尖晶石生产用给料机	ZL 2022224060837	实用新型	2023.01.16
401	江苏晶鑫新材料股份有限公司	一种活性氧化铝微粉生产用过滤装置	ZL 2022226157875	实用新型	2023.01.18

续表

序号	单位名称	知识产权名称	专利号	类别	授权公告日
402	江苏晶鑫新材料股份有限公司	一种连续化成球设备线	ZL 202123176454.9	实用新型	2022.12.31
403	江苏晶鑫新材料股份有限公司	一种球磨机出料口除铁装置	ZL 202123193646.0	实用新型	2022.12.19
404	江苏晶鑫新材料股份有限公司	一种旋转式竖窑出料装置	ZL 202220165780.5	实用新型	2022.07.27
405	江苏晶鑫新材料股份有限公司	一种圆筒造球机出料端筛选结构	ZL 202123237969.5	实用新型	2022.12.31
406	昆明理工大学、中钢集团洛阳耐火材料研究院有限公司	一种高硬度高强度的低温烧结铌酸镍陶瓷材料	ZL 202111396147.30	发明专利	2022.11.29
407	昆明理工大学、中钢集团洛阳耐火材料研究院有限公司	一种氧化物颗粒优化钽酸镍陶瓷材料及其应用	ZL 202111397667.60	发明专利	2022.11.29
408	辽宁科技大学	一种用于电熔镁砂炉的原料进料及筛分装置	ZL 201821101973.3	实用新型	2019.03.08
409	辽宁科技大学	一种用于电熔镁砂炉的成品筛分装置	ZL 201821101439.3	实用新型	2019.03.08
410	辽宁科技大学	一种电弧-感应熔炼电熔镁砂的装置	ZL 201821101362.X	实用新型	2019.03.08
411	辽宁科技大学	一种用于电熔镁砂炉的液压升降装置	ZL 201821108216.X	实用新型	2019.03.08
412	辽宁科技大学	一种气冷热震定温整体设备	ZL 201921290517.3	实用新型	2020.06.23
413	辽宁科技大学	一种用于铝钛渣造球制备轻质耐火骨料的干燥碳化装置	ZL 202020514635.4	实用新型	2021.02.02
414	辽宁科技大学	一种外燃式轻烧氧化镁竖窑	ZL 202020514656.6	实用新型	2021.02.02
415	辽宁科技大学	一种窑底耐火隔热强化装置	ZL 202120532883.6	实用新型	2021.12.24
416	辽宁科技大学、鞍山中科蓝光科技有限公司	一种复合结构的耐火装置	ZL 202120466366.3	实用新型	2021.11.30
417	辽宁科技大学、鞍山中科蓝光科技有限公司	一种防棚料的竖窑出料装置	ZL 202120466402.6	实用新型	2021.11.30
418	辽宁科技大学、鞍山中科蓝光科技有限公司	一种具有冷却换热功能的竖窑助燃装置	ZL 202120473349.2	实用新型	2021.11.30

续表

序号	单位名称	知识产权名称	专利号	类别	授权公告日
419	辽宁科技大学、鞍山中科蓝光科技有限公司	一种外燃式轻烧氧化镁竖窑	ZL 202120473410. 3	实用新型	2021. 11. 30
420	辽宁科技大学、鞍山中科蓝光科技有限公司	一种窑底耐火隔热强化装置	ZL 202120473404. 8	实用新型	2021. 11. 30
421	辽宁科技大学、鞍山中科蓝光科技有限公司	一种复合结构的耐火装置	ZL 202120473466. 9	实用新型	2021. 11. 30
422	辽宁科技大学	一种利用生物材料制备铝钛渣轻质骨料的方法	ZL 202010776046. 8	发明专利	2022. 03. 02
423	辽宁科技大学	一种镁橄榄石晶须增强的镁硅质耐火材料	ZL 201910705005. 7	发明专利	2022. 06. 21
424	辽宁科技大学	一种钛酸铝晶须增强铝钛质耐火材料	ZL 201910704995. 2	发明专利	2022. 06. 21
425	辽宁科技大学、鞍山中科蓝光科技有限公司	一种菱镁矿轻烧用大型桥式竖窑	ZL 202110238858. 1	发明专利	2022. 05. 30
426	辽宁科技大学	一种镁铝尖晶石晶须增强的镁质烧成浇注料预制件	ZL 201910705021. 6	发明专利	2022. 07. 06
427	辽宁科技大学	一种热回收焦炉炉门用刚玉莫来石质复相梯度材料	ZL 202010092296. X	发明专利	2022. 07. 08
428	南京联合荣大工程材料有限责任公司	一种高炉出铁沟主沟水冷器件及安装使用方法	ZL 201610900205. 4	发明专利	2019. 04. 05
429	南京联合荣大工程材料有限责任公司	一种以铝铬渣为主要原料的无水泥铝镁铬浇注料及其制备方法与应用	ZL 202011545166. 3	发明专利	2022. 08. 19
430	南京联合荣大工程材料有限责任公司	耐火浇筑用抗裂结构	ZL 201922456829. 3	实用新型	2020. 10. 09
431	南京联合荣大工程材料有限责任公司	一种高炉出渣沟的相变冷却装置及高炉出渣沟	ZL 202021313128. 0	实用新型	2021. 01. 26
432	南京联合荣大工程材料有限责任公司	复合结构钢包盖	ZL 202120238639. 9	实用新型	2021. 10. 08
433	南京联合荣大工程材料有限责任公司	一种高炉出铁沟	ZL 202121964221. 2	实用新型	2022. 01. 07
434	南京联合荣大工程材料有限责任公司	一种冲渣沟结构、冲渣装置及冲渣沟结构的制作模具	ZL 2021217980036	实用新型	2022. 01. 28
435	南京联合荣大工程材料有限责任公司	中间包防溅稳流器脱模装置	ZL 202220166329. 5	实用新型	2022. 06. 14
436	南京联合荣大工程材料有限责任公司	一种撇渣器用挡板及撇渣器	ZL 202220895020. X	实用新型	2022. 08. 23

续表

序号	单位名称	知识产权名称	专利号	类别	授权公告日
437	南京联合荣大工程材料有限责任公司	一种出储料式烧结机导料槽	ZL 202221075814. 8	实用新型	2022. 09. 30
438	南京联合荣大工程材料有限责任公司	铁沟撇渣器	ZL 202221812852. 8	实用新型	2022. 11. 11
439	南京联合荣大工程材料有限责任公司	转炉钢渣无害化处理装置	ZL 202222195764. 3	实用新型	2022. 12. 13
440	濮阳濮耐高温材料（集团）股份有限公司	一种碳复合耐火材料的制备方法及其得到的产品	ZL 201310051738. 6	发明专利	2015. 05. 13
441	濮阳濮耐高温材料（集团）股份有限公司	一种机压免烧粘土砖及其制备方法	ZL 202110011803. 7	发明专利	2022. 07. 19
442	濮阳濮耐高温材料（集团）股份有限公司	一种转底炉用高强度耐磨浇注料及其制备方法	ZL 201910457016. 8	发明专利	2022. 04. 19
443	濮阳濮耐高温材料（集团）股份有限公司	一种大尺寸规格金属皮耐火砖的制备方法及其移动式模具	ZL 201910757708. 1	发明专利	2022. 07. 29
444	濮阳濮耐高温材料（集团）股份有限公司	一种防开裂复合中间包稳流器	ZL 202121073155. X	实用新型	2022. 02. 11
445	濮阳濮耐高温材料（集团）股份有限公司	一种铁水包内衬的永久层及铁水包内衬结构	ZL 202122578542. 5	实用新型	2022. 02. 25
446	濮阳濮耐高温材料（集团）股份有限公司	一种预埋加强筋的长寿命中间包挡渣墙	ZL 202121083206. 7	实用新型	2022. 02. 25
447	濮阳濮耐高温材料（集团）股份有限公司	一种流体搅拌净化元件	ZL 202122622969. 0	实用新型	2022. 03. 15
448	濮阳濮耐高温材料（集团）股份有限公司	一种组合式流体搅拌净化元件	ZL 202123134109. 9	实用新型	2022. 04. 22
449	濮阳濮耐高温材料（集团）股份有限公司	一种具有涡卷结构的流体搅拌净化元件	ZL 202220033958. 0	实用新型	2022. 05. 10
450	濮阳濮耐高温材料（集团）股份有限公司	喷枪出口俯仰微调机构、喷枪支承架和湿法喷注装置	ZL 202220009234. 2	实用新型	2022. 05. 13
451	濮阳濮耐高温材料（集团）股份有限公司	一种滑板紧固装置	ZL 202220004121. 3	实用新型	2022. 06. 03
452	濮阳濮耐高温材料（集团）股份有限公司	一种具有圆弧气道的流体搅拌净化元件	ZL 202220035422. 2	实用新型	2022. 06. 14
453	濮阳濮耐高温材料（集团）股份有限公司	一种长寿命浸入式水口	ZL 202222053558. 9	实用新型	2022. 10. 25
454	濮阳濮耐高温材料（集团）股份有限公司	一种煅烧菱镁矿除钙提纯循环系统	ZL 202221647335. 9	实用新型	2022. 01. 11

续表

序号	单位名称	知识产权名称	专利号	类别	授权公告日
455	濮阳濮耐高温材料（集团）股份有限公司	一种新型预警透气砖	ZL 202121535238. 6	实用新型	2022. 10. 14
456	濮阳濮耐高温材料（集团）股份有限公司	连铸钢包长水口用密封碗	ZL 202123090711. 7	实用新型	2022. 06. 24
457	濮阳濮耐高温材料（集团）股份有限公司	一种泥料自动旋转筛	ZL 202120356928. 9	实用新型	2022. 01. 07
458	濮阳濮耐高温材料（集团）股份有限公司	一种无铝浸入式水口	ZL 202123425756. 5	实用新型	2022. 08. 26
459	濮阳濮耐高温材料（集团）股份有限公司	一种上水口塞棒透气通道预成型装置	ZL 202123172031. X	实用新型	2022. 08. 26
460	濮阳濮耐高温材料（集团）股份有限公司	一种可横向开门的滑动水口装置	ZL 202123371126. 4	实用新型	2022. 06. 10
461	濮阳濮耐高温材料（集团）股份有限公司	一种特大型转炉滑板挡渣出钢装置用空冷液压缸	ZL 202123409367. 3	实用新型	2022. 07. 22
462	濮阳濮耐高温材料（集团）股份有限公司	一种用于耐火材料浇注成型设备	ZL 202121415138X	实用新型	2022. 02. 22
463	濮阳濮耐高温材料（集团）股份有限公司	一种回转窑体内浇注平台装置	ZL 202121228451. 2	实用新型	2022. 02. 01
464	青岛正望新材料股份有限公司	一种有助于减少钢水中非金属夹杂的长水口	第 9082592 号	实用新型	2019. 07. 12
465	青岛正望新材料股份有限公司	一种炼钢连铸用长效控流的中间包上水口	第 9163244 号	实用新型	2019. 07. 30
466	青岛正望新材料股份有限公司	一种连铸用长水口	第 9634975 号	实用新型	2019. 11. 19
467	青岛正望新材料股份有限公司	一种外挂功能块式塞棒	第 9644374 号	实用新型	2019. 11. 19
468	青岛正望新材料股份有限公司	一种双辊超薄带浇铸系统	第 10745710 号	实用新型	2020. 06. 16
469	青岛正望新材料股份有限公司	一种双辊超薄带连铸浇注布流水口	第 11809718 号	实用新型	2020. 10. 30
470	青岛正望新材料股份有限公司	上水口透气料样块透气量检测结构、样块夹具及检测装置	第 14031993 号	实用新型	2021. 08. 24
471	青岛正望新材料股份有限公司	一种电磁感应加热中间包用的浇注区预制件	第 14054281 号	实用新型	2021. 08. 27
472	青岛正望新材料股份有限公司	一种电磁感应加热中间包用的冲击区预制件	第 14162131 号	实用新型	2021. 09. 10

续表

序号	单位名称	知识产权名称	专利号	类别	授权公告日
473	青岛正望新材料股份有限公司	一种浸入式水口	第14326093号	实用新型	2021.10.08
474	青岛正望新材料股份有限公司	一种电磁感应加热中间包的流钢通道	第14808398号	实用新型	2021.11.23
475	青岛正望新材料股份有限公司	一种电磁感应加热中间包内置线圈的防护板	第14825922号	实用新型	2021.11.23
476	青岛正望新材料股份有限公司	一种电磁感应加热中间包的湍流控制器	第15514622号	实用新型	2022.01.14
477	青岛正望新材料股份有限公司	一种双辊薄带连铸结晶器	第16656890号	实用新型	2022.06.03
478	青岛正望新材料股份有限公司	一种复合型塞棒塞头及制造模具	第16652203号	实用新型	2022.06.03
479	青岛正望新材料股份有限公司	一种大型塞棒的氩气喷嘴	第17194511号	实用新型	2022.08.16
480	青岛正望新材料股份有限公司	一种高效连铸多孔塞棒及连铸系统	第17237436号	实用新型	2022.08.23
481	青岛正望新材料股份有限公司	一种炼钢用连铸中间包塞棒	第17626360号	实用新型	2022.10.21
482	青岛正望新材料股份有限公司	一种炼钢用连铸浸入式水口	第17798295号	实用新型	2022.11.15
483	青岛正望新材料股份有限公司	一种连铸防卷渣塞棒（韩国）	10-2218885	发明专利	2021.02.17
484	青岛正望新材料股份有限公司	一种电磁感应加热中间包的流钢通道砖	第4614595号	发明专利	2021.08.13
485	青岛正望新材料股份有限公司	一种通道式电磁感应加热中间包的功能耐火材料实施方法	第4698317号	发明专利	2021.09.24
486	青岛正望新材料股份有限公司	一种双辊薄带连铸用浇铸系统及布流水口	第5319608号	发明专利	2022.07.19
487	瑞泰科技股份有限公司	一种用于成型水玻璃或树脂结合砂型模板的成型模框	ZL 201721809599.9	实用新型	2019.01.01
488	瑞泰科技股份有限公司	一种用于3D打印的 Al_2O_3-ZrO_2 原料及生产高抗热震、特异形制品的工艺	ZL 201610388985.9	发明专利	2019.01.25
489	瑞泰科技股份有限公司	一种300kg级轻质莫来石砖及其制备工艺	ZL 201611183499.X	发明专利	2019.09.10
490	瑞泰科技股份有限公司	一种400kg级轻质莫来石砖及其制备工艺	ZL 201611183627.0	发明专利	2019.09.10

续表

序号	单位名称	知识产权名称	专利号	类别	授权公告日
491	瑞泰科技股份有限公司	一种易更换的中间包水口装置	ZL 201920199746.8	实用新型	2020.02.21
492	瑞泰科技股份有限公司	一种致密抗侵蚀增强烧结氧化锆大砖及其生产工艺	ZL 201510336921.X	发明专利	2020.02.21
493	瑞泰科技股份有限公司	一种回转窑冷却筒用防飞溅装置	ZL 201821567577.0	实用新型	2020.02.21
494	瑞泰科技股份有限公司	一种石灰回转窑用预制件及其制备方法	ZL 201611243860.3	发明专利	2020.05.12
495	瑞泰科技股份有限公司	一种具有高吸收率、高热导率的 CFB 锅炉水冷壁用碳化硅耐磨浇注料	ZL 201710565797.3	发明专利	2020.06.09
496	瑞泰科技股份有限公司	一种 CFB 锅炉旋风分离器靶区用铬刚玉-莫来石-氮化硅高强耐磨可塑料	ZL 201710566853.5	发明专利	2020.07.03
497	瑞泰科技股份有限公司	一种用于 CFB 锅炉的陶瓷耐磨修补料	ZL 201710566852.0	发明专利	2020.07.03
498	瑞泰科技股份有限公司	一种 CFB 锅炉回料器用刚玉-莫来石低导热高强耐磨浇注料	ZL 201710566855.4	发明专利	2020.07.07
499	瑞泰科技股份有限公司	水泥窑用红柱石-莫来石-碳化硅砖及其制备方法	ZL 201610589206.1	发明专利	2020.07.17
500	瑞泰科技股份有限公司	一种高铝质耐侵蚀微膨胀耐火胶泥及其制备方法	ZL 201810252486.6	发明专利	2020.07.31
501	瑞泰科技股份有限公司	一种镁铝尖晶石-石墨烯耐火材料制品及其制备工艺	ZL 201710906419.7	发明专利	2020.08.11
502	瑞泰科技股份有限公司	一种用于 CFB 锅炉内衬裂缝的填缝料	ZL 201710566857.3	发明专利	2020.09.15
503	瑞泰科技股份有限公司	一种熔铸砂型材料及其制备方法	ZL 201711247349.5	发明专利	2020.10.30
504	瑞泰科技股份有限公司	一种双孔双面连滑滑板	ZL 201921335500.5	实用新型	2020.11.10
505	瑞泰科技股份有限公司	一种纤维增强耐高温轻质铝硅质发泡涂抹料	ZL 201811324687.9	发明专利	2021.05.28
506	瑞泰科技股份有限公司	一种净化钢水防堵塞的浸入式水口结构	ZL 202021905942.1	实用新型	2021.07.23
507	瑞泰科技股份有限公司	一种抗钢水溅射和防堵塞的连铸功能水口	ZL 202021910001.7	实用新型	2021.08.06

续表

序号	单位名称	知识产权名称	专利号	类别	授权公告日
508	瑞泰科技股份有限公司	一种玻璃窑用低铬镁铬砖	ZL 201811559656.1	发明专利	2021.08.31
509	瑞泰科技股份有限公司	一种高温轻质韧性莫来石骨料制备方法	ZL 201910321786.X	发明专利	2021.10.08
510	瑞泰科技股份有限公司	一种低铬电熔再结合镁铬砖	ZL 201811560806.0	发明专利	2021.10.26
511	瑞泰科技股份有限公司	一种铝铬镁耐火砖及其制备方法	ZL 201811560276.X	发明专利	2021.11.30
512	瑞泰科技股份有限公司	一种低铬电熔半再结合复合尖晶石砖	ZL 201811559563.9	发明专利	2021.12.07
513	瑞泰科技股份有限公司	一种高耐磨和高抗氧化滑板涂料及其制备工艺	ZL 202011032402.1	发明专利	2021.12.31
514	瑞泰科技股份有限公司	一种移动保温隔墙	ZL 202120502987.2	实用新型	2022.03.22
515	瑞泰科技股份有限公司	一种水泥窑过渡带和烧成带结合部用刚玉碳化硅砖	ZL 201811620211.X	发明专利	2022.03.25
516	瑞泰科技股份有限公司	一种复合座砖及其制备工艺	ZL 2020108921240	发明专利	2022.05.27
517	瑞泰科技股份有限公司	一种丙烷脱氢装置用大长径比莫来石晶须结合红柱石耐火砖及其制备工艺	ZL 202010856916.2	发明专利	2022.06.28
518	瑞泰科技股份有限公司	一种燃烧原位形成镁尖晶石-氧化锆弥散式透气砖及其制备工艺	ZL 202011027880.3	发明专利	2022.06.28
519	瑞泰科技股份有限公司	一种特种钢连铸用碱性滑板及其制备工艺	ZL 201911218556.7	发明专利	2022.07.01
520	瑞泰科技股份有限公司	一种氮化物结合的尖晶石滑板及其制备工艺	ZL 201911220941.5	发明专利	2022.07.05
521	瑞泰马钢新材料科技有限公司、马钢（集团）控股有限公司	一种利用含碳残存钢包衬砖制作的新型镁铝碳砖及其制作方法与应用	ZL 201610228002.5	发明专利	2020.05.01
522	瑞泰马钢新材料科技有限公司、马钢（集团）控股有限公司	一种钢包底座砖及其制备方法	ZL 201711054855.2	发明专利	2020.09.25
523	瑞泰马钢新材料科技有限公司、马钢（集团）控股有限公司	一种钢包用刚玉质包底砖及其制备方法	ZL 201711055793.7	发明专利	2020.09.25
524	瑞泰马钢新材料科技有限公司、马钢（集团）控股有限公司	钢水包用透气滑板砖的生产制备方法	ZL 201711114327.1	发明专利	2021.01.22

续表

序号	单位名称	知识产权名称	专利号	类别	授权公告日
525	瑞泰马钢新材料科技有限公司、马钢（集团）控股有限公司	一种高性能渣罐喷涂料及其制备方法	ZL 201711054867.5	发明专利	2021.02.26
526	瑞泰马钢新材料科技有限公司	一种添加镁碳超细粉的高纯镁碳砖及其制备方法	ZL 201910751292.5	发明专利	2021.11.02
527	瑞泰马钢新材料科技有限公司	一种用于机压成型滑板砖的分体式模具	ZL 201821963005.4	实用新型	2019.11.21
528	瑞泰马钢新材料科技有限公司	一种用于机压成型转炉镶锆板闸阀砖的模具	ZL 201821963009.2	实用新型	2019.12.10
529	瑞泰马钢新材料科技有限公司	一种泥料保湿优良的RH砖及其制备方法	ZL 201910938294.5	发明专利	2021.11.26
530	瑞泰马钢新材料科技有限公司	一种不烧耐火砖用复合结合剂及其制备方法	ZL 201811434236.0	发明专利	2022.01.21
531	瑞泰马钢新材料科技有限公司	一种利用水化浸渍处理工艺制备再生镁碳砖的方法	ZL 201910938545.X	发明专利	2022.01.21
532	瑞泰马钢新材料科技有限公司	一种RH炉上部槽用方镁石-铬刚玉砖及其制备方法	ZL 201910938544.5	发明专利	2022.03.25
533	瑞泰马钢新材料科技有限公司	一种节能环保复合低成本型钢包滑板的制作方法	ZL 202110016912.8	发明专利	2022.04.12
534	瑞泰马钢新材料科技有限公司	一种液压机冷却系统	ZL 201920824361.6	实用新型	2020.03.24
535	瑞泰马钢新材料科技有限公司	一种挡渣闸阀通用磨床夹具	ZL 201922217207.5	实用新型	2020.08.14
536	瑞泰马钢新材料科技有限公司	一种废旧镁铝尖晶石为原料制备中间包镁质涂抹料及方法	ZL 201910743193.2	发明专利	2022.05.17
537	瑞泰马钢新材料科技有限公司	一种滑板砖炭化窑烟气冷却装置	ZL 202022367830.1	实用新型	2021.01.22
538	瑞泰马钢新材料科技有限公司	一种滑板砖匣钵密闭除尘装置	ZL 202022367871.0	实用新型	2021.05.18
539	瑞泰马钢新材料科技有限公司	滑板砖子口布料补偿装置	ZL 202022376089.5	实用新型	2021.05.28
540	瑞泰马钢新材料科技有限公司	一种转炉挡渣闸阀镶锆板振动装置	ZL 202022376092.7	实用新型	2021.05.28
541	瑞泰马钢新材料科技有限公司	一种利用废旧滑板砖替代挡桶冲击砖	ZL 202023000451.5	实用新型	2021.08.06
542	山东鲁桥新材料股份有限公司	一种超致密高导热硅砖及其制备方法	ZL 201711253598.5	发明专利	2020.10.13

续表

序号	单位名称	知识产权名称	专利号	类别	授权公告日
543	山东鲁桥新材料股份有限公司	一种干法水泥窑高温带用无铬砖及其制备方法	ZL 201711253611.7	发明专利	2020.09.25
544	山东鲁桥新材料股份有限公司	一种熔融硅砖输送理料码垛机	ZL 202110239039.9	发明专利	2021.05.11
545	山东鲁桥新材料股份有限公司	一种用于高导热硅砖生产的混合装置	ZL 202110329666.1	发明专利	2021.07.02
546	山东鲁桥新材料股份有限公司	一种焦炉粘土空心砖的整理传输装置	ZL 202110329760.7	发明专利	2021.07.02
547	山东鲁桥新材料股份有限公司	一种焦炉用调解砖多块生产模具装置	ZL 202210096319.3	发明专利	已进入实质审查阶段
548	山东鲁桥新材料股份有限公司	一种无裂纹硅砖生产烘干装置	ZL 202210096323.X	发明专利	已进入实质审查阶段
549	山东鲁桥新材料股份有限公司	一种用于焦炉格子砖生产的自动化装置	ZL 202210511559.5	发明专利	已进入实质审查阶段
550	山东鲁桥新材料股份有限公司	一种复合型耐火砖	ZL 202022233374.1	实用新型	2021.09.03
551	山东鲁桥新材料股份有限公司	一种空心复合耐火砖	ZL 202022235299.2	实用新型	2021.05.28
552	山东鲁桥新材料股份有限公司	一种耐火砖抽检装置	ZL 202022235853.7	实用新型	2021.04.20
553	山东鲁桥新材料股份有限公司	一种耐火砖转运板车	ZL 202022238754.4	实用新型	2021.06.11
554	山东鲁桥新材料股份有限公司	一种耐火砖用快速脱模模具	ZL 202022238755.9	实用新型	2021.08.27
555	山东鲁桥新材料股份有限公司	自动格子砖模具	ZL 202022238768.6	实用新型	2021.07.02
556	山东鲁桥新材料股份有限公司	一种耐火砖自动配料装置	ZL 202022238769.0	实用新型	2021.08.10
557	山东鲁桥新材料股份有限公司	一种节能环保耐火砖	ZL 202022240656.4	实用新型	2021.05.28
558	山东鲁桥新材料股份有限公司	一种耐火砖输出机构	ZL 202022240657.9	实用新型	2021.08.27
559	山东鲁桥新材料股份有限公司	一种隔热耐火砖	ZL 202022251073.1	实用新型	2021.06.15
560	山东耐材集团鲁耐窑业有限公司	耐磨砖及其制备方法	ZL 201710576230.6	发明专利	2021.08.25

续表

序号	单位名称	知识产权名称	专利号	类别	授权公告日
561	山东耐火材料集团有限公司	铸造用莫来砂的破碎筛分装置	ZL 201921155455.5	实用新型	2020.06.23
562	山东耐火材料集团有限公司	一种用于焦宝石生产的窑炉结构	ZL 201921128398.7	实用新型	2020.06.26
563	山东耐火材料集团有限公司	一种用于焦宝石窑炉的液压出料装置	ZL 201921128397.7	实用新型	2020.03.24
564	山东耐火材料集团有限公司	一种用于焦宝石制备的自动化燃气窑炉	ZL 201921128385.4	实用新型	2020.06.23
565	山东耐火材料集团有限公司	不定型浇注料现场施工加水量控制系统	ZL 201921128382.0	实用新型	2020.05.15
566	山东耐火材料集团有限公司	一种带有自动化控制系统的装岩机	ZL 201921123255.1	实用新型	2020.06.30
567	山东耐火材料集团有限公司	用于烧制耐火砖的平顶拱顶复合式隧道窑炉	ZL 201921155454.0	实用新型	2020.03.31
568	山东耐火材料集团有限公司	用于耐火砖成型的成型装置	ZL 201921128369.5	实用新型	2020.05.26
569	山东耐火材料集团有限公司	压力机自动称量送料装置	ZL 201921155518.7	实用新型	2020.03.24
570	山东耐火材料集团有限公司	耙矿绞车远距离遥控操作系统	ZL 201922022610.X	实用新型	2020.06.26
571	山东耐材集团鲁耐窑业有限公司	一种底转式湿碾机自动出料装置	ZL 202022369249.3	实用新型	2021.08.09
572	山东耐材集团鲁耐窑业有限公司	一种双气缸控制对开料斗	ZL 202022372019.2	实用新型	2021.07.20
573	山东耐材集团鲁耐窑业有限公司	一种管磨机中心罩结构	ZL 202022399078.9	实用新型	2021.09.15
574	山东耐材集团鲁耐窑业有限公司	一种化工危废回转窑窑尾护铁结构	ZL 202022397991.5	实用新型	2021.07.20
575	山东耐材集团鲁耐窑业有限公司	一种耐火材料成型压力机加料皮带收口调节装置	ZL 202022467696.2	实用新型	2021.07.20
576	山东耐材集团鲁耐窑业有限公司	耐火材料成型压力机用助力机械臂	ZL 202022178733.8	实用新型	2021.07.13
577	山东耐材集团鲁耐窑业有限公司	一种弧形门料斗	ZL 202022178752.0	实用新型	2021.07.26
578	山东耐材集团鲁耐窑业有限公司	一种隧道窑压火墙	ZL 202022178762.4	实用新型	2021.08.13

续表

序号	单位名称	知识产权名称	专利号	类别	授权公告日
579	山东耐材集团鲁耐窑业有限公司	一种梭式窑窑底排烟密封装置	ZL 202022178729.1	实用新型	2021.08.13
580	山东耐材集团鲁耐窑业有限公司	一种新型耐火材料压力机自动加料装置	ZL 202022183268.7	实用新型	2021.08.30
581	山东耐火材料集团有限公司	一种窑炉烟气脱硝用冷却器	ZL 202122879020.9	实用新型	2022.04.19
582	山东耐材集团鲁耐窑业有限公司	一种钛白粉回转窑窑衬用耐火砖砖型结构	ZL 202220112578.6	实用新型	2022.05.24
583	山东耐火材料集团有限公司	一种节能环保型矿用钻击锤一体式开凿设备	ZL 202220261970.7	实用新型	2022.06.14
584	山东耐火材料集团有限公司	热风炉拱顶用组合砖及用该组合砖制造的热风炉拱顶	ZL 202221489514.4	实用新型	2022.11.08
585	山东耐火材料集团有限公司	一种地质灾害预警装置	ZL 202220261609.4	实用新型	2022.08.16
586	山东耐火材料集团有限公司	装窑车移动式检测门	ZL 202222622477.6	实用新型	2023.01.17
587	山西昊业新材料开发有限公司	一种钢包包壁用无碳机压砖及其制备方法	ZL 201611145660.4	发明专利	2019.09.23
588	山西昊业新材料开发有限公司	一种防渗钢中间包座砖	ZL 202120413144.5	实用新型	2021.10.26
589	山西昊业新材料开发有限公司	一种螺旋压力机防护装置	ZL 202120243046.1	实用新型	2021.10.02
590	山西昊业新材料开发有限公司	一种具有内冷却装置的轧机	ZL 202120392382.2	实用新型	2021.10.22
591	山西禄纬堡太钢耐火材料有限公司	一种含有回收刚玉浇注料的自流浇注料及其制备方法	ZL 202110914672.3	发明专利	2022.09.08
592	山西禄纬堡太钢耐火材料有限公司	一种带有清扫装置的镁钙砖用压机出砖皮带机	ZL 202221537317.5	实用新型	2022.12.09
593	山西禄纬堡太钢耐火材料有限公司	一种镁钙砖隧道窑用新型后摆渡车主动轮	ZL 202221554527.5	实用新型	2022.12.09
594	山西禄纬堡太钢耐火材料有限公司	一种中高温窑用大型预制件块窑车砌筑结构	ZL 201920775713.3	实用新型	2019.05.08
595	山西禄纬堡太钢耐火材料有限公司	一种镁碳砖用带有溢流阀的装模机液压装置	ZL 202221554516.7	实用新型	2022.12.09
596	山西禄纬堡太钢耐火材料有限公司	一种镁碳砖用装模机防漏料液压系统	ZL 202122737153.2	实用新型	2022.06.07

续表

序号	单位名称	知识产权名称	专利号	类别	授权公告日
597	山西禄纬堡太钢耐火材料有限公司	一种提升机尾轮传动装置	ZL 202222038534.6	实用新型	2022.12.09
598	山西禄纬堡太钢耐火材料有限公司	一种镁钙砖隧道窑用后摆渡车主动轮装配结构	ZL 202221563232.4	实用新型	2022.12.09
599	山西禄纬堡太钢耐火材料有限公司	一种镁钙砖用混合机取料结构	ZL 202122670256.1	实用新型	2022.06.07
600	山西禄纬堡太钢耐火材料有限公司	一种采用浮漂式液位控制器的新型炮泥焦油罐	ZL 20212278823.4	实用新型	2022.06.07
601	山西禄纬堡太钢耐火材料有限公司	一种新型镁钙砖压砖机破碎轴轴承座连接结构	ZL 202122712206.5	实用新型	2022.06.07
602	山西禄纬堡太钢耐火材料有限公司	一种镁钙砖用混合机搅拌装置	ZL 202122696163.6	实用新型	2022.06.07
603	四川川锅锅炉有限责任公司、中钢集团洛阳耐火材料研究院有限公司	一种垃圾炉一体化余热回收高效导热系统	ZL 202221236351.90	实用新型	2022.12.06
604	唐山时创高温材料股份有限公司	一种耐火材料压制滑动水口用型衬模具	ZL 202021620870.6	实用新型	2021.05.18
605	唐山时创高温材料股份有限公司	一种耐火材料压制滑板用镶嵌型衬模具	ZL 202021620871.0	实用新型	2021.06.11
606	唐山时创高温材料股份有限公司	一种耐火材料压制滑板用镶嵌型芯模具	ZL 202021620810.4	实用新型	2021.06.11
607	唐山时创高温材料股份有限公司	一种钢包滑动机构护板	ZL 202121012854.3	实用新型	2021.12.07
608	唐山时创高温材料股份有限公司	一种钢包下滑板与下水口配合结构	ZL 202221808899.6	实用新型	2022.11.04
609	武汉钢铁集团耐火材料有限责任公司	炼钢渣罐简易格栅组件	ZL 202222414455.0	实用新型	2022.12.23
610	武汉钢铁集团耐火材料有限责任公司	精准调速活塞式液压炮泥系统	ZL 202221854235.3	实用新型	2022.11.25
611	武汉钢铁集团耐火材料有限责任公司	一种连铸吹氩塞棒	ZL 202221294475.2	实用新型	2022.09.23
612	武汉钢铁集团耐火材料有限责任公司	一种自锁式防粘渣长寿命钢包沿结构	ZL 202221030696.9	实用新型	2022.08.19
613	武汉钢铁集团耐火材料有限责任公司	一种防粘渣长寿命钢包沿结构	ZL 202221031705.6	实用新型	2022.09.23

续表

序号	单位名称	知识产权名称	专利号	类别	授权公告日
614	武汉钢铁集团耐火材料有限责任公司	长寿命复合型供气砖	ZL 202220934871. 0	实用新型	2022. 09. 23
615	武汉钢铁集团耐火材料有限责任公司	一种可移动下料斗结构	ZL 202122705103. 6	实用新型	2022. 04. 29
616	武汉钢铁集团耐火材料有限责任公司	复合材质的鱼雷罐罐口浇注体及其施工方法	ZL 202111269229. 1	发明专利	2022. 12. 23
617	武汉钢铁集团耐火材料有限责任公司	用于精炼钢包渣线的热态喷补料及施工方法	ZL 202110826532. 0	发明专利	2022. 06. 28
618	武汉钢铁集团耐火材料有限责任公司	RH 炉中部槽用镁尖晶石砖及其制备方法与砌筑方法	ZL 202110602476. 2	发明专利	2022. 06. 28
619	武汉钢铁集团耐火材料有限责任公司	环境友好型连铸中间包干式料及其制备方法	ZL 202110426106. 8	发明专利	2022. 11. 01
620	武汉钢铁集团耐火材料有限责任公司	无碳钢包工作衬用刚玉尖晶石质修补料及其制备方法	ZL 202110425269. 4	发明专利	2022. 08. 09
621	武汉钢铁集团耐火材料有限责任公司	适用于智能整体浇注钢包工作衬套浇工艺的胎模及其使用方法	ZL 202110341196. 0	发明专利	2022. 05. 03
622	武汉钢铁集团耐火材料有限责任公司	全自动钢包工作衬整体浇注工艺	ZL 202110341189. 0	发明专利	2022. 05. 03
623	武汉钢铁集团耐火材料有限责任公司	防渗漏 RH 真空炉底部槽的砌筑结构	ZL 202120417776. 9	实用新型	2021. 12. 17
624	武汉钢铁集团耐火材料有限责任公司	高稳定性复合钢包沿结构	ZL 202120191253. 7	实用新型	2021. 11. 23
625	武汉钢铁集团耐火材料有限责任公司	复合型精炼炉炉盖	ZL 202023020214. 5	实用新型	2021. 09. 03
626	武汉钢铁集团耐火材料有限责任公司	一种中间包用镁质稳流器及其制备方法	ZL 202011444561. 2	发明专利	2022. 06. 28
627	武汉钢铁集团耐火材料有限责任公司	钢包大数据展示方法	ZL 202011280811. 3	发明专利	2022. 06. 28
628	武汉钢铁集团耐火材料有限责任公司	基于大数据的钢包内衬材料的预计寿命的预测方法	ZL 202011269958. 2	发明专利	2022. 08. 09
629	武汉钢铁集团耐火材料有限责任公司	一种钢包无碳预制块模具	ZL 202022580840. 3	实用新型	2021. 09. 10
630	武汉钢铁集团耐火材料有限责任公司	轻量化保温隔热中间包包盖浇注料及其制备方法	ZL 202010858501. 9	发明专利	2022. 09. 27
631	武汉钢铁集团耐火材料有限责任公司	铁水罐底工作层修补料及修补方法	ZL 202010830588. 9	发明专利	2022. 07. 05

续表

序号	单位名称	知识产权名称	专利号	类别	授权公告日
632	武汉钢铁集团耐火材料有限责任公司	RH浸渍管喷补料的回弹料回收利用方法	ZL 202010830590.6	发明专利	2022.06.28
633	武汉钢铁集团耐火材料有限责任公司	钢包衬激光测厚扫描仪移动装置	ZL 201911023794.2	发明专利	2021.06.01
634	武汉钢铁集团耐火材料有限责任公司	钢包衬激光测厚扫描仪保护箱	ZL 201911023798.0	发明专利	2021.08.13
635	武汉钢铁集团耐火材料有限责任公司	转炉喷补车料管运动智能跟随装置	ZL 201910932723.8	发明专利	2021.07.06
636	武汉钢铁集团耐火材料有限责任公司	一种大型防爆裂钢包底冲击区预制件	ZL 201921529561.5	实用新型	2020.06.09
637	武汉钢铁集团耐火材料有限责任公司	一种整体式中间包冲击区预制件	ZL 201921344442.2	实用新型	2020.05.22
638	武汉钢铁集团耐火材料有限责任公司	转炉翻身砖	ZL 201822204458.5	实用新型	2019.10.08
639	武汉钢铁集团耐火材料有限责任公司	转炉大面修补料及其制备方法	ZL 201811602070.9	发明专利	2022.03.18
640	武汉钢铁集团耐火材料有限责任公司	一种耐火预制件的翻转装置	ZL 201822211161.1	实用新型	2019.10.08
641	武汉钢铁集团耐火材料有限责任公司	高炉出铁主沟铝碳化硅质浇注料及其制备方法与应用	ZL 201811544867.8	发明专利	2021.09.10
642	武汉钢铁集团耐火材料有限责任公司	钢包炉衬用铝镁碳砖	ZL 201811543461.8	发明专利	2021.10.15
643	武汉钢铁集团耐火材料有限责任公司	用于鱼雷罐永久层的高铝浇注料	ZL 201711181224.7	发明专利	2020.11.03
644	武汉钢铁集团耐火材料有限责任公司	鱼雷罐直筒渣线区工作层的维护方法	ZL 201711181676.5	发明专利	2020.02.14
645	武汉钢铁集团耐火材料有限责任公司	用于冶金的轻质耐高温隔热板及其制备方法	ZL 201711160450.7	发明专利	2020.11.24
646	武汉钢铁集团耐火材料有限责任公司	以浸焦油与沥青的镁砂为骨料的低碳镁碳砖及其制备方法	ZL 201711159666.1	发明专利	2021.01.08
647	武汉钢铁集团耐火材料有限责任公司	利用铁沟再生料的鱼雷罐工作衬砖及其制备方法	ZL 201711160108.7	发明专利	2021.01.08
648	武汉科技大学、浙江红鹰集团股份有限公司	一种抗水化镁钙砂及其制备方法	ZL 201610954863.1	发明专利	2019.03.19
649	武汉科技大学省部共建耐火材料与冶金国家重点实验室	Lightweight Micro-closed-pore Corundum Composite Refractory, Method for Preparing the Same（美国）	ZLUS 10519065B2	发明专利	2019.12.31
650	武汉科技大学省部共建耐火材料与冶金国家重点实验室	一种柱状莫来石-片状氧化铝复合粉体及其制备方法	ZL 201710225714.6	发明专利	2019.03.01

续表

序号	单位名称	知识产权名称	专利号	类别	授权公告日
651	武汉科技大学省部共建耐火材料与冶金国家重点实验室	一种以硅酸盐玻璃为原料制备多孔纳米碳化硅的方法	ZL 201710322067.0	发明专利	2019.10.15
652	武汉科技大学省部共建耐火材料与冶金国家重点实验室	一种以硅酸盐玻璃为原料制备三维多孔硅的方法	ZL 201710322059.6	发明专利	2019.05.31
653	武汉科技大学省部共建耐火材料与冶金国家重点实验室	一种高炉炉缸用碳砖及其制备方法	ZL 201710620050.3	发明专利	2019.11.26
654	武汉科技大学省部共建耐火材料与冶金国家重点实验室	一种弥散型刚玉-尖晶石透气砖及其制备方法	ZL 201710013255.5	发明专利	2019.06.25
655	武汉科技大学省部共建耐火材料与冶金国家重点实验室	一种碳化硅-石墨烯复合粉体及其制备方法	ZL 201710548376.X	发明专利	2019.05.10
656	武汉科技大学省部共建耐火材料与冶金国家重点实验室	一种氮化硅晶须结合碳化硅多孔陶瓷及其制备方法	ZL 201610903797.5	发明专利	2019.05.10
657	武汉科技大学省部共建耐火材料与冶金国家重点实验室	一种碳量子点及其制备方法	ZL 201710335432.1	发明专利	2019.04.12
658	武汉科技大学省部共建耐火材料与冶金国家重点实验室	一种水泥窑用尖晶石质耐火材料及其制备方法	ZL 201610581954.5	发明专利	2019.01.04
659	武汉科技大学省部共建耐火材料与冶金国家重点实验室	铝电解槽侧壁保温用复合尖晶石材料及其制备方法	ZL 201710813483.0	发明专利	2019.10.11
660	武汉科技大学省部共建耐火材料与冶金国家重点实验室	纳米镍复合二氧化钛纳米管阵列多孔膜及其制备方法	ZL 201810016301.1	发明专利	2019.11.08
661	武汉科技大学省部共建耐火材料与冶金国家重点实验室	石墨烯复合磷酸铁锂纳米线正极材料及其制备方法	ZL 201611255830.4	发明专利	2019.08.02
662	武汉科技大学省部共建耐火材料与冶金国家重点实验室	石墨烯气凝胶负载磷酸铁锂多孔复合材料及其制备方法	ZL 201610597879.1	发明专利	2019.04.12

续表

序号	单位名称	知识产权名称	专利号	类别	授权公告日
663	武汉科技大学省部共建耐火材料与冶金国家重点实验室	一种莫来石碳化硅微孔骨料及其制备方法	ZL 201610588254.9	发明专利	2019.03.15
664	武汉科技大学省部共建耐火材料与冶金国家重点实验室	一种高导热高微孔电煅煤基炭砖及其制备方法	ZL 201710179322.0	发明专利	2019.08.20
665	武汉科技大学省部共建耐火材料与冶金国家重点实验室	一种高强微孔莫来石耐火骨料及其制备方法	ZL 201710250720.7	发明专利	2019.09.10
666	武汉科技大学省部共建耐火材料与冶金国家重点实验室	一种木质素改性酚醛树脂泡沫碳及其制备方法	ZL 201710353638.7	发明专利	2019.01.04
667	武汉科技大学省部共建耐火材料与冶金国家重点实验室	一种流变性可控的水泥料浆及其制备方法	ZL 201610886770.X	发明专利	2019.01.04
668	武汉科技大学省部共建耐火材料与冶金国家重点实验室	基于熔盐法的高红外反射率正交锰酸钇粉体及其制备方法	ZL 201711003121.1	发明专利	2019.07.09
669	武汉科技大学省部共建耐火材料与冶金国家重点实验室	一种石墨烯负载氧化锰复合材料及其制备方法	ZL 201710349792.7	发明专利	2019.01.04
670	武汉科技大学省部共建耐火材料与冶金国家重点实验室	碳化物衍生碳/炭复合储能材料及其制备方法与应用	ZL 201710041691.3	发明专利	2019.07.30
671	武汉科技大学省部共建耐火材料与冶金国家重点实验室	一种串珠状钛酸锂纳米颗粒组成的自支撑柔性薄膜及其制备方法	ZL 201610436615.8	发明专利	2019.02.05
672	武汉科技大学省部共建耐火材料与冶金国家重点实验室	轻量化方镁石-镁铝尖晶石耐火材料及其制备方法	ZL 201710632853.0	发明专利	2019.11.08
673	武汉科技大学省部共建耐火材料与冶金国家重点实验室	一种抗水化镁钙砂及其制备方法	ZL 201610954863.1	发明专利	2019.03.19
674	武汉科技大学省部共建耐火材料与冶金国家重点实验室	原位生成CM2A8复相增强钢包浇注料及其制备方法	ZL 201710132197.8	发明专利	2019.05.10
675	武汉科技大学省部共建耐火材料与冶金国家重点实验室	一种复合材料相变蓄热球及其制备方法	ZL 201711231472.8	发明专利	2019.04.26

续表

序号	单位名称	知识产权名称	专利号	类别	授权公告日
676	武汉科技大学省部共建耐火材料与冶金国家重点实验室	一种钢精炼用整体耐火工作衬及其制备方法	ZL 201610745114.8	发明专利	2019.02.12
677	武汉科技大学省部共建耐火材料与冶金国家重点实验室	一种钢包用耐侵蚀砖及其使用方法	ZL 201610823450.X	发明专利	2019.04.26
678	武汉科技大学省部共建耐火材料与冶金国家重点实验室	一种钢包用耐侵蚀浇注料及其使用方法	ZL 201610823456.7	发明专利	2019.04.26
679	武汉科技大学省部共建耐火材料与冶金国家重点实验室	原位合金-氧化物复相蓄热耐火材料及其制备方法	ZL 201610687518.6	发明专利	2019.04.09
680	武汉科技大学省部共建耐火材料与冶金国家重点实验室	一种致密方镁石球粒及其制备方法	ZL 201610849627.3	发明专利	2019.03.19
681	武汉科技大学省部共建耐火材料与冶金国家重点实验室	一种致密颗粒镁钙材料及其制备方法	ZL 201610823568.2	发明专利	2019.03.19
682	武汉科技大学省部共建耐火材料与冶金国家重点实验室	一种轻量化方镁石-镁铝尖晶石捣打料及其制备方法	ZL 201710633623.6	发明专利	2019.09.17
683	武汉科技大学省部共建耐火材料与冶金国家重点实验室	一种轻量莫来石耐火材料及其制备方法	ZL 201710633632.5	发明专利	2019.08.20
684	武汉科技大学省部共建耐火材料与冶金国家重点实验室	纳米孔径的多孔方镁石-镁铝尖晶石陶瓷材料及其制备方法	ZL 201710632854.5	发明专利	2019.08.02
685	武汉科技大学省部共建耐火材料与冶金国家重点实验室	一种自修复抗氧化的碳化硅浇注料及其制备方法	ZL 201710653533.3	发明专利	2019.10.11
686	武汉科技大学省部共建耐火材料与冶金国家重点实验室	垃圾焚烧炉用六铝酸钙/碳化硅浇注料及其制备方法	ZL 201710345274.8	发明专利	2019.09.10
687	武汉科技大学省部共建耐火材料与冶金国家重点实验室	一种纳米孔轻量刚玉耐火骨料及其制备方法	ZL 201611261862.5	发明专利	2019.08.20
688	武汉科技大学省部共建耐火材料与冶金国家重点实验室	一种轻量微闭孔粘土耐火骨料及其制备方法	ZL 201610903994.7	发明专利	2019.06.25

续表

序号	单位名称	知识产权名称	专利号	类别	授权公告日
689	武汉科技大学省部共建耐火材料与冶金国家重点实验室	一种轻量微闭孔矾土耐火骨料及其制备方法	ZL 201610903975.4	发明专利	2019.07.09
690	武汉科技大学省部共建耐火材料与冶金国家重点实验室	一种含微闭气孔的轻量粘土耐火骨料及其制备方法	ZL 201610903993.2	发明专利	2019.06.25
691	武汉科技大学省部共建耐火材料与冶金国家重点实验室	一种含微闭气孔的轻量矾土耐火骨料及其制备方法	ZL 201610903995.1	发明专利	2019.07.09
692	武汉科技大学省部共建耐火材料与冶金国家重点实验室	一种不烧粘土结合硅酸铝砖及其制备方法	ZL 201610467690.0	发明专利	2019.03.19
693	武汉科技大学省部共建耐火材料与冶金国家重点实验室	一种不烧粘土-硅溶胶结合硅酸铝砖及其制备方法	ZL 201610467561.1	发明专利	2019.02.26
694	武汉科技大学省部共建耐火材料与冶金国家重点实验室	轻量化方镁石-镁橄榄石耐火材料及其制备方法	ZL 201710633572.7	发明专利	2019.11.26
695	武汉科技大学省部共建耐火材料与冶金国家重点实验室	轻量化方镁石-铁铝尖晶石耐火材料及其制备方法	ZL 201710631762.5	发明专利	2019.11.22
696	武汉科技大学省部共建耐火材料与冶金国家重点实验室	一种轻量化刚玉-镁铝尖晶石浇注料及其制备方法	ZL 201710632920.9	发明专利	2019.12.10
697	武汉科技大学省部共建耐火材料与冶金国家重点实验室	一种安装在铁水罐车上的铁水包加揭盖装置	ZL 201810072036.9	发明专利	2019.10.01
698	武汉科技大学省部共建耐火材料与冶金国家重点实验室	一种三维石墨烯复合电极材料及其制备方法和应用	ZL 201710292545.8	发明专利	2019.04.05
699	武汉科技大学省部共建耐火材料与冶金国家重点实验室	一种不锈钢表面氧化锌纳米棒阵列的制备方法	ZL 201610503250.6	发明专利	2019.03.19
700	武汉科技大学省部共建耐火材料与冶金国家重点实验室	面向中高温加热领域的多孔介质燃烧器控制系统及方法	ZL 201810400280.3	发明专利	2019.09.27
701	武汉科技大学省部共建耐火材料与冶金国家重点实验室	一种选择性腐蚀制备铝镍纳米纤维的方法	ZL 201810339019.7	发明专利	2019.11.08

续表

序号	单位名称	知识产权名称	专利号	类别	授权公告日
702	武汉科技大学省部共建耐火材料与冶金国家重点实验室	一种大压下高扩孔率热轧贝氏体双相钢及其制备方法	ZL 201710954092.0	发明专利	2019.10.25
703	武汉科技大学省部共建耐火材料与冶金国家重点实验室	Ti 掺杂 CrO_2 外延薄膜及其制备方法	ZL 201710297704.3	发明专利	2019.06.25
704	武汉科技大学省部共建耐火材料与冶金国家重点实验室	一种用于 X80 管线钢的自保护药芯焊丝	ZL 201710345034.8	发明专利	2019.04.26
705	武汉科技大学省部共建耐火材料与冶金国家重点实验室	高炉煤气部分燃烧工艺的温度控制方法	ZL 201710818775.8	发明专利	2019.12.03
706	武汉科技大学省部共建耐火材料与冶金国家重点实验室	一种在 Al_4O_4C 基体表面制备 AlN 晶须的方法	ZL 201611064341.0	发明专利	2019.03.01
707	武汉科技大学省部共建耐火材料与冶金国家重点实验室	铁水脱硫喷枪用碳纤维增韧耐火浇注料及其制备方法	ZL 201710010056.9	发明专利	2019.06.25
708	武汉科技大学省部共建耐火材料与冶金国家重点实验室	铁水脱硫喷枪用纤维复合增韧耐火浇注料及其制备方法	ZL 201710010055.4	发明专利	2019.06.25
709	武汉科技大学省部共建耐火材料与冶金国家重点实验室	一种轻质弥散型透气砖及其制备方法	ZL 201610202807.2	发明专利	2019.03.19
710	武汉科技大学省部共建耐火材料与冶金国家重点实验室	一种氮化硅纳米线增强多孔碳化硅材料及其制备方法	ZL 201710024218.4	发明专利	2019.10.25
711	武汉科技大学省部共建耐火材料与冶金国家重点实验室	一种纳米线自增强多孔氮化硅陶瓷及其制备方法	ZL 201710024219.9	发明专利	2019.05.24
712	武汉科技大学省部共建耐火材料与冶金国家重点实验室	一种铜冶炼炉修补料及其制备方法	ZL 201710412858.2	发明专利	2019.10.25
713	武汉科技大学省部共建耐火材料与冶金国家重点实验室	一种烧成镁钙砖及其制备方法	ZL 201710004879.0	发明专利	2019.10.11
714	武汉科技大学省部共建耐火材料与冶金国家重点实验室	一种超细钛铝酸钙粉体及其制备方法	ZL 201611161226.5	发明专利	2019.10.11

续表

序号	单位名称	知识产权名称	专利号	类别	授权公告日
715	武汉科技大学省部共建耐火材料与冶金国家重点实验室	一种高铝质可塑料及其制备方法	ZL 201710412830. 9	发明专利	2019. 10. 11
716	武汉科技大学省部共建耐火材料与冶金国家重点实验室	一种硅酸铝轻质喷补料及其制备方法	ZL 201710412831. 3	发明专利	2019. 10. 11
717	武汉科技大学省部共建耐火材料与冶金国家重点实验室	一种镁质可塑料及其制备方法	ZL 201710413573. 0	发明专利	2019. 10. 11
718	武汉科技大学省部共建耐火材料与冶金国家重点实验室	一种 MgO-CaO 材料抗水化性能的检测方法	ZL 201710364337. 4	发明专利	2019. 10. 11
719	武汉科技大学省部共建耐火材料与冶金国家重点实验室	一种耐磨可塑料及其制备方法	ZL 201710413571. 1	发明专利	2019. 10. 11
720	武汉科技大学省部共建耐火材料与冶金国家重点实验室	一种硅质可塑料及其制备方法	ZL 201710414271. 5	发明专利	2019. 10. 11
721	武汉科技大学省部共建耐火材料与冶金国家重点实验室	一种 Al_2O_3-TiO_2-CaO 质自流浇注料及其制备方法	ZL 201710225557. 9	发明专利	2019. 09. 17
722	武汉科技大学省部共建耐火材料与冶金国家重点实验室	一种烧成高铝质耐火砖及其制备方法	ZL 201710528075. 0	发明专利	2019. 09. 10
723	武汉科技大学省部共建耐火材料与冶金国家重点实验室	一种贫铁矿磁化焙烧回转窑衬砖及其制备方法	ZL 201611021632. 1	发明专利	2019. 09. 10
724	武汉科技大学省部共建耐火材料与冶金国家重点实验室	一种部分稳定氧化锆原料及其制备方法	ZL 201611104970. 1	发明专利	2019. 07. 09
725	武汉科技大学省部共建耐火材料与冶金国家重点实验室	一种以铝铬渣为主料的电炉炉盖浇注料及其制备方法	ZL 201610844784. 5	发明专利	2019. 07. 09
726	武汉科技大学省部共建耐火材料与冶金国家重点实验室	一种中间包永久层钛铝酸钙浇注料及其制备方法	ZL 201611021635. 5	发明专利	2019. 04. 26
727	武汉科技大学省部共建耐火材料与冶金国家重点实验室	以铝铬渣为主料的合成莫来石原料及其制备方法	ZL 201610812898. 1	发明专利	2019. 04. 26

续表

序号	单位名称	知识产权名称	专利号	类别	授权公告日
728	武汉科技大学省部共建耐火材料与冶金国家重点实验室	一种铬铁矿焙烧回转窑工作层浇注料及其制备方法	ZL 201611008142.8	发明专利	2019.04.26
729	武汉科技大学省部共建耐火材料与冶金国家重点实验室	一种蜂窝状钛铝酸钙空心球及其制备方法	ZL 201610931554.2	发明专利	2019.04.26
730	武汉科技大学省部共建耐火材料与冶金国家重点实验室	一种炼铜转炉风口砖及其制备方法	ZL 201610476306.3	发明专利	2019.03.19
731	武汉科技大学省部共建耐火材料与冶金国家重点实验室	一种基于熔盐法低温合成菱形氮化硼粉体及其制备方法	ZL 201810338386.5	发明专利	2019.12.10
732	武汉科技大学省部共建耐火材料与冶金国家重点实验室	一种中频感应炉用捣打料及其制备方法	ZL 201610667100.9	发明专利	2019.04.09
733	武汉科技大学省部共建耐火材料与冶金国家重点实验室	基于塑化成型抛光的 X 荧光分析用样片的制备方法	ZL 201611183814.9	发明专利	2019.04.09
734	武汉科技大学省部共建耐火材料与冶金国家重点实验室	一种浇铸成型的熔剂坩埚及其制备方法	ZL 201610406209.7	发明专利	2019.02.26
735	武汉科技大学省部共建耐火材料与冶金国家重点实验室	基于泡沫塑料结合的 X 荧光分析用样片的制备方法	ZL 201611182833.X	发明专利	2019.05.10
736	武汉科技大学省部共建耐火材料与冶金国家重点实验室	一种 XRF 用玻璃片样品的制备方法	ZL 201710029493.5	发明专利	2019.05.10
737	武汉科技大学省部共建耐火材料与冶金国家重点实验室	一种 XRF 熔融制备玻璃片样品的方法	ZL 201510743697.6	发明专利	2019.03.01
738	武汉科技大学省部共建耐火材料与冶金国家重点实验室	一种熔剂覆盖片的制备方法	ZL 201611183134.7	发明专利	2019.02.12
739	武汉科技大学省部共建耐火材料与冶金国家重点实验室	一种熔剂坩埚盖的制备方法	ZL 201611183831.2	发明专利	2019.07.09
740	武汉科技大学省部共建耐火材料与冶金国家重点实验室	一种二维过渡金属氮化物及其制备方法	ZL 201810107034.9	发明专利	2019.12.24

续表

序号	单位名称	知识产权名称	专利号	类别	授权公告日
741	武汉科技大学省部共建耐火材料与冶金国家重点实验室	一种连铸中间包用气动旋流上水口座砖	ZL 201821781107. 4	实用新型	2019. 08. 13
742	武汉科技大学省部共建耐火材料与冶金国家重点实验室	Porous Medium Premixing Combustor（美国）	US 10801720 B2	发明专利	2020. 10. 13
743	武汉科技大学省部共建耐火材料与冶金国家重点实验室	一种用于锂离子电池的蚁巢状多孔硅的制备方法	ZL 201710322917. 7	发明专利	2020. 03. 10
744	武汉科技大学省部共建耐火材料与冶金国家重点实验室	一种碳包覆微米硅、其制备方法和应用	ZL 201810135903. 9	发明专利	2020. 04. 28
745	武汉科技大学省部共建耐火材料与冶金国家重点实验室	一种以硅酸盐玻璃为原料制备硅碳复合材料的方法、其产品和应用	ZL 201710697706. 1	发明专利	2020. 05. 19
746	武汉科技大学省部共建耐火材料与冶金国家重点实验室	一种硅碳复合材料、其制备方法和应用	ZL 201710697692. 3	发明专利	2020. 07. 07
747	武汉科技大学省部共建耐火材料与冶金国家重点实验室	一种利用镁热还原法制备富缺陷催化材料的方法及催化材料	ZL 201711225700. 0	发明专利	2020. 05. 15
748	武汉科技大学省部共建耐火材料与冶金国家重点实验室	一种蜂窝状硅碳复合材料、其制备方法和应用	ZL 201711237620. 7	发明专利	2020. 05. 19
749	武汉科技大学省部共建耐火材料与冶金国家重点实验室	一种以油页岩废渣为原料制备Si/C复合材料的方法	ZL 201810135914. 7	发明专利	2020. 07. 07
750	武汉科技大学省部共建耐火材料与冶金国家重点实验室	一种通过气相反应制备富含分级孔结构的高性能催化材料的方法及催化材料	ZL 201711226122. 2	发明专利	2020. 06. 23
751	武汉科技大学省部共建耐火材料与冶金国家重点实验室	一种空气辅助制备多孔纳米硅的方法	ZL 201510902970. 5	发明专利	2020. 10. 16
752	武汉科技大学省部共建耐火材料与冶金国家重点实验室	炼铜转炉上部用氧化镁-碳化硅复合材料及其制备方法	ZL 201711422743. 8	发明专利	2020. 08. 25
753	武汉科技大学省部共建耐火材料与冶金国家重点实验室	一种莫来石轻质耐火材料及其制备方法	ZL 201611104954. 2	发明专利	2020. 02. 14

续表

序号	单位名称	知识产权名称	专利号	类别	授权公告日
754	武汉科技大学省部共建耐火材料与冶金国家重点实验室	一种高导热高抗蚀电煅煤基炭砖及其制备方法	ZL 201711271495. 1	发明专利	2020. 09. 08
755	武汉科技大学省部共建耐火材料与冶金国家重点实验室	一种跨尺度多孔 CeO_2 催化剂及其制备方法	ZL 201711388482. 2	发明专利	2020. 10. 30
756	武汉科技大学省部共建耐火材料与冶金国家重点实验室	炼铜转炉下部用氧化镁-镁橄榄石-碳复合材料及其制备方法	ZL 201810008918. 9	发明专利	2020. 10. 30
757	武汉科技大学省部共建耐火材料与冶金国家重点实验室	一种二维过渡金属硫化物及其制备方法	ZL 201810107221. 7	发明专利	2020. 10. 30
758	武汉科技大学省部共建耐火材料与冶金国家重点实验室	一种三维多孔氮化物纳米陶瓷及其制备方法	ZL 2017109733196	发明专利	2020. 09. 08
759	武汉科技大学省部共建耐火材料与冶金国家重点实验室	3D 打印高致密度钛-硼化钛的复合材料及其制备方法	ZL 201810450626. 0	发明专利	2020. 08. 07
760	武汉科技大学省部共建耐火材料与冶金国家重点实验室	高分散六边形纳米片结构镍钴锰三元正极材料及其制备方法	ZL 201810005715. 4	发明专利	2020. 03. 10
761	武汉科技大学省部共建耐火材料与冶金国家重点实验室	石墨烯气凝胶负载介孔磷酸铁锂纳米片复合材料及其制备方法	ZL 201710121699. 0	发明专利	2020. 02. 14
762	武汉科技大学省部共建耐火材料与冶金国家重点实验室	低层数中远红外高反射的一维金属增强型膜系结构	ZL 201810775579. 7	发明专利	2020. 07. 16
763	武汉科技大学省部共建耐火材料与冶金国家重点实验室	一种炭化稻壳泡沫光热材料及其制备方法	ZL 201811314211. 7	发明专利	2020. 11. 17
764	武汉科技大学省部共建耐火材料与冶金国家重点实验室	一种高纯刚玉粉末及其制备方法	ZL 201810830783. 4	发明专利	2020. 04. 10
765	武汉科技大学省部共建耐火材料与冶金国家重点实验室	一种高强度超微孔电煅煤基炭砖及其制备方法	ZL 201810419489. 4	发明专利	2020. 12. 01
766	武汉科技大学省部共建耐火材料与冶金国家重点实验室	Keggin 型磷钨酸复合锆基金属-有机框架光催化剂及其制备方法	ZL 201810016327. 6	发明专利	2020. 12. 01

续表

序号	单位名称	知识产权名称	专利号	类别	授权公告日
767	武汉科技大学省部共建耐火材料与冶金国家重点实验室	一种原生电磁场 SiC-ZnO 复合材料及其制备方法	ZL 201711287516.9	发明专利	2020.07.24
768	武汉科技大学省部共建耐火材料与冶金国家重点实验室	一种原生电磁场耐火浇注料及其制备方法	ZL 201711288707.7	发明专利	2020.07.24
769	武汉科技大学省部共建耐火材料与冶金国家重点实验室	一种具有复合壳层的相变蓄热颗粒及其制备方法	ZL 201910007562.1	发明专利	2020.09.22
770	武汉科技大学省部共建耐火材料与冶金国家重点实验室	干熄焦炉斜道立柱用氮化铝增强浇注料及其制备方法	ZL 201810201723.6	发明专利	2020.08.07
771	武汉科技大学省部共建耐火材料与冶金国家重点实验室	一种弥散型透气耐火材料及其制备方法	ZL 201711207669.8	发明专利	2020.09.08
772	武汉科技大学省部共建耐火材料与冶金国家重点实验室	一种多孔材料隔热性能的优化控制方法	ZL 201611004720.0	发明专利	2020.02.14
773	武汉科技大学省部共建耐火材料与冶金国家重点实验室	一种 ZrO_2-CaO 复合泡沫陶瓷及其制备方法	ZL 201710509982.0	发明专利	2020.04.24
774	武汉科技大学省部共建耐火材料与冶金国家重点实验室	纳米孔径的多孔刚玉-镁铝尖晶石陶瓷及其制备方法	ZL 201710632852.6	发明专利	2020.01.24
775	武汉科技大学省部共建耐火材料与冶金国家重点实验室	一种轻量化刚玉-莫来石浇注料及其制备方法	ZL 201710632929.X	发明专利	2020.03.10
776	武汉科技大学省部共建耐火材料与冶金国家重点实验室	纳米孔径的多孔方镁石-镁橄榄石陶瓷材料及其制备方法	ZL 201710633569.5	发明专利	2020.03.10
777	武汉科技大学省部共建耐火材料与冶金国家重点实验室	一种纳米孔径的多孔刚玉-莫来石陶瓷及其制备方法	ZL 201710633571.2	发明专利	2020.05.11
778	武汉科技大学省部共建耐火材料与冶金国家重点实验室	一种轻量化刚玉-镁铝尖晶石耐火材料及其制备方法	ZL 201710633625.5	发明专利	2020.08.25
779	武汉科技大学省部共建耐火材料与冶金国家重点实验室	一种不锈钢冶炼用钢包浇注料及其制备方法	ZL 201711487087.X	发明专利	2020.12.01

续表

序号	单位名称	知识产权名称	专利号	类别	授权公告日
780	武汉科技大学省部共建耐火材料与冶金国家重点实验室	一种高氮钢冶炼用钢包浇注料及其制备方法	ZL 201810659319. 3	发明专利	2020. 12. 18
781	武汉科技大学省部共建耐火材料与冶金国家重点实验室	基于微晶石墨的氧化铝-碳质复合材料及其制备方法	ZL 201810085584. 5	发明专利	2020. 11. 03
782	武汉科技大学省部共建耐火材料与冶金国家重点实验室	狭缝式钢包透气砖	ZL 201710951968. 6	发明专利	2020. 01. 17
783	武汉科技大学省部共建耐火材料与冶金国家重点实验室	一种利用废弃镁碳砖生产含MgO烧结矿的方法	ZL 201810776773. 7	发明专利	2020. 01. 31
784	武汉科技大学省部共建耐火材料与冶金国家重点实验室	一种AlN-SiC固溶体晶须及其制备方法	ZL 201710875873. 0	发明专利	2020. 03. 10
785	武汉科技大学省部共建耐火材料与冶金国家重点实验室	一种高透气性弥散型透气砖及其制备方法	ZL 201710393811. 6	发明专利	2020. 04. 24
786	武汉科技大学省部共建耐火材料与冶金国家重点实验室	一种莫来石轻质隔热砖及其制备方法	ZL 201611228577. 3	发明专利	2020. 02. 14
787	武汉科技大学省部共建耐火材料与冶金国家重点实验室	一种无钴黑色颜料及其制备方法	ZL 201810187565. 3	发明专利	2020. 07. 24
788	武汉科技大学省部共建耐火材料与冶金国家重点实验室	一种用于锂离子电池正极材料焙烧的匣体及其制备方法	ZL 201810424444. 6	发明专利	2020. 11. 03
789	武汉科技大学省部共建耐火材料与冶金国家重点实验室	一种热电材料专用的交流工频放电烧结设备	ZL 201920550099. 0	实用新型	2020. 01. 17
790	武汉科技大学省部共建耐火材料与冶金国家重点实验室	一种碳掺杂碳化硅纤维及其制备方法	ZL 201810225460. 2	发明专利	2020. 07. 10
791	武汉科技大学省部共建耐火材料与冶金国家重点实验室	一种细镶嵌结构中间相沥青及其制备方法和其在高强高密石墨材料中的应用	ZL 201810274277. 1	发明专利	2020. 08. 18
792	武汉科技大学省部共建耐火材料与冶金国家重点实验室	一种高强高密石墨材料及其制备方法	ZL 201710344548. 1	发明专利	2020. 10. 12

续表

序号	单位名称	知识产权名称	专利号	类别	授权公告日
793	武汉科技大学省部共建耐火材料与冶金国家重点实验室	石墨烯负载 Pt-Pd 纳米催化剂制备方法及其用途	ZL 201710404020. 9	发明专利	2020. 04. 03
794	武汉科技大学省部共建耐火材料与冶金国家重点实验室	System and Method for Controlling a Porous Medium Burner of Medium-High Temperature Heating Field（美国）	16188928	发明专利	2021. 05. 04
795	武汉科技大学省部共建耐火材料与冶金国家重点实验室	Thermal Insulation Device and Method for Metal Materials（澳洲）	2021103881	发明专利	2021. 10. 20
796	武汉科技大学省部共建耐火材料与冶金国家重点实验室	一种高锰钢冶炼用钢包浇注料及其制备方法	ZL 201711487090. 1	发明专利	2021. 01. 01
797	武汉科技大学省部共建耐火材料与冶金国家重点实验室	一种棒状硼化锆-片状碳化硅单晶复合粉体及其制备方法	ZL 201810403249. 5	发明专利	2021. 04. 16
798	武汉科技大学省部共建耐火材料与冶金国家重点实验室	一种定向多孔磷酸铁锂-石墨烯复合材料及其制备方法	ZL 201810463023. 4	发明专利	2021. 04. 16
799	武汉科技大学省部共建耐火材料与冶金国家重点实验室	一种具有微-纳米复合孔结构的烧结镁砂及其制备方法	ZL 201810750114. 6	发明专利	2021. 01. 01
800	武汉科技大学省部共建耐火材料与冶金国家重点实验室	一种多级孔结构矾土熟料及其制备方法	ZL 201810748874. 3	发明专利	2021. 03. 16
801	武汉科技大学省部共建耐火材料与冶金国家重点实验室	一种微-纳米复合孔矾土熟料及其制备方法	ZL 201810750802. 2	发明专利	2021. 03. 16
802	武汉科技大学省部共建耐火材料与冶金国家重点实验室	一种氧化铝-碳氮化硅复相防弹陶瓷及其制备方法	ZL 201810748871. X	发明专利	2021. 01. 01
803	武汉科技大学省部共建耐火材料与冶金国家重点实验室	一种氧化铝-碳氮化钛复相防弹陶瓷及其制备方法	ZL 201810750099. 5	发明专利	2021. 02. 19
804	武汉科技大学省部共建耐火材料与冶金国家重点实验室	一种高韧性氧化铝基防弹陶瓷及其制备方法	ZL 201810749927. 3	发明专利	2021. 01. 01
805	武汉科技大学省部共建耐火材料与冶金国家重点实验室	一种磁复合耐火材料及其制备方法	ZL 201810796196. 8	发明专利	2021. 01. 01

续表

序号	单位名称	知识产权名称	专利号	类别	授权公告日
806	武汉科技大学省部共建耐火材料与冶金国家重点实验室	基于助脱模剂的钴内标 XRF 分析用玻璃片的制备方法	ZL 201810876639.4	发明专利	2021.02.19
807	武汉科技大学省部共建耐火材料与冶金国家重点实验室	基于脱模助剂的铁合金 XRF 分析用玻璃片的制备方法	ZL 201810876357.4	发明专利	2021.02.19
808	武汉科技大学省部共建耐火材料与冶金国家重点实验室	脱模助剂作用的 XRF 分析用玻璃片的制备方法	ZL 201810877044.0	发明专利	2021.02.19
809	武汉科技大学省部共建耐火材料与冶金国家重点实验室	一种中间包用镁质透气材料及其制备方法	ZL 201811267711.X	发明专利	2021.06.15
810	武汉科技大学省部共建耐火材料与冶金国家重点实验室	一种转炉用透气材料及其制备方法	ZL 201811267217.3	发明专利	2021.09.03
811	武汉科技大学省部共建耐火材料与冶金国家重点实验室	一种泡沫石墨烯光热材料及其制备方法	ZL 201811313935.X	发明专利	2021.09.14
812	武汉科技大学省部共建耐火材料与冶金国家重点实验室	一种复合改性三元材料及其制备方法	ZL 201811347734.1	发明专利	2021.07.20
813	武汉科技大学省部共建耐火材料与冶金国家重点实验室	一种多重改性镍钴锰正极材料及其制备方法	ZL 201811347486.0	发明专利	2021.07.20
814	武汉科技大学省部共建耐火材料与冶金国家重点实验室	一种纳米碳复合三元材料及其制备方法	ZL 201811347741.1	发明专利	2021.05.04
815	武汉科技大学省部共建耐火材料与冶金国家重点实验室	聚合物与氮掺杂碳纳米管共改性镍钴锰正极材料及其制备方法	ZL 201811348523.X	发明专利	2021.05.18
816	武汉科技大学省部共建耐火材料与冶金国家重点实验室	一种刚玉-莫来石质隔热材料及其制备方法	ZL 201811395466.0	发明专利	2021.05.04
817	武汉科技大学省部共建耐火材料与冶金国家重点实验室	一种莫来石质隔热材料及其制备方法	ZL 201811397563.3	发明专利	2021.05.04
818	武汉科技大学省部共建耐火材料与冶金国家重点实验室	一种镁质浇注料及其制备方法	ZL 201811397561.4	发明专利	2021.06.04

续表

序号	单位名称	知识产权名称	专利号	类别	授权公告日
819	武汉科技大学省部共建耐火材料与冶金国家重点实验室	以镁橄榄石为主要原料的镁质浇注料及其制备方法	ZL 201811395607.9	发明专利	2021.02.02
820	武汉科技大学省部共建耐火材料与冶金国家重点实验室	一种大直径相变蓄热颗粒及其制备方法	ZL 201910007853.0	发明专利	2021.01.01
821	武汉科技大学省部共建耐火材料与冶金国家重点实验室	一种晶须增强 Al_2O_3-SiC-C 质铁钩浇注料及其制备方法	ZL 201910417028.8	发明专利	2021.07.13
822	武汉科技大学省部共建耐火材料与冶金国家重点实验室	添加氮化硅镁粉体的低碳镁碳耐火材料及其制备方法	ZL 201910470945.2	发明专利	2021.07.06
823	武汉科技大学省部共建耐火材料与冶金国家重点实验室	一种基于涡旋磁畴振荡的双层自旋转移力矩纳米柱振荡器	ZL 201910510754.4	发明专利	2021.03.16
824	武汉科技大学省部共建耐火材料与冶金国家重点实验室	一种适用于高氮装甲钢焊接的高氮手工电弧焊焊条	ZL 201910521316.8	发明专利	2021.03.16
825	武汉科技大学省部共建耐火材料与冶金国家重点实验室	一种适用于高氮装甲钢焊接的高氮金属粉芯药芯焊丝	ZL 201910521297.9	发明专利	2021.03.16
826	武汉科技大学省部共建耐火材料与冶金国家重点实验室	一种适用于全位置焊接的高氮装甲钢用自保护药芯焊丝	ZL 201910521755.9	发明专利	2021.03.16
827	武汉科技大学省部共建耐火材料与冶金国家重点实验室	一种聚乙烯膜隔离的 XRFS 分析用样片的压片方法	ZL 201910735179.8	发明专利	2021.09.14
828	武汉科技大学省部共建耐火材料与冶金国家重点实验室	一种用于定型耐火材料形变测试的散斑制备方法	ZL 201911061543.3	发明专利	2021.05.25
829	武汉科技大学省部共建耐火材料与冶金国家重点实验室	一种低热耗散长寿命钢包衬体及其制备方法	ZL 201911093813.9	发明专利	2021.09.14
830	武汉科技大学省部共建耐火材料与冶金国家重点实验室	一种净化空气用炭-碳化硅多孔过滤器及其制备方法	ZL 201911124710.4	发明专利	2021.08.03
831	武汉科技大学省部共建耐火材料与冶金国家重点实验室	高温烟气过滤用多级孔碳化硅多孔陶瓷及其制备方法	ZL 201911124624.3	发明专利	2021.09.03

续表

序号	单位名称	知识产权名称	专利号	类别	授权公告日
832	武汉科技大学省部共建耐火材料与冶金国家重点实验室	一种刚玉-莫来石复合壳层相变蓄热球及其制备方法	ZL 202011379339.9	发明专利	2021.07.20
833	武汉科技大学省部共建耐火材料与冶金国家重点实验室	一种高氮钢冶炼用钢包浇注料及其制备方法	ZL 201810659319.3	发明专利	2020.12.18
834	武汉科技大学省部共建耐火材料与冶金国家重点实验室	一种含植物本征结构的高铝质隔热砖及其制备方法	ZL 201810074756.9	发明专利	2021.01.15
835	武汉科技大学省部共建耐火材料与冶金国家重点实验室	一种 CA_6-MA-Cr_2O_3-Al_2O_3 钢包内衬浇注料及其制备方法	ZL 201910194080.1	发明专利	2021.05.18
836	武汉科技大学省部共建耐火材料与冶金国家重点实验室	一种沸石改性水泥结合含铬刚玉质浇注料及其制备方法	ZL 201911154448.8	发明专利	2021.08.17
837	武汉科技大学省部共建耐火材料与冶金国家重点实验室	一种含碳铝酸钙水泥及其制备方法	ZL 201910047598.2	发明专利	2021.09.03
838	武汉科技大学省部共建耐火材料与冶金国家重点实验室	一种渐变三维贯通孔透气塞及其制备方法	ZL 201910097563.X	发明专利	2021.06.15
839	武汉科技大学省部共建耐火材料与冶金国家重点实验室	一种钛渣的综合利用方法	ZL 201910140636.9	发明专利	2021.10.12
840	武汉科技大学省部共建耐火材料与冶金国家重点实验室	自旋转移纳米柱微波振荡器及其调控方法	ZL 202010485624.2	发明专利	2021.08.31
841	武汉科技大学省部共建耐火材料与冶金国家重点实验室	一种环保型含铬耐火浇注料及其制备方法	ZL 201910099364.2	发明专利	2021.06.29
842	武汉科技大学省部共建耐火材料与冶金国家重点实验室	一种利用冶炼厂石灰窑尾气制取转炉煤气的方法	ZL 201810741157.8	发明专利	2020.12.01
843	武汉科技大学省部共建耐火材料与冶金国家重点实验室	一种基于特征融合的复杂烧结矿三维显微矿相的分析方法	ZL 201910332264.X	发明专利	2021.04.23
844	武汉科技大学省部共建耐火材料与冶金国家重点实验室	一种 MgO-$CePO_4$ 材料及其制备方法	ZL 201910744639.3	发明专利	2021.08.03

续表

序号	单位名称	知识产权名称	专利号	类别	授权公告日
845	武汉科技大学省部共建耐火材料与冶金国家重点实验室	一种硼酸衬底的 XRFS 分析用样片的压片方法	ZL 201910728811.6	发明专利	2021.09.14
846	武汉科技大学省部共建耐火材料与冶金国家重点实验室	一种基于盐湖卤水的镁砂骨料及其制备方法	ZL 201811271518.3	发明专利	2021.07.06
847	武汉科技大学省部共建耐火材料与冶金国家重点实验室	一种水泥窑用锆莫砖及其制备方法	ZL 201810572228.6	发明专利	2021.02.02
848	武汉科技大学省部共建耐火材料与冶金国家重点实验室	含功能涂层多重孔结构的氧化镁基过滤器及其制备方法	ZL 201911397476.2	发明专利	2021.11.16
849	武汉科技大学省部共建耐火材料与冶金国家重点实验室	一种具有多重孔结构的氧化镁基过滤器及其制备方法	ZL 201911398544.7	发明专利	2021.11.02
850	武汉科技大学省部共建耐火材料与冶金国家重点实验室	一种 Ti（C，N）AlN 复合粉体及其制备方法	ZL 201910585015.1	发明专利	2021.07.06
851	武汉科技大学省部共建耐火材料与冶金国家重点实验室	一种基于发泡法的 AlN-SiC 多孔复合陶瓷及其制备方法	ZL 201811229600.X	发明专利	2021.02.19
852	武汉科技大学省部共建耐火材料与冶金国家重点实验室	一种直接发泡 Al_2O_3-AlN 多孔复合材料及其制备方法	ZL 201811013603.X	发明专利	2021.05.18
853	武汉科技大学省部共建耐火材料与冶金国家重点实验室	间歇式操作高温窑炉近零热损耐火材料衬体及其制备方法	ZL 202010065422.2	发明专利	2021.06.15
854	武汉科技大学省部共建耐火材料与冶金国家重点实验室	纳米棒 α-Fe_2O_3 复合 MIL-101 异质结光阳极及其制备方法	ZL 201910558661.9	发明专利	2021.05.18
855	武汉科技大学省部共建耐火材料与冶金国家重点实验室	石墨相氮化碳泡沫复合氧化亚铜量子点光催化材料及其制备方法	ZL 201811314451.7	发明专利	2021.07.20
856	武汉科技大学省部共建耐火材料与冶金国家重点实验室	一种石墨相氮化碳泡沫光催化材料及其制备方法	ZL 201811314212.1	发明专利	2021.07.20
857	武汉科技大学省部共建耐火材料与冶金国家重点实验室	一种高性能水泥结合浇注料及其制备方法	ZL 201810775580.X	发明专利	2021.09.24

续表

序号	单位名称	知识产权名称	专利号	类别	授权公告日
858	武汉科技大学省部共建耐火材料与冶金国家重点实验室	一种相变蓄热自流式耐火浇注料及其制备方法	ZL 202010067291.1	发明专利	2021.11.23
859	武汉科技大学省部共建耐火材料与冶金国家重点实验室	采用SLM制备碳化硅氮化铝复合材料异形零件的方法	ZL 201910157636.X	发明专利	2021.11.25
860	武汉科技大学省部共建耐火材料与冶金国家重点实验室	一种碳硅化铝结合SiC耐火材料及其制备方法	ZL 201811503341.5	发明专利	2021.06.29
861	武汉科技大学省部共建耐火材料与冶金国家重点实验室	一种用于钢包精炼的底吹微细氩气泡的透气砖	ZL 202010748837.X	发明专利	2021.12.24
862	武汉科技大学省部共建耐火材料与冶金国家重点实验室	一种多孔方镁石-镁铁铝复合尖晶石陶瓷材料及其制备方法	ZL 201911403486.2	发明专利	2021.12.03
863	武汉科技大学省部共建耐火材料与冶金国家重点实验室	一种制备耐火喷补料检测试样用模具	ZL 202022763236.4	实用新型	2021.09.14
864	武汉科技大学省部共建耐火材料与冶金国家重点实验室	一种磁复合特斯拉阀型狭缝透气砖	ZL 202121217483.2	实用新型	2021.12.21
865	武汉科技大学省部共建耐火材料与冶金国家重点实验室	一种块状结构镍钴锰三元正极材料及其制备方法	ZL 201910124396.3	发明专利	2022.03.04
866	武汉科技大学省部共建耐火材料与冶金国家重点实验室	一种复杂组成的烧结矿矿相精细化定量分析方法	ZL 201910296908.4	发明专利	2022.01.28
867	武汉科技大学省部共建耐火材料与冶金国家重点实验室	一种铁水包工作衬砖及其制备方法	ZL 201910649678.5	发明专利	2022.03.04
868	武汉科技大学省部共建耐火材料与冶金国家重点实验室	一种冶金包用耐火材料及其制备方法	ZL 201910699219.8	发明专利	2022.04.26
869	武汉科技大学省部共建耐火材料与冶金国家重点实验室	一种高炉出铁口用炮泥及其制备方法	ZL 201910932892.1	发明专利	2022.04.01
870	武汉科技大学省部共建耐火材料与冶金国家重点实验室	溶胶结合的锂电池正极材料烧结用匣钵及其制备方法	ZL 201910932383.9	发明专利	2022.04.29

续表

序号	单位名称	知识产权名称	专利号	类别	授权公告日
871	武汉科技大学省部共建耐火材料与冶金国家重点实验室	一种过渡金属掺杂 g-C_3N_4 粉体及其制备方法	ZL 201910323012.0	发明专利	2022.04.09
872	武汉科技大学省部共建耐火材料与冶金国家重点实验室	基于铬铝碳的碳化铬-氮化铝复合粉体及其制备方法	ZL 201910585616.2	发明专利	2022.10.11
873	武汉科技大学省部共建耐火材料与冶金国家重点实验室	一种半导体光敏剂 $AgBiS_2$ 量子点及其制备方法	ZL 201911046464.5	发明专利	2022.06.14
874	武汉科技大学省部共建耐火材料与冶金国家重点实验室	一种超耐磨耐腐蚀涂层及其制备方法	ZL 201911111773.6	发明专利	2022.02.01
875	武汉科技大学省部共建耐火材料与冶金国家重点实验室	一种超耐磨抗高温氧化涂层及其制备方法	ZL 201911111767.0	发明专利	2022.02.08
876	武汉科技大学省部共建耐火材料与冶金国家重点实验室	一种等离子体气化炉用六铝酸钙浇注料及其制备方法	ZL 201911230038.7	发明专利	2022.03.01
877	武汉科技大学省部共建耐火材料与冶金国家重点实验室	一种板内火山作用的模拟方法	ZL 201911265274.2	发明专利	2022.04.29
878	武汉科技大学省部共建耐火材料与冶金国家重点实验室	一种高近红外反射率铁酸钇粉体及其制备方法	ZL 201911400124.8	发明专利	2022.06.14
879	武汉科技大学省部共建耐火材料与冶金国家重点实验室	具有多重孔结构的多孔氧化镁基陶瓷过滤器及其制备方法	ZL 201911398532.4	发明专利	2022.02.11
880	武汉科技大学省部共建耐火材料与冶金国家重点实验室	含功能涂层多重孔结构的多孔氧化镁基陶瓷过滤器及其制备方法	ZL 201911399063.8	发明专利	2022.02.15
881	武汉科技大学省部共建耐火材料与冶金国家重点实验室	轻量化方镁石-镁铁铝复合尖晶石耐火材料及其制备方法	ZL 201911398542.8	发明专利	2022.04.12
882	武汉科技大学省部共建耐火材料与冶金国家重点实验室	一种中子及 γ 射线协同防护的玻璃-陶瓷材料及其制备方法	ZL 202010043549.4	发明专利	2022.04.01
883	武汉科技大学省部共建耐火材料与冶金国家重点实验室	一种钛铝合金熔炼用耐火材料及其制备方法	ZL 202010176092.4	发明专利	2022.05.24

续表

序号	单位名称	知识产权名称	专利号	类别	授权公告日
884	武汉科技大学省部共建耐火材料与冶金国家重点实验室	一种钛铝合金熔炼用耐火浇注料及其制备方法	ZL 202010176103.9	发明专利	2022.05.24
885	武汉科技大学省部共建耐火材料与冶金国家重点实验室	一种高纯含钛六铝酸钙材料及其制备方法	ZL 202010176094.3	发明专利	2022.04.29
886	武汉科技大学省部共建耐火材料与冶金国家重点实验室	一种大速差低氮氧化物高速烧嘴	ZL 202010319169.9	发明专利	2022.04.26
887	武汉科技大学省部共建耐火材料与冶金国家重点实验室	一种高α相氮化硅粉体及其制备方法	ZL 202010334670.2	发明专利	2022.06.07
888	武汉科技大学省部共建耐火材料与冶金国家重点实验室	SiC晶须增强AlN陶瓷结合C复合耐火材料及其制备方法	ZL 202010515747.6	发明专利	2022.08.30
889	武汉科技大学省部共建耐火材料与冶金国家重点实验室	一种轻量矾土基耐火砖及其制备方法	ZL 202011067159.7	发明专利	2022.02.01
890	武汉科技大学省部共建耐火材料与冶金国家重点实验室	一种AlN-AlON复合材料及其制备方法	ZL 202010515688.2	发明专利	2022.10.21
891	武汉科技大学省部共建耐火材料与冶金国家重点实验室	一种测定多孔介质燃烧器加热效率的装置与方法	ZL 202011112400.3	发明专利	2022.07.19
892	武汉科技大学省部共建耐火材料与冶金国家重点实验室	具有框架剪力墙壳层结构的相变蓄热微胶囊及其制备方法	ZL 202011122309.X	发明专利	2022.07.05
893	武汉科技大学省部共建耐火材料与冶金国家重点实验室	一种复合相变蓄热球及其制备方法	ZL 202011157335.6	发明专利	2022.03.15
894	武汉科技大学省部共建耐火材料与冶金国家重点实验室	泡沫钛基底上生长碳包覆铁氧化物纳米棒阵列材料及其制备方法	ZL 202011323263.8	发明专利	2022.03.15
895	武汉科技大学省部共建耐火材料与冶金国家重点实验室	一种晶须增强复合相变蓄热球及其制备方法	ZL 202011409353.9	发明专利	2022.04.01
896	武汉科技大学省部共建耐火材料与冶金国家重点实验室	一种轻量化耐火材料随机非均质连续模型的构建	ZL 202011517485.3	发明专利	2022.11.01

续表

序号	单位名称	知识产权名称	专利号	类别	授权公告日
897	武汉科技大学省部共建耐火材料与冶金国家重点实验室	一种晶须增强轻量化铝碳质耐火材料及其制备方法	ZL 202110025255. 3	发明专利	2022. 12. 02
898	武汉科技大学省部共建耐火材料与冶金国家重点实验室	一种晶须增强轻量化铝锆碳质耐火材料及其制备方法	ZL 202110025244. 5	发明专利	2022. 08. 05
899	武汉科技大学省部共建耐火材料与冶金国家重点实验室	一种氧化铝-碳化硅-碳多孔陶瓷过滤器及其制备方法	ZL 202110023660. 1	发明专利	2022. 06. 07
900	武汉科技大学省部共建耐火材料与冶金国家重点实验室	一种氧化镁-碳化硅-碳多孔陶瓷过滤器及其制备方法	ZL 202110025242. 6	发明专利	2022. 11. 29
901	武汉科技大学省部共建耐火材料与冶金国家重点实验室	一种碳化硅晶须增强的铝碳多孔陶瓷过滤器及其制备方法	ZL 202110023614. 1	发明专利	2022. 09. 13
902	武汉科技大学省部共建耐火材料与冶金国家重点实验室	一种轻量化刚玉-碳化硅耐火材料及其制备方法	ZL 202110023625. X	发明专利	2022. 07. 05
903	武汉科技大学省部共建耐火材料与冶金国家重点实验室	一种轻量化尖晶石-刚玉-碳耐火材料及其制备方法	ZL 202110025199. 3	发明专利	2022. 09. 13
904	武汉科技大学省部共建耐火材料与冶金国家重点实验室	一种轻量化方镁石-尖晶石-碳耐火材料及其制备方法	ZL 202110025196. X	发明专利	2022. 06. 14
905	武汉科技大学省部共建耐火材料与冶金国家重点实验室	一种轻量化方镁石-碳化硅-碳耐火材料及其制备方法	ZL 202110023653. 1	发明专利	2022. 06. 14
906	武汉科技大学省部共建耐火材料与冶金国家重点实验室	复合增强的多孔尖晶石-刚玉-碳陶瓷过滤器及其制备方法	ZL 202110025247. 9	发明专利	2022. 05. 13
907	武汉科技大学省部共建耐火材料与冶金国家重点实验室	氮化硅晶须增强的刚玉多孔陶瓷过滤器及其制备方法	ZL 202110025202. 1	发明专利	2022. 05. 13
908	武汉科技大学省部共建耐火材料与冶金国家重点实验室	氮化硅晶须增强的镁铝尖晶石透气耐火材料及其制备方法	ZL 202110025228. 6	发明专利	2022. 09. 13
909	武汉科技大学省部共建耐火材料与冶金国家重点实验室	碳化硅增强的多孔尖晶石-刚玉-碳过滤器及其制备方法	ZL 202110025227. 1	发明专利	2022. 07. 22

续表

序号	单位名称	知识产权名称	专利号	类别	授权公告日
910	武汉科技大学省部共建耐火材料与冶金国家重点实验室	碳化硅晶须增强多孔方镁石-尖晶石-碳过滤器及其制备方法	ZL 202110023652.7	发明专利	2022.10.21
911	武汉科技大学省部共建耐火材料与冶金国家重点实验室	碳化硅晶须增强的多孔氧化镁-碳陶瓷过滤器及其制备方法	ZL 202110025203.6	发明专利	2022.09.13
912	武汉科技大学省部共建耐火材料与冶金国家重点实验室	一种外加磁场的材料高温性能可视化检测设备	ZL 202110241837.5	发明专利	2022.09.13
913	武汉科技大学省部共建耐火材料与冶金国家重点实验室	一种材料高温服役性能动态瞬态无损检测方法	ZL 202110240853.2	发明专利	2022.05.20
914	武汉科技大学省部共建耐火材料与冶金国家重点实验室	一种材料高温服役性能检测设备	ZL 202110241900.5	发明专利	2022.11.18
915	武汉科技大学省部共建耐火材料与冶金国家重点实验室	一种莫来石轻量莫来石质耐火材料及其制备方法	ZL 202110437309.7	发明专利	2022.06.14
916	武汉科技大学省部共建耐火材料与冶金国家重点实验室	一种高温高发射率红外辐射涂料及其制备方法和使用方法	ZL 202110441139.X	发明专利	2022.04.15
917	武汉科技大学省部共建耐火材料与冶金国家重点实验室	一种磁复合特斯拉阀型狭缝透气砖	ZL 202110612272.7	发明专利	2022.02.25
918	武汉科技大学省部共建耐火材料与冶金国家重点实验室	一种钛铝合金熔炼用熵稳定耐火材料及其制备方法	ZL 202110891292.2	发明专利	2022.05.20
919	武汉科技大学省部共建耐火材料与冶金国家重点实验室	一种基于粉煤灰的轻质耐火骨料及其制备方法	ZL 202111079759.X	发明专利	2022.06.14
920	武汉科技大学省部共建耐火材料与冶金国家重点实验室	一种高效环保的锂电正极材料用匣钵及其制备方法	ZL 202111253925.3	发明专利	2022.10.21
921	武汉科技大学省部共建耐火材料与冶金国家重点实验室	一种低导热锆酸钙材料及其制备方法	ZL 202111419756.6	发明专利	2022.10.14
922	武汉科技大学省部共建耐火材料与冶金国家重点实验室	一种碳化硅增强铝基复合材料的制备方法	ZL 202210143664.8	发明专利	2022.09.27

续表

序号	单位名称	知识产权名称	专利号	类别	授权公告日
923	武汉科技大学省部共建耐火材料与冶金国家重点实验室	一种六铝酸钙-钛酸钙复相耐火原材料及其制备方法	ZL 202110909114. 8	发明专利	2022. 07. 19
924	武汉科技大学省部共建耐火材料与冶金国家重点实验室	一种用于低氮无磁舰艇钢焊接的手工电弧焊焊条	ZL 202011068330. 6	发明专利	2022. 03. 04
925	武汉科技大学省部共建耐火材料与冶金国家重点实验室	一种用于低氮无磁舰艇钢焊接的无缝自保护药芯焊丝	ZL 202011068335. 9	发明专利	2022. 03. 04
926	武汉科技大学省部共建耐火材料与冶金国家重点实验室	一种用于低氮无磁舰艇钢焊接的无缝金属芯药芯焊丝	ZL 202011068336. 3	发明专利	2022. 03. 04
927	武汉科技大学省部共建耐火材料与冶金国家重点实验室	一种用于低氮无磁舰艇钢焊接的无缝药芯焊丝	ZL 202011068329. 3	发明专利	2022. 03. 04
928	武汉科技大学省部共建耐火材料与冶金国家重点实验室	六铝酸钙中空晶须增强铝钙质复相耐火材料及其制备方法	ZL 202010681288. 9	发明专利	2022. 03. 15
929	无锡市南方耐材有限公司	一种高温膏状密封垫子及其制备方法	ZL 201710286863. 3	发明专利	2020. 09. 08
930	无锡市南方耐材有限公司	一种中高温烧成免浸渍滑板砖及其制备方法	ZL 201710286864. 8	发明专利	2021. 03. 05
931	无锡市南方耐材有限公司	烧成不油浸铬镁铝无碳质滑板砖及其制备方法	ZL 201810241042. 2	发明专利	2021. 03. 09
932	无锡市南方耐材有限公司	一种钻床用滑板砖夹具	ZL 201820559839. 2	实用新型	2019. 02. 22
933	无锡市南方耐材有限公司	用于浸入式入水口铁壳安装的红外线定位装置及工作方法	ZL 201810349411. X	发明专利	2020. 02. 04
934	无锡市南方耐材有限公司	滑板砖镶嵌锆板用固定夹具	ZL 201922483282. 6	实用新型	2021. 01. 26
935	无锡市南方耐材有限公司	滑板砖铁箍用拉伸模具	ZL 201922475484. 6	实用新型	2020. 11. 13
936	无锡市南方耐材有限公司	钢厂上水口耐材套补工具	ZL 201922487565. 8	实用新型	2020. 11. 17
937	无锡市南方耐材有限公司	钢厂套补用上水口耐材套圈	ZL 201922475523. 2	实用新型	2020. 09. 08
938	无锡市南方耐材有限公司	滑板砖用外包装箱	ZL 202021019519. 1	实用新型	2021. 05. 07

续表

序号	单位名称	知识产权名称	专利号	类别	授权公告日
939	无锡市南方耐材有限公司	钢包上水口砖安装定位工具	ZL 202021018095.7	实用新型	2021.06.01
940	无锡市南方耐材有限公司	连体钢包滑板下水口磨床用辅助夹具	ZL 202021430935.0	实用新型	2021.03.16
941	无锡市南方耐材有限公司	具有T型氧化锆芯的滑板砖	ZL 202221174932.4	实用新型	2022.09.16
942	无锡市南方耐材有限公司	中包套管用密封套件	ZL 202121521112.3	实用新型	2021.12.18
943	无锡市南方耐材有限公司	钢包底部双吹双待透气砖组件	ZL 202121528193.X	实用新型	2021.12.18
944	无锡市南方耐材有限公司	高性能透气砖	ZL 202220245758.1	实用新型	2022.08.10
945	无锡市南方耐材有限公司	连铸浇钢用高耐蚀快换浸入式水口	ZL 202220503542.0	实用新型	2022.07.23
946	无锡市南方耐材有限公司	免吹氩气防堵塞浸入式水口	ZL 202220503575.5	实用新型	2022.07.23
947	无锡市南方耐材有限公司	具有低热导抗热震功能的水口	ZL 202220512231.0	实用新型	2022.07.23
948	无锡市南方耐材有限公司	高氧搪瓷钢用连铸三大件	ZL 202220618868.8	实用新型	2022.07.23
949	无锡市南方耐材有限公司	高性能塞棒	ZL 202220622435.X	实用新型	2022.10.25
950	无锡市南方耐材有限公司	中包用小流量透气上水口	ZL 202220819540.2	实用新型	2022.08.10
951	无锡市南方耐材有限公司	钢包上下水口砖成型模框	ZL 202221722730.9	实用新型	2022.11.11
952	岫岩满族自治县恒锐镁制品有限公司	一种生产大结晶电熔镁砂矿热炉的炉料旋转布料装置	ZL 202020539779.5	实用新型	2021.03.26
953	岫岩满族自治县恒锐镁制品有限公司	生产大结晶电熔镁砂矿热炉的炉底制作装置	ZL 202020539737.1	实用新型	2021.03.30
954	岫岩满族自治县恒锐镁制品有限公司	一种生产大结晶电熔镁砂矿热炉的炉顶密封装置	ZL 202020537981.4	实用新型	2021.03.30
955	岫岩满族自治县恒锐镁制品有限公司	一种生产大结晶电熔镁砂矿热炉炉筒	ZL 202020539675.4	实用新型	2021.03.26
956	岫岩满族自治县恒锐镁制品有限公司	一种生产大结晶电熔镁砂矿热炉用双层炉盖封罩系统	ZL 202022342336.X	实用新型	2021.05.08

续表

序号	单位名称	知识产权名称	专利号	类别	授权公告日
957	岫岩满族自治县恒锐镁制品有限公司	一种生产大结晶电熔镁砂用碎电极给料机构	ZL 202022342299. 2	实用新型	2021. 05. 20
958	岫岩满族自治县恒锐镁制品有限公司	一种生产大结晶电熔镁砂矿热炉的布料装置	ZL 202022344449. 3	实用新型	2021. 06. 10
959	岫岩满族自治县恒锐镁制品有限公司	一种喷水与吹风冷却装置	ZL 202022342308. 8	实用新型	2021. 06. 10
960	岫岩满族自治县恒锐镁制品有限公司	一种电熔氧化镁矿热炉防止电极穿炉的装置	ZL 202022663289. 9	实用新型	2021. 07. 08
961	岫岩满族自治县恒锐镁制品有限公司	一种生产大结晶电熔镁砂用炉筒保温箱体	ZL 202120297464. 9	实用新型	2021. 09. 09
962	岫岩满族自治县恒锐镁制品有限公司	一种生产大结晶电熔镁砂用自动供料装置	ZL 202120297919. 7	实用新型	2021. 10. 15
963	岫岩满族自治县恒锐镁制品有限公司	生产大结晶电熔镁砂的预热式矿热炉	ZL 202120298006. 7	实用新型	2021. 10. 15
964	岫岩满族自治县恒锐镁制品有限公司	一种生产大结晶电熔镁砂用炉筒保温装置	ZL 202120298710. 2	实用新型	2021. 10. 15
965	岫岩满族自治县恒锐镁制品有限公司	封闭式生产大结晶电熔镁砂的装置	ZL 202120297340. 0	实用新型	2021. 10. 22
966	岫岩满族自治县恒锐镁制品有限公司	生产大结晶电熔镁砂的矿热炉	ZL 202120297586. 8	实用新型	2021. 12. 10
967	岫岩满族自治县恒锐镁制品有限公司	一种生产电熔镁砂矿热炉防淌炉装置	ZL 202220014410. 1	实用新型	2022. 08. 16
968	岫岩满族自治县恒锐镁制品有限公司	一种生产石墨烯装置	ZL 202220034206. 6	实用新型	2022. 11. 11
969	岫岩满族自治县恒锐镁制品有限公司	一种生产大结晶电熔镁砂的矿热炉设备	ZL 202011126072. 2	发明专利	2022. 12. 06
970	兖矿水煤浆气化及煤化工国家工程研究中心有限公司、中钢集团洛阳耐火材料研究院有限公司	一种高铬耐火材料及其制备方法	202011011041. 20	发明专利	2022. 05. 06
971	营口和泉耐火材料有限公司	一种复合耐火材料加工用原料粉碎装置	ZL 202021986062. 1	实用新型	2021. 06. 01
972	营口黑崎播磨耐火材料有限公司	一种易于拼接使用的新型耐火砖	ZL 202021668994. 1	实用新型	2021. 06. 04
973	营口黑崎播磨耐火材料有限公司	一种新型耐火隔热砖	ZL 202021958350. 6	实用新型	2021. 05. 25

续表

序号	单位名称	知识产权名称	专利号	类别	授权公告日
974	营口黑崎播磨耐火材料有限公司	一种耐火材料预制件	ZL 202021694982.6	实用新型	2021.05.28
975	营口黑崎播磨耐火材料有限公司	一种能够匀速传送原料的耐火砖生产用传送装置	ZL 202022038677.8	实用新型	2021.05.18
976	营口黑崎播磨耐火材料有限公司	一种耐腐蚀的复合耐火材料	ZL 202022280912.2	实用新型	2021.07.06
977	营口黑崎播磨耐火材料有限公司	一种耐火材料生产的切块装置	ZL 202021700595.9	实用新型	2021.06.08
978	营口黑崎播磨耐火材料有限公司	一种压制耐火材料成型模具	ZL 202021690910.4	实用新型	2021.06.01
979	营口黑崎播磨耐火材料有限公司	新型耐火隔热砖测试分析系统 V1.0	ZL 2021SR0849280	实用新型	2020.06.13
980	营口黑崎播磨耐火材料有限公司	耐腐蚀复合耐火材料生产排产综合管理软件 V1.0	ZL 2021SR0854253	实用新型	2019.08.17
981	营口黑崎播磨耐火材料有限公司	耐腐蚀复合耐火材料质量检测系统软件 V1.0	ZL 2021SR0852796	实用新型	2020.12.25
982	营口黑崎播磨耐火材料有限公司	能够匀速传送原料的耐火砖生产用传送装置智能化控制系统 V1.0	ZL 2021SR0852792	实用新型	2020.12.13
983	营口金岱国际科技有限公司	一种智能镁石破碎机	ZL 201920267447.3	实用新型	2019.12.17
984	营口金岱国际科技有限公司	一种镁尾矿压滤机上料组合装置	ZL 201920259268.5	实用新型	2019.12.13
985	营口金岱国际科技有限公司	一种新型镁石给料机	ZL 201920267348.5	实用新型	2019.12.13
986	营口金岱国际科技有限公司	一种镁尾矿高效分级浓缩机	ZL 201920254514.8	实用新型	2019.12.17
987	营口金岱国际科技有限公司	一种改进式镁矿浆搅拌槽	ZL 201920254228.1	实用新型	2019.12.17
988	营口金岱国际科技有限公司	一种新型节能镁矿浆浮选机构	ZL 201920259723.1	实用新型	2019.12.17
989	营口金岱国际科技有限公司	一种带有减震功能的镁石振动筛	ZL 201920247952.1	实用新型	2019.12.17
990	营口金岱国际科技有限公司	一种带有冷却和加热系统的恒温镁矿浆旋流器	ZL 201920248473.1	实用新型	2019.12.17
991	营口金岱国际科技有限公司	一种燃烧炉的废气处理装置	ZL 201921525361.2	实用新型	2020.06.16
992	营口金岱国际科技有限公司	一种多功能污水净化过滤装置	ZL 201921365288.7	实用新型	2020.06.19
993	营口金岱国际科技有限公司	一种工业废水处理装置	ZL 201921408869.4	实用新型	2020.06.19

续表

序号	单位名称	知识产权名称	专利号	类别	授权公告日
994	营口金岱国际科技有限公司	一种具有控料结构的燃烧炉	ZL 201921525362.7	实用新型	2020.06.23
995	营口金岱国际科技有限公司	一种一体化污水处理机	ZL 201921108311.4	实用新型	2020.06.23
996	营口金岱国际科技有限公司	一种输粉管内粉体速度、浓度和细度在线测量系统	ZL 201921675416.8	实用新型	2020.06.23
997	营口金岱国际科技有限公司	一种钢纤维粉体料仓破拱电场排送装置	ZL 201910177551.8	发明专利	2020.06.23
998	营口金岱国际科技有限公司	一种以天然气为燃料生产轻烧氧化镁粉的悬浮窑燃烧室	ZL 201911082651.9	发明专利	2021.08.03
999	营口金岱国际科技有限公司	一种以菱镁矿所得粉状中矿为原料生产重烧镁砂的工艺	ZL 201911131711.1	发明专利	2021.09.07
1000	营口金岱国际科技有限公司	一种正浮选低品位菱镁矿的粉状中矿生产电熔镁砂的工艺	ZL 201911131704.1	发明专利	2021.09.07
1001	营口金岱国际科技有限公司	一种轻烧氧化镁粉研磨装置	ZL 202010198805.7	发明专利	2022.02.01
1002	湛江红鹰铭德高温材料科技有限公司	一种陶瓷纤维法耐火保温板生产线用除尘切刀机构	ZL 201921751315.4	实用新型	2020.08.14
1003	湛江红鹰铭德高温材料科技有限公司	一种中间包纤维密封件的成型模具	ZL 201921750940.7	实用新型	2020.07.03
1004	湛江红鹰铭德高温材料科技有限公司	一种专用于中间包防溅筒的浇注模具	ZL 201921750941.1	实用新型	2020.10.27
1005	湛江红鹰铭德高温材料科技有限公司	一种专用于中间包预制件的烘烤装置	ZL 201921751336.6	实用新型	2020.07.03
1006	浙江宏丰炉料有限公司	一种钢包倒渣部位用复合材料及其制备工艺	ZL 201410606893.4	发明专利	2016.06.29
1007	浙江宏丰炉料有限公司	一种炼钢耐火材料回收利用工艺	ZL 201410604148.6	发明专利	2016.04.20
1008	浙江宏丰炉料有限公司	一种隔热效果好的防开裂镁碳砖及其制造工艺	ZL 202110411453.3	发明专利	2021.09.24
1009	浙江宏丰炉料有限公司	一种耐高温镁碳砖的生产装置及其工艺	ZL 202110412958.1	发明专利	2021.09.24
1010	浙江宏丰炉料有限公司	一种自动修复隔热的镁碳砖及其加工工艺	ZL 202210013428.4	发明专利	2022.06.14
1011	浙江宏丰炉料有限公司	一种转炉用低成本复合高效发热剂及其制备方法	ZL 202110686578.7	发明专利	2022.07.04

续表

序号	单位名称	知识产权名称	专利号	类别	授权公告日
1012	浙江宏丰炉料有限公司	一种抗热震得拼接式镁碳砖及其生产工艺	ZL 202210227659.5	发明专利	2022.08.09
1013	浙江宏丰炉料有限公司	一种钢包熔池用轻质保温镁铝碳砖	ZL 201820493155.7	实用新型	2019.03.29
1014	浙江宏丰炉料有限公司	一种抗剥落超低硫镁碳砖	ZL 201820493709.3	实用新型	2019.05.21
1015	浙江宏丰炉料有限公司	一种低成本长寿命镁碳砖	ZL 201820493708.9	实用新型	2019.05.21
1016	浙江宏丰炉料有限公司	一种节能环保镁碳砖	ZL 201820493721.4	实用新型	2019.03.29
1017	浙江宏丰炉料有限公司	一种防裂耐火的钢包料座砖	ZL 201920415911.9	实用新型	2020.03.24
1018	浙江宏丰炉料有限公司	一种炉外精炼炉衬用抗氧化铝镁碳砖	ZL 201920415901.5	实用新型	2020.03.17
1019	浙江宏丰炉料有限公司	一种转炉耳轴用抗热冲击镁碳砖成型模具	ZL 201920415874.1	实用新型	2020.04.17
1020	浙江宏丰炉料有限公司	一种转炉耳轴用抗热冲击镁碳砖	ZL 201920416414.0	实用新型	2020.03.17
1021	浙江宏丰炉料有限公司	一种交流电弧炉炉墙用高抗热震镁碳砖	ZL 201920416430.X	实用新型	2020.07.07
1022	浙江宏丰炉料有限公司	一种铝氧化污泥制备钢包内衬用镁碳砖生产用热处理炉	ZL 202020323363.X	实用新型	2020.12.01
1023	浙江宏丰炉料有限公司	一种出口用抗氧化镁碳砖生产用转运装置	ZL 202020302439.0	实用新型	2020.12.01
1024	浙江宏丰炉料有限公司	一种 VOD 炉用高强度镁碳砖生产用混料装置	ZL 202020303027.9	实用新型	2020.12.01
1025	浙江宏丰炉料有限公司	一种基于智能化管控的钢包用镁碳砖自动输送设备	ZL 202020303029.8	实用新型	2020.12.01
1026	浙江宏丰炉料有限公司	一种精炼炉用微膨胀耐高温镁碳砖生产加工用混碾机	ZL 202020323333.9	实用新型	2020.12.01
1027	浙江宏丰炉料有限公司	一种再生利用型高性能镁碳砖生产用破碎机	ZL 202020324002.7	实用新型	2020.12.01
1028	浙江宏丰炉料有限公司	一种钢包渣线用低碳镁碳砖	ZL 202020415914.5	实用新型	2020.11.27
1029	浙江宏丰炉料有限公司	废弃石墨电极用于 LF 钢包内衬渣线部位的镁碳砖	ZL 202020415930.4	实用新型	2020.12.01

续表

序号	单位名称	知识产权名称	专利号	类别	授权公告日
1030	浙江宏丰炉料有限公司	一种钢包用高性能低碳镁碳砖	ZL 202120318042. 5	实用新型	2021. 10. 15
1031	浙江宏丰炉料有限公司	一种化铁转炉用高强度镁碳砖	ZL 202120319424. X	实用新型	2021. 10. 15
1032	浙江宏丰炉料有限公司	一种抗氧化耐冲刷超低碳镁碳砖	ZL 202120319415. 0	实用新型	2021. 10. 15
1033	浙江宏丰炉料有限公司	一种镁碳砖生产线智能化监测装置	ZL 202120318033. 6	实用新型	2021. 10. 15
1034	浙江宏丰炉料有限公司	一种转炉炼钢用化渣剂投放装置	ZL 202120319505. X	实用新型	2022. 01. 07
1035	浙江宏丰炉料有限公司	一种转炉炼钢用钢水发热剂生产用过滤装置	ZL 202120319516. 8	实用新型	2022. 01. 07
1036	浙江宏丰炉料有限公司	一种低导热长寿命刚玉质浇注料生产用搅拌装置	ZL 202120343187. 0	实用新型	2022. 01. 07
1037	浙江宏丰炉料有限公司	一种钢包用耐用钢玉自流浇注料生产用均匀混合设备	ZL 202221181973. 6	实用新型	2022. 11. 04
1038	浙江宏丰炉料有限公司	一种高强度抗氧化免烧低碳镁碳砖	ZL 202221490682. 5	实用新型	2022. 11. 04
1039	浙江宏丰炉料有限公司	一种笔尖钢用特种镁碳砖生产用自动拣选设别	ZL 202220964577. 4	实用新型	2022. 11. 04
1040	浙江宏丰炉料有限公司	一种精炼钢包渣线用再生镁碳砖生产用高效烧结炉	ZL 202221092010. 9	实用新型	2022. 11. 04
1041	浙江宏丰炉料有限公司	一种高抗热震低碳镁碳砖生产用自动化码垛设备	ZL 202221181969. X	实用新型	2022. 11. 04
1042	浙江红鹰集团股份有限公司	一种中间包耐火材料用的上料机构	ZL 201921560045. 9	实用新型	2020. 06. 09
1043	浙江红鹰集团股份有限公司	一种中间包用不定形耐火材料搅拌进料机构	ZL 201921560044. 4	实用新型	2020. 08. 04
1044	浙江红鹰铭德高温材料科技有限公司	长寿命中间包整体冲击桶、配方及其生制作工艺	ZL 201911406312. 1	发明专利	2021. 10. 15
1045	浙江红鹰铭德高温材料科技有限公司	一种实现高致密性耐火预制件的成型设备及成型工艺	ZL 202210020719. 6	发明专利	2022. 07. 19
1046	浙江红鹰铭德高温材料科技有限公司	一种振动给料机构	ZL 201821682129. 5	实用新型	2019. 08. 30
1047	浙江红鹰铭德高温材料科技有限公司	一种双辊破碎机构	ZL 201821681893. 0	实用新型	2019. 12. 03

续表

序号	单位名称	知识产权名称	专利号	类别	授权公告日
1048	浙江红鹰铭德高温材料科技有限公司	一种铸造中间包冲击桶	ZL 201922460828.6	实用新型	2020.10.23
1049	浙江红鹰铭德高温材料科技有限公司	一种自动称重液压打包机	ZL 201922377053.6	实用新型	2020.10.23
1050	浙江铭德新材科技有限公司	一种涂料包装设备	ZL 201920614404.8	实用新型	2020.03.31
1051	浙江铭德新材科技有限公司	一种镁砂破碎分离设备	ZL 201920614425.X	实用新型	2020.04.07
1052	浙江铭德新材科技有限公司	一种可调节的粉料振动给料机	ZL 201920684332.4	实用新型	2020.04.07
1053	浙江铭德新材科技有限公司	一种方便更换筛网的直线振动筛	ZL 201920683892.8	实用新型	2020.04.07
1054	浙江铭德新材科技有限公司	一种固体粉料螺旋送料机	ZL 201920684334.3	实用新型	2020.04.07
1055	浙江铭德新材科技有限公司	一种倾斜式混合搅拌设备	ZL 201920615611.5	实用新型	2020.06.05
1056	浙江铭德新材科技有限公司	一种新型高强挡渣堰板	ZL 202221165601.4	实用新型	2022.09.20
1057	浙江湖州父子岭耐火集团有限公司	一种高炉渣沟工作层用再生镁碳砖	CN 211664971U	实用新型	2020.10.13
1058	浙江湖州父子岭耐火集团有限公司	一种精炼炉浸渍管用铝镁质耐火浇注料搅拌装置	CN 212431812U	实用新型	2021.01.29
1059	浙江湖州父子岭耐火集团有限公司	一种水泥窑口高耐磨刚玉质浇注料一体化加工装置	CN 212471942U	实用新型	2021.02.05
1060	浙江湖州父子岭耐火集团有限公司	一种化铁转炉用高稳定性镁碳砖	CN 212864826U	实用新型	2021.04.02
1061	浙江湖州父子岭耐火集团有限公司	一种免烧低碳镁碳砖生产用去毛边设备	CN 214979853U	实用新型	2021.12.03
1062	浙江湖州父子岭耐火集团有限公司	一种钒钛钢转炉用镁碳砖	CN 214991683U	实用新型	2021.12.03
1063	浙江湖州父子岭耐火集团有限公司	一种核电钢大电炉用镁碳砖生产工艺	CN 113561288B	发明专利	2022.10.25
1064	浙江自立控股有限公司	分散研磨的搅拌装置	ZL 202022845395.9	实用新型	2021.11.02
1065	浙江自立控股有限公司	一种陶瓷微粉湿法预混分散用搅拌罐	ZL 202121975625.1	实用新型	2022.02.22

续表

序号	单位名称	知识产权名称	专利号	类别	授权公告日
1066	浙江自立高温科技股份有限公司	一种铁水包	ZL 201821110717.1	实用新型	2019.02.22
1067	浙江自立高温科技股份有限公司	一种用于钢包的防渗漏透气砖	ZL 201821029107.9	实用新型	2019.04.02
1068	浙江自立高温科技股份有限公司	一种抗剥落性能优良的镁尖晶石砖及其制备方法	ZL 201710237020.4	发明专利	2019.08.02
1069	浙江自立高温科技股份有限公司	一种钢包包盖轻质莫来石浇注料及其制备方法	ZL 201710174037.X	发明专利	2019.08.20
1070	浙江自立高温科技股份有限公司	一种用于粘接含碳砖的火泥及其制备方法	ZL 201710377807.0	发明专利	2019.09.10
1071	浙江自立高温科技股份有限公司	一种保温钢包结构	ZL 201821090859.6	实用新型	2019.03.29
1072	浙江自立高温科技股份有限公司	一种精炼钢包用的无碳高纯铝镁机压砖及其制备方法	ZL 201810749827.0	发明专利	2020.06.16
1073	浙江自立高温科技股份有限公司	铁水包的包口结构	ZL 201921866472.X	实用新型	2020.07.14
1074	浙江自立高温科技股份有限公司	钢包用复合式透气砖	ZL 201921854055.3	实用新型	2020.08.11
1075	浙江自立高温科技股份有限公司	钢包水口座砖	ZL 202020205730.6	实用新型	2020.11.17
1076	浙江自立高温科技股份有限公司	一种半轻质铝碳化硅碳砖及其制备方法	ZL 201711393883.7	发明专利	2020.12.08
1077	浙江自立高温科技股份有限公司	无碳钢包	ZL 202020208943.4	实用新型	2020.12.08
1078	浙江自立高温科技股份有限公司	用于钢包包底冲击区预制块以及钢包	ZL 202020347532.3	实用新型	2020.12.08
1079	浙江自立高温科技股份有限公司	阳角耐材及T型中间包	ZL 202020703131.7	实用新型	2021.02.02
1080	浙江自立高温科技股份有限公司	防渗漏的上水口及中间包	ZL 202020962430.2	实用新型	2021.03.16
1081	浙江自立高温科技股份有限公司	一种耐高温钢包安全衬浇注料	ZL 201810800024.3	发明专利	2021.04.20
1082	浙江自立高温科技股份有限公司	温差发电装置、钢包随动设备以及供电方法	ZL 202010246430.7	发明专利	2021.08.03
1083	浙江自立高温科技股份有限公司	带冷却结构的RH浸渍管及RH炉	ZL 202022321055.6	实用新型	2021.07.30

续表

序号	单位名称	知识产权名称	专利号	类别	授权公告日
1084	浙江自立高温科技股份有限公司	转炉出钢口的整体式安装结构	ZL 202022748578.9	实用新型	2021.08.03
1085	浙江自立高温科技股份有限公司	连铸中间包稳流器	ZL 202021978258.6	实用新型	2021.09.07
1086	浙江自立高温科技股份有限公司	预制块复合型钢包包底	ZL 202021974459.9	实用新型	2021.10.08
1087	浙江自立高温科技股份有限公司	一种能固定模具、降低震动噪声的振动平台	ZL 202121682611.0	实用新型	2022.02.18
1088	浙江自立高温科技股份有限公司	一种LF电极孔套筒预制件及LF精炼装置	ZL 202121682612.5	实用新型	2022.02.18
1089	浙江自立高温科技股份有限公司	一种精炼钢包用夹板式透气砖	ZL 202122107810.5	实用新型	2022.02.18
1090	浙江自立高温科技股份有限公司	一种用于钢包的免烧氧狭缝式透气砖	ZL 202122114362.1	实用新型	2022.02.18
1091	浙江自立高温科技股份有限公司	一种炼钢应急用钢包的内衬结构	ZL 202120093725.5	实用新型	2022.01.25
1092	浙江自立高温科技股份有限公司	炼铜阳极炉用烧成铝铬锆滑板砖及其制备方法	ZL 201911167537.6	发明专利	2022.03.29
1093	浙江自立高温科技股份有限公司	一种中间包多功能衬及其制备方法和应用	ZL 202111050512.5	发明专利	2022.03.25
1094	浙江自立高温科技股份有限公司	钢包无碳浇注水口及其制备方法	ZL 201911045078.4	发明专利	2022.05.13
1095	浙江自立高温科技股份有限公司	精炼钢包用铝镁质预制块及其制备方法	ZL 202011229563.X	发明专利	2022.08.12
1096	浙江自立高温科技股份有限公司	一种提高钢水收得率的钢包包底浇注料结构及其施工模具	ZL 202220552397.5	实用新型	2022.08.19
1097	浙江自立高温科技股份有限公司	一种带挡板的钢包水口座砖	ZL 202220550202.3	实用新型	2022.08.23
1098	浙江自立高温科技股份有限公司	用于精炼钢包工作层的浇注料	ZL 202010928304.X	发明专利	2022.08.23
1099	浙江自立高温科技股份有限公司	一种高导热不烧氧化铝-碳滑板砖及其制备方法	ZL 202210004680.9	发明专利	2022.10.04
1100	浙江自立高温科技股份有限公司	一种高抗蚀低膨胀镁碳砖及其制备方法	ZL 202110912838.8	发明专利	2022.12.06
1101	浙江自立高温科技股份有限公司	铁水包包口扒渣板	ZL 202221338391.4	实用新型	2022.12.20

续表

序号	单位名称	知识产权名称	专利号	类别	授权公告日
1102	浙江自立高温科技股份有限公司	具有预警功能的转炉用环缝式供气系统	ZL 202222028785.6	实用新型	2022.12.30
1103	浙江自立新材料股份有限公司	一种用于生产铝质结合剂的混磨系统	ZL 201821025357.5	实用新型	2019.05.24
1104	浙江自立新材料股份有限公司	刚玉生球的烘干仓	ZL 201921868060.X	实用新型	2020.07.28
1105	浙江自立新材料股份有限公司	检测粉体吸水率及需水量用搅拌装置	ZL 201921839134.7	实用新型	2020.08.04
1106	浙江自立新材料股份有限公司	一种低锆含量烧结板状刚玉及其制备方法	ZL 201810016251.7	发明专利	2020.12.08
1107	浙江自立新材料股份有限公司	研磨介质的清洗级配系统	ZL 202020380770.4	实用新型	2021.01.12
1108	浙江自立新材料股份有限公司	具有防堵功能的细粉料仓	ZL 202022784111.X	实用新型	2021.09.07
1109	浙江自立新材料股份有限公司	防偏析的料仓	ZL 202022789097.2	实用新型	2021.09.07
1110	浙江自立新材料股份有限公司	带防脱落功能的竖窑	ZL 202022893480.2	实用新型	2021.10.08
1111	浙江自立新材料股份有限公司	一种微粉自动上料装置	ZL 202121962029.X	实用新型	2022.02.18
1112	浙江自立新材料股份有限公司	利用圭亚那矾土制备高纯均质矾土熟料的方法及其产品	ZL 202110814386.X	发明专利	2022.10.21
1113	郑州安耐克实业有限公司	一种热风管道阀门快速更换结构	CN 202111334325	实用新型	2023.01.06
1114	郑州安耐克实业有限公司	新型顶燃热风炉	CN 201680080677	发明专利	2020.01.07
1115	郑州安耐克实业有限公司	防堵塞37孔耐火砖砌体	CN 201720120875	实用新型	2017.10.13
1116	郑州安耐克实业有限公司	新型顶燃热风炉（乌克兰）	140029.00	国际专利	2020.10.02
1117	郑州安耐克实业有限公司	新型顶燃热风炉（日本）	3223816.00	国际专利	2019.10.06
1118	郑州安耐克实业有限公司	新型顶燃热风炉（俄罗斯）	193758.00	国际专利	2019.11.13
1119	郑州安耐克实业有限公司	新型顶燃热风炉（印度尼西亚）	IDP 000075333	国际专利	2021.03.01

续表

序号	单位名称	知识产权名称	专利号	类别	授权公告日
1120	郑州安耐克实业有限公司	一种热风炉用高强度粘土质耐火泥浆及其制备方法	实质审查	发明专利	2022. 01. 18
1121	郑州安耐克实业有限公司	一种热风炉用高强度硅质耐火泥浆及其制备方法	实质审查	发明专利	2022. 02. 18
1122	郑州安耐克实业有限公司	一种应用于热风炉热风管道系统的分段式三岔口砌筑结构	实质审查	发明专利	2022. 03. 01
1123	郑州安耐克实业有限公司	一种用于炼钢电炉出钢槽的浇注料及其制备方法	实质审查	发明专利	2020. 09. 04
1124	郑州安耐克实业有限公司	一种高强度热风炉高铝格子砖及其制备工艺	实质审查	发明专利	2020. 09. 11
1125	郑州安耐克实业有限公司	一种抗热震性能强的电炉顶预制件及其制备工艺	实质审查	发明专利	2020. 10. 02
1126	郑州振东科技有限公司	一种钢包低碳铝镁碳砖	ZL 201910338611. X	发明专利	2022. 08. 19
1127	郑州振东科技有限公司	保温钢包包盖专用浇注料以及包盖制造方法	ZL 201910338610. 5	发明专利	2022. 11. 18
1128	郑州振东科技有限公司	一种钢包低碳工作衬转	ZL 202110698054. X	发明专利	2022. 06. 24
1129	郑州振东科技有限公司	利用回收废刚玉座砖料生产的钢包修补料及其修补钢包内衬的方法	ZL 202110363632. 4	发明专利	2022. 12. 09
1130	郑州振东科技有限公司	利用废镁碳砖变质层制作优质耐火原料和镁碳砖的方法	ZL 201910338611. X	发明专利	2022. 03. 11
1131	郑州振东科技有限公司	利用废镁碳砖变质层制作优质耐火原料和铝镁碳砖的方法	ZL 201910338610. 5	发明专利	2022. 06. 03
1132	郑州振东科技有限公司	钢包包盖烘烤装置	ZL 202220464160. 1	实用新型	2022. 07. 26
1133	郑州振东科技有限公司	镁碳砖树脂结合剂自动称量添加系统	ZL 202220464102. 9	实用新型	2022. 07. 26
1134	郑州振东科技有限公司	镁碳砖镁砂除铁系统	ZL 202222058727. 8	实用新型	2022. 07. 26
1135	郑州振东科技有限公司	不定形产品全自动生产包装系统	ZL 202220464132. X	实用新型	2022. 12. 06
1136	郑州振东科技有限公司	具有除尘功能的耐火材料自动加料系统	ZL 202220414104. 8	实用新型	2022. 09. 20
1137	中钢集团洛阳耐火材料研究院有限公司	一种耐铝水侵蚀并具有不粘铝特性铸嘴材料的制备方法	ZL 201510981968. 10	发明专利	2019. 04. 12

续表

序号	单位名称	知识产权名称	专利号	类别	授权公告日
1138	中钢集团洛阳耐火材料研究院有限公司	一种轻质高强氧化铝空心球制品的制备方法	ZL 201510981871.00	发明专利	2019.04.12
1139	中钢集团洛阳耐火材料研究院有限公司	一种耐火材料抗渣性试验方法	ZL 201610018216.X	发明专利	2019.02.22
1140	中钢集团洛阳耐火材料研究院有限公司	一种熔融还原炼铁炉用 Al_2O_3-Cr_2O_3 耐火材料	ZL 201610094217.20	发明专利	2019.04.12
1141	中钢集团洛阳耐火材料研究院有限公司	一种梯度孔结构碳化硅基多孔陶瓷的制备方法	ZL 201610114077.00	发明专利	2019.04.12
1142	中钢集团洛阳耐火材料研究院有限公司	一种高热震稳定性致密氧化铬制品的制备方法	ZL 201611142519.90	发明专利	2022.02.11
1143	中钢集团洛阳耐火材料研究院有限公司	一种低梯度差氧化铬制品的致密化方法	ZL 201611142527.30	发明专利	2020.04.02
1144	中钢集团洛阳耐火材料研究院有限公司	一种高温高辐射防开裂节能涂料及制备方法	ZL 201611142524.X	发明专利	2019.07.05
1145	中钢集团洛阳耐火材料研究院有限公司	一种玻璃窑用高辐射节能涂料	ZL 201611142529.20	发明专利	2019.07.05
1146	中钢集团洛阳耐火材料研究院有限公司	一种基于 Z 向破损深度的抗热震性试验方法	ZL 201710320938.50	发明专利	2019.09.03
1147	中钢集团洛阳耐火材料研究院有限公司	一种碳化硅-石墨升液管及制备方法	ZL 201710347258.20	发明专利	2020.10.02
1148	中钢集团洛阳耐火材料研究院有限公司	一种含多晶氧化铝纤维的刚玉质干式料	ZL 201710617513.00	发明专利	2020.07.07
1149	中钢集团洛阳耐火材料研究院有限公司	一种含多晶氧化铝纤维的镁质干式料	ZL 201710616831.50	发明专利	2020.06.19
1150	中钢集团洛阳耐火材料研究院有限公司	一种含石英纤维的硅质干式料	ZL 201710616824.50	发明专利	2020.07.07
1151	中钢集团洛阳耐火材料研究院有限公司	一种含氧化硅微粉的轻质隔热材料	ZL 201710616822.60	发明专利	2020.06.19
1152	中钢集团洛阳耐火材料研究院有限公司	一种非稳态平行热线导热系数测试仪及其试验方法	ZL 201711118521.70	发明专利	2020.11.03
1153	中钢集团洛阳耐火材料研究院有限公司	一种碳化硅-六铝酸钙复合耐火材料	ZL 201711187000.70	发明专利	2021.06.29
1154	中钢集团洛阳耐火材料研究院有限公司	一种碳化硅-镁铝尖晶石复合耐火材料	ZL 201711187027.60	发明专利	2020.10.23
1155	中钢集团洛阳耐火材料研究院有限公司	一种功能梯度的四喷嘴气化炉堵头砖及制备方法	ZL 201810216351.40	发明专利	2022.11.29

续表

序号	单位名称	知识产权名称	专利号	类别	授权公告日
1156	中钢集团洛阳耐火材料研究院有限公司	一种致密高纯六铝酸钙-刚玉复相材料的制备方法	ZL 201810485450.20	发明专利	2021.02.05
1157	中钢集团洛阳耐火材料研究院有限公司	一种 Catofin 丙烷脱氢反应器用耐火材料制备方法	ZL 201810600905.00	发明专利	2020.08.25
1158	中钢集团洛阳耐火材料研究院有限公司	一种镁铬耐火材料的制备方法	ZL 201810692731.50	发明专利	2021.05.04
1159	中钢集团洛阳耐火材料研究院有限公司	一种利用造孔剂制备氧化铝空心球砖的方法	ZL 201810933934.90	发明专利	2021.03.23
1160	中钢集团洛阳耐火材料研究院有限公司	粉末冶金热等静压用高温脱模剂	ZL 201811483721.70	发明专利	2020.07.07
1161	中钢集团洛阳耐火材料研究院有限公司	一种连铸钢包长水口用内衬材料	ZL 201811041022.70	发明专利	2020.07.07
1162	中钢集团洛阳耐火材料研究院有限公司	一种窑炉炉顶吊挂结构	ZL 201821613690.80	实用新型	2019.07.05
1163	中钢集团洛阳耐火材料研究院有限公司	一种窑炉炉顶悬挂结构	ZL 201821612671.30	实用新型	2019.07.05
1164	中钢集团洛阳耐火材料研究院有限公司	一种体积稳定的高纯氧化锆耐火制品	ZL 201811500438.00	发明专利	2020.10.02
1165	中钢集团洛阳耐火材料研究院有限公司	一种层状刚玉-尖晶石耐火材料的制备方法	ZL 201910029605.60	发明专利	2020.10.02
1166	中钢集团洛阳耐火材料研究院有限公司	一种连铸用快换浸入式水口	ZL 201921029652.20	实用新型	2020.02.20
1167	中钢集团洛阳耐火材料研究院有限公司	一种高纯氧化锆轻质耐火骨料及其制备方法	ZL 201811500439.50	发明专利	2021.01.21
1168	中钢集团洛阳耐火材料研究院有限公司	一种高稳定强化热吸收节能涂料	ZL 201811606111.10	发明专利	2021.05.25
1169	中钢集团洛阳耐火材料研究院有限公司	一种用于绝热材料水流量平板法测试导热系数的测控装置	ZL 201921029331.20	实用新型	2020.02.18
1170	中钢集团洛阳耐火材料研究院有限公司	一种高发射率保温涂层	ZL 201910596986.60	发明专利	2021.08.03
1171	中钢集团洛阳耐火材料研究院有限公司	一种 FTSC 薄板坯连铸浸入式水口用成型模具	ZL 201921365750.30	实用新型	2020.04.17
1172	中钢集团洛阳耐火材料研究院有限公司	一种提高氮化物结合碳化硅材料抗氧化性能的烧结方法	ZL 201910891154.70	发明专利	2020.09.04
1173	中钢集团洛阳耐火材料研究院有限公司	一种高发射率红外节能材料以及制备方法	ZL 201910914375.10	发明专利	2021.06.29

续表

序号	单位名称	知识产权名称	专利号	类别	授权公告日
1174	中钢集团洛阳耐火材料研究院有限公司	一种高β相致密氮化硅陶瓷及低温制备方法	ZL 201911036674.60	发明专利	2020.11.13
1175	中钢集团洛阳耐火材料研究院有限公司	一种大尺寸SiC纳米线气凝胶的低成本制备方法	ZL 201911033844.50	发明专利	2020.08.14
1176	中钢集团洛阳耐火材料研究院有限公司	一种低碳镁碳棒头的制备方法	ZL 201911164211.80	发明专利	2021.05.04
1177	中钢集团洛阳耐火材料研究院有限公司	一种原位复合相结合镁铝尖晶石-碳化硅耐火材料的制备方法	ZL 201911265641.90	发明专利	2021.09.21
1178	中钢集团洛阳耐火材料研究院有限公司	一种动态高温炉窑用耐火预制砖	ZL 201922347450.90	实用新型	2020.08.04
1179	中钢集团洛阳耐火材料研究院有限公司	一种氧化锆轻质保温耐火制品	ZL 201911277521.00	发明专利	2021.08.31
1180	中钢集团洛阳耐火材料研究院有限公司	一种致密的高纯氧化锆耐火制品	ZL 201911277479.20	发明专利	2022.03.01
1181	中钢集团洛阳耐火材料研究院有限公司	一种碳化硅-氧化物复合耐火制品的制备方法	ZL 201911265294.X	发明专利	2021.05.25
1182	中钢集团洛阳耐火材料研究院有限公司、兖矿水煤浆气化及煤化工国家工程研究中心有限公司	一种四喷嘴水煤浆气化炉用组合式气化炉堵头结构	ZL 202020200047.30	实用新型	2020.12.11
1183	中钢集团洛阳耐火材料研究院有限公司	一种轻量化四喷嘴气化炉用堵头砖	ZL 202020158334.20	实用新型	2020.10.16
1184	中钢集团洛阳耐火材料研究院有限公司	一种组合型中空支柱结构	ZL 202020781332.90	实用新型	2020.12.11
1185	中钢集团洛阳耐火材料研究院有限公司	一种持续自增韧氮化物结合碳化硅耐火材料	ZL 202010423824.50	发明专利	2021.06.29
1186	中钢集团洛阳耐火材料研究院有限公司	一种废弃物熔融炉用高磷铝铬砖及其制备方法	ZL 202010438562.X	发明专利	2022.11.29
1187	中钢集团洛阳耐火材料研究院有限公司	一种含有稀土氧化物的碳化硅复合耐火制品	ZL 202010570458.60	发明专利	2021.08.13
1188	中钢集团洛阳耐火材料研究院有限公司；	一种含碳化锆的高温隔热材料的制备方法	ZL 202010809847.X	发明专利	2022.12.23
1189	中钢集团洛阳耐火材料研究院有限公司	一种连铸用组合式塞棒	ZL 202021017137.50	实用新型	2021.01.22
1190	中钢集团洛阳耐火材料研究院有限公司	一种具有微孔结构的碳化硅耐火耐磨材料	ZL 202010506205.20	发明专利	2021.09.21

续表

序号	单位名称	知识产权名称	专利号	类别	授权公告日
1191	中钢集团洛阳耐火材料研究院有限公司	一种防氧化碳化硅窑具的制备方法	ZL 202010809833. 80	发明专利	2022. 05. 10
1192	中钢集团洛阳耐火材料研究院有限公司	一种工程施工用干湿两用切割机的研磨冷却循环装置	ZL 202022870563. X	实用新型	2021. 10. 22
1193	中钢集团洛阳耐火材料研究院有限公司	一种工程施工用移动式干湿两用切割机	ZL 202022870568. 20	实用新型	2021. 09. 21
1194	中钢集团洛阳耐火材料研究院有限公司	一种钟罩式真空/气氛退火炉的炉膛结构	ZL 202021654452. 90	实用新型	2021. 05. 25
1195	中钢集团洛阳耐火材料研究院有限公司	一种真空气氛退火炉	ZL 202021655418. 30	实用新型	2021. 05. 04
1196	中钢集团洛阳耐火材料研究院有限公司	一种齿科退火炉发热元件系统	ZL 202021654439. 30	实用新型	2021. 05. 25
1197	中钢集团洛阳耐火材料研究院有限公司	一种齿科用光固化3D打印机	ZL 202021655419. 80	实用新型	2021. 04. 16
1198	中钢集团洛阳耐火材料研究院有限公司	一种齿科用铸瓷炉多冲杆压铸装置	ZL 202021654451. 40	实用新型	2021. 05. 25
1199	中钢宁夏耐研滨河新材料有限公司、中钢集团洛阳耐火材料研究院有限公司	一种薄型棚板窑具用高效干燥板	ZL 202021394943. 40	实用新型	2021. 02. 19
1200	中钢集团洛阳耐火材料研究院有限公司	一种镁铝尖晶石-碳化硅-铝复合耐火材料	ZL 202010645685. 00	发明专利	2021. 05. 25
1201	中钢集团洛阳耐火材料研究院有限公司	一种碳化硅-镁铝尖晶石-铝复合耐火材料	ZL 202010646418. 50	发明专利	2021. 09. 21
1202	中钢集团洛阳耐火材料研究院有限公司	一种碳化硅-六铝酸钙-铝复合耐火材料	ZL 202010645723. 20	发明专利	2021. 10. 22
1203	中钢集团洛阳耐火材料研究院有限公司	一种新型高温窑车平台耐火衬结构	ZL 202021729015. 90	实用新型	2021. 01. 22
1204	中钢集团洛阳耐火材料研究院有限公司	一种垃圾焚烧发电炉用耐火材料挂板	ZL 202021437165. 20	实用新型	2021. 03. 09
1205	中钢集团洛阳耐火材料研究院有限公司	氮化物-碳化硅-六铝酸钙复合耐火制品及其制备方法	ZL 202010809848. 40	发明专利	2022. 07. 22
1206	中钢集团洛阳耐火材料研究院有限公司	氮化物-碳化硅-镁铝尖晶石复相耐火材料制品及制备方法	ZL 202010809854. X	发明专利	2022. 02. 15
1207	中钢集团洛阳耐火材料研究院有限公司	轻质、高强和高抗热震刚玉-莫来石耐火材料的制备方法	ZL 202010991415. 50	发明专利	2022. 07. 22

续表

序号	单位名称	知识产权名称	专利号	类别	授权公告日
1208	中钢集团洛阳耐火材料研究院有限公司	一种耐火材料自流性能的检测装置	ZL 202022063703.20	实用新型	2021.03.23
1209	中钢集团洛阳耐火材料研究院有限公司	一种大尺寸氮化硅纳米带气凝胶的低成本制备方法	ZL 202010912847.20	发明专利	2022.03.15
1210	中钢集团洛阳耐火材料研究院有限公司	一种可快速安装的垃圾焚烧发电炉用耐火材料挂板	ZL 202120501864.70	实用新型	2021.11.02
1211	中钢集团洛阳耐火材料研究院有限公司	一种耐火材料盲孔成型结构	ZL 202120502785.80	实用新型	2021.12.14
1212	中钢集团洛阳耐火材料研究院有限公司	一种新型超高温烧结炉炉衬结构	ZL 202022441089.90	实用新型	2021.06.29
1213	中钢集团洛阳耐火材料研究院有限公司	一种 Zr-Al-C 系 MAX 相陶瓷粉体制品的制备方法	ZL 202110005325.90	发明专利	2022.04.19
1214	中钢集团洛阳耐火材料研究院有限公司	齿科 3D 打印二次光固化机	ZL 202120008126.90	实用新型	2021.10.22
1215	中钢集团洛阳耐火材料研究院有限公司	一种用于加工预成基台的铣削夹具	ZL 202120536984.00	实用新型	2021.10.22
1216	中钢集团洛阳耐火材料研究院有限公司	一种电炉的炉台结构	ZL 202120008113.10	实用新型	2021.10.22
1217	中钢集团洛阳耐火材料研究院有限公司	一种钟罩式真空/气氛退火炉	ZL 202120038475.50	实用新型	2021.09.21
1218	中钢集团洛阳耐火材料研究院有限公司	一种牙科种植用手术导板的全数字化制备方法	ZL 202110005305.10	发明专利	2021.10.22
1219	中钢集团洛阳耐火材料研究院有限公司	一种燃气轮机燃烧室用隔热瓦块性能的定量无损测试方法	ZL 202110708606.00	发明专利	2022.07.22
1220	中钢集团洛阳耐火材料研究院有限公司	一种回转窑施工用机械运料车	ZL 202023067346.30	实用新型	2021.08.03
1221	中钢集团洛阳耐火材料研究院有限公司	一种高强碳化硅-氧化物复合材料及其制备方法	ZL 202110005343.70	发明专利	2022.07.05
1222	中钢集团洛阳耐火材料研究院有限公司	一种高发射率隔热复合型耐火涂料	ZL 202110039183.80	发明专利	2022.07.05
1223	中钢集团洛阳耐火材料研究院有限公司	一种晶界增强型氮化物结合碳化硅窑具	ZL 202110092712.00	发明专利	2022.11.29
1224	中钢集团洛阳耐火材料研究院有限公司、中钢宁夏耐研滨河新材料有限公司	一种碳化硅陶瓷复合制品的制备方法	ZL 202110305734.00	发明专利	2022.10.21

续表

序号	单位名称	知识产权名称	专利号	类别	授权公告日
1225	中钢集团洛阳耐火材料研究院有限公司、山东章鼓耐研新材料科技有限公司	一种高耐磨氮化物结合碳化硅复合陶瓷过流件的制备方法	ZL 202110440632. X	发明专利	2022. 10. 21
1226	中钢集团洛阳耐火材料研究院有限公司、中钢宁夏耐研滨河新材料有限公司	一种非晶薄带材生产工艺用组合结构塞棒	ZL 202121238248. 30	实用新型	2021. 12. 07
1227	中钢集团洛阳耐火材料研究院有限公司	一种镍铁预还原回转窑用节能型耐火预制件的制备方法	ZL 202110456868. 20	发明专利	2022. 11. 29
1228	中钢集团洛阳耐火材料研究院有限公司	一种窑具棚板烧成用夹具	ZL 202121434733. 80	实用新型	2021. 12. 03
1229	中钢集团洛阳耐火材料研究院有限公司	一种管状陶瓷烧结用承烧板	ZL 202121434683. 30	实用新型	2021. 12. 03
1230	中钢集团洛阳耐火材料研究院有限公司	一种熔铝保温炉炉门装置	ZL 202121236485. 60	实用新型	2021. 12. 03
1231	中钢集团洛阳耐火材料研究院有限公司	一种自动塑形的冷等静压成型模具	ZL 202121596621. 20	实用新型	2021. 12. 21
1232	中钢集团洛阳耐火材料研究院有限公司	一种冷等静压随动式成型模具	ZL 202121596644. 30	实用新型	2022. 01. 21
1233	中钢集团洛阳耐火材料研究院有限公司	一种用后锂电匣钵制备无氟连铸保护渣的方法	ZL 202110612479. 40	发明专利	2022. 11. 29
1234	中钢集团洛阳耐火材料研究院有限公司	一种用后锂电匣钵制备防氧化涂料的方法	ZL 202110612641. 20	发明专利	2022. 02. 11
1235	中钢集团洛阳耐火材料研究院有限公司	一种高温煤气化装置炉衬材料厚度在线监控和预警方法	ZL 202110684943. 00	发明专利	2022. 07. 05
1236	中钢集团洛阳耐火材料研究院有限公司	一种混合机用刮板组件	ZL 202122518182. X	实用新型	2022. 02. 15
1237	中钢集团洛阳耐火材料研究院有限公司	一种可减少热量传递的扭矩法黏度测量装置	ZL 202122294470. 10	实用新型	2022. 01. 21
1238	中钢集团洛阳耐火材料研究院有限公司	一种回转窑浇注料砌筑用抗剪切断裂的锚固件	ZL 202121799467. 90	实用新型	2022. 01. 21

续表

序号	单位名称	知识产权名称	专利号	类别	授权公告日
1239	中钢集团洛阳耐火材料研究院有限公司	一种炉顶节能纤维试验炉	ZL 202122534129.90	实用新型	2022.02.11
1240	中钢集团洛阳耐火材料研究院有限公司	球壳-海绵结构六铝酸钙-镁铝尖晶石复相材料的制备方法	ZL 202111110575.50	发明专利	2022.08.19
1241	中钢集团洛阳耐火材料研究院有限公司	一种四喷嘴气化炉托砖机构的衬里结构	ZL 202220197542.20	实用新型	2022.07.01
1242	中钢集团洛阳耐火材料研究院有限公司	一种氧化锆纤维隔热制品的制备方法	ZL 202111110550.50	发明专利	2022.11.29
1243	中钢集团洛阳耐火材料研究院有限公司	一种上下非对称热电偶孔的组合热电偶砖	ZL 202122573804.90	实用新型	2022.03.01
1244	中钢集团洛阳耐火材料研究院有限公司	一种气化炉用非等角度组合砖的热电偶砖	ZL 202220039409.40	实用新型	2022.04.29
1245	中钢集团洛阳耐火材料研究院有限公司	一种左右方向组套的气化炉用热电偶砖	ZL 202220039415.X	实用新型	2022.06.10
1246	中钢集团洛阳耐火材料研究院有限公司	一种熔铝保温炉门楣结构	ZL 202122710712.00	实用新型	2022.04.19
1247	中钢集团洛阳耐火材料研究院有限公司	SiC 气凝胶/陶瓷涂层结构一体化防隔热复合材料的制备方法	ZL 202210007855.10	发明专利	2022.11.29
1248	中钢集团洛阳耐火材料研究院有限公司	一种危险废物焚烧二燃室炉墙锚固结构	ZL 202122959791.90	实用新型	2022.05.31
1249	中钢集团洛阳耐火材料研究院有限公司	一种玻璃相结合的大尺寸氧化锆致密烧结制品	ZL 202210267005.50	发明专利	2022.11.29
1250	中钢集团洛阳耐火材料研究院有限公司	一种高度可调的组合式锚固件	ZL 202220103644.30	实用新型	2022.05.31
1251	中钢集团洛阳耐火材料研究院有限公司	一种吊烧式高温窑炉用碳化硅拱砖结构	ZL 202220589554.X	实用新型	2022.07.19
1252	中钢集团洛阳耐火材料研究院有限公司	一种带式焙烧机窑车用陶瓷篦条	ZL 202221496716.10	实用新型	2022.09.16
1253	中钢集团洛阳耐火材料研究院有限公司	一种一体式锅炉衬里结构	ZL 202221186902.50	实用新型	2022.08.19
1254	中钢集团洛阳耐火材料研究院有限公司	一种笼式热障涂层试验载样台装置	ZL 202222347993.20	实用新型	2022.12.23

续表

序号	单位名称	知识产权名称	专利号	类别	授权公告日
1255	中钢集团洛阳耐火材料研究院有限公司	一种热障涂层抗热震性能试验炉	ZL 202222348010.70	实用新型	2022.12.23
1256	中钢集团洛阳耐火材料研究院有限公司	一种热障涂层抗热震性能试验的冷却装置	ZL 202222347992.80	实用新型	2022.12.23
1257	中钢集团洛阳耐火材料研究院有限公司、昆明理工大学	一种耐腐蚀高隔热的低辐射率氧化锆基热障涂层及其制备方法	ZL 202111679820.40	发明专利	2022.12.30
1258	中钢洛耐科技股份有限公司	氮化硅结合碳化硅耐火制品的氮化烧成方法	ZL 201711023562.8	发明专利	2020.09.18
1259	中钢洛耐科技股份有限公司	一种碳化硅复合砖转运用夹持装置	ZL 201922165265.8	实用新型	2020.08.18
1260	中钢洛耐科技股份有限公司	一种碳化硅复合砖转运用的转运小车	ZL 201922165306.3	实用新型	2020.07.21
1261	中钢洛耐科技股份有限公司	一种碳化硅复合砖生产用除尘装置	ZL 201922164941.X	实用新型	2020.09.18
1262	中钢洛耐科技股份有限公司	一种大台面振动成型机用高强度振动台	ZL 201922165262.4	实用新型	2020.08.18
1263	中钢洛耐科技股份有限公司	一种基于碳化硅复合材料生产的废弃料回收装置	ZL 202022126571.3	实用新型	2021.01.15
1264	中钢洛耐科技股份有限公司	一种碳化硅及其复合材料生产用振动筛	ZL 202022124582.8	实用新型	2021.05.19
1265	中钢洛耐科技股份有限公司	一种新型砖坯省力搬运干燥车	ZL 202022122288.3	实用新型	2021.06.01
1266	中钢洛耐科技股份有限公司	一种便捷式砖坯搬运轨道	ZL 202022118927.9	实用新型	2021.09.14
1267	中钢洛耐科技股份有限公司	一种可智能调控氮化硅比例的矿热炉出铁口材料试验装置	ZL 202121248531.4	实用新型	2021.11.02
1268	中钢洛耐科技股份有限公司	一种成型精度更高的窑用碳化硅推板制造模具	ZL 202121248526.3	实用新型	2022.03.22
1269	中钢洛耐科技股份有限公司	一种氮化硅结合碳化硅材料的表面钝化功能测试装置	ZL 202121248519.3	实用新型	2022.03.22
1270	中钢洛耐科技股份有限公司	一种电石炉炉衬耐材的氧化速度测定装置	ZL 202121248514.0	实用新型	2022.03.22

续表

序号	单位名称	知识产权名称	专利号	类别	授权公告日
1271	中钢洛耐科技股份有限公司	一种针对窑用碳化硅推板的抗热震性能的测试装置	ZL 202121247588.2	实用新型	2022.03.22
1272	中钢洛耐科技股份有限公司	一种用于搬运塞头砖的吊钩	ZL 201820965531.80	实用新型	2019.01.29
1273	中钢洛耐科技股份有限公司	一种压砖机皮带轮的拆卸装置	ZL 201821276262.00	实用新型	2019.04.02
1274	中钢洛耐科技股份有限公司	一种耐火格子砖的内孔浮料的清吹装置	ZL 201821295059.80	实用新型	2019.05.03
1275	中钢洛耐科技股份有限公司	一种大断面隧道窑燃烧器结构	ZL 201822215838.90	实用新型	2019.10.18
1276	中钢洛耐科技股份有限公司	一种用于氮化窑炉中有机物燃烧的节能环保装置	ZL 201920709407.X	实用新型	2020.02.11
1277	中钢洛耐科技股份有限公司	一种梭式窑炉的拱顶保护装置	ZL 201920703335.80	实用新型	2020.02.11
1278	中钢洛耐科技股份有限公司	一种用于耐火材料的物料装袋装置	ZL 201920694470.00	实用新型	2020.03.06
1279	中钢洛耐科技股份有限公司	一种用于气化炉的新型渣口耐火衬里结构	ZL 201920703334.30	实用新型	2020.03.06
1280	中钢洛耐科技股份有限公司	一种气化炉拱顶的耐火衬里结构	ZL 201920703343.20	实用新型	2020.03.06
1281	中钢洛耐科技股份有限公司	一种用于搅拌机配料的除尘装置	ZL 201920694469.80	实用新型	2020.03.06
1282	中钢洛耐科技股份有限公司	一种用于磨粉机的新型除尘装置	ZL 201920694481.90	实用新型	2020.03.06
1283	中钢洛耐科技股份有限公司	一种用于还原竖炉中心煤气分配器的新型结构	ZL 201920704113.80	实用新型	2020.03.06
1284	中钢洛耐科技股份有限公司	一种 RH 炉下部槽防变形结构	ZL 201921257461.10	实用新型	2020.04.07
1285	中钢洛耐科技股份有限公司	一种大型耐火砖的成型模具	ZL 201920709416.90	实用新型	2020.04.17
1286	中钢洛耐科技股份有限公司	一种微波冶金窑车用方镁石-氧氮化硅复合耐火材料	ZL 201710737488.X	发明专利	2020.06.16

续表

序号	单位名称	知识产权名称	专利号	类别	授权公告日
1287	中钢洛耐科技股份有限公司	一种微波冶金窑车用莫来石-氧氮化硅复合耐火材料	ZL 201710736868.10	发明专利	2020.06.16
1288	中钢洛耐科技股份有限公司	一种微波冶金窑车用刚玉-氧氮化硅复合耐火材料	ZL 201710736091.90	发明专利	2020.06.16
1289	中钢洛耐科技股份有限公司	一种耐火材料制品浇注装置	ZL 202020169800.70	实用新型	2020.10.13
1290	中钢洛耐科技股份有限公司	一种玻璃窑炉熔化池	ZL 202020159226.70	实用新型	2020.10.13
1291	中钢洛耐科技股份有限公司	一种氧化铬复合尖晶石砖及其制备方法	ZL 201810362251.20	发明专利	2021.02.05
1292	中钢洛耐科技股份有限公司	一种真空精炼炉浸渍管法兰的风冷装置	ZL 202021433589.10	实用新型	2021.02.20
1293	中钢洛耐科技股份有限公司	一种有色强化冶炼用高强熔化熔炉	ZL 201910127620.40	发明专利	2021.03.12
1294	中钢洛耐科技股份有限公司	热回收焦炉上升管基座用高强截热砖及基座组合砖	ZL 202021396179.40	实用新型	2021.03.26
1295	中钢洛耐科技股份有限公司	一种热回收焦炉的二次进风口组合砖及二次进风口装置	ZL 202021396186.40	实用新型	2021.03.26
1296	中钢洛耐科技股份有限公司	一种焦炉炉底大体积高强浇注料分层分块施工结构及模具	ZL 201922310192.70	实用新型	2020.12.29
1297	中钢洛耐科技股份有限公司	一种高炉铁口砖	ZL 202022328269.60	实用新型	2021.05.25
1298	中钢洛耐科技股份有限公司	一种焦炉立火道隔墙整体修补陶瓷件及立火道隔墙结构	ZL 202022103655.50	实用新型	2021.06.15
1299	中钢洛耐科技股份有限公司	一种高赛隆相的碳化硅制品及其制备方法	ZL 201810477442.30	发明专利	2021.06.15
1300	中钢洛耐科技股份有限公司	一种用于数控机床的薄板固定装置	ZL 202022268717.80	实用新型	2021.06.15
1301	中钢洛耐科技股份有限公司	一种耐火材料烧结窑炉用突发停电供气保护装置	ZL 202022408477.70	实用新型	2021.07.02
1302	中钢洛耐科技股份有限公司	一种耐火砖表面自动喷釉料生产线	ZL 202021900577.50	实用新型	2021.07.02

续表

序号	单位名称	知识产权名称	专利号	类别	授权公告日
1303	中钢洛耐科技股份有限公司	一种斜孔烧嘴耐火砖模具	ZL 202022242994.10	实用新型	2021.07.30
1304	中钢洛耐科技股份有限公司	一种耐火砖生产用斜芯子	ZL 202022515206.10	实用新型	2021.07.30
1305	中钢洛耐科技股份有限公司	一种内大外小模具	ZL 202022528667.20	实用新型	2021.07.30
1306	中钢洛耐科技股份有限公司	一种有色冶炼熔化熔炉液线炉壁及出液嘴部位用耐火材料及其制备方法	ZL 201910127636.50	发明专利	2021.08.24
1307	中钢洛耐科技股份有限公司	一种有色冶炼熔化熔炉液线上方炉壁用耐火材料及其制备方法	ZL 201910127625.70	发明专利	2021.08.27
1308	中钢洛耐科技股份有限公司	一种焦炉焦侧炉门砖结构	ZL 202022865059.00	实用新型	2021.08.03
1309	中钢洛耐科技股份有限公司	一种有色冶炼熔化熔炉次工作层用耐火材料及其制备方法	ZL 201910130985.20	发明专利	2021.08.27
1310	中钢洛耐科技股份有限公司	一种有色冶炼熔化熔炉上部炉壁用耐火材料及其制备方法	ZL 201910130980.X	发明专利	2021.08.27
1311	中钢洛耐科技股份有限公司	一种有色冶炼熔化熔炉炉壁口用耐火材料及其制备方法	ZL 201910127200.60	发明专利	2021.08.24
1312	中钢洛耐科技股份有限公司	一种有色冶炼熔化熔炉液线下方炉壁用耐火材料及其制备方法	ZL 201910127262.70	发明专利	2021.08.27
1313	中钢洛耐科技股份有限公司	一种有色冶炼熔化熔炉炉底用耐火材料及其制备方法	ZL 201910127611.50	发明专利	2021.08.27
1314	中钢洛耐科技股份有限公司	一种铝铬合成原料的制备方法	ZL 201910412101.20	发明专利	2021.09.10
1315	中钢洛耐科技股份有限公司	一种铝电解槽阴极用碳化硅捣打糊及其制备方法	ZL 201910929506.30	发明专利	2021.11.19
1316	中钢洛耐科技股份有限公司	一种用于真空精炼炉浸渍管连接的密封定位装置	ZL 202120549699.20	实用新型	2021.10.22
1317	中钢洛耐科技股份有限公司	一种可调节型砖坯干燥转运车	ZL 202121728048.60	实用新型	2022.01.28
1318	中钢洛耐科技股份有限公司	一种大型锌挥发回转窑窑壁结构	ZL 202121586466.60	实用新型	2022.01.28

续表

序号	单位名称	知识产权名称	专利号	类别	授权公告日
1319	中钢洛耐科技股份有限公司	一种铝镁铁铬尖晶石复合材料及其制备方法	ZL 201910125840.30	发明专利	2022.02.01
1320	中钢洛耐科技股份有限公司	一种菱形砖生产用模具	ZL 202121586916.10	实用新型	2022.02.01
1321	中钢洛耐科技股份有限公司	一种耐火砖斜孔钻孔加工装置(RH 吹氩)	ZL 202121759980.50	实用新型	2022.02.01
1322	中钢洛耐科技股份有限公司	一种异型砖坯用吸盘装置	ZL 202121759597.X	实用新型	2022.02.01
1323	中钢洛耐科技股份有限公司	一种硅砖加工斜孔的工装	ZL 202121845036.10	实用新型	2022.02.01
1324	中钢洛耐科技股份有限公司	一种湿碾机加料除尘装置	ZL 202121867091.00	实用新型	2022.02.01
1325	中钢洛耐科技股份有限公司	一种焦炉用组合孔座	ZL 202122312661.60	实用新型	2022.02.01
1326	中钢洛耐科技股份有限公司	一种热回收焦炉集气管管壁结构	ZL 202121969001.90	实用新型	2022.02.01
1327	中钢洛耐科技股份有限公司	一种焦炉炉门衬砖用固定件和带有固定件的炉门衬砖	ZL 202121505585.40	实用新型	2022.02.01
1328	中钢洛耐科技股份有限公司	一种新型加压式水煤浆气化炉耐火衬里结构及其气化炉	ZL 202120904993.00	实用新型	2022.02.01
1329	中钢洛耐科技股份有限公司	一种双层拼接式窑车炕面	ZL 202121505592.40	实用新型	2022.02.01
1330	中钢洛耐科技股份有限公司	一种 PS 转炉风眼区砌筑结构	ZL 202121602982.30	实用新型	2022.02.01
1331	中钢洛耐科技股份有限公司	一种窑车结构以及与窑车结构相配的窑体	ZL 202122507518.20	实用新型	2022.03.04
1332	中钢洛耐科技股份有限公司	一种石灰窑烟道	ZL 202121529127.40	实用新型	2022.03.25
1333	中钢洛耐科技股份有限公司	一种炭素煅烧炉用陶瓷耐磨热喷补料及其制备方法	ZL 202010452271.60	发明专利	2022.04.12
1334	中钢洛耐科技股份有限公司	一种抗侵蚀赛隆刚玉制品及其制备方法	ZL 202010096337.20	发明专利	2022.04.12

续表

序号	单位名称	知识产权名称	专利号	类别	授权公告日
1335	中钢洛耐科技股份有限公司	一种适用于铝电解槽的环保型干式防渗料	ZL 201911069338.10	发明专利	2022.02.15
1336	中钢洛耐科技股份有限公司	一种高炉风口用铝碳化硅氮耐火制品及其制备方法	ZL 202010096324.50	发明专利	2022.05.22
1337	中钢洛耐科技股份有限公司	煤烧多复合尖晶石材料及其制备方法和应用	ZL 202011478475.30	发明专利	2022.06.28
1338	中钢洛耐科技股份有限公司	溜槽砖模具	ZL 202220366253.00	实用新型	2022.09.06
1339	中钢洛耐科技股份有限公司	一种耐火砖生产用高效装配成型模具	ZL 202220209792.30	实用新型	2022.09.06
1340	中钢洛耐科技股份有限公司	一种平面磨床用夹持固定工装	ZL 202220366144.90	实用新型	2022.09.06
1341	中钢洛耐科技股份有限公司	一种热风炉系统	ZL 202220106647.20	实用新型	2022.09.06
1342	中钢洛耐科技股份有限公司	一种数控金属切割机用料架支撑装置	ZL 202220363174.40	实用新型	2022.09.06
1343	中钢洛耐科技股份有限公司	一种分析线起止角度在测量α-石英相含量中的应用	ZL 202010012184.90	发明专利	2022.09.06
1344	中钢洛耐科技股份有限公司	一种高温炉体耐火砖制造用模具	ZL 202221699034.00	实用新型	2022.10.28
1345	中钢洛耐科技股份有限公司	一种高温炉体耐火砖生产用斜芯子	ZL 202221699046.30	实用新型	2022.10.28
1346	中钢洛耐科技股份有限公司	一种内转角方孔耐火砖模具	ZL 202221700059.80	实用新型	2022.10.28
1347	中钢洛耐科技股份有限公司	一种有色强化冶炼用高强熔化熔炉（韩国）	10-2476956	国际专利	2022.12.08
1348	中钢洛耐科技股份有限公司	一种用于制备硅砖的促烧结剂、复合硅砖及其制备方法	ZL 202110701772.80	发明专利	2022.11.29
1349	中钢洛耐科技股份有限公司	梯度截热保温材料及其制备方法和应用	ZL 202110378351.60	发明专利	2022.11.29
1350	中钢洛耐科技股份有限公司	功能陶瓷件及其制备方法和应用	ZL 202110399738.X	发明专利	2022.11.29

续表

序号	单位名称	知识产权名称	专利号	类别	授权公告日
1351	中钢洛耐科技股份有限公司	一种用于制备硅砖的促烧结剂、复合硅砖及其制备方法（日本）	申请号 2021-145743 专利号 7197654	发明专利	2022. 12. 19
1352	中钢洛耐科技股份有限公司	便于收料的刷砖桌	ZL 202022238133. 60	实用新型	2021. 06. 11
1353	中钢洛耐科技股份有限公司	螺丝固定模板的耐火材料模套	ZL 202022090888. 60	实用新型	2021. 06. 29
1354	中钢洛耐科技股份有限公司	硅砖的压制成型装置	ZL 202022226315. 10	实用新型	2021. 06. 29
1355	中钢洛耐科技股份有限公司	不落窑砂的硅砖窑车炕面	ZL 202022243089. 80	实用新型	2021. 04. 27
1356	中钢洛耐科技股份有限公司	可折叠的布条架	ZL 202022032029. 10	实用新型	2021. 05. 28
1357	中钢洛耐科技股份有限公司	防绞绳的钢丝绳导绳装置	ZL 202022094808. 40	实用新型	2021. 05. 04
1358	中钢洛耐科技股份有限公司	用于烧制硅砖的原料定量出料装置	ZL 202022238488. 50	实用新型	2021. 05. 14
1359	中钢洛耐科技股份有限公司	便于下料的成型压机储料仓	ZL 202022132869. 50	实用新型	2021. 05. 18
1360	中钢洛耐科技股份有限公司	水平链斗输送机的整形装置	ZL 202022142164. 10	实用新型	2021. 05. 14
1361	中钢洛耐科技股份有限公司	复式导轮的干燥运输车	ZL 202022124161. 50	实用新型	2021. 05. 14
1362	中钢洛耐科技股份有限公司	硅砖制品的混料筛分搅拌装置	ZL 202022228529. 20	实用新型	2021. 06. 08
1363	中钢洛耐科技股份有限公司	防堵塞导管的辅助风送装置	ZL 202022117899. 90	实用新型	2021. 06. 08
1364	中钢洛耐科技股份有限公司	便于运输泥料的输送小车	ZL 202022019361. 40	实用新型	2021. 06. 29
1365	中钢洛耐科技股份有限公司	组合式耐火成型锤头	ZL 202022136434. 80	实用新型	2021. 08. 01
1366	中钢洛耐科技股份有限公司	硅砖物料的多级筛分装置	ZL 202022228508. 00	实用新型	2021. 08. 01

续表

序号	单位名称	知识产权名称	专利号	类别	授权公告日
1367	中钢洛耐科技股份有限公司	一种预合成硅砖矿化剂及其制备方法	ZL 201610850562.40	发明专利	2019.02.19
1368	中钢洛耐科技股份有限公司	一种预振动双工位自动上料耐火砖成型方法	ZL 201811203064.60	发明专利	2021.02.05
1369	中钢洛耐科技股份有限公司	高温段抽风调温耐火砖烧制隧道窑	ZL 202220928532.10	实用新型	2022.07.26
1370	中钢洛耐科技股份有限公司	高压风调温耐火砖烧制隧道窑结构	ZL 202220928520.90	实用新型	2022.08.16
1371	中钢洛耐科技股份有限公司	窑车坑面耐火硅砖	ZL 2022210073808.00	实用新型	2022.08.17
1372	中钢洛耐科技股份有限公司	一种耐火砖取砖吸盘结构	ZL 202222425994.40	实用新型	2022.12.13
1373	中钢洛耐科技股份有限公司	硅砖生产配料混料系统	ZL 202221412803.40	实用新型	2022.10.25
1374	中钢宁夏耐研滨河新材料有限公司、中钢集团洛阳耐火材料研究院有限公司	一种碳化硅复合砖转运用滑道	ZL 202121205417.30	实用新型	2022.01.21

2019~2022年耐火材料行业企业信用等级评价A级以上企业目录

2020年耐火材料行业获A级以上信用等级单位名单

序号	企业名称	评价等级
1	浙江锦诚新材料股份有限公司	AAA
2	河南熔金高温材料股份有限公司	AAA
3	山西禄纬堡太钢耐火材料有限公司	AAA
4	郑州振东科技有限公司	AAA
5	大石桥市金龙耐火材料有限公司	AAA
6	济南鲁东耐火材料有限公司	AAA
7	郑州建信耐火材料成套有限公司	AAA
8	唐山市国亮特殊耐火材料有限公司	AAA
9	洛阳盛铁耐火材料有限公司	AAA
10	辽宁青花耐火材料股份有限公司	AAA
11	中国有色集团晋铝耐材有限公司	AAA
12	浙江湖州父子岭耐火集团有限公司	AAA
13	营口佳镁耐火材料有限公司	AAA
14	浙江红鹰集团股份有限公司	AAA
15	青岛正望钢水控制股份有限公司	AAA
16	海城市祥程矿业有限公司	AAA
17	海城市后英耐火材料有限公司	AAA
18	海城市特新耐火材料有限公司	AAA
19	后英集团海城市环保科技有限公司	AAA
20	后英集团海城市环保科技有限公司开发区分公司	AAA
21	后英集团海城市兴海耐火材料有限公司	AAA
22	海城智胜镁制品有限公司	AAA
23	海城市海英高级耐火材料有限公司	AAA
24	后英集团海城市高新技术产品有限公司	AAA
25	唐山时创高温材料股份有限公司	AAA

2021年耐火材料行业获A级以上信用等级单位名单

序号	企业名称	评价等级
1	鞍山市和丰耐火材料有限公司	AAA
2	鞍山钢铁冶金炉材科技有限公司	AAA
3	湖南湘钢瑞泰科技有限公司	AAA
4	山东鲁桥新材料股份有限公司	AAA
5	山东耐材集团鲁耐窑业有限公司	AAA
6	浙江自立高温科技股份有限公司	AAA
7	浙江自立新材料股份有限公司	AAA
8	郑州安耐克实业有限公司	AAA
9	中钢洛耐科技股份有限公司	AAA
10	辽宁三华耐火集团有限公司	AAA
11	山西昊业新材料开发有限公司	AAA

2022年耐火材料行业获A级以上信用等级单位名单

序号	企业名称	评价等级
1	北京联合荣大工程材料股份有限公司	AAA
2	青岛西海岸高新材料有限公司	AAA
3	山东耐火材料集团有限公司	AAA

企业风采

山东耐火材料集团有限公司

山东耐材
SD REFRACTORIES

山东耐火材料集团有限公司是隶属于山东钢铁集团有限公司的全资子公司，其生产历史始于1904年。注册资金3亿元，年生产能力50万吨。主要产品有铝硅系耐材、连铸耐材、焦宝石及莫来石料、镁质原料和制品、含炭制品、特耐制品、不定形材料七大类。山东耐材以“为客户提供满意的产品和服务”为企业使命，以“共创、共进、共赢”为核心价值观，致力于构筑为客户提供耐材整体解决方案的服务模式，通过为客户创造价值，实现共同发展。

高炉用耐火制品

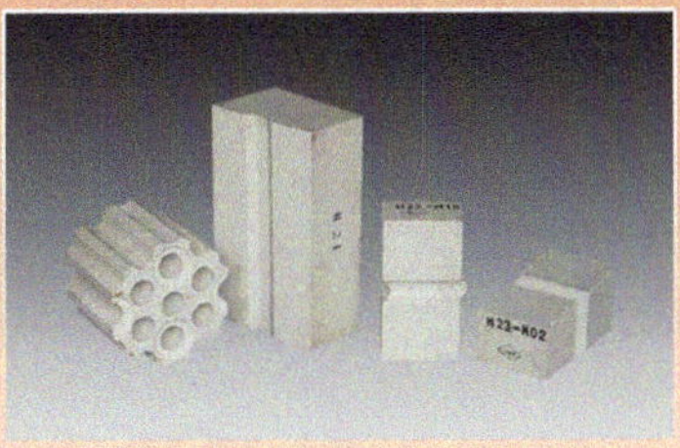
热风炉用耐火制品

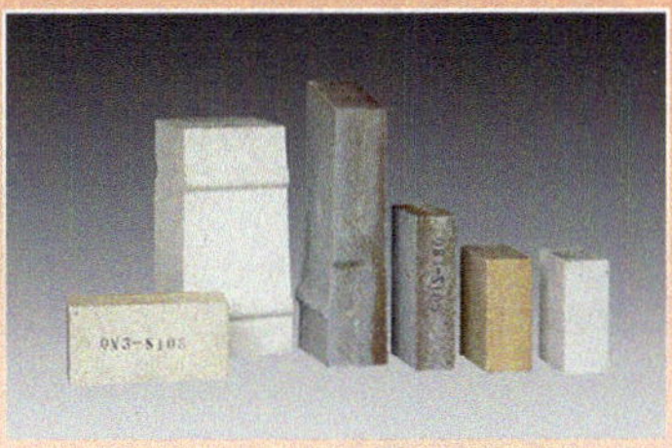
干熄焦装置用耐火制品

高炉用特种耐火制品

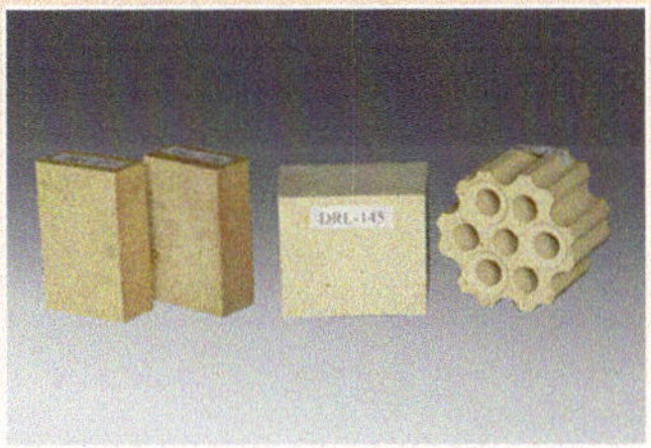
热风炉用低蠕变高铝制品

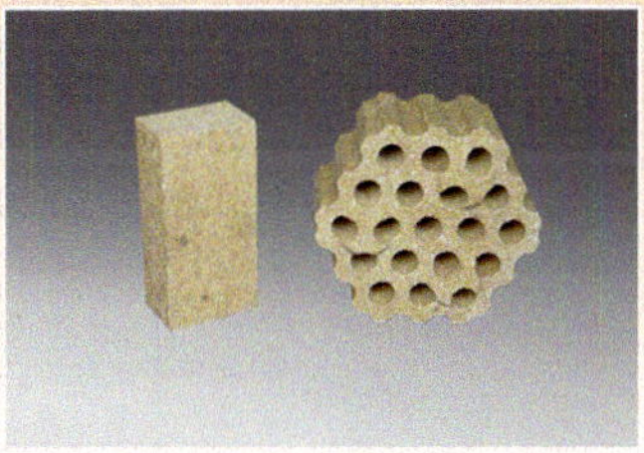
热风炉用硅砖

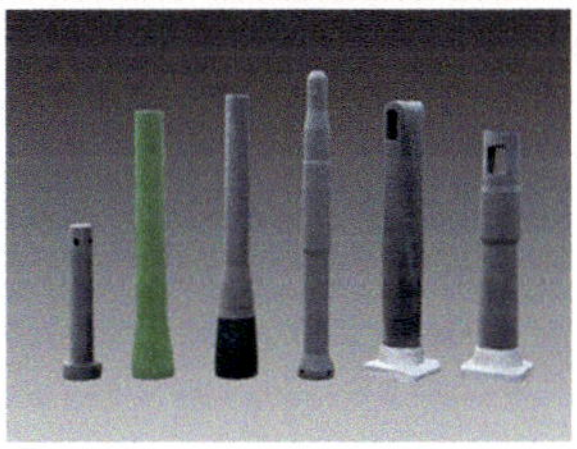
连铸用耐火制品

焦宝石

氧化镁球

地址：山东省淄博市周村区王村宝山工业园　邮编：255311
办公室电话：0533-6691351　传真：0533-6691398
邮箱：sdnaicai@shannai.net　网址：www.shannai.net　www.sdnc.net.cn

山东铭仁重型机械股份有限公司

MING REN

公司始创于1982年，是国家大型压力机生产制造基地，公司注册资金2000万元，占地140亩，2021年产值1.8亿元。公司生产电动螺旋压力机，是压力机行业中的龙头企业。

公司自有铸铜、热处理及配套机加工能力，加工设备200多台，公司生产产能是年产1000台，我公司主要机型有电动螺旋压力机260t、315t、400t、500t、630t、800t、1000t、1250t、1600t、2500～10000t。

公司主营：电动压力机生产与销售，老式摩擦压力机改造以及有关压力机的配品配件。包括：螺杆，铜螺母的铸造加工。

公司电动螺旋压力机优点：打击力大，速度快，故障率低，抗偏载能力强，精度高。

公司理念：**诚信为本，质量在先。**

公司服务客户群体：国内客户400多家，主要有利尔、濮耐、中钢、金龙、自立、西小坪等国内知名耐火企业以及山东、重庆、江苏、浙江等国内知名锻造企业。国外客户主要有印度、越南、土耳其、朝鲜、埃塞俄比亚、美国等。

公司位于山东孔孟之乡的淄博市周村区，环境优雅，气候宜人，我们竭诚欢迎社会各界有识之士和新老朋友来公司访问、洽谈贸易、共臻繁荣。

地　址：山东省淄博市周村区萌水镇东衣村　邮编：255300
联系人：冯超 13964402888　电话/传真：0533-6886000
网　址：www.sdmrjx.com　邮箱：zbmr6886000@163.com

兴·和·石·墨

三 富 康 合

青岛兴和（平度富康）

石墨有限公司

青岛兴和（平度富康）石墨有限公司坐落于美丽的海滨城市——青岛，工厂位于中国著名优质鳞片石墨产地——“石墨之乡”青岛平度。青岛兴和石墨有限公司是集石墨矿开采、生产加工、销售于一体的大型企业，是天然鳞片石墨的重要生产基地。

公司自1996年成立至今，始终坚守质量与诚信，依托人才与技术创新，历经风雨，放眼全球。青岛兴和（平度富康）石墨有限公司作为国内少数具有石墨准入行业许可的生产企业之一，可生产中碳、高碳石墨、高纯石墨、微粉石墨、可膨胀石墨、球型石墨、碳纳米管、石墨烯等10大系列500余个品种，石墨年产量达6万多吨，年产值三亿六千万元，公司现有员工218名，其中工程师6名、技术研发人员8名。

我企业是国内外著名的大型石墨矿山企业，产品具有很强的生产优势，在国内外享有很高的声誉。石墨行业近三十年的专业经验，让我们熟知客户对产品的应用需求。企业拥有多条生产线，可根据客户行业对石墨的特殊要求，量身定制产品应用的解决方案。交货周期短、灵活性强，满足客户多样化的采购需求。产品除在国内占有大量市场外，还早已占领欧美、日韩、俄罗斯、印度、土耳其、伊朗、波兰等60多个国家和地区的市场。青岛兴和石墨在行业内享有较高知名度和良好信誉，石墨产品应用不仅覆盖钢铁、耐材、冶金、涂料、摩擦密封材料、碳刷电碳、润滑油脂、塑料橡胶等传统领域，同时在高精尖行业锂电、光伏、核能等新能源、新材料领域蓬勃发展。

竭诚邀请海内外客户来到我厂参观考察，指导工作！

联系方式：窦晓林 18678999192　于笑 18660285186　温春雷 18661913663　石盟 18660276989

工厂地址：青岛平度市明村镇马戈庄石墨矿

重庆市赛特刚玉有限公司

重庆市赛特刚玉有限公司为重庆市博赛矿业（集团）有限公司独资组建的民营企业，本项目属于异地搬迁改造，利用原有设备进行资源整合。2014年将原厂址位于贵州遵义、凯里、开阳以及广西平果的四个工厂搬迁至重庆涪陵区，2015年7月投产，目前拥有14台5000kVA 倾倒炉和2台7500kVA 倾倒炉，年产棕刚玉20万吨，并有多条制粒加工线，可根据客户需求加工各种规格段砂、粒度砂及磨粉等。公司技术力量雄厚，检测设备齐全，公司设有被评为省级的研发中心，有完善的质量管理体系，聘有享受国务院津贴的行业专家，和行业大学成立了教学研实践基地。2018年荣获国家工信部和中国工业经济联合会共同颁发的“制造业单项冠军”称号，现为重庆市高新技术企业。

26年来，公司秉承“一流产品、一流服务”的经营理念，坚持“以科技为先导，以质量为生存，以信誉求发展”，不断地扩大生产规模，研发新产品。产品30%出口欧美、亚洲、非洲等数十个国家和地区，70%销往国内长三角、珠三角、华北、东北等地区，产销量处于国际领先水平。

本公司将一如既往以优良的质量、优质的服务，愿与国内外企业建立最信赖的合作关系，并与同行业一起为创造耐材工业、磨料磨具行业美好的明天做出应有的贡献。

地　址：重庆市渝中区邹容路世贸大厦47楼
邮　编：400010
联系人：陈小平 15330554558

中钢洛耐科技股份有限公司

SINOSTEEL

中钢洛耐科技股份有限公司(以下简称中钢洛耐)始建于1958年，前身为冶金工业部洛阳耐火材料厂，是新中国“一五”期间自行设计、建设的第一家大型国有耐火材料生产企业，产品广泛应用于钢铁、有色、建材、化工等高温工业;子公司中钢集团洛阳耐火材料研究院有限公司创建于1963年，是耐火材料专业领域大型综合性研究机构，是行业技术、学术、信息与服务中心，科技成果辐射中心。

中钢洛耐以高端耐火材料的研发、制造和服务为核心业务，致力于为高温工业提供优质产品和系统解决方案，是集高端耐火制品、工程设计与技术服务为一体的大型国有高科技企业。主要产品有硅质系列制品、镁质系列制品、高铝系列制品、复合系列制品、高纯氧化物制品、功能型材料制品、不定形及预制件制品8个系列的多品种耐火产品，远销世界五大洲40多个国家和地区，广泛应用于钢铁、有色金属、石油和煤化工、陶瓷、水泥、玻璃、电力和环保等多个高温领域。公司依托产品、技术和人才优势，致力于为客户提供全方位、全过程、个性化和精益化服务，是高温工业耐火材料工程设计、综合配套和技术集成大型综合服务商。

中钢洛耐先后获河南省优秀耐火材料企业、河南省技术创新示范企业、标准化工作先进单位、中国建材服务业100强、河南省十佳科技型最具影响力企业公司、企业信用评价AAA级信用企业、国务院国资委标杆企业及2021年河南省头雁企业等荣誉。

中钢洛耐拥有实力雄厚的专业技术人员队伍，拥有先进耐火材料国家重点实验室、耐火材料联建实验室、耐火材料国家工程研究中心、炼铁系统耐火材料工程技术研究中心、有色金属炉窑及高温材料创新专家工作站和国家耐火材料质量监督检验中心等研发平台；拥有完整的知识产权体系，被认定为“知识产权强企”，列入工信部工业企业知识产权运用试点名单。截至目前，获省部级以上科技成果奖150余项，拥有有效专利70余项。将依托人才和科技平台优势，致力于长寿、功能、节能和绿色耐火材料的研发、生产和技术集成，以创新引领行业技术发展，为高温工业创造更大价值。

中钢洛耐以“建设具有国际竞争力的世界一流耐火材料企业”为目标，实施科技创新和资本运营双轮驱动战略，立足高温工业，服务新兴产业，致力于成为最具创新能力和市场价值的科技型上市公司。

发展中的中钢洛耐诚恳地期待与您携手共创明日辉煌!

地址：河南省洛阳市涧西区西苑路1号　邮编：471039
电话：0379-64208809
邮箱：yingxiao@lyrg.com.cn
网址：www.lyrg.com.cn

河南鑫诚耐火材料股份有限公司

自动化成型生产线

天然气隧道窑

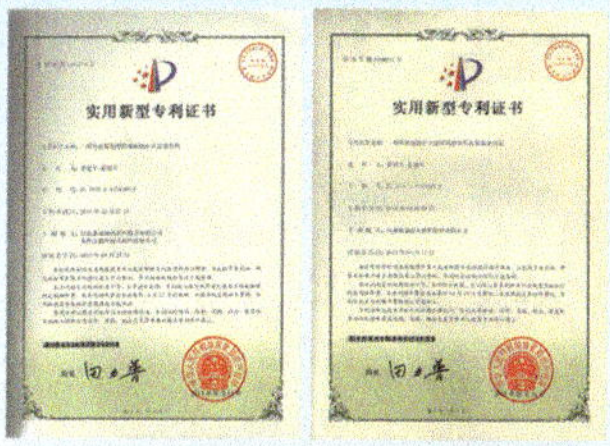

河南鑫诚耐火材料股份有限公司成立于1999年11月，位于太极圣地河南省焦作市，是集耐火材料原料开采、技术研发、产品制造完整产业链条的大型集团化企业，在国内耐材行业中久负盛名。

鑫诚股份是国家首批公告的耐材行业准入企业、中国耐材行业协会会员单位、中国有色金属工业集团成员企业、中国铝用炭素协会副会长单位、河南省耐材行业协会副会长单位、鞍山焦耐院和沈阳铝镁设计院指定耐材制品生产企业。

鑫诚股份具有配套生产钢铁、有色金属、炭素、建材等行业所需各种耐火材料的综合实力，拥有储量700万吨的耐火原料矿山，采用先进高效节能环保的生产技术工艺和设备，装备重质砖生产线5条、轻质砖生产线3条、散装料生产线2条，年生产能力50万吨。

鑫诚股份产品有黏土类、高铝类、硅质类、锆英石类、不定形类及轻质类等数十大系列数千种规格型号，畅销全国及海内外，特别是在有色和炭素领域，始终保持领先地位，与中铝集团、信发集团、东方希望集团、魏桥铝电集团等大型集团企业建立了长期稳定的合作关系。

鑫诚股份是省级高新技术企业，省、市级企业技术中心和工程技术研究中心，科研队伍实力雄厚、检测设施先进齐全、质管体系科学完备，拥有发明和实用新型专利12项，负责制定了“炭素焙烧炉用耐火砖”和“炭素焙烧炉用高温胶泥”两个国家耐火材料行业标准。

鑫诚股份通过了ISO 9001:2015质量管理体系认证、ISO 14001:2015环境管理体系认证、GB/T 28001—2011职业健康管理体系认证等多项管理体系认证，被评定为AAA信用企业、安全生产标准化三级企业。

鑫诚股份是省重点上市后备企业和市50强企业，多次荣获省、市“耐火材料优秀企业”和“优秀民营企业”等荣誉称号，“ ”注册商标被认定为河南省著名商标。

重质类耐火材料

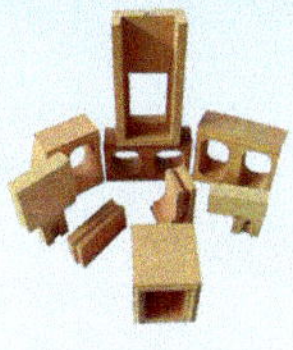

黏土质耐火砖

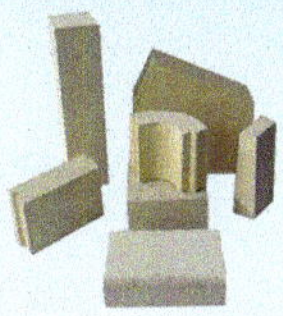

高铝质耐火砖

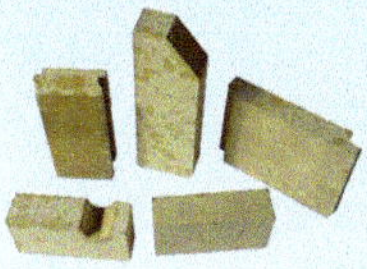

硅质耐火砖

黏土低蠕变耐火砖

不定形类耐火材料

焙烧炉顶预制块

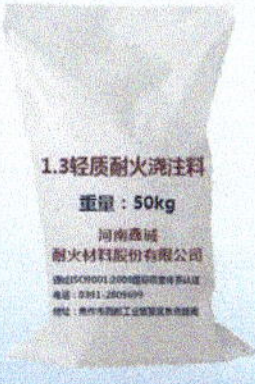

轻质耐火浇注料

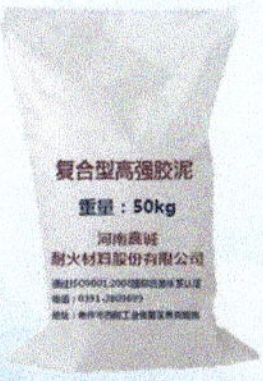

复合型高强胶泥

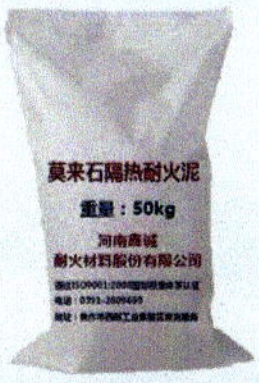

莫来石隔热耐火泥

轻质类耐火材料

高聚轻质耐火砖

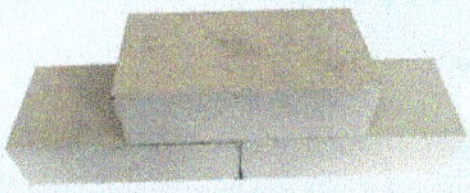

高铝轻质耐火砖

莫来石轻质耐火砖

行业领军创一流　美丽鑫诚更出彩

地址：河南省焦作市中站西部工业集聚区　邮编：454151
电话：0391-2809600 2809699（传真）　网址：www.hnxcgf.com　邮箱：webnaster@hnxcgf.com

瑞泰马钢新材料科技有限公司

中国建材　MA STEEL

瑞泰马钢新材料科技有限公司（以下简称“公司”），是中国建材集团旗下的瑞泰科技与中国宝武马钢集团共同出资成立的高新技术企业，是中国耐火材料行业协会常务副会长单位。

公司坐落于国家卫生城市、国家文明城市安徽省马鞍山市。近年来，马鞍山市围绕主导产业和战略性新兴产业，大力实施人才兴市，着力打造“人才高地、活力诗城”“智造名城、生态福地”。2020年8月19日，习近平总书记亲临马鞍山视察，确立了把马鞍山建设成“安徽的杭嘉湖，长三角的白菜心”的新定位。

公司建设有节能环保型高温材料智能化制造基地和钢铁高温材料创新中心。自2017年5月创立以来，坚定不移地推进智能制造、绿色发展和科技创新，先后被评定、认定为安徽省绿色工厂、智能工厂、安徽省“十四五”首批先进制造业和现代服务业融合发展试点单位、安徽省企业技术中心、安徽省环保耐火材料绿色循环利用工程研究中心、国家级绿色工厂、2022年皖美品牌示范企业，获评马鞍山市第十届市长质量奖。

公司以创新平台为载体，致力于解决行业关键共性问题，加强理论研究、加快应用技术开发、开展国内外学术交流、注重技术与经营人才培养，为公司实现跨越式发展提供支撑。与武汉科技大学等高校建立了长期稳定的产学研合作关系。

公司是中国宝武集团耐火材料A2级供应商和马钢股份耐火材料总承包商。自成立以来，依托两大央企平台资源，奋力拓展国内外市场，年营业收入达14亿元，利润总额近7300万元。正在实施的洁净钢精炼用节能环保新材料智能制造生产线和智能制造系统2.0升级版建设项目，将助推公司产品结构、产能产效和数字化水平的全面提升，力争“十四五”末，实现年营业收入超20亿元、利润超亿元的目标。

公司将秉承“精业、创新、超越、共享”的价值观和“精品智造、精心服务”的经营理念，以“提供耐材系统解决方案，助力钢铁工业高质量发展”为己任，朝着成为股东信赖、客户尊重、社会认可、员工认同的国际一流、国内领先的钢铁高温材料综合服务商的目标不断迈进。

电话：0555−2883884
传真：0555−2885237
地址：安徽省马鞍山市雨山经济开发区
邮编：243000
邮箱：rtmg@bjruitai.com

郑州振东科技有限公司

——专注钢包耐材三十年

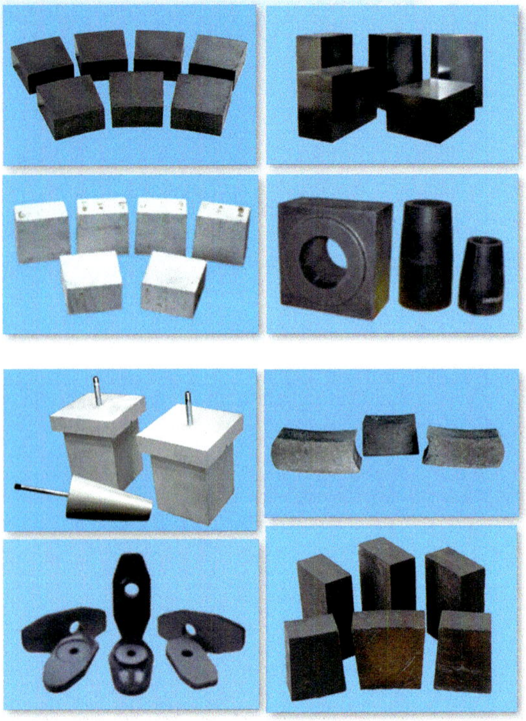

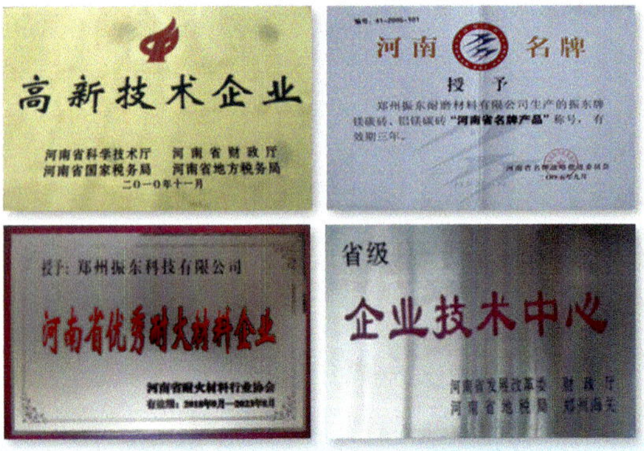

郑州振东科技有限公司创建于1988年8月18日，是集科研、生产、销售、服务为一体的钢铁行业钢包用耐火材料专业生产厂家。公司现有员工1200多名，各类工程技术人员280名，建筑面积36万平方米，主要生产设备200多台(套),具有年产各种耐火材料20万吨的生产规模，2018年产值将突破8亿元。公司纳税额连续6年在新密市耐材行业名列前茅。

公司一直坚持科技创新，产学研相结合，不断引进先进技术和优秀人才，先后申报国家发明专利22项，国家实用新型专利100项。目前公司产品主要有下列两大系列：

一是钢包砖系列产品。主要有镁碳砖、铝镁碳砖、铝镁尖晶石砖、超低碳镁碳砖、超低碳镁铝碳砖、刚玉预制块、刚玉机制砖、水口砖、水口座砖、透气砖、透气座砖、滑板砖以及各种配套用不定形耐材等。

二是铁水包用铝碳化硅碳砖、铝碳化硅砖、刚玉碳化硅砖以及配套用不定形耐材。

三十年来，公司秉承着“为把公司建设成为现代化的先进企业而奋斗”的目标和“以人为本、以德治厂、诚信经营、科技创新”的主导思想，不断前进。

公司先后被评为全国耐火材料百强企业、河南省高新技术企业、省级企业技术中心、河南省优秀耐火材料企业，2017年12月被评为“耐火材料规范企业”，公司生产的镁碳砖、铝镁碳砖连年被评为“河南省名牌产品”。公司是中国耐火材料行业副会长单位、新密市耐火材料行业会长单位。

公司承包钢包吨位从25t到300t，产品系列从定形到不定形，从含碳到无碳，从常规产品到功能性产品均有覆盖，能适应不同吨位和不同精炼方式的钢包。公司有500多名员工全天候从事钢包服务工作。

与振东携手，缔造共同的辉煌！

地址：河南省新密市曲梁产业集聚区
电话：0371-63192888 63192999 传真：0371-63191283
网址：http://www.zhendongkeji.com/

CHENMING GROUP

海城海鸣矿业有限责任公司

海城海鸣矿业有限责任公司由山东晨鸣纸业集团和辽宁北海实业集团于2012年11月6日共同出资成立，是集菱镁矿开采和深加工于一体的大型综合性项目，公司注册资本2.4亿元人民币，项目一期投资20亿元人民币，是辽宁省政府督办的重点项目之一。

海鸣矿业一期工程引进德国蒂森克虏伯设计及供货的多层炉、压球机、高温竖窑等高端设备，除尘系统采用高效耐高温布袋收尘器，燃料采用清洁能源天然气。一期工程实现了年开采菱镁矿100万吨、年生产高纯镁砂10万吨；实现年利税6亿元人民币，提供劳动就业岗位500余个。目前我公司已全面通过ISO 9001:2015质量管理体系认证，同时获得了“辽宁省高新技术企业”等荣誉称号。

海鸣矿业二期项目包括：（1）年产10万吨高纯镁砂项目；（2）年产20万吨电熔镁（包括大结晶、普通电熔镁、二钙电熔镁及镁铝尖晶石）项目；（3）年产60万吨选矿厂项目。其中，高纯镁砂和电熔镁项目由中冶焦耐（大连）工程技术有限公司进行整体设计，选矿厂项目由北京矿冶研究总院进行整体设计。

同时，晨鸣集团高瞻远瞩，根据当地资源优势继续开发新项目，加大投资力度，在海城地区计划投资55亿元建设玉米深加工发酵和热电联产项目，届时在海城投资额将达到100亿元，实现年利税30亿元，提供劳动就业岗位3500个，并带动农业/食品/物流/化工/包装材料等行业的发展，对促进海城地区的经济腾飞起到重要的作用。海鸣矿业将以高科技、高效益、高环保标准作为企业的发展目标，积极响应国家振兴东北的号召，为辽宁省的经济发展做出巨大贡献。

地　址：辽宁省海城市牌楼镇金堡村　　邮编：114207
联系人：刘永坤　　电话：18266606399
网　址：www.hchmky.com　　邮箱：125602449@qq.com

高纯镁砂

电熔镁砂

轻烧镁粉

泰州市旺鑫耐火材料有限公司

TAIZHOU WINSHINE RERKRACTORIES CO.,LTD.

泰州市旺鑫耐火材料有限公司是专注炼钢、连铸耐火材料综合研究、技术开发、生产制造经营及现场施工服务于一体的股份制高科技企业。公司拥有雄厚的技术实力为广大客户提供卓越的耐火材料产品和有针对性的个性化系统解决方案，有效提升包龄，在降低炼钢、连铸生产成本的同时为炼钢、连铸中间包的连续生产提供可靠的安全保障。

公司拥有高纯氧化锆制品生产线3条，中间包专用快换上、下水口生产线6条，各种塞棒水口、定径水口年产量已逾20万支，快换上、下水口200余万支；拥有不定形耐火材料生产线6条，以及中间包预制件及电炉盖生产线，年生产不定形耐火材料产品达6万余吨；拥有连铸用塞棒、大包长水口、浸入式水口生产线3条，年产量逾10000t；镁钙砖、镁碳砖等系列制品年生产能力15000多吨，拥有军工产品生产线1条，年产量5000只。

公司设有功能完善的产品开发和质量检测中心，健全的产品检测、检验设备和手段，建立了产品质量全程跟踪服务体制。生产的产品理化指标稳定，性能优良，节能环保。通过了ISO 9001质量管理体系认证、ISO 14001环境管理体系认证、ISO 45001职业健康安全管理体系认证、ISO 50001能源管理体系认证，与武汉科技大学、河南科技大学、洛阳耐火材料研究院等高校、科研院所建立了长期战略合作关系，是武汉科技大学产学研基地，研究生实习基地。

公司拥有自主知识产权发明专利和实用新型专利百余件。先后获评国家高新技术企业、江苏省专精特新“小巨人”企业、江苏省民营科技企业、中国钢铁品牌优秀供应商、江苏省五一劳动奖状，多次荣获省科技进步奖三等奖、泰州市科技进步奖一等奖、泰州市质量管理奖等殊荣。产品被评为泰州市名牌产品、泰州市知名商标。公司建有江苏省功能陶瓷耐火新材料工程研究中心、江苏省工程技术研究中心、泰州市企业技术中心。

公司本着“以客户满意为中心，以市场需求为导向，以产品质量为基础，以科技创新求发展”的企业经营宗旨，倡导以“诚信、务实、开拓、进取”为核心的企业精神，坚持以“打造一流工作团队，创造一流企业品牌”，瞄准国际先进，跻身世界一流企业为愿景目标。

公司位于经济发达的长三角北岸， 江苏省泰州市革命老区蒋垛工业集中区内， 西临宁靖盐高速、 京沪高速（宁通段），距上海虹桥机场不到两小时车程，距扬泰机场50km、泰州港30km，地理环境优越，交通便利。

泰州市旺鑫耐火材料有限公司真诚希望与新老客户紧密合作，互利双赢。

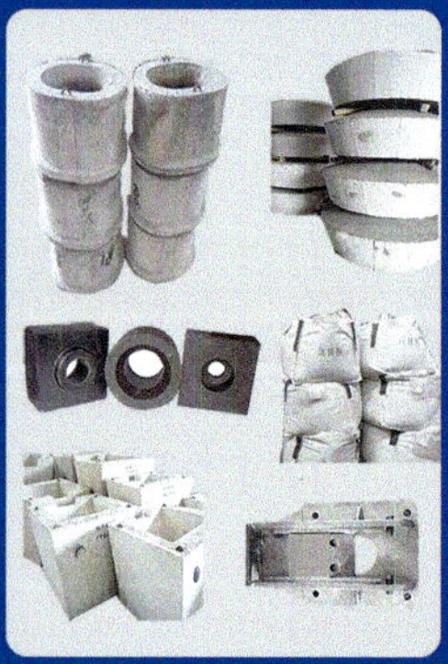

诚信 · 务实 · 开拓 · 进取

地址：江苏省泰州市姜堰区蒋垛镇许庄工业集中区

电话：0523-88387998 传真：0523-88389788 网址：www.tzwangxin.com

湖南湘钢瑞泰科技有限公司

湖南湘钢瑞泰科技有限公司（原湘潭钢铁公司耐火材料厂）始建于1958年，2012年6月牵手瑞泰科技股份有限公司，是湖南省最大的耐火材料研发、生产基地。我公司为高新技术企业，为湖南省耐火材料行业协会会长单位，中国耐火材料行业协会常务理事单位，在湖南省及全国耐火材料行业有着重要的地位。

经过多年努力，公司已形成高炉、热风炉产品系列、铁水罐（鱼雷罐）砖产品系列、炮泥产品系列、钢水罐砖产品系列、滑板砖产品系列、炉外精炼用产品系列、通用砖系列、不定形产品系列八大系列的产品，公司首创研发的“整体造型、浇注离心成型”工艺所生产的特异型组合耐火砖享誉国内外。

公司优势：

公司从2002年开始在湘钢炼钢厂总包钢水罐材料和维护业务，取得了良好的效果，并逐渐扩展到钢铁冶炼其他流程。现公司具备钢铁冶炼全流程相对应的耐火材料产品和总包服务能力，公司主要总包项目为：高炉及热风炉技改用耐材总包、炮泥总包、转炉滑板挡渣总包、铁水罐总包、钢水罐、滑板水口总包、中包总包、转炉炉体总包、RH炉总包等。其中在国内率先开展转炉滑板挡渣系统在线改造，得到了用户的高度评价。

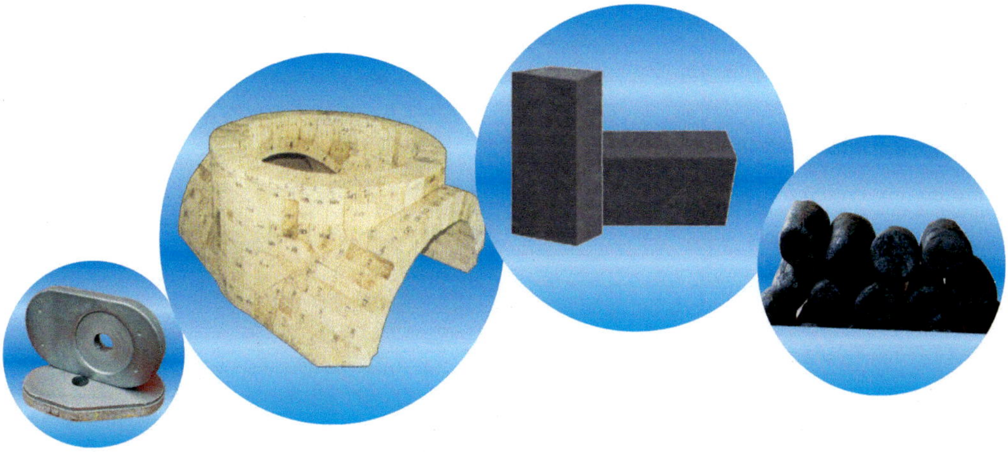

瑞泰科技
RUITAI TECHNOLOGY

单位地址：湖南省湘潭市高新区吉安路　邮编：411102
营销电话：0731-52512588　传真：0731-55573294
公司网站：www.hnxynh.com　E-mail: xsbggyxnh@163.com

青海西部镁业有限公司

青海西部镁业有限公司是一家高新技术企业，由西部矿业集团有限公司控股(81.47%)，海亮集团有限公司(9.11%)、自然人徐徽(6.22%)、湖南中资科技创业有限公司(2.8%)于2012年2月8日在德令哈市发起成立。公司当前注册资本2.32亿元，厂址德令哈工业园，占地面积600亩，员工350人。

公司拥有10万吨/年高纯氢氧化镁的生产装置，同时配套有7.5万吨高纯氧化镁、1.5万吨高纯烧结镁砂、3.0万吨高纯电熔镁砂生产装置。产品涵盖高纯氢氧化镁(包括D_{50}为1.5μm、2μm、5μm等各种高纯超细氢氧化镁粉体)、高纯氧化镁（包括高纯重质氧化镁、高纯轻质氧化镁及高、中、低活性氧化镁等）、高纯烧结镁砂和高纯电熔镁砂等系列产品，多数产品已走向国际市场。

公司成立之初，以中南大学发明的专利技术为基础，在海西州锡铁山镇建设了盐湖镁资源研究开发实验基地，并建成了千吨级规模的氢氧化镁的工业试验装置，通过反复试验和不断优化，彻底解决了化学合成法制取高纯氢氧化镁的关键技术难题，为困扰青海多年的察尔汗盐湖水氯镁石废弃物资源的综合开发利用提供了一条新途径，受到国家科技部门及地方政府的高度评价和肯定。

2011年3月，10万吨/年高纯氢氧化镁项目在现址开始正式动工建设，与其配套的下游产品项目也于2012年开始规划设计，并于次年3月动工。2013年6月，10万吨/年高纯氢氧化镁项目建成并开始投料试车，通过完善工艺和设备优化，目前工艺流程完全打通，产品质量完全合格，氢氧化镁产品已进入国内外市场，受到广大客户的好评，其中超细氢氧化镁系列产品远销法国，产品广泛应用于阻燃、医疗、军工、航空航天、新能源等领域。

青海西部镁业有限公司在全力做好目前10万吨/年高纯氢氧化镁系列产品的同时，正在积极筹划未来盐湖镁产业的发展。公司将继续坚持“绿色发展、科技创新”的理念，加快创新驱动、强化企业管理基础，为青海盐湖资源发展做出应有的贡献。

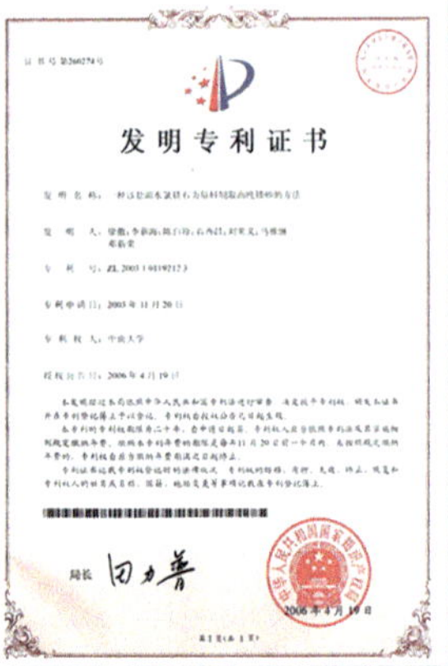

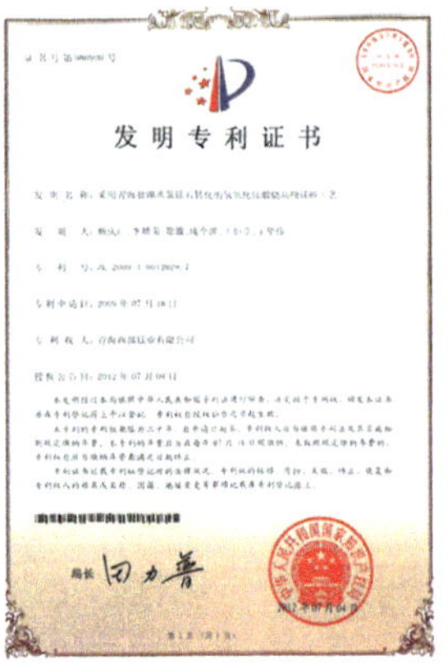

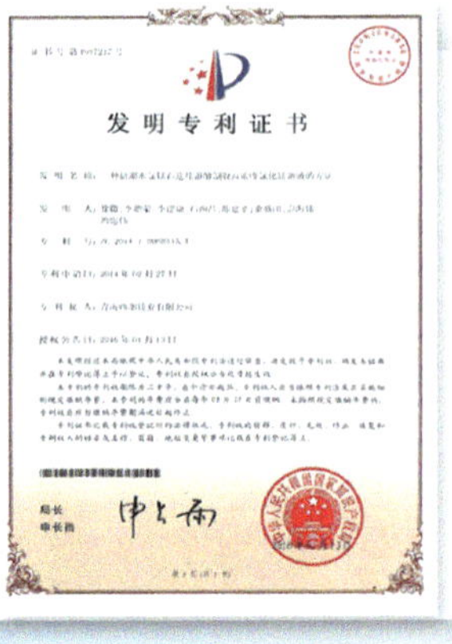

地址：青海省海西州德令哈市纬七路工业园区　邮编：817000
电话：0977-8309300　传真：0977-8210999　网址：www.chinawestmg.com　邮箱：sl5546sl@163.com

致力于硅基细分新材料的技术引领者

长兴优联马科技有限公司位于全国闻名的“耐火之乡”和“新能源城市”。公司成立于2008年4月，是专业从事耐火细分新材料和新型建材的研发、生产、销售及综合解决方案的高新技术企业。具有中级以上职称的高新技术人员11名，公司现已形成生产细分耐火材料（新能源匣钵、纳米绝热保温板、陶瓷、坩埚、刚玉制品等）和建材（UHPC、高强混凝土、陶瓷PC制品等）专用硅微粉。

科技创新是公司持续发展的源动力，公司一直与国内外知名企业和院校、科研院所保持长期的技术交流和战略合作关系。先后开发各种新产品30多种，拥有国家授权专利20余项，其中6项国家发明专利，参与主持修订多项国家行业标准（YB/T 4019—2020，YB/T 5207—2020等）。公司率先在同行业实施卓越绩效管理模式和精细化管理生产，并引进国内外先进的生产工艺、设备和检测仪器，成立“硅基细分新材料研究院”和“特种耐材技术中心”。

气相二氧化硅及硅微粉系列产品：

我公司经过两年时间研发出目前国内唯一的“不结块中密度硅微粉”，特别适用于全自动化、半自动化生产线和普通搅拌机，目前已有多家国内大型知名企业在使用本产品。

我公司和国外知名企业共同开发的高纯气相二氧化硅粉（含量≥99.9%），价格比国产的气相二氧化硅粉优惠许多。其特点：

1.耐高温性多孔性，导热系数低，孔隙率比较高；

2.超高纯度，零金属杂质，介电常数高；

3.零含氯，无腐蚀，应用兼容性好；

4.颗粒度纳米级，增强效果好，良好的触变性；

5.耐热性优异，保温性优异；

6.分散性能好、热阻、电阻以及稳定性、补强性、增稠触变性等优异性能。

我公司生产销售**刚玉坩埚、刚玉匣钵、高温推板、刚玉异型制品、刚玉窑炉材料、碳化硅异型制品、陶瓷纤维制品、氧化锆制品、精密铸造用耐火材料、金属硅冶炼用各种耐火材料。**

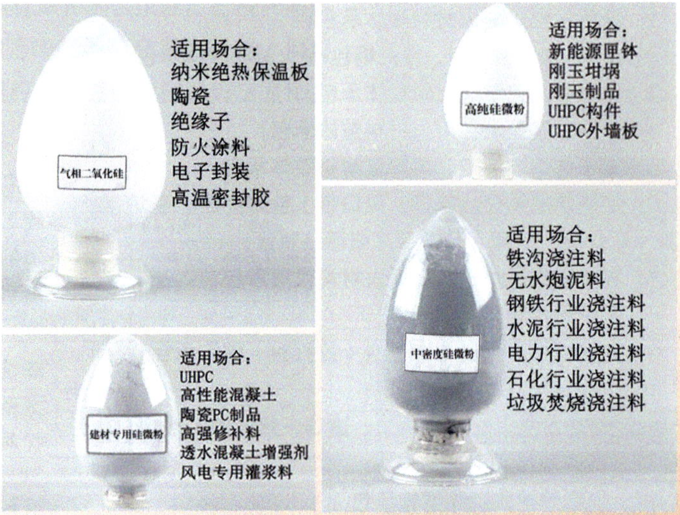

地址：浙江省湖州市长兴县煤山镇山鹰大道3号

网站：www.cxylmkj.com

邮箱：411702973@qq.com

应先生 15857216688　蔡先生 18967263399　抖音号：cxylmkj

KAIYUAN
Refractories

郑州凯元耐火材料有限公司

郑州凯元耐火材料有限公司是一家集研发生产、窑炉方案、工程施工为一体的高温窑炉整体解决方案服务商。公司总部位于河南省新密市，职工200人，拥有两条铝硅系列耐火材料生产线，一条硅质系列耐火材料生产线，一条散装耐火材料生产线。年生产能力为15万吨。

黏土砖

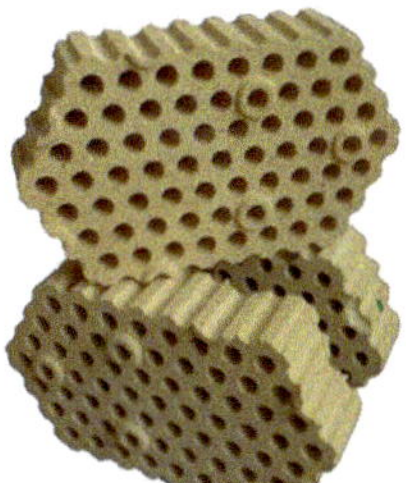

高铝砖

红柱石砖

刚玉砖

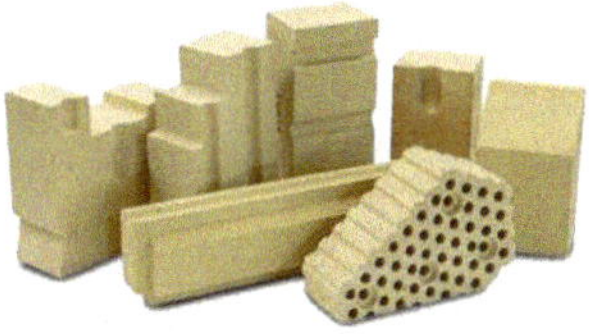

硅砖

保温砖

预制件

不定形耐材

地址：河南省新密市牛店镇谭村湾村　电话：13592427095
网址： www.kaiyuanref.com　邮箱：sales@kaiyuanref.com　yollandahu@vip.163.com

衡阳市兴凯钢纤维有限公司

（原衡阳市城南钢纤维厂）

神剑

耐热不锈钢纤维

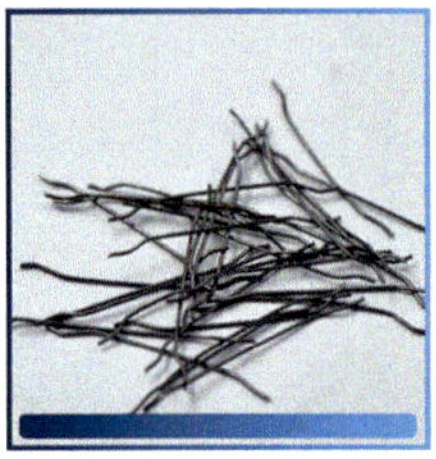

冷拉钢丝钢纤维

衡阳市兴凯钢纤维有限公司（原衡阳市城南钢纤维厂），始创于1993年，公司现坐落于湖南省衡阳市雁峰区白沙工业园兴业路1号，公司是国内较早生产各类钢纤维的专业厂家，年生产能力5000t。公司专门从事熔抽耐热不锈钢纤维、冷拉钢丝钢纤维、剪切钢纤维、钢纤维混凝土的生产和研发，产品广泛应用于桥梁、隧道、高速公路等建筑行业和冶金、水泥、石油、化工、陶瓷等领域以及各种工业炉窑。我公司通过多年生产钢纤维积累的经验，同时不断地对产品进行完善和创新，已注册享誉海内外的“神剑”牌商标，并通过了GB/T 19001—2008 idt ISO 9001:2008国际质量体系认证，且拥有自营进出口权。我们以专业的技术水平与生产工艺、先进的检测设备和完善的质量体系，使产品内在化学成分、综合物理性能等各方面在同行业一直处于领先水平，具有优良的抗拉、抗弯、抗压、防裂、高韧性以及增加了混凝土耐冲击性，提高了耐疲劳强度等重要性能，产品销售网络覆盖全国多个省市，远销至欧美亚非的许多国家和地区，拥有众多的固定客户，产品深受信赖。

海阔凭鱼跃，天高任鸟飞。我公司将一如既往以卓越的品质、优质的服务，让新老客户放心、满意！我们将密切关注国内市场和国际先进生产技术，充分发挥企业核心竞争力，对目标市场进行科学定位，不断拓展钢纤维应用领域，通过引进新技术、新设备进行产品的开发与创新，生产出一流的产品，以独特经营理念适应市场的发展，并致力研发新产品，以满足时代进步的需求，使企业在不断地开拓与进取中走向辉煌。

地址：湖南省衡阳市雁峰区白沙工业园兴业路1号　邮编：421007
电话：0734-8431653　传真：0734-8431102　QQ：541171484
手机：13575148989（董事长）　手机：13807340715（总经理）
网址：www.hysf.com　E-mail：sale@hysf.com

国内较早的耐热不锈钢纤维专业厂家之一

金品王
矿业

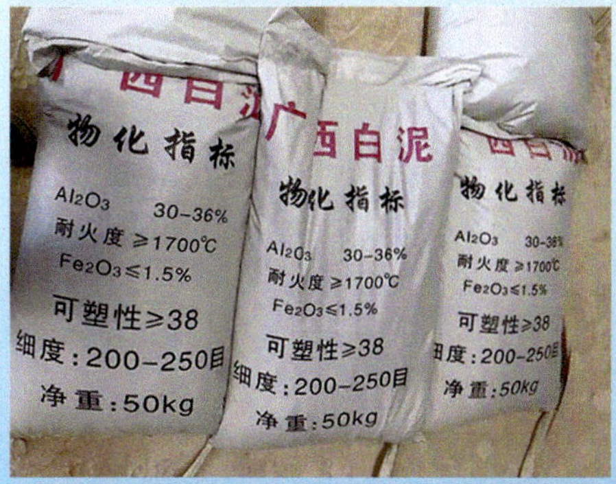

广西白泥
物化指标
Al_2O_3 30-36%
耐火度≥1700℃
Fe_2O_3≤1.5%
可塑性≥38
细度：200-250目
净重：50kg